新世纪高等学校教材

面向21世纪课程教材

U0646319

地理科学系列教材

现代自然地理学

XIANDAI ZIRAN DILIXUE

马建华 等 编著

北京师范大学出版集团
BEIJING NORMAL UNIVERSITY PUBLISHING GROUP
北京师范大学出版社

图书在版编目(CIP)数据

现代自然地理学/马建华等编著. —北京：北京师范大学出版
社，2002.2(2016.6重印)
（地理科学系列教材）
ISBN 978-7-303-06030-6

Ⅰ．①现… Ⅱ．①马… Ⅲ．①自然地理学－高等学校－
教材 Ⅳ．①P9

中国版本图书馆 CIP 数据核字(2002)第 002351 号

营 销 中 心 电 话　010-62978190　62979006
北师大出版社科技与经管分社　http://jsws.bnupg.com
电 子 信 箱　kjjg@bnupg.com

出版发行：北京师范大学出版社　www.bnup.com
　　　　　北京市海淀区新街口外大街 19 号
　　　　　邮政编码：100875
印　　刷：北京嘉实印刷有限公司
经　　销：全国新华书店
开　　本：170 mm×230 mm
印　　张：37.25
字　　数：687 千字
版　　次：2002 年 2 月第 1 版
印　　次：2016 年 6 月第 6 次印刷
定　　价：45.00 元

策划编辑：王安琳　　　　责任编辑：王安琳
美术编辑：高　霞　　　　装帧设计：高　霞
责任校对：李　菡　　　　责任印制：赵非非

主　编：马建华

参加编写人员：

马建华　刘玉振　全石琳　李克煌

张桂宾　胡良民　赵秉栋　高建华

常　捷　管　华

内容简介

本书是教育部"高等师范教育面向 21 世纪教学内容和课程体系改革计划"项目成果之一。教材首先介绍影响自然地理系统的宇宙环境和地球内部环境的基本知识和理论，然后分别论述自然地理系统五大组成要素的性质和运动变化规律，最后从系统论角度论述自然地理系统的整体特征和演变规律。按照"面向 21 世纪课程教材"的要求，本教材吸收和借鉴国内外自然地理学研究的最新成果，强调各自然地理要素之间的相互联系，重视自然地理学在国民经济建设和人民生活中的重要作用。本书可作为高师本科地理科学专业自然地理学课程的教学用书，也可作为资源环境与城乡规划管理专业、GIS 专业以及农业、林业、水利、地质等相关专业自然地理学课程的教学用书或教学参考书，还可供广大地理爱好者阅读参考。

序

　　自然地理学是地理科学的重要分支学科,它以人类赖以生存的自然地理环境(系统)为研究对象,目的在于揭示自然地理环境的组成、结构、形成发展规律以及人与自然地理环境的相互关系。自然地理学不仅是人们认识自然、改造自然、建立正确"人地观"的基础性学科,而且也是人文地理学、区域经济学、资源科学、环境科学等相关学科发展的学科基础;更是国民经济建设不可缺少的重要的应用性学科。在地理学发展史上,自然地理学在上述诸方面曾做出过积极贡献。面向 21 世纪,科学技术的飞速发展以及可持续发展战略在全球和区域范围内的逐步实施,必将为自然地理学的发展带来新的机遇和挑战。从当前自然地理学研究动向来看,学科分化与综合并存,综合研究越来越受到重视;理论与应用并重,应用领域逐渐向深度和广度拓展;由典型区研究不断向敏感区和过渡区研究转移;学科间的交叉和渗透日益增强;新的理论和技术在自然地理学中的应用更加广泛。在 21 世纪,我们要把握机遇、迎接挑战,为发展地理科学,为提高国民科学文化素质,促进经济快速、稳定和健康发展做出新的、更大的贡献。

　　高等学校是培养地理高级专门人才的基地,办好大学地理科学专业是发展我国地理事业的关键之一。回顾我国高等地理教育事业,全国各高校自 20 世纪 50 年代以来,基本上采用前苏联的教学模式,并取得了很大成绩,为国家培养了大批地理工作者。但是,随着科学技术的迅速发展,原有的课程体系和教学内容愈来愈不适应形势发展的需要。就自然地理学教学来说,突出存在以下三个问题:一是重视自然地理要素教学,而轻视自然地理综合教学,教学内容既条块分割又交叉重复。这不利于学生从自然地理系统的高度来认识自然地理环境的整体行为和特征,不利于学生建立正确的自然地理思维。二是教学内容陈旧落后,更新缓慢。二次世界大战以后,系统论日臻完善,它为我们认识自然地理复杂巨系统提供了强大的理论武器,电子计算机、"3S"技术和大型测试设备的应用为自然地理学的发展提供了强有力的技术支撑,使自然地理学步入了快速发展时期,涌现出了一大批理论和应用性成果。但是,现行教材的内容体系几十年无重大变化,这严重影响了人才培养的质量。三是偏重于自然地理基础理论和知识的传授,而对自然地理学在国民经济建设中的重大作用重视不够,尤其是对当今人与自然不协调而产生的资源、环境、生态等与人类生存密切相关的重大问题重视不够,这不利于学生理论联系实际能力的培养,更不利于学生建立正确的可持续发展观。所以,为了适应 21 世纪地理科学发展的需要,建立有中国特色的地理科学,必须对我国高等地理教育模式进行重大改革。教育部于 1998 年实施的"高等师范教育面向 21 世纪教学内容和课程体系改革计划"就是适应这一形势的一项重大举措。河南大学环境与规划学院马建华等同志编著的《现代自然地理学》是这项计划中的自然地理学教学内容和课程体系改革的一次有益尝试,并取得了较好的成绩,可喜可贺。

我国 20 世纪 80 年代曾出版过一些本科生使用的自然地理学教材,如潘树荣等编著的《自然地理学》(高等教育出版社,1985 年),丁登山等编著的《自然地理学基础》(高等教育出版社,1988 年),武吉华等编著的《自然地理学基础》(北京师范大学出版社,1988 年)等。这些教材各有特点,在培养学生自然地理思维和能力方面发挥了重要作用。马建华等同志编著的《现代自然地理学》继承了上述教材的优点,并有所创新和发展。通读全书可以发现,该教材具有以下四个特点:

第一,结构体系严密,脉络清晰。全书内容以阐明自然地理系统的整体特征和行为为线索,运用系统论思想由表及里地逐渐展开。作者首先明确指出,自然地理系统是一个复杂的开放巨系统,它的形成和发展不仅与系统本身有关,而且还受其环境因素变化的影响。然后就影响自然地理系统的宇宙环境因素和地球内动力环境因素进行较详细的介绍,着力论述环境因素对自然地理系统的影响,较好地处理了相关地学内容与自然地理学内容的关系。接着,本书用较大的篇幅分别介绍了构成自然地理系统的气候、水文、地貌、土壤和生物等五大要素,目的在于使学生掌握各要素的组成、性质和发展变化规律,为学习自然地理系统的整体特征与行为奠定基础。最后一部分是全书的核心和归结点,作者系统地论述了自然地理系统的整体性特征,时空格局及变化规律,人与自然地理系统的相互依存关系,当今自然地理系统面临的主要问题以及协调、管理该系统的理论与方法等。可以看出,本教材循着环境影响—系统组成—系统结构—系统变化—系统控制的思路恰当地安排教学内容,逻辑严谨,符合认知规律。

第二,注意吸收和借鉴国内外最新研究成果。最近 20 年来,自然地理学发展异常迅猛,涌现出了一大批研究成果。作者在消化吸收的基础上,按照 21 世纪人才培养规划的要求,有选择地纳入到教材中来。从章节内容上看,本书增加了地表化学元素迁移、生态系统植物生产潜力的原理及模型、地貌发育过程及其模型、自然地理系统的整体性规律和时间演变规律、全球变化及对策、自然地理学应用研究等等。在编写自然地理经典章节的过程中,作者也力求采用最新的学术观点、最新的研究资料和成果。如在编写第五章时,以土壤圈的思想统帅教材内容,补充或增加了土壤水分的能量观点、SPAC 界面水分运动、土壤对全球变暖的影响、土壤形成的 CLORPT 模型、土壤形成的力能学分析、土壤系统分类(诊断分类)等等。

第三,强调自然地理各要素之间的相互联系及综合研究。自然地理系统是一个统一整体,各要素之间存在着广泛而复杂的联系,这是自然地理学研究对象本身固有的特点,也是自然地理学研究的重点和难点所在。黄秉维先生曾在 20 世纪 50 年代倡导开展地表物理过程、化学过程和生物过程研究的方向,并组织开展定位观测和试验研究。90 年代以来,他又提出陆地系统科学的研究方向。这些思想和实践都是力图揭示各要素之间的相互联系,开展高层次综合研究。本教材紧紧抓住这一特点和趋势,以较大篇幅从不同角度论述了自然地理学的综合研究。虽说这些只是综合研究初步内容,深度和广度也有待进一步拓展,但对培养学生正确的自然地理思维、把握自然地理研究的实质是很有好处的。

第四,注重理论联系实际。自然地理环境是人类赖以生存的物质基础,与一个国家或地区的经济发展和社会进步密切相关,所以自然地理学是一门理论性和应用性都很强的学科。书中第十一章,不仅介绍了全球变化的现状、原因及其对人类生产和生活的影响,而且也介绍了遏制或减缓全球变化的对策和措施。在第十二章,作者专门对自然资源开发利用、自然灾害及其防御、环境规划和景观生态设计等自然地理学的主要应用领域进行了比较详细的论述。

本教材行文流畅、规范严谨、深入浅出、文图并茂;每章后还附有大量的习题,供学生复习思考之用。总之,本书是一部面向 21 世纪的好教材,它的出版必将在我国高等地理教育中发挥重要作用。我们殷切期望越来越多的青年学子茁壮成长,更好地掌握现代自然地理学的基本理论与方法,为祖国的繁荣昌盛和人类家园的美好未来做出积极的贡献。

中国科学院院士　郑度

2001 年 2 月于北京

目　录

前　言

　　自然地理学不仅是高师本科地理科学专业的专业必修课程,也是资源环境与城乡规划管理专业和地理信息系统专业的专业基础课程,在专业课程设置中处于重要地位。面向 21 世纪,随着地理科学的发展以及对学生素质教育要求的提高,高师本科地理科学专业的各项教学改革已在全国有关高校展开,并取得了重要成果。本教材就是编者承担教育部"高等师范教育面向 21 世纪教学内容和课程体系改革计划"中的"面向 21 世纪自然地理学教学内容和体系的改革与实践"项目(项目编号:JS196B)的主要成果形式。

　　与现有自然地理学教材相比,本教材具有以下几个特点:第一,用系统科学思想统帅教材内容。自然地理学的研究对象——自然地理系统是一个组成和结构都十分复杂的开放系统,它的状态和行为不仅取决于系统本身,而且还与其环境密切相关。所以,教材首先介绍影响自然地理系统的外部宇宙环境和地球内部环境的基本知识和理论,重点阐述它们对自然地理系统的影响;然后论述自然地理系统五种组成成分(气候、水文、地貌、土壤和生物)的性质和运动规律;最后从系统论高度论述自然地理系统的总体特征和演变规律。教材各部分内容脉络清晰,既有分工,又有联系,共同构成了一个有机整体。第二,面向 21 世纪,吸收和借鉴当代自然地理研究的优秀成果,突出教材的时代特色。例如,教材中增加了地表化学元素迁移、全球变化及其对策、植物生产潜力的原理与模型、地貌发育过程及其模型、土壤系统分类、自然地理系统的整体性规律和时间演变规律等内容。从总体上看,更新的教材内容大约占全书的 40%。这是将本教材取名为"现代自然地理学"的基本考虑。当然,随着自然地理学的发展,自然地理学教材的内容仍需不断更新和充实,所以"现代"二字的涵义也只是相对的。第三,强调自然地理各要素之间的相互联系和自然地理系统的整体特征。为了克服传统自然地理学教材重视自然地理要素教学、轻视自然地理系统综合特征教学之不足,本书大篇幅地增加了自然地理综合研究的内容,如加强了自然地理系统的基本规律、自然地理系统的区域划分和类型研究、人类与自然地理环境的关系等内容,从而使自然地理综合研究内容在教材中的比重从传统教材的 10% 左右提高到了 30% 左右。第四,重视自然地理学在国民经济建设和人类生活中的重要作用。教材专门增加了自然地理学应用研究一章,对自然资源开发利用、自然灾害及其防御、环境规划、景观生态设计等内容进行了比较详细的论述。

教材的编写分工如下:绪论、第六章、第八章第一节和第二节由马建华教授编写;第一章和第十二章第二节由高建华教授编写;第二章、第七章和第十章第三节由张桂宾副教授编写;第三章和第十章第一节由李克煌教授编写;第四章、第十章第五节和第十二章第一节由赵秉栋教授编写;第五章和第十章第四节由刘玉振副教授编写;第九章由常捷讲师编写;第十一章由全石琳教授编写;第八章第三节由马建华教授和胡良民副教授共同编写;第十章第二节由胡良民副教授编写;第十章第六节、第十二章第三节和第四节由管华副教授编写。最后由马建华教授统稿和定稿。

在教材编写的整个过程中,我们一直得到了教育部的经费资助,河南省教育厅和河南大学也给予了一定的配套经费。国内许多知名自然地理学家,如中国科学院地理科学与资源研究所的郑度院士和申元村研究员、华东师范大学的张超教授、兰州大学的伍光和教授以及“教育部高等师范教育面向 21 世纪教学内容和课程体系改革计划”地理科学专业项目组的专家们对本书编写提纲和具体编写问题提出了不少宝贵意见。书中插图全部由河南大学环境与规划学院 GIS 实验室的李斌同志清绘。所有这些都是书稿顺利付梓的重要保证。书稿完成后,张超教授、东北师范大学的徐效坡教授、北京大学的蔡运龙教授、北京师范大学的王民教授、教育部师范司的林奇青处长、河南省科学院的宋延洲研究员和王国强研究员等专家为本书的出版都极力推荐。北京师范大学出版社的王安琳编辑为本书的最终的出版付出了辛勤劳动。尤其值得提及的是,中国地理学会名誉理事长、中国现代自然地理学的开拓者、中国科学院院士黄秉维先生在 87 岁高龄时认真阅读书稿,并欣然同意为书作序。这充分体现了黄先生对我国高等地理教育事业的关心和支持,也是对我们全体编写人员的鼓励和期望。不幸的是,在“序言”尚未写出之前,黄先生匆匆地离开了我们,留下了永久的思念和遗憾。黄先生逝世后,我国著名自然地理学家郑度院士,又应邀在百忙之中为书作序,我们感到十分荣幸。在我们同黄秉维先生和郑度先生联系的过程中,中国科学院地理科学与资源研究所的丘宝剑研究员和杨勤业研究员曾给予多方帮助和支持,为书的出版做出了努力。在本书正式出版之际,我们谨向所有关心和支持本书编写、出版的各级领导、专家和同志们表示衷心感谢！另外，在编写过程中，我们参阅了大量的国内外自然地理学教材、著作、论文和内部资料，有些参考文献已在书中列出，有些尚未一一列出。对他们的卓越工作和贡献，我们深表敬意！

　　虽然我们做出了很大努力，但由于学识所限，书中肯定还存在不少问题，我们真诚希望有关专家和使用本教材的师生提出批评意见。

编　者

2001 年 2 月于开封

绪　　论

一、自然地理学的研究对象和任务

自然地理学是地理学的重要分支学科之一。地理学的研究对象是地理系统,自然地理学的研究对象是自然地理系统,两者的研究对象既有联系又有区别。

(一)地理系统

关于地理学研究对象的表述,长期以来多延用"地理环境"(E. Reeleus,1876)一词①。20世纪60年代以后,随着系统科学在地理学研究中的应用,人们逐渐认识到地理环境实质上是一个庞大的系统,用"地理系统"一词表述地理学的研究对象更为科学(B.Б.索恰瓦,1978)。地理系统是位于地球表面附近由各种自然、经济和社会因素相互作用形成的统一整体。绝大多数学者认为,地理系统的上界在大气对流层顶,极地上空高约 8 km,赤道上空高约17 km,平均高度10 km左右;下界在沉积岩石圈底部,陆地部分在地下 5~6 km,海洋部分平均在海面以下4 km处。平均而言,地理系统的垂直厚度为15 km,陆地部分为16 km,海洋部分约14 km(图绪-1)。之所以这样划定地理系统的垂直范围,其主要依据有以下三点:

第一,对流层顶是大气圈物质组成和物理性质发生明显分异的界面之一,对流层顶以下的大气圈部分对下垫面性质和人类活动有重要影响。根据大气圈气体成分、温度和气压的垂直分布状况,自下而上可将大气圈划分为对流层、平流层、中间层、暖层和逸散层等五个次级圈层。对流层和平流层之间有一个厚度不大的对流层顶(温度垂直变化很小甚至无变化),它可阻挡下部空气的上升运动,使对流层顶上下的大气物质成分和物理性质出现明显分异。对流层中的温度随高度上升而降低,空气对流运动强烈,产生诸如云雾、风、降水和雷暴等天

① 除此之外,地理学研究对象还有其它不同的表达术语,如"地理壳"、"景观壳"、"地理圈"、"景观圈"、"表成地圈"、"生物发生圈"、"地球表层"、"地理综合体"和"环境圈"等等。

气现象。对流层中还生活着数以万计的生物种类,它们对人类的生产和生活具有重要影响。另外,对流层的性质还深受海陆表面(下垫面)性质的影响,例如大气中的热量主要来自下垫面的长波辐射,离地面越高温度越低;下垫面热量状况的区域差异会导致大气水平运动等。而对流层顶以上的平流层缺乏水汽,气流以水平运动为主,没有天气变化,强烈的宇宙辐射排除了生命存在的可能性,温度分布不受下垫面的影响。

第二,陆地表面以下 5 ~ 6 km处是沉积岩分布的下限。根据成因的不同,组成地壳的岩石可分为沉积岩、岩浆岩和变质岩三大类,其中沉积岩是地表先成岩石经过风化、搬运、堆积和固结成岩作用形成的,与地表附近的大气运动、流水、生物活动密切相关。可见,沉积岩分布下限可以被看作是大气圈或地表因素作用于固体地壳的最大深度。在沉积岩石圈内存在着低温液态水、有机质乃至生命,而沉积岩石圈以下的地壳部分则缺乏空气、液态水、有机质和生命。

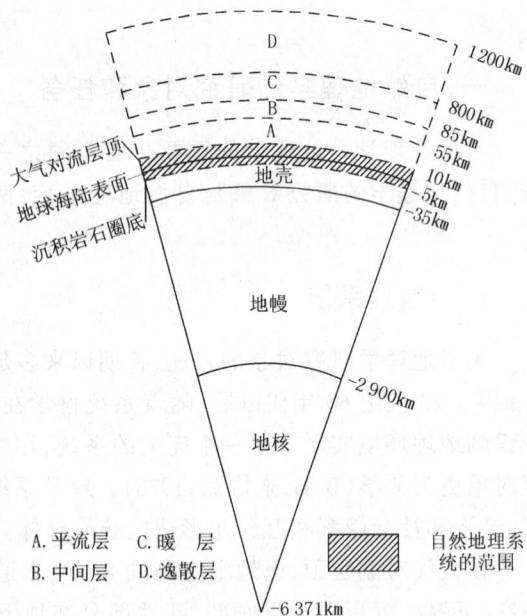

图绪-1　地理系统的位置和范围示意图
(根据文献[2]和[4]改制)

A.平流层　C.暖层
B.中间层　D.逸散层　　自然地理系统的范围

第三,在对流层顶至沉积岩石圈底部之间的范围内,最主要的能量来源是太阳辐射能。太阳辐射作用于地球所产生的一系列物质循环和太阳能转化过程都发生在上述范围之内,而且对流层大气、沉积岩石圈、水圈和生物圈都参与了太阳能的转化和物质循环。相反,沉积岩石圈以下的部分,其能量则以地热能为主,太阳能的影响已非常微弱。对流层以外的大气圈部分,虽然能量也来自太阳辐射,对地理系统也有一定影响,但是对人类生存来说,它远不如对流层那样重要。

地理系统的组成非常复杂,存在着多种物质运动形式。根据物质组成及其运动变化特点,可将地理系统分为自然地理系统和人文地理系统两个次级系统。自然地理系统由无机和有机自然界组成,受自然规律制约。人文地理系统又包括经济地理系统和社会文化地理系统两个更次一级的系统。其中,经济地理系统是在自然地理系统的基础上经过人类经济活动的影响所形成的主要受经济规律制约的由各种生产力实体(包括工业、农业、交通运输业、餐饮服务业等)组成的地域系统;社会文化地理系统是指一定社会制度下的上层建筑和意识形态所形成的主要受社会规律制约的地域系统,包括人口、社会、国家、民族、民俗、宗教、法律、语言和文化等方面的地理分布特征及其组合关系,而且还涉及各种人群对其周围事物的心理感应和相应的社会行为等。也有一些地理学家认为,既然经济地理系统和社会文化地理系统所遵循的规律不同,那么可将其分别独立出来与自然地理系统相并列,因此地理系统应包括自然地理系统、经济地理系统和社会文化地理系统三个次级系统。

地理系统是一个开放系统。该系统的功能除与系统内部的组成和结构有关外,还与其外部环境密切相关。地理系统的环境按其空间位置有地球内部环境和宇宙环境之分。地球内部环境是指地壳沉积岩石圈以下的地壳深部、地幔和地核,宇宙环境是指对流层顶以上的大气层、广阔的宇宙空间和其它天体。环境对地理系统的影响是显而易见的,如火山活动、地震、小行星撞击、太阳辐射、月球引力等都可对地理系统产生影响,甚至巨大影响。在地理系统各组分之间,人类是最活跃的因素。它可以在一定程度上改变自然地理系统的外貌,使其向着有利于人类的方向发展。然而在特定时段和区域内,人类也可以破坏自然地理系统,产生一系列环境问题。

(二)自然地理系统

自然地理系统是地理系统范围内的各种自然物质和能量相互作用形成的统一整体。自然地理学就是研究自然地理系统的组成、结构和发展变化规律的科学。不同学者对自然地理系统有不同的表达术语,如"自然地理环境"、"自然地理综合体"或"自然地域综合体"(简称"自然综合体")、"自然地理圈"、"自然地理景观"等。本书根据需要,主要选用"自然地理系统"和"自然地理环境"来表述不同论题的自然地理学研究对象。当涉及人类活动与自然地理事物的关系时,用"自然地理环境"来表述;当论及自然地理事物本身的运动变化规律时,用"自然地理系统"来表述。

有些学者认为,自然地理系统的空间范围太大,组成甚为复杂,给研究工作带来诸多不便,而且也容易和其它地学分支(如地质学、气象学、生物学、水文学等)的研究对象相混淆,因而主张将自然地理学的研究对象限制在较小的范围内。A.N.斯特拉勒等认为,自然地理学研究的中心是"生命层",即地球上绝大部分生命有机体所生活的、占厚度很小的一个圈层。牛文元(1981)在其编著的

《自然地理新论》中,强调自然地理学的研究对象是"自然地理面"。它的上限是大气近地面边界层(大气底部摩擦层)顶部,在地表以上 50～100 m 的高度上;下限是太阳能影响地面以下的终止线(多年平均地下温度和水下温度的变幅稳定线),该线在陆地部分深 25～30 m,在海洋部分深约 100 m。因此,自然地理面的总厚度介于 75～200 m 之间。牛文元在其后来(1992)编著的《理论地理学》中,又把自然地理面的上界扩大至大气边界层(大气摩擦层)顶部,在地面以上 500～1 000 m 的高度上,下界没有变化,总厚度扩大到 525～1 100 m。毫无疑问,生命层或自然地理面是自然地理系统中物质和能量交换最活跃的场所,是自然地理学研究的核心。但是把它们作为自然地理学的惟一研究对象,特别是在讨论自然地理系统对人类生产和生活的影响(如自然资源开发利用、自然灾害防御等)时显得不太合适。事实上,自然地理学研究对象的垂直厚度应视所研究问题的水平尺度而定。研究论题的水平范围小,则对象的垂直厚度就小,反之垂直厚度则大。自然地理面是自然地理学的中尺度研究对象。若以植物冠层顶部为上界,以植物根系所及部位为下界,则构成更次一级的自然地理系统,即"土地系统"。只有在研究全球性问题或大陆和大洋问题时才涉及到整个自然地理系统的厚度(图绪-2)。

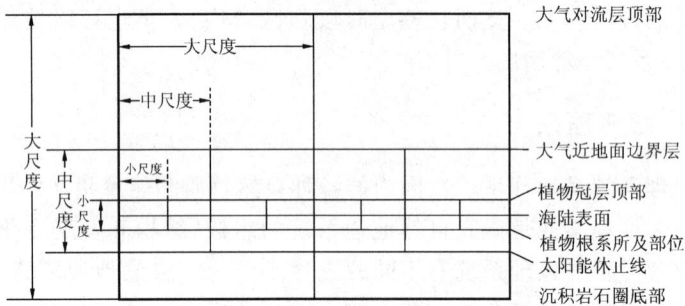

图绪-2 自然地理系统的层次性示意图[5]

根据人类活动对自然地理系统的影响程度,可将自然地理系统分为原生自然地理系统和次生自然地理系统。原生自然地理系统是受人类活动间接或轻微影响、自然面貌未发生明显变化的自然地理系统,如人迹罕至的高山、极地和荒漠等。次生自然地理系统是受人类活动直接或强大影响、自然面貌发生重大改变但仍受自然规律制约的自然地理系统,如放牧的草场、采育的林地、耕作的农田等。应该看到,在科学技术高度发达的今天,已很难见到不受人类活动影响的纯天然的自然地理系统,随着人类社会的发展,人类活动对自然地理系统的影响必将会越来越深刻。尽管如此,自然地理系统发展变化的基本规律仍然是自然规律,人类只能在一定程度上改变它的方式、强度和规模。

从物质组成来看,自然地理系统包括四个地理圈层。第一是大气圈的对流层,主要由氮气、氧气、水汽和固体杂质等组成。第二是水圈,包括分布在地表、地下及大气中的液态水、固态水和气态水,其主体是海洋。第三是生物圈,它是地球上所有生物及其活动区域的总称。地球上的生物分布比较广泛,但主要集中在地面上下 100 m 的范围内。土壤是植物生长发育的基地,也是动物和微生物生活的重要场所,所以通常也将土壤圈看做是生物圈的一个组成部分。第四是沉积岩石圈,它是岩石圈(包括整个地壳和软流层以上的地幔)的一部分,主要由沉积岩、岩浆岩和变质岩组成。需要说明的是,沉积岩石圈并不都是由沉积岩构成,之所以称之为沉积岩石圈是因为沉积岩的分布规定了太阳辐射能影响地表以下的深度,即自然地理系统的下限。上述四大地理圈层的物质组成不同,物质运动形式也不同,都以独特的方式对自然地理系统发生影响。例如,对流层、水圈、生物圈和沉积岩石圈的物质运动分别影响自然地理系统的气候、水文、生物和土壤以及地貌状况。通常将气候、水文、生物、土壤和地貌称为五大自然地理要素。

从四大地理圈层的分布来看,大气对流层在上,沉积岩石圈在下,水圈和生物圈处于中间。各圈层之间并没有严格的界限,而呈相互渗透,彼此交错重迭分布。例如,对流层中的气体成分广泛存在于土壤孔隙和沉积岩石圈裂隙中,在海洋和各种陆地水体中也溶解有大量气体成分;水圈中的水分不仅分布在地表水体中,而且也广泛分布在土壤和沉积岩石圈的孔隙和裂隙中,在大气和生物有机体中也有大量水分存在;土壤和沉积岩石圈中的固体微粒可以被气流带到对流层中,可溶性盐分也可以被水溶解存在于水圈或被生物吸收利用存在于生物有机体中。

从四大圈层的相互联系来看,彼此之间经常不断地进行着物质交换和能量转化。例如,生物圈中的高等绿色植物能够利用太阳能进行光合作用,将大气对流层中的 CO_2、土壤中的水分和养分结合在一起同化为有机质(太阳能也以有机化学能的形式被固定下来),形成各种各样的植物体,植物体又可被各种动物所食,植物体中固定的一部分物质和能量便传递给动物体,形成动物界。当动植物死亡之后,在微生物的作用下,生物体发生分解,被固定的太阳能又重新以热量的形式释放出来,碳素变为 CO_2 重新进入对流层,其它营养元素也被释放出来归还到土壤中。像上述物质的循环过程叫做生物小循环,它将对流层、生物圈、水圈和沉积岩石圈联系在一起构成一个循环系统。在物质发生循环的同时,也伴随着能量的流动和转化。自然地理系统中还存在着许许多多类似于生物小循环的循环系统,它们将各圈层密切联系在一起共同构成一个复杂的有机整体——自然地理系统。

从自然地理系统与人类活动的关系来看,一方面,自然地理系统是人类生存的基本环境,它为人类提供了一切赖以生存的物质和能量。自然地理系统质量的好坏,在一定时空条件下可以促进或延缓特定区域的经济发展和社会进步。另一方面,人类又可以对自然地理系统施加影响甚至是巨大的影响,以致彻底改变局部地段的自然面貌。从这种意义上说,人类活动也是自然地理系统的一个重要环境因素。如果人类掌握了自然地理系统的变化规律,并按自然规律能动地对自然地理系统施加影响,自然地理系统就会向着有利于人类的方向发展;反之,人类生存环境将遭到破坏,出现一系列"环境问题",危及人类进一步生存与发展。从长远观点看,人类认识自然的能力是无穷的,一旦人类认识到破坏自然地理系统将遭到大自然的无情报复以后,人类就可以自觉地调整自己的行为,使人与自然和谐共处。

(三)自然地理学的任务

自然地理学所解决的科学问题是什么? 它在人类生产和生活中起什么作用? 这是我们学习自然地理学首先应该明确的重要问题。

随着科学技术发展,人类对自然地理系统中的个别组分的研究越来越深入,出现了许多地学分支学科,如研究对流层大气现象和过程的气象学、研究岩石圈包括沉积岩石圈结构与变化的地质学、研究生物圈各种生物的生物学、研究土壤组成和性质的土壤学、研究地表各种水体水文特征的陆地水文学和海洋学等等。这些地学分支学科强调在某些领域开展深入的、专门的和微观的研究,不太重视彼此之间相互联系和宏观研究。自然地理学则相反,它把整个自然地理系统作为自己的研究对象,强调要素之间的联系,重视自然地理系统整体的时间演变规律和空间分布规律,并以人类合理利用自然和改造自然为最终目标。可见,自然地理学在科学体系中肩负着独特的任务,是不可缺少的而且是其它学科不可替代的高层次学科。随着科技发展和社会进步,特别是随着资源、环境、生态等全球性问题的出现,自然地理学的重要性必将会日益显现出来。

具体来说,自然地理学研究的主要任务可以概括为以下几个方面:

(1)研究自然地理系统各组成要素的基本特征、形成机制和发展变化规律。这是自然地理学的基础性研究任务。自然地理学家不仅能够回答"地球表面某个地方存在些什么",而且还必须能够回答"为什么这个地方存在这些现象"。如果自然地理学家对其研究对象的组成要素没有基本的了解,就不可能从整体上把握自然地理系统的运动规律。

(2)研究自然地理各要素之间物质和能量联系的机制,揭示各要素之间相互联系、相互制约的基本规律,探求调控、优化自然地理结构和功能的途径和方法。自然地理系统作为一个有机整体,其功能决不等于各要素功能的机械相加,也就是说,各自然地理要素在相互联系过程中出现了新的性质。所以,不了解各自然地理要素相互联系的机制就不可能从整体上把握自然地理系统的结构与功能、状态与行为。

(3)探讨自然地理系统空间分布规律(地域分异规律)和时间演变规律。自然地理系统在空间上表现出明显的区域差异性,这是人类合理利用自然和改造自然的重要前提,所以揭示自然地理系统的地域分异规律是自然地理学的重要任务之一。现代自然地理系统的状态和行为是地球系统长期演化的结果,未来自然地理系统的状态和行为是现代自然地理系统的继续,因此只有正确把握自然地理系统的历史演进轨迹,才能真正理解现代自然地理系统的形成机理,才能预测自然地理系统的未来。

(4)参与自然资源综合开发利用、自然灾害防御与治理、生态环境建设等项工作,为国土开发和区域经济发展提供理论依据,促进经济、社会和环境的可持续发展。自然地理学自它诞生之日起就与人类的生产和生活密切相关,特别是20世纪50年代以来,国内外自然地理学家同其它领域的科学家一道,发挥自然地理学"区域性"和"综合性"优势,积极参与国民经济建设,做出了令人瞩目的成就。面向21世纪,人类面临诸多全球性问题,自然地理学家应抓住机遇,迎接挑战,为促进人类文明和社会进步做出更大贡献。

二、自然地理学在地理科学体系中的地位

地理学家面对组成、结构和运动形式都非常复杂的地理系统,在长期的研究实践过程中,逐渐建立了一系列彼此独立而又有相互联系的地理学分支学科,形成了十分庞大的地理科学体系。然而,由于地理系统结构层次的复杂性、不同学者的着眼点不同、地理科学与其它相关学科交叉渗透以及地理学快速发展等原因,目前学术界对地理科学体系的认识和具体划分仍存在很多分歧。

在英美等西方国家,长期以来一直坚持将地理科学划分为自然地理学和人文地理学两大分支学科,前者以自然地理系统为研究对象,后者以人文地理系统为研究对象。其中自然地理学包括部门性分支学科和综合性分支学科。自然地理学部门性分支学科是分别研究各个自然地理要素的学科,主要有地貌学、气候学、水文地理学、土壤地理学和生物地理学(植物地理学和动物地理学)等;综合

性分支是从不同角度综合研究各自然地理要素的学科,主要有研究现代自然地理系统整体特征的综合自然地理学、研究某一特定区域自然地理系统综合特征的区域自然地理学、研究地质时期自然地理系统综合特征的古(自然)地理学、研究人类历史时期自然地理系统综合特征的历史自然地理学等。人文地理学包括系统人文地理学分支和区域人文地理学分支。系统人文地理学分支包括分别研究人文地理系统各个要素的部门人文地理学和综合研究各人文地理要素的人文地理学通论。部门人文地理学的分支学科有很多,如人口地理学、经济地理学(工业地理学、农业地理学、商业地理学和交通地理学等等)、政治地理学、旅游地理学、历史地理学、军事地理学、聚落地理学和文化地理学等等。区域人文地理学分支包括世界、各洲、各国人文地理学等等。这种关于地理科学体系的划分方案可概括为"二分法",在我国地理科学界影响很大,目前很多学者接受了这一观点。

在前苏联和东欧一些国家,长期以来坚持把地理科学体系划分为自然地理学和经济地理学两大分支学科,前者以自然地理系统为研究对象,后者以经济地理系统为研究对象,而人文地理学遭到批判。我国解放以

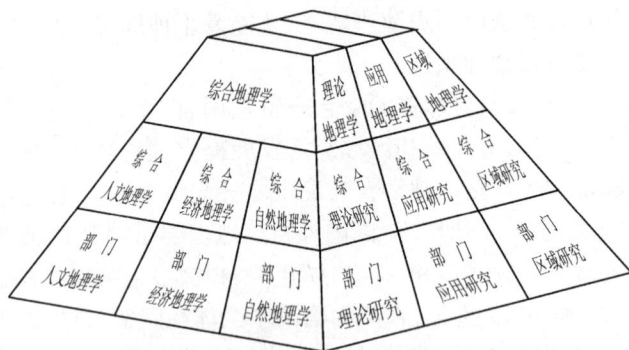

图绪-3　地理科学体系结构图[2]

后至改革开放以前,也长期坚持这种观点。改革开放以后,一些地理学家吸收和借鉴英美等国的经验,提出了地理科学体系"三分法"的观点(陈传康,1978;刘南威,1993)。这种观点可概括为"三分支、三层次和三重性"(图绪-3)。"三分支"是指根据研究对象组成和性质的差异将地理科学划分为自然地理学、经济地理学和人文地理学三大分支学科,它们分别以自然地理系统、经济地理系统和社会文化地理系统为研究对象。"三层次"是指根据地理系统的层次性,地理科学可分为研究整个地理系统综合特征的综合地理学;分别研究自然地理系统、经济地理系统和社会文化地理系统综合特征的综合自然地理学、综合经济地理学和综合人文地理学;分别研究自然地理系统、经济地理系统和社会文化地理系统各组成要素的部门自然地理学、部门经济地理学和部门人文地理学。部门自然地理学包括气候学、地貌学、水文地理学、生物地理学、土壤地理学、环境地理学、化学

地理学、医学地理学(疾病地理学)等。"三重性"是指地理科学"三分支"和"三层次"所涉及的各门地理学又根据研究的侧重点不同,再分为相应的理论地理学、应用地理学和区域地理学。理论地理学是研究地理系统或其某一组成要素基本原理和方法论的学科,应用地理学是应用理论地理学成果服务于生产实践的应用理论或技术,区域地理学是应用上述两种理论和方法对特定区域的研究。如综合地理学可分为综合理论地理学、综合应用地理学和综合区域地理学;综合自然地理学可分为综合理论自然地理学、综合应用自然地理学和综合区域自然地理学;各部门自然地理学也包括相应的理论地理学、应用地理学和区域地理学(如气候学可分为理论气候学、应用气候学和区域气候学等)。有些学者(白光润,1993)认为,区域研究是地理学的重要任务,地图学和地理信息系统等是地理科学的技术,因此地理学应分为区域地理学、系统地理学和数理地理学三大分支。其中区域地理学又称统一地理学或综合地理学,它是以国家或地区为研究对象,综合描述各区域自然、经济和社会的地理学;系统地理学包括自然地理学和人文地理学,自然地理学又包括综合、部门、区域和类型自然地理学等分支学科,人文地理学又包括经济地理学、社会文化地理学、聚落地理学等分支学科;数理地理学包括地图学、计量地理学和地理信息系统等学科。

钱学森(1986)认为,任何一门完善的科学都应该包括其哲学、基础(基础理论)学科、技术(应用理论)学科和工程技术(应用技术)四个层次。与之相对应,地理科学体系应该包括地理哲学、地球表层学、地理技术学科和地理工程技术四个层次。其中地球表层学是探讨地理系统组成、结构及其变化规律的基础理论学科;地理工程技术是地理科学直接改造客观世界的具体方法和手段;地理技术学科是介于地球表层学和地理工程技术之间的"桥梁",即在地理科学基础理论的基础上,所产生的指导生产实践的应用理论;地理哲学是更高层次的关于人地关系的认识论和方法论概括。关于哪些地理学科属于哪个层次,目前学术界尚无统一意见。

从以上关于地理科学体系的讨论可知,不管哪一种观点,自然地理学都是地理科学体系的重要分支学科,并且是一个庞大的学科群。部门自然地理学是自然地理学的基础性学科,综合自然地理学是建立在各部门自然地理学基础之上的高度综合的学科。综合自然地理学的发展有赖于各部门自然地理学的研究进展,反过来又可为部门自然地理学提供认识论和方法论方面的借鉴,在一定程度上推动部门自然地理学的发展。所以,综合自然地理学和部门自然地理学是相辅相成、互为补充的,两者共同构成了自然地理学科体系。

自然地理学是地理科学体系中其它分支学科的基础性学科。例如,经济地理学着重研究某一特定地区生产力布局和地域生产综合体形成条件与发展规律,而影响地区生产力合理布局的因素很多,其中自然条件和自然资源是非常重要的方面。经济地理工作者在从事经济地理研究的过程中,必须深入调查和了解研究地区的自然地理状况,否则就不可能制定出切合实际的生产决策。其它人文地理现象同经济地理现象一样,也不能脱离自然地理系统而存在,它们不可避免地要受到自然地理系统的影响。因此,人文地理学家也必须具有自然地理学基本知识、基本理论和基本技能。在正确认识自然地理学在地理科学体系中的地位时,我们要坚决反对"地理环境决定论",用辩证唯物主义世界观正确认识自然地理系统对人类活动的影响作用和人的主观能动性之间的关系。

三、自然地理学的研究方法

(一)自然地理学研究的方法论

用科学的方法论指导自然地理研究不仅可以节约大量时间、人力和物力,而且还可以使研究结果逼近客观实际,有利于提高科学研究水平。科学方法论包括归纳、演绎和类比方法等。归纳法是指从事实到概念、从观察到结论、从局部到总体的科学方法。演绎法则相反,是从概念到事实、从结论到观察、从总体到局部的科学方法。类比法是根据两个研究对象之间某些属性或关系的相似性,从一个已知理论去推演另一个未知理论的科学方法。从科学史角度来看,方法论是沿着归纳法→演绎法→类比法的轨迹前进的(楚义芳,1988)。在自然地理学研究中,这三种科学方法论都可以运用。但是,由于受人们对自然地理现象和过程认知水平以及相关学科发展水平的限制,目前演绎法和类比法在自然地理研究中的运用比较少。R.P.莫斯(1980)在"地理研究的科学方法"一文中特别强调演绎法在地理学中的作用,"只有利用这个方法,才能使地理学发展到较高的水平"。一般来说,自然地理学归纳法和演绎法研究的一般程序如图绪-4。

20世纪中期以来,系统科学的日臻完善为自然地理学研究提供了强有力的方法论支持。按照系统科学的观点,任何一个特定范围内,各要素相互联系、相互制约,具有一定结构和功能的有机整体都可以称为系统,系统之外的所有物质和能量都是该系统的环境。系统科学方法立足于系统整体,强调从系统内部各要素之间、要素与整体之间、系统与环境之间的相互联系、相互影响去分析研究整体,着重以结构为基础、以功能为目标去分析结构与功能之间的关系。系统科学还有一整套描述系统状态、状态变化方向及驱动力的定量方法。可见,系统科学为人们认识事物的本质、事物之间的联系以及事物的演化方向提供了有效的方法,具有十分重要的方法论意义。自然地理系统是复杂的开放巨系统,完全可以用系统科学的方法对其开展研究。用系统科学的方法有助于我们把难理解的庞大的自然地理系统划分为人们可以认知的低级次的自然地理系统,有助于理解自然地理系统内部各要素之间的联系以及对系统整体行为的贡献,有助于从系统和环境之间的关系理解自然地理系统的变化,有助于理解自然地理系统的形成和发展演变规律,有助于正确认识人与自然地理环境的关系,有助于建立科学的人工调控、优化自然地理系统的理论与方法。

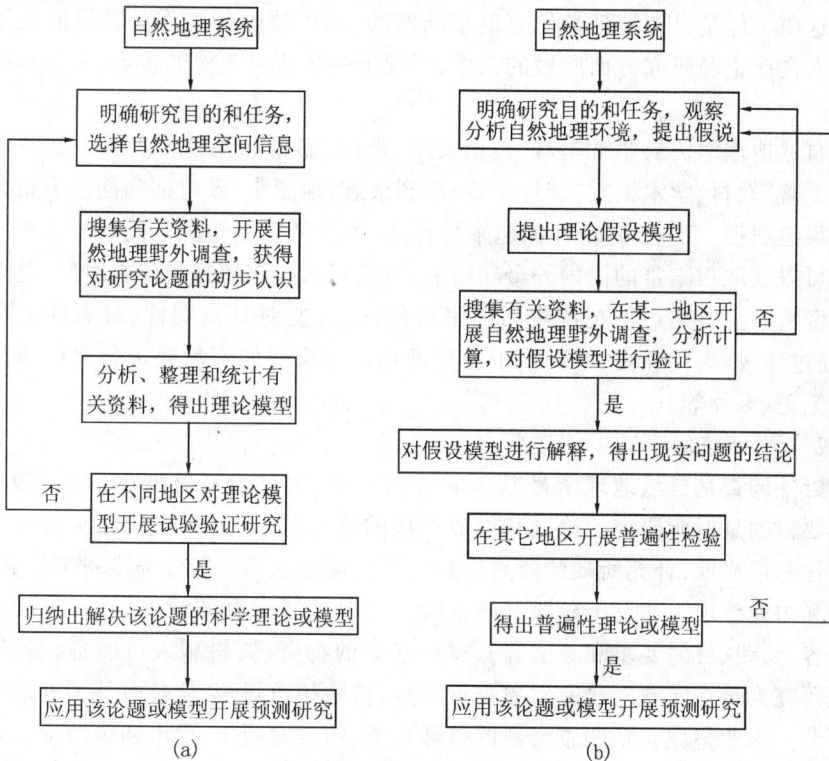

(a)归纳法;(b) 演绎法

图绪-4 自然地理学研究的一般程序

自然地理系统存在着明显的区域差异,科学地划分不同等级的自然地理系统是自然地理学的重要任务。这只能在正确对比分析不同区域自然地理特征的相似性和差异性基础上进行,因此区域对比分析是自然地理工作者必须建立的思维模式。区域对比分析包括很多方面,如不同区域自然地理要素特征比较、发生过程及趋势的时间比较、结构和质量的功能比较、人地关系相互作用形式和程度的比较、区际之间联系的比较等。通过对区域的全面比较才能明确区域特征，把握区域的资源优势和制约因素，为人类利用自然和改造自然提供科学依据。

(二)自然地理学研究的主要方法

1.资料搜集与分析

在自然地理学研究的论题确定之后，就应该立即着手相关资料的搜集与分析。这项工作是自然地理学研究最基础性的、不可缺少的工作。其目的在于了解前人在该论题研究方面所做的工作，明确下一步研究工作的重点，避免重复性研究。

自然地理学资料非常丰富，包括文字、数据、影像和图件资料等。这些资料可从专著、教材、学术论文、统计年鉴、报刊杂志、地图集、政府部门的研究报告等多种渠道获得。现在 Internet 网越来越普及，为资料搜集提供了极大的方便。在网上可以获取很丰富的国内外最新研究资料，可大大缩短搜集资料时间，是今后搜集资料的主要渠道。在搜集阅读资料的同时，要对其真实性、可靠性进行分析，通过比较，去伪存真，取其精华去其糟粕。对重要的资料要进行复印或随时做好笔记、卡片等。

2.野外调查

野外调查是自然地理学最基本的研究方法，也是最富有特色的研究方法。其主要目的是对所研究的论题获得最直接的感性认识，进一步验证所获资料的真实性和可靠性，补充所缺的资料信息。野外调查工作一般分为准备工作、野外工作和内业整理工作三个阶段。准备阶段主要是制定野外调查计划(包括调查的内容、路线、目的要求和方法等)，进行必要的物资、资料和人员准备。野外工作是研究人员在实地对研究对象进行观察、描述和访问等，这是野外调查最关键的环节。内业整理包括调查资料的整理分类、图表的制作，得出初步结论。

野外工作的主要任务有四个方面：一是野外观察与描述。对所见自然地理事物的特征、形成和分布等情况进行仔细观察，特别要重视自然地理现象之间因果联系和过程的观察，并进行必要的文字记载、拍照、录像和素描。二是野外测量。要想获得自然地理事物的定量信息，必须开展野外测量工作，如地貌形体测量、植物样方调查、河流流速和流量的测量、土壤性质简单速测等等。三是采集样品。由于野外工作条件的限制，对那些在野外不易获得定量数据的项目，必须采集分析样品，运回实验室进行化验分析。有时还可采集一些供室内对比分析和展览参观的样品或标本。四是访问调查。对于自然地理事物的历史情况或野外不易直接观察到的情况,要向当地有经验的居民访问调查,获得尽量多的信息。另外,必要时还可以开展野外连续的定位或半定位观测研究,以求获得研究对象的动态变化信息。

3.室内实验

(1)化验分析:根据研究的需要,对在野外调查期间采集到的分析样品(如土壤样品、水样品、岩矿样品、植物样品和大气样品等),要按照有关技术规程、借助特殊仪器开展室内化验分析,获得野外难以得到的精确数据。目前大型精密仪器如气相色谱仪、原子吸收分光光度计、紫外可见分光光度计、极谱仪、电子显微镜等已在自然地理学研究中得到了广泛应用,大大提高了研究的精度。

(2)模拟实验:常用的自然地理模拟实验包括尺度模拟实验和数学模拟实验两种类型。尺度模拟也叫缩放模拟,是把特定区域的自然地理系统按照一定的空间比例人工重建或缩小至便于在实验室观察的形式去研究的一种科学方法。它可以人为地加速自然地理发展过程,较快地获得实验结果,缩短研究工作周期;还可以人为地固定一些环境因素而改变另一些环境因素,从而获取自然地理现象发展过程的各种动态数据。例如,河流的曲流模拟实验完全按照野外的地貌和物质组成特点等比例缩小,人工控制流水的流速和流量,观察曲流的发育过程,得到一系列科学数据,从而总结出曲流地貌发育规律。数学模拟是在深入研究自然地理现象和过程的基础上,得出比较科学的数学表达模型,然后借助计算机开展模拟运算的一种科学方法。数学模型可以通过将已被证明是正确的理论、原理和定律应用于被研究对象来建立,也可以用类比的方法从已知模型推演未知模型,还可以用数理统计方法来建立。通过建立数学模型,可以开展自然地理过程的科学预测。但是应该特别注意,自然地理系统的参数非常多,相互关系十分复杂,用简单的数学模型往往不能反映客观实际,在此基础上进行预测会得出不切实际的结论,所以在数学模拟过程中一定要定性与定量相结合。

4."3S"技术应用

所谓"3S"是指 GPS、RS 和 GIS,它们分别是英文 Global Position System、Remote Sensing 和 Geographical Information System 的缩写,中文译名为全球定位系统、遥感和地理信息系统。"3S"技术不仅提高了自然地理学研究的精度,而且也大大缩短了研究的周期,被认为是最有前途的自然地理学研究方法。

RS 是通过传感器接收地面物体电磁波信息来揭示被测物体性质和动态变化的技术。在自然地理学研究中,应用遥感影像标志可以准确、快速地确定自然地理事物的位置、范围。例如,利用遥感图像可以开展区域乃至全球性自然资源调查和制图、自然灾害的监测和预报、全球变化研究、自然地理区域划分和类型研究等。GIS 是在计算机软硬件的支持下,采集、储存、修改、分析和输出地理系统空间信息的技术,它具有为各行各业建立不同尺度的空间数据库和决策支持系统,向用户提供地图、数据、图表等多种形式的空间查询、空间分析和辅助规划决策的功能。在自然地理研究中,可以分别建立单要素或自然地理系统的 GIS,为多种用户服务。目前 GIS 已在自然资源管理、自然灾害和环境监测等方面得到了应用。GPS 是以卫星为基础的无线电实时、快速定位和导航系统。它利用24 颗卫星在 20 000 km 高空构成的卫星群发出的信号,采用三角测量原理,可以精确确定出地表物体空间坐标。在自然地理学研究中,利用 GPS 可以确定自然地理事物的准确位置(误差一般在 5 mm 以内)及动态变化,在监测地壳运动、冰川进退和地貌发育以及大地测量等方面发挥了重要作用。目前已经出现 RS、GPS 和 GIS 集成化或一体化研究的趋势(李德仁,1997),这进一步增强了"3S"技术解决自然地理实际问题的能力。随着科学技术的不断发展,"3S"技术必将在自然地理研究中发挥越来越重要的作用。

四、自然地理学发展简史和趋势

(一)古代自然地理学阶段(奴隶社会中后期—19 世纪初)

古代自然地理学阶段,科学技术不发达,社会生产力水平低下,人类对自然地理系统的认识一直停留在感性水平上。自然地理学以自然语言(没有经过科学归纳或抽象概括的语言)描述和记载地理知识为主,自然地理学往往同人文地理学以及天文学、几何学混杂在一起,地理科学没有明显分化,自然地理学以原始综合的面目出现。这一时期,地理学存在着"博杂派"和"宇宙派"两大学派。"博杂派"着重联系历史,无所不包地描述和记载某个国家或地区的总的情况,其代表性著作是地方志。"宇宙派"把地球、宇宙和数学联系起来,尝试对自然地理现象进行朴素的唯物解释,其代表性著作有埃拉托色尼的《地理学》和瓦伦纽斯的《地理学通论》。宇宙派的思想后来成了自然地理学发展的重要基础。古代自然地理学还不是一门真正独立的科学,只能算是自然地理学发展的萌芽。

(二)近代自然地理学阶段(19 世纪初—20 世纪 40 年代)

古代自然地理学后期(15 世纪—18 世纪),随着欧洲资本主义社会制度的确立,开始了地理探险和地理大发现。与此同时,在西欧出现了文艺复兴,科学和艺术冲破宗教神权的桎梏得到了蓬勃发展。所有这些为西方自然地理学的发展提供了契机,自然地理学开始由资料积累向资料系统整理、由感性认识向理性认识过渡。

近代自然地理学首先崛起于德国。在 A.V.洪堡和 K.李特尔等自然地理学家的努力下,自然地理学吸收了近代科学技术的成就,丰富了自然地理学的理论和方法,使其逐渐走上了科学的轨道。在这一时期,自然地理学开始对地球表面各种自然地理现象和过程进行条理化描述或科学归纳,形成了一套概念体系,自然地理学描述除自然语言外,也使用高度概括归纳的哲学语言(如热带森林、温带森林等)。原始的自然地理学综合开始分化,新的综合自然地理学开始形成。

当自然地理学发展进入 19 世纪以后,在当时科学大分化的背景下,自然地理学开始从原始地理学中分化出来,并进一步分化为一系列独立的部门自然地理学。例如,经过 A.V.洪堡、W.柯本、B.B.道库恰耶夫、W.M.戴维斯等自然地理学家的不懈努力,分别使植物地理学、气候学、土壤地理学和地貌学成为独立学科。自然地理学的学科分化是自然地理学发展的必然,是人类应用其它学科理论和方法深入研究自然地理各要素的标志,是一种进步的表现。但是从表面上看,自然地理学的分化架空了自然地理学,因此一度出现了自然地理学的"危机"。在这种情况下,许多自然地理学家如洪堡、F.V.李希霍芬、道库恰耶夫、Л.C.贝尔格等为了探索自然地理学的出路,他们在深入研究各部门自然地理学的同时,逐渐发展并完善了综合自然地理学。

(三)现代自然地理学阶段(20 世纪 40 年代到现在)

二次世界大战以后,世界各国的科学技术得到了迅猛发展,尤其是系统科学、空间技术、电子计算机和测试手段的日臻完善为现代自然地理学发展提供了强有力的技术支持。同时世界经济也得到了空前发展,一些发达国家相继进入后工业化社会,随之产生了环境、资源、生态、粮食、人口等全球性问题,这就在客观上要求大力发展自然地理学。现代自然地理学首先崛起于美国,当时许多美国地理学家对传统的地理学研究状况表示不满,他们认为科学就是对法则的追求,地理学不能是科学的例外,也应该追求法则和探索规律,因而掀起了一场地理学的"理论革命"和"计量革命"运动。其代表性著作有 W.夏里逊的《计量地理学》、D.哈维的《地理学解释》和 W.邦奇的《理论地理学》等。自然地理学在"计量运动"的激励和驱动下,通过吸收和借鉴当代科学技术的优秀成果,其理论和方法都得到了前所未有的发展,逐渐步入了现代科学的行列。

现代自然地理学的特点可以概括为以下几个方面:第一,应用系统科学的思想对自然地理系统和各要素进行系统分析和研究。第二,以哲学语言和数学语言为主,运用定性与定量相结合的方法来揭示各种自然地理现象和过程的内在规律并预测未来的变化,模式化研究越来越广泛。第三,现代先进技术(遥感技术、电子计算机、高精密测试仪器等)开始广泛应用于自然地理调查、实验和数据处理。第四,自然地理学同其它相关学科之间的相互渗透逐渐增强,出现了一些新的交叉学科。如自然地理学与化学、物理学、生态学、环境科学和资源学之间相互渗透形成了化学地理学、自然环境力能学、生态地学、环境地学和自然资源地理学等交叉学科。

面向 21 世纪,可把自然地理学研究动向和发展趋势概括为以下几个方面:

第一,学科分化和综合并存,新的、高层次的综合越来越受到重视。各部门自然地理学在当代科学技术的支持下,广泛吸收相关学科的研究成果,必将得到更进一步的发展。但是作为统一整体的自然地理系统,它的功能决不等于各要素功能的机械迭加,而与其环境有千丝万缕的联系,所以只有加强自然地理综合研究才能从根本上揭示自然地理规律。自然地理的综合研究包括自然地理学科内部综合以及自然地理学科与其它学科之间的综合两个方面。学科内部的综合过去已有长足的发展,今后研究的重点是加强地域分异规律的物质能量基础研究、综合自然区划方法论探讨、深化对自然区域整体性和区际联系的认识、世界环境演变及预测等。自然地理学同其它相关学科的综合难度很大,目前尚处于探索阶段。其主要任务是在大尺度层次上,运用系统科学方法,将自然地理系统作为影响人类生存的因素之一,同经济、社会等因素结合起来共同研究,彻底揭示地理系统的状态、行为和变化规律。主要研究领域是关于人地关系地域系统研究(吴传钧,1979)或地球(陆地)系统科学研究(ESSC,1988;黄秉维,1996),建立科学的统一地理学以及自然、经济和社会统一的区域地理学。

第二,理论和应用并重,应用领域向深度和广度拓展。应该承认,自然地理学乃至地理学虽然经过众多科学家长期的不懈探索,在理论上也取得了令人瞩目的成就,但同物理、化学、数学等精密学科相比,其理论基础仍然显得薄弱。究其原因主要是它的研究对象太复杂,科学技术发展水平尚未达到充分认知自然地理规律的程度。目前系统科学、遥感技术、计算机技术、测试手段以及相关学科的发展,为自然地理学理论建设提供了有利条件。有理由相信,理论自然地理学将在 21 世纪得到快速发展。理论自然地理学研究的重点是自然地理系统的整体研究、空间研究、过程研究、形态研究、质量研究和人类活动的自然地理效应研究等。在理论研究的同时,自然地理应用研究将备受人们的重视。近几十年来,由于人地关系不协调所产生的全球性问题已严重威胁人类的进一步生存与发展,而自然地理学以它研究内容的广泛性和综合性在解决上述问题过程中具有其它学科不可替代的优势。自然地理学的主要应用研究领域有自然资源综合开发利用研究、自然灾害防御与治理研究、环境规划与管理研究、景观生态设计研究等等。自然地理学同人文地理学等其它学科密切合作在区域可持续发展研究、区域开发与规划研究等方面也将发挥越来越重要的作用。

第三,由典型区研究向脆弱区(敏感区)和过渡区研究转移。传统的自然地理研究主要集中在典型自然地带,自 20 世纪 80 年代以来,自然地理研究的重点区域出现了从典型区向脆弱区(敏感区)和过渡区转移的趋向。所谓脆弱区或敏感区是指系统组成、结构和功能比较简单,稳定性较差,易受环境变化干扰的自然地理区域。这些区域要么限制性因素明显,要么人类活动频繁而强烈,是研究全球变化和人地关系的理想地区。如干旱和半干旱地区环境演变、生态恢复与重建研究,城市自然地理及城市生态系统研究等越来越受到学术界的重视。过渡区是指位于两个相邻的自然地理单元之间,彼此交错、重迭形成的具有二元特性的自然地理区域,如海陆交接带、山地平原交界带、干湿交错带、河流变迁带、森林边缘带、沙漠边缘带、农牧交错带和城乡交接带等等。过渡区不同于相邻的自然地理区,它有其独特的自然地理过程和性质(如生物的多样性),并作为两侧自然地理区物质、能量和信息交换的界面或通道,对两侧的自然地理系统发生影响。所以,开展自然地理过渡区研究对于深入揭示自然地理系统形成机理,保护和创造自然地理环境的"异质性"和生物多样性等都具有重要意义。

复 习 思 考 题

1. 简述地理系统垂直范围的划分依据。
2. 试分析自然地理系统的组成与结构特征。
3. 自然地理学解决的主要科学问题是什么?
4. 自然地理学在地理科学体系中的地位和作用如何?
5. 在自然地理学研究中应注意什么问题?
6. 试述现代自然地理学的显著特征和发展趋势。

主 要 参 考 文 献

[1] 潘树荣等.自然地理学(第二版).北京:高等教育出版社,1985.1～5

[2] 刘南威等.综合自然地理学.北京:科学出版社,1993.1～73

[3] 胡兆量等.地理环境概述.北京:科学出版社,1997.1～13

[4] 牛文元.理论地理学.北京:商务印书馆,1992.81～134

[5] 马建华等.自然地理学教程.开封:河南大学出版社,1991.1～5

[6]牛文元.自然地理新论.北京:科学出版社,1981.15~25

[7]赵松乔等.现代自然地理.北京:科学出版社,1989.1~28

[8]仝石琳.综合自然地理学导论.开封:河南大学出版社,1988.1~100

[9]景贵和等.综合自然地理.北京:高等教育出版社,1990.1~47

[10]陈传康等.综合自然地理学.北京:高等教育出版社,1993.1~12

[11]А.Г.伊萨钦科.今日地理学.胡寿田等译.北京:商务印书馆,1986.55~106

[12]В.Б.索恰瓦.地理系统学说导论.李世玢译.北京:商务印书馆,1991.3~30

[13]R.哈特向.地理学性质的透视.黎樵译.北京:商务印书馆,1997.1~171

[14]C.B.卡列斯尼克.普通自然地理简明教程.普通自然地理教程翻译组译.北京:商务
印书馆,1979.1~4

[15]白光润.地理学导论.长春:东北师范大学出版社,1993.1~23,72~101,154~227

[16]孙根年.地理科学导论.西安:西安地图出版社,1994.174~265

[17]钱学森.论地理科学.杭州:浙江教育出版社,1994.36~46,59~66,69~93

[18]FitzGerald B P. Developments in Geographical Method:Science in Geography 1. Oxford University Press,1974.1~23

[19]Johns R J. The Future of Geography. Methuen & Co.Ltd.,1985.113~142

[20]Hanwell J D. et al.Techniques in Physical Geography. Macmillan Education Ltd.,1983.1~14

[21]Thompson R D. et al.Processes in Physical Geography. Longman Group Ltd.,1986.1~7

[22]牛文元.现代地理学的三大体系——理论地理学的产生和发展、应用地理学、实验地理学与地理实验技术.地理知识.北京:中国地理学会,1988(8~10):27~29,27~28,24~26

[23]李德仁.论 RS,GPS 与 GIS 集成的定义、理论与关键技术.遥感学报,1997,1(1):64~68

[24]刘震等.三"S"一体化技术和方法的探讨.环境遥感,1995,10(2):152~160

[25]R.P.莫斯.地理研究的科学方法.李德美译.地理译报,1984(1):54~58

[26]楚义芳.地理科学的逻辑方法和基本法则.地理学报,1988,43(3):250~257

[27]Bradshaw M. et al. Physical Geography——An Introduction to Eath Environments. Mosby-Year Book Inc.,1993.27~32

[28]李克煌等.自然地理界面理论与实践.北京:中国农业出版社,1996.2~4

第一章　宇宙因素对自然地理系统的影响

　　宇宙在空间上无边无际。目前人类所观察到的宇宙空间已有 140×10^8 光年。在如此广袤、浩瀚的空间中，存在着无数天体。依其特性不同，可把天体分为恒星、行星、卫星、流星、彗星和星云六大类。恒星自身可以发光，质量很大。通常我们凭肉眼在夜晚看见的天体中，99％以上都是恒星。在人类所观察到的空间内，大约有 1×10^{22} 颗恒星。几十亿到上千亿颗恒星的集合体称为星系。银河系就是由 1 000 多亿颗恒星组成的星系，其中距离地球最近的恒星就是我们熟知的太阳。行星质量远较恒星小，不发光，且绕恒星运动。卫星质量较行星还小，绕行星运动，如月球是地球的卫星，环绕地球运动。流星质量更小，也不发光。流星和行星在接近地球运行时，受地球引力影响，可能改变其运行轨道而进入地球大气层，与地球大气摩擦而燃烧，绝大部分在到达地球表面之前就已完全气化，少数能到达地面成为陨石。彗星是一种质量很小，具有特殊外表与轨道的天体，由彗核、彗发和彗尾组成。星云是一种云雾状的天体，体积非常庞大。

　　宇宙因素对自然地理系统有诸多影响。这不仅表现在地质历史时期宇宙因素对地球或古代自然地理系统形成、演化与发展中产生诸如冰期与间冰期、地壳抬升与沉降、海陆变迁等如此之大的深刻影响，而且还表现在对现代自然地理现象和过程有诸多方面的影响，如现代自然地理系统的最主要能量来源来自地球之外的太阳，火山喷发、地震、气候变化、洪涝灾害等都与宇宙因素有关。在影响自然地理系统的宇宙因素中，最重要的是太阳，其次是月球、小行星及行星地球本身的运动及结构等。

第一节　太阳及其对自然地理系统的影响

一、太阳概说

(一)太阳系

以太阳为中心的天体系统称为太阳系。在太阳系中,太阳集中了太阳系的绝大部分质量,由此而产生的巨大吸引力,使太阳系中的其它天体(行星、卫星、彗星、流星等)都环绕它运动。

太阳系中有九大行星,按照它们与太阳的平均距离由近及远的顺序,分别是水星、金星、地球、火星、木星、土星、天王星、海王星和冥王星。在地球上看,水星、金星、火星、木星和土星是星空中的明星,自古称之为五星或五行,并同太阳和月球合称为七曜;而天王星、海王星和冥王星由于距地球遥远,只有用天文望远镜才能看到。除上述九大行星外,太阳系还有为数众多的小行星,它们的质量很少,据估计,其质量仅相当于地球质量的0.04%。

(二)太阳的大小和质量

在银河系里,太阳是普通的一员,但在太阳系中太阳却是一个举足轻重的天体,它主宰着整个太阳系的命运。据测算,太阳半径为 70×10^4 km,相当于地球半径的 109 倍。由此可推知,太阳表面积是地球表面积的 1.2×10^4 倍,太阳体积是地球体积的 130×10^4 倍。太阳质量达 1.989×10^{30} kg,集中了太阳系总质量的99.9%,相当于地球质量的 33×10^4 多倍。太阳的平均密度为 1.41 g·cm^{-3},约为地球平均密度的 1/4,但太阳各部分密度差异显著,内部核心密度高达 160 g·cm^{-3}。

(三)太阳的结构

由于太阳表面的平均温度为 5 770 K,而其内部温度更高,因此组成太阳的物质不可能呈固态或液态,只能是炽热的气体,而且这些炽热气体是由等离子体(构成物质的原子在高温下发生电离,正、负两种离子所带电荷的总量相等)构成的。太阳的结构可分为内部稠密气体和外部稀薄气体两大部分。太阳内部的稠密气体又可分为核反应区、辐射区和对流区。从太阳中心到 1/4 太阳半径的范围属核反应区,热核反应强烈,温度高达 $1\,500 \times 10^4$ K,密度达 160 g·cm^{-3},是太阳系巨大的能源基地。从 1/4 太阳半径到 1/2 太阳半径的范围属辐射区,核反应区产生的能量以辐射形式通过该区向外传输。对流区位于辐射区外层,是太阳内部稠密气体的最外层,这里的炽热气体处于升降起伏的对流状态。

太阳外部的稀薄气体又称太阳大气,按其物理性质,又可分为光球、色球和日冕三部分。光球位于太阳大气的低层,厚度约 500 km,通常所说的太阳半径即是指太阳中心至光球外界的距离。太阳内部产生的辐射,都被内部的物质吸收,只有光球发射的光才能向太阳四周的空间传送,形成明亮的太阳光盘。光球的平均温度(亦即太阳表面平均温度)为 5 770 K。色球是太阳大气的中层,厚度约 2 000 km,亮度只有光球的 1/1 000,密度也比光球低得多,但温度却比光球高。它的底层温度为 10 000 K,高层温度达几万甚至几十万 K。日冕位于太阳大气的最外层,延伸范围很广,没有明显上界。日冕的密度极低,但温度却很高,达 100×10^4 K 以上。如此高的温度,使日冕的稀薄物质以极高的速度运动(如氢核运动的平均速度达 220 km·s^{-1}),以至于一部分粒子能够摆脱太阳引力,奔向星际空间。这种现象称为日冕膨胀,这种高速粒子流称为太阳风。

(四)太阳活动

有时太阳大气由于受太阳磁场和稠密气体对流区扰动的影响而处于局部的激烈运动中,这种现象称为太阳活动,其最显著的标志是太阳黑子的活动。太阳黑子是太阳光球上的暗色区域。其实太阳黑子并不黑,只是其温度较周围稍低(约 4 500 K),在明亮的光球反衬下显得较暗而已。太阳黑子的大小不同,形状各异;出现持续时间短的仅几个小时,长的可达数月;出现的范围多限于太阳赤纬 5°~25°,赤道和高纬地区出现较少;其盛衰有 11 年等周期,称为太阳活动周期。太阳黑子最多的年份,太阳活动特别强烈,称为太阳活动峰年;太阳黑子最少的年份,太阳活动较弱,称为太阳活动谷年。

除太阳黑子外,太阳活动的表现还有光斑、耀斑、日珥等。光斑是光球上层出现的明亮而更为炽热的区域。耀斑是太阳色球层极小区域内发生的爆发性能量释放现象,其表现为日面上局部突然增亮。日珥是从色球不断喷发出来的火焰状物质,其形态多样。需要特别指出的是,太阳光斑、耀斑、日珥等活动均有与太阳黑子活动同步变化的特征,这说明太阳活动是一个有机整体,它们之间存在着相互联系与影响。

二、太阳对自然地理系统的影响

太阳是自然地理系统能量的最主要来源,约占其能量来源的99.99%。据长期观测,在日地平均距离处,太阳光一分钟垂直照射大气上界1 cm^2 面积的热量为8.16 $J·cm^{-2}·s^{-1}$ 或1 367 $W·m^{-2}$,地球接受太阳的总热量为1.74 × 10^{17} $J·s^{-1}$。这个数量对于太阳辐射的总热量来说,仅是其22亿分之一,但对于地球自然地理系统来说却是举足轻重的。尽管到达地球表面的太阳辐射只占太阳辐射总量的极小部分,但却是自然地理系统形成、发展、演进的最根本的能量来源,已足以维持发生在自然地理系统中各种自然现象和过程的进行。如风、雪、雨、霜、雷、电等天气现象,地表岩石的风化及土壤的形成,江、河、湖、海等水体的形成及其联系,地表侵蚀与堆积,生物的生长发育等自然地理现象和过程最终都离不开太阳能的驱动;如果没有太阳,上述自然地理现象和过程都将停止,自然地理系统和人类社会也不可能形成。

太阳活动引起的太阳辐射的变化,必然导致自然地理系统的相应变化。引起地球气候变化的太阳活动最引人注目的是太阳黑子的周期性活动。太阳黑子的周期性活动有11年周期(J.R.Wolf,1948)、22年周期(G.E.Hale,1913)和80年~90年周期(W.Gleiss berg,1958)。与此相对应,气候的冷暖、干湿等自然地理现象和过程也在不同程度上出现上述周期性变动现象。例如,在太阳黑子11年周期的峰年,赤道地区的雨量明显增加,而中纬度地区的雨量则低于常年。大多数气候要素经常在11年周期中出现两个高点和两个低点,即双振动现象。例如,北美(H.E.Landsberg,1967)夏季的平均温度在太阳黑子谷年前两年出现一个高值,在黑子峰年前一年出现一个低值;第二个高值出现在黑子峰年后两年。在我国(王绍武,1972),无论气温或降水,都存在双振动现象。耀斑对自然地理系统也有明显影响。耀斑爆发有两大特征:一是来势猛,一个大的耀斑从诞生到消失导致一般历时仅一二十分钟;二是释放能量巨大,一个大耀斑一次释放的能量相当于100 × 10^8 颗百万吨级氢弹爆炸的威力。短时而巨大的能量释放,引起色球局部区域的瞬时加热导致各种电磁辐射、粒子辐射的突然增加,这些强烈辐射到达地球可引起异常的地球物理现象,并可诱发火山活动和地震发生,从而对自然地理系统产生影响。强烈的短波辐射破坏地球大气电离层结构,电离度增高,电波吸收增强,影响地面无线电通讯。高能粒子流到达地球附近时,扰乱地球磁场,引起磁暴;部分粒子受地球磁场所迫,沿磁力线向地球的南北磁极大量降落,形成极光。

太阳对地球的引力作用可以加强或减弱地球的潮汐现象,从而出现大潮和小潮。在其它条件相对不变的情况下,大潮时发生火山和地震的机率要高些。

第二节 行星及其对自然地理系统的影响

一、九大行星概说

如前所述,太阳系有水星、金星、地球、火星、木星、土星、天王星、海王星和冥王星等九大行星。以地球绕太阳公转轨道为界,可将除地球之外的八大行星分为地内行星(即水星和金星)和地外行星(即火星、木星、土星、天王星、海王星和冥王星)。若以小行星带为界,九大行星又可分为内行星(包括水星、金星、地球和火星)和外行星(包括木星、土星、天王星、海王星和冥王星)(图1-1)。

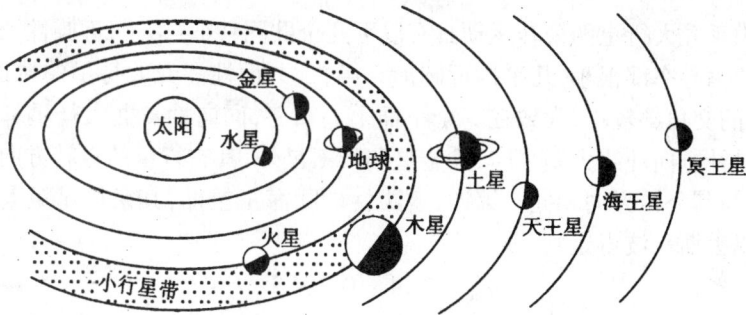

图1-1 太阳系结构示意图[1]

九大行星的公转轨道、体积、质量、卫星数目及其它物理化学性质存在着较大的差异。除冥王星外,按照物理化学性质将其余行星分为类地行星和类木行星两大类。类地行星是指与地球的物理性质相似的行星,包括水星、金星、地球和火星。它们距太阳较近,体积和质量较小,平均密度较大,化学组成以重物质为主,有固体表面,自转速度较慢,表面温度较高,卫星数目较少。类木行星是指与木星的物理性质相似的行星,包括木星、土星、天王星和海王星。它们距太阳较远,质量和体积都较大,平均密度较低,化学组成以轻物质为主,没有固体表面,H、He、Ne、C等轻元素是这类行星的主要成分,自转速度较快,表面温度较低,卫星数目较多(表1-1)。

表 1-1　九大行星主要性质比较[4]

行星类别	行星名称	距太阳平均距离(天文单位)	赤道半径(km)	公转的恒星周期(d)	自转周期	平均公转速度(km·s⁻¹)	地质(地球=1)	密度(g·cm⁻³)	体积(地球=1)	表面温度(℃)		扁率	偏心率	与黄道面交角	卫星数目(个)
										夜晚	白天				
类地行星	水星	0.387	2440	87.969	58d15h	4.89	0.055	5.46	0.056	-185	+410	0.0	0.206	7.0°	0
	金星	0.723	6050	224.701	243d	35.03	0.815	5.26	0.856	-40	+500	0.0	0.007	3.4°	0
	地球	1.000	6378	365.256	23h56min	29.79	1.00	5.52	1.000	+2	+22	0.0034	0.017	0°	1
	火星	1.524	3395	686.980	24h37min	24.13	0.1075	3.96	0.150	-103	+27	0.0052	0.093	1.9°	2
类木行星	木星	5.205	71400	4332.589	9h50min	13.06	317.94	1.33	1316	-150	+40	0.062	0.048	1.3°	16
	土星	9.576	6000	10759.2	10h14min	9.64	95.18	0.70	745	-170	-50	0.108	0.055	2.5°	23
	天王星	19.28	25900	30685.4	24±3h	6.81	14.63	1.24	65.2	-170	-150	0.01	0.051	0.8°	15
	海王星	30.13	24750	60189	24±4h	5.43	17.22	1.66	57.1	-170	-150	0.026	0.006	1.8°	10
	冥王星	39.87	1350	90465	6d9h17min	4.76	0.0024	1.50	0.009	-230	-210		0.256	17.1°	1

　　太阳系九大行星的公转运动具有以下几个共同特征:第一,近圆性。九大行星轨道的偏心率都很小,几乎接近圆形。第二,共面性。九大行星的轨道面(即黄道面)的交角都较小,大致在一个平面上。第三,同向性。九大行星都自西向东呈逆时针方向环绕太阳公转,除金星和天王星外,其它行星的自转方向也是自西向东,与其公转方向相同。第四,遵距性。除海王星外,其余行星距太阳的距离遵守提丢斯—波得定则,即

$$a_n = 0.4 + 0.3 \times 2^n \tag{1-1}$$

式中 n 为行星离开太阳的序号,水星、金星、地球、火星、木星、土星、天王星的序号分别取值 $-\infty$、0、1、2、4、5、6; a_n 表示行星 n 距太阳的平均距离,单位为天文单位,即日地平均距离(1 个天文单位等于 $1.495\ 978\ 7 \times 10^8$ km)。据提丢斯—波得定则算出的各行星距太阳的距离依次为 0.4、0.7、1.0、1.6、5.2、10.0、19.6 天文单位,对照表1-1,可看出它们与天文测定的实际距离非常接近。

　　根据提丢斯—波得定则,人们预测在火星和木星之间应该有一颗 n 取值为 3 的未知行星。英国天文学家 F·W 赫歇耳(1781)发现了天王星,而用 $n=6$ 代入提丢斯—波得定则,它差不多恰好处在定则所预言的轨道上。这就更使人们坚信火星和木星之间有一颗未知行星的存在。意大利天文学家皮亚齐(1801)首先在这一区域找到一颗小行星,它与太阳的平均距离为 2.77 天文单位,被命名为谷神星。随后天文学家在这个距离处又发现了许多小行星,它们构成了火星和木星之间的小行星带。可以预料,随着科学技术的发展,必将有更多的小行星被发现。

二、行星对自然地理系统的影响

按照天体力学理论,天体对地球的主要影响是引力作用,而其引力的大小与该天体的质量成正比,与天体到地球之间距离的平方成反比。因此,在太阳系中,对地球影响最大的是太阳和月球,而其它八大行星全部质量仅只有太阳的1/700,它们对地球的影响非常微弱。据美国天文学家米尤斯(1997)计算,即使八大行星都和地球处在一条直线上,而且都位于地球最近的(轨道)距离处,它们对地球总的引力也只相当于太阳平均引力的1/6 400。由此可以看出,无论单一行星或是八大行星整体如何排列,与太阳和月球相比,对地球或自然地理系统的影响都是非常小的。

"九星联珠"是指九大行星运行至太阳的同一侧且最外两颗行星对日心的张角为最小的现象。有人认为,行星和太阳的相对位置与地球气温有一定联系。把太阳和其它八大行星都处于地球同一侧,最外边的两颗行星对地心张角为最小的现象称为九星地心合聚。此时,以地球为中心,太阳和其它八大行星散布在一扇形区域内。研究表明(任振球,1990),近千年来我国出现的低温期大都发生在行星相聚的年份。不过,行星和太阳会聚在地球同一侧究竟会不会影响地球气候及其它自然地理现象,目前尚无定论,需要进一步开展研究。

太阳系中的小行星数量很多,虽然它们体积小(最大的谷神星直径只有770 km),质量小,全部质量之和仅有地球质量的4/10 000,但它们对自然地理系统却有着深刻影响。小行星对自然地理系统的影响主要表现在撞击地球,形成超高温、高压冲击波,小行星本身的气化、爆炸、熔融、破碎等引起一系列地球环境灾变。小行星撞击地球表面可引起比小行星体积大200倍的地面岩石气化、熔融、破碎和溅射,形成撞击坑改变地表地貌形态。据报道(欧阳自远,1997),目前地表残存的陨击坑有100多个,其中直径最大的是位于墨西哥尤卡坦半岛的Chicxulub坑,最大直径240 km,形成年龄约距今$6\,500 \times 10^4$年。小行星撞击地面可引起超强地震和海啸,导致重大的自然灾害。小行星撞击使大量尘埃、气溶胶等弥散于大气平流层,遮蔽太阳光,使气温骤降,环境黑暗而寒冷,绿色植物光合作用停止,生态系统食物链中断导致生物种类灭绝。据研究(路易斯·阿尔瓦内兹等,1980),中生代末期恐龙灭绝的原因就与一次小行星撞击有关。小行星撞击可引起森林燃烧,产生的烟尘、炭黑等弥散于大气中,更加剧了地表温度下降,冰盖覆盖面积增大,雪线下降,海平面降低。不过,小行星撞击地球的概率很小。据统计(Grieve,1995),自新生代以来,地球上已经发现的直径≥10 km的撞击坑有19个。若按一颗直径500m的小行星撞击地球后,在地面上形成一个直径

10 km的撞击坑计算,直径≥500 m的地外小天体(包括小行星)撞击地球的概率300万年分之一。但由于小行星撞击地球所造成的危害极大,因此目前科学家们对飞临地球附近的小行星非常重视。

第三节　月球及其对自然地理系统的影响

月球是地球惟一的天然卫星。虽然月球对自然地理系统的影响不能与太阳相提并论,但由于它是距离地球最近的天体,所以它对自然地理系统也有比较重要的影响。

一、月球概说

(一)月球的大小和外貌

由于月球距地球比较近,两者的平均距离为 38.44×10^4 km,因此在地球上看月球,其大小和太阳相差并不明显。而实际上,月球不仅比太阳小得多,而且比地球也小得多。月球的直径只有 3 476.4 km,相当于地球赤道直径的3/11;月球的体积约为 220×10^8 km³,相当于地球体积的 1/49;月球的质量为 7.196×10^{23} g,平均密度为 3.34 g·cm^{-3},分别相当于地球质量的 1/81.3、地球平均密度的 3/5。

月球表面与地球固体表面结构相似,但没有大气,没有水,也没有生物。据长期从地球上的观察分析和登月实地考察证实,月面上明亮的部分是山脉和高原,称之为月"陆",因其对日光反射率高,而显得明亮些;比较阴暗的部分称为月"海",是相对低洼的洼地或平原,因其对日光反射率低,而显得暗些。月球表面布满数以万计的环形山(又称月坑),它们大小悬殊,近似圆形,有的还向外辐射出明亮的条纹。环形山的形成可能是火山的遗迹或者是星际岩块撞击月壳的结果。

(二)月球的运动和月相变化

月球的公转运动是指月球在地月系中绕其质心的运动。由于地月系的质心在地球内部离地心4 671 km处,环绕质心与环绕地球运转的椭圆轨道相差不大,所以一般也将月球绕地月质心的运转叫做月球的公转。月球在公转轨道上自西向东绕地球运转。在月球公转的椭圆轨道上,地球位于椭圆轨道的一个焦点上,轨道的偏心率为 0.054 9,约为地球公转轨道偏心率的 3 倍,所以在月球公转轨道不同位置处,月地距离变化较大。月球轨道近地点距地球 36.33×10^4 km,远地点为 40.55×10^4 km,两者相差 4.22×10^4 km。

月球公转轨道在天穹上的投影称为白道,即月球公转轨道面与天穹相交的大圆。白道与黄道(地球绕太阳公转轨道面与天穹相交的大圆)不重合,二者有 5°9′ 的交角(称为黄白交角),因此黄道与白道在天穹上有两个交点。从地球上看,月球在白道上从黄道

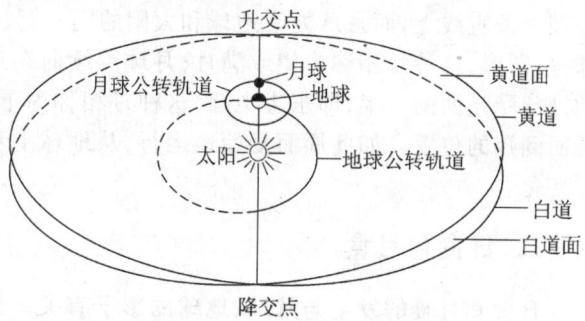

图 1-2　月球公转轨道及黄白交角示意图[1]

以南向黄道以北运行通过黄道的点称为升交点;相反,月球从黄道以北向黄道以南运行通过黄道的点称为降交点(图 1-2)。

月球公转速度有快有慢,在近地位置处速度为 1.08 km·s^{-1},而在远地点处为 0.97 km·s^{-1}。月球绕地球的公转周期是一个恒星月,即月球在白道上连续两次通过同一恒星所需的时间,其长度为 27.3217 d,即 27 d 7 h 43 min 12 s。

月球自转运动是指月球绕其轴的运动,其自转方向与公转方向都是自西向东,但它的自转周期却很长,正好是一个恒星月。月球的这种自转运动称为同步自转。由于月球的同步自转,地球上所看到的月面只是相同的半个月面,因此有人认为月球没有自转。其实,月球是以同一面向着地球,这恰好是其同步自转运动的最好证明。

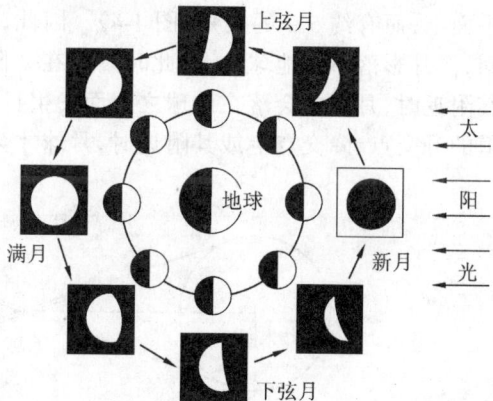

月球围绕地球运动,并且又跟随地球绕太阳运动,所以月球、地球

图 1-3　月相变化[4]

和太阳的相对位置是不断变化的。月球本身不发光,只能反射太阳光。随着月球、地球和太阳相对位置的不断变化,从地球上看月球,其明亮部分会出现盈亏的周期性变化,这种现象称为月相变化(图 1-3)。当月球运行到太阳和地球之间,三者恰好处在或接近处在一条直线上时,月球的黑暗半球正对着地球,地球

上的人们看不到月球,这种月相称为朔或新月;当月球在公转轨道上向东运行90°,三者恰好成一直角,这时地球上只能看到受光月面的一半,即西边半圆,这种月相称为上弦月;当月球又向东运行90°,月球、地球和太阳也恰好处在或接近处在一条直线上,而月球处于地球和太阳的同一侧,这时月球受光的半球向着地球,呈圆形,这种月相称为望或满月;月球继续向东运行90°,从地球上又只能看到月球受光面的一半,即东边半圆,这种月相称为下弦月或残月;然后又向东运转回到朔的位置。如此周而复始地运行,从地球上看月相就会出现有规律的盈亏变化。

二、日食和月食

日食和月食的发生与月球、地球的影子有关。当月球运行到地球和太阳之间,三者恰好或几乎处在一条直线上时,月影就会落到地球上,处在月影地区的人们就会看到太阳部分地或全部被月球遮住,这种现象叫做日食。根据日食程度的不同,日食又分日全食、日偏食和日环食。当地球位于太阳和月球之间,三者也恰好或接近处在一条直线上时,地影就会落到月球上,这时处于地影区的人们就会看到月球部分地或全部地失去光辉,这种现象叫做月食(图1-4)。月食又分月全食和月偏食。可见,日食必定发生在朔日,月食必定发生在望日,但并不是所有的朔日或望日都会发生日食或月食,这是因为黄道面和白道面不在一个平面上,而有约5°9′的夹角(图1-4)。因此,在大多数朔日,月球虽位于日、地之间,但月影落不到地球之上,此时只有在太阳位于黄白道的升交点、降交点上或其附近时,月影才会落在地球之上而发生日食。同样道理,只有当太阳处于黄白道的升交点、降交点上或其附近时,月球才会进入地影区而发生月食。

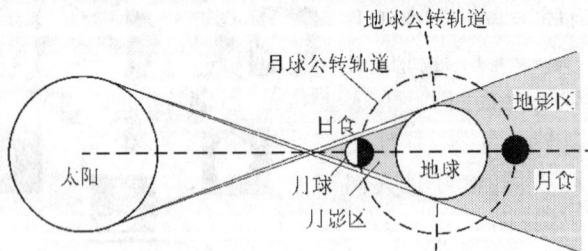

图 1-4   日食和月食示意图[1]

三、月球对自然地理系统的影响

月球对自然地理系统的影响主要表现在月球使地球上的水体、气体和地壳均发生周期性的升降运动——潮汐运动及其对地球自然地理系统的影响方面。

潮汐可分为海洋潮汐、大气潮汐和固体潮汐(或陆潮)三类,而最明显的潮汐现象是海洋潮汐。引起海洋潮汐的因素有很多,其中最基本、最重要的因素是天文因素。在天文因素中,对海洋潮汐影响最大的是月球,月球对地球的引潮力是太阳引潮力的2.18倍,因此可以说海洋潮汐主要是月球对地球的引潮力作用形成的。由于海面的升降交替变化,潮水与海底摩擦损耗了地球自转的能量,因此月球引潮力所造成的海洋潮汐就像一台摩擦制动器,减慢着地球自转的速度,抵偿因重力作用使地表物质向地球深处移动等引起的使地球自转速度加快的作用。另外,海洋潮汐对海岸带地貌的形成与发育,对海防、海运、海洋渔盐业及潮汐能的开发利用都有直接而重要的影响。

由于大气的密度比海水小得多,加上各种气象因素的掩盖,大气潮汐远不如海洋潮汐显著,但月球引潮力对地球气压场和大气环流的扰动已为观测事实所证明。有人认为,引潮力可作为气候形成的自然因子之一,用引潮力进行定量预报台风中心强度就是其在具体实践中的应用。

月球引潮力在地壳表层产生的固体潮汐升降幅度虽小,但仍可用仪器测定出来。固体潮汐可诱发火山活动和地震,而火山和地震的发生往往对区域自然地理系统产生重大而深远的影响。据观测,许多地区在朔、望日前后地震出现的几率较大,这是因为在太阳和月球接近一条直线时,引潮力达到最大,固体潮汐较强。

第四节 行星地球对自然地理系统的影响

一、地球的形状和大小及其自然地理意义

(一)地球的形状及其自然地理意义

1.地球的形状

地球的形状是指大地水准面的形状,是一种假想的用平均海平面表示的平滑的封闭曲面。地球的形状是一个球体,这已是不争的事实,但是地球的形状并不是一个正球体,而是一个赤道比较凸出,两极比较凹进的扁球体。地球赤道半径最大,极半径最小,通过赤道的地球直径比通过两极的直径长42.5 km;赤道和所有纬线圈都是正圆,所有经线圈都是椭圆,且经线的曲率自赤道向两极减小。

扁球体的扁平程度用扁率来表示。所谓扁率是指椭球体半长轴与半短轴之差与半长轴之比。据观测,地球半长轴为 6 378.140 km,半短轴为 6 356.755 km,故地球椭球体的扁率为 1:298.257。由此可见,地球扁率很小,在某些情况下,可以把地球当作正球体看待。

可以设想一个十分迫近大地水准面形状的参考扁球体,进而通过研究大地水准面对参考扁球体的偏离程度探求地球的真实形状。在 0°N~45°N 地区,大地水准面相对于参考扁球体而凹陷;在 0°S~60°S 区域,大地水准面相对于参考扁球体而隆起,其偏差约为几米;在北极,大地水准面相对于参考扁球体凸出,其偏差约 10 m;在南极,大地水准面相对于参考扁球体凹进 28 m;北半球极半径比南半球极半径长约 40 m。据此,人们把地球的形状形象地说成是南极凹进而北极凸起的"梨形体"。

但需要说明的是,地球南、北极半径之间的 40 m 差值,相对于地球巨大的直径来说,是微不足道的,所以在宏观研究上仍然可以把地球作为一个正球体对待。

2. 地球形状的自然地理意义

地球是一个不透明的球形体,当太阳光照射到地球上时就会半球向阳,半球背阳,形成昼半球和夜半球。由于太阳距地球很远,所以可将投射到地球表面的太阳光线看成是平行光线,这样同一时刻投射到地球表面的太阳光线的太阳高度角(某地点的太阳光入射方向与地平之间的夹角)是不同的(图 1-5)。就全年平均状况而言,太阳高度角从南、北纬 23°27′,

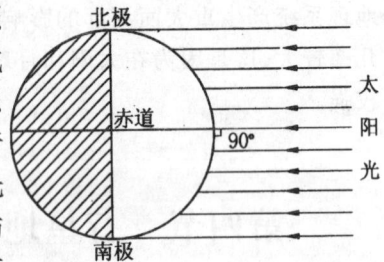

图 1-5 太阳高度角随纬度的变化

有规律地向两极递减;在春分和秋分时,太阳高度角从赤道向两极依次递减,从90°逐渐减小到 0°。太阳高度角大,单位面积获得的太阳辐射能就大;反之则小。因此,太阳辐射使地表增暖的程度也从低纬向高纬逐渐减弱,引起地表热力分布不均衡。这种不均衡性对地球气候的形成以及自然地理环境中的一切过程产生极大影响,从而造成地球上热量的带状分布和所有与热量状况有关的自然现象(如气候、植被和土壤等)的地带性分布。

(二)地球的大小及其自然地理意义

1975 年 9 月,第十八届国际大地测量和地球物理协会推荐了一批有关地球大小的数据。地球赤道半径为 6 378.140 km,地球极半径为 6 356.755 km。通常把与地球椭球体体积相等的正球体半径作为地球的平均半径。由此可以得出:地球的平均半径为 6 371.110 km,赤道周长为 40 076.604 km,经线周长为 40 008.548 km,表面积为 $5.100\,7 \times 10^8$ km^2,体积为 $1.083\,2 \times 10^{12}$ km^3,质量为 5.976×10^{24} kg,平均密度为 5.518 g·cm^{-3}。

　　地球巨大的体积和质量,使它能够以强大的地心引力吸引着地球周围的大气,使地球保持一个具有一定厚度和质量的大气圈。因为地球上的物体必须具有 11.2 km·s^{-1}的逃逸速度才能脱离地球的吸引力飞向太空,而大气中运动最快的气体——氢气的运动速度也只达到该数字的 1/7,因而地球大气不会逃逸而去。假如地球没有这样大的体积和质量,那么地球就不可能出现目前这样的大气圈,因而也就没有风、雨、雪、霜、云等天气变化,没有海洋、湖泊和河流,也没有生物。没有大气层的保护作用,地球表面的平均温度将比现在低得多,温度日较差和年较差也将比现在大得多。另外,地球的巨大表面积也为人类活动提供了广阔的空间场所。总之,如果地球没有这样大,地球将是另外一种景象,不会形成现代的自然地理系统。

　　相反,如果地球的质量比现在大得多,其巨大的引力作用可使气体分子极密集地聚集在地表,或者使大气层变薄,或者根本形不成大气层,从而也不会有当今的自然地理景观。所以,对于多姿多彩的自然地理系统的形成来说,地球的质量和体积都是非常适宜的。

二、地球自转及其对自然地理系统的影响

(一)地球自转的速度

　　地球自转的速度有角速度和线速度两种。地球自转的角速度是指地球上某点在单位时间内绕地轴所转过的角度,其常用单位是度·h^{-1}或度·min^{-1}。由于地球自转的角速度大小与转动半径无关,因此除两极和地轴外,地球各点的角速度都是一样的。如果一天为 24 h 的话,那么地球自转角速度的平均值是 15°·h^{-1}或 15'·min^{-1}或 15″·s^{-1}。

　　地球自转的线速度是指地球上某点在单位时间内绕地轴所转过的距离,单位是 km·s^{-1}。很显然,地球上某点的自转线速度与该点所处的纬度以及海拔高度有关,遵循下列公式:

$$v = 2\pi(R_0 + H)\cos\phi/86\,164, \qquad (1-2)$$

式中 v 为该处自转的线速度,单位 m·s^{-1};R_0 为赤道半径;H 为海拔高度(km);

ϕ 为地理纬度;86 164 为一个恒星日的秒数。由(1-2)式可以算出,地球自转线速度在南、北极点为零,赤道最大,若不考虑地势起伏变化,赤道的自转线速度为 465 m·s^{-1}。

(二)地球自转的周期

地球自转的周期是指地球自转一周的时间,即一日。很显然,地球自转周期的度量,需要一个地球之外的参考点。在天文学上依据所选择的参考点不同,地球自转的周期有恒星日、太阳日和太阴日三种。恒星日是除太阳以外的某颗恒星连续两次通过地球同一子午线的时间间隔,长度为 23 h 56 min 4 s;太阳日是太阳圆面中心点连续两次由东向西通过地球同一子午线的时间间隔,平均长度为 24 h;太阴日是月球圆面中心点连续两次由东向西通过地球同一子午线的时间间隔,平均长度为 24 h 52 min。在恒星日、太阳日和太阴日中,只有恒星日是地球自转的真正周期,即地球绕地轴自转 360°所需的时间,它比太阳日约短 4 min,比太阴日约短 56 min。虽然太阳日不是地球自转的真正周期,但是在日常生活中,用太阳作为参照物比较容易观察,且与人类日常生活密切,故通常用平均太阳日(24 h)作为度量地球自转周期的时间单位。

(三)地球自转对自然地理系统的影响

1.使地表各种自然地理过程和现象出现昼夜节律性变化

众所周知,无论在任何时候太阳只能照到地球的一半,而地球又是一个不透明的球体,因此向阳的半球(昼半球)为白天,背阳的半球(夜半球)是黑夜,使地球上产生昼与夜的差别。与此相适应,气温、风、蒸发和降水等气候要素以及生物生长发育等自然地理现象和过程都产生昼夜的节律性变化。可以想象,如果地球没有自转,将直接引起地表热量分布的极不平衡,出现极度的严寒、酷热等一系列极端情况,危及生物的生存,进而使地球的自然地理系统发生根本性变化。所以,地球适中的自转速度使地表热量分配适合生物的生长发育,从而使地球成为太阳系中惟一具有生命的星体,形成复杂多样的自然地理系统。

2.使地表水平运动物体的方向发生偏转

由于地球的自转,地球上所有水平运动的物体在北半球的运动方向都向右偏转,在南半球都向左偏转。如图1-6所示,假定在北半球有一物体自低纬度的 A 处向正北方向的高纬度 B 处运动,如果地球没有自转运动,经过一段时间后,物体到达 B 处。但事实上地球存在着自转运动,经过一段时间,经线AB 转到了 A′B′的位置。与此同时,物体按照惯性定律保持原来的速度和方向,不是到达 B′点而是到达 B″点(AA′= BB″)。对于面向物体运动方向的观

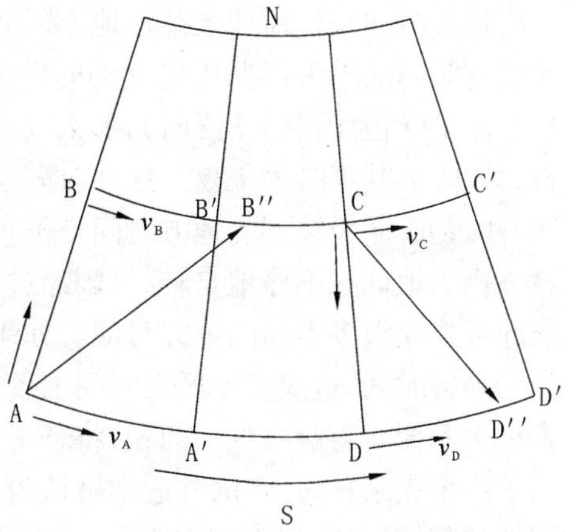

图 1-6　北半球水平运动物体的偏转[1]

察者来说,物体运动方向向右发生了偏转。同样,对于从高纬到低纬(从 C 到 D)的运动物体来说,物体运动方向也发生了右偏。在南半球,用类似的方法可以说明水平运动的物体向左偏转的现象。从本质上来说,上述运动物体的运动方向并没有改变,只是随着地球的自转运动,作为确定地表方向的经线和纬线发生了偏转。

依照物理学原理,凡是运动着的物体,当其运动方向发生变化时,必然有力作用其上。对于地球自转引起的物体水平运动方向偏转来说,也必然受某种力的作用。法国数学家科里奥利对地球上水平运动物体发生偏转的力最早进行了研究,因而这种力称为科里奥利力,简称科氏力。在大气科学中,这种力又被称为地转偏向力(A)。科氏力的表达式为:

$$F = 2m\upsilon\omega\sin\phi \qquad (1\text{-}3)$$

式中 F 为科氏力,m 为运动物体的质量,υ 为运动物体的速度,ω 为地球自转的角速度,ϕ 为地理纬度。可以看出,科氏力的大小与水平运动物体的质量、速度以及所在的地理纬度成正比。对于相同质量和运动速度的物体来说,科氏力的大小随纬度增大而增大;对于相同质量、同一纬度的水平运动物体来说,科氏力的大小随物体运动的速度增加而增大。科氏力的方向在北半球垂直于物体运动方向指向右方,在南半球指向左方。科氏力对自然地理系统的气压带和风带(行星风系)的形成,气旋、反气旋和台风(热带气旋)等天气系统的发生和发展,以及洋流的分布等都起着主要作用。

3.使地球不同经线在同一时刻具有不同的地方时间

地方时间是指地球上某一地方以某一天体(太阳或其它恒星)两次经过本地经线的时间间隔为依据所建立的时间系统。如以太阳经过北京所在经线(116°19′E)的时刻为正中午(12时),那么太阳两次经过北京所在经线的时间间隔为一日,共 24 h,其零时为午夜。这种时间系统即为北京的地方时间。显而易见,在同一时刻不同经线上的地方时间是不一样的。

由于地球在不停地自转,太阳经过各观测者所在经线的时间都是不一样的,依此可建立很多不同的地方时间。如果是这样,在一个国家内部会出现许多不同的地方时间,造成各地区在时间上各自为政的局面,势必给人们生产和生活带来极大不便。为解决这一问题,将若干经度合并而采用同一地方时间是必要的。由于一个太阳日为 24 h,并通常被认为是地球自转 360°所需的时间(太阳日),所以地球每转 15°时间正好相差 1 h。据此人们划定了地球的时区。所谓时区是指以本初经线为标准,每隔 15°经线所划分的经度区域。全球划分为 24 个时区。每个时区的时间系统都以太阳两次穿越该时区中央经线的时间间隔为依据建立,这种时间系统称为区时。每两个相邻时区的时间刚好相差 1 h,如中时区是12 时,东一区则为下午 1 时,西一区则为上午 11 时等等。尽管划分了时区,但对于东西疆域很长的国家来说,还会出现许多不同的区时系统。例如我国东西约长 5 000 km,横跨东 5 区~9 区 5 个时区。从理论上讲,应使用 5 种不同的区时,但是为了便于不同地区之间的联系与协调,全国目前实际上使用东八区的时间,即"北京时间"。

4.地球自转运动的变化对自然地理系统演变的影响

地球自转的速度不是恒定不变的。首先,地球自转速度具有长期变化的特点。古生物学家(Wells,1963)在研究珊瑚化石时发现,距今 4×10^8 年前的古生代泥盆纪的珊瑚化石每年有 400 条日纹(珊瑚每天分泌 $CaCO_3$ 在其躯壳上,沉积而形成的条纹,3×10^8 年前的石炭纪有 395 条,$6\,500 \times 10^4$ 年前的中生代晚白垩纪有 376 条。由此可以看出,从泥盆纪到白垩纪一年的天数由 400 天减少到 376天。上述事实皆表明,地球一日的长度在增加,地球自转的速度在减慢。关于地球自转速度减慢的原因,情况比较复杂。一般认为,月球和太阳引潮力引起的潮汐摩擦力方向是自东向西的,而地球自转力的方向却是自西向东的,两者恰恰相反。这样,潮汐与地壳之间产生的摩擦力阻滞了地球的自转,从而使地球自转的速度减慢。在地球自转速度减慢的过程中,亦有加快的阶段。在某个阶段,随着地球的不断转动,地表比重大的物质在重力作用下不断向地心汇聚(据估计有 $5000 \times 10^4 kg \cdot s^{-1}$),使地球转动惯量减少,从而造成地球自转速度的加快。其次,地球自转速度还有季节性变化。每年 3～4 月地球自转较慢,8 月自转较快。但是这种季节性的日长变化不超过 0.000 5 s～0.000 6 s。

地球自转速度的变化对地球气候有重要影响。北半球大气环流的基本环流型有 W 型(即纬向型,又称西方型)和 E 型(东方型)两种,每种型式都有自己特有的天气和气候特征,对北半球许多地区的天气和气候都有十分重要的影响。彭公炳等(1983)研究发现,在地球自转速度加快的时期,北半球全年 W 型年日数减少,E 型年日数增多;地球自转速度减慢的时期,W 型、E 型的年日数变化与上述情形则刚好相反。任振球(1990)还研究了 1957～1982 年地球自转速度年变量与厄尔尼诺现象(厄尔尼诺现象是指由于大气环流的改变致使东南太平洋海温升高的现象,详见第三章第五节)的关系。研究结果表明,厄尔尼诺现象大都发生在地球自转速度年变量随时间变化曲线上连降两年的时期。

地球自转是相对于地轴的自转,地轴同地球表面相交于南、北两极(统称地理极,简称地极)。大约 3.0×10^8 年前,地球的南极在现在非洲的南端,而北极在夏威夷岛附近。由此可以看出,在漫长的地质历史时期,地极的位置经历了巨大的变迁。地极位置的变化,必然导致赤道和各个地方地理纬度的变化,并最终引起全球气候及全球自然地理系统的变化。当地极向低纬方向移动时,原来的高纬地区纬度变低,气候由寒变暖;原来的低纬地区纬度变高,气候由暖变寒。当地极向高纬移动时,情形则刚好相反。地极移动除上述长尺度变化外,现代地极移动具有中期和短期变化。如地极移动具有 427 天周期(Chandler,1900),即地极具有 14 个月的变化周期。极移的海平面高度变化效应还具有多年变化,最大值达 40 mm,因而对全球海水和大气环流将产生明显影响。

地球是一个磁化球体,地球表面磁性最强的地方称为磁极。现代地球磁极与地极不相重合,而是有一个 $11.5°$ 的弧度。地球磁极位置在不断变化,尤其是在漫长的地质历史时期,甚至还发生过地磁倒转的重大历史事件。1906 年,Brunhes 首先在法国马西夫(Massif)中央山脉地区发现了熔岩的反向磁化现象。此后,在世界许多地方都发现了这样的例子。Dagley 等(1967)在冰岛东部约 900 个独立的、彼此重叠的熔岩流进行了规模庞大的古地磁测量,对 2 000 余块标本的磁化方向研究结果表明,至少 60 个极性反转,平均 1.0×10^6 年至少有 3 次反转。关于地磁变化对地球系统的影响目前尚无统一认识。一些研究(Harrison 和 Funnell,1964;Hays 和 Opdyke,1967;Watkins 和 Goodell,1967)表明,大约在最近 1 次的地磁反转期间,地球上发生了某些海洋生物种类的灭绝,这可能是地磁反转期间气候变化的影响。还有一些证据(Harrison,1968)表明,地磁场对地球高层大气有一定控制作用,地磁场的消失会引起某一高度高层大气电离大大增强,从而导致气候变化。但也有学者(Wollin 等,1971)认为,地磁反转不足以引起全球气候的巨大变化。总之,关于地磁变化对自然地理系统的影响程度目前还在探索之中。

地球自转对自然地理系统的影响除上述外,还是产生潮汐的不可缺少的基本因素,对海岸地貌发育、火山和地震发生等自然地理现象和过程都会产生一定影响。

三、地球公转及其对自然地理系统的影响

(一)地球公转的轨道

地球公转的轨道是一个椭圆。据测定和计算,地球公转轨道的半长轴为 $1.496\ 0 \times 10^8$ km,半短轴为 $1.495\ 8 \times 10^8$ km,半焦距为 2.5×10^6 km,偏心率为 1/60,扁率为 1/7 000。由此可见,地球公转轨道的偏心率和扁率都很小,轨道接近正圆形。

据观测,太阳正好位于地球公转椭圆轨道的一个焦点上,所以日地距离在公转轨道不同位置上是有变化的。每年 1 月初,地球到达最接近太阳的位置,该位置叫做近日点,日地距隔约 1.471×10^8 km;7 月初,地球到达最远离太阳的位置,该位置叫做远日点,日地距离约 1.521×10^8 km。通常所说的日地距离是指地球公转轨道近日点和远日点的算术平均值(日地平均距离),约为 1.496×10^8 km。

地球公转轨道所在的平面叫地球公转轨道面。它与地轴并不垂直,而是有 66°34′的交角,因此地球赤道面与公转轨道面并不重合,而出现 23°26′的交角。由于太阳位于地球公转轨道面上,所以从地球上看太阳,好像它终年在这个平面上运动,这种运动称为太阳的视运动。太阳视运动在天穹上移动的轨迹叫做黄道,黄道所在的平面叫做黄道面。由此看来,黄道面和地球公转轨道面是重合的,因而赤道面与公转轨道面的交角实际上也是赤道面与黄道面的交角,故也称此角为黄赤交角。地球赤道面无限扩大与天穹的交线称天赤道,它与黄道的两个交点称为春分点和秋分点,分别有一颗恒星与之相对应。

(二)地球公转的速度

地球绕太阳公转的速度遵循开普勒定律,即在相等单位时间内,地球与太阳的连线在地球公转轨道面上所扫过的面积相等。也就是说,地球公转的速度快慢与日地距离的长短成反比。

比若以太阳为中心,将地球公转轨道面分为 12 等份,那么在近日点附近每

份的弧最长,即地球公转的速度最快;在远日点附近每份的弧最短,即地球公转速度最慢(图 1-7)。

(三)地球公转的周期

地球公转 360°所需的时间即为地球的公转周期,通常用"年"来表示。根据所选择的参考点不同,年的长度也是不一样的。常用的地球公转周期有恒星年和回归年两种。恒星年是指地球连续两次通过太阳和地球公转轨道面上一颗恒星(通常是狮子星座的轩辕十四)的连线所需的时间,其长度为365 d

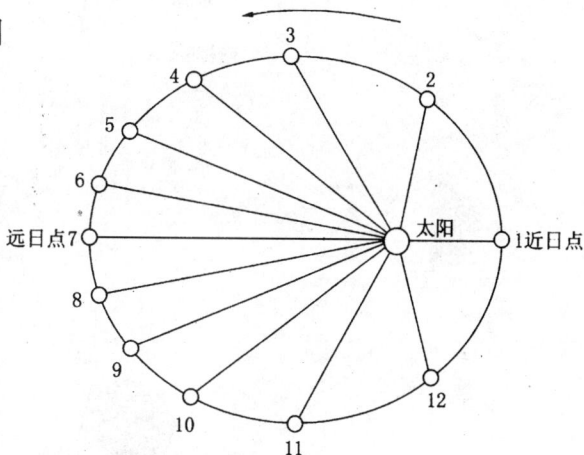

图 1-7　地球公转速度的变化[1]

6 h 9 min 10 s。回归年是指地球连续两次通过春分点与太阳连线所需的时间,其长度为 365 d 5 h 48 min 46 s。可见恒星年比回归年长约 20 min 24 s,这是由于春分点每年向西移动 50″所致。可见回归年并非地球公转的真正周期,而恒星年才是地球公转的真正周期。但是回归年直接决定着一年的四季变化,与农作物的播种、生长、收获有着比较固定的关系,所以目前使用的历法是建立在回归年基础上的。

(四)地球公转对自然地理系统的影响

1.使地表各种自然地理现象和过程出现四季变化

在地球公转过程中,由于地轴和地球轨道面之间始终保持 66°34′的夹角,所以太阳光线直射地球的位置在一年当中出现周期性的变化,从而使自然地理现象和过程出现春、夏、秋、冬的季节更替(图 1-8)。

当地球公转至春分点(每年 3 月 20 日或 21 日)和秋分点(每年 9 月 22 日或 23 日)时,太阳光线直射赤道,阳光在地球上的照射圈(晨昏圈)正好切过两极,所有纬线圈都被晨昏圈平分为二。此时南、北半球各纬度地带的昼夜长度相等,均是 12 h,太阳高度角自赤道向两极逐渐减小,南、北极点的太阳高度角为零。

当地球公转至夏至(每年 6 月 21 日或 22 日)时,太阳光线直射点位置在一年当中最靠北,直射在 23°26′N 纬线(北回归线)上,晨昏圈切过 66°34′N 纬线圈

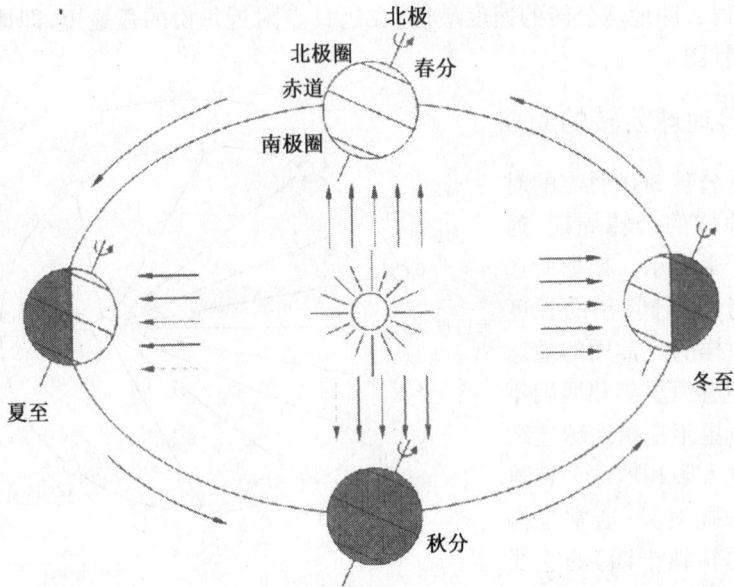

图 1-8　地球的四季变化[1]

(北极圈)和 66°34′S 纬线圈(南极圈)。其结果产生以下四个方面的特点:①北半球昼长于夜,南半球夜长于昼。②北极圈以内(66°34′N ~ 90°N)的区域整日都在晨昏圈的向阳一侧,长昼无夜,始终在太阳光线照射之下,这种现象称为极昼;而南极圈以内(64°34′S ~ 90°S)的区域整日都在晨昏圈背向太阳的一侧,长夜无昼,始终见不到太阳光线,这种现象称为极夜。③赤道两侧的相应纬度上,昼夜相对长度恰恰相反。④太阳高度角自 23°26′N 向南、北逐渐减小。

当地球公转至冬至(每年 12 月 22 日或 23 日)时,太阳光线直射点位置在一年当中最靠南,直射在 23°26′S 纬线(南回归线)上,晨昏圈也切过北极圈和南极圈。其结果产生以下四方面的特点:①北半球夜长于昼,南半球昼长于夜。②北极圈以内的区域长夜无昼,始终见不到太阳,处于极夜状态;南极圈以内的区域长昼无夜,始终在太阳光线照射之下,处于极昼状态。③在赤道两侧的相应纬度上,昼夜相对长度也恰恰相反。④太阳高度角自 23°26′S 向南、北逐渐减小。

伴随着太阳直射点和昼夜长短的变化,地表同一地点的各种自然地理现象和过程都出现了春、夏、秋、冬季节变化。对北半球某一地点来说,从春分到夏至,太阳直射点向北半球移动,太阳高度角逐渐增大,日照时间逐渐增长,昼长夜短,地表接受的太阳辐射能逐渐增多,气温升高,此时为夏季(南半球则为冬季)。在夏季各种自然地理过程一般比较快,如生物生长旺盛、降水丰沛、河川径流丰富、风化强烈等,出现一派生机盎然的景象。从秋分至冬至,太阳直射点向南半球移动,太阳高度逐渐减小,日照时间缩短,夜长昼短,地表接受的太阳辐射能逐渐减少,气温降低,此时为冬季(南半球则为夏季)。一般来说,冬季的各种自然地理过程都比较弱,自然景观比夏季单调。在夏季和冬季之间的过渡性季节为秋季(南半球为春季);在冬季和夏季之间的过渡性季节为春季(南半球为秋季)。可见,地球上的四季是随地球的公转而不断更替的,但是并不是地球上的每个地方都有明显的四季变化。例如,在赤道和高纬地区四季变化就不明显.汶丰蓴县因为太阳直射点的移动是有一定范围的(23°26′N～23°26′S),不同纬度地带的热量对比状况不同,赤道附近终年高温,极地附近终年低温,四季变化都不甚明显,而只有在中纬地区四季变化才最为显著。

2.天文地带的形成与划分

在地表不同的纬度地带,一年内的太阳高度角、昼夜长短和气温状况周期性变化特点是不同的。如果将四季变化特点基本相同的地带抽象归纳概括出来即为天文地带。天文气候带是按照地表有无太阳光直射以及极昼、极夜现象所划分的纬度地带。全球共分为热带、南温带、北温带、南寒带和北寒带等五个天文地带,亦称之地球上的"五带"。

热带位于23°26′S～23°26′N,即南、北回归线之间的地带,是地球五带中太阳光在某一时间能惟一直射的地带。在23°26′S和23°26′N两条纬线上,太阳每年直射一次,其它地带一年直射两次。本带无极昼、极夜现象。

南温带和北温带分别位于23°26′S～66°34′S和23°26′N～66°34′N之间,即南、北回归线与南、北极圈之间的地带。在这两个带内,终于既无太阳光的直射也无极昼极夜现象,是热带向寒带的过渡地带。

南寒带和北寒带分别位于66°34′S以南和66°34′N以北,即位于南极圈和北极圈以内。在这两个地带内,不仅全年无太阳光的直射,而且还具有夏季极昼、冬季极夜的现象。

3.地球轨道参数与全球冰期与间冰期气候变化

许多学者(J. Adhemar, 1842; Croll, 1984; Milankovitsch, 1930;卢演涛,1981等)认为近1.0×10^6年以来,地球冰期与间冰期气候变化是地球轨道3参数(偏心率、地轴倾斜度和岁差)周期性变化的结果。

由于地球公转的轨道是椭圆形,因此,地球表面接受的太阳热量随偏心率变化而变化。地球公转轨道偏心率变动范围为0.00～0.06,其周期约10×10^4年。根据开普勒定律,地球公转到近日点附近时速度最快。此时,若地球公转轨道的偏心率变大,夏至日前后地球通过远日点时,北半球有短而热的夏季,长而冷的冬季,年内温差非常大;若偏心率变小,则北半球冬、夏半年长度则几乎相等,年内温差较小。

地轴倾斜度(即赤道面与黄道面的夹角)也不是固定不变的,它在 21.8° ~ 24.4°范围内变动。这种变动相对于北半球来说,当地轴倾斜度为 23°26′时,夏季太阳可直射到北回归线,而冬季极夜可达到北极圈。当地轴倾斜度增加时,高纬度地区的太阳辐射量增加,赤道地区的太阳辐射量相对减少,但以前者变化更为剧烈。地轴倾斜度越大,地球高纬地区接受的太阳辐射量年内差别就越大,出现冬天更冷、夏天更热的现象,气温年较差增大。

岁差现象是由于地球自转轴的进动(地轴空间指向的周期性运动),使春分点沿黄道面向西缓慢移动造成的。地轴空间位置的变化必然引起赤道面空间位置的改变,那么,位于天穹赤道面和黄道面交点的春分点也必然要发生移动。春分点移动的速度为每年 50″,因此岁差的周期约为 2.6×10^4 年,但由于春分点移动方向和地球公转运行方向相反,岁差的实际周期约为 2.1×10^4 年。岁差的存在使地球通过春分点时得到的热量状况不同。目前冬至日通过近日点,得到的太阳辐射相对较多,出现夏凉冬暖现象;若夏至日通过近日点,则会出现夏热冬寒的现象。所以,岁差现象也会引起长尺度地球气候的改变。

米兰柯维奇(Milankovitsch,1920,1930)综合考虑了偏心率、地轴倾斜率和岁差运动三者对地质时期地球气候的影响,计算了各纬度带太阳辐射量的变化(式1-4)。

$$Q = \frac{S_0}{\pi \rho^2} (b_0 + \frac{\pi}{2} \sin \theta \sin e \sin \lambda - b_1 \cos 2\lambda + b_2 \cos 4\lambda - b_3 \cos 6\lambda + \cdots) \quad (1\text{-}4)$$

式中 Q 为任意时间的辐射量,S_0 为太阳常数,ρ 是日地之间的实际距离,λ 是黄道面上春分点与地球位置相对于太阳之间的夹角,θ 为地理纬度,$e = \frac{\sqrt{a^2 - b^2}}{a}$,$a$、$b$ 分别为黄道的长轴和短轴,$b_0, \cdots b_3$ 是只与纬度有关的一些常数。他认为地球夏季高纬度的太阳辐射是极地冰盖进退的关键。夏季位于远日点时,地球高纬地区得到的太阳辐射较少,冰雪消融少;冬季位于近日点,得到的辐射量虽较多,温度也较高,但仍低于冰点,不会引起冰雪融化。相反,此时温度升高了一些,降雪量还有所增加。这样综合的结果就使极地冰盖持续推进,形成地球冰川期。反之,则形成间冰期。这一理论,可以很好地解释第四纪阿尔卑斯山的 4 次冰期和 3 次间冰期的出现。该研究结论还得到了许多科学家(如 A.J.J. Van Woerkon,1953;A.D. Vernekar,1968,1972 等)的研究证实。

四、地球的圈层构造与自然地理系统的关系

原始的地球是一个接近均质的球体,没有明显的分层现象,主要组成元素有

C、O、Mg、Si、Fe、Ni 等。经过数十亿年的演进,随着本身温度的变化及重力分异作用,地球已经不是一个均质的球体,其物质组成、运动形式、物理化学性状等大致呈同心圆状分布,表现出较明显的圈层构造。自地球外部到内部可分出大气圈、水圈、生物圈、地壳、地幔和地核六个圈层,其中前三者称为地球的外部圈层构造,后三者称为地球的内部圈层构造。

(一)地球的内部圈层构造

地球的内部圈层构造是指位于地球固体表面以下的圈层构造。人们无法直接观察地球的内部圈层构造,只有通过间接的方法,其中主要是通过地震波在地球内部传播速度的变化来探求地球内部构造的。如果在地面以下一定深度内地震波的波速变化不是太大,说明地球在该深度内物质存在状态相对一致;如果波速发生突然变化,则说明在该深度物质存在状态发生了较大变化或突变。波速发生突然变化的面称为不连续面。通过研究发现,地球内部存在两个明显的不连续面:一个位于地表以下平均 35 km 处,称为莫霍罗维奇面,简称莫霍面或 M 界面;另一个位于地表以下 2 900 km 处,称为古登堡面。以这两个不连续面为界,地球内部构造可分为地壳、地幔和地核三个圈层。

1. 地壳

地壳是指地球固体地表向下至莫霍面之间厚度极不一致的岩石圈的一部分。其厚度的变化幅度很大,大约变化在 5 ~ 70 km,平均厚度为 35 km。大陆上的地壳较厚,如我国青藏高原地区地壳最厚可达 70 km,而大洋底部的地壳一般较薄,如太平洋洋底地壳最小厚度只有 5 km 左右。

根据地壳物质组成和结构,可将其分为大陆型地壳和海洋型地壳两种类型。大陆型地壳厚度较海洋型地壳大,其表层为一厚度不大的风化壳,它由地表各种岩石风化后的碎屑物或黏土物质组成。风化壳以下为硅铝层,其化学成分以 O、Si、Al 为主,Na、K 也较多。硅铝层以下是硅镁层,它也以 O、Si、Al 为主,但 Mg、Fe 和 Ca 等成分含量较硅铝层多,与玄武岩的成分相当,因此也称该层为玄武岩层。总起来看,大陆型地壳具有双层构造,由硅铝层和硅镁层组成;海洋型地壳具有单层构造,只有硅镁层,缺少或只有很薄的硅铝层。

2. 地幔

地幔是指地下莫霍面和古登堡面之间的圈层,其厚度介于地面以下 35 ~ 2 900 km。地幔又可分为上地幔和下地幔。上地幔位于地面以下 35 ~ 1 000 km 范围内,其 SiO_2 含量较地壳少,MgO 和 Fe_2O_3 含量较地壳多。该层因与橄榄岩成分相似,故又称为橄榄层。上地幔温度高达 1 200℃ ~ 1 500℃,岩石呈熔融状态,故也称之为软流层,它是岩浆的源地。下地幔位于地面以下 1 000 ~ 2 900 km 的范围内,该层压力较上地幔大,温度进一步升高,物质的可塑性更大,含有更多的Fe,物质密度增大。

3. 地核

地核是指从地下古登堡面到地心的部分。以地下深度 5 000 km 为界,地核又分内、外地核两层。这两层的温度、压力和密度都很大,且愈向地心愈大。关于地核的物质组成和结构,目前有很多争议。一般认为,地核主要由 Fe、Ni 组成,可能还含有少量的 Si、S 等轻元素。外地核的物质存在状态可能是液体,内地核可能是固体。

(二)地球的外部圈层构造

所谓地球的外部圈层构造是指地球固体表面以上的圈层构造。根据物质组成的不同特点,地球的外部圈层构造可分为大气圈、水圈和生物圈三个圈层。

1. 大气圈

大气圈是指环绕地球最外部的气体圈层,其下部边界为地球海陆表面,上部边界在高空 1 200 km 处。因为地球大气的密度向宇宙空间是逐渐过渡的,随高度升高,大气密度逐渐减小,故大气上界也是相对的。地球大气的主要成分是N_2(78%)和 O_2(21.0%),其次是 Ar(0.93%)和 CO_2(0.03%),此外还有微量的Ne、He、Kr、Xe、O_3、Rn、NH_3 和 H_2 等气体。大气圈自下而上其物质组成和性质有较大的变化,据此又可将其分为对流层、平流层、中间层、暖层、散逸层等层次。对流层是大气层中最低的一层,其高度随纬度和季节变化而变化,在热带平均为17 ~ 18 km,温带为 10 ~ 12 km,高纬和两极地区为 8 ~ 9 km;夏季高度大于冬季。对流层具有强烈对流运动、温度随高度降低、天气多变等特征。平流层是指自对流层顶到 55 km 上空的大气层。在平流层中,随高度升高,气温最初保持不变或略有上升,而后气温随高度升高而显著增加,到平流层层顶可达 - 3℃。本层气流运动平稳,大气中水汽、尘埃非常少,透明度良好。中间层是指从平流层层顶至 85 km 高空的大气层。该层气温随高度升高迅速下降,顶部气温降至 - 83℃以下;由于下暖上冷,垂直运动相当强烈。暖层位于中间层层顶至 800 km 高空。该层气温随高度升高而上升,空气处于高度电离状态,故又称之为电离层。逸散层位于暖层之上、大气上界之下。其特点是空气极其稀薄,且几乎完全处于电离状态;气温随高度升高而升高;受地球引力小,一些高速粒子可逃逸到星际空间。

2. 水圈

水圈是指海洋、河流、湖泊、冰川、沼泽、地下水等水体所构成的一个连续圈层。由于海洋约占地球总水量的97.2%,因此水圈主要是由海洋构成。但是其它水体在自然地理系统中的作用及对人类社会的影响也是非常重要的。

3.生物圈

生物圈是地球所有生物及其活动区域的总称。生物圈和地球其它圈层相比,其界线很不明显,它渗透于水圈、大气圈下层和地壳表层之中,但是生物圈中绝大部分生物集中于地表上下100 m的空间内。生物圈的生物种类繁多,计有2.1×10^6种。生物圈质量很小,约相当于大气圈的1/300、水圈的1/7 000,但是生物是自然地理系统中最活跃的因素,它对自然地理系统的形成与演化起着重要作用。

(三)各圈层与自然地理系统之间的关系

自然地理系统的上界至大气圈的对流层层顶,下界至地壳圈层中沉积岩石圈的底部,其间还包括了整个水圈及生物圈。不同的地球圈层甚至同一圈层的不同子圈层对自然地理系统影响是不一样的。各圈层与自然地理系统之间的关系主要表现在以下三个方面。

1.大气圈对流层、地壳上部以及整个水圈、生物圈本身就是自然地理系统的组成部分

对流层是大气圈中对自然地理系统影响最大的圈层。尽管对流层厚度只有10 km多(全球平均),但是却集中了地球大气总质量的75%和几乎全部的水汽和固体杂质,一切天气现象和过程都发生在该层。这些天气现象和过程对自然地理系统都有着深刻影响。同时,由于对流层浓密大气的存在,还有效地阻止或减轻了太阳辐射和其它天体对地球生物和人类的伤害。

地壳的上部包括地壳岩浆岩上部、厚度较小的沉积岩层(一般只有4～5 km)和更薄的土壤覆盖层。地壳上部对自然地理系统的影响主要表现在地表形态的形成与演化方面,为自然地理系统的形成奠定了基础。例如,山地、丘陵、平原、盆地等巨大的地形地貌差异首先引起区域水、热分配的差异,进而引起土壤、植物、动物等一系列自然地理要素的变化,使之呈现出不同的自然地理景观。与地壳圈层相比,土壤层可谓微不足道,但它却是一个特殊的次级圈层,是陆生植物生长发育的基地及动物和人类生活的场所。

地球上的生命起源于水环境中,现代生命过程也离不开水。对于地球表面的各种物质循环来说,水也起着重要的纽带作用。海洋、陆地水及大气中的水分随时随地都在通过相变、运动进行着连续的大规模交换,即水分循环。水分循环是自然地理系统中重要的物质循环之一。在其循环过程中,不仅水的数量、状态

随时间、空间不断变化,而且正是水圈使大气对流层、地壳上部及生物圈紧密地处于相互联系与相互渗透之中,起着使地球各圈层相互联系的纽带作用。与此同时,水分循环还使地球各圈层的能量得以调节。特别指出的是,由于海洋占地球总水量的 97.2%,海洋面积占地表总面积的 70.8%,因此面积广大的海洋具有非常重要的自然地理意义。与陆地相比较,由于水的热容量比较大,海洋是地球表面最大的热量储蓄库和调节器,同时又是水分循环的源地,因此海洋对整个地球表面的热量和水分状况具有深刻影响,对自然地理系统的形成及特征具有重要意义。受海陆分布不均的影响,海洋对自然地理系统的影响又有地域差别。南、北半球比较,南半球自然地理系统的海洋性更为突出。例如,南半球中高纬地区自然地理系统的海洋性最为明显,而北半球中高纬地区自然地理系统的大陆性更为显著。

生物圈中的生物有机体是一个非常活跃的自然地理因素,它与其环境共同构成一个显著区别于其它圈层的巨大而复杂的生态系统。虽然生物的总质量尚不足地壳的 0.1%,但它对大气圈、水圈和地壳的变化和发展有着重要影响,使自然地理系统发生了极其深刻的变化。生物循环促进了各种自然地理过程的进行和各种自然地理景观的形成。总之,正是由于生物圈的存在,并在自然地理系统的物质循环与能量流动中扮演着十分重要的角色,才使自然地理系统显得绚丽多彩。

2. 地壳深部因素对自然地理系统的影响

地壳深部因素对自然地理系统的影响主要表现在地球内动力作用所产生的造山运动、大陆漂移、火山活动和地震等方面。据研究,地球内部的地幔层中存在着周期性的对流运动,其对流周期约是 5.5×10^8 年,其中对流最快的时间长约 500×10^4 年 ~ $1\,000 \times 10^4$ 年,此期间造山运动也最活跃。造山运动首先改变了地球表面的形态,进而影响到气候等其它自然地理要素。另外,地球内动力的突然变化所引起的重大自然灾害,如地震、火山爆发等,对现代自然地理系统的影响也是很大的。

3. 大气圈上部因素对自然地理系统的影响

大气圈上部因素对自然地理系统的影响是指大气圈层中除对流层外其它各子圈层对自然地理系统的影响,其中最重要的是平流层和中间层的空气分子等对太阳辐射能的影响。太阳辐射在到达地球表面的过程中,由于受到大气的反射、散射和吸收,使得到达地球大气上界的太阳辐射并不能完全到达地面(到达地球表面的太阳辐射量只占 45%)。虽然对流层集中了大气质量的大部分,但平流层和中间层的大气质量也占大气质量的近四分之一,由此而引起的对太阳辐射的减弱作用也是不容忽视的。

在大气圈的上部因素中,虽然平流层的臭氧含量很少,但它却对太阳辐射具有很强的吸收作用,其中最强吸收带位于太阳辐射的 $0.22 \sim 0.32~\mu m$ 的波段,另一吸收带位于 $0.32 \sim 0.36~\mu m$ 的波段。由于这两个波段正位于太阳辐射中紫外线波段,因而有效地防止了过量紫外线对地球生命有机体的伤害,对保护地球生物具有特殊的生态意义。

总之,由于地球各圈层各具特点,在自然地理系统形成、演化过程中,它们所处的地位及所起的作用是不同的,对自然地理系统的影响也是不一样的。但是各圈层对自然地理系统的影响又不是孤立的,而是相互联系、相互制约,是作为一个有机整体对自然地理系统施加影响的。

复习思考题

1.简要回答太阳对自然地理系统的影响。

2.太阳系中的九大行星围绕太阳运动有哪些共同特征?

3.日食和月食是如何形成的?

4.简述月球对自然地理系统的影响。

5.地球的形状与大小有什么重要自然地理意义?

6.地球自转对自然地理系统有哪些重要影响?

7.地球公转对自然地理系统有哪些重要影响?

8.什么是恒星年、回归年? 为什么目前采用回归年计年,而不采用恒星年计年?

9.简述地球的圈层构造及其对自然地理系统的影响。

主 要 参 考 文 献

[1]马建华等.自然地理学教程.开封:河南大学出版社,1991.6 ~ 29

[2]刘学富等.太阳系新探.北京:地震出版社,1999.73 ~ 100

[3]李良.太阳与地球.长沙:湖南教育出版社,1986.26 ~ 99

[4]金祖孟等.地球概论(第三版).北京:高等教育出版社,1999.23 ~ 190

[5]C.萨根等.太阳系.张钰哲等译.北京:科学出版社,1981.1 ~ 38

[6]郭瑞涛.地球概论.北京:北京师范大学出版社,1988.70 ~ 186

[7]中国科学院云南天文台.第22 太阳活动周峰年日地整体行为研究专集Ⅲ.昆明:天文台台刊,1990.277 ~ 281

[8]潘树荣等.自然地理学.北京:高等教育出版社,1988.6 ~ 29

[9]李克煌.气象学与气候学简明教程.开封:河南大学出版社,1994.471 ~ 499

[10]董光璧.天地之初——自然的演进和生命的诞生.哈尔滨:东北林业大学出版社,

1996.131～143

[11]帕特利西亚·巴纳斯·斯万尼.小行星——地球的毁灭者还是人类的新天地.孙育秋
　　等译.海拉尔:内蒙古文化出版社,1998.171～234

[12]欧阳自远等.小天体撞击与古环境突变——新生代六次撞击事件研究.武汉:湖北科
　　学技术出版社,1997.144～148

[13]J.A.雅各布斯著.地球学教程.吴佳翼等译.北京:地震出版社,1997.100～114

[14]史培军等.地学概论.包头:内蒙古大学出版社,1990.1～13

[15]K.兰伯克.地球自转的变化.李志安等译.北京:地震出版社,1988.105～141

[16]欧阳自远.20亿年前小行星撞击地球遗址.自然杂志,1997.19(4):193～195

[17]汤懋苍等.理论气候学.北京:气象出版社,1989.16～181

[18]张家诚等.气候变迁及其原因.北京:科学出版社,1976.91～163

第二章 地球内部动力因素对自然地理系统的影响

地球内部动力因素是指由地球内能的积累与释放所产生的一系列动力作用,如构造运动、地震、岩浆活动和变质作用等。这类因素不仅是引起地表物质组成发生时空分异的主导因素,而且也是控制地表基本形态的主导因素,如岩石的形成与分布、海洋与陆地的分异、高原与山地的隆起、盆地与平原的形成等无不受到地球内动力因素的制约。

第一节 地球内部因素与地表岩石的形成

地壳是由岩石构成的。岩石是在地球内动力因素作用下所产生的、由一种或多种矿物有规律组合而成的矿物集合体。而矿物是地壳中自然产出的、具有一定化学成分和物理性质的单质或化合物,如金刚石、方解石、石英、长石、云母等。可见,岩石的形成实质上是在多种地球内动力因素作用下,化学元素形成多种矿物,矿物再发生重组的复杂过程。不同的地球动力作用会形成不同的岩石类型。

一、岩浆作用和岩浆岩的形成

(一)岩浆作用

岩浆是地下深处以硅酸盐为主的高温熔融态物质。一般认为它发源于上地幔软流圈及地壳深处的局部地段,温度在 800℃~1 000℃之间。其组成除硅酸盐外,还含有部分金属硫化物、氧化物和挥发性物质(H_2O、CO_2、H_2S 等)。

上地幔或地壳深部的物质在高温高压的作用下可处于潜柔状态,并与其所处的环境保持着平衡关系。当温度升高或周围压力减小时,它与周围环境的平衡关系被打破,局部地段的物质便发生熔融而转化为岩浆,并在巨大的压力作用下,岩浆沿着地壳破裂带上升而侵入地壳甚至喷出地表。在其上升过程中,随着温度和压力的降低,岩浆逐渐冷却凝固便形成岩石。我们把岩浆沿着地壳破裂带运动并逐渐冷凝的过程称为岩浆作用,它包括侵入作用和喷出作用两个方面。当岩浆上升到一定位置受到上部岩石的阻挡时,便被迫停留在地壳中而逐渐冷凝结晶,这种岩浆作用称为岩浆的侵入作用。如果岩浆的压力很大或地壳裂隙直达地表,岩浆则可喷出地表,迅速冷却凝固,这种岩浆作用称为岩浆的喷出作用,又称火山作用或火山活动。喷出物除气体物质逸散外,大部分在喷出口周围堆积下来,可形成圆锥状山体,这就是所谓的火山。

在岩浆作用过程中,岩浆在地下冷凝结晶或喷出地表冷凝固结而形成的岩石统称为岩浆岩或火成岩。其中岩浆在地下冷凝结晶而形成的岩浆岩称为侵入岩,喷出地表冷凝固结而成的岩浆岩称为喷出岩或火山岩。岩浆岩是地壳岩石的主体,约占地壳岩石体积的64.7%,地壳总重量的95%。

(二)岩浆岩的基本特征

岩浆岩以其独特的产状、结构和构造与其它成因的岩石明显地区别开来。

1.岩浆岩的产状

岩浆岩的产状是指岩体的形状、大小及其与周围岩石(围岩)接触关系的总称,即岩体的产出状态。岩浆岩的产状多种多样,并且侵入岩与喷出岩的产状各不相同(图2-1)。

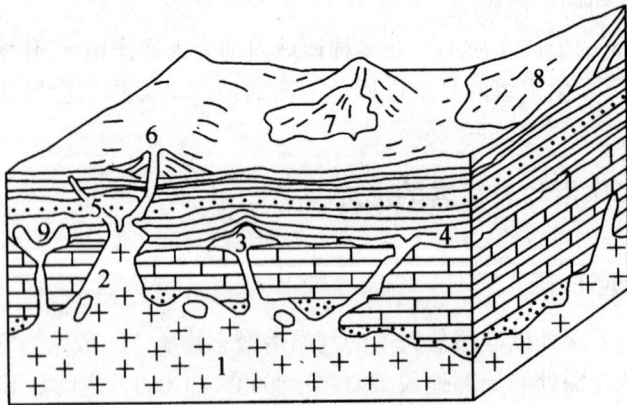

1.岩基;2.岩株;3.岩盖;4.岩床;5.岩墙和岩脉;
6.火山锥;7.熔岩流;8.熔岩被;9.岩盆

图2-1 岩浆岩产状示意图[6]

(1) 侵入岩的产状：侵入岩的产状主要有岩基、岩株、岩床、岩盆与岩盖、岩墙与岩脉等几种。岩基是一种规模最大的深成侵入岩体(离地表的垂直距离大于3 km)，其横截面积在100 km²以上，最大可达数千平方公里。在平面上常呈长圆形，长轴与山脉走向往往一致，常构成巨大山脉的核心。岩基常切穿围岩层理，在其边缘可出现围岩的石块，它们是在岩浆侵入过程中从围岩上捕获来的，所以常称之为捕虏体。岩株是形似树干状向上延伸的深成侵入岩体，它的下部一般与岩基相连，其平面形态呈圆形或不规则形状，地表出露面积一般不超过100 km²，与围岩呈斜交关系。岩床是与围岩岩层层面平行的板状或层状浅成侵入岩体(离地表的垂直距离小于3 km)。它一般是流动性较大的岩浆顺着岩层层面侵入冷凝而成的，其厚度一般为数厘米到数百米，与围岩呈平行关系。岩盆与岩盖均是岩浆沿着近于水平方向延展的岩层层面侵入后所形成的岩体。前者为岩体中间部分略向下凹，形似盆状；后者岩体底平顶凸，形似蘑菇状。二者属于浅成侵入岩体，一般底部都有管道与下面更大的侵入岩体相连。岩墙与岩脉都是岩浆沿岩层裂隙侵入并切断岩层而填充其间的板状岩体。其厚度变化较大，从几厘米到几公里不等。其中厚度大的叫岩墙，厚度小、形态又不规则的叫岩脉。它们也均属于浅成侵入体。

(2) 喷出岩的产状：喷出岩的产状主要有火山锥、火山颈、熔岩流和熔岩被四种。火山锥是火山喷出物在喷出口附近堆积而成的锥状体。其组成物质是火山熔岩和火山碎屑。火山锥顶部往往有一漏斗形凹地，称火山口。火山颈是火山喷发通道被火山喷出物充填后形成的柱状体。熔岩流是从火山口流出的岩浆冷却后形成的规模较小的狭长带状喷出岩体，熔岩被是从火山口流出的岩浆向四周流动分布冷却后形成的大规模喷出岩体。如印度德干高原著名的玄武岩熔岩被，面积约 51.8×10^4 km²，厚达 1 800 m。

2. 岩浆岩的结构

岩石的结构是岩石中的矿物的结晶程度、晶粒大小、晶粒相对大小、晶体形态和矿物间结合关系的总称。它不仅能反映岩石的形成条件和环境特征，而且也是人们识别岩石种类的重要根据之一。

根据岩浆岩所含矿物的结晶程度可将岩浆岩的结构分为全晶质结构、半晶质结构和非晶质(玻璃质)结构三种。全晶质结构是组成岩石的矿物全部结晶的结构，半晶质结构是岩石中的矿物部分结晶、部分未结晶的结构，非晶质结构是岩石中的矿物均未结晶的结构。岩石的结晶程度与岩石的形成环境密切相关。侵入岩是在地下深处缓慢冷却形成的，岩浆中的物质质点有足够的时间从容结晶，所以常形成全晶质结构。而喷出岩是岩浆喷出地表后在地表发生冷却凝固形成的,冷却速度快,部分矿物或全部矿物来不及结晶便凝固下来而形成半晶质结构或非晶质结构(图 2-2)。

根据岩浆岩中矿物晶粒的绝对大小可将其结构分为显晶质结构和隐晶质结构两种。显晶质结构是构成岩石的矿物晶粒较大、肉眼可以分辨的结构。隐晶质结构是构成岩石的晶粒极细、用肉眼或放大镜都难以分辨的结构。岩石中矿物晶粒的绝对大小也与岩石的形成环境有关。侵入岩在地下形成时冷却缓慢,矿物有充分时间结晶,晶粒粗大,常形成显晶质结构。相反,喷出岩没有充足的时间结晶,因而晶粒细小形成隐晶质结构。

根据岩浆岩中矿物晶粒的相对大小可将其结构分为等粒结构、斑状

A.全晶质结构;B.半晶质结构;
C.非晶质(玻璃质)结构

图 2-2　显微镜下岩浆岩的结晶程度[2]

结构和似斑状结构三种。等粒结构是岩石中各矿物的晶粒大小比较均匀的结构,多见于深成侵入岩中。斑状结构和似斑状结构均是岩石中各矿物晶粒大小差别悬殊、一些较大的晶粒分布在较细小的物质中(大的晶粒叫斑晶,细小的部分叫基质)的结构。前者的基质为隐晶质或玻璃质,多见于浅成侵入岩和喷出岩中,斑晶一般形成较早,基质形成较晚。后者的基质为显晶质,斑晶也更为粗大,常见于侵入岩中,斑晶和基质一般是在同等条件下形成的。

根据岩浆岩中矿物晶粒的形状可将其结构分为自形晶结构、半形晶结构和他形晶结构三种。自形晶结构是矿物晶粒已发育成该矿物应有的晶体形状的结构。半形晶结构是矿物晶粒只发育到该矿物应有晶形的一部分的结构。他形晶结构是由于空间限制,矿物晶粒没有发育成该矿物应有的晶体形状的结构。他形晶结构中的晶粒是在空隙中发育起来的,其晶形取决于空隙的形状。矿物晶粒发育的自形程度主要与结晶的先后顺序有关,一般来说,先结晶的矿物其自形程度较高,后结晶的则较低。

3.岩浆岩的构造

岩石的构造是岩石中矿物集合体的大小、形状、排列方式和空间分布等的总称。它与岩石结构不同。岩石的结构主要反映构成岩石的矿物或矿物之间的特

征,而岩石的构造则主要反映构成岩石的矿物集合体或矿物集合体之间的特征。也就是说,结构反映的岩石构成特征是微观方面的形貌特征,构造反映的岩石构成特征是宏观方面的形貌特征。但二者都能反映岩石的形成条件或形成环境,都是人们识别不同岩石种类的重要根据。

岩浆岩常见的构造有五种（图 2-3）。第一是块状构造。它指岩石中各种矿

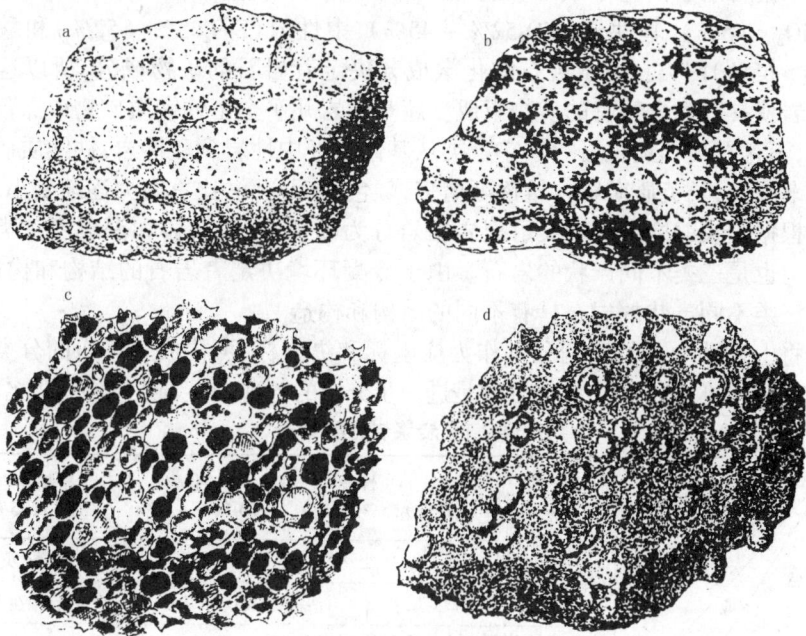

a. 块状构造；b. 斑杂构造；c. 气孔构造；d. 杏仁构造

图 2-3　岩浆岩的几种构造[5]

物的排列无一定方向也无特殊的组合,岩石呈均匀的块状产出的构造,侵入岩多为此种构造。第二是斑杂构造。它指岩石中矿物成分和结构不均匀分布,在颜色和粒度上杂乱排列的构造,常见于侵入岩体的边缘。第三是气孔构造。它指岩石中分布着大小不等的圆形、椭圆形或长管形孔洞的构造,一般见于喷出岩的表层。这种构造是在岩浆喷出地表时,压力减小,温度降低,岩浆中的挥发性物质大量逸出,岩浆迅速凝固,气孔来不及被堵塞而保留在岩石中形成的。第四是杏仁构造。它指岩石中的气孔被后来其它矿物充填后形成的形似杏仁状的构造,有些喷出岩可具有这种构造。第五是流纹构造。它指岩石中保存有熔岩流

动形迹,表现为岩石中不同颜色的条纹、不同矿物和被拉长的气孔定向排列的构造,仅见于喷出岩中。

(三)岩浆岩的分类及其主要类型

1.岩浆岩的分类

根据岩浆岩的化学成分,主要是根据 SiO_2 的含量,可把岩浆岩分为超基性岩($SiO_2 < 45\%$)、基性岩($SiO_2 52\% \sim 45\%$)、中性岩($SiO_2 65\% \sim 52\%$)和酸性岩($SiO_2 > 65\%$)四类。由于岩石的化学成分决定着岩石的矿物成分,所以这四类岩浆岩就具有各自特有的矿物组成。超基性岩几乎全由铁镁质矿物或深色矿物组成,不含石英和正长石。其它三类从基性岩经中性岩到酸性岩,铁镁质矿物含量逐渐减少,长英质矿物含量逐渐增多,颜色由深变浅,比重由大逐渐变小。

根据岩浆的冷凝环境又可把岩浆岩分为喷出岩、浅成岩和深成岩三类。这实际上也是三类不同产状的岩石。由于冷凝环境决定着岩石的结构和构造,因此这三类不同产状的岩石具有不同的结构和构造。

将上述两个分类系列分别作为横坐标和纵坐标,可构成岩浆岩的分类简表(表2-1)。它们的各个交叉点处便是进一步分出的各种主要岩浆岩的具体名称。

表 2-1　岩浆岩分类简表

岩类与SiO₂含量　主要矿物成分　产状　构造　典型结构	酸性岩 SiO₂>65%	中性岩 SiO₂65%～52%	基性岩 SiO₂52%～45%	超基性岩 SiO₂<45%
	含石英	很少或不含石英		无石英
	正长石为主	斜长石为主		无或有很少长石
	暗色矿物以黑云母为主,约占10%	暗色矿物以角闪石为主,约占20%～45%	以辉石为主,约占50%	橄榄石、辉石含量达95%
喷出岩 气孔状杏仁状流纹状 玻璃	火山玻璃:黑曜岩、浮石等			
喷出岩 气孔状杏仁状流纹状 隐晶斑状	流纹岩	粗面岩　安山岩	玄武岩	金伯利岩
浅成岩 斑杂状块状 伟晶细晶	脉岩:伟晶岩、细晶岩、煌斑岩			
浅成岩 斑杂状块状 斑状	花岗斑岩	正长斑岩　闪长玢岩	辉绿玢岩	苦橄玢岩
深成岩 块状 显晶等粒	花岗岩	正长岩　闪长岩	辉长岩	橄榄岩 辉岩
岩石颜色	浅色(带红)	中色(带灰)	暗色(带绿黑)	
岩石比重	2.5～2.7	2.7～2.8	2.9～3.1	3.1～3.5

每一种岩浆岩不仅有一定的化学成分和产状,而且还都对应一定的矿物组成、结构和构造等特征。

2．几种常见的岩浆岩

已经定名的岩浆岩有 1 000 多种,但比较重要、比较常见的有以下几种。

(1)花岗岩:它是酸性深成岩的代表性岩石。其颜色呈肉红色或灰白色略具黑色斑点。主要由长石、石英(＞20％)组成,此外还有少量的黑云母、角闪石等矿物。它为显晶质等粒结构,块状构造。花岗岩在岩浆岩中分布最广,如我国的黄山、华山、衡山和南岭等一些山地均由花岗岩构成。

(2)安山岩:安山岩是中性喷出岩的代表性岩石。其颜色呈深灰、紫色或绿色。主要组成矿物为斜长石、角闪石,石英含量极少或无石英,另外还含有少量的黑云母。它一般为斑状结构、流纹构造,有的具杏仁构造或气孔构造。安山岩常以熔岩流产出,在喷出岩中分布较广。

(3)玄武岩:玄武岩是典型的基性喷出岩,在喷出岩中分布最广。它一般呈黑、黑灰或暗褐色。其组成矿物以辉石和斜长石为主,此外还含有少量的橄榄石等。它为隐晶质、玻璃质或斑状结构,具气孔或杏仁构造。玄武岩常以大规模的熔岩流和熔岩被产出。

(4)流纹岩:流纹岩是一种典型的酸性喷出岩。它常呈灰白、粉红、浅紫等色。其矿物组成与花岗岩的矿物组成相当。绝大部分流纹岩为斑状结构,斑晶以正长石为主,流纹构造。

二、地质大循环和沉积岩的形成

(一)地质大循环的概念

在地球内外动力的综合作用下,地表的物质总是处于动态变化之中。出露地表或接近地表的各种岩石,在外力的风化作用下遭到破坏,风化物在流水等因素的作用下被搬运到海洋等低洼之处,在那里经过长期的堆积和固结成岩作用又形成新的岩石——沉积岩;当这些岩石受构造运动影响而被抬升隆起后,便又开始新一轮的风化、搬运、堆积、成岩过程。这种以地质历史年代为周期的、循环往复的地表物质迁移和变化过程称为地质大循环。由此可见,地质大循环主要包括风化、搬运、沉积成岩和构造运动等四个环节或过程。

风化作用是指地表各种岩石在外力作用下发生机械破碎和化学分解的过程。根据成因风化作用可分为物理风化、化学风化和生物风化三种。岩石发生机械破碎而无显著化学变化的风化作用为物理风化,主要由温度变化和水的冻融交替作用所引起,在干旱和高寒地区进行得比较强烈。化学风化是岩石在水和大气的作用下发生化学分解的风化作用。它主要是在水的参与下进行的,而高温可加快其风化速度,因此,湿热地区化学风化最为显著。生物活动通过挤压和分泌化学物质也可使岩石遭受风化。

搬运过程是指风化产物在外力和重力作用下被转移离开原来位置的过程。搬运动力主要是流水、冰川和风等,其中最重要和最具有普遍意义的是流水。在搬运过程中,风化碎屑物会因彼此碰撞、磨蚀等作用改变其颗粒大小和形状。化学风化产物大部分以溶液或胶体溶液的形式随水移动而被搬运。

沉积固结成岩过程实际上包含着沉积和固结成岩两种不同的作用或阶段。沉积作用是指风化产物在搬运过程中由于搬运动力的减弱以及其它因素的影响而逐渐沉淀积聚下来的过程。其中,由于碎屑物的重力大于水的搬运力而发生的沉积叫机械沉积,其沉积的先后顺序是砾石—砂—粉砂—粘土。溶解在水中的溶质或悬浮于水中的悬浮物质由于溶解度、pH 值和其它外界条件的变化而发生的沉淀称化学沉积,其沉积的先后顺序一般为氧化物—硅酸盐—硫酸盐—卤化物。如果沉积下来的是生物遗体及其分泌物则称生物沉积。固结成岩作用是使疏松多孔的各种沉积物变成坚硬岩石的过程。它主要是通过压固作用、胶结作用和重结晶作用实现的。压固作用是粘土沉积物的主要成岩方式。随着沉积物的不断堆积增厚,下部沉积物所受的压力逐渐增大,体积缩小,水分被挤出,颗粒之间的联系力增强,最后使沉积物固结变硬形成岩石。胶结作用是指填充在沉积物孔隙中的胶结物质将分散的碎屑颗粒粘结在一起变成坚硬岩石的作用。常见的胶结物质有硅质(SiO_2)、钙质($CaCO_3$)、铁质(Fe_2O_3)和粘土质等。重结晶作用主要发生在化学沉积物的成岩过程中。在一定的温度和压力条件下,沉积物的组分借助于溶解或扩散等方式,物质质点重新排列,使原来非结晶物质变成结晶物质、细粒结晶物质变成粗粒结晶物质,从而形成结晶质岩石。

构造运动过程是由于地球内能作用所产生的地壳隆起、下沉、褶皱、断裂、火山活动和地震等,同时也发生地壳水平运动的多种过程。

地质大循环不仅为土壤的形成提供了物质基础,改变了原来的地表形态,而且还产生了一类新的岩石——沉积岩。它是地球内力和外力相互结合、相互作用的产物,但它的形成又往往以内力作用为主导因素。

(二) 沉积岩的基本特征

在地质大循环中,堆积下来的沉积物经过固结成岩作用所形成的岩石称为沉积岩。地壳中沉积岩的比例不是太高,大约只占地壳总体积的 5%,但由于它主要位于地壳的表层,所以在地表出露非常广泛,是地壳表层的主要岩石,其面积约占陆地面积的75%。更为重要的是,沉积岩是形成于地表附近的一种历史自然体,其特征与当时的地表自然环境特征密切相关,而且岩层中常含有一些生物化石,因此,对研究古地理环境和地史具有十分重要的意义。

1. 沉积岩的产状

沉积岩的显著特征之一就是呈层状产出。所谓层或岩层是指近于同时沉积的、被上下两个平行界面所分隔的岩体。沉积岩的岩层在形成时大多呈水平状,后来因受构造运动的影响,往往会变成倾斜状甚至直立状。对于倾斜岩层来说,常用其走向、倾向和倾角三要素来确定其产状(图2-4)。

2. 沉积岩的结构

(1)碎屑结构:它是颗粒较大的碎屑物质被胶结物胶结后而成的一种结构,其中碎屑物的颗粒轮廓比较明显,颗粒间为胶结物。

(2)泥质结构:它是由极细小的碎屑和黏土物质组成的比较均一致密的结构。

(3)化学结构:它是由化学成因形成的结构,如饱和溶液结晶或胶体凝聚形成的晶质结构或粒状结构。

(4)生物结构:它是由生物遗体构成的结构。

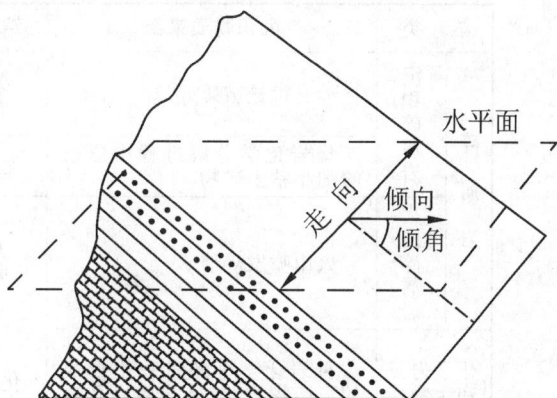

图2-4 岩层产状要素[6]

3. 沉积岩的构造

(1)层理构造:层理构造是指先后沉积下来的物质因颗粒大小、成分和颜色等的不同,在垂直方向上显示出许多层次的构造。它可分为水平层理、波状层理和交错层理等多种类型。水平层理是各岩层呈水平排列的层理构造,它一般形成于较平静的水域环境中。波状层理是各岩层呈较小的波状起伏,但各岩层的延伸方向大致为水平的层理构造,它主要是在较浅的水域中由波浪振荡作用而形成的。交错层理是各岩层互不平行、彼此交错的层理构造,它是在浅水环境中由于水流方向不固定或者在陆地上由于风向时常变化而形成的。

(2)层面构造:层面构造是指在岩层上下界面上保留有岩石形成时自然因素作用痕迹的构造。例如,层面上可保留由风、水流或波浪作用形成的波痕,由雨滴打击沉积物时形成的点状雨痕,因水分蒸发沉积物收缩而在表面形成的不规则裂纹等等。

(三) 沉积岩的分类及主要类型

按照沉积岩的成因及成分的差别可将其分为碎屑岩类、化学岩类两大类。碎屑岩类又包括沉积碎屑岩和火山碎屑岩两大类型,化学岩类又包括化学岩和生物化学岩两大类型。每类再根据岩石的结构和成分分为各种不同的岩石类型(表 2-2)。

表 2-2　沉积岩分类表

岩　　类		沉积物质来源	结构特征	岩石名称
碎屑岩	沉积碎屑岩	母岩机械破碎碎屑	沉积碎屑结构	砾岩及角砾岩 砂　　岩 粉砂岩
		母岩化学分解过程中形成的细小粘土矿物	泥质结构	泥　　岩 页　　岩
	火山碎屑岩	火山喷发碎屑	火山碎屑结构	火山集块岩 火山角砾岩 凝灰岩
化学岩和生物化学岩		母岩化学分解过程中形成的可溶物质、胶体物质以及生物化学作用产物和生物遗体	化学结构 生物结构	铝、铁、锰质岩 碳酸盐岩 蒸发盐岩 硅、磷质岩 可燃有机岩

(1) 砾岩:它由粒径在 2 mm 以上的碎屑(砾石)经胶结而成。其中的碎屑颗粒一般为化学性质稳定且坚硬的矿物或岩屑,如脉石英、石英岩等;胶结物成分有钙质、硅质、铁质、泥质等。若颗粒多为棱角状,则称为角砾岩(图 2-5)。砾岩为碎屑结构,层理构造不甚明显。

(2) 砂岩:它由粒径为 0.05 ~ 2 mm 的碎屑物经胶结而成。碎屑成分主要是石英、长石、岩屑等,胶结物成分有钙质、硅质和铁质等。按砂岩中砂粒的大小可将其分为粗砂岩(粒径 0.5 ~ 2 mm)、中砂岩(0.5 ~ 0.25 mm)、细砂岩(0.25 ~ 0.05 mm)。纯净石英砂岩可用作玻璃工业原料,胶结不好的砂岩可成为含水层或含油层。

(3) 粉砂岩:它是由 50% 以上的粒径为 0.005 ~ 0.05 mm 的碎屑物经胶结而成的岩石。粉砂岩具有粉砂质结构,颗粒极细,肉眼难以辨别其成分,但用手指研磨时有轻微的砂感,断面比较粗糙。

（4）泥岩和页岩:它们是由 50% 以上的粒径小于 0.005 mm的黏土质点所形成的岩石,所以又有黏土岩类之称。其共同的特点是具有泥质结构,质地均匀细腻,断口光滑,硬度较小。两者的不同点在于,页岩具有薄片状的页理构造,而泥岩呈厚层状。根据所含的次要成分,页岩可分为钙质页岩、硅质页岩、碳质页岩、油页岩等不同类型。其中油页岩是一种具有经济价值的矿产资源,通过裂解等方法从中可提取石油和焦油。

（5）石灰岩和白云岩:二者均属碳酸盐岩类,主要是在较深水环境中由化学或生物化学沉积而成。前者主要由方解石矿物(其化学成分主要是 $CaCO_3$)组成,而后者主要由白云石矿物[其化学成分主要

a.砾岩；　b.角砾岩

图 2-5　砾岩和角砾岩

是 $CaMg(CO_3)_2$]组成。石灰岩多为青灰色,如含杂质可呈现多种颜色。由于其主要化学成分是碳酸钙,所以它遇到稀盐酸有强烈气泡放出。石灰岩的结构多变,常见的有晶粒结构、鲕状结构等,其构造常为层状构造。含硅质多的石灰岩称硅质石灰岩,含泥质多的石灰岩称泥质石灰岩。石灰岩是烧石灰、制水泥的原料,也可直接作为建筑材料使用。白云岩外表类似于石灰岩,但多为灰白色,遇稀盐酸起泡极微弱或不起泡,硬度比石灰岩大。质纯的白云岩是一种有用的冶金熔剂及化工原料。

（6）煤和石油:它们都属于可燃有机岩。其中煤是地质时期的植物遗体被埋藏在地下,经过复杂的物理化学反应转化而成的一种可燃性固体沉积岩。其化学成分主要是 C,此外还有一定数量的 H、O、N、S 等元素。在煤层中可发现植物化石,在显微镜下可发现煤中有植物细胞组织、孢子和花粉等。石油是产于地

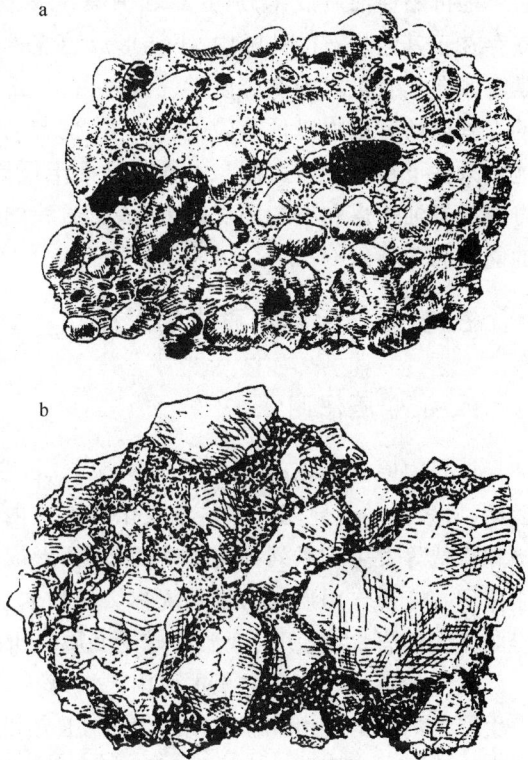

层中的可燃性油质液体,是由 C 和 H 等元素构成的多种有机化合物的混合物。它存在于其它岩石的孔隙中,不能形成独立的地层。关于石油的成因目前多数学者倾向于有机成因说。该学说认为,石油是有机物在适当的还原环境中生成的。其原始有机物以低等微生物为主,也有动物和植物。这些有机物在一定的地质条件下被泥沙覆盖而与大气隔绝处于还原环境,再经过复杂的成油作用则可形成石油。煤和石油是现代工业、交通和国防以及居民生活等方面极为重要的能源和原料。

三、变质作用和变质岩的形成

(一) 变质作用

地壳中原已存在的各类岩石(岩浆岩、沉积岩或先成的变质岩)由于受构造运动、岩浆活动或地壳内部热流变化等地球内动力因素的影响,其矿物成分、结构和构造等发生一系列不同程度的变化,形成一类新的岩石的地质作用称为变质作用。变质作用形成的岩石统称为变质岩。其中,由岩浆岩变质而成的变质岩叫正变质岩,由沉积岩变质而成的变质岩叫副变质岩。

虽然导致岩石变质的根本原因是地球内动力因素的作用,但直接引起原岩发生变质的原因是由此而产生的温度、压力和化学环境的变化。温度变化是使岩石变质的主要原因。在常温下岩石不会发生变质,但在高温条件下,先成岩石将发生两方面的变化。第一,重结晶作用。在高温作用下,岩石矿物内部质点的运动能力和化学活性增强,促使质点重新排列,使没有结晶的矿物发生结晶,使已结晶的矿物晶粒变大,这种作用称重结晶作用。例如,石灰岩在高温下可变成晶粒粗大的大理岩。第二,加速矿物之间的化学反应,产生新矿物,使原岩的矿物成分发生变化。例如,硅质石灰岩在高温条件下,SiO_2 和 $CaCO_3$ 可以化合成硅灰石,其反应式为:

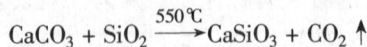

$$CaCO_3 + SiO_2 \xrightarrow{550℃} CaSiO_3 + CO_2 \uparrow$$

岩石在地壳中埋藏深度的增加、上地幔热流的运动以及地球深处放射性元素蜕变热、岩浆热和构造运动摩擦热的积累等都会引起一定范围的温度升高而使岩石发生变质。

压力增大是岩石发生变质的另一个重要原因。地壳中存在的压力分为静压力和定向压力两类。静压力是下伏岩石承受上覆岩石的重量而产生的压力,它具有均向性并随深度增加而增大的特点。岩石在强大的静压力作用下可形成一些体积减小而比重或密度增大的新矿物。例如,地壳深处的钙长石(比重 2.76)和橄榄石(比重 3.3)在巨大静压力作用下可生成石榴子石(比重 3.5～4.3)。定向压力主要是构造运动引起的有方向性的挤压力。在这种压力作用下,可使地壳深处岩石中的片状或柱状矿物在垂直于定向压力的方向上重新进行排列,形成区别于原岩的新构造。地壳上部的岩石受挤压后易变形破裂,形成碎裂岩、糜棱岩等变质岩。

岩浆活动过程中产生的化学活性流体与岩石发生化学反应也可导致岩石发生变质。当岩浆侵入到围岩以后,随着岩浆温度降低常可分异出大量的气体和热水溶液,并向围岩裂隙或孔隙渗透。热水溶液中常含有 CO_2、H_2BO_3、HCl、HF 和其它挥发性成分,大大增加了它的化学活性。热水溶液与围岩发生一系列化学反应可产生一些新矿物,如石榴子石、滑石、绿泥石等,从而使岩石发生变质。

需要说明的是,引起岩石变质的原因常常不是一种而是几种同时存在,但在具体条件下,往往有主次之分。

(二) 变质岩的基本特征

1. 变质岩的矿物特征

构成变质岩的矿物种类很多,其中大部分是和沉积岩、岩浆岩共有的矿物,如石英、长石、云母、角闪石等;另一部分是变质岩特有的矿物,它们是在变质过程中形成的新矿物,故称之为变质矿物。变质矿物可作为鉴定变质岩的重要标志之一。最常见的变质矿物有石榴子石、绢云母、绿泥石、红柱石、阳起石、滑石、硅灰石、石墨、蛇纹石等等。

2. 变质岩的结构

(1) 变晶结构:它是由于变质作用较强,原岩在固态下重新结晶后形成的晶质结构。变晶结构中的矿物常具有明显的定向排列,而且矿物颗粒多为他形晶和半自形晶,这些特征与岩浆岩晶质结构明显不同。

(2) 变余结构:它是由于变质作用较轻,变质岩中还保留有原岩结构特征的结构。如变余砾(砂、泥)状结构、变余斑状结构等。

(3) 碎裂结构:它是指在变质过程中由于岩石破裂成碎块或粉末构成的一种特殊结构。刚性岩石在定向压力作用下发生断裂、破碎而形成的变质岩常常具有这种结构。

3. 变质岩的构造

(1) 变余构造:它指变质作用对原岩构造改造不彻底,而保留有部分原岩构造的构造。常见的变余构造有变余层理构造、变余气孔构造、变余流纹构造等,多见于浅变质岩中。

(2) 变成构造:它指在变质作用过程中所形成的与原岩构造截然不同的特征性构造。这类构造是变质岩中最常见、最具特征性的构造。根据矿物的组合和重结晶程度,变成构造又可分为以下五种:第一是板状构造,指岩石中由显微变晶的片状矿物定向排列形成的具有平整板状的构造,具有这种构造的变质岩易劈成薄板;第二是千枚构造,指岩石中由隐晶质的片状矿物作定向排列所形成的构造,具有千枚构造的变质岩易劈成许多薄片,劈开面具有典型的丝绢光泽;第三是片状构造,指岩石中由大量显晶鳞片状矿物定向排列所形成的薄片状或叶片状构造;第四是片麻构造,指由浅色粒状矿物和深色片状或柱状矿物相间排列形成的色泽深浅相间的断续条带状构造;第五是块状构造,这种构造与岩浆岩的块状构造相同,常见于大理岩、石英岩中。

(三) 变质作用分类及其主要变质岩类型

1. 动力变质作用及其主要岩石

动力变质作用是在构造运动所引起的局部定向压力的作用下,使原岩发生碎裂、变形和一定程度的重结晶作用。由这种变质作用形成的变质岩,以其破碎程度由弱到强或颗粒由大到小依次称为构造角砾岩、碎裂岩、糜棱岩、千糜岩等。此类变质作用及其岩石主要在地壳上层的构造断裂带附近。

2. 接触变质作用及其主要岩石

接触变质作用是在岩浆活动中,岩浆侵入体与围岩相接触后引起围岩发生变质的作用。这种变质作用一般仅限于岩浆侵入体与围岩的接触带附近,离侵入体越远变质越轻。接触变质作用又分为热接触变质作用和交代变质作用两种。热接触变质作用是岩浆侵入体的热力烘烤作用使围岩发生重结晶,形成新矿物的一种变质作用。由于这种变质作用在岩浆与围岩之间没有发生物质交换作用,所以形成的变质岩的成分、结构和构造主要受围岩的影响,如石灰岩和白云岩重结晶后变质为大理岩,石英砂岩重结晶变质后成为石英岩等。大理岩具等粒变晶结构,块状构造,呈白、浅灰、浅红、浅蓝等多种颜色。纯白而致密的大理岩称汉白玉。交代变质作用是在岩浆活动晚期,从岩浆分异出来的化学性质活泼的气体或热水溶液进入围岩与之接触时,彼此发生物质交换而产生一系列新矿物使围岩变质的一种变质作用,如中、酸性岩浆与石灰岩接触后发生交代变质可形成矽卡岩。

3. 区域变质作用及其主要岩石

由构造运动和岩浆活动等共同引起的并发生在大范围内的变质作用叫区域

变质作用。这种变质作用不仅分布范围广,而且是多种变质因素综合作用形成的复杂的变质作用。区域变质作用形成的岩石既有高温作用下的重结晶,也有在定向压力作用下形成的片状、柱状矿物作定向排列而表现出的各种片理构造。这类岩石的种类较多,除石英岩、大理岩外,常见的岩石还有以下几种:第一是板岩,它是泥质岩、粉砂岩等在地壳浅处受区域变质作用而形成的低级变质岩,细粒或隐晶质结构,板状构造,易劈开呈薄板状;第二是千枚岩,具有千枚构造,片理面上有丝绢光泽,呈显微鳞片状变晶结构,主要矿物成分是绢云母、石英、绿泥石等;第三是片岩,具有片状构造,显晶质变晶结构,主要由云母、绿泥石、角闪石等片状矿物或柱状矿物组成;第四是片麻岩,具有明显的片麻构造,显晶质变晶结构,主要矿物有长石、石英、黑云母和角闪石等(图 2-6)。

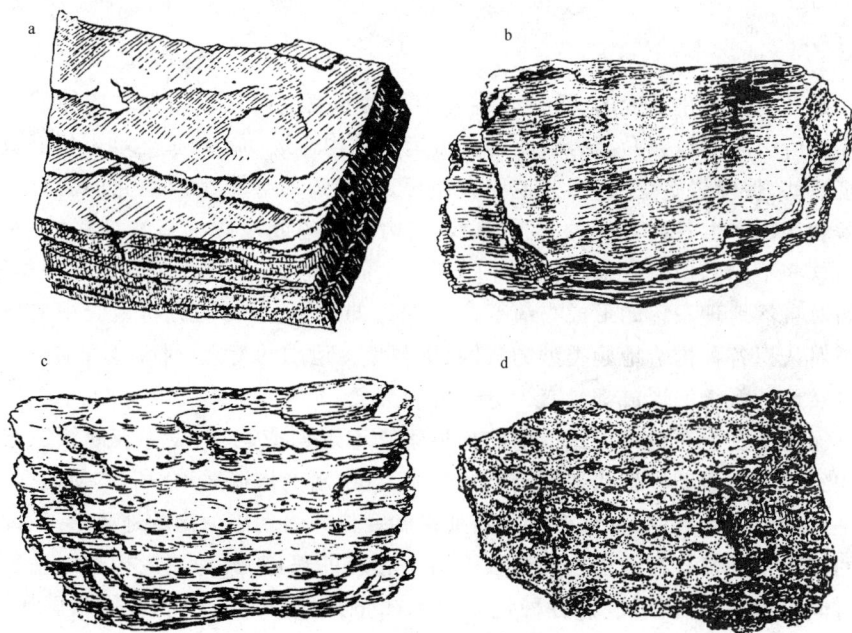

a.板岩(板状构造);b.千枚岩(千枚状构造);c.片岩(片状构造);d.片麻岩(片麻状构造)

图 2-6　几种常见的变质岩[5]

4. 混合岩化作用及其主要岩石

在深度变质岩的基础上,由于地壳下沉或岩浆侵入,原岩(区域变质岩)可发生局部重熔或被岩浆渗透、注入同原岩发生混合交代作用,从而改变原有变质岩的矿物组成、结构和构造,这种变质作用称混合岩化作用或超变质作用。由这种变质作用形成的岩石统称为混合岩。混合岩是介于岩浆岩和变质岩之间的岩石,其主要特征是各种区域变质岩被各种脉状体、球状体等混入成分所混杂,混入物与原有变质岩接触处有新的交代变质现象,岩石的组成成分、结构和构造很不均一。

岩浆岩、沉积岩和变质岩三大岩类不是一成不变的,它们在地球内外动力作用下可以相互转化。岩浆岩、变质岩经地质大循环可形成沉积岩;而沉积岩和岩浆岩在地球内动力的变质作用下可形成变质岩;沉积岩、变质岩在地壳下沉后,又可转变成岩浆,当岩浆上升运动时又可凝固成岩浆岩。

第二节　地表岩石的构造变形及其地貌表现

地壳不是静止不变的,而是始终处于运动和变化之中。由地球内能的积累与释放所引起的地壳乃至岩石圈的机械运动称构造运动。构造运动不仅能引发岩浆活动,促使岩石变质,加速地质大循环,而且还能导致组成地壳的岩石发生变形和变位产生各种各样的构造变形(或构造形迹或地质构造),如褶皱、断裂等。这些不同的构造变形在地表总呈现出不同的形态,形成多种构造地貌类型,从而对自然地理系统的形成与演变产生深远的影响。因此,分析地壳中的构造形迹对认识各种构造地貌类型的成因、推测地壳运动的特点、研究地壳演化历史及自然地理系统的形成都具有十分重要的意义。

通常把发生在晚第三纪以前的构造运动称老构造运动,发生在晚第三纪和第四纪的构造运动称新构造运动。从性质上讲,新老构造运动没有本质的区别,都是地球内力引起的,都会产生岩石变形和变位并表现出一定的地表形态,即二者的作用结果都会在地层中和地表上留下相应的遗迹。但是,老构造运动发生的时间久远,它直接形成的各种地貌形态几乎都为后期的地质作用所破坏,因此,只能根据地层的岩相、厚度和接触关系以及各种地质构造来分析推断它的特点。而新构造运动由于时间较近,它与外力共同作用形成的地貌形态保存得较好,因此,对新构造运动的研究除了根据地层和仪器观测等方法以外,根据地貌特征来分析新构造运动的特点是最常用的方法。本节主要介绍老构造运动产生的地质构造及其地貌表现。

一、构造运动在岩相和地层接触关系中的表现

（一）岩相变化与构造运动的关系

所谓岩相是指地壳中沉积岩的岩性、所含古生物化石及其生成环境的总称。岩相是岩层形成环境的物质表现，能综合反映岩层形成的条件和环境，也在一定程度上能说明当时的构造运动背景。沉积岩的岩相一般分为陆相、海相和过渡相三大类。陆相是在陆地环境条件下形成的沉积岩，其主要特征为类型多、粒度粗、岩层厚度小且横向变化大、含有陆生生物化石等。海相是在海洋环境条件下形成的沉积岩，具有粒度细、岩层厚、含有海生生物化石等特征。过渡相是在海洋与陆地过渡环境条件下形成的沉积岩，它具有陆相和海相岩层交互出现的特点。

岩相变化受构造运动控制。若地壳慢慢上升，海水将逐渐退去，陆地面积不断扩大，在海水退去的区域内，岩相则由海相逐渐变为陆相，形成海退层序。在地层垂直剖面上，海退层序自下而上岩石的粒度由细变粗，依次出现生物化学岩、黏土岩、砂岩、砾岩，而且，后形成的岩层面积小于先形成的岩层面积。若地壳下降，海水逐渐侵入陆地，海洋面积相对扩大，陆地面积相对减小，在海水侵入的区域内，岩相由陆相逐渐变为海相，形成海侵层序。在地层的垂直剖面上，海侵层序自下而上岩石粒度由粗逐渐变细，依次出现砾岩、砂岩、黏土岩和生物化学岩，且后形成的岩层面积大于先形成的岩层面积。根据岩相变化与地壳升降的对应关系，当分析鉴定出某一地区某一时期的地层垂直剖面是海退层序还是海侵层序后，就可判断出当时地壳是上升运动还是下降运动。需要指出的是，地壳的升降运动往往是交替进行的，地壳经历一次下降和一次上升运动将出现一套海侵层序和一套海退层序，在垂直剖面上则构成沉积颗粒由粗变细、又由细变粗的规律性变化。通常把地壳从一次下降（上升）到相邻的一次上升（下降）结束这一完整过程中，在地层垂直剖面上所表现出的沉积颗粒粗—细—粗（细—粗—细）的有规律变化称为一个沉积旋回（见图2-7）。

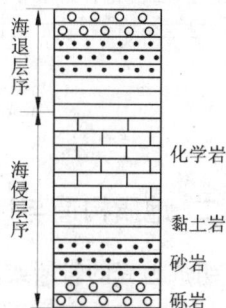

图 2-7　沉积旋回示意图[6]

（二）地层接触关系与构造运动

构造运动不仅反映在地层的岩相变化上，而且

还反映在各地层之间的接触关系上。概括来说,地层接触关系有整合接触和不整合接触两种。整合接触是指两套地层的产状完全一致,并且地层年代也是连续的接触关系(图 2-8a)。这种接触关系的新岩层在上,老岩层在下,其间不缺失岩层,上下两层的岩性和古生物化石特征连续递变。地层的整合接触关系说明地壳处于相对稳定的下降过程,其运动方向和古地理环境都没有发生显著的变化。地层的不整合接触是指两套地层的时代不连续,其间有明显的岩层缺失的接触关系。这种接触关系的两套地层间存在着一个不连续界面或不整合面,其上下岩性和古生物特征是突变的。按照不整合接触上下两套地层的产状关系,地层不整合接触又可分为平行不整合接触和角度不整合接触两种。平行不整合接触是不整合面上下两套地层的产状一致,彼此平行,但年代不连续,有岩层缺失的不整合接触(图 2-8b)。这种接触关系的形成是由于地壳上升,地层出露于水面以上,并且地壳长期稳定,岩石遭受风化剥蚀,地势高的地方逐渐被夷平形成古侵蚀面即不整合面;而后,地壳再次下降,古侵蚀面重新被水淹没接受沉积,形成新的岩层。地层角度不整合接触是不整合面上下两套地层的产状不一致,并且时代亦不连续,有岩层缺失的接触(图 2-8c)。这种接触关系的形成,是由于大规模的造山运动使岩层褶皱隆起为山,水平岩层的产状发生了倾斜或褶皱变化;之后,地壳长期稳定,岩石遭受风化剥蚀,地势起伏逐渐变小形成不整合面;当地壳再次下降时,海水侵入接受新的沉积,形成新的岩层,其产状与下伏岩层的产状不同而成为角度不整合接触关系。

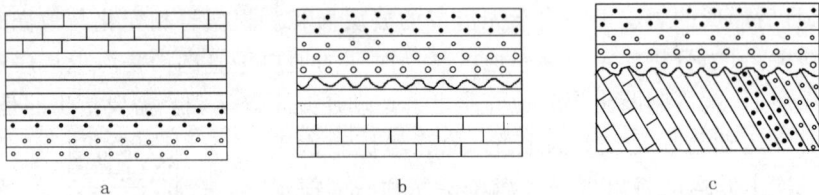

a.整合接触;b.平行不整合接触;c.角度不整合接触

图 2-8 地层接触关系示意图[6]

二、地质构造与地质构造地貌

组成地壳的岩层或岩体在构造运动作用下发生变形和变位所留下的形迹称地质构造或构造变形。受地质构造控制并能反映构造特点的地表形态称地质构造地貌。各种地质构造都是构造运动的产物,是地质历史时期构造运动的记录,因此,可以通过分析研究地壳中存在的不同地质构造来推测地质历史时期构造运动的特点。同时,地质构造对地表形态具有重要控制作用,各种地质构造都可以形成与之相应的独特的地貌类型。

（一）水平构造与水平构造地貌

岩层产状近于水平的构造称水平构造。它一般出现在构造运动较轻微的地区或大范围内均匀抬升或下降的地区，其岩层未发生显著变形，老岩层在下，新岩层在上。

在水平构造地区，当地面未受切割时，地表宽广而平坦，表现为构造平原或高原地貌。当经流水长期切割后，若顶部为坚硬、抗风化能力强的岩性，常形成顶部平坦、周围陡峻且彼此分离的地貌形态，规模大者为方山，规模小者为桌状台地（图2-9）。

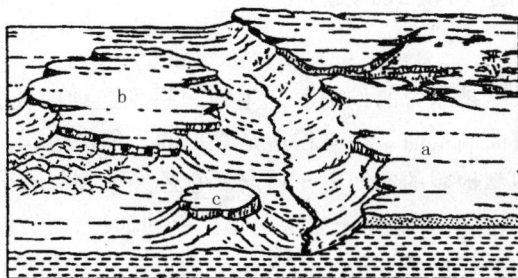

a.构造高原；　b.方山；　c.桌状台地

图2-9　桌状台地和方山[5]

在第三系产状平缓、富含垂直节理、软硬相间的巨厚红色砂砾岩出露地区，经长期的流水侵蚀与重力崩塌等综合作用，常形成顶平、坡陡和孤立突起的城堡状、屏风状、塔状、柱状等特殊的地貌形态。这类地貌在我国广东北部韶关附近的丹霞山最为典型，故称此类地貌为丹霞地貌（图2-10）。

图2-10　丹霞地貌[5]

（二）倾斜构造与倾斜构造地貌

岩层层面与水平面有一定夹角的构造称为倾斜构造,是水平岩层经构造变动后形成的。

倾斜构造在地貌上常表现为单面山或猪背脊。单面山是指山脊沿岩层走向延伸,两坡明显不对称的山体。单面山山体的两坡常不对称,与岩层倾向一致的山坡较缓(5°～35°),坡面较平整,此坡称顺向坡;另一坡的坡向与岩层倾向相反,坡度较大,常呈悬崖状态,坡面参差不齐,该坡叫逆向坡。猪背脊是指山脊沿岩层走向延伸,岩层倾角较大(>35°),两坡基本对称的山体。

（三）褶皱构造与褶皱构造地貌

1. 褶皱与褶曲

水平岩层受水平挤压力的作用而产生的一系列连续的波状弯曲称褶皱,其中每一个具体的弯曲叫褶曲。褶皱构造是常见的一种构造,与地貌关系密切,几乎控制了全部大中型地貌的空间分布格局。它还经常控制着矿产资源和水资源的分布,如石油和天然气常储存于岩层向上拱起的部位,而岩层向下拗曲的部位常是储存地下水的良好场所。由于构成褶皱的基本单位是褶曲,所以对褶皱进行分析研究一般以褶曲为对象。

(1) 褶曲要素:一个褶曲通常由核、翼、转折端、轴面、轴、枢纽等要素构成(图 2-11)。核是褶曲的中心部分。翼是褶曲核部两侧的岩层,一个褶曲有两个翼。转折端是两翼之间弯曲最明显的部分。其形状有尖棱状、圆弧状、箱状和扇状等。轴面是通过转折端平分褶曲的假想面,它可以是一平面,也可以是一曲面。轴面的产状可以是直立的、倾斜的、水平的或向下翻卷的,据此可将褶曲分为不同类型(图 2-12)。轴是轴面与水平面的交线,其延伸方向就是轴向。枢纽是褶曲岩层的层面与轴面相交的线。

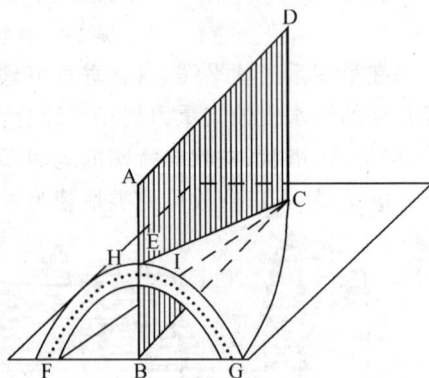

B.核;FH,IG.翼;HI.转折端;
ABCD.轴面;CE.枢纽

图 2-11　褶曲要素[6]

(2) 褶曲的基本类型:褶曲的基本类型有背斜和向斜两种。背斜是岩层向上拱起、核部岩层比两翼岩层老的褶曲。向斜是岩层向下拗曲、核部岩层比两翼岩层新的褶曲。从岩层的新老关系看,由于原始的岩层层序是下老上新,所以当岩层发生褶皱后,背斜的核部必然比两翼老,而向斜的核部必然比两翼新。从形态上看,由于一般情况是背斜为山地,向斜为谷地,所以判别褶曲是背斜还是向斜应当以岩层新老关系和形态特征为根据,其中岩层新老关系是最可靠的根据。

（3）褶皱的组合型式:在一个地区特别是地壳活动强烈的地区,背斜和向斜常常相互连接、相间排列连续出现,形成一定的褶皱组合型式。它们往往是在同一构造运动时期和同一构造力作用下形成的,具有成因联系。褶皱的组合型式很多,这里主要介绍三种。

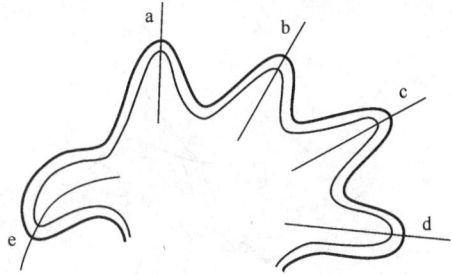

a.直立褶曲;b.倾斜褶曲;c.倒转褶曲;

d.平卧褶曲;e.翻卷褶曲

图 2-12　轴面不同的几种褶曲

①复背斜和复向斜。复背斜(复向斜)是两翼为次一级褶曲复杂化了的大型背斜(向斜)构造(图 2-13a),多分布于构造运动强烈的褶皱带中。一些著名的褶皱山脉如昆仑山、祁连山、天山、秦岭等山系中常出现这类复杂的褶皱构造。

②同斜褶皱和等斜褶皱。同斜褶皱是由一系列褶曲轴面和两翼岩层向同一方向斜倾的倒转褶曲所组成的褶皱(图 2-13b),等斜褶皱是指由一系列倒转褶曲的轴面和两翼岩层不仅向同一方向倾斜,而且其倾角几乎相等的褶曲所组成的褶皱(图 2-13c)。二者都是在强烈的挤压情况下形成的,所以常出现在构造运动特别强烈的褶皱山地。

③隔档式褶皱和隔槽式褶皱。这两种褶皱组合型式都是由一系列平行褶曲组成但背斜和向斜发育程度不同的褶皱。隔档式褶皱是背斜狭窄紧闭、发育完整而向斜宽阔平缓的褶皱(图 2-13d);隔槽式褶皱是背斜宽阔平缓而向斜狭窄紧闭、发育完整的褶皱(图 2-13e)。

2.褶皱构造地貌

在褶皱未受到外力破坏或受外力作用时间较短的情况下,背斜在地貌上常表现为山(背斜山),向斜常表现为谷(向斜谷)。这种顺应构造形态发育的地貌称顺地貌。反之,如果背斜顶部在拱起时出现许多张性裂隙,特别是核部岩层抗风化能力较弱时,容易遭到风化剥蚀,在外力长期作用下,可发展为谷地,而向斜反倒凸起成为山地。这种形态与构造不协调的地貌称逆地貌,这种现象称地貌倒置(图 2-14)。

a

b

c

d

e

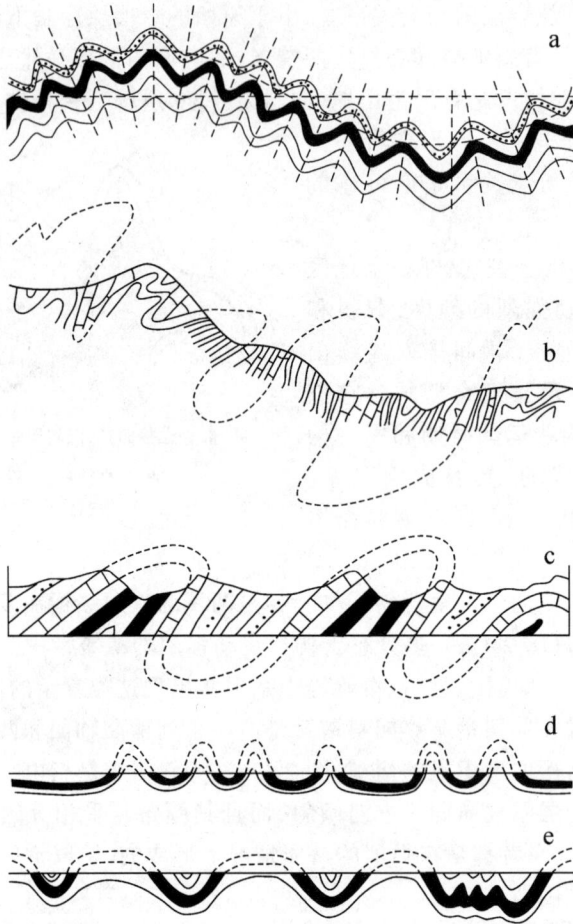

a.复背斜和复向斜；b.同斜褶皱；c.等斜褶皱；d.隔档式褶皱；e.隔槽式褶皱

图 2-13   褶皱的组合型式[2,3]

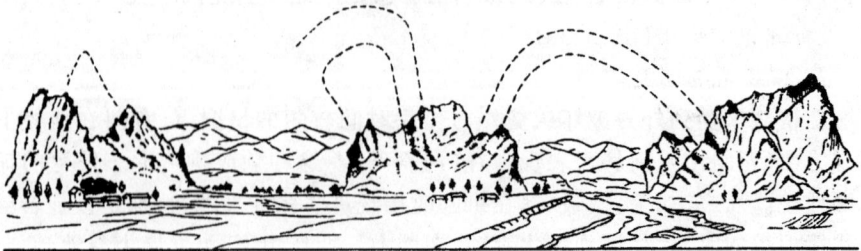

图 2-14   顺地貌与逆地貌[5]

当一系列短轴褶皱(轴向延伸较近,褶曲长宽比在10∶1～3∶1之间)向某一方向倾伏时,背斜和向斜交错排列。遭受风化剥蚀后,岩层露头形成多层排列的单面山,而每一层单面山又多呈"之"字形转折,这种山地地形称为"之"字形山脊(图2-15)。

(四)断裂构造与断裂构造地貌

断裂构造是指岩层受力达到一定程度时发生破裂甚至沿破裂面发生错动,使其连续性受到破坏的地质构造。

1．断裂的基本类型

(1)节理:岩石受力破裂后无显著位移的裂隙称节理。它是地壳上部发育最广泛的一种构造,几乎存在于所有的坚硬岩石中。根据成因可将节理分为构造

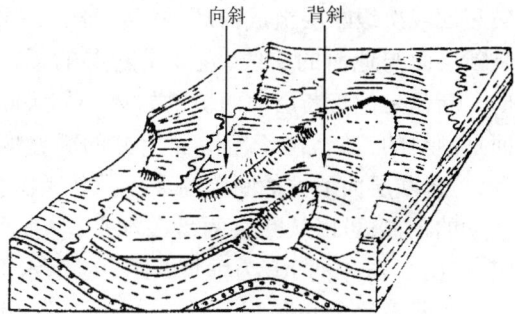

图 2-15　"之"字形山脊[8]

节理和非构造节理两类。由构造运动产生的与地质构造有一定发生学联系的节理称构造节理,它常和褶皱、断层等构造相伴生。如褶皱产生时,褶曲转折端受到强大的张力作用,岩石发生破裂而形成张性节理;当岩石受到强大的剪切力作用时,可发生破裂形成剪节理。非构造节理是指与构造运动无关,由非构造运动作用所产生的节理。如岩浆冷却时发生收缩产生的裂隙,风化作用和重力作用产生的节理都是非构造节理。自然界中的大多数节理属于构造节理。岩石中节理的存在,降低了岩石的强度和稳定性,这对建筑工程不利,但有利于地下水的富集和运动。

(2)断层:岩石受力发生破裂,破裂面两侧岩石沿破裂面有显著位移的构造称断层。它在地壳中广泛分布,类型繁多,规模不一。断层破裂面两侧的岩石相对位移距离小的仅几厘米,大的可上百公里。大断层的破裂面可延伸达数百、数千公里,如郯—庐(郯城—庐江)断层贯穿我国东部长江以北的广大地区。小断层可在岩石手标本上或岩石露头范围内观察到。断层构造对地貌的形成发育具有重要影响,对地表形态有较大控制作用。此外,研究断层在勘探矿产资源、寻找地下水、建筑工程等方面也都有重要意义。

2. 断层要素

断层要素主要包括断层面、断层线、断盘和断距等(图 2-16)。断层面是岩石受力发生破裂并错动的面,可以是平面,也可以是曲面。断层面的产状可以是倾斜的、水平的或直立的。大的断层一般不是一个简单的面,而是由一系列破裂面或次级断层组成的断层(裂)带。断层线是断层面与地面的交线,它表示断层的延伸方向。断盘是位于断层面两侧的岩体。如果断层面是倾斜的,那么位于断层面上方的断盘叫上盘,位于断层面下方的断盘叫下盘。断距泛指断层两盘同一岩层沿断层面相对移动的距离,可以从断层两盘在水平、垂直和倾斜三个方向上移动的距离来确定,如图 2-16 中的 AB 为垂直断距,BC 为水平断距,AC 为视断距。

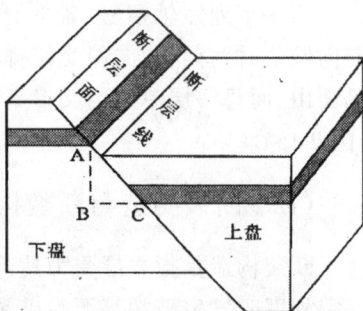

图 2-16　断层要素

3. 断层的主要类型

根据断层两盘的相对位移关系可将其分为正断层、逆断层、平推断层、垂直断层和掀转断层等(图 2-17)。正断层是上盘相对下降,下盘相对上升的断层,一般由张应力作用形成。逆断层是上盘相对上升,下盘相对下降的断层,一般由水平方向上的压应力作用形成。平推断层是断层两盘沿断层线走向发生相对位移的断层,一般由剪切应力作用形成。垂直断层是指断层面垂直,一盘相对上升,另一盘相对下降的断层。掀转断层是断层两盘以断层面上某一点为轴发生旋转位移的断层。

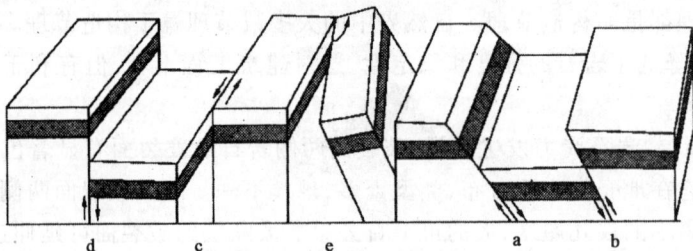

a. 正断层;b. 逆断层;c. 平推断层;d. 垂直断层;e. 掀转断层

图 2-17　主要断层类型示意图

4.野外识别断层的主要标志

断层的发生,会在岩层和地形上留下一些痕迹,这就为我们在野外识别断层的存在提供了标志。通常野外识别断层存在的主要标志有以下几种。

(1)断层面和断层带上的标志:①断层镜面。它是断层发生时,上下盘的相对移动摩擦所产生的光滑面。②断层擦痕和阶步。断层擦痕是断层发生时,上下盘摩擦在断层面上留下的摩擦痕迹。阶步是断层面上的小陡坎,其陡侧方向指示另一盘滑动的方向。③断层构造岩。断层构造岩包括断层角砾岩、糜棱岩和断层泥等,它们都是在断层发生时,断层附近的岩石经动力变质作用而形成的。

(2)岩层和构造上的标志:断层发生时常将岩层、岩脉、先成断层错断,形成岩层和构造线不连续现象。如地层或背斜山脊线突然中断或错位,沉积地层的重复与缺失等。柔性较大的岩层发生断裂并错动时,一盘的滑动往往牵引另一盘的部分岩层向它滑动的方向弯曲形成局部的小褶皱,这种小褶皱称为牵引褶皱。

另外,断层在地貌上也有特殊的表现,如断层崖、断层三角面和断层谷等,这可以作为识别断层存在的间接标志。需要特别注意的是,在野外必须根据多种标志综合考虑才能作出正确判断,若只根据某一标志往往容易得出错误的结论。

5.断层构造地貌

(1)地堑谷地和地垒山地:在自然界,断层很少单个存在,往往成群出现构成一定的组合型式。几条走向平行的正断层断盘差异升降,中间的断盘相对降落,断层面相向倾斜的组合型式叫地堑;而中间的断盘相对上升,断层面相背倾斜的组合型式叫地垒。地堑在地形上多形成狭长凹陷地带,称之为地堑谷地(图2-18a);而地垒多构成块状山地,称地垒山地(图2-18b)。

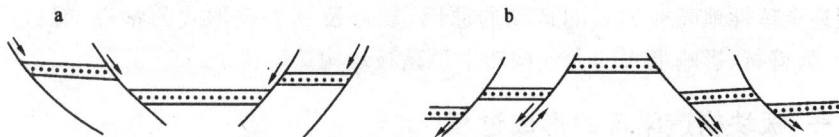

a. 地堑谷地;b. 地垒山地

图2-18　断层的组合型式及其地貌表现[3]

(2)断层崖:它是断层面出露于地表所形成的陡崖(图2-19A)。

(3)断层三角面:断层崖被流水切割后形成的若干个大致呈三角形的陡坡称断层三角面(图2-19B)。

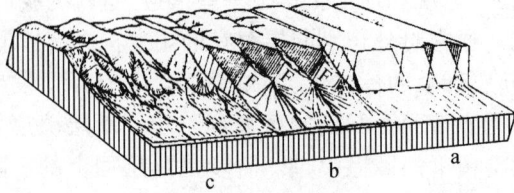

a.断层崖;b.冲沟扩大形成三角面(F);
c.继续侵蚀,三角面消失
图 2-19   断层崖与断层三角面的发育[2]

(4)断层谷:它是沿断层线发育的谷地。断层谷的两岸往往不对称,断层崖一侧的山坡较陡,另一坡较缓;两岸同一高度的岩性也常不一致。断层谷比较平直,或呈折线形转折。

第三节   板块构造学说与全球大地构造地貌

大量事实说明,地壳乃至岩石圈在不断地运动,并产生复杂多样的地质现象和地表形态。那么,是什么力量推动着地壳或岩石圈运动? 运动的规律是什么? 由此而产生的地质现象和地表形态与各种运动形式之间有何内在联系? 对于这些问题,历史上曾经先后出现过多种大地构造学说,从不同的侧面给予解释,如地槽—地台学说、地质力学学说、板块构造学说等等。所谓大地构造学说是系统地阐述全球性地壳或岩石圈运动的原因、规律及其表现形式的学说,就目前来说,最为盛行、影响最大的大地构造学说是板块构造学说。

一、板块构造学说的形成过程

板块构造学说是 20 世纪 60 年代中期以后在大陆漂移说和海底扩张说的基础上逐步建立和发展起来的。

(一)大陆漂移说

德国气象学家魏格纳于(1912 年)根据大西洋两侧陆地的轮廓、地层、古生物和古气候等的相似性和连续性提出了大陆漂移说。该学说认为,在距今约

2.5×10^8 年之前,地球上只有一块大陆,称之为泛大陆,其周围的海洋也只有一个,称之为泛大洋。在地壳演化到距今约 2.5×10^8 年之后,泛大陆在地球自转离心力和天体引力的作用下逐渐开始分裂,并且分裂得较轻的陆块(硅铝层)像冰块漂浮于水面一样在较重的大洋地壳(硅镁层)上沿水平方向漂浮移动,逐渐形成了今天的海陆分布格局。

由于受当时对地球结构和地壳性质认识水平的限制,对大陆漂移动力和运动机制还缺乏令人信服的解释,因此该学说在地学界经过"漂移"与"反漂移"激烈争论之后便被冷落了下来。但是,到了 20 世纪 50 年代以后,随着古地磁学、海洋地质和地球物理学研究的进展,积累了大量的科学研究资料,为大陆漂移说提供了新的证据。特别是古地磁研究的结果证实,地壳在水平方向上确实发生过显著的位移。这一重要发现支持了大陆漂移说的基本论点,因而大陆漂移这一词语也逐渐被地质学家所普遍接受。

古地磁学研究表明,某些岩石尤其是岩浆岩在其形成过程中,会受到当时地球磁场的作用而被磁化。其磁性的方向与当时当地的地球磁场方向一致,而且不受后来位置改变的影响而永久保持不变,岩石获得的这种磁性称剩余磁性。由此可见,岩石的剩余磁性就是其形成时期和地点的古地磁场的记录或复制,因此我们就可以通过测定岩石剩余磁性的方

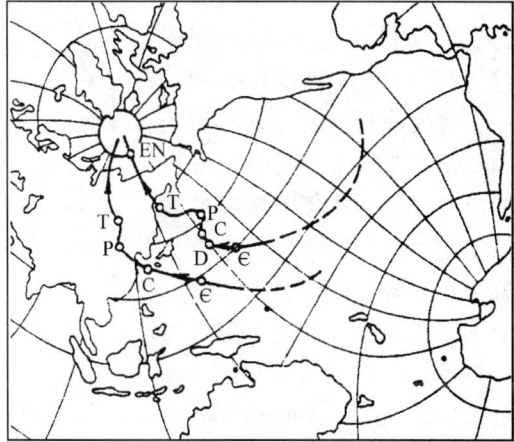

图 2-20　北美和欧洲大陆极移曲线[2]

向来计算岩石形成时期的地球磁极的近似位置。20 世纪 50 年代以后,地磁学工作者测算了各大陆各地质时期岩石剩余磁性的磁极位置,结果发现古地磁极与现代磁极的位置并不在同一点上,而且不同地质时期古地磁极的位置也不同,其极移规迹呈现为一条曲线,还发现不同大陆的极移曲线互不重合(图 2-20)。这种现象说明,不是地球磁极发生了移动就是大陆发生了漂移。如果解释为地球磁极发生了移动,那么就会有多对磁极,这显然是不成立的。因此,只能是被磁化了的岩石随大陆一起漂移,发生了显著的位置和方向的改变,各大陆发生大规模的位移使原来彼此重合的磁极迁移路线变得不重合了。这一研究成果正好

说明大陆漂移的确实存在。在20世纪60年代E.C布拉德等人运用电子计算机技术,以大陆坡的坡脚(等深线915m)为大陆边界对大西洋两岸陆地进行了重新拼接,结果表明两岸的吻合度很高,如同一张报纸撕破后又把碎片拼接复原一般(图2-21)。后来也发现南半球各大陆也能很好地吻合在一起。

(二)海底扩张说

人们对海洋长期的考察发现,海底是起伏不平的,其中起伏最悬殊的地形是海岭和海沟。海岭(大洋中背)一般位于大洋中部,而海沟分布在海洋的边缘。第二次世界大战以后,随着科学技术的发展,人们进一步发现海底岩石的年龄相当年轻,一般不超过二亿年,海底沉积层也相当薄。而且还发现海岭处的热流值(单位面积和单位时间内向外扩散的热量值)明显高于海底的平均热流值,海岭两侧的大洋地壳对称分布着与海岭平行的正异常与负异常相间排列的磁性异常条带。根据这些海洋地质和地球物理的新发现,在20世纪60年代初

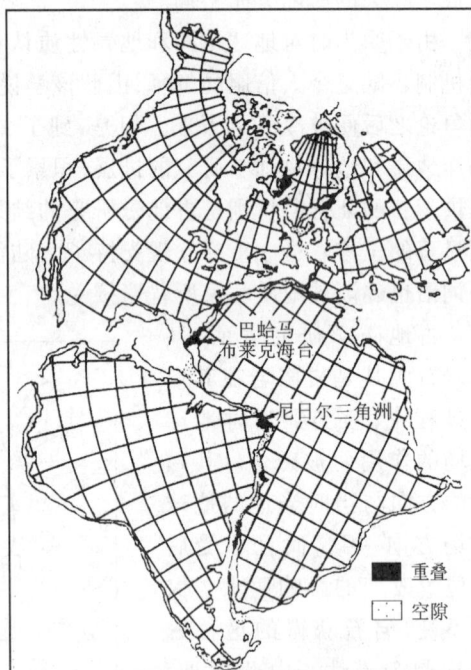

图2-21 大西洋两岸大陆拼接[2]

由美国学者赫斯和迪茨在大陆漂移说和热力对流说的基础上提出了海底扩张说。这一学说的基本观点是:大洋地壳是在海岭一带由海岭裂缝中溢出的岩浆冷凝形成,并不断地向海岭两侧扩张,当其扩张到大陆边缘海沟时便潜入地幔中消亡,洋底不断得到更新;海底扩张的驱动力是地幔物质的热力对流,海岭是对流圈的上升处,海沟是对流圈的下降处,大洋地壳是被驮伏在自海岭到海沟运动的地幔软流层上运动的;海底扩张引起了大陆漂移,大陆不是独立于洋壳之上主动地漂移,而是与坚硬的洋壳在一起并随着洋壳一起在地幔对流体上移动(图2-22)。

后来对海底的进一步研究为海底扩张说提供了更有力的证据。如海岭两侧岩石的年龄、磁异常条带和热流值的分布还具有对称性和渐变性的特点。离海

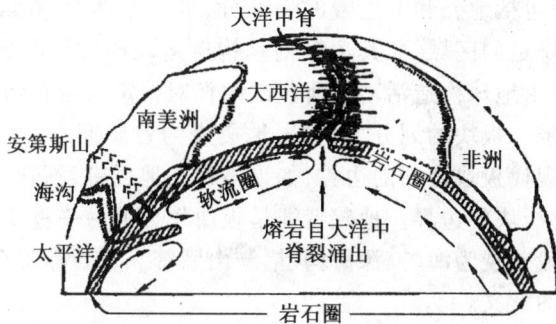

图 2-22 海底扩旅示意图[2]

岭距离越近,岩层的年龄越年轻,大洋地壳的沉积层也越薄。热流值自海岭向两侧逐渐递减。特别是对平行且对称分布于海岭两侧的磁异常条带的进一步研究说明了海底扩张的存在。磁异常条带的形成是在地球磁场的极向发生倒转的背景下随着海底不断新生和扩张造成的。所谓地磁倒转是指地球磁北极变成了地球磁南极而地球磁南极变成了地球磁北极的现象。在地球长期的演化过程中,地磁发生过多次倒转。随着海底的扩张,先形成的向两侧推移,这样每次地磁场转向都在同时形成的大洋地壳上打下了烙印,扩张着的海底就像录音磁带一样记录了地磁场转向的历史和信息,海岭两侧的海底岩石就形成了平行于海岭的地磁正、负异常相间排列的磁异常条带。

(三)板块构造学说的提出

海底扩张说不仅对海底新发现的现象能够作出很好的解释,而且对大陆漂移的运动机制作了较好的解释,但是对大陆地质现象却不能很好地解释。随着新的地球科学研究成果不断涌现,在 20 世纪 60 年代末期由美国的摩根(1968)、英国的麦肯齐(1967)和法国的勒皮顺(1968)等世界上一批学者在大陆漂移说和海底扩张说的基础上,综合各方面的最新研究成果,提出了板块构造说。这一学说的基本观点是:地球的岩石圈由若干个板块构成;各板块之间存在着相对水平运动,这是岩石圈运动或构造运动的主要方式,垂直运动是由水平运动派生出来的;板块运动的驱动力主要是地幔物质的热力对流。

二、板块的划分

所谓板块是指岩石圈被一些构造活动带分割成的相互独立的构造单元。在垂直方向上,板块包括地壳和上地幔的一部分,平均厚度约 70 km~100 km。同一板块内是相对稳定的区域,而其边缘则是构造运动比较活跃的地带。由此可见,板块实际上是由地球构造活动带所包围的相对稳定的岩石圈的一部分,其边界就是构造活动带。板块的划分,通常以地震带为首要标志。一条明显的地震带一般对应两个现代板块之间的边界,如果不存在地震带,不管其它标志多么明显,不能作为现代板块的边界。地貌特征是板块划分的另一重要标志,现代板块边界在地形上一般表现为海岭、深海沟、褶皱山系等。岩石标志在古板块边界的鉴别中具有重要的意义。

　　根据板块划分的标志,法国地球物理学家勒皮顺(1968)将全球岩石圈划分为六大板块,即太平洋板块、亚欧板块、美洲板块、印度洋板块、非洲板块和南极洲板块。这六大板块被认为是全球最基本的板块或一级板块,它们决定了全球板块的基本特点。在六大板块中除太平洋板块全是海洋地块外,其余五个均由海洋和陆地地块组成。后来又有人进一步作了续分,出现多种方案,目前较流行的是十二块方案(图 2-23)。

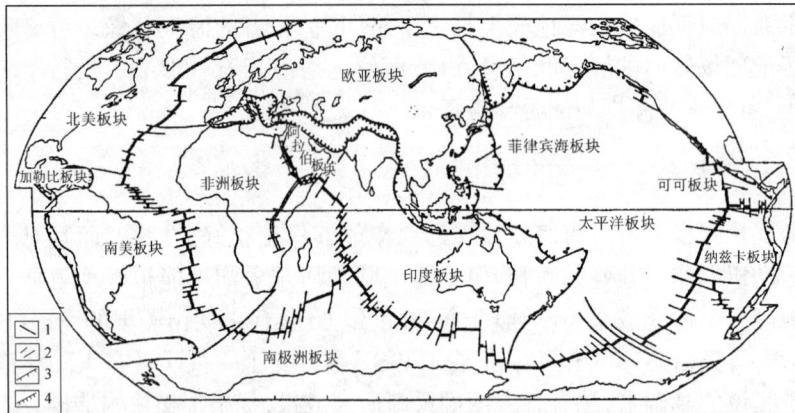

1.中脊轴线;2.转换断层;3.俯冲边界;4.碰撞边界

图 2-23　全球十二个主要板块的分布[4]

三、板块的边界类型及其地貌表现

　　板块交界处是板块相互作用的地带,这里的构造运动活跃,易产生地震、火山、褶皱和断裂等地质现象,并形成相应的地貌形态。但是,由于板块间的运动方向不同,板块间相互作用的力学性质、产生的地质现象就有所不同,所以形成的地貌类型也就各不相同。

(一)扩张型边界与大洋中脊和裂谷的形成

扩张型边界又称为分离型边界。扩张型边界处是岩石圈张裂的地带,地幔物质从岩石圈裂缝中涌出冷凝形成新地壳或岩石圈板块,促使板块不断增长并向两侧扩张。同时,从裂缝中涌出的岩浆物质在其两侧长期堆积形成巨大的沿裂缝延伸的海底山系,称之为大洋中脊。大洋中脊的顶部有顺洋脊走向延伸的狭长槽谷(中央裂谷),高峻山脊平行分布在中央裂谷两侧,地势陡峭崎岖(图2-24)。在陆地上,岩石圈张裂可形成大陆裂谷。

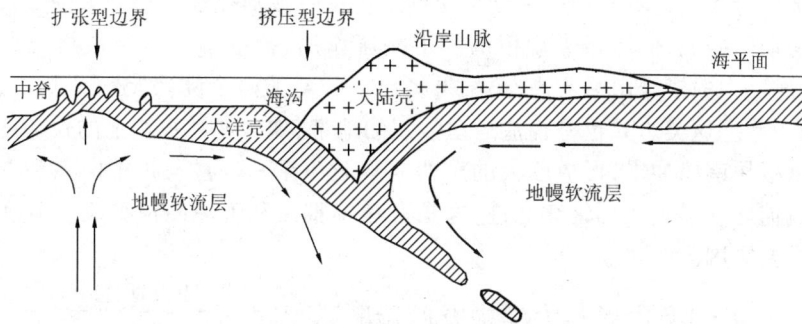

图 2-24　扩张型和俯冲型边界示意图[6]

绝大多数大陆裂谷为复式地堑构造,中间下陷最深,两侧为一系列阶梯状断层,如东非大裂谷,贝加尔裂谷等。在这类边界处火山活动频繁,地震经常发生,但一般为浅源地震,地震的强度不是很高。非洲板块与美洲板块间的边界,以及亚欧板块与美洲板块间的边界就属此类。

(二)挤压型边界及其地貌表现

挤压型边界又称汇聚型边界。这类边界是板块对冲、消减或消亡的地带。两个板块在此作相向运动,造成两个板块碰撞、挤压、俯冲、汇聚等,从而引起强烈的构造活动,并形成独特的地貌类型。根据相向运动的板块性质不同,挤压型边界又分为俯冲型与地缝合线型两种。

1.俯冲型边界与岛弧、海沟和沿岸山脉的形成

俯冲型边界出现在洋壳板块与陆壳板块之间。这样两种性质不同的板块相遇碰撞时,由于洋壳板块密度大,位置低,便俯冲到大陆板块下方。结果在俯冲

带的洋壳一边被拖曳成深凹的海沟,而大陆地壳一侧则被挤压抬升形成弧状岛屿或沿岸山脉(图 2-24)。因此,俯冲型边界在地貌上常表现为岛弧与海沟相伴生或沿岸山脉与海沟相伴而生。岛弧—海沟型地貌组合主要见于西、北太平洋边缘,如日本岛弧—海沟、千岛岛弧—海沟等;沿岸山脉—海沟型地貌组合主要见于太平洋东南的南美大陆边缘,如安第斯山脉等。由于大洋板块向大陆板块俯冲后板块间受到了强烈的摩擦和挤压而积累了大量能量,常使岩层断裂而产生地震,并且由此产生的摩擦热及随深度而增加的地热,使局部洋壳重新熔融形成岩浆,因此沿海和岛弧一带的地震和火山活动比较频繁而强烈。太平洋板块与亚欧板块间就属此类边界,因此西太平洋沿岸海沟—岛弧多,地震、火山也多。

2.地缝合线型边界与褶皱山系和高原的形成

地缝合线型边界是两个大陆板块间的碰撞带或焊接线。如果大陆板块之间相向运动而碰撞,便产生大规模的水平挤压作用,接触带的岩层被挤压变形隆起,形成巨大的褶皱山系或高原,结果将原来分离的两个陆块"缝合"起来或"焊接"在一起。这类边界也是构造运动强烈的地带,如印度洋板块上的古印度大陆向亚欧板块南缘冲击,形成巨大的东西向褶皱山系——喜马拉雅山系和青藏高原。目前印度洋板块仍继续北进,这是喜马拉雅山和青藏高原继续上升和多地震的主要原因。

(三)剪切型边界与大洋中脊的错断

剪切型边界又称平错型边界。这是一种特殊的边界类型。两个板块沿此边界相互平行作相反方向运动,板块既不增生也不消减只是作剪切错动。剪切型边界一般为横切大洋中脊的巨型水平断层,但它又与一般的平

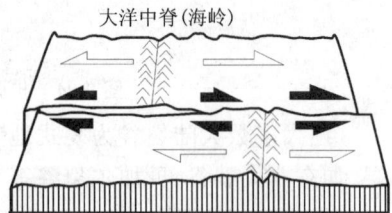

图 2-25　转换断层示意图[6]

推断层有所不同(图 2-25)。这是由于在错开的两盘上都还以各自的海岭为对称轴向两侧扩张,被断裂开的两条海岭之间的部分断层两盘相对运动方向相反,而在两条海岭外侧断层两盘的运动方向一致。一般将大洋中脊处的这种特殊断层叫转换断层。转换断层将大洋中脊切断错开,使其呈不连续分布状态。由于大洋板块沿海岭之间的转换断层作相对滑动,所以此处易引起岩石断裂和地震,不过此处大洋壳较薄,其地震多属浅源地震。

四、板块运动的驱动力

许多学者认为,板块运动的驱动力来自地幔物质的热力对流运动。地幔中

的物质并不是静止不动的,而存在着热力对流。地幔深处温度较高,因而地幔物质向上运动,在其上升处使洋壳隆起破裂形成大洋中脊,一小部分物质沿裂缝上升凝固而形成新洋壳,而大部分物质自大洋中脊下部向两侧作水平运动,洋壳即驮在作水平运动的地幔物质(软流层)之上随之向大洋中脊两侧移动。在地幔物质向中脊两侧运动过程中,因热量散失又逐渐下沉进入地幔深层而熔融消亡完成热力对流(图 2-22,图 2-24)。由此可见,大洋地壳处于不断移动和更新过程中。根据 20 世纪 60~70 年代美国等多国进行的海底钻探资料分析推算,每年大洋地壳大约移动数厘米,约二亿年更新一次。地幔物质对流的上升处不仅存在于大洋中脊的地方,而且在大陆下部也会存在。此时大陆地壳也会出现断裂,并向两侧扩张,如东非大裂谷等。

但是,至今还没有找到直接证据来证明这种对流的存在,而且有人认为地幔物质的黏度很高,黏滞性很大,对流是很难实现的。还有人试图用重力作用代替对流来解释板块运动,如哈珀(1975)认为板块自洋脊向两侧运动是因板块前缘冷却、加重、下沉引起的。总之,板块运动驱动力的问题至今还没有真正得到解决。

第四节　火山活动和地震对自然地理系统的影响

一、火山活动和地震概述

(一)火山活动

当地下深处热量积累到一定程度或发生构造运动而打破岩浆周围的温度、压力等的平衡状态时,岩浆就在巨大的内压力作用下沿着地壳裂缝上升并喷出地表,岩浆的这一喷出过程称火山活动。

火山喷发的形式有两种。一是裂隙式喷发。这种喷发形式是岩浆沿着地壳狭长线状断裂溢出地表的过程。它一般没有爆炸现象,流出的主要为基性玄武岩质熔浆,冷凝后形成厚度稳定、覆盖面积大的熔岩被。这类喷发形式多见于大洋中脊的裂谷中,在陆地上仅见于个别地方。二是中心式喷发。这是一种岩浆沿着管形通道喷出地表的喷发形式。中心式喷发是现代火山最主要的喷发形式。按其喷发的剧烈程度又可进一步将其分为宁静、爆炸式和过渡式三种。

宁静式喷发没有猛烈的爆炸现象,只是大量熔浆溢出,以基性玄武岩质熔浆为主,气体少,很少有固体喷发物。爆炸式喷发有非常强烈的爆炸现象,喷出物以中酸性熔浆为主,含气体多,常有大量火山碎屑物喷出。过渡式喷发又称中间式喷发,其特点介于前两者之间。中心式喷发剧烈程度的差异,主要与喷发物的性质和气体含量有关。一般来说,岩浆的酸度越高,气体含量越多,其爆炸性就越强。

裂隙式喷发在海底可形成海岭,出露水面后成为火山岛;在陆地上可形成熔岩台地或熔岩高原,如巴西南部高原、印度德干高原等主要由玄武岩质熔岩构成。中心式喷发可形成锥状火山、盾状火山和穹状火山以及其它形状的火山地貌(图2-26)。锥状火山是火山碎屑夹带的熔岩堆积在喷出口周围形成的圆锥状山体,坡度较大,可达30°~35°。这类火山地貌最多,一般由爆炸式火山活动而形成。盾状火山是大量黏度小的基性玄武质岩浆流出地表堆积而成的盾状山体,坡度很小,一般小于10°,相对高度也小。这类火山地貌常由宁静式火山喷发堆积而成。穹状火山是黏度大的熔浆聚在火山口周围形成的穹窿状山体。

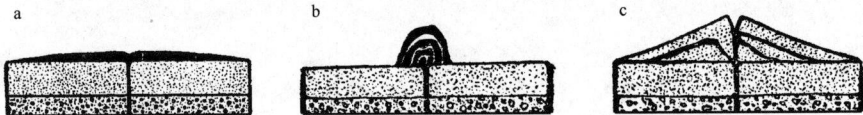

a.盾状火山;b.穹窿状火山;c.锥状火山

图2-26 火山地貌的主要形态

(二)地震

1.关于地震的一些概念

大地突然发生的快速震动叫地震。它是地球内能积累与释放的一种剧烈形式,是地球上经常发生的自然现象之一。全世界每年发生地震达 500×10^4 次之多,但人们能感觉到的仅占有其中的1%左右。

地下发生地震的地方叫震源,震源在地面上的垂直投影叫震中,震中到震源的距离叫震源深度。按震源深度可把地震分为浅源地震(< 70 km)、中源地震(70~300 km)和深源地震(> 300 km)三类。其中浅源地震最多,破坏力也最强。震中是地面震动区的中心,是地面震动最强的地方。

地震的强度和对地面的破坏程度分别用震级和烈度来表示。震级是指地震绝对强度的等级,它与震源释放出来的能量多少有关,释放能量越多,震级越高。由于一次地震的能量释放是一定的,所以一次地震只有一个震级。世界上已记录下来的最大震级是 1960 年 5 月 22 日发生于智利的 8.9 级地震。震级在 3 级以上的地震人们才能直接感觉到,故称之为有感地震。震级在 7 级以上的地震称大地震。烈度是指地震对地面及建筑物等的破坏程度。地震烈度共分为 12 度,对地面和建筑物破坏程度越大的地震其烈度数值就越大。一般将烈度在 6 度以上的地震称为破坏性地震。烈度的大小与震级高低、震源深浅、离震中的距离和该地区的地质条件及建筑物结构等多种因素有关。在同样条件下,某一地点的震级越高其烈度就越大;同一次地震、震中的烈度最大,离震中越远,烈度越小;同一级地震,震源越浅,烈度越大。

　　2.地震的成因

　　地震的成因是目前仍在继续探索和需要解决的问题。从大的方面说,地震的发生有自然和人为两方面的原因,但绝大多数地震是由自然原因引起的。这种由自然原因引起的地震称为天然地震。即使天然地震其成因也不同,可分为构造地震、火山地震和陷落地震等多种类型。

　　(1)构造地震:构造地震是指由构造活动所引起的地震。这是最重要的地震类型,约占地震总数的 90%,破坏力也最大。对构造地震形成机制的解释有多种,其中最重要的是断层说。这一学说认为,组成地壳的岩石具有弹性,构造运动所产生的巨大地应力常常积聚在地层的脆弱带,随着地应力的积累,岩石起初缓慢变形,当应力积累到超过岩石所承受的极限数值时,岩层就会突然断裂或者古老的断裂突然活动起来,变了形的岩层像钢板一样由于自身的弹性而在断裂的一瞬间回跳到原来的状态,释放出大量能量而引起地震。这种地震断层说被称为地层弹性回跳说。也有人认为,弹性回跳说只适于对浅源地震的解释,因为地下更深的地方,温度和压力都很高,岩石处于塑性状态,岩层不会发生弹性回跳。断层说中的另一种解释叫黏滑说。黏滑说认为,在地下较深的部位,断层两盘岩石好像黏结在一起,断层两盘的岩石若要滑动必须克服强大的摩擦力,当地应力大于摩擦力时两盘岩石便发生突然滑动,能量释放出来,引起地震。地震之后断层两盘又黏结在一起,孕育下一次滑动的发生。

　　(2)火山地震:由火山活动引起的地震称火山地震。这类地震为数不多,仅占地震总数的 7%左右,其强度和影响范围也都不大。火山地震的产生主要是火山活动时因地下岩浆的冲击或由于热力膨胀作用使岩层断裂而引起的。此外,岩浆大量喷出地表后,地壳内部压力减小,也可造成岩层断裂错动而发生地震。可以看出,火山地震在火山喷发前都会发生。

(3)陷落地震:因岩层崩塌陷落而产生的地震称陷落地震。这种地震大多发生在可溶性岩石地区。因地下水的长期作用可溶性岩体形成许多地下空洞并不断扩大,当地下空洞扩大到洞顶不能承受上部岩石重量时,就发生塌陷而引起局部地壳的震动。

需要指出的是,由于地震起源于地下深处,且历时极短,不易直接观察,所以直到目前为止它的奥秘还没有完全被揭开,尤其是它的形成机制和预报等问题尚处于探索之中,这是地球科学所面临的重大课题之一。

(三)火山和地震的地理分布

火山和地震在地球上的分布具有一定的规律性,它们都与构造活动带相联系。构造活动带相对活跃的地带(如板块的边界),火山和地震活动频繁而强烈。世界上大多数火山和地震主要集中在这些特定的构造活动带上,这些特定的构造活动地带称为火山—地震带(传统上分别称为火山带和地震带)。世界上主要的火山—地震带有三条,即环太平洋火山—地震带、地中海—印度尼西亚火山—地震带和大洋火山—地震带(图 2-27)。

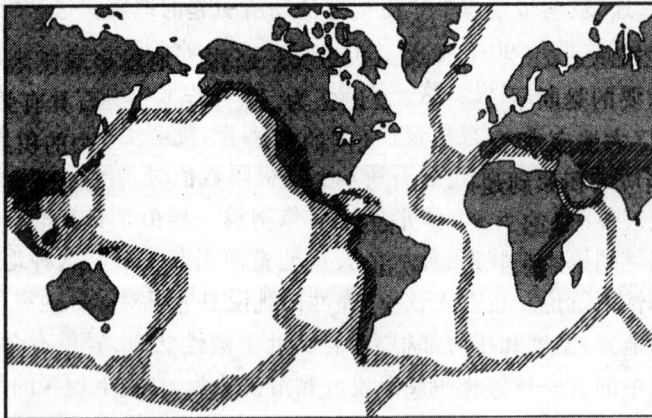

图 2-27　世界火山和地震分布图[6]

1. 环太平洋火山—地震带

环太平洋火山—地震带围绕太平洋的西、北、东诸岸的大陆边缘及岛屿,大体包括南、北美洲太平洋沿岸,从阿留申群岛直至我国的台湾岛,再经菲律宾群岛向南直到新西兰。这是一条极为强烈的地震带,全世界约 80%的浅源地震、90%的中源地震和几乎全部的深源地震都集中分布在这里,它所释放的能量占世界地震释放总能量的 80%。同时,它也是世界上最大的火山带,素有"火环"

之称。已知有 300 多座活火山分布于此带上(全世界活火山已知 500 多座,死火山 2 000 多座),占世界活火山总数的 60% 以上。世界海拔最高的活火山(科托帕克希火山最高海拔 5 896 m)和世界最高的死火山(阿空加瓜火山最高海拔 6 964 m)都分布在这条火山带上。需要指出的是,地震多分布于该带的靠近大洋一侧的海沟中,而火山则多分布于靠近大陆一侧的岛弧上,"火环"与"震环"并不重合。

2.地中海—印度尼西亚火山—地震带

地中海—印度尼西亚火山—地震带横跨欧亚大陆南部,并包括非洲北部一部分。它大体呈东西向延伸,西起地中海,向东经土耳其、伊朗、喜马拉雅山、缅甸、印度尼西亚与环太平洋火山—地震带相接,全长约 1.5×10^4 km。除环太平洋火山—地震带外,几乎其余的中源地震和较大的浅源地震都发生在这一带上。这一火山—地震带所释放的能量大约占世界地震释放总能量的 15%,有活火山近百座,约占世界活火山数量的 20%。由于这一带人口稠密,所以常造成严重的地震灾害。

3.大洋火山—地震带

大洋火山—地震带沿大西洋、印度洋和太平洋的海底山岭分布,长达几万公里。此带地震强度比前二个火山—地震带小得多,主要是中小地震。大洋火山—地震带有活火山 40 多座,占世界活火山数量的 10%。

我国位于环太平洋和地中海—印度尼西亚火山—地震带之间,地震活动频繁,是多震国家之一。我国的地震活动主要集中在台湾和华北等地区。火山主要分布于我国近太平洋沿岸地带、蒙古高原外围和青藏高原边缘地区。已发现的火山锥有数百座,但绝大多数为死火山,活火山为数不多。

二、火山活动对自然地理系统和人类活动的影响

火山喷发是一种壮观而又令人生畏的自然现象,也是地球内部物质和能量向自然地理环境直接而快速的输送过程,因此对自然地理环境和人类活动会产生直接而强烈的影响。它常给人类带来灾难,也可给人类带来某些益处。

火山喷发有时能引起地震、山崩和海啸等而造成人畜伤亡和建筑物破坏。火山活动喷出的熔岩流与火山灰可淹没并毁坏田园和建筑物,喷出的气体对人类环境也有着直接的影响,同时喷出的各种物质通过改变自然地理系统面貌而对人类产生间接的影响。

火山喷发除了形成前述的各种火山地貌而影响自然地理系统外,还对地表物质、水文、气象气候、动植物等都有重要影响。在火山喷发过程中,一方面形成

各种火山岩;另一方面还使一些有用元素富集形成多种矿床。例如,在喷发过程中,岩浆发生分异可形成金刚石、铁矿等;某些气体升华可形成硫矿、硼矿等有用矿床;分离出的水分与围岩发生物质交换,也可形成多种矿床。

火山口集水后形成火山湖,熔岩流阻塞河谷可使河水泛滥、河流改道或形成堰塞湖;岩浆逸出的水蒸汽在地下凝结,可形成温泉或矿泉。

火山灰中含有丰富的植物生长所需要的营养元素,形成肥沃的火山灰土,因而在许多火山附近人口密集,种植业较为发达。

火山喷发对气温有明显的影响。早在18世纪末人们就注意到了火山喷发与气候变化的相关性。200多年来世界多处火山活动与气温变化间的相关性表明,火山喷发可使气温下降。其原因主要是喷发的火山灰和含硫气体向上冲入平流层,并可在那里停留数月乃至若干年,削弱了进入对流层的太阳辐射,致使气温降低。火山灰能反射和散射太阳短波辐射,使到达对流层的太阳总辐射减少,因而引起大气降温。火山喷出的含硫气体(主要为 SO_2、H_2S)进入平流层,在离地表 $15\sim25$ km 的高空中形成硫酸气溶胶,可停留长达数年之久。空中的 SO_2 在阳光照射下与水汽结合形成硫酸微滴,这种硫酸微滴很亮,能显著散射太阳辐射,从而对地面产生冷却效应,使气温降低。

三、地震对自然地理系统和人类活动的影响

地震对人类来说是一种严重的自然灾害。大的地震可破坏各种建筑设施,使房屋倒塌,人畜伤亡,造成巨大经济损失。例如,我国唐山1976年7月28日发生的7.8级大地震,由于发生在人口稠密的市区,使整个唐山市毁坏,直接损失达 $3\,000\times10^8$ 元以上,并造成 24×10^4 多人死亡,16×10^4 多人受重伤,被认为是20世纪伤亡人数最多的一次地震。据联合国统计,在1900年~1985年期间,世界地震死亡人数达 265×10^4 人,约占各种自然灾害造成死亡总人数的58%,每年经济损失约几十亿美元。

同时,大的地震对自然地理系统也有深刻的影响。地震可以改变原来的地表形态,使地面隆起或陷落,并产生地裂缝,使地面遭到不同程度的破坏。例如,1906年美国旧金山大地震使一条街面变成了一条长堤,并导致铁轨扭曲,水管错断。我国1973年甘孜地震也出现类似情况,使甘孜—炉霍一带的地面升降幅度达 $152\sim-146$ mm。若地震发生在陡峭山区,可导致崩塌、滑坡和泥石流,阻塞河道,积水成湖。如1970年5月31日秘鲁西部发生的大地震,引起大规模山体崩塌,重达千吨的巨石与泥、砂、碎石和冰水相混合形成的泥石流从 $3\,750$ m 的高度以高达 320 km·h^{-1} 的速度倾泄而下,推平了山下的一些村镇。1974年5月11日我国云南省东北部的地震也造成长达1km山体崩塌,堆积下来的崩落物

厚达 30~40 m,阻塞了山崖下面原来的一条小河。我国台湾在 1999 年 9 月~10月份期间,经过一连串地震之后,卫星影像对比资料显示整个台湾岛被挤扁了 30 cm,在岛内造成的崩塌地段超过 2 000 处。地震还可改变地下水的贮存条件而影响地下水的运动和汇集。发生在海底的地震可以引起海啸,对沿岸产生巨大的冲击力,加速对海岸的侵蚀过程并对海岸的各种建筑设施产生破坏作用。例如,1960 年 5 月 22 日智利海岸发生的 8.9 级大地震引起的海啸,其波峰高达 30 多米,海浪吞没码头,破坏建筑物,并使 1×10^4 多人丧生。

第五节　地壳演变过程与现代自然地理系统的形成

现代自然地理系统是随着昔日的地壳演变不断发展进化而形成的。地壳的演变过程是指自地壳形成之后到现在,其物质组成、结构和外表形态的发展变化过程。地壳的形成与地球的起源和圈层分化紧密相联。地球是在太阳系形成过程中从太阳星云中分化出来的。起初的地球是一个物质组成接近均质的球体,其元素组成主要是 C、O、Mg、Al、Si、Fe、Ni 等。原始地球内部放射性元素含量多,放出的大量蜕变热积累于地球内部而使物质呈熔融状态,并在重力作用下发生物质分异。Fe、Ni 物质因其比重大而向地心处汇集形成地核,Si、Al 物质因其比重小而上浮形成地幔,其中最轻而又易熔的元素(如 Al、Ca、Na、K、Si 等)上升至地球球体的最上层,冷却固结形成地壳。据研究,地壳形成的时间大约距今 46 $\times 10^8$ 年。

地壳自形成之日起,就在内外动力的作用下,每时每刻都发生着深刻变化,处于永恒的、不断的发展变化之中。现代自然地系统的形成就是地壳发展到现阶段的一种表现形式,它还要继续发展变化下去。这些变化都被记录在地层中。地层是在一定的地质历史时期和一定的环境条件下形成的,其岩性、接触关系以及其中的化石种类都是对当时形成环境的忠实记录和客观反映。所以,根据地层层序、生物化石和放射性元素等可确定出地层的形成时代和先后顺序,进而可确定出先后发生在地壳中的各种地质事件和自然地理系统的发展演变过程。

一、地质年代

用来表示地壳演变中各类地质事件发生的时间和顺序的测度称为地质年代,它包括绝对年代和相对年代两个既有联系又有区别的概念。

(一)绝对年代

根据岩石中放射性同位素蜕变规律所测定出的岩石生成的具体年龄称绝对年代,用年来表示。岩石中的多种放射性同位素(如 U、Th、Rb 等)在自然界都以一定的速度非常缓慢地发生蜕变,形成一些新的元素。例如,放射性同位素 U 可以蜕变成 Pb,前者称母同位素,后者称子元素。如果能取得岩石中母同位素及其子元素的数值,又能测出母同位素的衰变常数(每年每克母同位素产生的子元素的克数),就可利用下式求得岩石的绝对年龄:

$$t = \frac{1}{\gamma} \ln \left(1 + \frac{D}{P}\right)$$

式中 t 为岩石自形成到现在的间隔时间或绝对年龄,γ 为母同位衰变常数,P 和 D 分别为岩石中母同位素及其子元素的含量。绝对年代是确定地层新老关系的最准确、最基本的方法。

(二)相对年代

根据生物界发展演化顺序和地层形成的先后顺序,将地壳演变史划分为若干个相对的历史阶段叫相对年代。它仅表示地质事件发生或地层形成的相对先后顺序,并不能确切地表示它们的绝对年代。从相对年代的定义可知,相对年代划分的依据是地层层序和生物化石类群的进化程度。如果地层没有被扰动,那么越向下的地层其年代肯定越老,越向上的地层其年代肯定越新。生物进化是从无到有、从低级到高级、从简单到复杂分阶段进行的,所以不同时代的地层含有不同的生物化石,并且出现复杂生物类群化石的地层要比出现简单生物类群化石的地层年代新。根据生物进化顺序可把地质历史划分为不同阶段,其单位(地质年代单位)从高级到低级依次记为宙、代、纪、世、期。在每一地质年代单位内形成的相应地层用另一套地层单位来命名。地层单位与年代单位一一相对应,依次为宇、界、系、统、阶。同一宙时期内形成的地层为同一宇,同一个代内形成的地层为同一个界,其余依此类推。需要说明的是,上述地层单位主要是以时间为准对地层的划分,故也称时间地层单位。这种单位适用于国际性、全国性或大区域性的地层划分,具有时间上的对比性,这是最常用的地层单位。除此之外,对地层的划分还有以其它特征为依据的划分方法,并采用不同的地层单位。例如,通常采用的地方性地层单位——群、组、阶、层等,是根据地层岩性的变化特征来对地层进行的划分,所以这种地层单位又称为岩性地层单位。这种地方性单位用在小范围的生产实践中,在大范围内没有对比性。

根据上述相对年代和绝对年代的方法把地壳发展历史从古到今划分为不同

阶段,各阶段的主要地质事件和生物进化情况见表2-3。

表2-3　地质年代及地壳发展历史简表[5]

相对年代			符号	距今年数 (×10⁶)	生物发展阶段		主要构造运动	
宙	代	纪			动物界	植物界	中国	西欧
显生宙	新生代	第四纪	Q	—2~3—	人类时代	被子植物时代	喜马拉雅运动	阿尔卑斯运动
		新第三纪	N	—26—	哺乳动物时代			
		老第三纪	E	—70—			燕山运动	
	中生代	白垩纪	K	—138—	爬行动物时代	裸子植物时代		
		侏罗纪	J	—190—				
		三叠纪	T	—230—			海西运动	海西运动
	古生代 上古生代	二叠纪	P	—275—	两栖动物时代	陆生孢子植物时代		
		石炭纪	C	—330—				
		泥盆纪	D	—385—	鱼类时代			加里东运动
	下古生代	志留纪	S	—435—	海生无脊椎动物时代	半陆生孢子植物时代		
		奥陶纪	O	—500—				
		寒武纪	∈	—600—				
元古宙	新元古代	震旦纪	Z	—800—	海生藻类时代 低级原始动物		蓟县运动	
	中元古代			—1 000— —1 800—	原始菌藻类时代		吕梁运动	
	古元古代			—2 500—			阜平运动	
太古宙				—3 800—	基本上无生命			
冥古宙			地壳最初发展阶段					
			—4 600—					

二、地壳演变历史及其自然地理概貌

(一)冥古宙(距今 46×10^8 年—38×10^8 年)

冥古宙归属于地球的天文演化时期,是地壳形成的最原始的阶段。地壳中没有这一阶段的任何地质记录,只有用比较行星学的方法以及凝聚理论进行推测,间接地了解地球冥古宙的地质事件。例如,人们根据月壳、火星外壳和陨石的性质等类比推测这一阶段的原始地壳是由基性岩类构成的,地壳薄而脆弱,后期有原始的陨石撞击作用,地表有高地和低地的分异,水圈没有出现。另据宇宙探测推测,当时的大气圈尤其在初期是以 H、He 为主体,以 CH_4、NH_3、CO_2、SO_2、H_2O 等为次要成分的还原性大气圈。

(二)太古宙(距今 38×10^8 年—25×10^8 年)

太古宙是地壳形成以来有大量确实资料可考的最古老的时代,它大约经历了 10 多亿年的时间。

太古宙形成的地层称太古宇,厚度巨大,可达数千米甚至上万米,主要由深变质的正、副片麻岩组成,此外还有片岩、板岩、千枚岩等变质岩。在太古宙地层中含有丰富的由低价铁沉积而成的铁矿。太古宙地层褶皱、断裂广泛发育,且岩体被各种岩脉穿插,破碎比较厉害,加之它的岩性组成复杂多变,故常称之为"太古宙(代)杂岩"。该宙地层中生物化石十分贫乏,仅在其上部发现有极为原始的、没有真正细胞核的菌藻类微生物化石和微体化石。

根据太古宙的地层特征我们可以大致推测当时的地壳及其自然地理特征。太古宙时代,地壳仍然比较薄弱,地壳和地幔之间物质和能量交换强烈,地幔物质易沿裂缝上行,岩浆和火山活动特别频繁。岩石强度较低,易变形,故多褶皱构造。同时岩石变质程度也很深,形成太古宙(代)杂岩。当时的原始大气圈和水圈已经形成,海洋占绝对优势。由于太古宙地层中存在很多由沉积岩变质而成的副片麻岩,而沉积岩是经过地表风化、搬运、堆积固结而成的,由此我们可以推知太古宙已经出现了大气圈和水圈。但是,由于当时还没有绿色植物出现,又受长期火山喷发的影响,大气圈的组成成分既与冥古宙大气圈不同也与现代大气圈明显不同。当时的大气圈 CO_2 含量高,而 O_2 和 N_2 含量极低,故当时的大气仍为还原性大气。太古宙地层中普遍存在的低价铁矿也说明了当时自然界缺氧呈还原状态。由太古宙海相地层在现代各大陆上出露面积较大可知,当时的海洋面积广大,而陆地面积很小,仅呈岛屿状零星分散在原始海洋中。当时的海水化学组成也与现代海洋不同,含盐量比现在要低得多。陆地是荒芜的,到处是荒凉死寂的世界。但是在太古宙末期,浅海环境中的某些无机物经过复杂的化学变化跃变为蛋白质和核酸,进而演变为原核细胞,出现了极为简单的无真正细胞核的细菌和蓝藻,所以太古宙是原始生命的萌芽阶段。

(三)元古宙(距今 25×10^8 年—6×10^8 年)

太古宙末期发生了一次全球性构造运动,在我国称阜平运动。这次运动之后,地壳进入了一个新的发展时期,即元古宙。

元古宇地层与太古宇地层之间普遍存在着一个角度不整合面。元古宇地层的主要岩性为碎屑岩、白云岩、紫红色砂岩、紫红色白云岩等,岩石变质程度较轻,有些地方还出现有冰碛层。元古宇地层的另一特征是出现了大量的海生藻类化石和某些原始动物化石。

元古宙陆地面积增大,稳定性增强,但还是以海洋占绝对优势。元古宙时期构造运动相当强烈,曾发生大规模的造山运动,如我国的五台运动、吕梁运动、蓟县运动等。这些造山运动形成的褶皱带使原有的小陆块逐渐合并在一起成为面积较大的古陆,并且其稳定性增强。这些古陆后来成了各大陆的古老褶皱基底和核心。阜平运动之后,浅海面积广大而稳定,为生物演化提供了有利条件。原核生物逐渐进化为真核生物,种类数量明显增多,海生藻类得到大发展,如绿、轮、褐、红藻类在当时已开始大量出现。随着生物的进一步演化,在元古宙晚期的浅海中第一次出现了原始的动物,如海绵、水母、软体珊瑚等。随着藻类植物的大量出现,光合作用吸收了大气圈中大量 CO_2 并放出大量 O_2,使得大气圈中 CO_2 浓度下降,O_2 浓度上升,逐渐改变了太古宙时代的还原性大气的组成。在氧化环境条件下,形成了一系列红色岩层,如紫红砂岩等。随着风化、搬运、堆积的进行,海洋中 Ca、Mg 离子含量逐渐增多,开始出现碳酸盐化学沉积,故元古宇地层中出现了白云岩海相沉积岩等。在元古代末期,地球上出现了第一次冰期——震旦纪冰期,各古陆高地上冰川广布,遗留下许多冰碛物。

(四)古生代(距今 6×10^8 年—2.3×10^8 年)

从全球角度来讲,古生界地层是一个巨大的沉积旋回,即从一次海侵到另一次海侵所形成的地层。古生界地层的岩石种类多种多样,最下部为陆相碎屑沉积岩,中部为海相化学沉积岩,上部又为陆相碎屑沉积岩,在陆相和海相之间为海陆过渡相沉积岩。但由于这一阶段还存在一些次一级旋回以及地区间的差异,所以各地方实际存在的岩相变化顺序要复杂得多。古生界地层中普遍含有丰富的古生物化石,下部所含化石为海生无脊椎动物化石和海生藻类化石,中部为鱼类化石和半陆生孢子植物化石,上部为两栖类化石和陆生孢子植物化石。在古生界的上部还出现有大量煤层。

古生代历时 3.7×10^8 年,根据地层和古生物情况又分为早古生代(下古生代)和晚古生代(上古生代)两个亚代,共由六个纪组成。不同时期的自然地理环境具有不同的特点。

在元古代末时,地壳经过多次运动,古陆面积不断扩大而合并在一起构成了泛大陆(图 2-28a)。当地壳演化到早古生代寒武纪时,地壳开始下沉,海水侵入泛大陆使其开始分裂。在南部形成冈瓦纳大陆,北部分离为北美洲、欧洲和亚洲三个古大陆。在冈瓦纳大陆与北美洲大陆之间为前海西海,冈瓦纳大陆与亚洲大陆之间为前特提斯海,北美洲大陆与欧洲大陆之间为前加里东海,欧洲大陆与亚洲大陆之间为前乌拉尔海(图 2-28b)。上述几个陆间海地带接受了来自两侧大陆的沉积物,形成巨厚的过渡相和海相沉积岩。大陆的低洼处也沉积了陆相沉积物。从奥陶纪开始,在全球范围内发生了一次构造运动,这次构造运动在前加里东海区表现最为强烈。到志留纪末期,前加里东海已褶皱成山,使欧洲与北美洲合并在了一起(图 2-28c),所以这次大规模的构造运动称为加里东运动。从泥盆纪开始,在全球范围内又发生了一次构造运动,这次构造运动在前海西海地区表现最为强烈。到石炭纪末期,前海西海也已褶皱成山,使冈瓦纳大陆与欧美大陆合并在一起(图 2-28d),所以这次大规模构造运动称海西运动。这次运动一直持续到二叠纪末,使前乌拉尔海也褶皱成山,亚洲大陆与欧美大陆合并在一起。至此,从太古代早期分裂的大陆又逐渐合并为一个新的泛大陆(图 2-28e)。

在大陆分合、海陆变迁的过程中,生物圈也发生了巨大变化。在早古生代,动物界第一次得到大发展,被称为海生无脊椎动物时代。在寒武系地层中发现有大约 2 500 种海生无脊椎动物化石,其中最多的是节肢动物中的三叶虫化石,约占化石总数的 60%,所以早古生代又称为三叶虫时代。早古生代海生无脊椎动物大发展是与当时海水侵漫陆地、泛大陆分离、海洋面积广大的环境分不开的。到志留纪末期,半陆生的孢子植物——裸蕨植物首次出现。

在晚古生代,植物界获得第一次大发展,被称为蕨类植物时代;动物界也出现从无脊椎到脊椎、从水生到陆生的两次飞跃。在志留纪末期经加里东运动之后,陆地趋于合并,大陆面积开始扩大,海洋面积逐渐缩小,大陆上出现了大面积低平的湿地、沼泽和湖泊,这为以海生藻类为主的植物界向陆生植物发展提供了有利条件。在植物适应陆地环境的过程中,不适应陆地生活的植物被淘汰了,那些生命力顽强具有输导组织的蕨类植物保存了下来并得到进一步发展。到泥盆

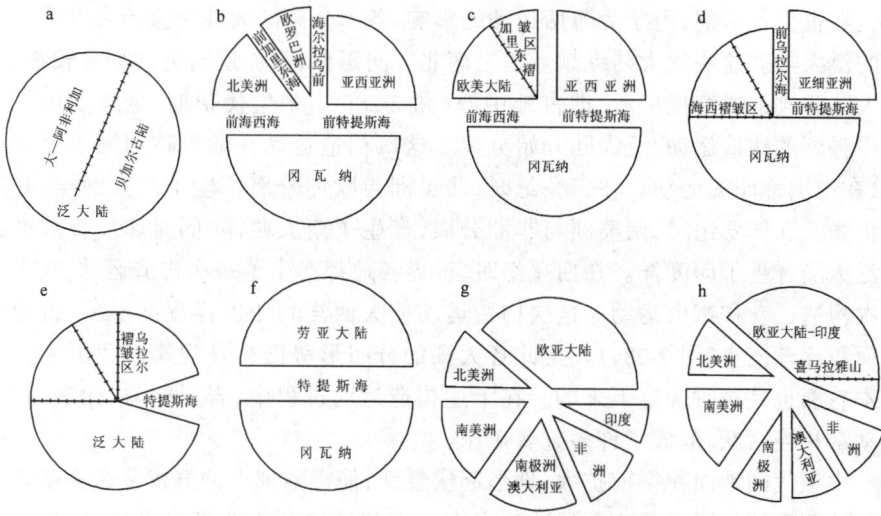

a.晚前寒武纪;b.寒武纪;c.泥盆纪;d.晚石炭纪;
e.晚二叠纪;f.早中生代;g.晚白垩纪;h.新生代

图 2-28　7×10^8 年来大陆的分合示意图[6]

纪时蕨类植物得到了空前的大发展,使大陆第一次披上了绿装。在石炭、二叠纪,蕨类植物发展达到了鼎盛时期,陆地上出现了万木参天、密林成海的景观,因此晚古生代被称为蕨类植物时代。这些高大蕨类林木在地壳运动时常被埋在地下,经过长期复杂的物理化学变化形成了许多煤层,所以石炭、二叠纪是地史上最重要的成煤时期之一。在植物界大发展的同时,海生无脊椎动物经过漫长的演化,分化出了有脊椎的较高级的动物。泥盆纪时陆地水域中或海洋中出现了大量的鱼类,所以泥盆纪又被称为鱼类时代。晚古生代末期,由于海西运动的影响,陆地面积进一步扩大,水域面积逐渐减少,鱼类又进一步分化出了既能在水中游动又能在陆地上呼吸的两栖类动物,实现了动物从水到陆的又一次飞跃。在石炭、二叠纪两栖类空前繁盛,因此石炭、二叠纪又称为两栖类时代。

另外,晚古生代的气候逐渐变冷,到了石炭纪末期和二叠纪早期,全球出现了第二次大冰期,南半球有广泛的冰川分布。

(五)中生代(距今 2.3×10^8 年—0.7×10^8 年)

中生界地层在不同地区岩性组合不同,海相、陆相和过渡相沉积岩都有出露。岩层断裂和岩浆侵入作用比较强烈。中生界地层中普遍含有裸子植物和爬行动物化石,并含有多种金属矿产、煤、石油和天然气等。

在古生代末期,由于受海西运动的影响,各个分离的大陆又重新合并为一个新的泛大陆。这块泛大陆纵越赤道呈南北方向延伸,其赤道附近的部分较窄,向泛大陆凹进形成特提斯海,即古地中海(图 2-28f)。中生代初期,全球发生了大规模强烈的构造运动,泛大陆开始分离。这次构造运动在欧洲称旧阿尔卑斯运动,在中国称印支运动。在三叠纪时,北美洲与欧洲分离产生了北大西洋,并逐渐扩张。在侏罗纪时,南美洲与非洲分离,产生了南大西洋,同时印度板块也脱离泛大陆产生了印度洋。在白垩纪时,世界各地都产生了一次构造运动,在中国这次构造运动称燕山运动。这次构造运动使大西洋和印度洋逐渐形成,古地中海面积逐渐缩小(图 2-28g)。至此各大洲的分布形势已初具规模。我国大陆的基本轮廓也是这时确定下来的。在上述构造运动过程中,岩层断裂、褶皱、岩浆活动都相当活跃,形成了许多金属矿床。

中生代陆地面积空前扩大,地形起伏悬殊,使得陆地上的气候复杂多变。喜湿热的蕨类植物因不适应干湿冷热多变的大陆环境而逐渐衰退,取而代之的是适应性较强的靠种子繁殖的以苏铁、银杏、松柏类植物为其典型代表的裸子植物。裸子植物在中生代极为鼎盛,成为当时植物界的主宰,所以中生代被称为裸子植物时代。这些裸子植物在一定的地质条件下被埋藏在地下而逐渐形成煤层,特别是侏罗纪成煤作用最强,它是继石炭、二叠纪之后又一个重要的成煤时期。中生代爬行动物也得到了迅速发展,并逐渐取代了两栖类动物而成为当时动物界的主宰,所以中生代又称为爬行动物时代。在古生代的末期,两栖类动物开始爬上大陆,但它们仍不能长时间离开水域环境。随着中生代陆地面积的扩大,两栖动物逐渐向爬行动物方面演化,到中生代中期,爬行动物已获得迅速发展并逐渐取代了两栖类动物。当时的爬行动物主要是恐龙,如海中游曳的有鱼龙和蛇颈龙,在空中飞翔的有翼龙,在陆地上爬行的有专吃植物的雷龙、凶猛吃肉的霸王龙和身披骨甲的甲龙等,所以,中生代又称为恐龙时代。但是,到了中生代末期,曾称霸一时的恐龙在地球上突然灭绝了。关于恐龙灭绝的原因至今仍是一个未解开的科学之谜。有人认为,它与中生代末期的构造运动所引起的地形、气候和植被的变化有关。近些年来有一种比较盛行的看法认为,恐龙灭绝的原因源于"地外事件"。他们认为,中生代末期发生了超新星爆发(Schindewolf;Красовский 等,1957),或小行星冲击地球(Alvarez,1980),或彗星冲击地球(许靖华等,1980,1982)。超新星爆发可使地表宇宙射线增强杀死地球上的生物;小行星撞击地球能使粉尘弥漫天空,遮挡太阳辐射,造成大批生物死亡;彗星与地球相撞,不仅引起了地球温度剧变,而且给地表带来大量的氰化物等有毒物质,引起大量生物死亡和环境重大变化,从而导致恐龙最终灭绝。这些"地外事件"假说的主要根据之一是,在白垩纪与第三纪地层界线处的黏土层中发现 Ir 的含量很高,其含量比正常值高出若干倍至 30 倍(J·Alvarez 等,1980),而 Ir 是陨石的重要组成成分。

(六)新生代(0.7×10^8 年到现在)

新生界地层以陆相沉积为主海相沉积为辅。上部第三系的岩性主要为胶结或半胶结的陆相碎屑沉积岩;上部第四系由未胶结的复杂多样的松散堆积物构成,主要有河湖相沉积物、洪积物、坡积物、黄土、冰碛物、火山喷发物和海相堆积物等等,除某些地方外,一般厚度较小。新生界地层中普遍含有被子植物化石和哺乳动物化石,并且在其上部含有人类化石及人类活动遗迹和遗物。

在第三纪时全球普遍发生了一次构造运动,这次构造运动在欧洲称新阿尔卑斯运动,在中国叫喜马拉雅运动。这次构造运动使澳洲与南极洲分离,印度洋板块向东北漂移并和亚欧板块碰撞在一起(图 2-28h),基本上形成了今天的海陆分布大势和地表起伏形态。受这次构造运动的影响,古地中海发生强烈褶皱隆起,面积缩小。古地中海隆起后形成了东西走向的巨大山系,其中包括北非的阿特拉斯山,欧洲的比利牛斯山、阿尔卑斯山、喀尔巴阡山以及东西延伸的高加索山和喜马拉雅山等山脉。这些山脉是世界上最年轻的山脉,高峻雄伟。这次构造运动还使环太平洋地带也强烈褶皱上升形成环太平洋山脉,如北美的落基山脉、南美的安第斯山脉、以及西伯利亚的勘察加半岛、日本列岛、我国台湾岛、菲律宾群岛、马来群岛、新西兰群岛等都是这时形成的。古老的大陆内部也受到了这次运动的影响,发生断裂、拱曲等差异性升降运动,形成断陷盆地,同时也伴随有火山活动和岩浆侵入。进入第四纪以来,构造运动仍然颇为频繁和普遍,继续影响着全球构造和自然地理面貌。例如,在印度洋板块继续北进中,喜马拉雅及其以北附近地区在第四纪进一步被大幅度抬升从而形成了今日的世界屋脊——青藏高原,至今仍在继续上升。这不仅使我国西高东低的阶梯式地势更加突出,而且对我国的气候和生物分异也具有重要影响。再如,中日两国科学家近年发现由于太平洋板块中脊向两侧扩张,日本列岛与中国大陆之间的距离在逐年靠近,日本茨城县鹿岛田丁与中国上海的距离每年缩短 2.9 cm。

在早第三纪时,气候仍然比较温暖湿润,当时的温带可伸展到极地附近,但经过多次造山运动之后,随着陆地地势增高和面积的扩大,大气环流系统尤其是区域性环流系统也发生了变化,气候逐渐趋于干冷而且时空差异逐渐增大,到晚第三纪末达到与现代气候类似的状况。进入第四纪后,气候进一步变冷,波动增大,在中高纬地区和低纬的高山地带发育了大规模冰川,称为第四纪大冰期,其间经历了多次冰期和间冰期。多次的冰川活动留下了特殊的冰川地貌和冰碛物。大致与此同期，在中纬度许多地区如我国干旱区外围、欧洲和北美洲的冰川作用区外围等地区由风或流水等因素的作用下产生了大范围的黄土堆积。关于第四纪冰期和黄土的成因问题至今仍是地学界不断探索的重要问题。在距今12 000～10 000年时，全球气候转暖，进入冰后期时代。气候在向今日演变的上万年过程中，总的趋势是在变暖，但仍存在多次不同周期和幅度的冷暖与干湿波动。

进入第三纪后，植物界以被子植物大发展为特征，动物界以哺乳动物空前繁盛为特点，因此新生代又称为被子植物时代和哺乳动物时代。在暖湿的早第三纪时常绿阔叶林和落叶阔叶林代替了原来单调的针叶林。气候趋向干冷后，许多地方的植物出现旱生化特征，在晚第三纪初期出现了草原，第四纪又出现了苔原。被子植物的大发展促进了哺乳动物的繁荣。草原面积扩展后，有蹄类和啮齿中出现了许多食草性动物群，随之而来的食肉性动物也得到了发展。随着被子植物和哺乳动物的大发展，昆虫类和鸟类动物也在新生代逐步繁盛起来。生物与环境、生物与生物之间相互适应、协同进化、不断发展，逐步演化为与今日基本相同的丰富多彩的生物类群。

灵长类动物的迅速进化，在第四纪产生了人类。人类的出现是第四纪的一件大事，也是地球演化历史上最重大的事件，从此开始了人类利用自然和改造自然的崭新时代。人类与自然斗争和自身发展的漫长过程中，生产工具和生产方式不断进步，征服自然的能力不断提高，对自然界的影响日益深刻而广泛。因此，人类在利用和改造自然的过程中，也逐步成为改变地表自然面貌的重要因素。

复习思考题

1.试说明岩浆岩、沉积岩和变质岩在成因、分布、物质组成、结构和构造方面的特点。
2.试说明岩相变化、地层接触关系与构造运动的关系。
3.地质构造在外力配合下可形成哪些构造地貌类型？
4.怎样确定岩层的产状？
5.在野外怎样判断断层的存在？
6.板块构造学说的基本观点是什么？试用板块构造学说解释世界主要火山—地震带的成因。
7.板块边界有哪几种类型？它们分别可形成哪些地貌类型？
8.震级与烈度有何差异与联系？火山活动对自然地理系统和人类活动会带来什么影响？
9.地质年代单位和地层单位之间有何对应关系？

10.古生代、中生代和新生代的地壳演变和生物演化各具什么特征？生物的演化与地壳演变有何联系？

11.地球内动力因素影响自然地理系统主要体现在哪些方面？

主要参考文献

[1]益保民.地球演化(第1卷).北京:中国科学出版社.1991.177~423

[2]宋春青等.地质学基础(第三版).北京:高等教育出版社,1996.49~118,142~222,244~348

[3]杨伦等.普通地质学简明教程.北京:中国地质大学出版社,1998.38~43,106~147

[4]金性春.板块构造学基础.上海:上海科学技术出版社,1984.1~93

[5]潘树荣等.自然地理学第二版.北京:高等教育出版社,1985.33~79

[6]马建华等.自然地理学教程.开封:河南大学出版社,1991.30~75

[7]周延儒.古地理学.北京:北京师范大学出版社,1982.102~300

[8]北京大学等.地貌学.北京:人民教育出版社,1978.228~253

[9]李克煌等.气象学与气候学.开封:河南大学出版社,1994.474~476

[10]齐文同.近代地层学.北京:北京大学出版社,1995.60~82

[11]康育义.生命起源与进化.南京:南京大学出版社,1997.60~162

[12]伍光和等.自然地理学(第三版),北京:高等教育出版社,2000.29~58

[13]Ralph C S.Physical Geography (second edition). West Publishing Company, 1992.327~404

[14]Alwyn S.Volcanoses. Ucl press, 1996.14~19

[15]Fisher. et al.Volcanoes, Priceton University Press, 1997.165~173

第三章 大气过程与气候形成

气候是自然地理系统的重要组成部分,它主要通过热量和水分对自然地理系统的形成和演化发生作用。例如,气温的高低和降水量的多少直接影响着生物的生长、发育和分布,影响着岩石的风化和土壤的形成等;风和降水对地表形态具有强大的塑造作用,是影响地貌发育的最重要、最基本的外动力作用,同时还影响地表水文状况等等。所以,从一定程度上说,气候是决定自然地理过程方向和强度的因素。不仅如此,气候系统中的光、热、水、风和大气气体成分等还是重要的自然资源——气候资源,对人类的生产和生活具有重大影响。

气候的形成不仅与大气过程有关,而且与下垫面因素密切相关。大气过程是发生在大气对流层中各种物理过程的总称,包括大气热力过程、大气动力过程、大气水分蒸发与凝结过程和各种天气过程。下垫面是指大气对流层下部的海陆表面,包括海陆分布及海洋、冰雪圈、森林、地形、陆地水域、城市等多种不同尺度的地表单元。本章先论述大气热力、动力和水分蒸发凝结过程及其所反映的大气系统的主要矛盾,在此基础上阐明主要天气系统及其天气特征,进而论述下垫面与大气系统的相互作用,最后论述气候的有关问题。

第一节 大气的热力过程

一、太阳辐射

太阳不断地以电磁波的形式向周围空间放射的能量称为太阳辐射。太阳辐射的波长(λ)范围很广,但其能量的绝大部分集中在波长 $0.15 \sim 4.0~\mu m$ 之间,其中约有 50% 的能量在可见光区($0.4 \sim 0.76~\mu m$),7% 的能量在紫外区($< 0.4 \mu m$),43% 能量的在红外区($> 0.76~\mu m$)。太阳辐射的总量是非常巨大的,每分钟辐射出的能量约为 2.303×10^{22} MJ,其中仅有 22 亿分之一到达地球。看起来这个数值好像很小,但实际上它是自然地理系统各种能量的最主要来源。其它能量来源,如来自月球、恒星、行星、宇宙射线、地球内部的辐射能以及地壳和大气中放射性物质的放射能与太阳辐射能相比,都是极其微小的。

(一)到达大气上界的太阳辐射

1.影响天文辐射的因素

由于到达大气上界的太阳辐射是由日地天文关系所决定,故称为天文辐射。除太阳本身的变化外,影响天文辐射量的因素主要是日地距离、太阳高度和天文可照时间。天文辐射量与日地距离成反比,地球在远日点所获得的太阳辐射比近日点减少7%。就日地平均距离来说,在大气上界(距地球表面约1 200 km)垂直于太阳光线的平面上,单位时间单位面积上获得的太阳辐射能量称为太阳常数(I_0)。1981年,世界气象组织推荐太阳常数值为1 367 ± 7 W·m^{-2},通常采用1 367 W·m^{-2}。太阳常数也有周期性变化,变化范围为1% ~ 2%,这可能与太阳活动周期有关。

太阳高度是太阳相对于地平面的角距离。投射到大气上界水平面上的太阳辐射量(Q_s)不仅与日地距离有关,而且还取决于太阳高度角(h)。如图3-1所示,设大气上界某一水平面 ABFD 的面积为 S',太阳光以 h 角倾斜地照射到它上面,其太阳辐射通量为 Q_s(J·cm^{-2}·min^{-1})。作一垂直于太阳光的平面 ACED,其面积为 S,在此垂直受射面上的太阳辐射通量为 Q_0。那么

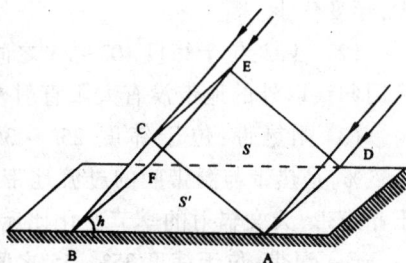

图3-1　太阳高度与太阳辐射通量的关系[5]

到达水平面 ABFD 与垂直面 ACED 上的辐射总量分别为 $Q_0 S'$ 和 $Q_0 S$,显然这两个面上的辐射总量是相等的。由图 3-1 可看出 $S/S' = AC/AB = \sin h$,则:

$$Q_s = Q_0 \sin h \qquad (3-1)$$

可见大气上界水平面上单位面积所得到的辐射通量与太阳高度角的正弦成正比。

天文可照时间是不考虑大气影响和地形遮蔽时太阳的可照时间。它与天文辐射成正比,天文可照时间愈长,天文辐射量愈强。

2.天文辐射的分布及其意义

天文辐射量随纬度和季节而变化。由表3-1看出,北半球天文辐射量分布的规律是:年总量以赤道为最多,随纬度增高而减少,最小值出现在极点,仅为赤

道的 41%；夏半年天文辐射量最大值出现在 20°N ~ 30°N，由此向极地减少，且水平梯度较小；冬半年天文辐射量以赤道为最多，随纬度增高而迅速递减，且水平梯度较大。

表 3-1　北半球天文辐射的季总量和年总量[2]　　　（单位：10^2MJ·m^{-2}）

纬　　度	0°	10°	20°	30°	40°	50°	60°	70°	80°	90°
夏半年 （4月~9月）	62.9	67.3	68.5	68.4	66.5	63.0	58.2	54.6	52.9	52.2
冬半年 （10月~3月）	65.7	60.4	53.2	44.8	35.0	24.8	14.5	6.2	1.6	0.4
全　　年	128.6	127.7	121.7	113.2	101.5	87.8	72.7	60.8	54.5	52.6

根据天文辐射的分布，可把地球上的气候分为七个气候带。这种只考虑天文辐射特点而划分的气候带称为天文气候带或太阳气候带。

（1）赤道带：在南、北纬 10°之间，占地球总面积的 17.36%。此带一年有两次受到太阳直射，全年正午太阳高度角大，昼夜长短几乎均等，太阳辐射日变化大，年变化小。

（2）热带：位于纬度 10° ~ 25°之间，在南、北半球各占地球总面积的 12.45%。除回归线以外的地带没有太阳直射外，其它的辐射特征与赤道带相似。

（3）副热带：位于纬度 25° ~ 35°之间，在南、北半球各占地球总面积的 7.55%，是热带与温带间的过渡地带。它的夏半年天文辐射量仅次于热带而大于赤道带，天文辐射的季节变化比赤道带和热带显著。

（4）温带：位于纬度 35° ~ 55°之间，在南、北半球各占地球总面积的 12.28%。此带天文辐射的季节变化最为显著，四季分明。

（5）副寒带：位于纬度 55° ~ 60°之间，在南、北半球各占地球总面积的 2.34%，是温带与寒带间的过渡地带。此带昼夜长短差别大，但无极昼、极夜现象。

（6）寒带：位于纬度 60° ~ 75°之间，在南、北半球各占地球总面积的 5.00%。此带内一年中昼夜长短差别很大，在极圈以内有极昼、极夜现象，天文辐射年总量显著减少。

（7）极地：位于纬度 75° ~ 90°之间，在南、北半球各占地球总面积的 1.70%。此带昼夜长短差别最大，在极点半年为昼、半年为夜，天文辐射日变化最小，年变化最大。

（二）到达地面的太阳辐射

1. 太阳辐射在大气中的减弱

太阳辐射在通过大气到达地面的过程中,受到大气的反射、散射和吸收而减弱,使投射到大气上界的太阳辐射不能完全到达地面。大气中的云层和较大的尘埃颗粒能将太阳辐射的一部分能量反射回去,其中云的反射作用最为显著。云的反射能力因云状和云的厚度而有所不同。随着云层增厚,反射也增强,厚云层反射率可达 90%。一般情况下云的平均反射率为 50%～55%。进入大气的太阳辐射遇到空气分子、尘埃、云滴等质点时,一部分向侧方散射,使投射方向上的能量减少。散射强度与质点大小、入射光波长有关。在散射微粒的尺度小于入射光的波长时产生分子散射,其散射强度与波长的四次方成反比,使波长较短的光波散射较多。太阳辐射遇到较大的颗粒(如尘粒和云雾中小水滴)时,其散射强度则与波长的较低方次成反比,使波长较长与较短的光波的散射强度差异变小。如果散射颗粒更大(如沙粒、水滴、冰晶等),其散射强度与波长无关,各种波长的散射强度趋于一致。大气中的 O_3、O_2、H_2O、CO_2、固体杂质等具有选择性吸收太阳辐射的能力,主要吸收其紫外和红外部分。这部分辐射被大气吸收后变为热能,使太阳辐射减弱。以上三种方式对太阳辐射的削弱程度与太阳辐射穿越大气的厚度和大气透明度有关。随着太阳离地平线的高度不同,太阳辐射穿过大气层的厚度也不一样(图 3-2)。如果太阳正在天顶,则光线经最短的路径 CB 穿过大气。随着光线与地平线逐渐接近,阳光在大气中的路程越来越长($CB < AB < DB < HB$)。可见,日出、日落时,阳光穿过的大气厚度最大。太阳辐射穿过的大气层越厚,被大气吸收、散射和反射的就越多,太阳辐射减弱也就越多。大气厚度相同时,太阳辐射在大气中的减弱程度随大气透明度的变坏(湿度与含尘率的增加)而增大;反之,减弱程度减小。

2. 到达理想地面的太阳辐射

所谓理想地面是指不存在反射作用、性质均匀的地面,它能全部吸收投射来的太阳辐射。太阳辐射经大气减弱后,到达理想地面的有两部分:一是太阳以平行光线的形式直接投射到理想地面上的直接辐射;二是经过散射后自天空投射到理想地面上的散射辐射。两者之和称为太阳总辐射,简称总辐射。

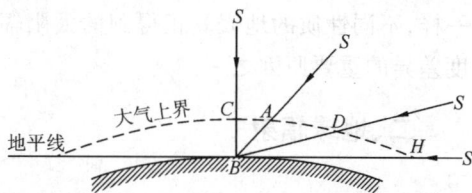

图 3-2　太阳辐射穿过大气层的厚度[7]

总辐射有明显的日变化和年变化。一天内,总辐射随太阳高度角的变化而变化,一般是日出后逐渐增加,正午达到最大值,午后又逐渐减小。云的存在可以使这种日变化规律受到破坏,例如中午云量突然增多,最大值可能提前或推后。一年内,由于太阳高度角和日照时间在夏季和冬季的差异,使夏季各月总辐射大于冬季各月。在地理分布上,全球年总辐射量基本上呈带状分布:赤道地区云雨较多,年总辐射量相对较小;南北半球的副热带高压带,特别是在大陆上的副热带沙漠地区,云量最少,年总辐射量最大(最大值在非洲东北部);自副热带向两极,总辐射逐渐减少,至两极达到最小。

3. 地面对太阳辐射的反射

实际地面不是理想地面,它存在有反射作用,地面性质也不均匀。实际地面对太阳辐射的反射使投射到地面的太阳辐射被反射掉一部分,其余部分才被地面吸收。实际地面的反射率差异较大(表 3-2)。

表 3-2 不同性质的地面对太阳辐射的反射率(%)

地面种类	反射率	地面种类	反射率
砂　土	29 ~ 35	耕　地	14
黏　土	20	绿草地	26
浅色土	22 ~ 32	干草地	29
深色土	10 ~ 15	小麦地	10 ~ 25
针叶林	10 ~ 15	新　雪	84 ~ 95
阔叶林	15 ~ 20	陈　雪	46 ~ 60

陆地表面的反射率约为 10% ~ 30%;深色土与浅色土、潮湿土与干燥土、黏土与沙土、林地与草地相比较,深色、潮湿、黏土、林地表面的反射率较小。雪面的反射率很大,洁白新雪面的反射率可达 95%。水面的反射率随水面的平静程度和太阳高度角的大小而变,当太阳高度角为大于 60°、30°、10°、5°、2°、1°时,平静水面的反射率分别为 2%、6%、35%、58%、80% 和 89%,波浪起伏水面的平均反射率为 10%。因此,总的说来,水面比陆面的反射率要小些。由上可知,即使总辐射一样,不同性质的地表真正得到的太阳辐射存在着很大的差异,这是地球表面温度差异的重要原因之一。

二、地球辐射

(一) 地面辐射与大气辐射

地面从太阳直接辐射和散射辐射获得太阳热能,大气通过吸收小部分的太阳辐射和大部分的地面辐射也获得热能,同时它们也由于本身的温度不停地向外放出辐射。这种从地面和大气辐射出去的能量,分别称为地面辐射和大气辐射,两者合称地球辐射。地面的平均温度约为 300 K,对流层大气的平均温度约为 250 K。在这样的温度下,辐射能主要集中在 $3 \sim 120 \ \mu m$ 的波长范围内。显然,地面辐射、大气辐射的波长比太阳辐射的波长要长得多,因此常把太阳辐射称为短波辐射,而把地面和大气的辐射称为长波辐射。

地面辐射通过大气时,主要受到吸收作用。在大气中吸收地面辐射的主要成分是水汽和 CO_2(图 3-3)。水汽吸收长波辐射最为显著,其最强的吸收带为 $5.5 \sim 7.5 \ \mu m$ 和 $21.0 \sim 27.0 \ \mu m$。CO_2 主要吸收 $13.5 \sim 16.5 \ \mu m$ 和 $4.3 \ \mu m$ 附近的辐射。液态水能强烈吸收长波辐射,O_2、O_3 和尘埃也能吸收一些长波辐射。据统计,约有 $75\% \sim 95\%$ 的地面长波辐射被大气吸收,仅对波长 $8.0 \sim 12.0 \ \mu m$ 之间的辐射吸收率很小。这一波段的地面辐射可以直射宇宙空间,故称为"大气窗"(图 3-3)。

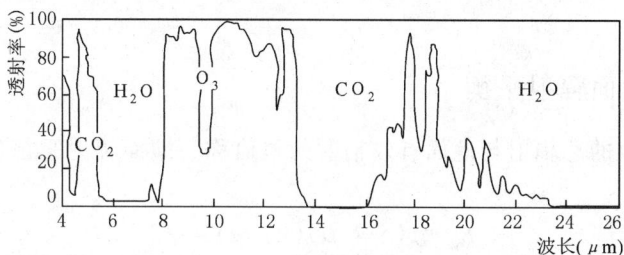

图 3-3 大气吸收光谱[1]

地面辐射的方向是向上的,大气辐射的方向既有向上的、也有向下的。大气辐射向下的那一部分称为大气逆辐射,它减少了由于地面辐射所引起的地面温度的降低。大气对短波辐射的吸收较少,使短波辐射易于到达地面;而对长波辐射吸收很多,使地面长波辐射不易散失到宇宙空间;再加上大气逆辐射的作用,从而对地面起着保温作用。这种因大气存在使地球温度变得比没有大气时为高的效应称为大气保温效应,又称温室效应。

(二)地面有效辐射

所谓地面有效辐射是指地面辐射与地面所吸收的大气逆辐射之差值,即:

$$F_0 = E_g - \delta E_a \qquad (3-2)$$

式中 F_0 为地面有效辐射,E_g 为地面辐射,E_a 为大气逆辐射,δ 为地面对大气逆辐射的吸收率。地面有效辐射的强度决定于地面温度、空气温度、空气湿度和云量等因素。地面温度增高时,地面辐射增强,如果其它条件不变,则地面有效辐射增大;空气温度升高时,大气逆辐射增大,如果其它条件不变,则地面有效辐射减小;当有逆温层时,其夜间的大气逆辐射甚至能超过地面辐射。潮湿空气的水汽及其凝结物放射长波辐射的能力较强,因此当空气湿度加大时,增强了大气逆辐射,使地面有效辐射减少。有云特别是有浓密低云时,大气逆辐射更强,在有些情况下,可使地面有效辐射为零或负值。

三、辐射平衡

物体之间时刻不停地以辐射的方式交换着热量。在某一时段内物体的辐射收支差值称为辐射平衡,又称辐射差额或净辐射。当物体收入的辐射比支出的辐射多时,辐射平衡为正;反之为负;若物体收支的辐射正好相等,则辐射平衡为零。如果没有其它方式的热量收支,辐射平衡为正时,物体有热量盈余,温度将增高;辐射平衡为负时,物体有热量亏损,温度将降低;辐射平衡为零时,物体温度没有变化。

(一)地面辐射平衡

地面吸收的总辐射与地面有效辐射的差值称为地面辐射平衡(R_g),其表达式为:

$$R_g = (S + D)(1 - \alpha) - F_0 \tag{3-3}$$

式中 S、D、F_0 分别为直接辐射、散射辐射和地面有效辐射,α 为地面反射率。一天中,昼间地面吸收的总辐射大于地面支出的地面有效辐射,因而昼间的大部分时间地面辐射平衡为正;夜间没有太阳辐射,地面辐射的支出超过了收入的大气逆辐射,因而夜间地面辐射平衡为负。地面辐射平衡由正值变为负值或由负值变为正值的时间分别出现在日落前及日出后 1 小时左右。地面辐射平衡的年变化因纬度而异,纬度愈低,地面辐射平衡保持正值的月份愈多;反之,纬度愈高,保持正值的月份愈少。例如,俄罗斯的太平港位于 80°19′N,其地面辐射平衡仅有 4 个月为正值;列宁格勒位于 59°56′N,有 7 个月是正值;我国宜昌位于 30°42′N,全年均为正值。

(二)地—气系统和大气系统的辐射平衡

如果把地面和大气视为一个系统,此系统的辐射收支差值称为地—气系统辐射平衡(R_S),其表达式为:

$$R_S = Q_S(1 - \alpha_c) - F_\infty \tag{3-4}$$

式中 Q_S 为射入大气上界水平面上的太阳辐射;α_c 为地—气系统反射率,又称地球行星反射率;F_∞ 为进入宇宙空间的地—气系统长波射出辐射。地—气系统辐射平衡是随纬度的增高而由正值逐渐转为负值的。由图 3-4 看出,在纬度 35° 处,辐射的收入与支出相等,辐射平衡为零;从 35°到赤道,辐射收入大于支出,辐射平衡为正;从 35°到极地,辐射支出大于收入,辐射平衡为负。这表明低纬度地区热量盈余,高纬度地区热量亏损。如果高低纬之间没有热量交换,则低纬度地区的温度将因有热量盈余而不断升高;相反,高纬度地区的温度将因有热量亏缺而不断降低。但事实上高、低纬度地区多年平均温度是稳定的,因而必定有热量自低纬度地区向高纬度地区输送。这种热量输送主要依靠大气环流和海洋环流来完成。

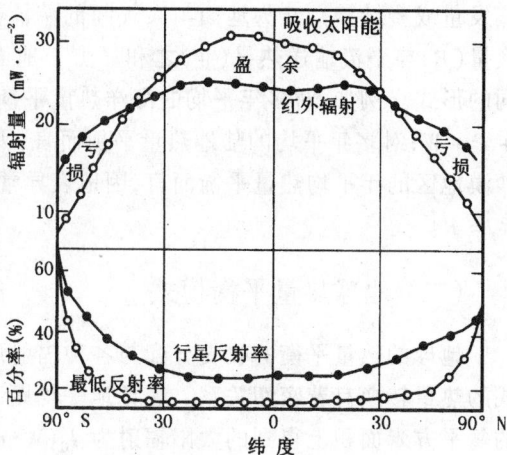

图 3-4　各纬度地–气系统的辐射收支[1]

若把地球大气视为一个系统,那么此系统的辐射收支差值称为大气系统辐射平衡(R_a)。由(3-4)式减(3-3)式得:

$$R_a = Q_s(1 + \alpha_c) - (S + D)(1 - \alpha) - (F_\infty - F_0) = Q - F \qquad (3-5)$$

式中 Q 为大气系统所吸收的太阳辐射,F 为大气系统长波射出辐射。由于 $Q < F$,所以大气系统辐射平衡为负值。

就全球范围而论,整个地—气系统多年平均的辐射平衡近似等于零,而大气系统辐射平衡为负,地面辐射平衡为正,地面通过潜热输送和乱流热输送向大气供应热量,以达到地—气系统热量平衡。

四、热量平衡

除了辐射能转换外,在地球上还有其它形式的热量转换过程。大气在垂直方向上的热量调整是通过下垫面与大气的潜热交换以及垂直乱流(湍流)交换来实现的;大规模水平方向上的热量交换是通过大气环流和洋流的热量输送实现的。所谓热量平衡实质上是辐射平衡与其转变为其它形式能量的消耗或补偿之间的平衡。

(一)地面热量平衡方程

地面热量平衡方程的一般形式为:

$$R_g = LE + P + A \tag{3-6}$$

式中 R_g 为地面辐射平衡,LE 为地面与大气间的潜热交换(L 为蒸发潜热,E 为蒸发量或凝结量),P 为地面与大气间的湍流热交换,A 为地面与下层间的热转换量(B)与平流输送热量(W)之和。由于地面热量状况复杂,因此(3-6)式有不同的形式。例如,对多年平均的海洋热量平衡而言,因 $B = 0$,其方程为 $R_g = LE + P + W$;对多年平均的陆地热量平衡而言,因 $A = 0$,其方程为 $R_g = LE + P$;对沙漠地区的年平均热量平衡而言,因地表异常干燥,$LE = 0$,$A = 0$,其方程可写为 $R_g = P$。

(二) 地球热量平衡模式

地球的热量平衡的收支分配与各种辐射形式所构成的辐射体系以及各种形式的热量转换有着密切关系。在日地平均距离条件下,大气上界垂直于太阳光的每平方米面积上得到的太阳辐射为 $I_0(\mathrm{W} \cdot \mathrm{m}^{-2})$,整个地球获得的太阳辐射为 $I_0\pi r^2$。地球为一球体,投射到地球大气上界每平方米的太阳辐射(i)为:

$$i = \frac{I_0\pi r^2}{4\pi r^2} = \frac{I_0}{4} \tag{3-7}$$

式中 I_0 为太阳常数,r 为地球平均半径,πr^2 为太阳直射下的圆面积,$4\pi r^2$ 为地球的表面面积。将太阳常数值($1\,367\ \mathrm{W} \cdot \mathrm{m}^{-2}$)代入上式得 $i = 341.75$ $\mathrm{W} \cdot \mathrm{m}^{-2}$。为讨论方便,将此值算作 100 个单位。据 М.И.布德科(1991)研究,如图 3-5 所示,设投射到大气上界的太阳辐射能为 100 个单位,地球行星反射率为 30%,地—气系统吸收了 70 个单位(Q_S)。太阳辐射在穿越大气到达地面时,被大气吸收 24 个单位(Q_e),地面吸收 46 个单位(Q_a)。因地面有效辐射(F_0)为 15 个单位,故地面辐射平衡为 31 个单位。就地面而言,吸收的 46 个单位通过潜热(LE)输送和湍流(P)输送给大气,其值分别为 26 个与 5 个单位,加上地面有效辐射的支出,这样 $Q_a = F_0 + LE + P = 46$ 个单位,地面热量收支相等。大气吸收太阳辐射 24 个单位(Q_e),吸收湍流热(P)5 个单位,得到凝结潜热(LR)26 个单位,吸收地面有效辐射(F_0)15 个单位,共 70 个单位。这 70 个单位的能量全部以长波辐射形式向宇宙空间辐

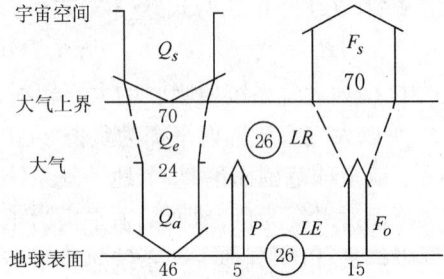

图 3-5　地球热量平衡图示

(据文献[3]略做修改)

射出去,即 $Qe + P + LR + F_0 = F_S = 70$ 个单位,这样大气系统的能量收支相等。从整个地球来看,行星地球吸收的短波辐射(Q_S)等于行星地球放出的长波辐射(F_S),均为 70 个单位,收支相等,这是地球的多年平均温度没有明显变化的根本原因。由图 3-5 还可看出,$Qa/Q_S > F_0/F_S$,而 $Q_S = F_S$,因而地面吸收的短波辐射(Qa)远大于地面有效辐射(F_0),这反映了大气的保温效应。

五、空气的增温与冷却

从能量角度考虑,气温是随着空气内能的增加(减少)而上升(下降)的,气温的变化实质上是空气内能变化的反映。空气内能的变化是由于空气的非绝热变化和绝热变化引起的空气增热与冷却所造成的。

(一)空气的非绝热变化

当某一团空气与外界有热量交换时,如果得到的热量大于失去的热量,温度则升高;反之,温度则降低。空气与外界交换热量所引起的空气温度变化称为空气的非绝热变化。空气与外界交换热量的方式有以下几种。

1.分子热传导

分子热传导是依靠分子运动来传递热量的。由于空气是热的不良导体,所以空气传递的热量是很小的。

2.辐射

地面与大气之间以及气层之间可通过长波辐射进行热量交换。地面一方面放出长波辐射;另一方面吸收大气逆辐射。空气层在吸收长波辐射的同时又向周围放出长波辐射。

3.热对流

由于地面性质不同,各地吸收太阳辐射而受热程度互有差异,因此与之接触的空气受热程度也不一样。较热的空气因为密度较小而上升,邻近较冷的空气就要下沉。这种由于下垫面增热不均匀而引起的空气有规律的升降运动称为热对流。通过热对流,上下层的空气相互混合,热量随之得到交换。

4.乱流

当大团空气沿地表移动或空气层间运动的方向与速度不一致时,空气内部各小块空气间发生的不规则运动称为乱流(湍流)。其特征是,空气质点的运动轨迹多种多样,一部分质点上升,另一部分下沉。乱流使相邻气层发生经常性的空气交换,热量也就经常由较热的气层传给较冷的气层。

5.蒸发与凝结

地面蒸发的水汽进入大气时,就有大量热能以潜热的形式储存于水汽中(每克水汽所带的潜热约为 2 500 J)。反之,当水汽凝结时,这些潜热就释放出来使空气增热。另外,当冰升华和水汽凝华时,也发生类似的热量传递过程。

下垫面与大气之间的热量交换,主要是通过长波辐射进行的(在海面上,通过蒸发凝结也可传递较多的热量)。在气层间,由于对流和乱流传递热量的能力比辐射和分子传导大得多(对流和乱流传递的热量约相当于辐射的 125 倍,相当于分子传导的 50 万倍),因此主要依靠空气的对流和乱流来交换热量。

(二)空气的绝热变化

如果气块和外界没有热量交换,仅由于外界压力的变化,气块被压缩或向外膨胀所引起的气块本身温度的变化称为空气的绝热变化。在绝热条件下,升降气块内部没有发生水的相变过程称为干绝热过程;相反,若升降气块内部发生了水的相变过程,则称为湿绝热过程。

干空气和未饱和的湿空气气块在外力作用下发生干绝热上升,气块膨胀做功,消耗内能而使温度下降。在下降过程中,气块被压缩,内能增加,温度升高。干空气和未饱和湿空气的气块在干绝热上升过程中,垂直距离每改变 100 m,其本身温度降低的度数称为干绝热减温率(γ_d),其值约为 1℃/100 m。相反,气块在干绝热下降过程中,垂直距离每改变 100 m 其本身温度上升的度数称为干绝热增温率,其值亦约为 1℃/100 m。

饱和湿空气气块在外力作用下发生湿绝热上升,也因膨胀而降温,但由于降温使气块呈过饱和状态而有水汽凝结发生,凝结释放潜热,加热气块,所以饱和湿空气块上升膨胀降温的减温率比干绝热减温率小。这种减温率称为湿绝热减温率(γ_m),即饱和湿空气块绝热上升 100 m,其本身温度的下降值。气块中含水汽愈多,在湿绝热上升过程中凝结释放出的热量愈多,气块加热也愈显著,则湿绝热减温率愈小。气块在湿绝热上升过程中由于水汽及其凝结潜热愈来愈少,γ_m 值则随高度升高而增大。饱和湿空气块绝热下降时,如果气块中没有水滴和冰晶,将立刻变为未饱和空气块,那么每下降 100 m 增温约为 1℃,这种增温率称为湿绝热增温率。

六、气温的变化与分布

所谓气温是指空气的温度,它可以指任何地方、任何高度的空气温度状况。一般说的近地面气温是某一时刻距地面1.5m高度处的、百叶箱内的空气温度,据此可以计算出某一时段(日、旬、月、年)的平均气温。对于某一地点来说,在不同时刻或时段具有不同的气温;对于同一时刻或时段来说,不同地点的气温也是不同的。

(一) 气温的变化

1.气温的日变化

气温日变化的特点是:在一天内有一个最高值和一个最低值,最高值出现在午后2时左右,最低值出现在日出前后。为什么最高气温不出现在正午日射最强的时候,而出现在午后2时左右呢? 这是因为正午地面储存的热量虽然很多,但不是最多。正午以后所吸收的太阳辐射仍比支出的热量多,地面储存的热量还在增加,地面温度继续升高。到了午后一定时间,随着太阳辐射的进一步减弱和地面温度的增高,地面通过有效辐射而失热增多,地面热量收支差额开始由正值转为负值,这时(约在午后1时)地面温度最高。由于地面的热量传递给空气需要一定的时间,所以最高气温出现在午后2时左右。随后地面储存的热量不断减少,地面温度随之降低,至日出后不久,地面储热减至最少,所以地面温度最低。由于日出前曙光的作用以及其它方式的热量收入,因而地面最低温度也可能在日出前出现。最低气温的出现时间稍落后于地面最低温度,一般也是在日出前后出现。

一天中气温最高值与最低值之差称为气温日较差,它的大小与纬度、季节、地表性质、地形和天气状况有关。由于太阳高度角的日变幅随纬度的增高而减小,故气温日较差一般随纬度增高而减小。在热带日较差平均为12℃,温带平均为8℃~10℃,极地则为3℃~4℃。气温日较差随季节的变化,以中纬度地区最为显著。在那里,夏季正午太阳高度角比冬季大得多,所以气温日较差也是夏季大于冬季。地表性质对气温日较差有显著影响。沙土、深色土和干燥土的气温日较差分别比黏土、浅色土和潮湿土要大。陆地气温日较差比海洋大。有植被或植被覆盖度大的地方,由于植被在白昼可以遮挡太阳辐射,而夜间又能阻止地面辐射,所以其日较差比裸露地面或植被稀疏地面要小。凹陷的地形因白天空气迅速增热,夜间易于冷空气驻留而有较大的气温日较差;相反,凸出的地形,空气交换便利,日较差较小。在有低云的情况下,昼间地面得到的太阳辐射少,夜间又不易散热,因而阴天气温日较差比晴天小。

2.气温的年变化

地球上绝大部分地区的气温在一年中有一个最高值和一个最低值,它们出现的时间也是由地面储存热量最多和最少的时间决定的。最热和最冷的月份,不是太阳辐射最强和最弱一天所在的月份(北半球6月和12月),而是要落后1

~2个月。就北半球来说,中高纬内陆的气温以7月为最高,1月为最低;海洋上的气温以8月为最高,2月为最低。

一年中月平均气温的最高值与最低值之差称为气温年较差,它的大小与纬度、地表性质和天气状况等因素有关。由于太阳辐射的年变化在高纬度地区比低纬度地区大,所以气温年较差随纬度变化的规律正好与日较差相反,纬度越高,气温年较差越大。由于海陆的热力性质不同,大陆上的气温年较差要比海洋上大得多。阴雨天气多的地区气温年较差小,而晴朗干燥天气多的地区气温年较差大。

(二) 气温的分布

1. 气温的水平分布

气温的水平分布通常用等温线图表示。所谓等温线是气温相等地点的连线。为了便于比较,常用海平面等温线图表示。将各地气温订正到海平面时,所采用的气温直减率为0.45℃/100 m~0.55℃/100 m。在垂直于等温线的方向上,单位距离温度的变化称为水平温度梯度。等温线密集,温度梯度就大,等温线稀疏,温度梯度就小。

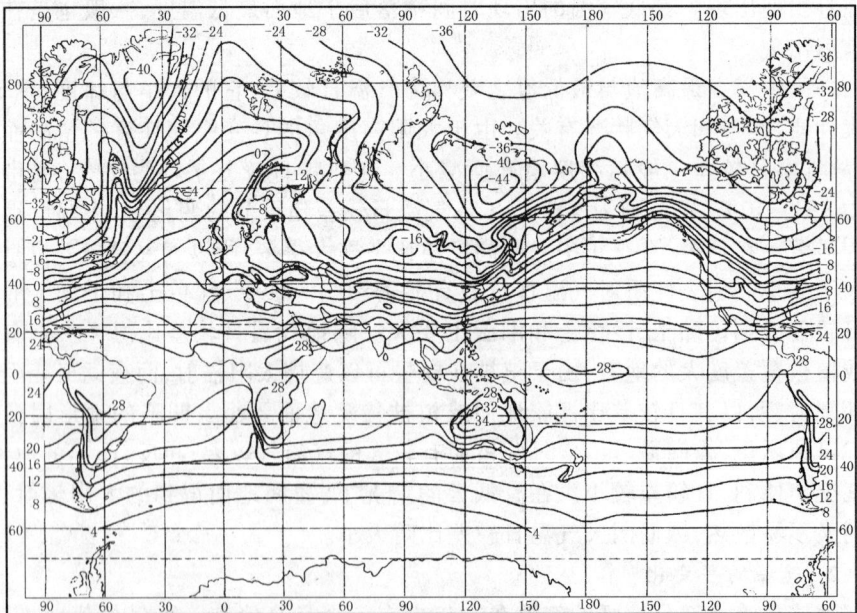

图3-6 世界1月海平面平均气温(℃)的分布[4]

图 3-6 和图 3-7 分别是世界 1 月和 7 月海平面多年平均气温分布图。从中我们可以看出,全球气温水平分布具有以下几个特点:第一,赤道地区气温高,向两极逐渐降低。这与太阳辐射随纬度的变化相适应。北半球 7 月等温线比 1 月稀疏,说明北半球南北温差 1 月大于 7 月。第二,北半球冬季的等温线在大陆上大致凸向赤道,在海洋上大致凸向极地;夏季相反。其原因是在同一纬度上,冬季大陆温度比海洋温度低,而夏季则比海洋温度高。另外,大洋中的大规模海水水平运动——洋流对等温线分布也有重要影响。南半球海洋面积大,因此等温线较平直,大致与纬线平行。但在有陆地的地方,等温线也发生与北半球类似的弯曲情况。第三,最高温度带并不位于赤道上,冬季在 5°N ~ 10°N 处,夏季移到 20°N 左右。这一带的平均气温无论在 1 月或 7 月均高于 24℃,称为热赤道。世界上极端最高气温出现在非洲的索马里境内,达 63℃。第四,南半球冬夏最低气温都出现在南极,北半球仅夏季的最低气温出现在极地附近,而冬季最低气温出现在东西伯利亚。北半球极端最低气温出现在东西伯利亚的奥伊米亚康,为 -73℃。1967 年在南极附近测得 -94.5℃ 的低温,这是迄今全球测到的最低气温。

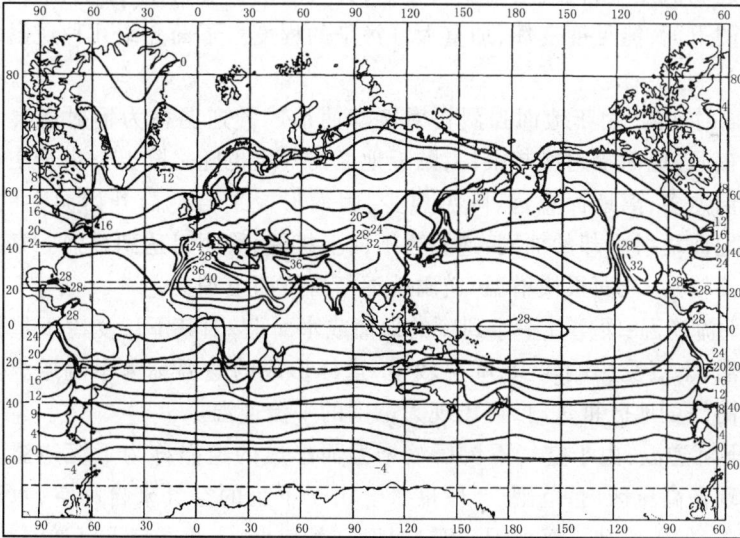

图 3-7　世界 7 月海平面平均气温(℃)的分布[4]

因为等温线不仅反映太阳辐射在世界上分布的情况,也表示海陆、地形、洋流等对热力状况的影响,因此采用特定的等温线可将地球划分为不同的温度带。根据年均温 20℃、最热月 10℃、0℃ 的等温线与自然景观分布的关系将全球划分为五个或七个温度带(苏潘,1879;波波娃,1953):①热带,分布于年均温20℃等温线之间,大约在南、北纬30°之间,这条等温线与椰子的分布极限大致符合。②两个温带,在北半球为北温带,其南界为年均温20℃等温线,北界为最热月10℃等温线,与森林分布的北限大体符合;在南半球为南温带,其界线指标同北温带,但方向相反。③两个寒带,南、北半球寒带均介于最热月10℃等温线和最热月0℃等温线之间。④两个永久冰冻区,最热月0℃等温线以北(北半球)和以南(南半球)的地区属之。

2. 对流层气温的垂直分布

在对流层中,总的情况是气温随高度的增加而降低。这首先是因为对流层空气的增温主要依靠吸收地面的长波辐射,因此离地面愈远获得地面长波辐射能愈少,气温愈低。其次是因为愈向对流层上层空气密度愈小,能够吸收地面辐射的物质愈少,因而气温愈低。整个对流层的气温直减率平均为 0.65℃/100 m。实际上,在对流层内各高度的气温垂直变化是因时因地而异的。在某些情况下,可能出现气温随高度的增加而升高的现象,这种现象称为逆温。逆温可以阻碍空气垂直运动的发展,大气层结比较稳定,天气晴朗少变,大量烟尘、水汽凝结物聚集在它的下面,能见度变坏,加重大气污染的程度。下面介绍几种逆温的成因和特点。

(1) 辐射逆温:由于地面强烈辐射冷却而形成的逆温称为辐射逆温。在晴朗无云的夜间,地面辐射冷却很快,贴近地面的气层也随之降温。由于空气愈靠近地面降温愈多,离地面愈远,降温愈少,因而形成了自地面开始向上的逆温。以后随着地面辐射冷却的加剧,逆温逐渐向上扩展,黎明时达到最强。日出后太阳辐射逐渐增加,地面很快增温,逆温就逐渐自下而上消失。

(2) 平流逆温:暖空气平流到冷的地面或水面上,因其下层受冷下垫面影响而迅速降温,上层受影响较少,降温较慢,这样形成的逆温称为平流逆温。当热带气团向高纬度地区推进时,可出现大范围的平流逆温。

(3) 下沉逆温:由于空气下沉压缩增温而形成的逆温称为下沉逆温。下沉逆温多出现在高压区内,范围广,厚度大。由于下沉的空气来自高空;水汽含量本来就不多,加上绝热下沉增温,相对湿度显著减小,因此在有下沉逆温的时候,天气总是晴好的。

(4) 锋面逆温:锋面是冷暖气团的交界面,暖气团总是位于冷气团之上,由此而形成的逆温称为锋面逆温。由于锋面自地面向冷气团上方倾斜,所以锋面逆温只有在冷气团区域内才能观测到。

第二节 大气的动力过程

一、气压

气压指大气压强,通常用观测高度到大气上界单位面积上垂直空气柱的重量来表示。过去,气压的单位为毫米水银柱高(mmHg),并规定气温在 0℃及标准重力加速度下 760 毫米水银柱所具有的压强为一个标准大气压。在现在通用的法定计量单位中,压强的单位为帕斯卡(Pa),简称帕。其定义为:1Pa 等于 1 m^2 面积上均匀承受 1N 的压力。1 个标准大气压等于 101 325 Pa 或 1 013.25 hPa(百帕)。

(一) 气压随高度的变化

随着海拔高度的上升,大气柱的重量减少,所以气压随高度升高而降低。每降低单位气压所需要升高的高度称为单位气压高度差($m \cdot hPa^{-1}$),其大小因气压和气温条件不同而不同。由表 3-3 看出,在气压相同的条件下,气柱温度愈高,单位气压高度差愈大,气压随高度递减得愈慢;反之,单位气压高度差愈小,气压随高度递减得愈快。在同一气温下,气压愈高,单位气压高度差愈小,气压随高度降低得愈快;反之,气压愈低,单位气压高度差愈大,气压随高度降低得慢。据此可以看出,在地面受热较强的暖区,地面气压常比周围低,而高空气压往往比同一海拔高度的邻区高;在地面热量损失较多的冷区,地面气压常比周围高,而高空气压往往比周围低。

表 3-3 不同气温、气压条件下的单位气压高度差[12] (单位:$m \cdot hPa^{-1}$)

气温 (℃) 气压 (hPa)	- 40	- 20	0	20	40
1000	6.7	7.4	8.0	8.6	9.3
500	13.4	14.7	16.0	17.3	18.6
100	67.2	73.6	80.0	86.4	92.8

(二) 气压的空间分布

气压的空间分布称为气压场,常用等压线图和等压面图来表示。等压线是气压相等的地点的连线。最常用的等压线图是以海平面为等高面,在其上画等压线,表示地表面气压的分布。等压面是空间气压相等的各点所组成的面。在通常情况下,等压面是一个起伏不平的曲面。由于任一地点的气压总是上面低下面高,所以等压面下凹,它附近的水平面上就是低压区;等压面上凸,它附近的水平面上就是高压区。据此,依据某一等压面在各地的位势高度①,绘出等压面的等高线图,就可了解等压面的起伏形势(高度场),亦即气压差异的程度。

依据等压线或等压面的等高线描绘的气压场型式是多种多样的,但主要有以下五种基本型式(图3-8)。

(1)低气压(简称低压):等压线闭合,中心气压最低,向外气压逐渐增高的气压场,其空间等压面下凹,形似盆地。

(2)高气压(简称高压):等压线闭合,中心气压最高,向外气压逐渐降低的气压场,其空间等压面上凸,形似山丘。

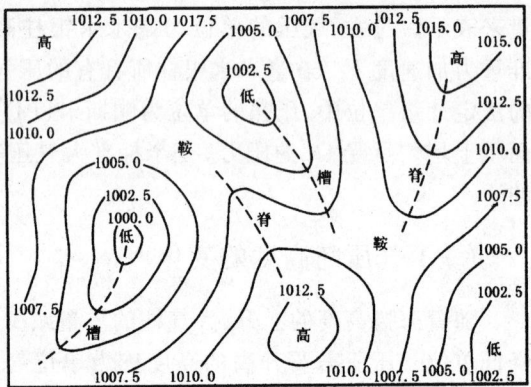

图3-8　气压场的几种基本型式(单位为 hPa)[12]

(3)低压槽(简称槽):低压向外伸出的狭长区域。槽中各等压线弯曲最大处的连线称为槽线。气压沿槽线最低,向两侧递增。槽附近的空间等压面类似山谷。

(4)高压脊(简称脊):高压向外伸出的狭长区域。脊内各等压线弯曲最大处的连线称为脊线。气压沿脊线最高,向两边递减。脊附近的空间等压面类似山脊。

(5)鞍形气压区(简称鞍):两个高压和两个低压交错相对的区域,其附近空间等压面形如马鞍。

二、大气中气流的形成

空气的水平运动(气流)就是风。风既有方向又有速度。风向是指风的来向,常用8个方位表示。风速是单位时间内空气质点在水平方向上的移动距离,单位为 $m \cdot s^{-1}$。空气的水平运动情况是由空气质点在水平方向上所受的力决定的。

---

① 位势高度是以单位质量的物体从海平面上升到某高度克服重力所做的功来表示的,其单位是位势米。以位势米为单位的位势高度和以米为单位的几何高度,意义并不同,但数值是很相近的。

(一)气压梯度力及其作用

沿垂直于等压面的方向,在单位距离内气压的降低值称为气压梯度。设 ΔN 为两等压面的垂直距离,ΔP 为相应的气压差,则气压梯度等于 $-\Delta P/\Delta N$,负号表示气压梯度的方向由高气压指向低气压。在气压梯度存在时,单位质量空气所受的力称为气压梯度力(G_N),可表示为:

$$G_N = -\frac{1}{\rho}\frac{\Delta P}{\Delta N} \tag{3-8}$$

式中 ρ 为空气密度。可见气压梯度力的大小与气压梯度成正比,与空气密度成反比。

气压梯度力可分解出垂直气压梯度力和水平气压梯度力,前者虽然远大于后者,但有重力与它平衡。水平气压梯度力(G)虽然较小,但却是空气水平运动的起动力。水平气压梯度力可用下式表示:

$$G = -\frac{1}{\rho}\frac{\Delta p}{\Delta n} \tag{3-9}$$

式中 $\frac{\Delta p}{\Delta n}$ 为水平气压梯度。

水平气压梯度力(以下简称气压梯度力)的方向和大小,直接影响空气水平运动的方向和速度,是形成气流的直接原因。设在开始时,两个邻近地区的气温和气压水平分布均匀,则等压面与水平面平行,气压梯度力为零,空气处于静止状态(图 3-9a)。由于某种原因,B 点空气受热膨胀上升,使 B 点上空某高度上的气压比 A 点同一高度高,等压面向 A 点倾斜,于是产生了指向 A 点上空的气压梯度力,空气就开始自 B 点上空向 A 点上空流动(图 3-9b)。这样,B 点上空的空气质量因流出而减小,低层气压降低;A 点上空的空气质量因流入而增大,低层气压升高。于是在大气低层就产生了自 A 点指向 B 点的气压梯度力,空气就开始由 A 点流向 B 点。同时,B 点空气因增暖而上升,A 点因上空有空气流入而下沉,因此形成了空气在垂直方向上的环流(图 3-9c)。

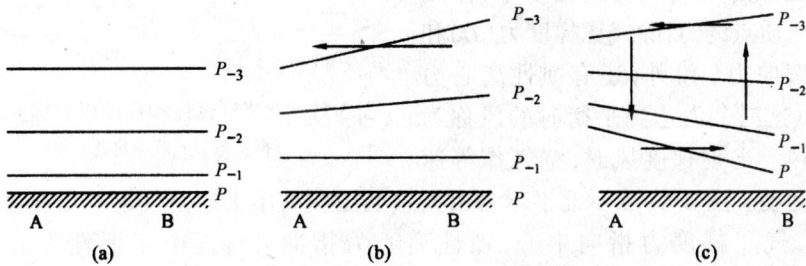

图 3-9　水平气压梯度力与气流的形成

(二)地转偏向力及其作用

由于地球自转,相对于地面作水平运动的物体所受到的只改变其运动方向,不改变其运动速度的力称地转偏向力,也称科里奥利力或科氏力(详见第一章)。地转偏向力可分解为垂直和水平两个分量,水平地转偏向(A)的大小与水平运动物体的运动速度、地理纬度成正比,其方向垂直于物体运动方向,在北半球指向物体运动方向的右侧,在南半球指向物体运动方向的左侧。

水平地转偏向力(以下简称地转偏向力)对大范围的空气水平运动的作用是很大的。如图 3-10 所示,在北半球自由大气平直等压线的气压场中,原来静止的单位质量空气,受气压梯度力(G)的作用自南而北运动,地转偏向力(A)也立即产生,并使其向右偏离。然后,在气压梯度力的不断作用下,风速越来越大,使风向往右偏转的程度就愈来愈大。最后,当地转偏向力增大到与气压梯度力大小相等、方向相反时,空气就沿着等压线作等速直线运动,从而形成地转风。

(三)惯性离心力及其作用

曲线轨道上运动的空气质点时刻受到一个离开曲率中心向外的力的作用,这个力便是惯性离心力(C)。对单位质量空气而言,C 的大小为:

$$C = \frac{V^2}{r} \qquad (3-10)$$

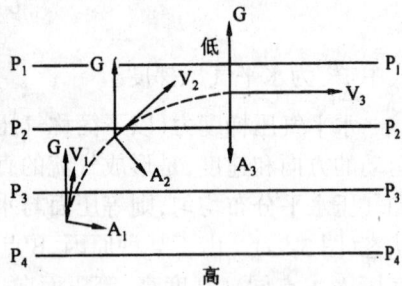

图 3-10   北半球地转风的形成[12]

式中 V 为空气运动速度,r 为空气质点运动曲率半径。惯性离心力的方向与空气运动方向相垂直,并自曲线路径的曲率中心指向外缘。

在自由大气曲线气压场中,作用于空气质点的力,除气压梯度力(G)和地转偏向力(A)外,还有惯性离心力(C)。这三个力达到平衡时的风称为梯度风。出现梯度风时,空气作等速

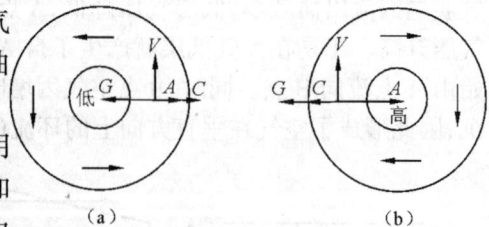

图 3-11   北半球低压和高压中的梯度风
(据文献[12]略做修改)

曲线运动。图 3-11 表示北半球自由大气低压和高压中的空气运动情况。在低压中,气压梯度力指向中心,惯性离心力指向外缘。由于惯性离心力较小,地转偏向力的方向必然与气压梯度力相反,其值等于气压梯度力与惯性离

心力之差。在北半球,地转偏向力总是指向空气运动的右方,故低压中的空气质点是沿等压线按反时针方向运动的(图 3-11a)。在高压中,气压梯度力与惯性离心力均指向外缘,而地转偏向力必指向中心,其大小等于气压梯度力与惯性离心力之和,故北半球高压区的空气质点是沿着等压线按顺时针方向运动的(图 3-11b)。南半球则相反,自由大气高压中的空气质点沿等压线按逆时针方向运动,低压中的空气质点沿等压线按顺时针方向运动。

(四) 摩擦力及其作用

空气与地面之间以及大气内各气层之间存在着相对运动,在它们相接触的界面上会产生阻碍相对运动的力,这种力称为摩擦力。通常把大气与地面之间的摩擦力称为外摩擦力,气层之间的摩擦力称为内摩擦力。外摩擦力的方向与风向相反,其大小取决于风速和地表粗糙度。风速越大,地表越粗糙,外摩擦力越大。摩擦力以近地面层较为显著,随高度增加而逐渐减小。在 2km 以上的大气中,摩擦作用很小,故称为自由大气。此高度以下的大气层,摩擦作用明显,故称为摩擦层。

如图 3-12 所示,在平直等压线的气压场中,如无摩擦力作用,气压梯度力将与地转偏向力平衡,空气质点循着 V' 的方向运动,这是地转风。在摩擦力的作用下,风速必然减小,地转偏向力也随之变小,它无法与气压梯度力平衡,于是风向不得不转为 V 的方向。此时与风向 V 相反的外摩擦力(F)和与风向 V 相垂直的地转偏向力的合力(R')与气压梯度力平衡,气流则斜穿等压线由高压吹向低压。

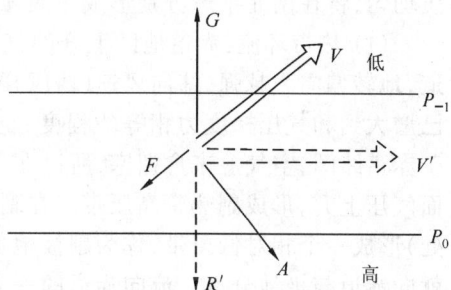

图 3-12　考虑摩擦力时平直等压线气压场的气流(北半球)[20]

在曲线等压线的气压场中,由于摩擦力的作用,风速比该气压场应有的梯度风速度要小,风向不再沿曲线等压线的切线方向,而是斜穿等压线偏向低压一方。因此在北半球摩擦层中,低压中的空气为反时针从外向中心辐合;高压中的空气为顺时针从中心向外辐散。

三、大气环流

大气环流是指地球上大范围的大气运动状态。它反映了大气运动的基本状况和变化特征,孕育和控制着较小范围的大气运动。大气环流是大气中热量和水分输送、交换的重要机制,对天气和气候具有重大影响。

(一) 大气环流的形成

1.太阳辐射的作用

大气运动的能量主要来自太阳辐射。由本章第一节可知,地—气系统辐射差额的分布是不均匀的,南北纬35°之间为正辐射差额区,其它地区为负辐射差额区,这就使自赤道向两极形成辐射梯度及相应的温度梯度。赤道地区的大气因净得辐射而增温,空气膨胀上升,地面形成低压(赤道低压),高空形成高压。极地地区因净失辐射而降温,空气收缩下沉,地面形成高压(极地高压),高空形成低压。如果地球不自转,地表性质均匀,那么在气压梯度力的作用下,高层空气由赤道流向极地,低层空气由极地流向赤道,加上赤道上升气流和极地下降气流,这样,在赤道和极地之间形成一个南北向的闭合环流。

2.地球自转的作用

在自转的地球上,只要空气一运动,地转偏向力随即发生作用,如果地表性质均匀,将在南北半球分别形成三圈环流。

(1) 热带环流:赤道地区上升的气流,在高空向两极流动过程中,越远离赤道,地转偏向力越强,纬向风速(西风)的分量越大。在纬度30°附近,地转偏向力已增大到和气压梯度力相等的程度,空气运行方向与纬圈接近平行;30°纬圈小于赤道纬圈,空气愈来愈拥塞,所以在30°纬度附近上空,空气堆积下沉,使近地面气压上升,形成副热带高压带。在副热带高压与极地高压之间(约在纬度60°处)形成一个相对低压带,称为副极地低压带。副热带高压出现后,近地面空气就向赤道与极地分流。流向赤道的一支,在地转偏向力的作用下,在北半球形成东北信风,在南半球形成东南信风。这两支信风在赤道附近辐合上升,补偿赤道上空流出的空气,从而完成了热带环流圈(图3-13I)。

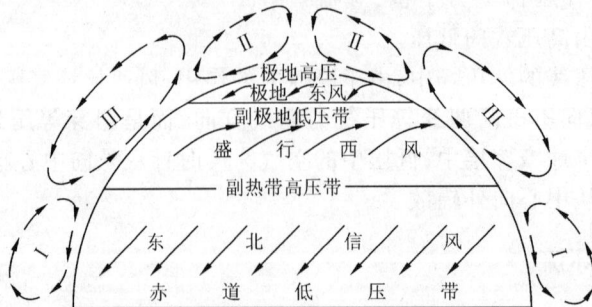

图 3-13　地球自转和地表均匀情况下气压与气流的分布(北半球)[12]

（2）极地环流：在北半球，由副热带高压近地面流向极地的一支较暖气流，在地转偏向力作用下，在中纬度地区形成西南风。由极地高压南流的冷空气，偏转成东北风。这两支性质不同的气流在纬度60°附近相遇，形成极锋。暖空气沿极锋面向极地方向滑升到极地上空冷却下沉，补偿了极地地面南流的空气。这样在高纬度地区形成了极地环流圈（图3-13Ⅱ）。

（3）中纬度环流：由极地流向低纬的低层空气与副热带高压区流向极地的空气在纬度60°附近相遇而辐合上升，一部分流向副热带上空与热带来的高空气流辐合并下沉，再由低层副热带流向副极地，从而完成了中纬度环流圈（图3-13Ⅲ）。该环流圈与暖区上升、冷区下沉的热带环流、极地环流不同，是冷区上升，暖区下沉，因而称为反环流圈。

综上所述，在地表均匀的情况下，由于太阳辐射和地球自转的作用，在地球大气圈的经向剖面上，南、北半球各形成三个环流圈，并在大气圈下层形成四个气压带（赤道低压带、副热带高压带、副极地低压带和极地高压带）和三个风带（低纬信风带、中纬西风带和高纬东风带）。"三风四带"是自转行星（有空气的行星）上的普遍现象，因此被称为行星风系（带）。

3．海陆差异和大地形的影响

海陆的热力差异对低层气压系统有明显影响。暖地表易于形成低压，冷地表利于高压形成。在冬季，大陆为冷源，利于冷高压的形成和加强；海洋为热源，利于暖低压的形成和加强。夏季则相反。海陆热力差异使前述近地表的气压带随着海陆的相间分布而分裂成相对独立的高、低压中心。

大地形的动力和热力作用对大气环流也有显著影响。大范围的高原和山脉是气流的巨大障碍物，可迫使气流绕行、分支或爬越，并使气流速度发生变化。在北半球，绕行的西风气流在地转偏向力的作用下，在大地形的北部形成地形脊，在其南部产生地形槽。较高层的气流将爬越高原或山脉，在迎风坡一侧利于高压的加强，在背风坡一侧则有利于低压的加深。在夏季，青藏高原对大气有强烈的加热作用，使近高原气层形成热低压，产生较强的上升气流，并在高空形成暖高压。

（二）全球近地面层气流的分布

图3-14和图3-15是1月份和7月份海平面平均气压图。由图可看出，在南半球，由于陆地面积较小，海洋占优势，地表性质较均匀，因此无论冬季或夏季，几个气压带都存在，带状环流较明显。特别是南纬30°以南的中纬度地区，全年盛行西风气流，比较稳定。在北半球，由于中高纬陆地面积较大，大陆与海洋相

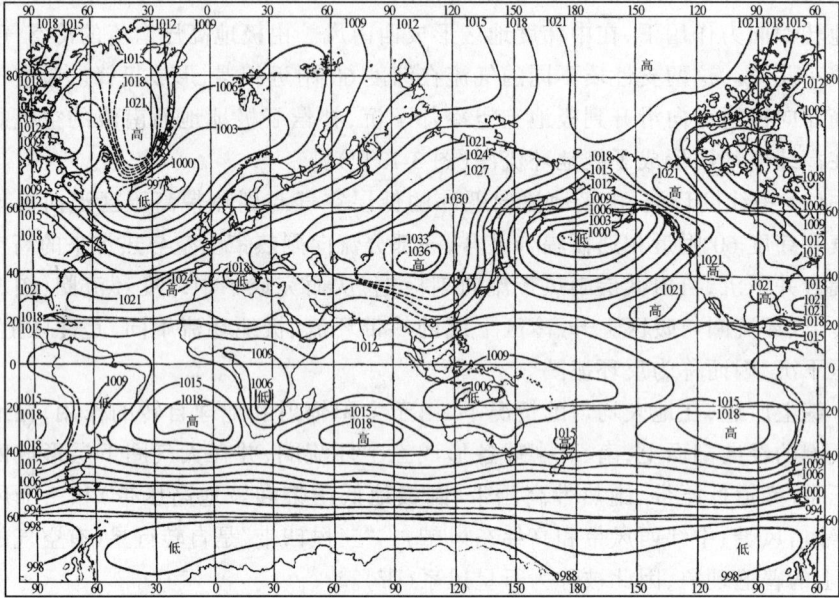

图 3-14　世界 1 月海平面气压分布图(单位:hPa)[12]

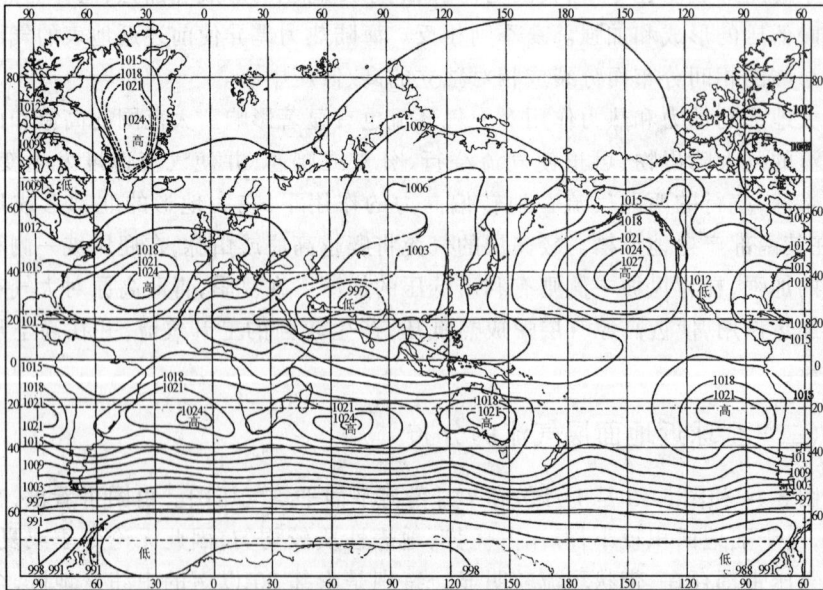

图 3-15　世界 7 月海平面气压分布图(单位:hPa)[12]

间分布,因而除赤道低压带依稀可辨外,其它气压带都分裂成一个个范围很大的高、低压。北半球主要高、低压中心有北太平洋高压(又称夏威夷高压)、北大西洋高压(又称亚速尔高压)、格陵兰高压、冰岛低压、阿留申低压、亚洲高压(又称西伯利亚高压,1月)、北美高压(1月)、亚洲低压(又称印度低压,7月)、北美低压(7月)。这些高低压中心称为大气活动中心。前五个是常年存在(阿留申低压在7、8月表现不明显)的、范围和强度有变化的大气活动中心,称为常年活动中心。后四个只是某些季节存在的大气活动中心,称为季节性活动中心。它们的存在和消长,能促使南北方向和海陆之间的大气热量、水分交换,对广大地区的天气和气候发生重大影响。

(三) 季风

在广大地区内,其盛行风向有规律地随季节而变化、带来不同的天气气候现象并以一年为周期的气流称为季风。地面季风与高空反季风的有机结合形成季风环流,它是大气环流的重要组成部分。

季风是在多种因素综合作用下形成的,但主要是由海陆的热力差异和行星风带的位移所引起。由海陆热力差异引起的季风称为热力季风。由于大陆冬冷夏热,海洋冬暖夏凉,所以冬季大陆空气密度大,气压升高,海洋情况相反,气压降低。于是在大陆高压与海洋低压之间气压梯度指向海洋,空气受气压梯度力的支配和地转偏向力的影响,在北半球呈顺时针方向流向海洋。相反,夏季地面上的气压梯度由海洋指向大陆,气流方向与冬季相反。

在两个行星风带相接的地区,由于行星风带的位移引起不同性质气流的季节性改变现象称为行星季风。例如,在北半球的夏季,赤道辐合带可达北回归线附近,南半球的东南信风越过赤道到达北半球,受地转偏向力的影响,成了西南风;冬季赤道辐合带南移到南回归线附近,北半球低纬地区盛行东北风。这两种风不仅风向不同,而且性质迥异,具有季风特征。

季风分布很广,亚洲的东部和南部、东非的索马里、西非的几内亚附近、澳大利亚北部等地都是著名的季风区,其中以东亚季风和南亚季风最为强盛。东亚位于世界最大的海洋——太平洋和最大的大陆——欧亚大陆之间,热力差异比其它任何地区都大,所以季风最强盛。冬季,亚洲大陆为冷高压所控制,高压前缘的偏北风,就是东亚的冬季风;在夏季,亚洲大陆为热低压所控制,同时北太平洋高压西伸北进,高低压之间的偏南风就成为东亚的夏季风。南亚季风以印度半岛最为显著,在冬季,亚洲冷高压南部的东北风就成为南亚的冬季风;在夏季,亚洲南部位于赤道低压带内,南半球东南信风越过赤道到南亚变为西南风,这便是南亚的夏季风。无论是东亚还是南亚,冬季风都带来干燥少雨天气,而夏季风则带来潮湿多雨天气。

第三节　大气和地面的水分蒸发与凝结过程

大气中的水分来自下垫面的蒸发与蒸腾,集中分布于对流层内。该处大气温度远低于水汽临界温度,经常发生相变。蒸发到大气中的水汽,通过凝结(凝华)过程,产生各种凝结(凝华)物,形成降水。因此,地面和大气的水分蒸发与凝结过程是大气水分含量及其变化的基本过程,它对天气和气候以及自然地理系统的变化起着重要作用。

一、大气湿度

(一) 大气湿度的表示方法

(1) 绝对湿度(a):它是空气中的水汽密度,即单位体积空气中所含的水汽量,单位为 $g \cdot m^{-3}$ 或 $g \cdot cm^{-3}$。

(2) 水汽压(e):它是大气中的水汽所产生的分压,单位是 Pa。其状态方程:

$$e = aR_WT \tag{3-11}$$

式中 T 是热力学温度(K),R_W 是水汽的比气体常数[①]。由(3-11)可得到求 a 的计算公式:

$$a = 217e/T \tag{3-12}$$

式中 a、e 的单位分别为 $g \cdot m^{-3}$ 与 hPa。在温度一定的条件下,一定体积空气中所能容纳的水汽数量有一定的限度,如果水汽含量未达到这个限度,这时的空气叫未饱和空气;如果水汽含量超过这个限度,这时的空气叫过饱和空气,一般说来,超过的那部分水汽会凝结;如果水汽含量恰好达到这个限度,这时的空气叫饱和空气。饱和空气中的水汽压叫饱和水汽压(E),其大小与温度有直接关系,温度愈高,饱和水汽压愈大。

(3) 相对湿度(f):它是空气中的实际水汽压(e)与同温度下饱和水汽压

---

① 单位质量水汽的气体常数,称为水汽的比气体常数(R_W),即,$R_W = R/\mu$,式中 R 为气体常数,其值为 8.314 $J \cdot mol^{-1} \cdot K^{-1}$,$\mu$ 为水汽的摩尔质量。

（E）之比,以百分数表示。可见 f 表示空气距离饱和的程度,当空气饱和时,$e =E$,$f = 100\%$;未饱和时,$e < E$,$f < 100\%$;过饱和时,$e > E$,$f > 100\%$。

（4）露点温度（T_d）:当空气中水汽含量和气压保持不变时,如气温不断降低,空气将逐渐接近饱和。气温降低到使空气刚好达到饱和时的温度称为露点温度,简称露点,单位与温度相同。气压一定时,空气中的水汽含量愈多,露点愈高。未饱和空气 $T_d < T$,一旦 $T_d = T$,空气就饱和了。

（二）相对湿度的变化

相对湿度的变化可分为周期性变化和非周期性变化。周期性变化可分为日变化和年变化。它的日变化和温度日变化呈反位相,峰值出现在清晨,谷值出现在午后(图 3-16)。这是因为相对湿度的变化是由实际水汽压和饱和水汽压两者的商决定的。温度升高时,实际水汽压虽有所升高,但受其它条件的约束,不会升得太高;而饱和水汽压只随温度的升高而增大,结果相对湿度反而减小。温度降低时也同样因为饱和水汽压的明显下降,而使相对湿度增大。在一年内,相对湿度一般是夏季最小,冬季最大。在季风盛行区,夏季风来自海洋,冬季风来自内陆,相对湿度反而夏季大、冬季小。

相对湿度的非周期性变化主要表现为各种各样无规则的日变化和年变化(三峰型或多峰型等),这主要是由空气垂直运动、乱流混合和湿度平流等因素所造成。近地层空气水汽含量较多,随着高度的增高水汽含量逐渐减少,所以上升运动将使高层湿度增加,下沉运动使各高度的湿度减少。随着乱流增强,下层的水汽将向上输送,使低层湿度减少,上层湿度增

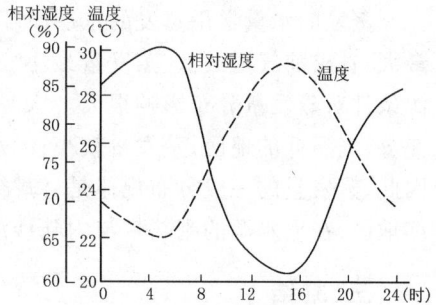

图 3-16　相对湿度的日变化[12]

加,上下层湿度逐渐趋于一致。空气从湿区流向干区(湿平流),所经之处湿度增大;空气从干区流到湿区(干平流),所经之处湿度减小。这些过程可发生于任何时间,致使湿度出现不规则的变化。

二、蒸发

液态水(固态水)转化为水汽的过程,称为蒸发(升华)。发生蒸发时,由于跑出去的水分子都具有较大的动能,所以液面温度降低,如要保持温度不变,就必须吸收外界热量,这部分热量称为蒸发潜热,其计算公式为:

$$L = 2\,500 - 2.32t \tag{3-13}$$

式中 t 为蒸发时的温度(℃), L 为蒸发潜热($J \cdot g^{-1}$)。在升华过程中也要消耗热量,这部分热量称为升华潜热,它等于蒸发潜热与融解潜热之和,其计算公式为:

$$L_S = 2\,834.5 - 0.22\,t \tag{3-14}$$

式中 L_S 为升华潜热,单位同蒸发潜热。

(一)影响蒸发的因素

影响蒸发的主要因素是水源、蒸发面温度、空气湿度和风速等。只有存在水源才可能有水分的蒸发,没有水分是不可能有水分的蒸发的。蒸发面的温度越高,饱和水汽压越大,饱和差(在某一温度下饱和水汽压与实际水汽压之差)也往往较大,蒸发就越快。空气湿度大,饱和差小,蒸发慢;反之,蒸发快。风速大、湍流扩散强时,蒸发面上的水汽随风很快散布到较大范围,使蒸发面附近水汽压减小,蒸发随之加快。以上诸因素中,以温度最为主要。由于温度有年变化、日变化,因而蒸发速度也有年变化、日变化。

(二)蒸发量

蒸发的水量常用蒸发的水层厚度(mm)表示。一天内午后气温最高,蒸发量最大;日出前气温最低,蒸发量最小。一年中夏季蒸发量大,冬季小。气温与水源条件对蒸发量分布影响很大。水源充裕、气温又高的地区,蒸发量最大;水源充分、气温低的地区,蒸发量较小;无水源,即使气温很高的地区,蒸发量也很小。因此,蒸发量的一般分布规律是:海洋多于大陆,沿海多于内陆,低纬地区多于高纬地区,在无水源的副热带与内陆沙漠区,蒸发量几乎为零。

三、凝结

水分由气态变为液态(固态)的过程称为凝结(凝华)。凝结(凝华)时释放出来的热量称为凝结(凝华)潜热,在数值上等于同温度下的蒸发(升华)潜热。

(一)水汽凝结的条件

大气中水汽凝结或凝华的条件有二:一是大气中要有凝结核或凝华核;二是大气中的水汽要达到或超过饱和状态。

在实验室里,没有杂质的纯净空气在相对湿度达到 300% ~ 400% 时也不会发生凝结。这是因为水汽分子很小,单靠水汽分子合并只能产生半径约 10^{-8} cm 级的极小胚胎,又很快被蒸发掉。此时若向纯净空气中投入吸水性微盐粒,水汽便立即发生凝结。因为吸水性微粒比水汽分子大得多,它吸收水汽分子后形成溶液水滴,其饱和水汽压较小,容易存在和增大。这种促使大气中水汽凝结的微粒称为凝结核。由垂直气流和湍流带入空气中的土壤、火山灰等微粒,各种燃烧烟尘,海浪飞溅泡沫中的盐分颗粒,以及宇宙埃尘等都是大气中的凝结核。大气中的水汽凝华主要发生在小冰晶或包有冰衣的微粒(凝华核)上。

大气中的凝结(华)核一般都不缺乏,能否产生凝结主要取决于空气是否达到或超过饱和状态。使空气达到或超过饱和状态有两种途径:一是增加空气中的水汽,使空气中的水汽压等于或大于饱和水汽压;二是降温,减小饱和水汽压,使它等于或小于实际水汽压。通常饱和水汽压随温度的变化比大气中实有水汽压的变化要迅速得多,因此水汽的凝结或凝华主要是由空气冷却而产生的。空气冷却主要有三种方式:第一是绝热抬升冷却。空气上升,按绝热减温率降温,随着温度的降低,饱和水汽压减小。当空气上升到一定高度后,就会达到饱和而发生凝结。第二是辐射冷却。夜间近地面层空气因地面辐射使气温下降,如果水汽比较充沛,就会达到饱和状态。第三是平流冷却。较暖的空气流经冷地面时,由于不断地把热量传给地面而造成空气冷却。如果两者温差较大,暖空气水汽量又较多,就可能发生凝结。对地表面凝结物和雾的形成而言,辐射冷却和平流冷却是主要的;对形成于一定高度上的云而言,绝热上升冷却起着主要作用。

(二)地表面凝结物

地表面或地表面物体上的凝结物有露、霜、雾凇和雨凇等。露和霜形成于傍晚或夜间。由于地面或地物辐射冷却,使贴近地面的空气层随之降温,当其温度降低到露点以下时,在地面或地物表面上就会有水汽凝结。如果此时的露点温度在0℃以上,凝结物为小水珠,即露;如露点温度降至0℃以下,则水汽直接在地面、地物上凝华成白色的冰晶,即霜。霜冻不同于霜,它是在农作物生长季节里,地面和植物表面温度下降到足以引起农作物遭受伤害或死亡的低温冻害现象。出现霜冻时可能有霜(白霜),也可能无霜(黑霜)。从秋季的第一次霜冻(初霜冻)到来年春季最后一次霜冻(终霜冻)之间的时间为霜冻期,它对农作物生长威胁很大。一年中终霜冻日到初霜冻日之间的时间为无霜冻期,是植物生长比较安全的时期。雾凇又叫树挂,是形成于树枝上、电线上或其它地物迎风面上的白色疏松的微小冰晶或冰粒。它是过冷却雾滴碰到冷的物面冻结而成(粒状雾凇)或过冷却雾滴蒸发的水汽遇到冷的物面凝华而成(晶状雾凇)。雨凇是形成在地面或地物迎风面上的透明的或毛玻璃状的紧密冰层。它主要是过冷却的雨滴降落到0℃以下的地面或地物上冻结而成的。有时雨凇能压断电线、树枝等,人行走困难,破坏性很大。

(三) 大气中的凝结物

1.雾

悬浮于近地面空气中的小水滴或冰晶,使水平能见度减小到 1km 以下的大气凝结物称为雾;水平能见度在 1km ~ 10km 的大气凝结物称为轻雾(霭)。按照空气冷却方式的不同,雾可分为辐射雾、平流雾、蒸发雾等,其中最常见的是辐射雾和平流雾。辐射雾是在晴朗、微风而近地面水汽又较充沛的夜间,由于地面辐射冷却,使近地面空气层降温,达到饱和产生凝结或凝华而形成的雾。这种雾的水平范围一般不大,厚度较小,夜间生成,日出后逐渐消散。平流雾是暖湿空气平流到较冷的下垫面上经冷却而形成的雾。暖空气的湿度较大、气层层结较稳定、暖湿空气与冷下垫面的温差较大、适中的风速($2m \cdot s^{-1} \sim 7m \cdot s^{-1}$)是平流雾形成的有利条件。这种雾的厚度和范围较大,一天中任何时间均可生成,持续时间长(有时可达几天)。蒸发雾是冷空气流经暖水面上,暖水面蒸发使冷空气的水汽增加,达到饱和产生凝结而形成的雾。

2.云

云是悬浮在空中的小水滴或冰晶或其混合物的可见聚合体。国际上依据云底高度的不同将云分为高云、中云和低云三族,又以其外部形态(积状、波状、层状)分为 10 属,然后又以其细微的形态结构分为 29 种(表 3-4)。下面按成因将云分为积状云、波状云和层状云,并说明云的形成过程。

表 3-4　云的分类[11,8]

云 族	云 属	符 号	云底高度(m)	特　征
高 云	卷 云	C_i	> 6 000	由微小冰晶组成,一般不产生降水
	卷积云	C_C		
	卷层云	C_S		
中 云	高积云	A_C	2 000 ~ 6 000	由水滴与冰晶组成,A_S 加厚可产生降水
	高层云	A_S		
低 云	层积云	S_C	100 ~ 2 000	由水滴组成,N_S 常产生大量降水
	层 云	S_t		
	雨层云	N_S		
	积 云	C_u	400 ~ 1 000	云底平整,垂直向上发展,产生阵性降水
	积雨云	C_b		

　　(1)积状云的形成:积状云又称对流云,是一种孤立分散出现,底部较平,顶部凸起的云。它是由于上升运动把空气抬升到凝结高度以上,使水汽发生凝结或凝华而形成的。对流发展的不同阶段,上升气流的速度和所达到的高度都不同,因而形成淡积云、浓积云和积雨云等不同的积状云(图3-17)。上升气流达到的高度仅稍高于凝结高度,只形成淡积云。该云由水滴组成,垂直运动速度较小。上升气流的高度远远超出凝结高度,云顶伸入到0℃等温线高度以上的气层,形成浓积云。该云顶由过冷水滴组成,云内垂直运动速度较大。上升气流的高度超过冻结高度,形成积雨云。该云内除上升气流外还有下沉气流,云顶出现冰晶,向两侧延展呈砧状,并有雷暴出现,有时伴有大风、冰雹。

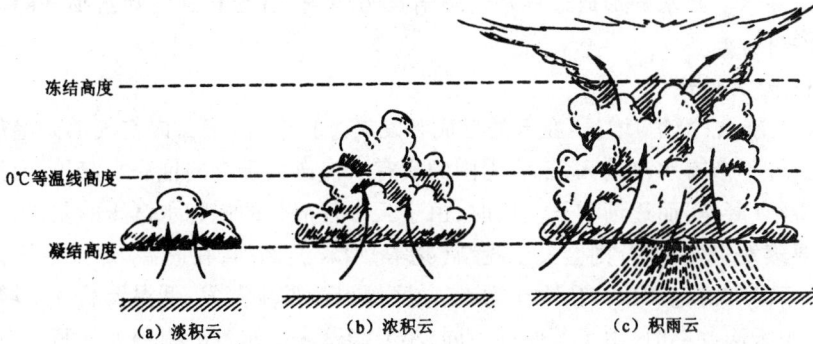

图3-17　积状云的形成[12]

　　(2)层状云的形成:层状云是连续而又均匀的云层。根据其出现高度又分沟卷云、卷层云、高层云和雨层云四种。层状云是暖湿空气抬升作用下形成的。例如,稳定的暖湿空气沿冷空气上爬,发生大范围的持续上升运动,形成雨层云、高层云、卷层云和卷云(图3-22,图3-23)。层状云水平范围较大,持续时间较长,雨层云常伴有持续性降水。

　　(3)波状云的形成:波状云是指云层表层呈波状起伏的云,包括卷积云、高积云和层积云。它是在空气密度不均或运动速度不同的两个气层的界面上,由于发生波动而形成的(图3-18)。波动过程中,波峰处空气上升,绝热冷却;波谷处空气下沉,绝热增温。如果空气接近饱和,将在波峰处形成云团,波谷

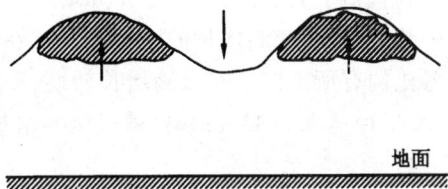

图3-18　波状云的形成[12]

处云层消散,从而形成波状云。波动气层高时形成卷积云,波动气层较高时形成高积云,波动气层较低时形成层积云。波状云出现时,表明气层比较稳定,降水很难形成。

四、降水

(一) 降水的形成

降水是指从云中降落到地面的液态水或固态水。云滴很小,无法克服上升和乱流的阻力,不能下降,或在下降过程中由于质量过小而被蒸发掉,不能到达地面。只有云滴增大到能克服上升气流的顶托,下降过程中又不被蒸发掉时才能形成降水。降水的形成过程是云滴增长为雨滴、雪花和其它降水物并降落到地面的过程。

1. 云滴增长

(1) 凝结(凝华)增长:在云的形成和发展过程中,由于云内空气上升绝热冷却或云外不断有水汽输入,云滴周围的实有水汽压大于它的饱和水汽压,云滴就会因凝结(凝华)而逐渐增长。同时,由于云中各部分的饱和水汽压的差异,一部分将要蒸发;另一部分则会发生凝结(凝华)增长。例如,在高温、低温云滴共存时,由于前者的饱和水汽压大于后者,故高温云滴发生蒸发,低温云滴发生增长;在大、小云滴共存时,由于其曲率不同,小云滴蒸发的水汽凝附到大云滴上去;在冰晶与过冷却水滴共存时,冰面的饱和水汽压小于水面,对水面来说,空气的相对湿度并未达到100%,但对冰面来说,空气的相对湿度却已超过100%,于是水滴就要蒸发,连同空中原有的水汽,纷纷直接凝华在冰晶上,使冰晶迅速增长。

(2) 碰并增长:云滴在下降过程中,由于云滴的大小不同,具有不同的运动速度,大云滴降落速度较大,可追上下降速度慢的小云滴,因而发生大小云滴相互碰撞、合并。云滴在随气流上升的过程中,大云滴惯性大,上升速度较小,于是小云滴就追上大云滴,也发生碰并增长。

总的说来,云滴增长的这两种方式在降水形成过程中,始终都是存在的,但所占比例有所不同。在云滴增长初期,凝结增长是主要的,当云滴增长到相当大(云滴半径达 25～35 μm)时,就以碰并增长为主。

2. 雨和雪的形成

由液态水滴(包括过冷却水滴)所组成的云称为水成云。如果水成云内具备了云滴(标准云滴的半径为 10 μm)增长为雨滴(标准雨滴的半径为 1 000 μm)的条件,并使雨滴具有一定的下降速度,这时降落下来的就是雨。由冰晶组成的云称为冰成云。由水滴(主要是过冷却水滴)和冰晶共同组成的云称为混合云。冰成云或混合云中的冰晶增长成雪花。当云下气温低于0℃时,雪花一直可降落至地面而形成降雪;当云下气温稍高于0℃时,可能出现雨夹雪;当云下气温高于0℃的气层较厚时,雪花将融化成雨滴降到地面。

(二)降水的变化

1.降水的年变化

降水的年内变化因纬度、海陆位置、大气环流等因素不同而不同,大致可分为以下几种类型(降水年变型):

(1)赤道型:一年中降水有两个高值和两个低值,前者出现于春分、秋分后不久,后者在冬至、夏至后不久出现。这种降水年变型分布在南、北纬10°之间的地区。

(2)海洋型:一年中降水分配比较均匀。此种降水年变型主要分布在中纬度受海洋影响强烈的地区。

(3)夏雨型:夏季降水丰沛,冬季降水稀少。此种降水年变型主要分布在季风气候区和中纬度大陆上。

(4)冬雨型:冬季有大量降水,夏季降水较少。此种降水年变型主要分布于副热带大陆西岸地区。

2.降水变率

降水量的年际变化很大。例如,我国武汉1951年—1978年的7月平均降水量为153 mm,但1954年7月就达568 mm,1978年7月只有29 mm。降水量年际变化的大小常用降水相对变率(简称降水变率)表示。

计算年降水量变率时,先算出 n 年的平均年降水量($\overline{x}$),再算各年降水量(x_i)与平均值($\overline{x}$)之差,称降水离差或距平。将各年($i=1,2,\cdots,n$)的离差的绝对值相加除以 n,得出平均离差($\overline{d}$),即:

$$\overline{d} = \frac{1}{n}\sum |x_i - \overline{x}| \tag{3-15}$$

最后将平均离差与 $\overline{x}$ 相比得出相对变率,即:

$$v = \frac{\overline{d}}{\overline{x}} \times 100\% \tag{3-16}$$

若计算时段不是年,而是月或季,也可按此种步骤分别计算降水月变率或季变率。

一个地区降水变率小,说明降水稳定,降水资源利用价值高;变率愈大,表明降水愈不稳定,旱涝频率愈大。我国年降水变率差异较大,长江以南地区、西南地区和东北大部分地区降水变率最小,一般在15%以下,华北大部分地区大于25%,西北和内蒙地区在30%以上,塔里木盆地可达50%。

(三) 降水量的分布

降水量的分布受大气环流、海陆分布、地形等多种因素的制约。由图3-19可明显看出,世界年降水量分布有两个高值带:一个在赤道附近,这一带盛行辐合上升气流,产生大量对流雨;另一个在中纬度,约在南、北纬40°~60°间的西风带,这里是冷暖气团经常交锋的地带,多锋面雨和气旋雨,降水量也较多。在这两个高值带之间的副热带高压带,盛行下沉气流,即使海洋上降水也很稀少。另一个少雨带在高纬地区,这里温度低,水汽少,降水不多。由于海陆分布和地形的影响,迎风海岸的降水量明显多于内陆。例如,低纬东海岸和中纬西海岸属于东风带和西风带的迎风海岸,其降水量远多于内陆。热带东海岸常有台风侵袭,降水更多。在盛行海洋气流的山地迎风坡上,因受地形的影响,多地形雨,降水量显著增大。例如,印度的乞拉朋齐位于喜马拉雅山的南坡,其多年平均降水量高达12 665mm,是世界上少有的多雨区。

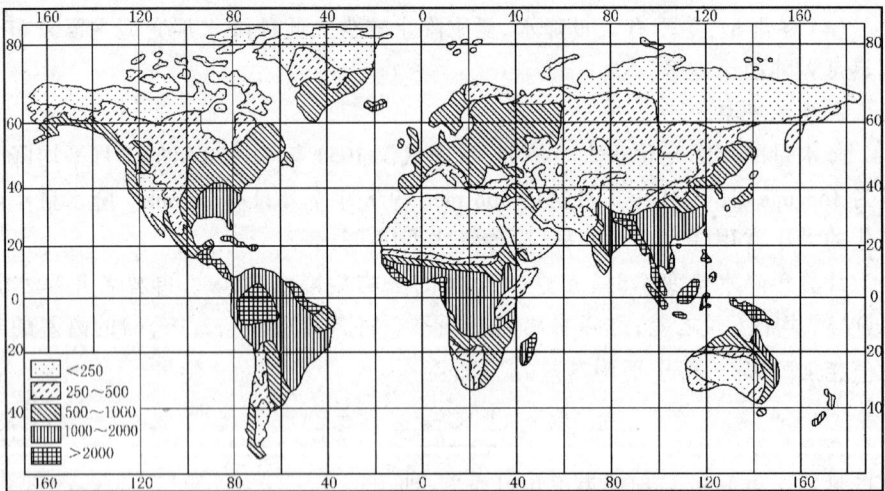

图 3-19　世界年降水量的分布[4]　　　（单位:mm）

第四节 天气系统及其天气特征

天气是短时间尺度的大气状态和过程,是气候背景上的振动。一个地方的天气变化,是由大气中大小不同的天气系统所引起的。所谓天气系统是指在一定范围内具有不同空间结构和天气特点的大气运动系统,如气团、锋、气旋和反气旋等。天气系统的水平空间尺度大至数千公里,小至几百米;时间尺度长至数日或更长,短至几个小时或更短。不同的天气系统具有不同的天气特征。

一、气团及其天气

气团是在水平方向上物理属性(主要指温度、湿度、稳定度等)比较均匀的大团空气,其水平范围从几百公里到几千公里,垂直厚度可达几公里至十几公里。所谓"比较均匀"是相对于气团外而言的,气团内部气象要素水平梯度比气团外要小得多。例如,水平温度梯度在气团内一般小于 $1℃/100~km \sim 2℃/100~km$,而在气团外要大于 $2℃/100~km$,甚至达到 $10℃/100~km$。

(一)气团的形成和变性

气团是在一定条件下形成的。因为空气中的水分和热量主要来自下垫面,因此大范围性质较均匀的下垫面是气团形成的首要条件。辽阔的海洋,无垠的沙漠,长年冰雪覆盖的地区等都可成为气团形成的源地。其次,气团的形成还必须具有空气停滞和缓行的环流条件,以使大范围空气能逐渐获得与下垫面相适应的较均匀的物理属性。在上述条件下,气团内部主要通过辐射、乱流、对流、蒸发和凝结等物理过程在大范围内获得下垫面的属性。

气团形成后由源地移向新的地区,由于下垫面性质的改变,气团原有的物理属性和天气特点发生相应改变的过程称为气团变性。气团变性的快慢主要取决于源地与所移经下垫面性质差异的程度、离开源地时间的长短、气团运动的快慢和气团的性质等。在通常情况下,冷气团移到暖区,因低层受热,空气趋于不稳定,乱流和对流易于发展,能较快地向上输送热量和水汽,所以冷气团变性较快。相反,暖气团移至冷区,下层变冷,气团趋于稳定,对流难以发展,气团变冷主要通过辐射作用,因而变性较慢。从大陆移向海洋的气团,易从海面获得水汽而变湿;从海洋移向大陆的气团因凝结而变干,这一过程比变湿过程要缓慢得多。气团变性的过程是气团中原属性消失和新属性形成的过程,也是新气团的形成过程。气团总是不停地运动着,它的属性也是不断变化的,因而气团变性是经常的、绝对的,气团停滞或缓行则是暂时的、相对的。可见,气团形成只不过是在气团变性过程中的一个相对稳定阶段获得了相对确定的物理属性而已。

(二)气团的分类及其特征

气团分类通常采用地理分类法和热力分类法。地理分类法是按气团源地的地理位置和下垫面性质进行分类的。先按源地的地理位置把气团分为冰洋(北极和南极)气团、极地(中纬度)气团、热带气团和赤道气团;再按源地下垫面性质将前三种分为海洋气团和大陆气团(赤道气团的源地主要是海洋,不再细分)。这样每个半球有7种气团,它的名称、符号、主要特征和分布地区见表3-5。

表3-5 气团的地理分类[5]

名　　称	符号	主　要　特　征	主　要　分　布　地　区
冰洋(北极、南极)大陆气团	A_C	气温低,水汽少,气层稳定	南极大陆和65°N以北冰雪覆盖的极地地区
冰洋(北极、南极)海洋气团	A_m	性质与A_C相近,夏季从海洋获得热量和水汽	北极圈内海洋上,南极大陆周围海洋
极地(中纬度)大陆气团	P_C	低温,干燥,低层稳定,天气晴朗	北半球中纬度大陆上的西伯利亚、蒙古、加拿大、阿拉斯加一带
极地(中纬度)海洋气团	P_m	夏季与P_C相近,冬季比P_C气温高,湿度大,可能出现云、降水	主要在南半球中纬度海洋上及北太平洋、北大西洋中纬度地区
热带大陆气团	T_C	高温,干燥,晴朗少云,低层不稳定	北非、西南亚、澳大利亚、北美西南部
热带海洋气团	T_m	低层温暖、潮湿且不稳定,中层有逆温	副热带高压控制的海洋上
赤道气团	E	湿热不稳定,天气闷热,多雷暴	在南北纬10°之间

热力分类法是按气团与其流经地区下垫面的热力对比把气团分为冷、暖两类。凡气团的温度高于流经地区下垫面者称为暖气团;反之,称为冷气团。暖气

团从源地向冷区(高纬度)移动时,气团低层失热冷却,气层趋于稳定,天气较稳定;只有当暖气团水分充足并有较强的乱流时,才可能形成平流雾、毛毛雨天气。冷气团从源地向暖区(低纬度)移动时,低层增温,气层趋向不稳定,易形成对流,出现不稳定性天气;来自海洋的冷气团,水汽充沛,可出现积雨云、阵性降水天气。

二、锋及其天气

(一)锋的概念和特征

两种不同性质的气团相互作用的过渡区称为锋,它是三度空间的天气系统(图 3-20)。锋的水平尺度与气团相当,长达几百公里到几千公里。其宽度在近地层较窄,一般只有几十公里,窄的只有几公里;在高空较宽,可达 200 ~ 400 km。由于锋的宽度与气团相比是很小的,因而常把锋区视为一个几何面,称为锋面。锋面与地面的交线称为锋线。锋是锋面和锋线的统称。锋的垂直范围与气团相当,可达对流层中上层。它活动的时间尺度也与气团相当,约一周左右。

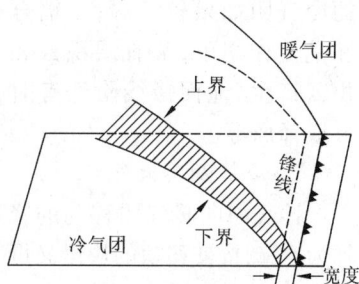

图 3-20　锋在空间上的状态[4]

锋区附近气象要素的变化十分显著。首先,在温度的水平分布上,锋区等温线密集,水平温度梯度可达 10℃/100 km。在垂直方向上,锋区上界面的温度比下界面高,出现锋面逆温。其次,锋区都处于低压槽中,其左右两侧的气压都比锋区高。第三,根据梯度风原理和地面摩擦作用,锋附近的风场应是气旋式辐合。例如,东北—西南走向的冷锋,锋前为西南风,锋后为西北风,气流向锋区辐合(图 3-21)。

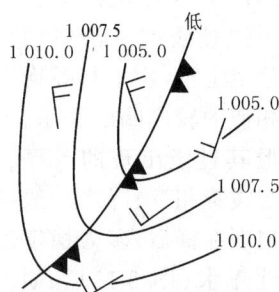

图 3-21　地面锋附近的气压场和风场[8]

(二)锋的类型及其天气

根据锋两侧冷暖气团的移动方向和锋的结构将锋分为暖锋、冷锋、准静止锋和锢囚锋四种类型,不同类型具有不同的天气特征。

1.暖锋及其天气

暖气团向冷气团方向移动的锋称为暖锋。其基本特点是:暖气团滑行在冷

气团之上,上升冷却,达到凝结高度后,在锋前形成暖锋云系。如图 3-22 所示,
暖锋过境依次出现的云序为
卷云(C_i),卷层云(C_s),高层云
(A_s),雨层云(N_s)。云底与锋
面相接,云顶近于水平,愈接
近地面锋线,云层愈厚。降水
主要发生在锋前的雨层云(N_s)
内,为连续性降水。降水带宽
度大约 300 ~ 400 km。暖锋下
的冷气团如果较潮湿,在辐合
和乱流作用下,常有层积云和
积云产生,地面锋线附近有时
形成锋面雾。

2. 冷锋及其天气

冷气团向暖气团移动的锋
称为冷锋,按其移动的快慢又可
分为移动缓慢的缓行冷锋(第一型冷锋)和移动较快的急行冷锋(第二型冷锋)两种。

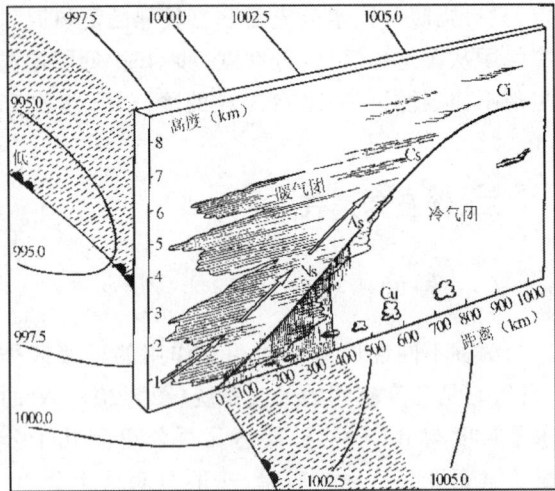

图 3-22　暖锋天气模式图

(据文献[12]略有修改)

缓行冷锋的特点
是:锋面坡度较小,锋
后冷空气在缓慢移行
中迫使暖空气沿锋面
稳定上滑,产生与暖锋
相似的较广阔的云系,
但其过境出现的云序
与暖锋相反;降水一般
出现在锋后,多为稳定
性降水(图 3-23)。如
果锋前暖空气不稳定,
在地面锋线附近可形
成积雨云和雷阵雨天
气。急行冷锋由于锋
面坡度较大,锋后冷空
气移速远大于暖空气,
所以暖气团被迫强烈

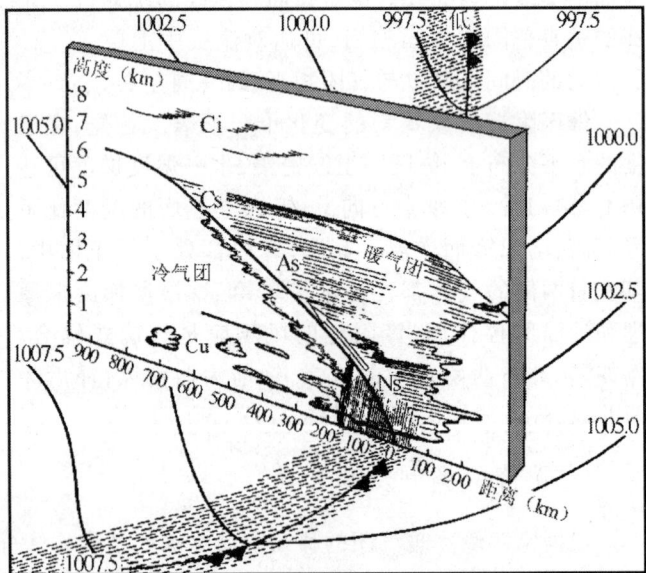

图 3-23　缓行冷锋天气模式图

(据文献[12]略有修改)

抬升,在地面锋线附近常形成狭长的积状云带(图3-24)。在夏季,如果暖空气很不稳定,水汽又充沛,在锋线附近常出现雷暴、冰雹等强对流性天气。在锋面上段,暖空气的后退速度大于冷空气的前进速度,出现暖空气沿锋面下滑运动,通常没有云系产生。

3. 准静止锋及其天气

冷暖气团势力相当,很少移动或来回摆动的锋称为准静止锋,它可造成锋下地区长时间的阴雨天气。我国的准静止锋大多是由冷锋演变而来的,其云系和天气与缓行冷锋相似,只是锋面坡度较小,云区和降水区更为宽广而已。属于这种情况的江淮准静止锋在初夏梅雨时期可造成半月至 20 余天的连阴雨天气。出现在我国西南地区的昆明准静止锋则属于另一种情况,它是由于冷锋南下受山地阻

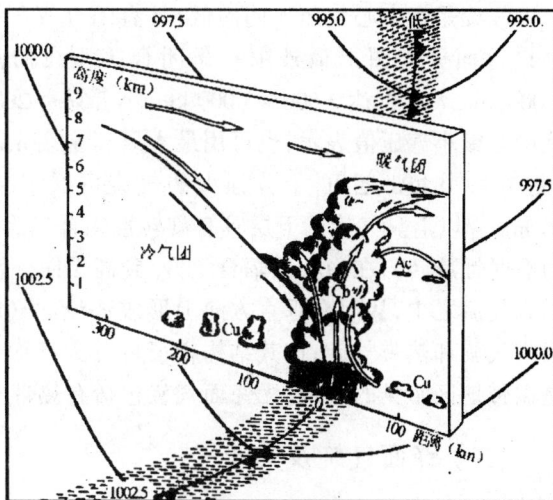

图 3-24　急行冷锋天气模式图
(据文献[12]略有修改)

挡而形成的。锋上暖空气水汽含量少而且滑升缓慢,产生不了明显的云系和降水。锋下冷空气由于沿山坡上升和乱流混合作用,故形成不厚的层状云,有时产生连续性降水,但降水强度不大。

4. 锢囚锋及其天气

锢囚锋是由暖气团、冷气团和更冷气团相遇而形成的锋。它的形成过程是冷锋赶上暖锋或两条冷锋迎面相遇,把暖空气抬到空中形成空中锋段;在锢囚点(冷暖锋交接点)以下,原来的锋面合并而成新的锋段。根据下锋段两侧冷空气的温度差异和推移情况,将锢囚锋分为冷式锢囚锋和暖式锢囚锋(图3-25)。锢囚锋不仅保留了原来锋面的天气特点,而且由于锢囚后暖空气被抬升到锢囚点以上,云层将加厚,降水增强,雨区扩大;同时在锢囚点以下的锋段上将产生新的云系。可见锢囚锋的天气比单独的冷、暖锋要复杂得多。

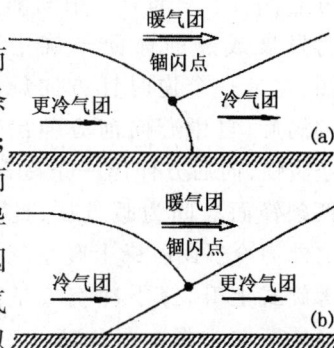

a. 冷式锢囚锋;b. 暖式锢囚锋
图 3-25　锢囚锋结构[12]

三、气旋及其天气

（一）气旋概述

气旋是指中心气压比四周低、具有闭合等压线的水平空气涡旋。它的大小是以地面天气图上最外围一条闭合等压线的范围来量度的,直径一般可达1 000 km,大者可达2 000～3 000 km,小者只有200～300 km。其强度通常采用气旋中心最小气压值表示,也可用最大风速来衡量。一般气旋地面中心气压值在1 010～970 hPa之间,十分强大的气旋可低于935 hPa,其地面最大风速可达30 m·s⁻¹以上。气旋的下层具有旋转性辐合气流(北半球为逆时针旋转,南半球为顺时针旋转),在中心区辐合上升,到高层向外辐散,又在四周下沉补偿到低层辐合气流之中,从而在垂直方向上形成环流。气旋按其生成的地理位置可分为温带气旋和热带气旋;按其结构特征可分为锋面气旋和无锋面气旋。锋面气旋是温带地区常见的气旋,无锋面气旋包括有热带气旋、热低压和冷涡等。

（二）锋面气旋及其天气

锋面气旋是具有锋面的低压系统。它一般在高中纬度地区活动,更多见于温带地区,所以又称为温带气旋。图3-26是北半球锋面气旋结构示意图,分上、中、下三部分。中间部分为发展成熟的锋面气旋平面图,它是一个逆时针方向旋转的涡旋,自中心向前方伸出一条暖锋,向后方伸出一条冷锋,两条锋面之间为暖气团,此区之外为冷气团。锋上暖空气呈螺旋式上升,锋下冷空气呈扇形展开并下沉。图3-26上、下两部分为气旋中心北侧和南侧的东西向垂直剖面图。下面的

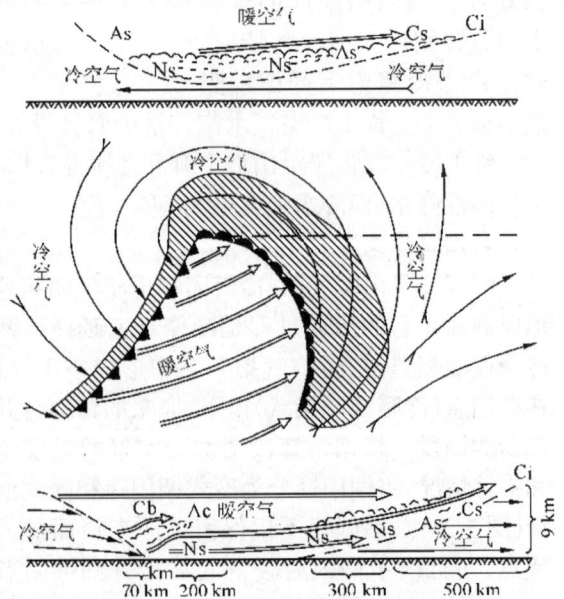

图3-26　锋面气旋模式(北半球)[4]

剖面图自西而东分为冷气团、暖气团和冷气团三个区,西侧为冷锋锋面(缓行冷

锋或急行冷锋),东侧为暖锋锋面。冷、暖锋面上排列着云系,在积雨云(Cb)和雨层云(Ns)下有降水。中间的暖气团天气一般是晴天,少云雨。上面的剖面图表明,在气旋中心北侧,近地层被冷气团占据,冷暖锋面相连,并被抬至空中;其东半部为暖锋云系,西半部为冷锋云系。

锋面气旋的形成大体有两种情况:一是锋面上产生波动,在适宜条件下,波动加深而形成气旋;二是地面弱低压移至高空槽前,由于高空发生质量辐散,诱使地面低压发展,产生锋面,发展为锋面气旋。锋面气旋从生成到消亡的时间长度不等,短则几天,长则一星期或更长。

(三) 热带气旋及其天气

1. 热带气旋概述

热带气旋是发生于热带洋面、具有暖心结构的气旋。按国际热带气旋名称和等级标准的规定,中心附近平均最大风力小于 8 级者为热低压;8 级~9 级者为热带风暴;10 级~11 级者为强热带风暴;12 级以上者为台风。大多数热带气旋的水平范围为 600~1 000 km,最大的可达 2 000 km,最小的仅 100 km 左右;其垂直高度可达 12~16 km。热带气旋的强度以气旋中心的地面最大平均风速和海平面最低气压值来表示。大多数热带气旋的风速在 20~50 m·s^{-1},大者达 110 m·s^{-1},甚至更大;其中心气压值一般为 950 hPa,低者 920 hPa,有的仅 877 hPa。热带气旋全年都能生成,北半球多发生在 7 月~10 月,南半球多发生在 1 月~3 月。

2. 热带气旋的形成条件

(1) 广阔的高温洋面:热带气旋形成和发展需要巨大的能量,这些能量主要是由大量水汽凝结释放的潜热转化而来。在热带海洋上,广阔的高温洋面能源源不断地向大气输送水汽和能量。一般海温低于 26.5℃ 的洋面不会有热带气旋生成,海温高于 29℃~30℃ 的洋面极易发生热带气旋。例如,北太平洋西部低纬洋面,7 月~10 月海温可达 30℃ 以上,水汽充沛,是全球热带气旋发生最多的区域。

(2) 有利的流场:大量卫星云图的资料证明,热带气旋发生之前都有一个扰动系统存在,并由扰动发展为热带气旋。这是由于低层扰动中有较强的辐合气流,尤其当低空辐合流场与高空辐散流场相迭加且高空辐散量大于低空辐合量时,空气上升运动大大增强,低层充沛的水汽被带至高层,水汽凝结,释放潜热,为形成暖心结构提供热源,促使热带气旋的形成与发展。赤道辐合带是气流辐合系统,极易产生弱涡旋,是热带气旋形成与发展的有利流场。

(3) 合适的纬度：热带气旋强烈辐合形成强大的气旋性环流,只有在具有足够大的地转偏向力作用的地带才可能产生。在赤道附近地转偏向力为零或很小,不会形成热带气旋。事实上,大多数热带气旋生成于纬度 5°~20°之间,这与地转偏向力具有一定值密切相关。

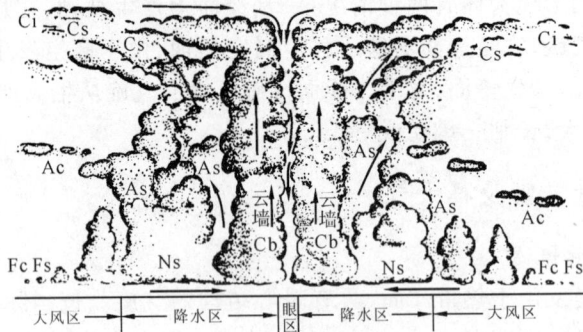

图 3-27　热带气旋的结构[12]

(4) 风的垂直切变要小：对流层垂直风速切变小,即高低空气流的方向和速度差别小,使空气上升凝结释放的热量能在有限气柱内聚积,利于形成暖心结构,发展成热带气旋。如果高层风速太大,热量散失很快,则不利于热带气旋的形成和发展。

当热带气旋登陆后,上述条件不再具备,例如不能继续获得高温高湿的空气,低空摩擦加大,风速垂直切变增大等,热带气旋就要减弱或消亡。

3. 热带气旋的结构和天气

热带气旋是一种暖性气旋系统,空气从外围以螺旋方式向中心加速流动。其等压线呈圆形闭合状,从外向内气压很快降低。等压面上的温度场近似圆形暖中心,从内向外降低。按热带气旋的结构和天气状况可将其分为眼区、降水区、大风区三部分(图 3-27)。眼区是热带气旋的中心部分,直径约为 10~60 km。眼区气流下沉,天气晴好。眼区外是降水区,强烈的辐合上升气流把大量的洋面水汽带至高空,绝热冷却,形成围绕眼区宽达几十公里、高达 10 余公里的由积雨云组成的垂直云墙,并形成大量降水。降水区日降水量通常有几百毫米,最多的可超过 1 000 mm。紧接环形雨带的是大风区,风力最大可达 12 级。大风区以外风力逐渐减小,天气逐渐变好。

四、反气旋及其天气

(一)反气旋概述

反气旋是指中心气压比四周高、且具有闭合等压线的水平空气涡旋。其大小是以地面天气图上最外围一条闭合等压线的范围来量度的,最大直径比气旋大得多,其规模可以与最大的大陆或海洋相比拟。反气旋的强度常用地面最大风速和中心气压值来表示,强反气旋的地面最大风速可达 $20 \sim 30 \ m \cdot s^{-1}$,中心气压值一般为 $1\,020 \sim 1\,030$ hPa,冬季最强时可达 $1\,078$ hPa。反气旋的下层具有辐散气流(北半球为顺时针旋转,南半球为逆时针旋转),中心区因向四周辐散而形成下沉气流;在高层四周空气向中心辐合以补偿下沉气流。下层的辐散气流在四周上升,以补偿上层四周向中心的辐合气流,从而在垂直方向上形成环流。反气旋按生成的地理位置可分为温带反气旋、副热带反气旋和极地反气旋,按结构特征可分为冷性反气旋(冷高压)和暖性反气旋(暖高压)。

(二)冷性反气旋与寒潮

冷性反气旋又称冷高压,是中、高纬地区主要的天气系统。它是在一定的高空条件下,中、高纬大陆强烈辐射冷却、地面冷空气积聚而形成的。冷高压冬强夏弱,中心气压冬季可达 $1\,060 \sim 1\,070$ hPa,夏季一般只有 $1\,010 \sim 1\,020$ hPa。它在高空西风气流的引导下向偏东方向移动,引起大规模的冷空气活动。就东亚地区而言,冬半年均约 $3 \sim 5$ 天就有一次冷高压活动。冷高压不同部位的天气状况是不同的,就北半球来说,因高压前半部偏北气流南下且靠近冷锋,故气温较低,风力较大,云层较厚,有时产生降水;高压中心区因气流下沉、风速很小,故易形成辐射逆温和辐射雾,冬半年易产生霜冻;高压后部气流来自南方,气温较高,常出现暖锋性质的天气。

强大的冷高压活动使其影响地区发生剧烈降温、大风,有时伴有雨雪、霜冻等天气的现象称为寒潮。据冯佩芝等(1985)研究,从天气气候的角度考虑,寒潮标准可定为:冷空气入侵使过程降温(在冷空气入侵过程的始末,日平均气温的最高值与最低值之差)$\geqslant 10$℃,最低气温负距平(在冷空气入侵过程中,最低日平均气温减去该日所在旬的多年旬平均气温为负)绝对值$\geqslant 5$℃。他们将全国分为五个区(华北、东北、西北、长江、华南),每区选 5 个以上的代表站,若某区内 3/5 的站点达到寒潮标准,定为该区出现寒潮;若全国有 2—5 个区,且其中包括华北、长江两个区,出现寒潮,定为全国类寒潮,只北方三个区或两个区出现寒潮,定为北方类寒潮;只南方两个区出现寒潮,定为南方类寒潮。按以上标准,中国1951～1980年度(本年9月至次年5月为一个年度),出现寒潮136次(全国类65次,北方类33次,南方类38次),平均每年度4.5次,以11月和3月为最多。这是因为秋末冬初和春季正是冷暖空气更替时期,降温幅度较大;隆冬时节,气温很低,南下冷空气达不到寒潮降温的标准。我国的寒潮天气因地区和季节不同而不同。冬半年的寒潮天气主要是大风和降温,大风一般出现在寒潮冷锋之后,风力可达5级～7级。寒潮冷锋过境后,气温剧烈下降,降温可持续1天至几天,引起霜冻、结冰。降水天气主要出现在寒潮冷锋附近。我国淮河以北地区,空气较干燥,冷空气活动很少有雨雪天气;淮河以南,水汽较多,降水机会增多,尤其是当冷空气移速减慢或在江南呈准静止状态时,可产生大范围长时间的降水。春秋季的寒潮天气除大风降温外,北方常有扬沙、沙暴出现,降水机会也比冬季增多。

(三) 暖性反气旋与梅雨

暖性反气旋主要是指副热带高压和阻塞高压,这里只论述前者。由于海陆分布的影响,副热带高压带常断裂成若干个高压单体(图3-14,图3-15),此乃副热带高压(简称副高)。在平均海平面气压图上,它们主要位于海洋上,在北半球主要有北太平洋副热带高压和北大西洋副热带高压。

北太平洋副高是常年存在、稳定少动的深厚的暖性高压系统,其强度和范围冬夏有很大的不同。夏季,北太平洋副高因北半球迅速增温而增强和扩大,其范围几乎占整个北半球面积的1/5～1/4;冬季,由于北半球中高纬度降温,其强度减弱,范围缩小,位置南移。北太平洋副高闭合中心有时只有一个,位于夏威夷附近;夏季一般为两个,分别位于东、西太平洋上,后者称为西太平洋副高。西太平洋副高内部盛行下沉气流,天气晴朗少云,微风炎热;东部受北来的冷气流的影响,逆温层低,空气干燥,干旱少雨;西北边缘,锋面气旋活动频繁,多阴雨天气;南部边缘在有热带天气系统活动时可能产生雷阵雨和大风天气。

西太平洋副高是影响我国夏半年天气气候的最主要的天气系统,特别是它的东西向脊线(东西风分界线)随季节南北移动,与我国雨带的分布和移动有密切联系。每年6月～7月间西太平洋副高北跳,脊线稳定在20°N～25°N之间,我国江淮流域到日本南部处在副高的西北边缘,出现一段连阴雨天气,此时正值江南梅子黄熟季节,故称"梅雨"。梅雨天气的主要特征是多阴雨天气,雨量充沛,相对湿度大,日照时间短,降水多属连续性,常常是大雨或暴雨。根据多年平均情况,每年6月中旬入梅,7月上旬出梅,梅雨期平均长约20天。由于副高各年势力强弱不同,北跳时间早晚也逐年不一,所以每年梅雨期的长短、入梅和出梅的时间以及降水量相差很大。例如,1954 年梅雨期长达 40 天,导致了长江中下游的大洪水;1958 年没有梅雨,1959 年～1961 年梅雨期也极短、雨量很小,因而导致长江中下游连续几年严重干旱。

第五节　下垫面因素对气候的影响

一、海陆分布对气候的影响

(一) 海陆表面热力性质的差异

首先,海陆表面辐射性质不同。海面平均反射率小于陆面,在同样的太阳辐射强度下,海洋所吸收的太阳能多于陆地。海水有一定的透明度,太阳辐射可透射到某一深度。因此同样的热量在海洋上的分布深度要大些,海面温度的升高也就和缓些。在陆地上,仅其表面一薄层吸收太阳辐射,向下传导的热量很少,所以陆面温度的升高较海面快些。

其次,海陆传热方式不同。陆地为固体,热量传输靠分子传导,而一般岩石和土壤的导热性能较差,传热缓慢。海水是流体,通过波浪、洋流和对流、乱流等作用,海水经常在水平方向和垂直方向上发生混合,使热量迅速传递。因为海水的增热和冷却都要影响辽阔的水面和深厚的水层,所以海面温度的变化比陆面和缓得多。

第三,海陆的容积比热不同。单位体积物质温度变化 1K 时所需要吸收或放出的热量称为容积比热。当给定一定热量时,容积比热越大的物质,其温度升高得越少。海水的容积比热远大于土壤和岩石,就平均而言,海水的容积比热值约为陆面的 2 倍。因此,在受热(冷却)期间,陆面增温(降温)速度比海面快,陆面温度变化急剧,海面温度变化和缓。

(二) 海洋性气候与大陆性气候

某一地区的气候受海洋影响较深,且能反映出海洋影响特征的气候称为海洋性气候。反之,受大陆影响较深,且能反映大陆影响特征的气候则称为大陆性气候。海洋性气候与大陆性气候的特征通常表现在气温日较差、年较差、年温相时、春秋温对比和降水特点等方面。由于海洋热容量大,其水平运动和垂直运动能对热量进行调节,所以海洋性气候的气温日较差很小。全世界海洋气温平均日较差约为 0.3℃。陆地热容量小,传热慢,热量集中于表层,易于受热也易于冷却,所以大陆性气候的气温日较差很大。离海岸愈远,日较差愈大。居于内陆的热带沙漠地区,气温日较差通常可达 40℃～50℃,甚至超过 60℃。同理,大陆性气候的气温年较差比海洋性气候要大得多。北半球大陆性气候的年温相时:最高气温出现在最高太阳高度以后约 1 个月(7 月)(热带季风气候最高气温出现在雨季以前,属于例外);最低气温出现在最低太阳高度以后约 1 个月(1 月)。海洋性气候的年温相时比大陆落后,最高气温一般出现在 8 月,最低气温出现在2 月或 3 月。海洋性气候春温上升速度慢于秋温下降速度,春温低于秋温;大陆性气候春温上升速度快于秋温下降速度,春温高于秋温。在海洋性气候条件下,盛行来自海洋的气流,年降水量较多,降水季节分配比较均匀,降水变率较小;在大陆性气候条件下,降水多由暖季的热对流所引起,年降水量少而集中,降水的变率很大。

　　大陆范围内的海洋性气候和大陆性气候的分布,决定于距海远近、大气环流和洋流状况。一般说来,愈是靠近海洋,气候的海洋性愈强;愈是深入内陆,气候的大陆性愈显著。这种情况在中纬度地区表现尤为明显。从中纬度西海岸往东到内陆,冬温越来越低,夏温愈来愈高,年较差越来越大,降水量和降水日数一般也是减少的。在信风带的大陆西岸,风从大陆吹向海洋并有寒流经过,即使沿岸地区也干燥少雨,呈现大陆性气候特征;大陆东岸,风从海洋吹向大陆并有暖流经过,因而潮湿多雨,气候的海洋性显著。在季风气候区,海、陆对气候的影响具有显著的季节性变化。冬季该区盛行大陆气团,干燥寒冷,大陆性气候明显;夏季盛行海洋性气团,炎热多雨,具有海洋性气候特色。

(三) 周期性风系的形成和影响

　　周期性风系是指以一日为周期的海陆风和以一年为周期的季风,它们的形成与海陆热力差异有密切关系。季风已在第二节阐明,这里只论述海陆风的形成。海陆风是沿海地带由海陆昼夜热力状况的不同引起的、以 24 小时为周期的有规律的气流变化。昼间下垫面受热,陆面温度高于海面温度,空气膨胀,等压面上升并向海洋倾斜,上层空气流入海洋,陆面气压随之降低,于是低层空气自海洋流向大陆,形成海风。夜间下垫面冷却,陆面温度低于海面温度,空气收缩,等压面下降并向陆上倾斜,上层空气从海洋流向大陆,海面气压降低,低层空气便从陆上流向海洋,形成陆风。海陆风只有在大范围气压场的气压梯度比较弱且气温日变化大的地区和季节才容易出现。海风和陆风的转换时间因地区和天气条件不同而不同,一般说来,陆风在上午转为海风,13 时~15 时海风最盛,日落以后,海风逐渐减弱并转为陆风。如果是阴天,海风要推迟到中午才能出现。吹海风时,从海洋上带来大量水汽,使陆上空气湿度增大,有时会形成低云或雾,甚至产生降水。海风可以降低气温,使沿海地区在夏季并不十分炎热。海陆风对沿海渔民扬帆出海和返航也有一定意义。

二、海洋对气候的影响

(一) 海洋在气候系统中的作用

占地球表面 71% 的海洋吸收了进入地球大气系统上界太阳辐射量的 70% 左右,并将其中的 85% 左右贮存在海洋表层。这部分能量通过长波辐射、潜热和感热① 交换输送给大气,成为大气运动的直接能源。海洋还为对流层提供了大约 86% 的水汽来源,这些水汽被气流带到空中,随着大气环流输送到各地,或凝结成降水湿润陆地,或留在空中调节气候。可见,海洋是大气热机运转的主要能量和水分的供应地。

为了维持地球大气系统高、低纬度间的能量平衡,必须有低纬度向高纬度的热输送。根据卫星观测和计算,就全球平均而言,海洋承担了 33% 的经向输送任务,其余 67% 为大气所承担。在不同纬度带,海洋和大气输送的相对贡献是不同的。在 0°N~30°N 的低纬度地区,海洋输送超过了大气输送,最大值在 20°N,在那里海洋输送占总输送的 74%。在 30°N 以北的地区,虽然大气输送超过了海洋输送,但是海洋把巨大的热量先输送给大气,再由大气通过经圈流环和涡旋运动继续向更高纬度输送,这种海洋—大气"接力式"的经向输送是维持高、低纬间能量平衡的主要机制(叶笃正等,1991)。

(二) 洋流对气候的影响

洋流对大气温度、湿度和降水等都有重要影响。一般说来,暖流对大气有增温作用,寒流对大气则有降温作用。空气与暖流接触时,因有热量与水汽向上输送,下层增温变湿,层结不稳定,当它流入大陆时,最易产生降水。空气与寒流接触时,因下层变冷,产生逆温,层结稳定,这种空气在夏季侵入大陆时,下部受热,相对湿度降低,雾散雨消。

---

① 潜热是物质在相变时所释放或吸收的热量;感热在气象学中用作与潜热意义相反的术语,而在热力学中则具有焓(系统的内能加上压强与体积之积)的意义。

寒、暖流因大气环流条件不同,对气候有不同影响。中低纬大陆东岸的暖流因冬季大陆气流(冬季风)由陆入海,热量和水分难以入陆,对大陆气候的调剂作用不大;夏季暖洋流的热量和水分可随夏季风输入大陆,向大陆输送大量水汽,形成降水,但因大陆高温,对温度场影响不大。中高纬度大陆西岸的暖流在西风气流的作用下,其热量和水汽大量输入大陆,产生丰沛降水。中低纬度大陆西岸的寒流在离岸风的作用下,冷水上翻(涌流),对沿岸起冷却作用,大气稳定,雾日频仍,降水极少,甚至数年不见滴雨,形成沙漠。中高纬度大陆东岸的寒流,冬季在冬季风的作用下对沿岸影响很小,夏季在夏季风的作用下,沿岸地区的温度稍有降低,湿度提高,甚至产生少量降水。

在寒、暖流交汇的海域,最易生成大范围的海雾。因为在这些地区,空气可以从一个海域输送到温度显著不同的另一个海域,既可造成浓厚的冷却雾,也可在有利条件下形成蒸发雾。例如,在黑潮与亲潮汇合的日本北海道以东的洋面上,在墨西哥湾暖流与拉布拉多寒流汇合的大西洋北部纽芬兰附近的洋面上,都是由于上述原因而形成的世界上著名的多雾区。

(三)洋流异常与厄尔尼诺现象

在正常情况下,赤道太平洋海域的海洋环流,其西侧为暖流,东侧为寒流,同时,太平洋东部表层海水的温度比西部低约 6℃ ~ 10℃。由于赤道太平洋区东冷西热,因此在位于南太平洋副热带高压东侧的南美西海岸产生强烈的下沉气流,随偏东信风向西流去,到达西太平洋赤道附近因受热上升,使高空等压面向东倾斜,空气运动转向成为高空西风,以补偿东部冷海区的下沉气流。于是在赤道太平洋的垂直剖面上,形成一个低层为偏东风、高层为偏西风的东西向的热力环流圈,称为沃克(Walker)环流。由于秘鲁寒流较强,沃克环流的下沉气流区远大于上升气流区,它从南美西岸伸展到赤道太平洋中部海域,造成南美西岸的严重干旱,使阿塔卡马沙漠延伸到 4°S 附近。

有些年份,由于大气环流的变异使赤道以南的东南信风突然减弱,太平洋赤道暖流向南扩张,秘鲁寒流和沿岸深层冷海水的涌升流同时减弱甚至停止,导致赤道东太平洋海温强烈上升,这种现象称为厄尔尼诺(EI Niňo)。厄尔尼诺现象大约持续一年左右。其开始出现时间分为两类:一类为 3 ~ 5 月,先出现于南美太平洋沿岸;另一类为 9 ~ 11 月,先出现于赤道中太平洋。其空间范围南北约 15个纬度(10°S ~ 5°N),发展最盛时东西可控制 90 个经度以上(90°W ~ 180°)。厄尔尼诺最强时所影响的深度可达数百米,表层海温比年均温高出 1℃,个别地区个别月份可达 4℃。据王绍武(1989)研究,在 1470 年 ~ 1987 年间发生 100 次厄尔尼诺事件,频率为 19.3%,其中有 63 次事件是跨两年的,因此共有 163 年为厄尔尼诺年,约占总年数的 1/3。随着赤道太平洋东部表层海水的急剧增暖,赤道辐合带在南美西岸出现南移,在常年处于下沉气流控制下的秘鲁沿岸造成深厚的对流运动,出现频繁的暴雨,引起水灾和泥石流灾害,并使长期生活在冷海水中的浮游生物和鱼类大量死亡;而在赤道太平洋西侧的上升气流受到削弱,甚至转变为下沉气流,导致印度尼西亚、新几内亚等地降水量急剧减少,甚至出现严重的干旱现象。厄尔尼诺现象的发生不仅对秘鲁沿岸的海洋生态造成极大的破坏,也对热带太平洋沿岸甚至全球气候造成灾害性的影响。例如,1982 年～1983 年发生的厄尔尼诺现象,使澳大利亚出现 200 年来最为严重的干旱,印度尼西亚和非洲的干旱也很严重。在太平洋另一侧的美国与南美西海岸遭受暴风雨的袭击,降水量猛增 10～15 倍,造成严重的洪水灾害。这次厄尔尼诺现象在全世界造成的受灾面积超过全球面积的 1/4(潘守文,1994)。

三、地形对气候的影响

(一)影响气候的地形因子

影响气候的主要地形因子有三种:第一是地面的海拔高度。高度能影响气温、气压、湿度等气候要素;高差越大,气候的差异也越大;气候类型也随高度而发生相应改变,因此有高度气候之称。第二是地面形态。地面形态复杂多样,简括起来有凸出地形(丘陵、山峰、山脊等)、凹下地形(盆地、山谷等)和凸凹地形(鞍形山脊、隘道等)三种。不同地表形态的气候状况复杂而多变。例如,盆地中气候要素的变化比较剧烈,高山上气候要素的变化比较缓和;山脉常成为气候的分界线;甚至微小岗坑的地形差异,也在气候上有所反映,因此有地形气候之称。第三是地形方位。同一山地因坡向与坡度的不同而使其气候情况显著不同。向阳面与背阳面、迎风面与背风面在短距离内可以有很大的气候差异,因此有方位气候之称。以上三种地形因子对于气候的影响是同时发生作用的,而且也是通过影响辐射、环流和降水等过程对气候产生作用的。

(二)地形对辐射和气温的影响

随着海拔高度的增高,大气中的水汽含量和悬浮物质迅速减少,空气越来越稀薄,太阳光线经过大气的路程也缩短,因而随海拔高度升高,直接辐射增大,散射辐射减小。由于直接辐射在总辐射中所占的比重较大,因此晴天的总辐射是随海拔高度增高而递增的。通常大气逆辐射比地面辐射随高度递减得快些,因而有效辐射随高度增高而增大,辐射平衡随高度增加而减小。到雪线以上,辐射的支出往往大于收入,辐射平衡为负值。太阳辐射还随地形的坡向和坡度而变化。据傅抱璞(1983)计算,在 20°N~50°N 范围内,随着纬度的增加,南坡上获得的最大辐射量(可能的直接辐射年总量)随坡度增大而增大;北坡上获得的最大辐射量无论在什么纬度都随坡度增大而减小;同一纬度、同一坡度山坡上的辐射量,南坡大于北坡,其差值随纬度增高、坡度增大而增大。例如,40°N、坡度 10°的南坡获得的辐射量比 20°N、坡度大于 10°的北坡要多,可见较高纬度的南坡所得到的辐射量多于低纬度北坡的辐射量,因此南方喜温作物可移栽到北方南坡上。

在山区,因辐射平衡及其年变幅随海拔高度升高而减小,所以随海拔高度上升气温降低,气温年较差减小,霜日增加,无霜期缩短。大地形对温度的影响十分显著。在高原上,地面与空气接触面积大,大气层薄,太阳辐射经过大气时损失小,日间受热强烈。高原大气中水汽含量随高度减少很快,水汽与二氧化碳含量很小,白天和夜晚的长波辐射都很强,因此高原大气中贮存的热量较少,温度很低,昼夜温差很大。

(三) 地形对空气运动的影响

地形对空气运动的影响有动力影响和热力影响两个方面。其中动力影响主要是地形对空气运动的障碍作用,当山脉的海拔高度超过移来气团的厚度时,山脉就能起到阻挡作用。如东西走向的秦岭,其山峰海拔高度约为 4 000m,能阻挡厚度小于 3 000 m 的冷气团,使四川盆地少受冷空气的影响;华南的南岭山系,虽然高度较低(1 000 m 左右),但也能对南下的冷空气起阻滞作用,并利于冬、春季节华南准静止锋的形成。当气流由开阔地带流向喇叭形的狭窄通道时,由于气流辐合,空气质量大量堆积,导致风速增大,形成独特的狭管效应。例如,河西走廊的偏西大风、台湾海峡的东北大风等都是狭管效应所致。

地形的热力影响可导致局地环流的形成,如山风、谷风、焚风等。山风与谷风是由于山坡与山谷之间温度差异而形成的以一天为周期的局地环流(图3-28)。昼间,在强烈的太阳辐射作用下,山坡和山顶气温显著上升,比谷中同高度大气的温度要高,等压

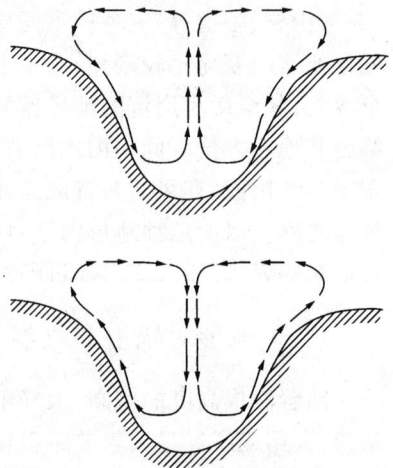

图3-28　山风(上)与谷风(下)[20]

面向山谷上空倾斜,山坡上的空气流向山谷上空,积聚下沉至低层,引起谷地空气沿山坡向上流动,形成谷风。夜间,由于坡地辐射冷却降温快,使坡地气温比谷中同高度大气的温度低,等压面向山坡倾斜,谷中空气向山坡输送,引起空气沿山坡向谷底流动而形成山风。山谷风通常只在大型天气系统影响较弱并在晴天情况下发生。早上日出之后 2～3 小时开始出现谷风,并随着坡地不断增温,风速不断增大,午后达到最大。此后风速开始减小,到傍晚平息下来,代之以山风,直到第二天日出后再转为谷风,从而完成昼、夜之间的风向转换。

通常人们把从出上向下吹的炎热干燥的风称为焚风。空气在山的迎风坡被迫抬升,开始按干绝热直减率降温,达到凝结高度以后,按湿绝热直减率降温,同时空气中的水汽凝结成雨滴降落。上升到山顶的空气不仅湿度小,而且在层结稳定的条件下比周围空气要重,因而它一面随风移动,一面沿背风坡下沉。下沉空气一般没有凝结物的蒸发,按干绝热直减率增温。这样在迎风坡与背风坡同一高度上,空气的温度和湿度就会有较大的差别。背风坡温度较高,湿度较小,形成干而热的焚风。焚风可使积雪融化,有利于农田灌溉;可以造成水果和粮食作物早熟,影响产量;强大的焚风可以带来干旱,甚至引起森林火灾。

(四)地形对降水的影响

海拔高度增加,气温降低,水汽含量减少,所以高原上的降水量较相同条件下的平原为少。高山上的降水除受海拔高度影响外,还受高山坡地的热力和动力作用影响,故在最大降水量高度之下,山体上部的降水量和降水日数都要比山麓有明显的增加。通常山坡降水量先是随海拔高度升高而递增,至一定高度达到最大值,这个高度称为最大降水高度;然后随海拔高度升高而递减。这是因为在最大降水高度以下,水汽充沛,山坡对气流的动力和热力作用,使空气上升运动得以加强,所以山坡降水量随高度增加。当这一过程持续至某一高度后,空气柱中的水汽大为减小,上升运动不可能再形成更多的降水,降水量便随高度递减。

地形形态对降水有明显影响。在迎风坡由于空气被迫抬升,加上山坡上的热力作用,使迎风坡的降水量明显增加,成为雨坡。反之,当气流翻过山体在背风坡下沉时,温度绝热上升,相对湿度降低,形成干坡。盆地始终处于气流的下风侧,由于越山气流下沉辐散,最不利于系统性降水的形成,与盆地边缘的山地比较,盆地是山区中的相对少雨区。当气流方向与山谷走向一致时,气流辐合沿山谷爬升,加上昼间谷风环流的影响,引起较强的上升运动,带来较多降水;当山谷与气流方向垂直时,山谷成为背风谷,降水很少。

由于气温随海拔高度升高而降低,所以海拔越高,积雪的时间越长,到某一高度后便形成永久雪被。多年积雪区与季节积雪区之间的界线,称为雪线。雪线高度取决于当地的气候条件和地形条件,因而有气候雪线和地形雪线之分。由于温度、湿度、降水量都能影响雪线高度,所以从极地至副热带,雪线高度逐渐升高,副热带至赤道又稍有降低。北坡日照少于南坡,雪线通常比南坡低。

四、冰雪覆盖对气候的影响

(一)冰雪覆盖简况

地球上的冰雪圈由大陆雪盖、海冰、大陆冰盖、山岳冰川和永冻土等五部分组成(表3-6)。大陆雪盖是季节性的,海冰主要指北冰洋和环绕南极大陆漂浮在

表 3-6　现代地球球冰雪圈构成[13,17]

组成	面积 ($\times 10^8 \text{ hm}^2$)	占地球面积(%)			存留时间(a)
		全球	陆地	海洋	
大陆雪盖	26.6	5.2	17.9		$10^{-2} \sim 10^1$
海　冰	24.4	4.8		6.7	$10^{-2} \sim 10^1$
大陆冰盖	15.4	3.0	10.3		$10^3 \sim 10^5$
山岳冰川	0.5	0.1	0.3		$10^1 \sim 10^3$
永冻土	32.0	6.2	21.5		$10^1 \sim 10^3$

海上的冰体,大陆冰盖主要是南极大陆与格陵兰两个冰盖,山岳冰川主要分布在青藏高原、北美、南美和欧洲的高山上,永冻土主要分布在东西伯利亚。冰雪覆盖是变化的,鉴于大陆冰盖为永久性的,南半球雪盖面积又很小,所以在分析现代冰雪覆盖变化时只讨论两半球的海冰和北半球大陆雪盖的变化。冰雪覆盖存在着季节变化,根据罗伯克(Robock,1980)的资料,北半球海冰最大在 2 月 ~ 3 月($14.7 \times 10^8 \text{ hm}^2$),最小在 8 月($7.2 \times 10^8 \text{ hm}^2$),两者相差 $7.5 \times 10^8 \text{ hm}^2$,即盛夏海冰仅为隆冬的一半。南半球海冰最大在 9 月($19.6 \times 10^8 \text{ hm}^2$),最小在 2 月($4.5 \times 10^8 \text{ hm}^2$),两者相差 $15.1 \times 10^8 \text{ hm}^2$,盛夏仅为隆冬的 1/4。可见南半球海冰的季节变化远大于北半球。北半球雪盖年平均为 $25.3 \times 10^8 \text{ hm}^2$,2 月面积最大($46.7 \times 10^8 \text{ hm}^2$),8 月最小,仅为 $4.3 \times 10^8 \text{ hm}^2$,最大月面积为最小月的 10 倍多。冰雪覆盖还存在年际变化,根据扎哈洛夫(захаров,1978)和政府间气候变化委员会(IPCC,1992)的资料,北半球海冰面积从 30 年代初开始减少,到 50 年代中期达到最小,60 年代与 70 年代末到 80 年代中期海冰面积有所增加,80 年代末再

次减少。与北半球气温变化比较,海冰面积的变化约滞后气温变化10年左右。这说明冰雪覆盖的变化受到气候条件复杂变化的影响;同时冰雪覆盖一旦形成,它对气候也起着强烈的反作用。

(二)雪盖变化对气候的影响

雪盖具有很高的反射率,使下垫面接受的太阳辐射大为减少;雪盖的低导热率减少了下垫面与大气间的热量交换;融雪需要吸收大量热量。因此,雪盖变化必然影响地气系统的热量收支和大气物理过程,进而使气温与大气环流发生变化。雪盖不仅影响雪盖区的气温,而且通过大气环流还影响非雪盖区的气温。瓦尔施等(Walsh et al.,1982)根据美国1949年 – 1981年的资料,计算了61个测站的月平均气温与相应月雪盖面积的相关系数,结果均为反相关。雪盖影响气温的程度取决于雪盖的范围和强度。Foster等(1983)分析了北美和欧亚的秋季平均雪盖面积与冬季(12月 – 2月)平均温度的相关关系,结果是欧亚的相关程度明显高于北美。这是因为欧亚大陆伸入较高纬度的区域面积较大,雪盖较为广阔,所形成的反气旋比北美明显且持久的缘故。可见,雪盖范围大,所形成的反气旋强度就大,对气温的影响更为显著。

雪盖对大气环流也有明显影响。Deg等(1983)根据1967年 – 1978年的资料,计算了欧亚地区3月 – 5月雪盖面积、春季融雪面积与印度夏季风进程(季风在印度南端建立后推进到印度西北部的时间)的相关系数分别为0.64和 – 0.50。即当雪盖面积大、融雪面积小时,印度夏季风推进慢,降水少;当雪盖面积小、融雪面积大时,夏季风推进快,降水多。这是因为春季欧亚3月 – 5月偏大的雪盖面积和较慢的融雪速度,提高了下垫面的反射率,使气温下降,海平面气压上升,因而南亚季风环流减弱;反之,则使南亚季风环流增强。赵溱(1984)根据1971年 – 1980年的资料,得出欧亚大陆雪盖面积与东亚夏季风强度存在着反相关,即欧亚大陆前一年冬季雪盖面积大时,东亚夏季风偏弱;雪盖面积小时,夏季风偏强。这进一步证实了大陆雪盖的变化能加快或延迟由冬到夏的季节转换过程,从而影响季风的形成和发展。

(三)海冰变化对气候的影响

两极海冰覆盖面积的变化将影响大气的能量收支,对大气环流和气候产生明显影响。据彭公炳等(1992)的研究,从北半球100 hPa极涡(极地上空出现的大型气旋性环流系统)的位置和面积来看,在冬春季节海冰面积扩展的年份,地面高压加强,夏季极涡面积扩大,位置多偏于东半球欧亚大陆一侧,或者极涡中心位置虽无明显偏离,但极涡区有深槽伸往欧亚大陆,因而有利于冷空气向东半球扩散,使中纬度整个纬圈的高度场以负距平为主,特别是东半球负距平区最强。我国东北正位于负距平区,常导致夏季低温和冷害的形成。相反,在冬春海冰面积减少的年份,地面高压减弱,夏季极涡明显收缩,位置偏于西半球,因而不利于冷空气向欧亚大陆扩散,使中纬度纬圈的高度场以正距平为主。我国东北位于正距平区,有利于夏季温度的升高。

南半球海冰状况的变化使平均经圈环流产生南北位移。在南半球海冰扩展时,南极附近绕极低压带向北扩展,相应地南半球副热带高压带减弱北进,赤道辐合带、北半球副热带高压也向北推进;在南半球海冰萎缩年份,上述各带南移。平均经圈环流的这种南北位移与我国长江中下游地区的梅雨有密切关系。当南半球海冰萎缩、经圈环流偏南时,长江中下游梅雨量偏多;反之,梅雨量偏少,甚至出现空梅。

另外,冰界附近是地球表面温度梯度最强的地区,常导致高空急流(高空风场中范围狭窄的强风区)的产生和加强,影响气旋和反气旋的发展。

五、局地下垫面差异对气候的影响

按范围大小可把下垫面分为大、中、小三种尺度。这里所说的局地下垫面是指中尺度下垫面,如大片森林、湖泊、大中城市、中等地形等。局地下垫面性质的差异,可形成不同的局地气候特征。

(一) 森林气候特征

1.森林的辐射状况

通常将森林的活动层分为林冠层和林土层。射入林中的太阳辐射,大部分被林冠层吸收(约占80%),少部分被反射(约占13%),极少部分透射到林土层。林中辐射平衡比较复杂。南京气象学院1978年6月在山西交城马尾松幼林所观测的辐射平衡日变化表明,白天林冠层的辐射平衡大于林冠下的辐射平衡;夜间则有相反的趋势。这是因为白天到达林冠之下的总辐射要比林冠层的总辐射为小,而夜间由于林冠层对林内地面长波辐射有减弱作用,使林冠层的长波辐射大于林土层。林内辐射平衡各分量一般不超过林外空旷地辐射平衡各分量的20%。

2.林内的温度和湿度

由于林内辐射平衡较小以及森林阻碍林内、外和林冠上、下之间的热量和水汽的交换,使林中平均温度和最高温度比林外低,而最低温度比林外高;林中温度变化和缓,温度的日、年振幅比林外小;林中绝对湿度和相对湿度比林外大。密林内绝对湿度日变化具有单峰型的特点,即中午出现最大值,日出前出现最小值。在晴天,疏林内绝对湿度日变化通常为双峰型。清晨温度低,蒸发量小,午后温度高,乱流强,水汽易于输送,因而清晨4时~5时和午后13时绝对湿度较小;而在上午10时~11时和下午15时前后则因温度较高,蒸发蒸腾量大,故绝对湿度出现最大值。

3. 森林对降水的影响

森林中的空气湿度较高,经常出现雾等凝结物。当雾在森林中流动时,雾中小水滴集聚于枝叶上;雾中过冷却水滴撞触于枝叶上,冻结成雾凇。这些小水滴、小冰晶的进一步发展,便产生降水。这种由森林中的雾、雾凇、霜等所生成的降水称为水平降水。森林中林木枝叶的表面积大,能捕获较多的雾滴,并能获得较多的露、霜、雾凇等凝结物,因而森林中水平降水可达到相当大的数量,尤其是山地森林更是如此。据观测,森林中的水平降水量可占全年降水量的9%。

4. 森林中的风

森林对空气运动有阻碍作用,使林中风速减小。在森林中,由林缘向内,随着距离的不断增加,风速逐渐减弱。森林对周围地区的风速也有减弱作用。当风吹向森林时,在距离迎风面林缘树高2倍~4倍处就已开始减弱。气流遇到密林,大部分空气上升,从森林顶部流过,而极少从林中穿过。在森林上面流线密集,流速加大。当风由森林上部吹出时,在距离背风面林缘树高30倍~50倍处,才恢复到原来的风速。总之,森林中风速比无林地小,林冠以上风速大,林冠以下风速明显减小。

(二) 水域气候特征

陆地上的自然水体(江、河、湖泊等)和人工水体(水库等)是一种特殊的下垫面,它有独特的气候特征,并对周围地区的气候产生一定的影响。

1. 水域上的辐射状况

水面反射率较低,吸收的太阳辐射比陆面多得多。在暖季和白天,水面温度较低,其长波辐射小于陆面;在冷季和夜间,水面温度较高,其长波辐射大于陆面。总体而言,水面的辐射平衡比陆面要大。水陆表面辐射平衡的差异在不同的气候背景下可能相差很大,如在干旱气候条件下,水面辐射平衡大大高于周围地区。根据1948年~1953年暖季的观测,巴尔喀什湖的辐射平衡超出周围陆地的1倍~2倍(潘守文,1994),这是由于该水域处于干旱气候条件下,陆面反射大,水陆表面温差大所致。

2. 水域上的温度状况

水体热容量大,热交换强烈。在增热期间(白天、夏季),贮存大量热能,并向下传导;在冷却期间(夜间、冬季),放出热量,从而调节水域及其附近的气温。这种影响因水域条件不同而不同。据林之光(1985)研究,我国长江中下游水域对气温的影响具有以下特点:对气温年变化的影响主要是提高冬季平均气温和降低夏季平均气温,而且水域的冬季增温影响大于夏季降温,因而水域年平均气温略高于陆地;对气温日变化的影响主要是降低午后最高气温和提高清晨最低气温。由于水域的各月平均气温几乎均高于陆地,因而湖泊及其周围地区的热量资源比陆地丰富,例如洞庭湖、鄱阳湖和太湖≥10℃的活动积温比陆地分别多138℃、199℃和164℃,无霜期也比陆地长。

3. 水域上的降水状况

一般说来,夏季水域上的大气层结比陆地稳定,降水较少。冬季未封冻水域上的空气较不稳定,容易成云致雨,但因气温低,大气中水汽少,水陆间降水量相差不大。例如,洞庭湖滨的岳阳在夏半年的 5 月和 8 月分别减雨 43.0 mm 和47.5 mm,太湖的东山 6 月 - 7 月减雨 23.2 ~ 28.7 mm,但这些地方在冬季增雨较少,一般不超过 5 ~ 10 mm(林之光,1985)。总起来说,水域年降水量少于陆地。另外,水域上因大气层结日变化规律与陆地相反,所以夜雨多于昼雨。水域对周围地区降水量的影响,可以新安江水库为例予以说明。据傅抱璞(1974)研究,新安江水库建成后,夏季库区降水减少,冬季降水略增,年降水量约减少 100 mm,水库中心区减少 150 mm。离水库稍远、地势高的地方降水增多,个别地点年降水量增多 100 ~ 200 mm。增雨区与减雨区的降水量相抵后,新安江水库影响地区年降水量减少约 6 mm,即平均而言,整个流域降水量变化很小。

4. 水域上的风状况

水域上的摩擦力小于陆地,风速一般比陆地大。例如,鄱阳湖中棠荫的年平均风速为 3.8 m·s^{-1},年大风日数为 17.9 天,比周围四个陆地站平均分别大1.5 m·s^{-1}和多 12.9 天(林之光,1985)。长江三峡地区江面上的风速大约比陆地增大 60% 左右(翁笃鸣等,1981)。在大范围内气压梯度小、天气晴朗、气温日较差大的日子,水陆间常形成一种类似海陆风的局地环流。这种环流发生在湖泊周围的称为湖陆风,发生在江河沿岸的称为江陆风。

(三) 城市气候特征

在城市下垫面和城市人类活动影响下形成的一种有别于周围乡村的局地气候称为城市气候,其主要特点表现在以下诸方面。

1. 太阳辐射和日照时数显著减少

由于城市大气污染和云量增多,因而城市得到的太阳辐射比郊区大为减少,特别是在太阳高度角比较小的高纬度地区和冬季减弱更大。发达国家在执行环境保护法以前,一些大城市太阳总辐射平均减弱 20% 左右;执行环境保护法以来,大气污染逐步得到治理,太阳总辐射减弱程度降至 15% 以下。由于烟尘对太阳辐射的吸收和散射具有选择性,所以在城市区域波长小于 $0.5\mu m$ 的太阳辐射减弱较多,其中紫外线辐射减弱更多,冬季可减弱 30% 以上。例如,美国洛杉矶紫外辐射减弱 30%,巴黎市区紫外辐射只有郊区的 10%(刘继韩,1995)。城市上空烟尘、雾较多,使有效辐射减小,而城市中的多次反射辐射,补偿了太阳辐射的损失,因此城市的辐射平衡值与郊区差别不大。由于城市中云雾增多、空气浑浊以及高建筑物的遮蔽作用,使城市日照减少,通常城区日照时数比郊区少5% ~ 15%。

2. 气温偏高,存在城市热岛现象

大量观测事实表明,城区温度高于周围地区,在水平温度场上,相对于广阔的乡村来说,城市恰似浩瀚海洋上一个炎热"岛屿",这种现象称为城市热岛。据刘继韩(1995)研究,以年平均温度计,城郊温差可达 1℃ 左右,如巴黎城郊温差为 0.7℃、上海为 0.8℃、纽约为 1.1℃。以瞬时气温计,城乡温差远大于 1℃,如北京 1981 年 1 月 30 日 21 时城郊温差为 6.9℃,国外曾有 13℃ 的记录。城市热岛形成的主要原因有四:首先,城市热量平衡的作用。城市不透水面积大,降水之后雨水很快从人工管道流走,蒸发耗热大大降低,活动层吸收的辐射热量主要用于加热城市空气。其次,城市人工热源的作用。城市供暖系统释放大量的人为热。据周淑贞(1979)研究,美国城市人为热相当于当地地表净辐射的 1% ~ 15%,欧洲为 33%,莫斯科为 300%,纽约曼哈顿区高达 600% 以上。这些人工热源对城市增温作用因季节和纬度而异,一般来说冬季比夏季明显,高纬比低纬显著。第三,城市建筑物的作用。城市建筑物密度大,风速减小,热量难以向外输送,另外,城市上空污染物也具有保温作用。第四,人体热交换作用。城市人口密度大,当气温比人的体温低时,人体会放出热量以提高温度。在上述因素的综合作用下,不仅形成了城市热岛,而且使其强度具有明显的日变化、季节变化和地区差异。一般来说,城市热岛具有夜强昼弱、冬强夏弱、高纬强低纬弱的规律。天气状况对城市热岛现象有明显影响,在大气较稳定、天气晴好时,利于热岛形成;而大风、阴雨天则不利于热岛形成。

3. 平均风速较小,有热岛环流

城市的摩擦和阻挡作用使其风速明显小于郊区。虽然当街道与风向平行时,其狭管效应可使风速加大,但从总体上看,市区的地面风速大大减小,静风和弱风的频率增大,大风的频率减小。由于城市气温高于乡村,所以城区空气上升,乡村空气下沉,地面气流由乡村指向城区,上层气流由城区指向乡村,从而形成一个热力环流系统——热岛环流。热岛环流的厚度、强度和水平范围都与城市热岛的强度相对应,其时空变化也与城市热岛相一致。

4. 云雾增加,降水偏多

城市一方面是重要的大气污染源,低层大气中充足的凝结核有利于水汽凝结,而且风力较小,有利于雾的形成;另一方面城市热岛和热岛环流不利于辐射冷却和平流冷却,对雾的形成有一定的抑制作用。因此,城区多雾,但浓雾频率较低。城区因城市热岛现象和地面粗糙而具有比郊区强的上升气流和湍流,对城市云和降水的形成起着一种促进作用。夏季城市中心区的强烈增热可形成一股强大的上升气流,如果空气湿度较大,将形成淡积云、浓积云或积雨云,云随盛行气流移向城市下风方。这样降水不是落在城市中心区,而是在城市下风方几十公里处。如果空气湿度小到不足以形成云,市中心区上空的对流运动对于来自向风面的水平气流是一个障碍,气流被迫上升,在城市向风面形成云和降水。城市云量比郊区多,特别是夏季城区多对流云,城乡云量差别最大。城市上升气流使市区和下风方的降水量约增加 5%～30%。城市降水量虽有所增加,但因城区排水条件好,地面干燥,地面蒸发量少,故城市空气中水汽含量偏小(小于1hPa),相对湿度偏低(低 5%左右)。

第六节　气候分类

一、气候的一般概念

(一)气候的定义

气候是地球上某一地区长时期大气的一般状态,是长时期各种天气过程的综合表现,它既反映平均情况,也反映极端情况。气候与天气的时间尺度大不一样,天气的时间尺度从几小时到十几天,而气候的时间尺度要长得多,从一个月到一年,甚至几万年、上亿年。一个地区的气候特征是由该地区各气候要素(气温、湿度、气压、风、降水等)的统计量来表示的。世界气象组织把 30 年作为描述气候的标准时段,用气候要素 30 年平均值作为气候的特征值。由于不同的时间、空间尺度的气候过程具有不同特点,因而在实际研究工作中,平均时段的长短视气候变化的尺度、资料序列的长度与精度而定。在研究地质时期的气候变化时,常以世纪为平均时段;而在气象仪器观测时期,其平均时间长度大为缩短,一般取 10 年或 30 年为平均时段。

(二)气候形成的概念

不同地域的太阳辐射、大气环流和下垫面及其相互作用,具有不同特点,致使各地气候千差万别,各有特色。太阳辐射是气候形成的基本因素。不同地区的气候差异及各地气候的季节交替,主要是太阳辐射在地球表面分布的不均及其随季节变化的结果。假设太阳辐射经过大气时不被削弱,地球表面又是完全均匀的,那么到达地球表面的太阳辐射仅是地理纬度的函数,它随着纬度呈有规则的分布,并产生相应的温度分布,形成天文气候带。各地太阳辐射和气温的差异,必然影响气压、风以及其它气候要素的分布,因而产生各地气候上的差别。

大气环流是区域气候形成的重要因素。大气平均环流的基本形势以纬向气流为主,各盛行风系及高、低压带也大致是沿纬圈分布的,因此大气环流对同一纬度带内气候形成的作用是相类似的,而不同纬度之间大气环流状况差异很大,导致不同气候带的形成。在赤道低压带,南、北半球的信风在此辐合,空气对流旺盛,且水汽充足,故全年雨量丰沛,是世界上年雨量最多的地带。在副热带高压所在的纬度带,空气下沉运动较强,气层稳定,炎热少雨。由于副热带高压由各个独立的高压所组成,在每个高压的不同部位,其气流来向与气层稳定度不一,也形成不同的气候。副热带高压靠近赤道一侧的区域是信风区,其上空一般有逆温或稳定的气层存在,对流不易发展,多晴朗干燥天气,在大陆内部形成沙漠。中高纬度地带属西风带范围,大陆西部的风从海上吹来,气候海洋性较强;大陆东部的风由内陆吹向海洋,气候大陆性明显;大陆内部因远离海洋,气候干燥少雨,甚至形成沙漠。极地地区是冰洋气团的源地,冬季主要受反气旋控制,夏季反气旋减弱,气旋活动增强。可见大气环流在气候形成中起着重要作用。

地表的物质组成和地形形态是很复杂的,有海陆分异,有起伏地形,还有广阔的冰雪覆盖与多样的土壤、植被等等。这些地理因子的作用,不仅影响太阳辐射的分布和热效应,而且也使大气环流复杂化,从而形成不同的气候。

上述三个气候形成因素是互相联系、互相作用的。太阳辐射虽然是形成各地气候差异的最基本的原因,其它因素只是在有它以后才能发生作用,但是在气候形成中,太阳辐射还要受大气环流和下垫面性质的影响。例如,上升与下降气流,影响云的有无和云量的多少,进而影响地面辐射平衡;不同高度和坡度的地形和地表不同的反射率都能改变地表辐射状况。因此,各地气候是在太阳辐射、大气环流和下垫面性质等因素长期共同作用下而形成的。

(三)气候变化的概念

大量事实表明,气候是变化的,不仅地质时期有过多次气候变迁,而且现代气候也存在冷暖、干湿等的变化。据王绍武(1994)研究,气候变化有一个非常宽的时间谱,如果把气候变化的最短时间尺度取为 1 个月的话,向上可以一直延伸到以万年为单位的变化。这个时间谱不是一个均匀的谱,而是集中在几种不同的时间尺度上(表 3-7)。地质时期的气候变化,时间跨度最大,从几万年到几亿

表 3-7　不同时间尺度的气候变化[13]

气候变化类型		时间尺度(a)	温度振幅(℃)	变化原因	检测手段
1.地质时期气候变化	大冰期–大间冰期	$10^7 \sim 10^8$	10	大陆漂移,造山运动等	地质证据
	冰期–间冰期	$10^4 \sim 10^5$	10	地球轨道要素	地质证据
2.冰后期–历史时期气候变化		$10^2 \sim 10^3$	1～2	太阳活动,火山活动	冰芯,年轮,史料
3.现代气候变化		$10^1 \sim 10^2$	0.5	太阳活动,火山活动,人类活动	观测资料
4.气候振动		$10^0 \sim 10^1$	1～2	气候系统内部相互作用	观测资料
5.气候异常		$10^{-1} \sim 10^0$	3～5	大气环流异常	观测资料

年。通常认为,在地质时期的近 10 亿年内全球至少出现过三次大冰期气候,即 6.5×10^8 年前的震旦纪大冰期,2.7×10^8 年前的石炭——二迭纪大冰期以及开始于距今 240×10^4 年前的第四纪大冰期。大冰期常持续数千万年,大冰期之间为 2×10^8 年 $\sim 3 \times 10^8$ 年的大间冰期。大冰期可分出若干次一级的冰期与间冰期,如第四纪中每 10×10^4 年 $\sim 20 \times 10^4$ 年就出现一次冰期—间冰期循环。从距今 1.4×10^4 年前冰盖开始迅速融化,进入全新世冰后期。这段时间是气候回暖时期,全球冰盖消融,大陆冰川后退。气候变化的历史时期大约开始于距今 5 000 年 $\sim$ 7 000 年前,气候由暖逐渐变冷,最冷时段约出现于公元 1550 年 $\sim$ 1850 年,称为“小冰期”。现代气候变化一般是指近 100 年 $\sim$ 200 年间的气候变化,其主要特点是从 19 世纪末开始变暖。气候振动指的是时间尺度为几年到几十年的气候变化。这种变化大都是循环性的,冷暖、旱涝阶段交替出现。气候异常是月、季尺度的气候状况与平均值的巨大偏差。这几种气候变化类型的时间尺度、温度振幅、变化原因、检测手段见表 3-7。关于气候变化的原因,概括地说是在一定的外部条件(地球轨道要素、太阳活动、火山活动、人类活动等)下,气候系统内

各要素之间互相作用所形成的。气候系统是由大气圈、水圈、冰雪圈、岩石圈、生物圈所组成的复杂巨系统,系统内各圈层通过各种物理的、化学的和生物的过程发生相互作用,进而导致气候变化。从气候系统出发,气候可以看作是气候系统内各要素间相互作用所达到的一种准平衡态。由于气候系统中各圈层之间相互作用始终存在并且不断变化,所以气候总是在变化的。当气候系统中各圈层之间相互作用强度较小时,气候变化平稳;当气候系统中各圈层之间相互作用剧烈时,气候可能发生突变。气候变化的具体原因因气候变化类型而不同(表3-7)。例如,第四纪大冰期中的冰期与间冰期交替原因可能是地球轨道要素(公转轨道偏心率、地球自转轴对黄道面的倾斜度等)变化所致,而现代气候变化则由太阳活动、火山活动与人类活动(主要是温室效应)等原因所引起。可见,气候形成因素与气候变化原因虽有联系,但有重大区别,这是两个不同的概念。

二、气候分类方法

气候分类是根据区域的气候特征和气候成因上的质的相似性,按一定的分类等级系统,把不同地区的气候概括为若干类型的工作。由于各家的观点和方法不同,气候分类多达数十种,但大体上可分为三大类,即实验分类法、成因分类法和理论分类法。实验分类法是根据气候与自然植被、土壤分布及其它自然现象的关系而进行的分类,柯本分类法即属于此类。成因分类法是根据控制气候的各种因子而进行的分类,如阿里索夫分类。理论分类法是以水热平衡为基础设计分类方案的方法,如布德科分类。以下介绍改进的柯本分类法和阿里索夫分类法。

(一)改进的柯本气候分类

柯本(W. P. Köppen, 1846~1940)是德国著名的气候学家,他根据气候与植被分布的关系,以温度和降水为指标,将地球气候分为五个气候带和若干气候型。在柯本以后,不少气候学家对柯本分类系统进行了改进,其中以美国气候学家特里瓦撒(G. T. Trewartha, 1968)和鲁道夫(W. Rodloff, 1981)的改进最为著名。鲁道夫的改进方案在保持柯本分类基本内容的基础上,使柯本分类变得更加简单明了,应用方便,易于掌握。鲁道夫改进后的分类方案共有6个气候带和16种气候型,其分类判据见表3-8。如果有温度和降水的月、年平均值,按以下步骤即可确定某一地区的气候类型。第一步,判定它是否属于干燥气候(B),若是,要确定所属的干燥气候的类型,为此首先计算出夏季(北半球4月~9月,南半球10月~3月)降水量(Rs, mm)。然后按下式计算沙漠气候降水量的临界值

（RW, mm），

$$RW = 10(T - 10) + 300Rs/R \qquad (3-17)$$

表 3-8   鲁道夫改进的柯本气候分类方案[18]

气候带	气候型	名　称	判　据
A		热带气候带	各月温度 > 17℃
	Ar	热带多雨气候	10 个月以上月降水量 ≥60 mm
	Am	热带季风气候	少于 10 个月月降水量 ≥60 mm，但年降水量 ≥25(100 − Rd)，式中 Rd 为最干月降水量 (mm)
	Aw	热带冬干气候	冬季降水量 < 夏季降水量
	As	热带夏干气候	夏季降水量 < 冬季降水量
C		副热带气候带	8 个月以上温度 > 9℃
	Cr	副热带多雨气候	夏季最干月降水量 > 29 mm
	Cw	副热带冬干气候	夏季最湿月降水量 ≥10 × 冬季最干月降水量
	Cs	副热带夏干气候	年降水量 < 890 mm，冬季最湿月降水量 > 3 × 夏季最干月降水量
D		温带气候带	4 ~ 7 个月温度 > 9℃
	DO	温带海洋性气候	最冷月温度 > 0℃
	DC	温带大陆性气候	最冷月温度 < 0℃
E		副极地气候带	1 ~ 3 个月温度 > 9℃
	EO	副极地海洋性气候	最冷月温度 > − 10℃
	EC	副极地大陆性气候	最冷月温度 < − 10℃
F		极地气候带	没有一个月温度 > 9℃
	FT	极地苔原气候	最暖月温度 > 0℃
	FI	极地冰原气候	最暖月温度 < 0℃
B		干燥气候带	可能蒸散量 > 降水量
	BS	草原气候	$RW < R < 2RW$
	BW	沙漠气候	$R < RW$
	BM	海岸沙漠气候	$R < RW$，位于海岸，空气湿度很高

式中 R 为某地实际年平均降水量(mm)，T 为年平均温度(℃)。最后，将 R 与 RW 和 $2RW$ 作比较，确定该地是否属于干燥气候(B)。当 $R < RW$ 时为沙漠气候

(BW)；如果该地为 BW,但位于海岸附近,且空气湿度较大,则为海岸沙漠气候(BM);当 $RW < R < 2RW$ 时,为草原气候(BS)。$2RW$ 为干燥气候降水量的临界值,如果 $R \geqslant 2RW$,则为非干燥气候。第二步,确定非干燥气候所属的气候带和气候型。按月平均温度确定所属的气候带(A、C、D、E、F),根据降水量情况确定 A、C 各气候型(Ar、Am、Aw、As、Cr、Cw、Cs),根据最冷月、最暖月温度确定 D、E、F 各气候型(DO、DC、EO、EC、FT、FI)。

改进的柯本分类的气候公式,一般用四个拉丁字母表示,前两个字母表示气候带和气候型,后两个字母(按表 3-9 规定)表示最暖月温度和最冷月温度。如果某地是山地,海拔高度在 500～2 500 m 之间,为山地气候,前缀用 G 表示;若海拔高度在 2 500 m 以上,为高山气候,前缀用 H 表示。例如,北京海拔高度为 31m,年平均温度(T)为 11.5℃,年降水量(R)为 644.3 mm,夏季(4 月～9 月)降水量(Rs)为 592.1 mm。由(3-17)式得沙漠降水量临界值(RW)为 291 mm,干燥气候降水量临界值($2RW$)为 582 mm。因 $R > 2RW$,故北京为非干燥气候。北京一年中有 7 个月(4 月～10 月)月均温大于 9℃,为温带气候(D);最冷月温度低于 0℃,为温带大陆性气候(DC);又因最暖月(7 月)温度为 25.8℃(a),最冷月(1 月)温度为 -4.6℃(o),故北京为夏热冬冷的温带大陆性气候,其气候公式为 DCao。再如位于青藏高原拉萨河谷的拉萨,海拔 3 658 m,年均温 7.5℃,年降水量 439.6 mm,夏季降水量 427.4 mm。经计算沙漠气候降水量临界值(RW)为 267 mm,干燥气候降水量临界值($2RW$)为 534 mm,拉萨年降水量介于 RW 与 $2RW$ 之间,故为草原气候(BS)。拉萨最暖月(6 月)温度为 15.4℃(l),最冷月(1 月)温度为 -2.3℃(o),海拔高度又在 2 500 m 以上,故拉萨属于夏温冬冷的高山草原气候,其气候公式为 HBSlo。

表 3-9　通用的温度指标[18]

符　号	温度界限(℃)	意　义	符　号	温度界限(℃)	意　义
i	≥35	酷热	k	0～9	凉
h	28～34	炎热	o	-9～-1	冷
a	23～27	热	c	-24～-10	很冷
b	18～22	暖	d	-39～-25	严寒
l	10～17	温和	e	≤-40	酷寒

改进的柯本气候分类的优点是:分类系统明确,概念清楚,指标定量,易于分辨,能用电子计算机进行自动分类和检索;分类所需的气温、降水资料易于获得;

分类结果与自然景观基本吻合。其最大不足之处是关于干燥气候带(B)的划分。多数学者认为,干燥气候不成带,它可以出现在 A、C、D 任一气候带之中;干燥气候的划分标准是人为的,实际上气候的干燥性与降水量、气温之间的关系并非那样简单。此外,该法划分气候带(型)的判据带有一定的经验性。

(二)阿里索夫气候分类

前苏联气候学家阿里索夫(Б.П.Алисов)在 1936 年~1949 年间多次提出以气团的地理型作为气候分类的基础。他根据对流层中气团和气候锋的位置及其季节变化把全球气候分为四个基本气候带和三个过渡带。基本气候带包括赤道带、热带、温带和北(南)极带,它们全年都受单一气团控制。过渡气候带包括赤道季风带、副热带和副北(南)极带,它们在冬季和夏季受不同气团控制。气候带之间的界线用热带锋、极锋和北(南)极锋的冬、夏位置确定,其中热带锋、极锋和北(南)极锋分别是赤道气团与热带气团、热带气团与极地气团、极地气团与北(南)极气团交绥的地带。在每个气候带中,根据下垫面性质的不同,分为大陆型和海洋型;根据大气环流的季节变化分为大陆东岸型和大陆西岸型。阿里索夫气候分类共分出 22 个气候型。

图 3-29 是按上述分类原则给出的世界气候带分布图。可以看出,各气候带基本上呈东西向带状分布。赤道带全年盛行赤道气团,气候炎热多雨。赤道季

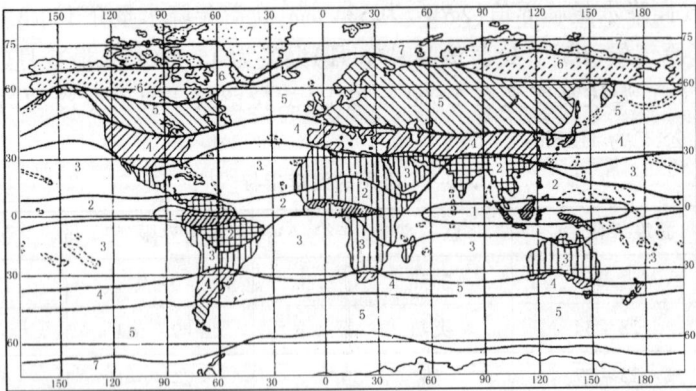

1.赤道带;2.赤道季风带;3.热带;4.副热带;5.温带;6.副北极带;7.北(南)极带

图 3-29　阿里索夫世界气候带分布图[4]

风带冬季和夏季分别为热带气团和赤道气团所控制,降水很多,但夏多冬少,有干湿季之分。热带全年盛行热带气团,夏季炎热,降水较赤道季风带为少,区域

差异大。副热带夏季和冬季分别为热带气团和极地气团所控制,处在冬季极锋位置和夏季极锋位置之间。温带盛行极地气团(温带气团),在极地海洋气团地区,冬季温和,夏季凉爽,降水分配较均匀;在极地大陆气团地区,冬冷夏热,降水多在夏季。副北极带气团随季节而交替,夏季为极地气团,冬季为北极气团,冬季严寒,夏季短而凉爽,降水很少。北(南)极带全年盛行北(南)极气团,降水很少,最热月平均温度在0℃以下。由于其它因素的干扰,气候带界线在一些地区偏离纬线方向,使气候带宽窄不一,甚至中断。例如,在南亚地区,由于显著的海陆对比,季风环流非常强,使赤道季风带明显北伸,热带在此中断。在欧洲北部,由于海洋及暖流的调节作用,使温带北伸,北极锋位置季节变化不明显,因而不存在副北极带。在南半球的副极地地区,由于海洋环绕全球,南极冰原是一个稳定的冷源,使南极锋稳定于南极大陆海岸附近,因此副南极带消失。在赤道海洋上,由于信风的发展及其季节位移,使这里不出现赤道气团全年盛行的赤道带,而是赤道季风带。

　　阿里索夫分类法的优点是从气候成因进行分类的。气团是各种气候要素的综合,它的性质和活动是在太阳辐射、下垫面性质和大气环流的综合作用下形成的,因此根据气团进行气候分类,不但考虑了气候成因,而且具有综合性。但该气候分类法缺乏定量的分类指标,气候带(型)界线的确定带有一定的主观任意性,所划的一些气候界线(例如北半球副热带北界)与实际界线偏离较大。

三、主要气候类型的特点及分布

(一)主要气候类型简介

　　据潘守文(1994)研究,从天文气候带概念出发,用平均温度作指标,同时考虑降水、环流、海陆和景观的分布,可将每个半球上水平分布的气候划分为赤道带、热带、副热带、温带、寒带和极地等六个气候带。气候带内再按其气候差异划分为若干气候型。以下简述6个气候带和17个气候型的基本特征(潘守文,1994;周淑贞,1984)。

　　Ⅰ赤道气候带。横跨赤道,分布于10°N～10°S之间的赤道两侧地区。太阳在一年中有两次越过天顶,太阳高度年中变化不大。常年温度高,各月平均温度都在18℃以上,气温年较差小于日较差。

　　I_1赤道多雨气候。终年盛行赤道海洋气团,常年如夏,各月气温在25℃～28℃之间。降水充沛,年降水量多在2 000 mm以上,多雷阵雨。降水季节分配均匀,最少月降水量在60 mm以上,降水量超过可能蒸散量,该气候类型区内生长茂密的热带常绿雨林。

Ⅱ 热带气候带。大致位于南、北纬10°～25°之间,太阳高度在一年中有一次(夏至或冬至)位于天顶或接近于天顶,另有一次(冬至或夏至)位于最低点。常年温度较高,温度年较差较小,但比赤道带大。

Ⅱ₁ 热带海洋性气候。分布于海陆热力对比较弱的热带大陆东岸及热带海洋中的若干岛屿上。它处于迎信风海岸,终年受热带海洋气团的影响,全年气温较高,降水较多,无明显干季。它与赤道多雨气候的主要差异是最冷月气温稍低,气温年较差稍大,降雨量集中于夏秋季。

Ⅱ₂ 热带干湿季气候。一般分布于赤道多雨气候区的周围,纬度在5°N～15°N和5°S～25°S之间。在太阳高度低的时期,位于信风带下,受干燥的热带大陆气团控制,干旱少雨,形成干季;在太阳高度高的时期,受热带海洋气团和赤道辐合带的影响,潮湿多雨,形成雨季。最热月出现在干季之末雨季之前。一年可分为三个气候季节:太阳高度低时的凉干季,雨季来临前的热干季和湿热雨季。该气候类型区的自然植被为热带稀树草原。

Ⅱ₃ 热带季风气候。分布于南、北纬10°到南、北回归线附近的具有强烈海陆热力对比的热带大陆东岸,以东南亚、南亚最为典型。在太阳高度高的季节,盛行变向信风(夏季风),降水特别多;在太阳高度小的季节,盛行来自内陆的冬季风,降水少。该气候类型区的自然植被为热带季雨林。

Ⅱ₄ 热带干旱与半干旱气候。分布于以南、北回归线为中心,南北伸展10°～15°纬度的热带大陆内部和西部。它是高温、干燥的热带大陆气团的源地,常年受副热带高压下沉气流控制。其气候特点是降水量极少,变率很大;蒸发强烈,相对湿度很小;气温高,较差大。该气候类型区的自然景观为热带沙漠和热带草原。在热带大陆西岸有寒流经过,受大洋副热带高压东侧下沉气流和寒流的影响,形成热带大陆西岸多雾干旱气候,以降水稀少、空气湿度大、多雾为其主要特征。

Ⅲ 副热带气候带。大致分布于南、北纬25°～35°之间。由于两种性质不同的气团(热带气团和温带气团)的季节更替和极锋气旋活动的影响,大部分地区具有明显的干季与湿季。最冷月平均气温介于－3℃～18℃之间。冬季较冷,有时降雪;夏季较热,冬夏分明。

Ⅲ₁ 副热带湿润气候。分布于副热带大陆东岸海陆热力差异较小的地区。夏季受热带海洋气团控制,气候暖湿,降水丰富;冬季来自高纬的锋面气旋活动频繁,气候温和,降水甚多。该气候类型区的自然植被为副热带季雨林。

Ⅲ₂ 副热带季风气候。分布于副热带大陆东岸海陆热力差异大的地区,主要是中国、日本、朝鲜半岛的南部地区。由于这些地区受到世界上最大的大陆——欧亚大陆和最大的海洋——太平洋之间海陆热力差异的影响,因此形成了典型的副热带季风气候。它与副热带湿润气候的差别是:夏热冬温,气温年较差较大;降水集中在夏半年,冬季降水较少;季风盛行,夏季吹偏南风,冬季吹偏北风。该气候类型区的自然植被为常绿阔叶林。

III_3 副热带夏干气候(地中海型气候)。分布于南、北纬 $30° \sim 45°$ 的副热带大陆西部。夏季受大洋副热带高压东侧下沉气流的影响,干燥炎热,冬季受西风带影响,极锋与气旋活动频繁,温和多雨。该气候类型区的自然植被为硬叶常绿灌木林。

III_4 副热带干旱与半干旱气候。分布于副热带大陆内部和西部,在副热带高压下沉气流和信风带离岸风的作用下,形成少雨、少云、日照强、气温高、蒸发盛的副热带干旱与半干旱气候。它与热带干旱与半干旱气候不同之处是:冬、夏季受性质不同的气团控制,气温年较差较大;冬季在极锋与锋面气旋影响下降水量稍多。该气候类型区的自然景观主要是副热带沙漠和副热带干草原。

IV 温带气候带。分布在南、北纬 $35° \sim 55°$ 之间,在欧亚大陆西岸向高纬伸展到 $62°N$。温带地区的太阳高度和日照时间冬夏差异很大,温度年变化通常很大。这里是极地大陆气团的源地,经常受到北极(南极)气团和热带气团的入侵以及极锋、气旋活动的影响,温度和云况的变化比副热带、热带地区要剧烈得多。该带纬度正处于盛行西风带的活动范围,温暖潮湿的海洋空气是该带水汽的主要来源。

IV_1 温带海洋性气候。分布在南、北纬 $40° \sim 60°$ 的大陆西岸,处于盛行西风的向风岸,又受暖流的影响,终年受温带海洋气团控制。冬季温和,夏季凉爽,温度年较差小。全年湿润,降水丰富,降水季节分配较均匀,冬雨稍多。该气候类型区的自然植被为落叶阔叶林。

IV_2 温带季风气候。分布在 $35°N \sim 55°N$ 的欧亚大陆东岸。冬季风来源于大陆反气旋东侧寒冷的偏北风,强度大,持续时间长;夏季极锋北移到较高纬度,极锋气旋前部的偏南风是其夏季风,强度较弱。冬季寒冷,少雨雪;夏季暖热多雨,降水集中。该气候类型区的自然植被以森林为主,北部为针叶林,南部为落叶阔叶林。

IV_3 温带湿润气候。主要分布在欧亚大陆温带海洋性气候以东和北美大陆 $100°W$ 以东的 $35°N \sim 55°N$ 范围内。这里受盛行西风的影响,但由于距海较远,海洋气团已逐渐变性。因此,这种气候冬夏温差比西岸海洋性气候大,降水量减小;降水的季节分配虽较均匀,但夏雨增多。该气候类型区的自然植被以森林为主,南部为落叶阔叶林,北部为针阔叶混交林。

IV$_4$ 温带干旱与半干旱气候。分布在 35°N～55°N 的欧亚大陆中心部分和北美大陆西部以及阿根廷巴塔哥尼亚南部。这里位于大陆中心或沿海有高山屏障的地带,终年在温带大陆气团的控制下,形成温带干旱与半干旱气候。这种气候冬夏温度变化剧烈,年较差很大;降水少,变率大。该气候类型区的自然景观为温带沙漠与温带草原。

V 寒带气候带。主要分布在欧亚大陆和北美大陆的北部,纬度约在 55°N～65°N 之间,在欧亚大陆西部向北伸展到 70°N。南半球在相应纬度几乎没有陆地,不存在陆地上的寒带气候。这里不存在真正的夏季,以漫长、寒冷的冬季为主,积雪期长而稳定。

V$_1$ 寒带大陆性气候。分布在北美大陆和欧亚大陆的北部。这里冬季盛行北极气团,夏季盛行由北极气团变性的极地大陆气团。冬季长而严寒,暖季短促,气温年较差大;降水少,蒸发弱,气候湿润。该气候类型区的自然植被以寒带针叶林(北方针叶林、寒温性针叶林、泰加林)为主,又因积雪期很长,故又称之为雪林气候。

V$_2$ 寒带海洋性气候。分布在欧亚大陆西岸 60°N～70°N 的一些地区以及阿拉斯加一带。这里不仅常年受到来自海洋的气旋影响,而且也受西风漂流在大陆西岸折向高纬的暖流的影响。所以,这里的气候特点是冬季温和,暖季凉爽,气温年较差较小;年降水量较多,季节分配较均匀。该气候类型区的自然植被也以寒带针叶林为主。

VI 极地气候。分布于南、北纬 65°～90°的地区。在南北极圈至极点之间的地带,存在极夜和极昼现象。这里的辐射平衡几乎全年都是负值,全年温度很低,最热月平均温度在 10℃以下。

VI$_1$ 极地苔原气候。分布于 70°N 以北的欧亚大陆和北美大陆的北部边缘地区、格陵兰沿海一带、北冰洋中若干岛屿以及南极大陆的最北部边缘地区及其附近的一些岛屿。这里全年皆冬,一年中只有 1 个月～4 个月月均温为 0℃～10℃;降水量少,多云雾,蒸发微弱;在月均温 0℃～10℃期间,光照时间长,某些低等植物(苔藓、地衣)尚能生长,故名苔原气候。

VI$_2$ 极地冰原气候。分布于格陵兰内陆、北冰洋若干岛屿和南极大陆上。这里是北(南)极气团的源地,全年严寒,各月平均温度低于 0℃,极端最低温度最低;终年为极地反气旋所控制,降水稀少,以降雪为主,日积月累形成冰原。

(二) 理想大陆上的气候分布模式

在平坦、表面性质均匀的理想大陆上,上述气候类型的分布是很有规律的。自北极到60°S范围内,按照大陆表面积在相应纬度带内所占比例可绘成如图3-30所示的气候类型分布图。由图3-30看出,从赤道到北极依次出现赤道、热带、副热带、温带、寒带、极地等气候带,从赤道到60°S,除缺失寒带气候带外,其它气候带均能依次见到,显示出气候带东西方向延伸、南北方向更替的地带性规律。低纬度大陆盛行偏东风,东岸迎风,沿海有暖流,形成热带和副热带的海洋、湿润、季风等气候;西岸背风,沿海有寒流,形成热带和副热带的干湿季、干旱、半干旱等气候。中高纬度大陆盛行偏西风,西岸迎风,沿海有暖流,形成温带和寒带的海洋、湿润等气候;东岸背风,沿海有寒流,形成温带和寒带

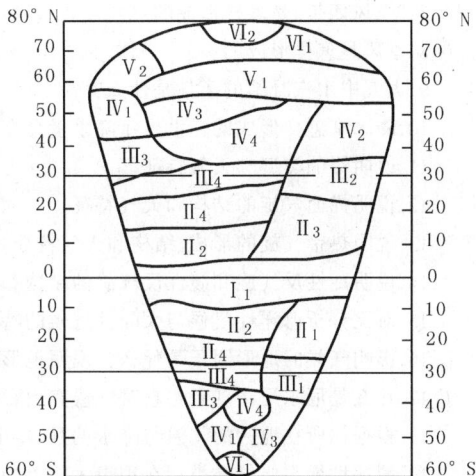

I₁.赤道多雨气候;II₁.热带海洋性气候;II₂.热带干湿季气候;II₃.热带季风气候;II₄.热带干旱与半干旱气候;III₁.副热带湿润气候;III₂.副热带季风气候;III₃.副热带夏干气候;III₄.副热带干旱与半干旱气候;IV₁.温带海洋性气候;IV₂.温带季风气候;IV₃.温带湿润气候;IV₄.温带干旱与半干旱气候;V₁.寒带大陆性气候;V₂.寒带海洋性气候;VI₁.极地苔原气候;VI₂.极地冰原气候

图3-30　主要气候类型在理想大陆上的分布示意图

的湿润、季风、大陆性等气候。北半球的大陆面积和海陆热力差异都较大,使热带、副热带、温带的干旱半干旱气候和季风气候都得到充分发展。南半球大陆面积较小,且向南逐渐减少,使热带、副热带、温带的干旱半干旱气候所占据的面积相对较小,并使海洋性气候与湿润气候所占据的面积相对较大。因南半球大陆向高纬方向急剧收缩,致使大陆寒带气候完全不存在。

复习思考题

1.太阳辐射与地球辐射有何特点?

2.什么是辐射平衡? 地气系统辐射平衡随纬度如何变化?

3.什么是热量平衡? 地面热量平衡方程是什么?

4.何谓干绝热减温率和湿绝热减温率? 说明它们的区别和原因。

5. 试述气温的日变化和年变化的特点和成因。

6. 气压梯度力、地转偏向力、惯性离心力和摩擦力对大气中气流的形成有何作用？

7. "三风四带"是怎样形成的？

8. 季风是怎样形成的？

9. 大气中水汽凝结的条件是什么？

10. 降水是怎样形成的？世界年降水量分布有何特点？

11. 说明锋的类型和天气特征。

12. 说明锋面气旋的结构和天气特征。

13. 说明热带气旋的形成、结构和天气特征。

14. 说明冷性反气旋和暖性反气旋的结构和天气特征。

15. 对比分析海洋性气候与大陆性气候的特征。

16. 影响气候的地形因子是什么？说明地形对辐射、气温、降水、空气运动的影响。

17. 什么是厄尔尼诺现象？它对气候有何影响？

18. 根据你所在地区的气温与降水的月、年平均值,确定其所属的柯本气候类型。

19. 简述世界主要气候类型在理想大陆上的分布规律。

主要参考文献

[1] 陈佑淑等. 气象学. 北京:气象出版社,1989.78~171

[2] М.И.будыко. тепловойбаланс земли. Л.гпрометеоиздат.1978.38~40

[3] M.I.Budyko.地球的热量平衡.见:约翰·格列宾.气候变化.符淙斌等译.北京:海洋出版社,1991.83~109

[4] 黄润本等. 气象学与气候学. 北京:高等教育出版社,1986.220~236

[5] 周淑贞等. 气象学与气候学(第二版). 北京:高等教育出版社,1984.141~186,261~309

[6] 高国栋等. 气候学. 北京:气象出版社,1988.323~347

[7] 李克煌等. 气象学与气候学简明教程. 开封:河南大学出版社,1994.48~121,200~344

[8] 刘继韩. 气候学. 北京:北京大学出版社,1995.107~133

[9] 杨大升等. 动力气象学. 北京:气象出版社,1980.9~11,19~28

[10] 李克煌. 气候资源学. 开封:河南大学出版社,1990.163~173,233~240

[11] 潘树荣等. 自然地理学(第二版). 北京:高等教育出版社,1985.86~141

[12] 中国人民解放军空军条令教材编审小组,气象学教程(第一分册).北京:中国人民解放军空军司令部出版.1964.79~133,169~175,251~270

[13] 王绍武. 气候系统引论. 北京:气象出版社,1994.1~59,90~225

[14] 叶笃正等. 当代气候研究. 北京:气象出版社,1991.186~256

[15] 傅抱璞. 山地气候. 北京:科学出版社,1983.61~86

[16] 翁笃鸣等. 山地地形气候. 北京:气象出版社,1990.303~369

[17]彭公炳等.气候与冰雪覆盖.北京:气象出版社,1992.1~130

[18]潘守文等.现代气候学原理.北京:气象出版社,1994.476~486,586~722

[19]国家自然科学基金委员会等编.现代大气科学前沿与展望.北京:气象出版社,1996. 33~70

[20]河北师范大学等.普通自然地理.北京:人民教育出版社,1978.46~84

[21]B.H.米亚诺夫,T.H.波波娃.王正宪等译.普通自然地理(第一篇).北京:地质出版 社,1957.103~134

[22]翁笃鸣等.小气候和农田小气候.北京:农业出版社,1981.155~183

[23]冯佩芝等.中国主要气象灾害分析.北京:气象出版社,1985.52~57

[24]王绍武.近500年的厄尔尼诺事件.气象,1989,15(4):15~20

[25]傅抱璞等.小气候学.北京:气象出版社,1994.263~298

[26]丁国安.长江沿岸的江风及其随高度的变化.气象,1983,9(9):13~15

[27]林之光.长江中下游水域气候及三峡水库可能的气候效应.气象,1985,11(2):24~28

第四章　自然地理系统中的水体及其相互联系

　　水是自然地理系统最基本的组成成分,也是地球上分布最广泛的物质之一。整个地球表面的3/4为水所覆盖,这是地球不同于其它行星的主要特征,地球因此被称为"水的行星"。水以液态、固态和气态形式存在于地表、地下和空中,形成了一定形态的水分聚集体——水体。海洋是地球上最庞大的水体,它与河流、湖沼、冰川、地下水等陆地水体共同构成了一个连续的不规则的水圈。水是自然地理系统中最活跃的因子,它参与各种自然过程,在自然地理系统的形成和发展演变过程中起着重要作用。流水是岩石的风化剥蚀、搬运和堆积等过程的重要外力作用。水是有机质合成和生物代谢过程不可缺少的物质,水在常温下具有三相变化,在自然地理系统各圈层物质交换和能量转化中起着积极作用,使各圈层相互联系、互相制约,共同构成一个统一整体。另外,水又是宝贵的自然资源,是人类生活和生产的重要物质基础。

第一节　河　　流

一、河流概述

(一)河流的基本概念

　　所谓河流就是在重力作用下沿陆地表面的线形凹地(河槽)经常或间歇流动着的水流。流水和河槽是河流组成的基本要素,两者相互作用,相互依存。流水不断地雕塑着河槽的形状,河槽则容纳流水并起着约束水流的作用。经常有水流动的河流称为常年流水河流,间歇有水流的称为间歇性河流。以海洋为最后归宿的河流称为外流河,而一些注入内陆湖沼或因渗漏、蒸发而消失于荒漠中的河流称为内流河(内陆河)。

(二)河流的纵横断面

河流的纵断面是指河流轴线上河底或水面高程从河源到河口的沿程变化。其中,河底高程的沿程变化称为河槽纵断面,水面高程的沿程变化称为水面纵断面。在平水期两者常呈平行曲线关系。人们通常用比降来表示河流纵断面的坡度。比降是指单位河段的高程差,即某河段上下河槽(或水面)两点的高程差(又称落差)与该河段长度的比值,常用千分数来表达。

河流的横断面是指垂直于河流主流方向的河床底线与水面线所包围的平面,又称为过水断面。由于断面流速分布不均匀,所以在急剧涨落水时水面线会发生凹凸变形;或受地转偏向力和弯曲河道河水离心力的影响,水面线也会倾斜。也就是说,河流横断面上具有一定的横比降。

(三)河流的分段

一条河流常可划分为河源、上游、中游、下游和河口五段。河源是河流发源之地,即河流最初具有水流形态的地方,通常为冰川、湖沼、山涧或泉水等补给源。上游紧接河源,比降较大,多瀑布急流和险滩,流速大,流量小,侵蚀强烈,河谷狭窄,河槽多由基岩或砾石构成。中游河段比降和流速变小,流量增大,冲刷和淤积大致保持均衡,河谷较宽,河槽多由粗砂构成。下游河段比降和流速更小,流量更大,淤积作用显著,多浅滩或沙洲,河谷更为宽阔,河槽多由细砂和淤泥构成。河口是河流的终端,即河流入海、入湖沼或汇入更高级河流处,河口处常有泥沙堆积,有时分汊现象显著,在入海或入湖处往往形成三角洲。在河流的五段划分中,河源和河口较易确定,如河源的确定常依据"河源唯远"和"水量最丰"的原则,容易达成共识。但河流上、中、下游的划分,由于不同研究者分别着重考虑地貌特征、水文特征、历史习惯或经济利用价值等而有不同的划分方法。

二、水系和流域

(一)水系

从河源到河口,河流接纳众多支流,由大大小小的河流构成脉络相通的网状系统称为水系,也叫河网。在一个水系中,直接注入海洋或内陆湖泊的河流叫干流,注入干流的河流称为干流的一级支流,注入干流一级支流的河流称为干流的二级支流,依次类推。

通常用河流长度、河网密度和河流弯曲系数等描述水系的形态特征,即水系特征。河流长度是指从河源到河口的轴线(中泓线)长度。河网密度是指单位流域面积内的河流总长度,其数值等于流域内干支流的总长度与流域面积的比,单位为 km·km^{-2}。河网密度的大小取决于流域内的气候、植被、地貌、岩石和土壤的渗透性和抗蚀能力等,因此它能够比较综合地反映一个地区的自然地理条件,尤其能反映环境的干湿程度及其地域差异。河流弯曲系数是指某河段的实际长度与该河段直线长度之比。河流弯曲系数越大,越不利于航运和泄洪。

水系的结构形式受到许多因素的影响,其中以地质构造和地貌条件的影响最为显著。按照干支流相互配置的几何形态来划分,水系可分为扇状、羽状、树枝状、平行状和方格状等几种类型。各支流集中地汇入干流的水系称扇状水系;各支流均匀分布于干流两侧,交错汇入干流的水系称羽状水系;干支流呈锐角相交,平面分布呈树枝状的水系称树枝状水系;各支流平行排列,在同一侧注入干流,或支流与干流平行,至河口附近才汇合的水系称为平行状水系;各支流几乎呈直角汇入干流,水系排列呈格状的水系称为方格状水系。按照水系流向的相互关系划分,水系可分为向心水系、辐射状水系等。需要指出的是,水系类型对河流水情变化有显著的影响。如扇状水系的干流易发生暴涨暴落的洪水过程,而羽状水系干流的洪水过程则较为平缓。

(二)流域

流域是指河流的集水区域,包括地面集水区和地下集水区。相邻的流域以分水线为界。地面分水线是相邻两个地面集水区之间分水岭平面投影的不规则曲线,它受地形控制;地下分水线是相邻两个地下集水区的界线,它受地质构造和岩性的制约。地面分水线与地下分水线垂向重合的流域称为闭合流域,两者垂向不重合的流域称为非闭合流域。实际上地下集水区范围难以确定,通常将地面集水区面积作为河流流域面积。

流域特征包括几何特征和自然地理特征。流域几何特征主要包括流域面积、流域形状、流域长度和平均宽度以及流域的不对称系数等。流域面积是最重要的几何特征,在相同的自然地理条件下,流域面积大的河流能得到较多的水量补给,而且对水量的调节作用也明显大于流域面积小的河流。流域形状对河流水量变化有很大影响。形状狭长的流域,其径流变化较平缓;形状接近方形或圆形的流域,其径流变化较急剧。在流域面积相同的情况下,流域长度越长,其平均宽度就越窄,因此其形状就越为狭长;反之,其形状就越接近于方形或圆形。所以,流域长度和平均宽度对河流水情的影响等效于流域形状。流域不对称系数是指河流两岸面积之差与两岸面积平均值之比。不对称系数越大,说明两岸流域面积相差越悬殊。流域不对称程度对径流的集流时间和径流情势都有很大影响。

流域自然地理特征包括流域的地理位置、气候条件、土壤岩石性质和地质构造情况、地形特征(平均高程和平均坡度)、湖泊率以及植被覆盖率等等,它们对河流水情均有直接或间接的影响。

(三)水系结构定律——豪顿定律

在陆地表面,液态水的聚集、面流、沟渠流、小支流、大支流直至干流所形成的水系网络,始终是在统一的重力作用下进行的,因此必然表现出某种统一的规律。除了极为干燥的沙漠区域和极为寒冷的极地区域外,陆地表面总是由大小不等、等级序列严格、具有统一基础的流域空间所构成,这种大小流域的镶嵌构成了整个陆地表面的空间轮廓。1945年著名的科学家豪顿(R.E.Horton)首次提出了水系组成的三条定律,揭示了水系及其所在流域某些特征因素间所存在的规律性。

1.河流数量定律

河流数量定律的数学表达式为:

$$N_u = R_b^{\Omega - u} \tag{4-1}$$

式中 u 为河流级别;N_u 为 u 级河流的数量;Ω 为干流级别;R_b 为分枝比,其数值变化于 $3 \sim 5$ 之间。需要指出的是,豪顿的河流等级系统与前述的干支流级别顺序不同。豪顿是将河源不分汊的小支流作为一级河流,两个及两个以上一级河流汇合的新水道称为二级河流,两个及两个以上二级河流汇合的新水道称为三级河流,以此类推直到把整个水系划分完毕,干流具有最高级别。较低级别的河流既可按顺序流入较高级别的河流,也可越级流入更高级别的河流。

2.河流长度定律

河流长度定律的数学表达式为:

$$\bar{L}_u = \bar{L}_1 R_L^{u-1} \tag{4-2}$$

式中 $\bar{L}_u$ 为 u 级河流的平均长度,$\bar{L}_1$ 为第一级河流的平均长度,R_L 为河长比。

3.流域面积定律

流域面积定律的数学表达式为:

$$\bar{A}_u = \bar{A}_1 R_a^{u-1} \tag{4-3}$$

式中 $\bar{A}_u$ 为 u 级河流平均流域面积，$\bar{A}_1$ 为第一级河流流域的平均面积，R_a 为流域面积比。

由(4-1~4-3)式可知，豪顿定律所表述的基本规则是：在一个给定的流域内，连续地从较低等级向较高等级变化的河道总数目，服从于几何级数的降低原则；随着河流等级序列的提高，河道平均长度呈几何级数形式增加；不同等级的河流平均流域面积的大小，随着河流等级序列的递增而呈几何级数形式递增。

三、河流水情要素

河流的水情要素是指反映河流水文情势及其变化的因子，主要水情要素包括水位、流速、流量、水温与冰情、河流泥沙和河流水化学等。通过河流水情要素的研究，能使人们深入了解河流的特征、河流活动在自然地理系统中的作用以及河流与其它自然地理要素之间的相互关系。

(一)水位

水位是指河流某一断面相对于基准面的水面高程。基准面又称基面，是高程的起算零点，可分为绝对基面和测站基面两种。绝对基面又称为标准基面，它是以某一海滨地点平均海平面作为高程起算零点的基面，例如我国统一规定采用青岛平均海面为绝对基面。测站基面是以观测点最低枯水位以下 0.5~1 m 处作为起算零点的基面。

水位的高低直接取决于河流中水量的多少。此外，河道的冲淤状况、风、结冰、水生植物生长、感潮河段的潮汐等均可引起水位的变化。由于影响水位高低的许多因素有周期性的变化规律，因此水位的升降也呈周期变化。将实际观测的水位资料按时间顺序点绘成的曲线称为水位过程线，它能直观地反映水位随时间的变化规律。借助水位过程线可以分析流域内自然地理各要素(特别是气候)对河流水文过程的影响。

(二)流速

流速是指河流水质点在单位时间内移动的距离，单位是 $m \cdot s^{-1}$。河流横断面上各点的流速，可用流速仪测出。断面流速分布的基本规律是：中泓的流速大于两岸，水面的流速大于河底。从水面到河底的垂直线上，接近河底处由于摩擦阻力的影响，其流速接近于零；向上流速增大，水面处流速达最大值。垂线上水质点的平均流速与从水面算起的相对水深为 0.6 处的水质点流速近似相等。

过水断面的平均流速可用谢才公式计算得出：

$$V = C\sqrt{RI} \tag{4-4}$$

式中 V 为过水断面的平均流速；C 为谢才系数，它主要取决于河床粗糙程度和过水断面的形状，其数值可由经验公式求得；R 为水力半径，它是过水断面面积与湿周的比值，而湿周是过水断面上河槽被水流浸湿部分的长度；I 为水面纵比降。

(三)流量

河流流量是指单位时间内通过某一过水断面的水量，单位是 $m^3 \cdot s^{-1}$。流量在数值上等于过水断面面积与断面平均流速的乘积，即

$$Q = FV \tag{4-5}$$

式中 Q 为河流流量，F 为过水断面面积，V 为平均流速。

前已述及，河流中水量的多少直接决定了水位的高低，水位变化实际上是流量变化的外在表现。在河槽断面基本稳定的情况下，水位高低与流量大小有较好的对应关系。人们通常利用实际观测的流量和对应水位的资料，点绘出如图 4-1 所示的水位流量关系曲线。图 4-1 中另两条曲线分别为水位面积关系曲线和水位流速关系曲线。这两条曲线可对水位流量关系曲线起校核作用，或对水位流量关系曲线进行高水延长。

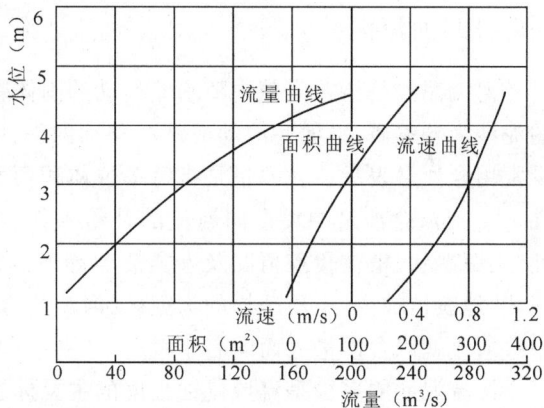

图 4-1　水位流量关系曲线[2]

流量的实际观测较为繁杂，而水位的观测则较为简单，故人们常依据水位流量关系曲线由水位推求其相应的流量。流量随时间的变化过程难以实际观测，所以可依据水位流量关系曲线由水位的变化过程推求出流量的变化过程。以时间为横坐标，以对应时刻的流量为纵坐标可绘制出流量随时间变化的连续曲线——流量过程线(图 4-2)。流量过程线与横坐标所包围的面积为相应时段的径

流总量;径流总量与时段的比为该时段的平均流量。

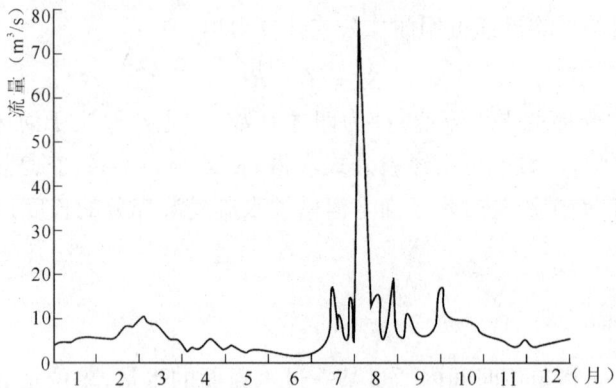

图4-2　流量过程线[2]

流量过程是流域各种自然地理要素综合作用的产物。在水文水利计算、水文预报、水利工程设计以及工程运行中,流量是应用最广的一个参数。

(四)河流泥沙

河流泥沙是指在河槽中随水流运动的固体颗粒。悬浮于水中并随水流移动的泥沙为悬移质;沿河底滚动或跳跃移动的泥沙为推移质。河流中泥沙含量多少常用含沙量表示。含沙量是指每单位体积河水中所含泥沙的重量,单位是 kg·m^{-3}。河流含沙量的大小同河流的补给条件、流域的岩石性质、地形的切割程度、土壤性状、植被覆盖情况及人类活动等因素密切相关。一般说来,在降水变率大、地表植被少、土质疏松的沟壑区,河流的含沙量较大,如我国黄土高原区的一些河流就以含沙量大而闻名于世。

河流泥沙的多少是流域侵蚀程度的主要标志。河流泥沙和水流一起参与河床的演变过程。此外,河流泥沙运动还直接影响河流的泄洪能力、航运条件和水库等水利工程的使用寿命。因此,河流泥沙的观测与研究就显得尤为重要。

(五)水温与冰情

河流的水温是河水热状况的具体反映。影响河水温度的主要因素是气象气候条件和河水的补给来源。如太阳辐射的周期变化会引起河水温度的年变化和日变化。以雨水补给为主的河流比冰雪融水补给的河流水温高;地下水补给为主的河流,其水温比较稳定。河水温度的高低对河水中的生物过程和化学过程有重要的影响。

河流的冰情是河流结冰、封冻和解冻的过程,它是中高纬度地区和部分高山地区一些河流特有的水文现象。初冬水温降至0℃时,岸边滞水区开始有冰晶形成;水温继续下降,岸边开始形成薄冰;此后冰面不断扩大,直至全河面被冰层覆盖。到春初气温升高,河面冰层逐渐融化,称为解冻。部分河流在解冻期会出现流冰聚集成冰坝阻塞河道并抬高上段河流水位的"凌汛"。凌汛较大时会带来灾害。河流冰情对航运、水力发电和灌溉等均有较大影响。

四、河川径流的形成和变化

水在重力作用下从地面和地下汇入河川后,沿河槽向流域出口断面汇集的水流称为河川径流。

(一)径流的表示方法

为研究径流及其变化以及比较径流的区域差异,常需采用不同的径流指标。常用的径流指标有以下几种:

1. 径流总量

一定时段内通过河流某一断面的总水量称为径流总量。其计算公式为:

$$W = \overline{Q} \cdot T \tag{4-6}$$

式中 W 为径流总量,单位是 m^3;$\overline{Q}$ 为时段平均流量,单位是 $m^3 \cdot s^{-1}$;T 为时段长,单位是 s。

2. 径流深度

将径流总量平铺在流域面上所得到的水层厚度称为径流深度。其计算公式为:

$$R = (W/A) \times 10^{-3} \tag{4-7}$$

式中 R 为径流深度,单位是 mm;W 为径流总量;A 为流域面积,单位是 km^2。

3. 径流系数

一定时期的径流深度与同期降水量之比称为径流系数。其计算公式为:

$$\alpha = R/P \tag{4-8}$$

式中 α 为径流系数;P 为降水量,R 为径流深度,单位均是 mm。径流系数说明了降水量中变为径流的份额,它能综合反映流域自然地理要素对径流的影响。

4. 径流模数

在单位时间内单位流域面积上的产水量称为径流模数。其计算公式为:

$$M = (Q/A) \times 10^3 \tag{4-9}$$

式中 M 为径流模数,单位是 $L \cdot s^{-1} \cdot km^{-2}$;$Q$ 为流量,单位是 $m^3 \cdot s^{-1}$;A 为流域面积,单位是 km^2。

5.径流变率

任一时段的某一径流值(Q_i、W_i、R_i 或 M_i)与同一时段该径流值的多年平均值($\overline{Q}$、$\overline{W}$、$\overline{R}$ 或 $\overline{M}$)之比称为径流变率,也称为径流模比系数。其计算公式为:

$$K_i = \frac{Q_i}{\overline{Q}} = \frac{W_i}{\overline{W}} = \frac{R_i}{\overline{R}} = \frac{M_i}{\overline{M}} \tag{4-10}$$

(二)径流形成过程和产汇流理论

1.径流形成过程

由降水开始到水流汇集至河流出口断面的整个过程称为径流形成过程。为了从总体上把握和认识这一错综复杂的物理过程,人们常将其概括为蓄渗过程、坡地汇流过程和河网汇流过程三个子过程。

(1)流域蓄渗过程:降雨初期,除一小部分(一般不超过 5%)降落在河槽水面上的雨水直接形成径流外,大部分降雨并不立即产生径流,而是消耗于植物截留、下渗、填洼与蒸发。植物截留量一般不大,截留水量最终消耗于蒸发。下渗是指降雨从地面渗入土壤中的现象,它发生在降雨期间及雨停后地面尚有积水的地方。在供水充分的条件下,单位时间内由地面渗入地下的水层厚度称为下渗能力,它在空间上和时程上都是变化的。当降雨强度小于下渗能力时,雨水将全部渗入土壤中。渗入土壤中的水分,首先满足于土壤吸收水分的需要,一部分滞蓄于土壤中,在无雨期耗于蒸发和蒸腾;另一部分超出土壤持水能力的水分将继续向下运动。当降雨强度大于下渗能力时,超出下渗能力的雨水(超渗雨)形成地面积水,蓄积于地面上大大小小的坑洼,这一过程称为填洼。填洼的水量最终消耗于下渗和蒸发。随着降雨的持续进行,满足填洼的地方开始产生地面径流。在一次降雨过程中,流域各处的蓄渗过程的发展是不均匀的,因此地面径流的产生也有先有后。

渗入到土壤中的水分,使包气带(土壤固体颗粒、土壤水分与土壤空气三相共存的水分不饱和带)含水量增加。在土壤中相对不透水层以上的水分达到饱和时,部分水分沿倾斜土层侧向流动,形成壤中流(表层径流)。下渗水流到达地下水面的部分,以地下水的形式补给河流,形成地下径流。

在这一阶段中,凡是不产生径流的降水部分称为损失量,包括植物截留、填洼和滞蓄于土壤中的下渗水量以及雨期蒸发量。

（2）坡地汇流过程：坡地汇流包括坡面漫流、壤中流和地下径流三种径流成分的汇流过程。超渗雨水在坡面上呈网状沟流或片流运动的现象称坡面漫流。满足填洼后的降水开始产生大量的地面径流，它沿坡面流动进入正式的漫流阶段。在漫流过程中，坡面水流一方面继续接受降雨的直接补给而增加地面径流，另一方面又在运动中不断地消耗于下渗和蒸发，使地面径流减少。地面径流的产流过程与坡地汇流过程是相互交织在一起的，前者是后者发生的必要条件，后者是前者的继续和发展。坡面水流的流态与降雨强度及坡面形态有关，可表现为层流或紊流。坡地汇流的流程较短，往往不过数百米，有时仅有数十米，因此其汇流历时也较为短暂。壤中流和地下径流均属于有孔介质中的水流运动。由于介质性质的不同以及流程的差异，两者水流速度不等，通常壤中流慢于地面径流，但比地下径流要快得多。壤中流和地下径流的汇流过程比地面径流和缓，同时在时间上也滞后于地面径流。

应当指出的是，对一个具体的流域而言，其坡地汇流过程可能包括上述径流成分的一种、两种或全部，具体发生何种情况，取决于降雨特性和坡面状况。

（3）河网汇流过程：各种径流成分经过坡地汇流注入河网，在河网内沿河槽向出口断面流动和汇集的过程称为河网汇流。

坡地汇流注入河网，使河槽水量增加，水位上涨。河槽对水流起着调节作用，一部分水量暂时滞蓄于河槽中，大部分水量沿河槽下泄。在涨水过程中，同一时刻出口断面以上坡地汇入河网的水量必然大于出口断面的流量，因此河网滞蓄一部分水量；在落水过程中，情况相反。这种现象称为河槽调蓄作用。当降雨及坡面漫流停止时，河网蓄水量达到最大值。此后，由于壤中流与地下径流注入水量较小，河网蓄水开始消退，当河槽泄水量与地下水补给量相等时，河槽水流趋于稳定，河网汇流告一段落。河网汇流实际上是河道洪水波的形成和运动过程，洪水波全部通过出口断面，河槽水位和流量恢复到原来的稳定状态，一次降雨径流形成过程基本结束。

在径流形成过程中，流域和河道对降水在时程上进行了一次又一次的再分配。将径流形成过程概括为上述三个子过程，只是把水体在运行特征及发生场所上加以区分，以便于对其进行深入研究。为了研究的方便，人们还将径流形成过程概括为产流过程和汇流过程。蓄渗和产生坡地水流的过程称为产流过程，坡地汇流和河网汇流称为汇流过程。各子过程相互交织在一起，其间并无截然分开的明显界限。蓄渗、产流和汇流同时存在，而且从降水到出流的各个过程中，前一过程是后一过程的准备，后一过程是前一过程的继续和发展。

2.产汇流理论

产汇流过程实质上是在不同气候和下垫面条件下,由降雨形成径流的过程。产汇流理论是研究降雨径流形成的物理机制和运动规律的一门分支学科,是河流水文研究的核心部分。20世纪30年代以来,产汇流理论有了长足的进展。

(1)蓄渗理论:在降雨径流形成过程中,下渗是最主要的损失项。下渗是水分向土中作垂直运动,它可在非饱和土壤中运行,也可在饱和土壤中运行,相应地就分别有非饱和下渗和饱和下渗的理论研究。在实际研究工作中,人们往往是通过实际试验获得下渗曲线,再以图形来模拟下渗曲线的数学表达式。此类公式类型颇多,但都具有下渗率随时间递减的函数形式,其中最常用的是豪顿(R.E.Horton)公式:

$$f = f_c + (f_0 - f_0)e^{-kt} \qquad (4\text{-}11)$$

式中 f 为某一时刻 t 的下渗率,f_c 为稳定下渗率,f_0 为初始下渗率,k 为下渗曲线的递减参数。对式(4-11)积分可求出从下渗开始到某一时刻 t 的下渗总量,累积下渗曲线的表达式为:

$$F = \int_0^t f dt = f_c t + \frac{1}{k}(f_0 - f_c)(1 - e^{-kt}) \qquad (4\text{-}12)$$

豪顿公式结构简单,在供水充分的条件下与实际资料拟合较好,故在降雨径流分析中得到广泛应用。

(2)产流理论:产流是指流域中各种径流成分的生成过程,它实质上是水分在垂向运行中流域下垫面对降雨的再分配过程。不同的下垫面具有不同的产流机制,不同的产流机制又影响着整个产流过程的发展,呈现出不同的径流特征。

地面径流、壤中流和地下径流三种径流成分的生成过程遵从共同的规律,这主要表现在两个方面。第一是产流的条件。供水是产流的必要条件,降水和下渗为各种径流成分的产生提供了必要条件;供水强度大于下渗能力是产流的充分条件。第二是产流均发生在透水性不同的两种介质的交界面上。上述三种径流分别发生在包气带的上、中、下三个界面上,即地面、相对弱透水层面和地下水面上。因此,包气带的界面是各种产流机制得以实现的客观物质条件,也是包气带对降雨的再分配功能得以体现的具体场所。有的学者将这些产流机制统称为界面产流规律,它比较准确地反映了各种产流机制的物理实质和共同规律。

流域基本的产流模式可分为超渗产流和蓄满产流两类。超渗产流主要发生在地下水埋藏深、包气带厚度大、土壤透水性较差且植被条件也较差的地区。其产流特征是:当降雨强度大于下渗能力时产生地面径流,很少或没有壤中流及地下径流。一次降雨的产流过程取决于降雨强度和下渗能力的相互关系。其产流量为：

$$R_s = \sum_{t=0}^{t=n} (i - f)_t \tag{4-13}$$

式中 R_s 为地面径流量，以径流深表示；i 和 f 分别表示相应时刻 t 的降雨强度和下渗能力。

蓄满产流一般发生在地下水埋藏浅、包气带较薄、土壤透水性较强且植被条件也较好的地区。一次降水常可使包气带缺水量（包气带最大蓄水容量与实际蓄水量之差）得到满足，并同时可有多种径流成分产生，其产流量为：

$$R = P - W_m + W_0 \tag{4-14}$$

式中 R 为蓄满产流量，P 为降水量，W_m 为包气带最大蓄水容量，W_0 为雨前包气带蓄水量。

(3)汇流理论：流域汇流过程可被视为一个系统，其输入为流域的净雨过程，输出为流域出口断面的流量过程，系统的作用则主要表现为流域的调蓄作用。按照系统术语，流域出口断面的流量过程线又可被看作是流域对净雨输入过程的响应，简称流域响应。流量过程和净雨过程之间的关系为：

$$Q(t) = \Phi[I(t)] \tag{4-15}$$

式中 $Q(t)$ 为流域出口断面的流量过程，$I(t)$ 为流域的净雨过程；Φ 为流域作用函数，也称为系统算子，它表示系统输入与输出之间的运算关系。流域汇流系统的系统算子取决于流域的调蓄作用，因此它与流域的地形地貌、土壤岩性、植被特征、水力特征以及净雨的空间分布等密切相关。也就是说，系统算子应是流域和降雨特征的综合反应。系统算子的确定是应用系统分析途径寻求流域汇流计算方法的关键。

20 世纪 50 年代以来，由于计算机技术的应用，人们可以采用数学物理方法模拟径流形成过程，进行产汇流的定量计算。到目前为止，国内外已先后提出了 200 多个流域模型。这些模型把流域径流形成的各个要素如降水、蒸发、截留、下渗、地面径流、壤中流、地下径流、各种蓄积量以及流量过程演进等用数学物理方法进行定量描述，并将各要素间的联系组合成一个复杂系统进行定性定量分析。这些模型方法在产汇流计算和水文预报等方面发挥了很好的作用。

(三)径流的变化

1.径流的年内变化

随着气候条件的周期性变化,在一年内河流的补给状况、水位、流量等也相应发生变化。例如,我国东部大部分地区夏季降水丰沛,河川径流增多,为河流丰水期或汛期;冬季寒冷干燥、降水稀少,河川径流量很少,为河流枯水期;春、秋两季雨量中等,河流水量中等,为河流平水期。由于不同地区自然地理条件的不同,河川径流年内变化状况有明显的地域差异,这种差异通常被作为河流分类的依据。

丰水季节河川径流往往不能被充分利用,有时还会造成洪涝灾害;枯水季节河川径流量小,往往不能满足用水要求。为了充分利用水资源,人们通过建造水库等水利设施,对河川径流进行人为调节,除害兴利,以使之符合人们的用水要求。

2.径流的年际变化

径流的年际变化主要是由降水量的年际变化引起的。一般把年径流量大于正常年径流量(多年径流量的算术平均值)的年份视为丰水年,小于正常年径流量的年份视为枯水年。从许多河流多年实测径流资料中可以发现,径流的年际变化表现出丰水年组与枯水年组交替出现的规律。但这种交替的周期并不相等,丰、枯年组的水量也各不相同,反映出径流年际变化不重复性的特征。就我国的河流而言,在多数情况下南方和北方河流的丰、枯水组并不同步,常出现"南丰北枯"或"南旱北涝"的情况,这与我国的季风气候的年际变动有关。

径流的年际变化不利于人类充分地利用水资源。一个地区枯水年或丰水年的连续出现往往会造成较严重的旱灾或洪涝灾害。为了除害兴利,常需修建具有多年调节功能的大型水库或跨流域调水工程。这些工程的规划设计及工程的管理运用,都要求人们认真研究河川径流的年际变化规律,对河流水情作出较为准确的预报。

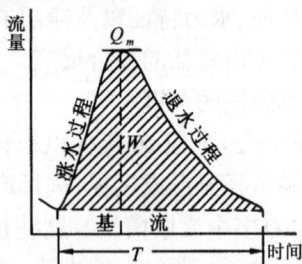

图 4-3　洪水要素示意图[2]

(四)特征径流

洪水和枯水被认为是对人类的生产和生活具有特殊意义的径流现象,因此被称之为特征径流。洪水是指短时间内大量降水形成的特大径流。洪水发生时,流量激增,水位猛涨,漫溢两岸,泛滥成灾。洪峰流量 Q_m、洪水总量 W 和洪水过程线是表征洪水的三个要素(图4-3)。暴雨洪水是我国大多数河流的主要洪水类型。洪峰流量是洪水过程中最大瞬时流量;洪水总量是指一次洪水的总水量,即洪水过程线与横坐标之间所包围的面积;洪水过程线是洪水流量随时间变化的过程曲线,它由涨水段和退水段两部分组成。由于洪水形成条件的不同,洪水过程线可呈现出单峰、双峰、高矮、胖瘦等千差万别的形式。洪水的形成同暴雨特性、流域特征、河槽状况以及人类活动等因素有密切关系。

　　枯水是指河水主要靠地下水补给的河川径流。枯水经历的时间为枯水期。一般规定:当某月水量占年水量的比例小于 5% 时,该月即为枯水期。我国大多数河流的枯水期出现在 10 月至次年的 3 月～4 月。枯水期间,流域蓄水逐渐消退,径流呈递减趋势。一年中的最小流量常出现在枯水期。影响枯水径流的因素有流域的气候状况、流域的水文地质条件、流域面积的大小、河流的切割深度和河网密度等。枯水期延续的长短以及枯水流量的大小,对于航运、灌溉等都有较大影响。

五、河流与自然地理系统的相互影响

(一)自然地理系统对河流的影响

　　河流是自然地理系统中其它各个自然因素综合作用的产物。在自然地理诸要素中,气候因素对河流的形成及变化起着主导的作用。例如,降水量的多少决定了径流补给来源的丰缺,蒸发量大小反映了径流损耗的多少,降水的时空分布、降水强度、降水中心位置及其移动方向等直接影响径流形成过程,气温、风和饱和差也因对降水和蒸发的影响而对河川径流起着间接的影响作用。通常湿润地区河网密集、径流丰沛,而干燥地区河网稀疏、径流贫乏,这说明气候状况严格制约着河流的发育和地理分布。因此,有人说河流是气候的一面镜子是不无道理的。

　　除气候因素外,其它自然地理要素如地质、地貌、土壤和植被也对河流有重要影响。例如,流域的坡度直接影响流域的汇流和下渗;流域的高程不同,降水条件和蒸发条件各异,从而直接影响径流;地表物质组成决定了流域的下渗状况,从而直接影响到各径流成分的比重;植被则通过对降水的截留及保持水土的作用而影响径流等等。

(二)河流对自然地理系统的影响

　　河流对自然地理系统的影响是多方面的。首先,河流是陆地上的主要水体,是水圈的重要组成部分,是水分循环中不可或缺的重要环节。　内陆河流把水分

从高山输送到内陆盆地,实现水分小循环;外流河把大量水分由陆地带入海洋,实现水分大循环。其次,河流的侵蚀、搬运和堆积过程对流域地貌起着削高填低的夷平作用,河流是塑造地表形态的重要外营力。第三,河流对自然景观有显著的影响,如流入干旱区的河流给荒漠带来水分和生机,使河流沿岸地带呈现绿洲景观,与缺水的荒漠景观形成明显的对照。第四,河流一方面能为自然地理系统中的生物界提供作为生存基础的淡水;另一方面河流的洪水泛滥也会带来巨大的灾难,并使自然地理系统发生重大变化,如在历史上黄河泛滥区形成大面积的沙丘、沙地和盐碱地,使自然景观和生态环境趋于恶化。

第二节　湖沼与冰川

一、湖泊

湖泊是指陆地表面洼地积水形成的面积广阔的水域。

(一)湖泊的形成

天然湖泊的形成包括湖盆洼地的形成和湖盆积水过程两个方面。内力作用和外力作用都可以形成湖盆洼地(简称湖盆)。内力作用形成的湖盆称内力湖盆,它包括构造湖盆、火口湖盆和阻塞湖盆等。构造湖盆是由于地壳的构造运动(断层、褶皱)所产生的构造凹陷形成的,该种湖盆湖岸一般平直狭长,岸坡陡峻,深度较大,如贝加尔湖、坦噶尼喀湖等。火山喷发形成的火山口也可成为湖盆洼地,如白头山天池等。阻塞湖盆既可由火山熔岩阻塞河谷而成,如镜泊湖、五大连池等;也可由地震引起山体崩塌的岩块阻塞河谷而成。外力作用形成的湖盆称外力湖盆,它包括河成湖盆、风成湖盆、冰成湖盆、溶蚀湖盆和海成湖盆等。河成湖盆是由于河流截弯取直泥沙淤积阻塞而形成的,其外形多为弯月或牛轭形,如我国江汉平原上的许多湖泊多为河成湖盆蓄水而成。由风蚀作用而形成的湖盆称为风成湖盆,我国内蒙古的湖泊多为风成湖盆蓄水而成。由冰川的侵蚀作用而形成的湖盆称冰成湖盆,它多成群出现在古代冰川作用区,如北美、北欧以及我国西藏的一些湖泊,多为冰成湖盆蓄水而成。溶蚀湖盆是指地下水或地表水溶蚀可溶性岩石而形成的湖盆,如我国贵州的草海湖盆。海成湖盆是沿岸海流的沉积作用使海湾被封闭而形成的湖盆,如杭州西湖湖盆。

　　湖盆积水一方面来自落至湖泊中的各种形式的降水,另一方面来自湖盆洼地周围地表水或地下水的补给。总之,只有当湖盆洼地的长期来水量大于多种损失消耗(蒸发、渗漏、排出)的水量时,它才能保存一定的水量而形成湖泊。

(二)湖泊的分类

　　按照不同的分类标准,湖泊可被划分为多种类型。依据湖水与径流的关系,可把湖泊分为内陆湖和外流湖。内陆湖没有径流入海,属于非排水湖;外流湖则以河流为排泄水道,湖水最终注入海洋。按照湖水的矿化度大小,湖泊可被划分为淡水湖(矿化度小于 $1\ g\cdot L^{-1}$)、咸水湖(矿化度介于 $1\sim35\ g\cdot L^{-1}$ 之间)和盐湖(矿化度大于 $35\ g\cdot L^{-1}$)三类。按湖水存在时间的长短可分为常年湖和间歇湖。此外,按照前述的湖盆成因进行湖泊分类也是一种常见的分类方法。

(三)湖水的运动

　　湖水运动是湖泊重要的水文现象,它对湖水的性质、湖盆的演化、湖中生物活动等都有重要影响。湖水运动形式包括混合、波浪、湖流、定振波和增减水等。这里仅对湖流和定振波作一简单介绍。

1.湖流

　　湖流是指湖水沿一定方向的流动。产生湖流的原因很多。首先,风的作用可使湖水沿风的方向流动,产生风成流,它是大型湖泊最显著的湖流形式,往往引起全湖性的水体运动。如果风向稳定,风成流可引起向风岸湖水堆积,背风岸水量流失,向风岸湖水堆积下沉并在湖底形成反向(指向背风岸)的补偿流,并在背风岸上升,从而形成全湖性的垂直环流。其次,与河流相通的湖泊,河湖之间的水量交换也可引起湖水流动,这种流动称为吞吐流。第三,当湖面由于某种原因发生倾斜时,在重力作用下也可引起湖流,即梯度流(重力流)。此外,湖水温度变化导致的湖水密度的差异,也可引起湖水的垂直循环流动。湖泊中实际发生的湖流,很少是单一成因的,它们往往是几种湖流合成的混合流。湖流对全湖的水量交换起着重要的作用。

2.定振波

　　湖泊水位有节奏的垂直变化称为定振波。产生定振波的原因可以是风力、气压的突变、地震和两种不同波的相互干扰等,但以风尤其是暴风雨引起的定振波最为常见。定振波发生时,湖泊中总有一个或几个点的水位没有升降变化,这些点称为节或振节。根据振节的多少,定振波可被分为单节定振波、双节定振波和多节定振波。定振波发生时,全部湖水发生摆动,摆幅大小与湖盆形态有很大关系,面积小而深度大的湖泊,定振波的摆动快、周期短;面积大而深度小的湖泊,则摆动慢,周期长。

(四)人工湖泊——水库

水库是人类为了除害兴利、充分利用水资源而在河流上人工建造的湖泊。水库按其蓄水量(库容)大小划分出不同的规模等级:总库容在 10×10^8 m³ 以上者为巨型水库;$1 \times 10^8 \sim 10 \times 10^8$ m³ 者为大型水库;$0.1 \times 10^8 \sim 1 \times 10^8$ m³ 者为中型水库;$10 \times 10^4 \sim 10 \times 10^6$ m³ 者为小型水库。

水库一般由拦河坝、输水洞和溢洪道三个部分组成。拦河坝是阻水建筑物,它拦蓄水流,抬高水位;输水洞用来引水发电、灌溉、提供城市用水,或用来放空水库或排泄部分洪水;溢洪道是水库的太平门,起宣泄洪水的作用。除上述三个基本组成部分外,一些大型水库还有鱼道、船闸、发电站等附属部分。

在水库运行过程中有几个具有特殊意义的水位和库容,它们被称为特征水位和特征库容(图4-4)。正常高水位是指水库在正常工作情况下允许经常保持的最高水位。设计洪水位是指发生洪水时,水库所允许达到的最高水位。校核洪水位则是指在发生特大洪水时,水位超过设计洪水位而允许短时间保持的最高水位。汛前限制水位是指汛期到来之前为了腾出部分库容以接纳来水而事先人为降低的水库水位。死水位又称设计低水位,是水库在调蓄过程中水位的下限,通常是根据发电的最小水头或引灌的最低水位来确定的。不同的水位对应于不同的库容,如死水位以下的库容为死库容,在正常高水位与死水位之间的库容为兴利库容,而校核洪水位与汛前限制水位之间的库容称为防洪库容。

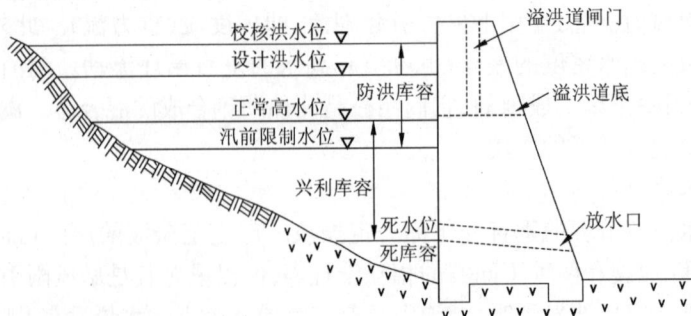

图 4-4　水库特征水位和特征库容[2]

(五)湖泊对自然地理环境的影响

首先,湖面水分蒸发增加了湖区大气的湿度。湖水不同于陆地表面的热学性质,这使得湖区气温的日较差和年较差均小于远离湖区的地方,因此形成了特殊的湖区小气候。其次,与河流相连通的湖泊可对河流水量产生巨大的调节作用,使河流水位、流量的变化趋于平缓。如鄱阳湖接纳赣、修、饶、信、抚五河之水后又注入长江,经其调节后一般可削减峰量的 15% ~ 30%。第三,湖泊可使湖区周围的地下水得到充足的水源补给。第四,湖泊是重要的自然资源,既为水生动植物提供了生长繁衍的场所,又为人类的生产和生活提供了水资源。

二、沼泽

沼泽是地表经常过分湿润,或具有停滞的、微弱流动的水分,其上生长着沼泽植物,并有泥炭的形成和积累或者土壤具有明显潜育层(呈还原反应的土层)的地段。全球沼泽面积约有 $112.2 \times 10^4 km^2$,大部分集中在北半球的中高纬度地区。我国的沼泽面积约 $11 \times 10^4 km^2$,集中分布在东北三江平原,大、小兴安岭和长白山地以及四川若尔盖高原等处,沿海及大湖湖滨亦有零星分布。

(一)沼泽的形成

水分是沼泽形成的主要条件,只有过多的水分才有利于喜水植物的生长和泥炭层的形成。沼泽的形成可分为水体沼泽化和陆地沼泽化两种情况。水体沼泽化包括湖泊和河流的沼泽化。沿湖岸生长的水生植物或漂浮植毡向湖中央发展并逐渐封闭水面时,大量植物残体堆积于湖底,经不完全分解形成泥炭,湖泊逐渐变浅,最后形成沼泽。河流沼泽化与湖泊沼泽化过程相似,一般发生在水深较浅、流速不大的河岸或河湾处。陆地沼泽化包括森林沼泽化和草甸沼泽化两种。森林沼泽化发生在林下土壤过度湿润的地方,由于林下枯枝落叶层长期处于水分过饱和状态,引起森林的退化和适应这种环境的湿生植物和沼泽植物的蔓延生长,所以森林就逐渐演变为沼泽。在地面季节性积水或土壤季节性湿润的条件下发育着适宜于中生环境的草甸植物群落。在局部地势低平、排水不畅的地方,土壤空隙长期被水充填,通气状况恶化,造成嫌气环境,并引起土层严重潜育化。死亡的植物残体在嫌气条件下分解非常缓慢,使地表形成很厚的草根盘结层。草根层具有很强的蓄水能力,这又加重了土壤表层的湿润程度,致使喜湿植物大量侵入,草甸植被逐渐被沼泽植被代替,草甸逐渐演化为沼泽。

(二)沼泽的类型

目前国内外尚无统一的沼泽分类标准。现有的多种分类方法中,有的是以沼泽的发育阶段不同而将沼泽划分为低位沼泽、中位沼泽和高位沼泽三种类型,有的根据沼泽中是否有泥炭积累划分为泥炭沼泽和潜育沼泽两类,有的把沼泽的水源补给作为分类依据,还有以沼泽发育地貌部位的不同而划分沼泽类型的等等。上述分类都是单一指标分类。近年来,沼泽综合分类法得到了较广泛的应用。例如,我国沼泽研究者对若尔盖高原的沼泽进行了综合分类研究。首先,按照沼泽的发育阶段划分为三种沼泽型:低位型(初级阶段)、中位型(过渡阶段)和高位型(高级阶段)。其次,根据沼泽所处的地貌类型划分出沼泽亚型,如湖滨洼地沼泽亚型、阶地沼泽亚型等。最后,依据沼泽的植被情况划分出不同的沼泽体,如睡菜—苔草沼泽体、蒿草—木里苔草沼泽体等。

(三)沼泽的水文特征

沼泽水体具有不同于其它陆地水体的独特水文特征。首先,沼泽水流运动缓慢,径流量小。沼泽径流包括沼泽表面流和泥炭层中的地下径流。初级阶段沼泽表面流常呈停滞状态,高级阶段则呈微弱的辐射状流动。泥炭层中的地下径流实际上是一种渗透流。由于地势低平,植物丛生,故沼泽水流动十分缓慢。据测定,每公顷沼泽的年平均径流模数仅为 $0.020 \sim 0.055$ $L \cdot s^{-1} \cdot km^{-2}$,最大的也只有 2.5 $L \cdot s^{-1} \cdot km^{-2}$,可见沼泽径流量极小。其次,沼泽水体蒸发强烈。沼泽水的主要补给来源是降水、融雪水和地下水,而蒸发是沼泽水的主要损耗方式。沼泽中的泥炭层毛细管发育良好,可使数米深的地下水上升到地表,泥炭层很强的吸热作用又有利于蒸发的进行,所以沼泽水体的蒸发十分强烈,其蒸发率有时可大于水面的蒸发率。据测定,沼泽的蒸发水量是沼泽径流量的 3 倍。

(四)沼泽对自然地理环境的影响

首先,沼泽表面强烈的蒸发作用显著地增加了大气湿度,从而形成沼泽小气候。其次,持水能力极强的沼泽泥炭层能够减少降水对河川径流的补给量,延长汇流时间,能明显地调节径流和削减洪峰流量。第三,沼泽地区地表长期处于过湿状态,土层处于还原环境,最终形成沼泽区特有的潜育土。此外,沼泽是一种重要的自然资源,沼泽地、沼泽植物和泥炭都有多种用途。

三、冰川

冰川是由固态降水积累演化而成并能自行流动的天然冰体。全球冰川面积均 $1\,600 \times 10^4 km^2$，占陆地总面积的 10% 以上；冰川总体积约为 $2\,400 \times 10^4 km^3$，占地表淡水资源总量的 68.7%。因此，冰川是重要的陆地水体，是地球水圈重要的组成部分。

(一)冰川的形成

冰川冰是一种浅蓝而透明的具有可塑性的多晶冰体。从新雪落地积累到变成冰川冰要经过雪的堆积、粒雪化和成冰作用三个阶段。

雪花晶体呈现出多种多样枝状六角形图样。新雪落地十分松软，枝棱互相支撑，密度很小，一般为 $0.01 \sim 0.1\ g \cdot cm^{-3}$。新雪成层堆积起来，成为冰川冰的物质来源。雪花晶体为了达到理想的稳定状态就自动圆化(各种等体积的几何形体中以球体的表面积最小，稳定度最大)，圆化的趋势是大晶体含并小晶体，晶体数目减少，单个晶体增大，形成圆球状的粒雪，这一过程称为粒雪化过程。在低温干燥情况下，粒雪化过程进行得较为缓慢；温度较高时，融水下渗到雪层内部使其发生融化和再冻结作用，粒雪化过程较快。粒雪进一步发展成冰川冰的过程叫做成冰作用，它可分为冷型成冰和暖型成冰作用两种。冷型成冰作用是低温干燥条件下粒雪化的继续，巨厚的上覆粒雪对下部粒雪施加巨大的静压力，于是粒雪重结晶，成为浅蓝色的冰川冰；暖型成冰作用是在气温相对较高的条件下，冰雪融水下渗使粒雪融化，降温时下渗水以粒雪为核心重新结晶或冻结成冰。冷型成冰和暖型成冰都属于原生沉积变质冰，分布于冰川上部。冰川下部的冰多是在运动过程中产生的次生动力变质冰。由于冰川内部常存在层理结构，且冰川冰具有可塑性，因此冰川受力后内部常产生褶皱、断裂等构造。

(二)冰川的类型

根据冰川的形态、规模和运动特征，可将其划分为大陆冰川和山岳冰川两类。大陆冰川也称大陆冰盖或冰被。现代大陆冰川分布在南极大陆和格陵兰岛。大陆冰川面积大，冰层巨厚，分布不受下伏地形的影响。整个冰体形状呈盾状，冰体从中央向四周辐射挤压流动，至海岸或冰川边缘往往伸出巨大的冰舌。冰舌入海断裂后即成为巨大的海洋漂浮冰山。南极和格陵兰冰盖总面积 $1\,465 \times 10^4 km^2$，占现代冰川总面积的 97%。大陆冰川厚度较大，平均厚 $2\,000\ m$。山岳冰川又称为山地冰川，它主要分布在中、低纬度的高山上部。山岳冰川的规模和厚度远不及大陆冰川,厚度仅数十米到数百米。它散布于山地高处,运动受下伏地形控制,以重力流形式向下滑动。按照规模和所处地形部位的不同,山岳冰川还可分为冰斗冰川、悬冰川、山谷冰川和山麓冰川等。

按照气候条件和冰川性质,冰川可分为海洋性冰川和大陆性冰川两类。海洋性冰川又称暖冰川,是在湿润的海洋性气候条件下形成的。其雪线附近的年降水量一般为 2 000 ~ 3 000 mm,冰川主体温度接近 0℃;冰川补给量大,消融强烈;冰川运动速度较快,年运动距离 100 m 或更远;冰川进退幅度大,侵蚀作用强。大陆性冰川又称冷冰川,它是在干冷的大陆性气候条件下形成的。其雪线附近的年降水量一般为 500 ~ 800 mm,冰川主体温度为 - 10℃;冰川补给量小,消融缓慢。冰川运动速度较慢,一般年运动距离 30 ~ 50 m;冰川进退幅度小,侵蚀作用弱。

(三)冰川的水文特征

冰川的积累和消融是冰川最主要的水文特征。冰川积累是指冰体接受水量补给、冰层加厚、体积增大的过程;冰川消融则是冰体水量耗损、冰层减薄、体积减小的过程。冰川积累的物质来源包括降落在冰川表面的固态降水、风吹来的雪、山坡雪崩以及冰川表面的水汽凝结等。冬半年是冰川获得大量物质补充的时期,因此冬半年是冰川的积累期。

冰川的消融是在太阳辐射、暖湿气流和其它侵入冰川的有效热源的作用下发生的。消融方式可分为冰面、冰内、冰下消融三种。冰面消融是冰川消融的最主要方式,太阳辐射、空气乱流热交换、冰川两侧山坡辐射热和水汽凝结释热等均可引起冰面消融。冰内消融的热量主要来自冰雪消融水向下渗漏传热,冰川运动产生的机械摩擦热也可引起冰内消融。冰下消融可以因地热和冰下径流的传导热以及上覆冰层的压力和冰川运动时与冰底摩擦的机械热而引起,其中冰下径流的热传导是引起冰下消融的主要原因。

冰川的积累和消融,引起冰川的前进和后退。较长时期内冰川的稳定前进或持续后退,则反映了气候条件的变化。

(四)冰川对自然地理环境的影响

冰川对自然地理环境的影响是多方面的,它对气候、水分循环、地形和生物等均有重要的影响。规模较小的山地冰川可对附近局部小气候产生影响;而面积广阔的大陆冰川则可影响到全球的气候(见第三章冰雪覆盖对气候的影响部分)。南极巨厚的冰盖是一个巨大的冷源,形成强大而稳定的高气压中心,使南极地区盛行偏南风,它们将冷空气带向中纬度地带,影响行星尺度的大气环流和热量交换。同时,稳定的冷高压使气流难以深入南极大陆,因此南极地区降水十分稀少。

冰川在全球水分循环中也起着十分显著的作用。一方面,它可以存储从海面蒸发转移来的水分;另一方面,冰川的消融水又通过河川径流汇入海洋。据统计,全球冰川年均消融量约为 3 000 km³,几乎相当于全球河槽储水量的 1.5 倍。另外,冰川还是许多河流的补给水源,并对河川径流起着调节作用。例如,干旱少雨年强烈的太阳辐射能增加冰川融水对河流的补给,湿润多雨年冰川融水补给相应减少,这使得河川径流的年际变化趋于和缓。

冰川运动是塑造高寒地带地表形态的主要外营力,冰川的侵蚀、搬运和堆积作用形成了独特的冰川地貌(将在第五章详细介绍)。

当气候变冷、冰川大量积累、冰川范围扩大时,会导致全球海平面下降,并使冰川所经地区的生物界遭灭顶之灾;当气候变暖、冰川退缩时,会导致全球海平面上升,冰碛物面积扩大,生物重新侵入,土壤也开始重新发育。显然,冰川的进退可能使自然地理系统的面貌发生巨大的变化。

第三节　地　下　水

地下水是指存蓄和运动于土壤和岩石空隙中的水。地下水是水圈的一个重要组成部分,它与河流、湖沼和冰川等地表水体共同构成陆地水。

一、地下水的形成

(一)地下水的来源

地下水主要来源于大气降水在地表的下渗和地表水体的下渗。此外,埋藏于沉积岩中的部分地下水可能是在沉积岩形成时就保留其中的,这一部分地下水称为原生水;岩浆活动时期形成并保留在岩层中的矿质化热水,也是地下水的一种来源,这种地下水称为初生水;在沿海地区海水通过岩石向陆地渗透,也可成为地下水的一种来源。

(二)地下水的赋存条件

1.地下水赋存的基本空间

土壤和岩石中的空隙是地下水赋存的基本空间。空隙可分为孔隙、裂隙和溶隙三类。孔隙是指土壤、沙、砾石、黏土等松散堆积物中的固体颗粒或颗粒集合体之间普遍存在的相互连通呈小孔状的空隙。裂隙是指固结坚硬岩石在形成与变动过程中所出现的裂缝,如成岩裂隙、构造裂隙、风化裂隙等。一般说来裂隙两侧岩块无明显的位移和错动。溶隙是指盐岩、石膏、石灰岩、白云岩等可溶性岩石在地下水长期作用下溶蚀而成的各种空隙。上述三种空隙是地下水存储的场所和运动的通道,这些空隙的多少、大小及分布状况等决定了地下水的分布和运动特征。

2.岩石的水理性质

岩石与水的接触中所具有的性质,或与水的储存和运移有关的岩石性质称为岩石的水理性质,它包括岩石的容水性、持水性、给水性和透水性等。

(1)岩石的容水性:岩石的容水性是指岩石能容纳一定水量的性能。岩石中所能容纳的水分体积与岩石体积之比称为岩石的容水度,它是表征岩石容水性的指标。

(2)岩石的持水性:在重力作用下,岩石依靠分子力和毛管力在其空隙中保持一定水量的性质称为岩石的持水性。在重力影响下岩石空隙中所能保持的水量与岩石总体积之比称为持水度。细粒岩石常可有较高的持水度,粗粒岩石的持水度较低。

(3)岩石的给水性:在重力作用下饱水岩石能够流出一定水量的性能称为岩石的给水性。流出水的体积与储水岩石体积之比称为岩石的给水度。颗粒较粗的岩石具有较大的给水度,颗粒较细的岩石给水度较小。可见,岩石的给水性和持水性是相互制约的,给水性强的岩石持水性弱,给水性弱的岩石则持水性强。

(4)岩石的透水性:岩石的透水性是指岩石可使水透过的性能。对岩石的透水性能起决定作用的是岩石中各种空隙的大小、多少和空隙的连通情况。空隙越大、空隙越多、空隙连通性越好,岩石的透水性越强。根据透水性能大小,可将岩石分为三类:一是透水岩石,包括砾岩、粗粒砂岩及裂隙或溶隙发育良好的岩石;二是半透水岩石,包括疏松砂岩、细沙、黄土及裂隙和溶隙不甚发育的岩石;三是不透水岩石,包括板岩、页岩、黏土和各类块状结晶岩等。

3.含水层和隔水层

根据岩石水理性质的差异,岩层可分为含水层和隔水层两类。含水层是指在重力作用下能够给出并通过相当数量水的饱水岩层。含水层不仅储存地下水,而且地下水还可在其中运移,这就意味着含水层必须有大量的有效空隙且具有良好的透水性能。含水层水量的多少取决于含水层的厚度、透水性能和补给条件以及地形与地质构造条件等。隔水层是指在常压条件下仅靠重力作用不能给出或不能通过相当数量水的岩层。在自然界,绝对不含水和不透水的隔水层是不存在的,隔水层只是指在当地气候和水文地质条件下含水相对较少、透水性能较差的岩层。隔水层对地下水的运动起阻隔作用,它常常是含水层的边界。含水层能够储存地下水的多少,在一定程度上取决于隔水层的位置、形状和地质构造条件等。

二、地下水的水文特征

(一)地下水的动态

在各种自然地理要素的影响下,地下水的水位、水量、水温及化学成分等都发生有规律的动态变化,其中气候是影响地下水动态的最积极的因素。与地下水有水力联系的地表水体的动态变化,也常会引起地下水的变化。地下水的动态是由地下水的水量收入与支出所决定的。地下水的收入也称为地下水的补给,它包括大气降水的入渗、地表水体的下渗以及人工补给等。地下水的支出也称为地下水的排泄,它包括地下水的蒸发、向地表水体泄流以及人工开采等。为了准确掌握地下水的动态,常需要对地下水进行水量平衡计算。

(二)地下水的运动

地下水有多种运动形式,其中最主要的是在重力作用下沿岩石各种空隙的运动,这种运动称为渗透或渗流。渗透流动可有两种流态:一种是层流;另一种是紊流。地下水的运动速度比地表水慢得多,除了在较宽的岩石裂隙或大空洞中流速较快成为紊流外,多数情况下表现为层流。

1.层流与线性渗透定律

层流是指水流中的水质点流线相互平行的运动形式。地下水的层流运动符合线性渗透定律即达西定律。达西定律是法国水力学家 Darcy(1856)通过渗透实验而获得的。实验得出的结论为:单位时间内通过岩石的水量与岩石的渗透系数、水头损失和渗透水流断面面积成正比,与渗透距离成反比。用公式可表示为:

$$Q = KF(\Delta H / L) \tag{4-15}$$

式中 Q 为单位时间内渗透的水量;K 为岩石的渗透系数,它是表征岩石透水性能强弱的指标;F 为渗透水流的断面面积;L 为渗透距离;ΔH 为渗透路径长度上的水头损失。若令:

$$I = \Delta H / L$$

则 I 为水头梯度,将其代入式(4-15)可得:

$$Q = KFI$$

已知流量同流速和断面面积的关系为 $Q = FV$,将其代入上式得:

$$V = KI \tag{4-16}$$

由(4-16)式可以看出,渗透流速与水头梯度的一次方成正比。该关系式就是线性渗透定律,即达西定律。实践证明,自然界大多数地下水的运动符合线性渗透定律。

2.紊流与非线性渗透定律

紊流指水流中水质点互相混杂,水质点流线曲折且极不规则的运动形式。当地下水在岩石大空隙中运动时,由于阻力小,透水性好,流速较快,往往呈紊流运动。紊流运动服从谢才定律。其表达式为:

$$V = K\sqrt{I} \tag{4-17}$$

式中各符号的意义用(4-16)式。因为该式为非线性的,故称之为非线性渗透定律。

三、地下水的类型

地下水有多种分类方法,如按地下水理化性质的分类,按地下水储存空间的分类等等。我国目前比较通用的地下水分类,是按照埋藏条件的不同而划分为上层滞水、潜水和承压水三种类型。

(一)上层滞水

上层滞水是储存于包气带中局部隔水层上的重力水。它分布范围不广,水量不大;其主要补给来源是大气降水或地表水的入渗;排泄方式是蒸发、缓慢下渗或向隔水层边缘流散;补给区与分布区一致(图4-5)。

在坚硬岩层和松散沉积物中都可以形成上层滞水,但以松散沉积物中分布较多。在坚硬岩层风化裂隙中的上层滞水主要是季节性存在的水分,多耗于蒸发和水平方向上的流

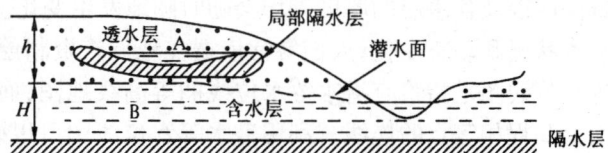

A.上层滞水；B.潜水；h.潜水埋深；H.含水层厚度

图4-5　上层滞水与潜水[4]

散。在松散沉积物中,只有当部分沉积物能够形成局部隔水层时才会出现上层滞水,如洪积、冲积物或黄土中形成的黏土层、铁盘和砂礓层等都可以构成局部隔水层,在其上部存留上层滞水。

地形对上层滞水的形成也有一定的影响。坡度较陡的地区,大部分降水以地表径流方式流走,难以形成上层滞水;而在地形平坦低洼处则易于形成上层滞水。

上层滞水动态极不稳定,主要是受气候条件的制约。此外,隔水层的范围、厚度和隔水性能等也影响到它的动态变化。上层滞水接近地表,故其矿化度一般较低,但也最易遭受污染。

(二)潜水

潜水是指埋藏于地表以下第一个稳定隔水层上具有自由表面的重力水。这个自由表面称为潜水面,潜水面的高程称为潜水位。从地表到潜水面的垂直距离称为潜水的埋藏深度。潜水面到下伏隔水层之间充满着重力水的岩层称为含水层(图4-5)。

潜水的主要特征之一是不承受静水压力而具有自由水面。在重力作用下,潜水由潜水位较高处向较低处流动形成潜水流。潜水面以上由于没有连续的隔水层阻隔,大气降水和地表水能够通过包气带补给潜水,所以潜水的补给区与分布区大体一致,这是潜水又一个主要特征。潜水的第三个特征是受当地自然条件特别是气候条件的影响较大,因此动态变化较大。潜水的第四个特征是分布普遍且埋藏较浅易于开采,因此常成为重要的饮用水和生产用水源。

潜水的补给主要来自大气降水和地表水的下渗。潜水的排泄主要有水平排泄和垂直排泄两种方式。前者是指潜水在重力作用下由高水位流向低水位,后者则是指潜水通过包气带蒸发。潜水水平排泄时,其盐分可随水流排出,地下水矿化度无明显变化;而垂直排泄时,盐分不能随水蒸发,因此会引起潜水矿化度升高和土壤盐渍化现象。

潜水的补给和排泄可直接引起潜水的动态变化,如潜水面的位置、潜水的埋

藏深度以及含水层的厚度等均会随时随地发生变化。为了研究一个区域潜水的基本状况和动态变化,人们常常依据实地调查资料绘制潜水等水位线图。潜水等水位线图是指绘有潜水等水位线的等高线地图,而潜水等水位线则是指潜水面上高程相等点的连线。利用潜水等水位线图可以确定潜水的埋藏深度、潜水流向、潜水的水头梯度、潜水与地表水体的补给关系等。比较同一地区不同时间的潜水等水位线图,则可分析出潜水的动态变化状况。

(三)承压水

承压水是指充满于两个隔水层之间承受一定压力的地下水。承压水的主要特征是其承受较大静水压力。上下两个隔水层分别被称为承压水的顶板和底板。当顶板因自然或人为的原因被穿透时,便会发生水位上升现象。水位上升到一定高度不再上升时的稳定水位叫承压水位。自隔水层顶板底面某一点到承压水位之间的垂直距离叫该点的水头。当承压水位高于地面高程时,该水头称为正水头,此时钻孔穿透顶板,地下水可自行流出,这时的承压水称为全自流水。当承压水位低于地面高程时,该水头称为负水头,承压水只能在钻孔中上升至一定高度,不能流出地表,这时的承压水称为半自流水。

承压水的形成主要取决于地质构造。埋藏承压水的构造盆地称为自流盆地,埋藏承压水的单斜构造称为自流斜地。自流盆地按其水文地质特征可分为三个区(图4-6):一是补给区。它位于构造盆地边缘,出露在地势较高的地表部分,直接得到大气降水

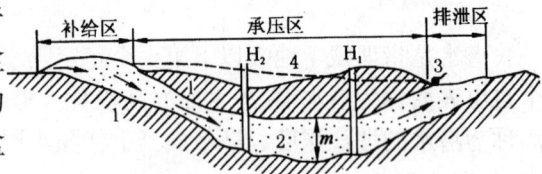

1.隔水层;2.含水层;3.泉;4.承压水位;
H_1.负水头;H_2.正水头;m.承压水层厚度

图4-6　自流盆地剖面图[4]

和地表水的补给,该区地下水具有潜水的特征。二是承压区。它位于自流盆地中部,该区地下水承受静水压力。三是排泄区。它位于地势较低的盆地边缘,含水层出露地表,地下水常以泉水形式泄出或直接泄入河流中。自流斜地的形成有两种情况:一是由断块构造形成自流斜地,即单斜含水层被断层错断而形成;二是倾斜含水岩层的岩性发生由粗向细的岩相变化或岩层在某深度处尖灭而形成自流斜地。无论是在自流盆地还是在自流斜地中,承压水的分布区与其补给区常不一致,这是承压水的又一主要特征。此外,承压水由于有隔水层保护,封存条件好,所以动态稳定,常是较为理想的水源。

承压水的富水程度,取决于含水层的分布范围、厚度、补给区及补给水源的

大小以及含水岩层的透水性能等因素。

第四节　海　洋

海洋是自然地理系统中水圈的主体,是地球上最庞大的水分源地。全球海洋面积 3.61×10^8 km²,占地球总表面积的 70.8%。在任一个大圆把地球分成两半的半球面上,海洋面积都大于陆地面积。例如,在北半球海洋占 60.7%,在南半球海洋占 80.9%。如果以经度 0°、47°N 的一点和经度 180°、47°S 的一点作为两极,把地球分为两半球,则以前一点为中心的半球最大可能地集中了地球的陆地部分,因此被称为陆半球;以后一点为中心的半球具有最为广阔的水域,因此被称为水半球。即使在陆半球上,海洋面积仍占一半以上,为 52.7%;而在水半球上,海洋占 90.5%。

海洋在自然地理系统中的物质输送和能量交换中起着重要的作用,对全球自然地理系统的形成与变化影响巨大。海洋曾是地球上生命的摇篮,如今它仍然孕育着繁多的生物,给人类提供了大量的食物资源。海洋还蕴藏着极其丰富的化学资源、矿产资源和动力资源,因此被人们称为"蓝色宝库"。

一、海水的化学组成和理化性质

(一)海水的化学成分

海水是含有多种溶质、气体和杂质的复杂的水溶液,其中水约占 96.5%,其它物质约占 3.5%。溶解在海水中的化学元素有 80 多种,但各种元素含量差别很大。根据含量的大小及与海洋生物的关系,这些元素可分为大量元素、微量元素和营养元素三大类。除了组成水的 H 和 O 两种元素外,其它含量大于 1 mg·L^{-1} 的元素有 12 种(表 4-1)。这些元素通常被称为大量元素,它们是海水的主要成分,占海水总

表 4-1　海水中主要元素含量表[1](单位:mg·L^{-1})

元素	含量	元素	含量
Cl	18 980	Br	65
Na	10 561	C	28
Mg	1 272	Sr	8
S	884	B	4.6
Ca	400	Si	3
K	380	F	1.3

盐分的 99.9%。其它元素因在海水中含量极少而被称为微量元素。此外,P、N、Si、S、Ca 等元素对于构成海洋生物有机体有重要的作用,因而被称为营养元素。

海水中溶解盐类的总量约为 5×10^{16} t。这些盐分若全部沉入海底,整个大洋底部将会积存 60 m 厚的盐层;若将它们平铺在陆地表面,则大陆平均高度将增高 150 m。海水中主要盐分的含量见表 4-2。由表 4-2 可知,溶解在海水中的盐类以氯化物为最多,可占总盐量的 88.6%;其次为硫酸盐,占 10.8%。

表 4-2　海水中各种盐分的含量[5]

盐类名称	含量($g \cdot kg^{-1}$)	占总盐分(%)	盐类名称	含量($g \cdot kg^{-1}$)	占总盐分(%)
NaCl	27.2	77.7	K_2SO_4	0.9	2.5
$MgCl_2$	3.8	10.9	$CaCO_3$	0.1	0.3
$MgSO_4$	1.7	4.7	其它盐分	0.1	0.3
$CaSO_4$	1.2	3.6	总　计	35.0	100.0

(二)海水的理化性质

1.海水的盐度

海水的盐度是指海水中溶解盐分的浓度,通常指每千克海水中所含盐类的总克数,以千分率表示。通过对海水的大量化学测定得知,不论海水含盐量大小如何,其主要成分之间的浓度比是恒定不变的,这种现象被称为海水组成的恒定性。人们根据这一性质,只要测定出海水中某一主要元素的浓度,即可按比例求算出其它主要元素的大致含量,进而求出海水的盐度。因为 Cl^- 占全部主要成分的 55%,且 Cl^- 能用化学滴定法便捷地测出,所以海洋学上常常选用 Cl^- 作为推求盐度的元素。通常,人们将每千克海水中所含卤素的克数称为氯度。人们又进而导出了由氯度推求盐度的关系式:

$$盐度(‰) = 1.806\ 55 \times 氯度(‰) \tag{4-18}$$

随着电导盐度计的发明,海水盐度的测定更为简单、快捷和精确了。经测定,大洋海水的盐度一般在 33‰ ~ 37‰ 之间,平均值为 34.6‰。

海水盐度的大小受许多因素的影响。就大洋表面而言,盐度值主要同降水量与蒸发量有关:降水量大于蒸发量的海区,盐度低;反之盐度高。大洋表面海水盐度的经向分布呈马鞍形,即赤道附近较低,向高纬度增加到副热带海区盐度最高,然后盐度又随纬度的增高而降低。这是因为赤道海区降水量大于蒸发量,故其盐度较低,约为 34‰;副热带高压海区降水稀少、蒸发强烈,盐度可高达

37‰;高纬海区由于气温低、蒸发微弱,降水量大于蒸发量,所以盐度也较低,约为33‰。除降水与蒸发外,大陆径流的注入、结冰和融冰以及海水运动等因素均对海水盐度的分布和变化有直接的影响。

2.海水的温度

海水的温度是海洋热能的表现形式,水温的高低取决于海洋热能的收支状况。太阳辐射是海水最主要的热量来源。另外,大气长波辐射、海面水汽凝结释放的潜热、暖于海水的降水和大陆径流的注入以及地球内热释放也能给海洋带来一些热量。海水蒸发潜热损失是海洋热量支出的主要方式,海面向大气的长波辐射、海面与冷空气的热量交换也使海水消耗热量。当海洋表面海水接受太阳辐射增温后,可通过热传导和海水运动将热量向深层海水传递。低纬海域获得的太阳热能较多,又以洋流水平运动的形式把热量输向高纬海域。

由于海水热量的主要来源是太阳辐射,而太阳辐射的空间分布又有明显的纬度差异,所以海洋表层的水温分布也表现出从低纬向高纬递减、等温线大致与纬线平行呈带状分布的规律性。赤道附近海域年平均水温为27℃左右;南、北纬35°左右约为18℃,南、北极区海域水温低于0℃。南半球海域因三大洋连成一片,其水温的纬度地带分布更为明显;北半球则主要由于海陆分布和大洋东西两侧性质不同的洋流的影响,其海域东西两侧水温分布有明显差异。以40°N为界,在低纬海域大洋西侧水温高于东侧,在高纬海域大洋东侧水温高于西侧。

世界大洋表层年平均水温为17.4℃,比近地面年平均气温高出3℃。就三大洋相比,太平洋所处热带、亚热带面积宽广,接受的太阳辐射能较多,表面水温高于25℃的海区约占总面积的66%,因此其表面平均水温最高,为19.1℃;大西洋的热带、亚热带海域面积狭窄,表面温度高于25℃的海区仅占总面积的18%,故其表层平均水温最低,约为16.9℃;印度洋平均水温居于两者之间,为17.4℃。

需要指出的是,在南北半球海面相同纬度上,北半球海面水温均高于南半球海面水温,许多纬度地带北半球海温高出南半球2℃以上,尤其是在大西洋南、北纬50°~70°海域,水温相差可达7℃之多。对这一现象可以从两个方面加以说明。一方面,南半球的热带水可以流到北半球海域,将热量向赤道以北输送;北半球暖流势力强大,一直可影响到高纬海区。另一方面,北冰洋比较孤立,狭窄的通道和海底海槛的存在,使其冷水不能大量南流,其冷却作用不能自由地影响到太平洋和大西洋;而南半球上整个洋面向南极方向是敞开的,南极地带的冷却作用可以畅通无阻地影响到南半球海洋。可见,北半球海水的增温因素多于南半球,而北半球海水又不像南半球海水那样受到极地的冷却作用,这就无怪乎相同纬度地带北半球海水温度高于南半球了。大量观测证明,大洋表层最高年平均水温出现在 7°N 附近,人们称之为海洋热赤道北移。

海水温度除上述水平差异外,还有自海面向海底的垂直变化。在中、低纬海区,从海面向下,水温呈不均匀递减。上层水温垂直梯度大,水温变化急剧,该层通常被称为暖水区;愈向深处,水温的垂直梯度愈小,水温愈趋均匀,该层被称为冷水区。上层暖水区的厚度有自低纬向高纬逐渐减薄的趋势,直到极地海区上层暖水区消失。

海水温度有日变化和季节变化,但其变化幅度小于气温的变化幅度,极值出现的时间也滞后于气温。

3.海水的密度

海水的密度是指单位体积海水的质量,单位是 $g \cdot cm^{-3}$。在相同温度下,海水密度值大于纯水密度值,海水密度变化范围为 $1.022\,00g \cdot cm^{-3} \sim 1.028\,00g \cdot cm^{-3}$。由于海水的密度受温度、盐度和压力的影响,因此在表示海水的密度时,通常要注明温度、盐度和压力的状态(用 $\rho_{s,t,p}$ 表示)。

世界大洋表层海水密度从赤道向两极逐渐增大。赤道海域表面水温高、盐度低,海水密度较小;副热带海区虽然海水盐度很高,但由于温度也很高,所以密度并不大;海水最大密度出现在极地海区。海水密度在垂直方向上从海面向下逐渐增大,但密度的垂直梯度随水深的增加而递减,距海面 1 500m 处再向下密度变化很小,大洋深处的海水密度几乎不再随水深而变化。

海水密度也有日变化和年变化,但一般说来变化幅度不大。

二、海水的运动

(一)波浪

1.波浪和波浪要素

海洋中的波浪是海洋表层水在风、潮汐、地震或局部大气压变化作用下所产生的高低起伏的周期性波动现

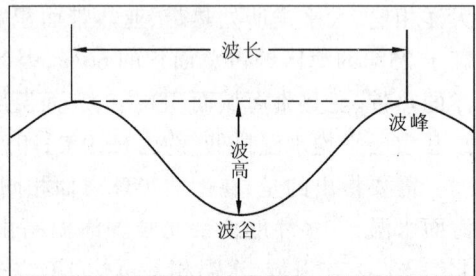

图 4-7 波浪要素示意图[2]

象。波浪是海洋中最普遍的一种海水运动形式,它对海水理化性质及海岸带侵蚀与泥沙堆积等均有重要的影响,也是塑造海岸地貌形态的主要动力因素。

描述波浪形态、大小和运动的要素称为波浪要素。波浪的基本要素有波峰、波谷、波高、波长、周期和波速等。如图 4-7 所示,波峰是波浪的最高点,波谷是波浪的最低点,波高是相邻波峰与波谷之间的垂直距离,波长是两个相邻的波峰或波谷之间的水平距离,周期是相邻两个波峰(或波谷)通过空间同一点所需要

的时间,波速是指波形传播的速度,它在数值上等于波长与周期的比值。

2.波浪的形成

波浪运动的实质是水质点振动运动的发生和波形的传播。流体力学告诉我们,在无外力作用时,水质点在重力作用下处于平衡状态。当水质点受到外力(风、地震等)的作用时,要离开自己的平衡位置;而在内力(水压力、表面张力等)的作用下,水质点又力图回到原来的平衡位置。内外力共同作用的结果,使得水质点围绕其平衡位置作封闭的或接近于封闭的圆周运动。假定静止时位于同一水平面上的水质点在运动时具有相同的振幅,则它们运动的轨迹圆大小相等。因受外力作用的先后不同,原在同一水平面上的水质点在各自的轨迹圆上的位相也就不同。在某一时刻(t)将各水质点的位相点连结起来就能得到一条波形线(图4-8中的实线波形线);经过一段时间后的又一时刻($t + \triangle t$),将各水质点的新位相点连结起来又能得到一条新的波形线(图4-8中的虚线波形线)。由此可见,波浪运动只是波浪形状的传播,形成波浪的水质点只是环绕各自的平衡位置作近似圆周运动,整个水体并未向前运动。

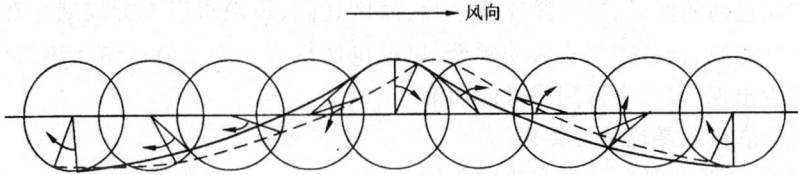

图4-8　波浪水质点的运动与波形的传播[5]

3.风浪和涌浪

在风的直接作用下海面产生的波浪称为风浪,它是海洋中最为常见的波浪。根据流体力学的观点,当两种密度不同的介质互相接触并发生相对运动时,在其分界面上就要产生波动。当空气在海面上流动时,自由水面是水和空气之间的分界面,由于摩擦力的作用便引起了海面的波动,即形成风浪。风浪是在风力作用下的强制波。它波面粗糙,波峰尖锐,波谷较宽广,迎风面坡度平缓,背风面陡峻,波形不对称。

风以两种方式将其能量传递给风浪,一是风对波浪迎风面的正压力,二是气流与波面平行的切应力。在风速大于波速的整个时期内,波浪始终能通过风的正压力接受风能。当波速增加到与风速相等时,波浪不能从风的正压力得到能量,但仍能通过切应力接受风能,这就为波速超过风速创造了条件。风浪的发展取决于风速、风时和风区。风速是指空气质点运动速度,风时是指状态相同的风作用于海面的时间,风区是指状态相同的风作用于海区的长度。毫无疑问,风速越大、风时越长、风区越长,形成的风浪就越大。但是,风浪不能无限制地发展,因为风浪发展到一定规模后,涡动摩擦以及空气阻力等要消耗它的能量,所以当风浪得到的能量与本身消耗的能量相等时,风浪就达到了它充分成长的状态而不会继续增大了。

　　当风开始平息或波速超过风速时,风浪离开风区传到远处,这时的波浪称为涌浪。涌浪属于自由波,其波面光滑平缓,波形规则对称。涌浪在其传播过程中,波高逐渐变小,平均波长和周期却不断增加。涌浪传播的距离越远,波长大、周期长的波越占优势地位,所以从总体上看涌浪的波长和周期都在增加。

　　涌浪的波长比它的波高大40倍~100倍,非常低的涌浪其波长可能超过波高1 000倍以上,以致在海上难以发觉它,只有在靠近海岸的地方才能被人觉察。涌浪传播速度很快,有时会超过海上风暴系统的移动速度,所以当涌浪冲击海岸发出巨响时,往往预示着台风即将来临。

　　风浪的地理分布规律比较明显。一般来说,中、高纬海区的风浪比低纬海区大,最大的风浪通常出现在南半球的西风带里。因为南半球中纬度海域终年盛行稳定而强劲的西风,三大洋连成一片,海区辽阔,风浪得以充分发展。在副极地低压带海域,秋冬季气旋活动频繁,风浪也比较大。赤道海区由于风力微弱,大浪很少出现,但可常遇到传来的涌浪。

　　4.波浪接近岸边时的变化

　　波浪主要表现在海面和表层海水中,从水面向下,波浪作用强度以指数率减小。理论研究与实际观测表明,从水面向下相当于一个波长的水深处,水质点波动的振幅(水质点圆周运动轨迹的半径)仅为海面处波浪振幅的1/512,接近静止状态,因此通常将该处看作是波浪作用的下限。在水深大于1/2个波长的海域发生的波浪称为深水波,水

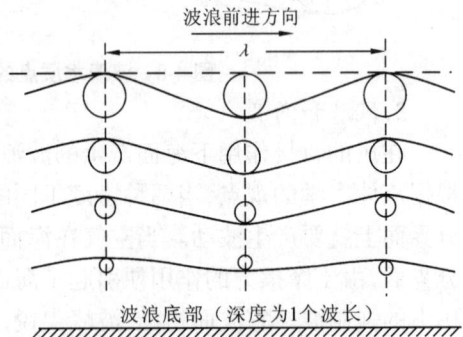

图4-9　深水波余摆线剖面图[1]

深小于1/2个波长的海域发生的波浪称为浅水波。对于深水波,可用余摆线理论来描述(图4-9)。从图4-9可以看出,深水波具有如下四点性质:第一,从水面到一个波长水深处的水质点运动轨迹都是圆。第二,波形是余摆线。所谓余摆线是当一个圆沿其切线滚动时圆内任一点(除圆心外)的运动轨迹线。第三,从海面向下,波高随水深增加呈指数规律急剧变小。第四,在波浪所及的深度范围内,波长、波速和周期不发生变化。

当水深小于 1/2 个波长时,由于海底摩擦的影响,水质点的运动轨迹由圆形变为椭圆形,愈向海底,轨迹形状愈扁;到海底处,水质点就只是平行于海底作前后往复直线运动了(图 4-10)。此时,波浪剖面也由深水波的圆余摆线形变为浅水波的椭圆余摆线形了。

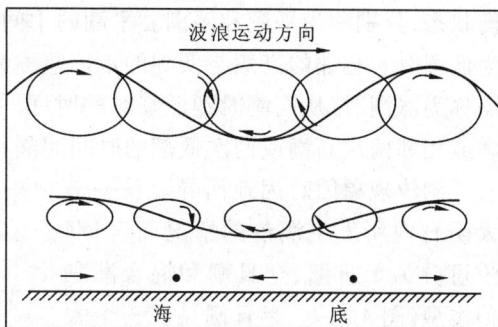

图 4-10 浅水波中的水质点运动[4]

在靠近岸边的浅海区,波浪的能量除了部分地消耗于海底摩擦之外,都集中在范围更小的水层中,这就必然引起波长的缩短和波高的增大。由于海底摩擦,波浪的前坡陡于后坡,当波峰逐渐赶上和超过前边的波谷时,波浪就在重力作用下发生倒卷和破碎。这种倒卷和破碎的波浪称为破浪。波浪发生破碎时的水深称为临界水深,它一般为波高的 1~2 倍。破浪继续向海岸推进,波浪完全破碎,形成一列列水脊拍打海岸。这种直接打击海岸的波浪称为拍岸浪,它对海岸有巨大的冲击力量。

波浪在传到岸边附近时,由于水深变浅,波浪与海底发生摩擦,致使波速减慢。当波峰线(垂直于波浪外力方向的各波峰点的连线)与海岸边等深线不平行时或当波射线(垂直于波峰线而代表波浪前进方向的线)与海岸线不垂直时,位于较深一侧的波峰线传播速度大于较浅的一侧,因而使波向发生转折,形成波浪的折射现象。波浪折射的结果,常使外海传来的波浪到海岸处时,其波峰线变得大致与海岸平行。波浪的折射常引起岬角的侵蚀和海湾的堆积,对海岸地貌的形成和演化有重要影响。

(二)潮汐

潮汐是海水在天体引潮力的作用下所发生的一种周期性运动,它包括海面周期性的垂直涨落和海水周期性的水平流动。通常称前者为潮汐(狭义),称后者为潮流。

1.潮汐要素和潮汐类型

描述潮汐现象的一些术语称为潮汐要素。在潮汐涨落的每一周期中,水位上涨的最高位置称为高潮或满潮,水位下落的最低位置称为低潮或干潮。从低潮到高潮,水位不断上涨的过程叫涨潮;从高潮到低潮,水位不断下降的过程叫落潮。当潮汐达到高潮或低潮位置时,水面在一个短时间内处于不涨不落的平衡状态,分别称为平潮和停潮。平潮的中间时刻称为高潮时,停潮的中间时刻称为低潮时。相邻的高潮与低潮的水位差称为潮差。从低潮时到高潮时的时间间隔称为涨潮时,从高潮时到低潮时的时间间隔称为落潮时。涨潮时与落潮时之和或相邻两次高潮或两次低潮的时间间隔称为周期。

潮汐现象因时因地而异。就一个太阴日内所发生潮汐的情况而言,潮汐可分为半日潮、全日潮和混合潮三种类型(图 4-11)。半日潮是在一个太阴日内有两次高潮和两次低潮,而且两个相邻高潮或低潮的潮高几乎相等,涨、落潮时也近乎相等的潮汐。全日潮是指在一个太阴日内只有一次高潮和一次低潮的潮汐。混合潮是指在一个太阴日内也有两次高潮和两次低潮,但潮差不等,涨潮时、落潮时也不相等的潮汐。

就各海区发生潮汐情况的不同,可以分出半日潮海区、全日潮海区和混合潮海区三种类型。半日潮海区是指始终发生半日潮的海区。全日潮海区是指在半个月内,连续 7 天以上发生全日潮,其余的日子则为一天两次

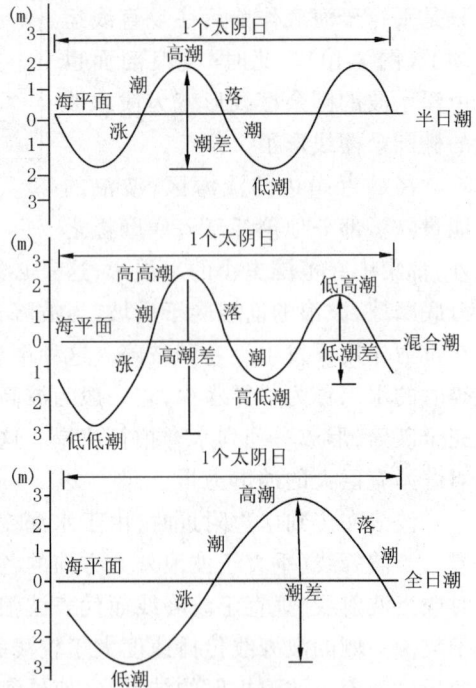

图 4-11　潮汐类型[5]

潮的海区。混合潮海区可分为不规则半日潮海区和不规则全日潮海区两类。不规则半日潮海区是指每个太阴日均为混合潮的海区;不规则全日潮海区是指在半个月内多数日子为混合潮,但有时也发生全日潮,而全日潮的天数不超过 7 天的海区。

2.潮汐的成因

海洋潮汐现象是在天体引潮力的作用下形成的。影响潮汐的天体主要是月球和太阳,所以天体引潮力又包括月球引潮力和太阳引潮力。其中,月球的引潮力最大,太阳的引潮力次之。理论推导证明,天体引潮力与天体的质量成正比,和天体中心到地球中心距离的三次方成反比。我们知道,太阳质量约为月球质量的 $2\,717 \times 10^4$ 倍,日地距离约为月地距离的 389 倍,由此可以算出月球引潮力是太阳引潮力的 2.17 倍。所以,月球引潮力对潮汐的形成至关重要。所谓月球

引潮力是指地球单位质量的物体所受到的月球引力和地球月运动所产生的惯性离心力的合力。

从万有引力定律可知,地球上不同地点的质点受到的月球引力大小不同,离月球近的质点受到的引力大,离月球远的质点受到的引力小,但引力的方向皆指向月球。为了讨论地球月运动所产生的惯性离心力,我们先说明什么叫地球月运动和它是怎样发生的。在地球和月球这个引力系统中,地月互相吸引着。为了保持系统内的平衡,也就是说,为了使地月中心的平均距离保持不变,作用于地球和月球上的力,其矢量和必须分别为零。要满足这一条件,地球和月球都必须作相对的周期运动。对地月系来说,其共同质心的位置是在地球内部距离地心 0.73r(r 为地球半径)的地方,并处于地心与月心的连线上。月球中心绕地月共同质心在近似圆形的椭圆轨道上一个月转一圈,这就是月球的公转运动。为了保持地月系平衡,地球中心也必须绕地月系共同质心作圆周运动,周期也是一个月,这就是地球的月运动(图 4-12)。

地球的月运动是平动。所谓平动是指运动物体上任何两点的连线在运动过程中始终保持平行。因此,当地心绕地月系共同质心作圆周运动时,地球上其它任何质点也必须以相同的半径(0.73 r)围绕各自的轨迹圆圆心作圆周运动才能满足平动的要求。如图 4-12 所示,E 为地心,M 为月球方向,G 为地月系共同质心,P 为地球表面上任意一点。以 G 为圆心,以 GE

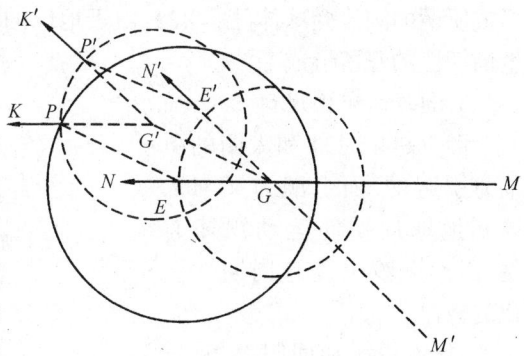

图4-12　地月系统中地球月运动示意图[5]

为半径所画的虚线圆表示地心 E 绕共同质心 G 旋转时的轨迹圆。过 P 点作 PG′,并使 PG′ 等于并平行于 EG;以 G′ 为圆心,以 G′P 为半径作出的虚线圆表示 P 点的地球月运动轨迹圆。此时地心 E 和地表 P 点的离心力大小相等($\vec{EN}=\vec{PK}$),方向相同,彼此平行,并且都背离月球方向。当月球运行到 M′ 方向时,地心 E 运行到 E′ 处地表 P 点运行到 P′ 处,同理也可证明 $\vec{P'K'}=\vec{E'N'}$,也背离月球方向。地心处的离心力正好和月球引力大小相等、方向相反而抵消,处于平衡状态。由此可知,地球上除地心以外的任何质点的惯性离心力均等于月球对地心处的引力,它们大小相等、方向彼此平行且都背离月球方向。

综上所述,月球对地球上各质点的引力大小不同,地球上各点的惯性离心力都相同,两者的合力(即引潮力)各处不等。地心处月球引力与惯性离心力大小相同,方向相反,引潮力为零。其它任何地点引潮力均不为零,如在正垂点,月球引力大于惯性离心力,引潮力指向月球;在反垂点处,月球引力小于惯性离心力,引潮力背向月球。假定地球表面为均匀等

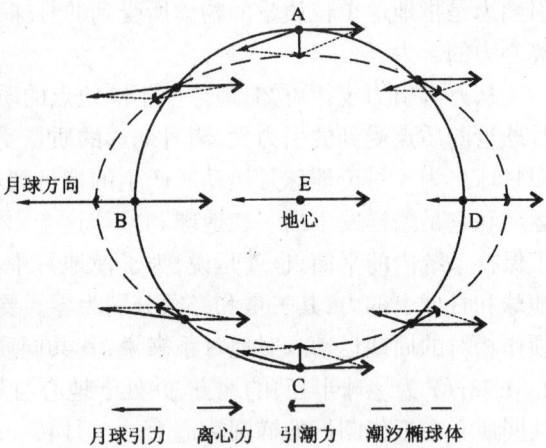

图 4-13   月球引潮力和潮汐椭球[5]

深的海水所覆盖,那么在引潮力的作用下,原来的球形海面将变成椭球形海面,形成所谓的潮汐椭球体(图4-13)。由于地球的自转,所以任一地点的海面均将发生周期性的涨落形成潮汐。

3.潮汐的变化规律

潮汐是由月球和太阳的引潮力引起的,而引潮力又与天体和地球周期性运动规律有关,因而潮汐也具有周期性变化的规律。

(1)赤道潮和回归潮:月球赤纬的变化会引起地球上潮汐的相应变化。当月球赤纬为零时,即月球在天球赤道上时,地

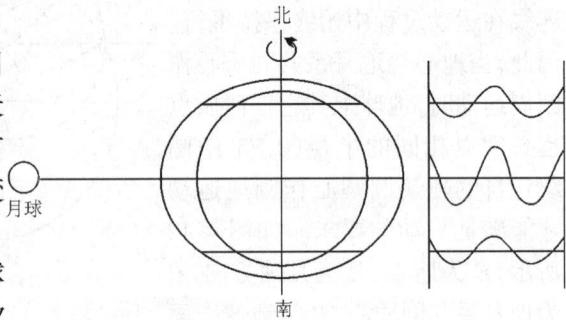

图 4-14   赤道潮(月球赤纬为零时)[4]

球各处的海面均发生典型的半日潮。其潮差从赤道向两极递减,这时的潮汐称为赤道潮或分点潮(图4-14)。如图4-15所示,当月球赤纬最大时(在回归线附近),赤道处为半日潮,CC_1 到 DD_1 的中、低纬地区(赤道除外)均为混合潮;在高纬地带,即从北极到 CC_1 和南极到 DD_1 的范围内为全日潮。这时的潮汐被称为回归潮。月球赤纬从零变化到最大的过程中,半日潮海区的范围由全球缩小到赤道海域,混合潮和全日潮海区的范围则从零开始增大到最大范围。同样,太阳赤纬的变化也能引起潮汐的变化,只是变化程度弱于月球的影响而已。

（2）大潮和小潮：人们通常称月球引潮力引起的潮汐为太阴潮，太阳引潮力引起的潮汐为太阳潮。太阴潮是海洋潮汐的主体，太阳引潮力只起到增大或减小太阴潮差的作用。这种作用是由日、地、月三者空间位置的周期性变化所决定的。当月相为朔或望时，日、地、月三者近似在一条直线上，日、月引潮力方向一致，相互叠加，太阳高潮最大限度地拔高了太阴高潮，太阳低潮最大限度地压低了太阴低潮，从而形成了最大的潮差，这种高高潮与低低潮的潮汐

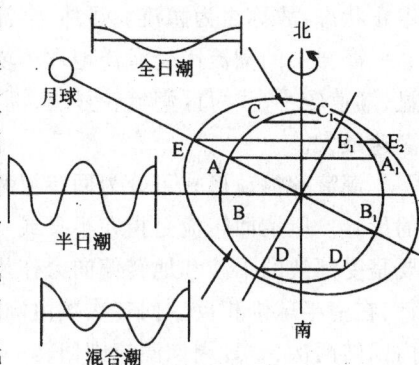

图4-15　回归潮（月球赤纬最大时）[4]

称为大潮。当月相为上弦或下弦时，日、地、月三者的连线形成直角，日、月引潮力相互抵消一部分，太阳低潮最大限度地削低了太阴高潮，太阳高潮最大限度地填高了太阴低潮。这种高潮不高、低潮不低的潮汐称为小潮（图4-16）。

（3）近地潮和远地潮：近地潮和远地潮是由月球绕地月系共同质心旋转而产生的。当月球运行到近地点时，引潮力和潮差都要大一些，这时的潮汐为近地潮；当月球运行到远地点时，引潮力和潮差都要小一些，这时的潮汐称为远地潮。据计算，近地潮发生时的引潮力要比远地潮发生时的引潮力大40%左右。同样地，当地球运行到近日点时所产生的潮汐，要比地球运行到远日点时所产生的潮汐大，近日点时的太阳引潮力比远日点时的太阳引潮力大10%左右。

应当指出，上述潮汐的变化规律仅考

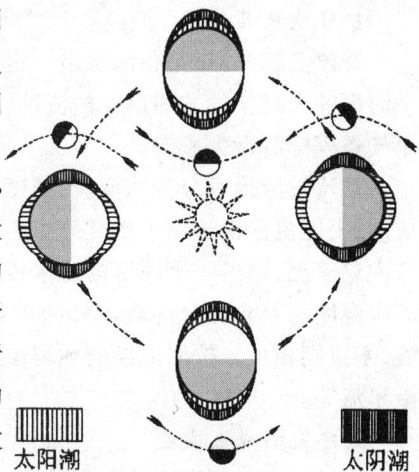

图4-16　大潮和小潮[4]

虑天文因素的影响。事实上，由于各地的潮汐还要受当地自然地理条件特别是海区地形的影响，因而实际发生的潮汐要复杂得多。

4.潮流

潮流是指海水在天体引潮力作用下所形成的周期性的水平流动，它和潮汐现象是同时发生的。其中，随着涨潮而产生的潮流称为涨潮流，随着落潮而产生的潮流称为落潮流。当高潮和低潮时，各有一段时间潮流速度非常缓慢，接近于

停止状态,故称之为憩流。显然,潮流与潮汐涨落具有同样的周期。

　　海洋中的潮流因受海洋地理环境的影响而互有差异。大洋中部潮流不太明显,潮速较小;浅海区潮流较显著,潮速较大;海峡或海湾入口处的潮流最明显,潮速最大。

　　潮流的运动形式可分为回转流和往复流两种。回转流是潮流运动的最普遍的形式。所谓回转流是指在半日或一日之内流向变化360°的潮流,它的产生主要是受潮波的干涉和地转偏向力作用的结果。在北半球,回转流的方向为顺时针,在南半球则相反。回转次数由潮汐类型所决定,半日周期潮流在一个太阴日内回转两次,全日周期潮流则回转一次。往复流多发生在海峡或海湾的入口处,由于受地形限制,海水只能在两个主要方向上作往复流动。在喇叭形海湾或河口中,潮流可以激起高达十几米的怒潮,如北美的芬地湾和我国的钱塘江口,都有蔚为壮观的怒潮发生。

(三)洋流

1.洋流及其分类

　　洋流又称海流,是指海水沿一定方向从一个海区水平地或垂直地流向另一个海区的大规模的非周期性的流动,它对海洋水文特征、人类海上活动和大陆沿岸气候等都有巨大影响。

　　洋流按成因可分为风海流、密度流和补偿流三类。风海流是由风力作用形成的;密度流是由于海水密度分布不均而产生的;补偿流则是由于海水从一个海区大量流出,而另一个海区的海水流来补充而形成的。洋流按本身水温和周围海水温度的差异可分为暖流和寒流。暖流是本身水温高于周围海水水温的洋流,寒流则相反。按照流经的地理位置,洋流又可分为赤道流、大洋流、极地流和沿岸流等。

2.洋流的成因类型

　　(1)风海流:风海流是海水在风的切应力作用下形成的水平流动。风海流可分为深海风海流和浅海风海流两类。深海风海流又称为漂流,它发生在远离陆地、面积广大的深海区。这里表面海水密度均匀,且海底对风海流不发生作用。定向恒速的风作用于海面,风通过与海面的摩擦将能量传递给海水,从而使表面海水流动。由于地转偏向力的作用,使表面海水流动方向偏离风向45°左右。从海面向下,由于海水内摩擦力和地转偏向力的共同作用,海水流动方向偏离表面风向的角度线性加大,直到某一深度处,海水流向与表面流向相反,这一深度称为摩擦深度。经测算,这里的海水流速仅为表面流速的4.3%左右,几乎停滞,故可将摩擦深度作为风海流的下限。摩擦深度一般为从海面向下 100 ~ 300 m。由风海流的垂直主体结构可以看出,它的水体输送方向与风向垂直。与深海风海流不同,浅海风海流受海底摩擦的影响,其表面海流的流向与风向的偏角较小,由海面向下海流流向随深度的变化缓慢。在水深很浅的海域,风海流的方向几乎与风向一致。

(2)密度流:密度流是由于海水密度分布不均匀,导致压力分布不均匀,在压强梯度力和地转偏向力平衡时所产生的海水流动。密度小的海水因体积较大而使海面升高,密度大的海水因体积较小而使海面下降,所以在海水密度不同的两个海域之间便产生海面的倾斜。这样,在表层海水内部有密度差异的任意一条水平线上就存在着压力梯度。在压强梯度力的作用下,海水就会从高压力区流向低压力区,即从低密度区流向高密度区。流动一旦发生,地转偏向力就要使流向发生偏转,直到水平压强梯度力与地转偏向力平衡时,海流便不再转向,其方向近似垂直于压强梯度力方向。

海水密度分布不均匀往往是由于海水受热或冷却的不均匀或蒸发和降水的不均匀(影响海水盐度)而产生的,因此密度流又常被称为热盐环流。由于在海面下 1 500 m 左右深度处海水密度的水平分布趋于均匀,因此密度流的发生范围在 1 500 m 深度以内,这比风海流作用的深度要大得多。

(3)补偿流:补偿流是指起补偿作用的海水流动。补偿流可在水平方向上发生,称水平补偿流;它亦可在垂直方向上发生,称垂直补偿流。垂直补偿流又可分为上升流和下降流两种。由风海流引起水体垂直于风向的大规模水体输送,必然有其它海域的海水来补充,即发生补偿流,因此有人称补偿流为风海流的副效应。

需要指出的是,由单一因素产生的海流并不存在,实际发生的海流总是多种因素综合作用的结果。海洋表层海流主要受盛行风系的影响,为风生大环流,以东西向流动为主;海洋深层则是热盐环流,以南北向流动为主。

3.大洋表层环流系统

大气与海洋之间处于相互作用、相互影响之中。大气从海洋上获得能量而产生运动,大气运动又驱动着海水运动。在大气环流、海面气压场、地转偏向力以及海陆分布等因素的综合影响下,产生了大洋表层环流系统。这一系统包括反气旋型环流、气旋型环流、季风漂流和绕极环流几个组成部分(图 4-17)。

(1)大洋表层反气旋型环流:这种环流分布在南、北纬 50°之间,以副热带高压带为中心,并在赤道两侧呈非对称式分布。反气旋型环流由赤道洋流、大洋西侧暖流、西风漂流和大洋东侧寒流所组成。在赤道两侧,东南信风和东北信风引

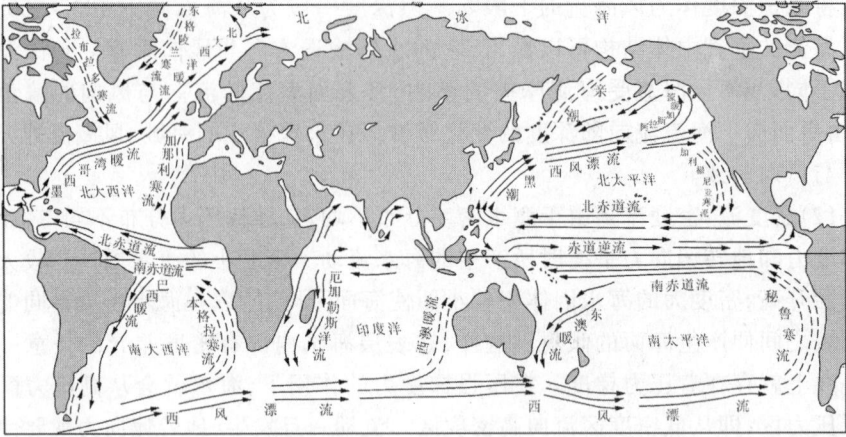

图 4-17   世界大洋表层环流图[3]

起强大漂流,自东向西横贯大洋,称为南、北赤道流。由于海洋热赤道北移,南、北赤道流并不对称于赤道,而是明显偏北。南、北赤道流向西遇大陆后,一小部分海水向东折回形成赤道逆流,补偿大洋东部失去的海水。另外大部分分别向南、北高纬海域分流,形成一些暖流,如黑潮、东澳暖流、墨西哥湾流、巴西暖流、厄加勒斯暖流等,有人称它们为西边界流。在流向高纬的过程中,这些暖流受地转偏向力的作用逐渐转向,进入西风带后又受西风作用变成西风漂流。西风漂流向东运动遇到大陆后又分为南、北两支。除去流向高纬海域参与另一环流系统的暖流外,向低纬流来的寒流有加利福尼亚寒流、秘鲁寒流、加那利寒流、本格拉寒流、西澳寒流等,有人称它们为东边界流。东边界流与赤道洋流首尾相接,从而构成闭合的环流系统。在北半球形成的是顺时针方向的环流圈,南半球形成的是逆时针环流圈。由于海水流向与大气系统中反气旋气流的流向相同,故称其为反气旋型环流。

(2)大洋表层气旋型环流:这种环流分布在 45°N ~ 70°N 之间,在太平洋和大西洋分别以阿留申低压和冰岛低压为中心。低压东侧是由西风漂流向北分出的暖流,如阿拉斯加暖流、北大西洋暖流;低压西侧为在极地东北风作用下形成的寒流,如亲潮、东格陵兰寒流。这些暖流和寒流与西风漂流共同构成北半球中、高纬度区反时针方向流动的环流。因其流向与气旋气流的方向一致,故称其为气旋型环流。

(3)北印度洋季风漂流:北印度洋是受季风影响的季风漂流区,这是它有别于其它海洋的显著特征。冬季北印度洋盛行东北季风,形成东北季风漂流;夏季北印度洋盛行西南季风,形成西南季风漂流。在图 4-17 中,北印度洋部分只是表示了它夏季季风漂流的情况。

(4)南极绕极环流:由于南太平洋、南大西洋和南印度洋在南极大陆周围连成一片,因此在这里形成了世界大洋中环绕地球一周的大洋环流。绕极环流由方向相反的两圈海流所组成:紧靠南极大陆边缘在极地东南风作用下形成的是自东向西绕极一周的环流,其范围较为狭窄;在外围的大部分海域则是在盛行西风作用下形成的自西向东绕极一周的西风漂流。在地转偏向力的影响下,两圈环流间形成了海水辐散带,从而引起深层海水的上升。

4.水团与大洋深层环流

水团是指在同一源地形成、理化性质均匀一致和运动状况基本相同的大规模海水体。按理化性质的不同,水团可分为暖水团和冷水团;按水团垂直空间分布的差异,又可分为表层水团、次表层水团、中层水团、深层水团和底层水团等。其中,表层水团和次表层水团为暖水团,中层水团、深层水团和底层水团为冷水团。

在深入南极大陆的威德尔海和罗斯海海域,低温、高盐、密度很大的表层水团极易下沉。特别是在冬季结冰过程中,强烈的对流混合可使密度很大的表层水下沉到数千米的海底,形成南极底层水团。这个水团由南向北运动,从大洋底部越过赤道进入北半球,在大西洋可达 45°N,在印度洋可直抵孟加拉湾和阿拉伯海,在太平洋可到达阿留申群岛。北冰洋也能生成密度很大的底层水团,但因被封闭在孤立的海盆中,海水不能大量南流。

深层水团生成于北大西洋挪威海盆,其密度小于底层水团。在 50°N 以南,这个水团流动在底层水团之上,厚度约 2 000 m。这层巨厚的深层水团沿等密度面向南流动,直抵南大西洋,加入南极绕极环流。深层水团在靠近南极大陆的辐散带上升到海面,一部分向北流去;一部分向南流到威德尔海和罗斯海,参与南极底层水团的形成过程。生成于北大西洋的深层水团的一部分随南极绕极流向东进入印度洋和太平洋,沿两大洋西侧向北扩展,然后又沿大洋东侧向南折回,重新加入南极绕极流。

在寒暖流交汇的南极辐聚带和西北太平洋和大西洋辐聚带,表层水辐聚下沉,沿等密度面分布于海面以下 1 000～2 000 m 的水层内,形成南极中层水团和北极中层水团,散布在深层水团之上。在大西洋,南极中层水团可扩展到 25°N;在印度洋,南极中层水团向北不超过 10°N;在太平洋,南、北极中层水团密度接近,南、北半球之间没有大规模的水分交换。

在南、北半球的副热带高压带,由于反气旋环流的控制,形成了副热带海水辐聚带。表面海水辐聚下沉,沿等密度面下沉分布于中层水团之上,占据海面以下 400 m～1 000 m 深度,为次表层水团。赤道附近海域水温高达 25℃ 以上,降雨丰沛,形成高温、低盐、密度最小的表层水团。前已述及,南、北赤道流相对于地理赤道不对称,而地转偏向力的分布相对于赤道是对称的。北赤道流与赤道逆流的水体输送方向均指向表面流的右方,在其分界处(10°N)便出现海水辐散和上升流;同理,在赤道逆流和南赤道流的交界处(4°N),则有海水辐聚和下降流。当南赤道流越过赤道以前和以后,其水体输送方向分别向左和向右,因此在赤道处产生海水辐散和上升流。上述的海水辐聚下降和辐散上升,使表层水团和次表层水团通过垂直环流进行水分交换。

综上所述,水团在源地形成之后,被水平的或垂直的环流带往它处,沿途会逐渐变性。由于动力作用或热盐环流,水团会在某一海区下沉,在垂直的或水平的运动中因与其它水团不断混合而变性,经过漫长的历程,在另外的海区通过洋流辐散上升,又重新回到海面。这样,由赤道到两极,由洋面到海底,乃至南、北半球之间,洋流首尾相接,循环不绝,构成世界大洋统一的环流体系。

三、海洋对自然地理系统的影响

首先,海洋是地球上生命的摇篮。从海洋中产生了最早的生命开始,长期自发演变的无机自然地理系统,开始受到生命有机体的深刻影响。目前,海洋中生活着 20 多万种生物,它们构成了地球上最庞大的生态系统——海洋生态系统。据估算,在不破坏生态平衡的前提条件下,海洋向人类提供食物的能力是全球所有耕地的 1 000 倍。其次,海洋对气候有巨大的影响。关于这一点已在第三章第五节作过详细介绍,此处从略。第三,海水运动对海洋生物分布有重要影响。例如,洋流运动在一定程度上影响了海洋生物的生活环境,在寒暖流交汇的海域,不同性质洋流的汇合使海水受扰动而上下翻腾,把富含营养盐分的深层水带到表层,促使浮游生物大量繁殖,使得这里的鱼类特别丰富。在冬季海水垂直对流旺盛的南极海区、有稳定上升流的太平洋东海岸附近海区等,因海水运动,其表层营养元素得到源源不断的补充,使得海洋生物在这里得以大量繁殖。第四,海水运动对海岸地貌有重要影响。关于这一点将在第五章第七节中详细介绍,此处从略。第五,海洋中蕴含着丰富的自然资源。

第五节　地球上的水分循环和水量平衡

一、地球上的水分循环

(一)水分循环的成因和类型

地球上各种形态的水在太阳辐射和地心引力的作用下,通过水分蒸发、水汽输送、凝结降水、下渗以及径流等环节,不断地发生相态转换和周而复始运动的过程称为地球上的水分循环。组成水分循环的上述环节既相互联系、相互影响、交错并存,又相对独立,它们在不同环境条件下形成了不同规模、不同层次的水分循环系统。

形成水分循环的内因是水的物理特性,即水在常温状态下的三态转化,它使水分的转移与交换成为可能。外因是太阳辐射和地心引力。太阳辐射促使冰雪融化、水分蒸发、空气流动等,因此是水分循环的原动力;地心引力能保持地球的水分不向宇宙空间散逸,使凝结的水滴、凝华的冰晶得以降落到地表,并使地面和地下的水由高处向低处流动。此外,外部环境的不同,如海陆分布和地形的差异,也能影响水分循环的路径、规模和强度。

水分循环按其水分运动和交换途径的不同,可分为大循环和小循环两种类型(图 4-18)。发生于全球海洋和陆地之间的水分循环称为大循环。从海面上蒸发的水汽被气流输送到陆地上空,遇冷凝结并以降水的形式落至地表,除去

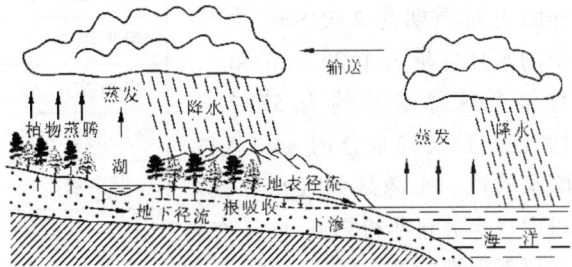

图 4-18　水分循环示意图[3]

部分蒸发进入大气外,多数水分在重力作用下以径流的形式最终回归海洋,完成海洋与陆地之间的水分交换过程。在水分大循环过程中,海面上的年蒸发量大于年降水量;陆面上情况相反,年降水量大于年蒸发量。海洋上空向陆地上空输送的水汽远远多于陆地上空向海洋上空输送的水汽,两者之差称为海洋的有效水汽输送。这部分水汽在陆地上转化为径流回归大海,实现海洋与陆地间水量

的相对平衡。水分小循环包括海洋水分小循环和陆地水分小循环两种类型。海洋水分小循环是指从海面蒸发升空的水汽冷却凝结后以降水的形式又降落在海洋表面的水分循环过程;陆地水分小循环则是指从陆地表面蒸发的水汽(包括植物蒸腾)冷却凝结后以降水的形式降至陆地表面的水分循环过程。显然,小循环是以水分的垂向交换为主要形式的循环运动。

(二)水体的更新周期

由于水分循环的发生,使得水圈成为一个动态系统。在水分循环过程中,各种水体的水不断得到更新。水体在参与水分循环过程中全部水量被更新一次所需的时间称为水体的更新周期。在美国称之为滞留期(Todd,1970),在俄国称之为交换活动期(Lvovitch,1970)。在数值上,水体更新周期等于水体静储量与年动态水量之比,即:

$$T = W_{静} / W_{动} \tag{4-19}$$

式中 T 为水体更新周期;$W_{静}$ 为某种水体的静态储量,如河流河槽的蓄水量、大气中的水分含量、海洋水量等;$W_{动}$ 为水体年动态水量,即水体参与水分循环的水量,如世界江河年入海水量、全球年降水量、世界海洋年蒸发量等。

据估算,世界海洋水量为 13.38×10^8 km³,每年海洋蒸发水量为 50.5×10^4 km³,故可算得海洋的更新周期为 2 650 a。大气中的水分含量为 1.29×10^4 km³,每年全球降水量约为 57.7×10^4 km³,是大气水分的 44.7 倍,降水的惟一来源是大气水分,所以大气水分每年得更新 44.7 次,

表 4-3　地球上各种水体的更新周期[5]

水体名称	更新周期	水体名称	更新周期
极地冰盖	10 000a	沼泽水	5a
世界海洋	2 650a	土壤水	1a
山地冰川	1 600a	河流水	16d
深层地下水	1 400a	大气水	8d
湖泊水	17a	生物水	数小时

其更新周期为 8 d 左右。表 4-3 列出了地球上各种水体的更新周期。水体的更新周期是反映水分循环强度的重要指标,也是反映水资源可利用率的基本参数。水体更新周期越短,说明其动态交换速度越快,该水体在水资源开发利用中的作用就越大。

(三)水分循环过程中的"四水"转化问题

在宏观的全球水循环系统中,包含有水的多种转化与频繁交换过程。水的

转化是指水在地球表层空间的聚散过程。所谓"四水"转化则是指大气水、地表水、土壤水(包括植物水)与地下水的聚散过程。水的转化意味着水的相态的变化,如液态水、固态水的汽化,水汽凝结与凝华又形成降水等反复变化过程。大气降水与地球表层形成的地表水、土壤水与地下水的赋存,可因热力条件的不同而呈液态或固态形式。水在不同的赋存空间所构成的系统,均是与外界进行物质和能量交换、相互流通的开放系统。如地表水可以通过渗流作用进入地下成为地下水,地下水也可在适当的地点出露地表成为地表水;地表水与土壤水可以通过蒸发作用进入大气层,大气中的水汽通过凝结与凝华降水过程又返回地表或地下。在四水转化的过程中,它们严格地遵循着质量守恒定律和能量守恒定律。

水文系统是自然地理系统中的子系统,但就其内部结构来看,它也是一个多层次、多界面的复杂系统。水文系统不仅向其它地理子系统开放,而且其本身也在不断转化。水分由一种状态向另一种状态转化,包含着水从一个系统(空间)到另一个系统(空间)的运动。多个系统之间通过水分流通发生串联可称为系统耦合。它可以是两系统的简单耦合,也可以是几个系统之间的复杂耦合。系统之间存在不同形式的界面,界面上水(包括溶质)与能量的交换和传输过程称为界面过程。水分循环过程的任一界面上,水分以不同形式往返流通,方向各异。从研究的范围和方法上看,水分循环研究包括微观分析与宏观综合两个相互支持的方面,正是这两种研究的结合推动了水分循环理论的发展(刘昌明,1997)。水分循环由一系列的水文过程所组成,包含地表空间多种状态的水文界面系统。60年代,澳大利亚学者菲利浦(J. R. Philip)提出的土壤—植物—大气连续系统(SPAC)的概念,实际上就是一种复杂的系统耦合研究。1982年堪普比尔(Campbell)等人将SPAC中的水流概化为一个电流通路的过程,用来描述水分的流动,水分通过界面的通量由水势和阻力来计算,这对于水文界面微观过程的研究具有重要的推动作用。此后出现了相当多的研究成果。关于SPAC还将在第六章详细介绍。水文界面过程的宏观综合研究体现在研究方法上的宏观性和研究尺度上的宏观性两个方面。宏观综合研究多采用系统分析的方法对系统的输入与输出作对应的研究,并用来鉴别系统的作用与特征,在现代水文学中有不少此类水文模型,统称为系统水文模型。研究尺度上的宏观性表现在空间与时间上的宏观性,如全球大陆尺度的水文模型等。

从国际水文十年(IHD)到国际水文计划(IHP)的各个研究阶段中,水分循环和水量平衡一直是研究的主题,其中很重要的一个方面就是水的转化问题。在我国水资源评价、开发及管理的研究中,均涉及到四水转化问题。当前,一些学者将水的转化与环境变化结合在一起进行研究,这主要是考虑到在一系列物理的、化学的以及生物的过程中,水起着主导作用。例如,地貌塑造中的侵蚀、搬运与沉积,地球化学过程中的化学元素迁移与积累,气候形成中的热量平衡,以及植物生长过程中的蒸腾与光合作用等等,都离不开水的转化过程。因此,四水转化规律与调控的研究,对于水资源的合理开发利用和环境保护均具有重要的理论意义和应用价值。

(四)水分循环的自然地理意义

水分循环是自然地理系统中最主要的物质循环,它不但使地球上的水圈成为一个动态系统,而且将自然地理系统各个圈层联系了起来。例如,参与水分循环的水是大气圈的组成部分,担当了大气循环的主角;水积极参与岩石圈中化学元素的迁移过程,成为地质大循环的主要动力因素;同时,水作为生命活动的源泉和生物有机体的组成部分,全面地参与了生物循环,并成为沟通无机界和有机界联系的纽带。

水分循环极其深刻地影响着全球的气候。首先,水分循环是大气系统能量的主要传输、储存和转化者。也就是说,伴随着水分循环有巨大的能量转换过程。这是由于水在相变过程中具有吸热或放热性能,所以在水分循环过程中同时存在着能量流动现象。其次,水分循环对地表太阳辐射能的重新分配作用,在一定程度上调节了高低纬度间热量分配的不均匀状态,从而影响到各地的气候。此外,像雨、雪、雾、霜等天气现象,本身就是水分循环的产物。

水分循环是使地球的地貌形态发生重大变化的重要外营力。例如,水分循环过程中的流水以其持续不断的冲刷、侵蚀、搬运和堆积作用形成了形态各异的侵蚀、堆积地貌;流水的溶蚀作用形成了千姿百态的岩溶地貌等。此外,流水作为主要的地貌外营力,它在削高填低的过程中,逐渐改变地壳表层的应力平衡,有时可能触发地震和引起地壳运动,使地表形态发生剧烈变化。

前已述及,在水分循环过程中,各种水体的水不断得到更新。其中淡水资源的更新对于自然地理系统的形成和生态系统的存在和发展具有极其重要的意义。此外,一个地区水分循环强度及其时空变化是造成区域洪涝或干旱的主要原因。

二、地球上的水量平衡

(一)水量平衡原理及其应用

研究表明,地球上的水不会轻易散逸到地球以外的宇宙空间,宇宙空间的水也很少能够来到地球上,因此地球整体可被看作是既无水进、又无水出的封闭系统,地球上的总水量可视为常数。但地球上任一水体或任一研究地段则是既有水进、又有水出的非封闭系统,其水量会随时间变化。水在循环过程中,也遵循着宇宙间的普遍规律——物质不灭定律和质量守恒定律。水量平衡的概念正是以此为基础建立起来的。

所谓水量平衡是指任一区域(或水体)在任一时段内,收入水量与支出水量之差必等于该时段区域(或水体)内蓄水的变化量,即水在循环过程中,从总体上说是收支平衡的。水量平衡原理是现代水文学的基本理论之一,依此原理构建的水量平衡方程在水文水资源的理论与实践研究中得到广泛的应用。一方面,通过水量平衡的研究可以定量地揭示水分循环过程与地理系统、自然生态系统之间的相互联系、相互制约的关系,以及水分循环和人类活动之间的相互影响。另一方面,水量平衡原理是一切水文水资源计算的依据。例如,利用已知的水文要素推求未知的水文要素,对水文观测资料和研究成果进行合理性分析,水资源工程的规划设计以及管理运行等都离不开水量平衡的分析。此外,水量平衡原理还是建立水文模型的基本依据。

(二)通用水量平衡方程

基于上述水量平衡原理,可列出如下的水量平衡方程:

$$I - O = \Delta S \tag{4-20}$$

式中 I 为水量收入项, O 为水量支出项, ΔS 为研究时段内区域(或水体)内蓄水变化量。水量收入与支出项可根据具体情况进一步细分。如果以陆地上任一区域为研究对象,设想沿该区域边界作一垂直柱体,以地表作为柱体的上界面,以地面下某一深度处的平面(该平面上下不发生水分交换)为下界面,则任一时段该柱体的水量平衡方程可写为:

$$(P + E_c + R_r + R_g) - (E_b + R'_r + R'_g) = \Delta S \tag{4-21}$$

式中 P 为某区域在指定时段的降水量, E_c 为水汽凝结量, R_r 和 R_g 分别为地面流入水量和地下流入水量，E_b 为该区域在指定时段内的蒸发量，R'_r 和 R'_g 分别为地面流出水量和地下流出水量，ΔS 为指定时段内区域蓄水的变化量。蒸发与水汽凝结为相反过程，两者之差称为有效蒸发。用 E 表示有效蒸发量，有 $E = E_b - E_c$，则上式可写为：

$$(P + R_r + R_g) - (E + R'_r + R'_g) = \Delta S \qquad (4\text{-}22)$$

式(4-22)即为任意区域、任一时段的通用水量平衡方程。应当指出的是，该式表示的是纯自然过程，如果由于人类开发利用水资源而引起水量的收支变化时，其数量亦应在方程中有所体现。

(三)流域水量平衡方程

如果研究的区域是一闭合流域，则相邻流域的地表水和地下水均不会流入该流域。根据上述的通用水量平衡方程，流域任一时段的水量平衡方程可写为：

$$P - (E + R'_r + R'_g) = \Delta S \qquad (4\text{-}23)$$

若假定河流下切足够深，地下水也注入河流，与地面水一起流出流域，其共同流出量用 R 表示，有 $R = R'_r + R'_g$，则上式可写为：

$$P - E - R = \Delta S \qquad (4\text{-}24)$$

若以年为研究时段，则在多水年时 ΔS 为正值，即流域蓄水量增加；在少水年时 ΔS 为负值，即流域蓄水量减少。就多年平均而言，ΔS 趋近于零，于是可得流域多年平均的水量平衡方程式为：

$$\bar{P} = \bar{R} + \bar{E} \qquad (4\text{-}25)$$

式中 $\bar{P}$、$\bar{R}$ 和 $\bar{E}$ 分别代表流域多年平均的降水量、径流量和蒸发量，它们是流域重要的水文特征值。

(四)全球水量平衡方程

全球水量平衡方程可由海洋和陆地的水量平衡方程联合得出。对于全球海洋而言，多年平均的水量平衡方程可写为：

$$E_海 = P_海 + R \qquad (4\text{-}26)$$

式中 $E_海$、$P_海$ 和 R 分别表示多年平均的海洋蒸发量、海洋降水量和入海径流量。

陆地的多年平均的水量平衡方程可写为：

$$E_{陆} = P_{陆} - R \tag{4-27}$$

式中 $E_{陆}$、$P_{陆}$ 和 R 分别表示多年平均的陆地蒸发量、陆地降水量和入海径流量。

将式(4-26)与式(4-27)相加得：

$$E_{海} + E_{陆} = P_{海} + P_{陆} \tag{4-28}$$

该式表明海洋和陆地的多年平均蒸发量等于海洋和陆地的多年平均降水量，即：

$$E_{全球} = P_{全球} \tag{4-29}$$

全球海洋和陆地的水量平衡要素值如表4-4所示。

应当指出，在水分循环过程中，虽然全球的总水量保持不变，但各种水体的相对数量却在不断地发生变化。据研究分析，自20世纪以来，全球平均气温明显地上升了，由此全球冰川体积平均每年大约减少 250×10^9 m³，这些冰川消融水入海后使海平面上升0.7 mm。气温升高还增加了一些水体的蒸发量，如陆地上的湖泊蓄水量因蒸发量增加而平均每年减少 80×10^9 m³，所减少的水量又以降水和径流的形式入海，使海平面上升约0.2 mm。此外，地下水也因蒸发和被开采每年减

表4-4　地球上的水量平衡[5]

区域	水量平衡要素值(km³)		
	蒸发	降水	径流
海洋	505 000	458 000	-47 000
陆地	72 000	119 000	47 000
全球	577 000	577 000	

表4-5　全球部分水体的动态变化[10]

水体名称	蓄水量变化(10^9m³)	海平面升降(mm·a^{-1})
冰川	-250	0.7
湖泊	-80	0.2
地下水	-300	0.8
水库	50	-0.1
海洋	580	1.6

少蓄水量 300×10^9 m³，从而引起海平面上升0.8 mm。在此期间，世界各地修建了一大批水库，总蓄水量超过 $3\,000 \times 10^9$ m³，这使每年入海径流量减少 50×10^9 m³，海平面相应每年下降0.1 mm。由此可知，海平面上升主要是因为气温升高。就全球平均而言，这一时期世界海平面实际上升率为每年1.6 mm。表4-5给出了部分水体的动态变化情况。

复习思考题

1.简述水系与流域特征对河流水情的影响。

2.径流有哪些表示方法？各自的物理意义是什么？

3.综述径流形成过程及其影响因素。

4.简要说明河流与地理环境的相互影响。

5.简述湖泊的成因分类及各类型的主要特点。

6.试说明湖泊对自然地理环境的影响。

7.简述沼泽的水文特征。

8.简述冰川对自然地理环境的影响。

9.试说明岩石的水理性质及其度量指标。

10.按埋藏条件地下水可分为哪几类？试对比说明各类地下水的主要特征。

11.海水盐度水平分布有什么特点？试简述其原因。

12.简要说明海洋热赤道北移的原因。

13.试述浅海区波浪与深海区波浪的差异。

14.潮汐是怎样形成的？简要说明潮汐的变化规律。

15.试述深海风海流的物理机制和立体结构。

16.简要说明海洋对自然地理环境的影响。

17.简述水分循环的自然地理意义。

18."四水"转化的研究意义何在？

19.水量平衡研究的意义是什么？

主要参考文献

[1]潘树荣等.自然地理学(第二版).北京:高等教育出版社,1985.147～213

[2]丁登山等.自然地理学基础.北京:高等教育出版社,1988.149～195

[3]马建华等.自然地理学教程.开封:河南大学出版社,1991.125～164

[4]邓绶林等.普通水文学(第二版).北京:高等教育出版社,1985.6～89

[5]丁兰璋等.水文学与水资源基础.开封:河南大学出版社,1987.3～59

[6]胡方荣等.水文学原理(一).北京:水利电力出版社,1988.113～128

[7]于维忠等.水文学原理(二).北京:水利电力出版社,1988.1～78

[8]芮孝芳等.产汇流理论.北京:水利电力出版社,1995.34～78

[9]刘昌明等.土壤—作物—大气系统水分运动实验研究.北京:气象出版社,1997.1～6

[10]黄锡荃等.水文学.北京:高等教育出版社,1993.110～217

[11]黄秉维等.现代自然地理.北京:科学出版社,1999.70～113

第五章　外动力作用对地表形态的塑造及地貌发育

地貌又称地形,是指地表外貌各种形态的总称。地貌形态千姿百态,但其形成与发展是内、外动力在一定地质、地理条件下相互作用的结果。所谓内动力(也称内营力)是指地球内能积累与释放引起的地壳构造运动和岩浆活动等,它不仅形成地表基本起伏,而且还决定着外动力的作用性质与强度。所谓外动力(也称外营力)是指在太阳能和重力能的影响下所产生的冰川、流水、海浪和风等的动力作用,它主要起削平地表基本起伏,塑造各种中、小地貌形态的作用。

在地貌形成与发展过程中,内、外动力作用贯穿始终,但其作用强度因地质、地理条件的不同而异。可以用一种概念化的模式来说明内、外动力相互作用在地貌形成与发展中的最一般的形式:当山地处于从弱到强的上升阶段时,虽然伴以从弱到强的外动力剥蚀作用,但外动力不足以抵消内动力的上升,此时山地高度增大,岩石被剥露,发育各种构造地貌;当山地上升减弱或趋于稳定时,外动力转而占相对优势,山地被剥蚀而降低,发育各种外动力地貌。

地貌按其形态可分为山地、丘陵、高原、平原、盆地等类型。按地貌成因可分为内动力地貌(构造地貌)和外动力地貌,其中外动力地貌又根据外力作用的性质分为重力地貌、流水地貌、岩溶地貌、风沙地貌、黄土地貌、冰川地貌和海岸地貌等。关于构造地貌已在第二章有关部分进行过详细介绍,本章主要介绍外动力作用对地表形态的塑造及地貌发育的一般理论问题。

第一节　重力作用与重力地貌

斜坡上的风化碎屑或不稳定岩体在重力作用下,经块体运动所产生的各种地貌称为重力地貌。

一、崩塌地貌

斜坡上的土体、岩体在重力作用下,突然快速地向坡下崩落的现象称为崩塌,由崩落物质堆积成的地貌称为崩塌地貌。

(一)影响崩塌的因素

1.地形因素

崩塌只发生在高陡的斜坡地带。当崩塌发生时的坡面坡度称为临界坡度,它的大小与坡面的物质组成有关。松散岩屑坡的临界坡度为 30°~35°,黏土坡的临界坡度为 40°。崩塌的规模与坡地的相对高度有关。一般来说,当坡地相对高度超过 50 m 时,才可能发生大型崩塌。因此,崩塌常发生在高山峡谷、河流下切强烈的地段,或发生在浪蚀的海蚀崖和湖蚀崖等处。

2.地质因素

岩石的节理、断层、岩层产状及岩性等都对崩塌有直接的影响。断裂发育的、破碎岩体的高陡斜坡最易发生岩体的崩落。片理和层理的倾向与斜坡坡向一致时,也易发生崩塌。软硬岩性的地层呈互层时,软岩层易风化,形成凹坡,上覆的巨厚岩体易发生崩塌。

3.气候因素

气候影响着岩石风化作用的强度,而风化作用能促使岩石崩裂破碎,加速坡地崩塌形成的时间。例如,在年温差、日温差较大的干旱、半干旱地区,物理风化作用强烈,崩塌尤为常见。暴雨、融冰化雪可减弱碎屑岩体的黏滞力,所以也往往是崩塌的触发因素。

此外,地震、人工爆破、开挖边坡、陡坡开垦等都是造成崩塌的重要因素。

(二)崩塌地貌

1.崩离壁

崩塌作用在坡的上部新形成的陡坡地形称为崩离壁(图 5-1)。它多出现在 30°~40°的斜坡上,常与断裂面、软弱岩层层面相一致。

2.倒石堆(锥)

在坡的下部平缓地带,由崩塌物堆

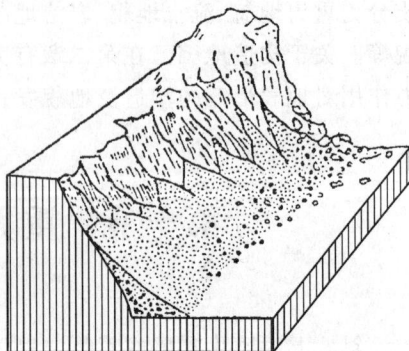

图 5-1　崩离壁与倒石堆[1]

积成的锥形体称为倒石堆(锥)(图5-1)。它是由未经分选的崩塌堆积物组成,岩性成分与组成陡坡的岩性一致,碎屑呈角砾状,大小混杂,分选性极差。它的范围多数不超过几百平方米,平面形状多是半圆形或三角形,有时几个倒石堆连结在一起形成倒石堆带。

二、滑坡地貌

斜坡上的岩(土)体在重力作用及其它因素影响下,沿一定的软弱面(滑动面或滑动带)整体向下缓慢滑动而形成的一种地貌现象称为滑坡,也称地滑。

(一)滑坡地貌形态

滑坡有许多表现形态,构成一定的地貌形态组合,主要有半环状后壁、月牙形洼地、滑坡台地和滑坡鼓丘等(图5-2)。

1.滑坡体

从斜坡上滑落的岩(土)体称为滑坡体。滑坡体平面呈舌状,规模大小不一,从几十立方米到几千立方米不等。滑坡体上的树木随土体滑动而发生歪斜,称为醉树。滑坡体移动所经过的面称为滑动面。它多呈弧形,其上可见到擦痕和磨光面,有时滑动面上下有明显的扰动和拖曳褶皱,构成滑动带。

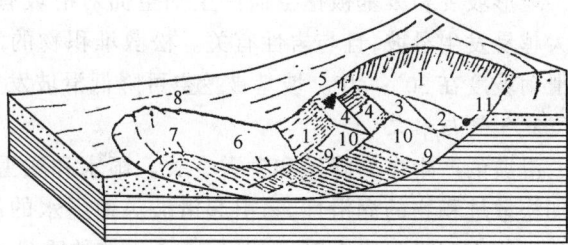

1.滑坡壁;2.滑坡湖;3.第一滑坡台地;4.第二滑坡台地;
5.醉树;6.滑坡舌洼地;7.滑坡鼓丘和鼓张裂缝;
8.羽状裂缝;9.滑动面;10.滑坡体;11.滑坡泉

图5-2　滑坡形态结构示意图[2]

2.滑坡壁

滑坡体滑动后,在后面与侧面常形成陡峭的后壁和侧壁,有时只有后壁,平面上呈圈椅形,这种陡崖地形称为滑坡壁。它的相对高度表示滑坡体垂直下滑的距离,从数十米至数百米不等,坡度一般在60°~80°之间,崖壁上常有擦痕。

3.滑坡台地

滑坡体下滑后在斜坡上形成的阶梯状地形称为滑坡台地或滑坡阶地。若由几个滑动面,则可产生多级滑动台地。因滑动面呈弧形,故滑坡台地面皆向后倾。在滑坡体后部与滑坡壁之间,常形成月牙形的滑坡洼地,有时可有泉水(滑坡泉)涌出,若积水成湖,则称滑坡湖。

4.滑坡舌和滑坡鼓丘

滑坡体前缘呈舌状突出的部分称为滑坡舌。当它向前滑动时,若其前缘受阻,则被推挤鼓起形成丘状地形,称之为滑坡鼓丘。在滑坡舌与第一滑坡舌地之间常形成洼地,称滑坡舌洼地。

(二)影响滑坡的因素

1.岩性与构造

滑坡多发生在由松散沉积物和软弱地层(如砂岩、页岩、泥岩、千枚岩、片岩、黏土和黄土等)构成的斜坡上。这些岩层抗风化能力弱,亲水性与可塑性强,遇水后易软化,往往成为滑动面,有利于滑坡的形成。滑坡多沿斜坡内的地质软弱面(断层面、节理面、软弱夹层、不整合面等)滑动,所以滑动面常与构造面一致。

2.地貌

地形坡度和坡基被挖空而产生临空面对滑坡有很大影响。一般来说,坡度越大越易发生滑坡,且与岩性有关。松散堆积物的滑动坡度一般在 20°以上,基岩滑动坡度在 30°～40°。坡基被挖空可降低滑坡发生的临界坡度。

3.气候与水文

滑坡的产生多与降雨和融雪有关。雨水和融雪水渗入土层或岩石裂隙后,增加松散堆积物的润滑性,易引起滑坡。地下水的浸润和潜蚀可使土体颗粒之间的黏结力与吸附力下降,同时加大了土体的重量,降低滑坡体与滑动面之间的摩擦力能促使土体滑动,诱发或加速滑坡。

4.地震

地震是滑坡的诱发因素。较大的地震能使斜坡岩(土)体的内部结构遭到破坏,使岩(土)体沿原有的裂隙或新生的裂隙面滑动。通常地震震级愈大,滑坡的规模越大。

5.人为因素

人为因素多是通过人工开挖渠道、采掘矿石、修路、人工爆破及在坡顶堆积废渣土,增加斜坡的负荷等活动诱发滑坡的。

(三)滑坡的危害与防治

1.滑坡的危害

滑坡是山区常见的一种自然灾害,具有极强的破坏力,它对农田、居民点、道路、工程设施等都有很大的危害,给山区经济建设和人民生命财产带来巨大的损失。在长江上游(宜宾～宜昌)干流两岸的 7 个城市、16 个县城、100 多个区乡小镇中有 57% 的城市、62% 的县城和 15% 区乡小镇都不同程度地遭受滑坡灾害的威胁。如在重庆市市区 14.5 km² 的局部范围内,新老滑坡达 30 余处,滑坡密度为每平方公里 2 个。1985 年重庆市南坪开发区因开挖引起基岩顺层滑坡,滑体体积 1.5×10^4 m³,滑坡使正在兴建中的两幢楼房基础开裂报废。1987 年 7 月 13 日在南岸黄桷垭中药研究所一带,9 小时降暴雨 180 mm,诱发滑坡 10×10^4 m³,中药研究所 148 户、444 人受灾。再如四川省美姑县乐约乡则租滑坡(位于金沙江二级支流伞第沟左岸),在 1997 年 6 月 5 日凌晨,在暴雨激发下,古滑坡第三次复活,产生超大型推动式高位高速岩体滑坡,滑坡后缘已有部分越过分水岭,最高海拔 2 800 m,堆积区海拔 1 600 m,相对高度约 1 200 m,主滑体长度 1 300 m,平均宽 550 m,主滑体滑动总方量 $2\,000 \times 10^4$ m³,被冲击、扰动的土体达 400×10^4 m³。受主滑体冲击、扰动的范围及堆积范围的总长度达 2 000 m,平均宽 500 m。这次滑坡使 4 个村、307 户、1 527 人受灾;损坏房屋 307 间,毁地 437 hm²,损失存粮 21×10^4 kg,死亡及失踪 151 人,直接经济损失 $1\,529 \times 10^4$ 元。另外,这次滑坡体的绝大多数物质冲入伞第沟,其中一部分转化成泥石流,堆积于沟床内,致使沟床抬高 100 m,并形成三个堰塞湖。最下游的一个堰塞湖于 1997 年 6 月 8 日局部溃决,再次形成泥石流,冲出松散碎屑物超过 20×10^4 m³,给当地居民的生产和生活带来巨大损失和影响。

　　2.滑坡的防治

　　滑坡的防治措施主要有以下几方面:一是要运用科学技术手段对滑坡进行观测和预报,以便及时采取防患措施,减少损失。如 1985 年 6 月 12 日长江西陵峡北岸新滩镇的大滑坡,由于及早预报,居民都安全转移。二是增加防御性投入,建设滑坡防御工程体系。滑坡防御工程是抵御滑坡进一步发展的工程措施,包括截排地表水、疏导地下水、减小下滑力、增大抗滑力、防止坡脚冲刷、加固斜坡坡脚(如打防滑桩、阻挡墙)和绕避滑坡危险区等。三是进行滑坡灾害评估,并进行滑坡灾害分区,以便因地制宜地采取防治措施等。

第二节　流水作用和流水地貌

　　地表流水是塑造地表形态的一种最普通、最重要的外营力,按其运动形式,可分为坡面流水、沟谷流水和河流三类。前二者属暂时性流水,后者是经常性流水。凡由地表流水作用塑造的各种地貌统称为流水地貌。

一、流水作用

(一)流水的侵蚀作用

流水破坏地表,并将地表组成物质移位的作用称为流水的侵蚀作用。

1.侵蚀作用的基本形式

根据流水的形式,流水的侵蚀作用分为面状侵蚀和线状侵蚀两类。面状侵蚀(坡面侵蚀)是指坡面流水对地表松散物质进行比较均匀和缓慢的冲刷作用,在空间上表现为地表均匀面状下降。线状侵蚀是指沟谷流水与河流在流动过程中发生的侵蚀作用,表现为下切、旁蚀和溯源侵蚀三种。下切侵蚀是指线状流水对谷底的侵蚀加深作用。旁蚀又称侧蚀,是指流水对谷地两侧谷坡的侵蚀,它使岸坡后退,谷底展宽。溯源侵蚀也称向源侵蚀,是流水下切侵蚀作用引起的流水向谷地源头方向延伸的侵蚀作用。

2.侵蚀方程

流水对坡面土壤的侵蚀包括水流使部分泥沙颗粒从土壤中分离出来并随坡面水流运移两个环节。在流水作用下,坡面土壤的侵蚀量可用下式来表达:

$$\frac{\partial G}{\partial X} = D_r + D_i \tag{5-1}$$

式中 G 为所移动的泥沙颗粒,D_r 为溪流侵蚀率,D_i 为溪间侵蚀率,X 为泥沙颗粒移动距离。

对于溪间侵蚀来说,基本上是地表物质被雨点打击产生剥离,以及随着十分薄弱的面流的输运过程,所以它与地表物质特性、斜坡的坡度、降雨特性等因素有关。经综合分析,溪间侵蚀率 D_i 的表达式为:

$$D_i = K_i I (bS + c) \tag{5-2}$$

式中 K_i 为溪间侵蚀的土壤侵蚀力因子,I 为雨点溅蚀和溪间片流对物质剥离和输运的联合潜力测度,S 为斜坡坡度参数,b、c 为待定常数。

对于溪流侵蚀来说,溪流侵蚀率 D_r 可由下式表达:

$$D_r = 2K_r(mS^e)\sigma X \tag{5-3}$$

式中 K_r 为土壤因子,m 为耕作形式,e 为土壤粗糙度,S 为坡度,σ 为降雨剩余速度(即降雨速率减去入渗速率),其它符号的意义同(5-1)式。

综合(5-1~5-3)式,可得出:

$$\frac{\partial G}{\partial X} = 2K_r(mS^e)\sigma X + K_i I(bS + c) \tag{5-4}$$

进一步对上式按距离积分,即得出侵蚀方程:

$$G = K_r(mS^e)\sigma X^2 + K_i I(bS + c)X \tag{5-5}$$

虽然上式只限于稳定态的侵蚀过程,但对于理解侵蚀过程的动力学行为及解释野外调查资料方面都是很有用的。范瑞瑜(1985)根据黄土高原自然地理特征,选用了降雨影响因子 R、土壤可蚀性指标 K、流域平均坡度 J、植被影响土壤侵蚀指数 C 和工程影响土壤侵蚀指数 P 等作为影响小流域土壤侵蚀量的定量指标,根据实际资料用回归分析方法建立了侵蚀方程:

$$Ws = 6.496 R^{1.573} K^{1.235} J^{1.328} C^{1.491} P^{1.858} \tag{5-6}$$

式中 Ws 表示年产沙模数,单位是 $10^4 t \cdot km^{-2} \cdot a^{-1}$。由(5-5 和 5-6)式可以看出,流水的侵蚀作用与地面组成物质、坡度、植被状况、降雨强度等多种因素有关,是一个十分复杂的过程。

(二)流水的搬运作用

流水对地表物质运移的过程称为流水的搬运作用。

1.流水搬运的基本形式

流水搬运物质的方式多样,主要有推移、跃移、悬移和溶移四种。推移是指流水使泥沙或砾石沿河沟(床)底面滚动或滑动的搬运方式。据艾理定律,推移物质的重量与流速的六次方成正比。所以在山洪爆发时,河水能推动巨大的砾石向下移动。跃移是指河床底部的泥沙呈跳跃式向前搬运。由于泥沙上下部水流速度的差异而产生压力差,上升力相对增强时,泥沙颗粒跃起,被水流挟带前进;当压力差减小时,颗粒又下沉至床底。如此反复,泥沙则呈跳跃式前进。悬移是指细小的物质在水中呈悬浮状态的搬运方式。当水流紊流的上升分速大于重力作用下沉分速时,泥沙被带到距河床一定高度的位置,呈悬浮状态,并被流水挟带向下游搬运。溶移是指河床基岩和搬运物质中的可溶性物质溶解于水呈溶液状态而被搬运的方式。

实际上,在许多情况下泥沙的各种运动形式可以同时存在。在河床底部,泥沙多以推移搬运为主,泥沙在水沙流交界处可做跃移运动,在更靠近水面的区域则做悬浮运动。图5-3可为我们提供一个关于泥沙运动形式的粗略判断标准(倪晋仁,1998)。这是由颗粒沉降关系($\omega - D$ 关系,图中 EF 线)、颗粒起动曲线($u_* - D$ 关系,图中 CD 带状线)及床面绕流流态判别曲线(按 $Re_* = 3.5$ 计,图中 AB 直线)组成的划分图。在Ⅰ区(包括Ⅰ$_1$ 区和Ⅰ$_2$ 区),由于泥沙不能起动且沉速大于泥沙临界起动速度,故泥沙静止在原床面上不动或由原运动状态沉降落淤;在Ⅱ区,泥沙同样不能起动,但其垂向脉动速度大于泥沙沉速,所以泥沙保持在原床面上的静止状态或保持原自由浮移状态;在Ⅲ区,泥沙可以起动但不能悬浮,因此以滑动、滚动或跃移运动为主;在Ⅳ区(包括Ⅳ₁和Ⅳ₂区),颗粒以悬浮运动为主,但也可有滑动、滚动或跃移运动同时存在。三条曲线大致并汇于 D = 0.2 mm 的地方。

2. 搬运模型

泥沙在搬运过程中,由于受力性质的不同,故其搬运模型也有差异。对于推移质来说,泥沙运动的主要驱动力是水流作用,且多数情况下不考虑推移质层内的流速分布与浓度分布。若泥沙颗粒仅在薄层内作滑动或滚动,则搬运模型(拜格诺)为:

$$q_b = \gamma_p KD\, m_s\, U_b \quad (5\text{-}7)$$

式中 q_b 为输移率;γ_p 为沙粒比重;KD 为推移质层厚度;m_s 为动密系数,它被定义为床面层中运动的泥沙占整个床面体积的比例;U_b 为推移质运动速度。

若泥沙颗粒以跃移为主,则搬运模型为:

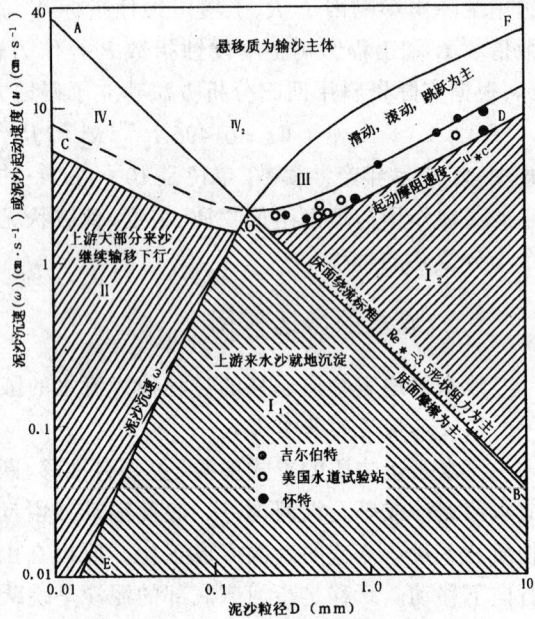

图 5-3 泥沙运动性质的划分[3]

$$q_b = K \frac{\gamma_p}{\gamma_p - \gamma}(\tau_0 - \tau_c) U \quad (5\text{-}8)$$

式中 K 为系数,由实验确定;γ 为水的比重;τ_0、τ_c 分别为有效切应力和临界切应力;U 为垂线平均速度。

对于悬移质来说,悬移质悬浮在水流中运动,悬浮颗粒的速度常被认为与水流速度相等。悬移质沿垂线的分布决定了它的输沙率。其搬运模型(Rouse)为:

$$C = C_a \left[\frac{a}{y} \cdot \frac{1 - \dfrac{y}{H}}{1 - \dfrac{a}{h}} \right]^{\sqrt{2\pi}\frac{\omega_0}{u_*}} \quad (5\text{-}9)$$

式中 C 为水体含水量;C_a 为 $y = a$ 时的参考浓度,y 为某一水深;a 为常数;H 为水深;$\sqrt{2\pi}\dfrac{\omega_0}{u_*}$ 常被称作悬浮指标,ω_0 为单颗粒沉速,u_* 为摩阻流速。

（三）流水的堆积作用

当流水搬运能力减弱时,被搬运的物质就发生沉积,这种作用称为流水的堆积作用。堆积物的数量决定于含沙量与搬运能力的对比关系。当坡度减小,流速减慢,水量减少或泥沙含量增加等水流条件改变而引起搬运能力减弱时,都会使水流中的部分泥沙堆积下来。一般来说,首先堆积的是粗粒物质,然后是较细物质,更细小的则被搬运到最远处堆积下来。

流水的侵蚀、搬运与堆积作用是在相互联系的统一过程中进行的。如侵蚀的同时就提供了堆积的物质,被侵蚀下来的物质则通过搬运过程输送到别处,并堆积下来。侵蚀、堆积的强度在不同地段和不同时期是不一样的,其主次关系是经常变化的,它们与流速和搬运物质大小有密切的关系(图 5-4)。河流在某一地段、某一时间内是以侵

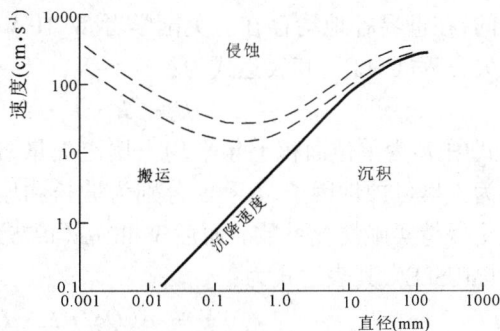

图 5-4　侵蚀、搬运、堆积和流速的关系[8]

蚀为主,还是堆积占优势,取决于水流挟沙力,即在一定水流条件下水流能够挟运泥沙的最大数量,单位是 $kg·m^{-3}$。若河流泥沙来量为 G,挟沙力 $Q_s = S_0Q(S_0$ 表示河流悬移质含量,Q 为河流流量),则河流泥沙相对负载可以用 G/Q_s 表示。当 $G/Q_s > 1$ 时,河流发生堆积;当 $G/Q_s = 1$ 时,河流处于冲淤平衡或不冲不淤状态;当 $G/Q_s < 1$ 时,河流发生侵蚀。

二、坡面流水地貌

（一）坡面冲刷与坡积裙

当降雨量或冰雪融水量大于蒸发和下渗水量时,斜坡上形成片流。片流在顺斜坡向下流动过程中带走坡面上的松散物质和被雨滴溅起的泥沙,使坡面遭到冲刷而均匀降低。对一具体的坡面来说,在坡面流水的作用下,坡的上部地带遭到冲刷,称为冲刷带;坡的下部地带承受堆积,称为堆积带;坡的中部地带为冲刷和堆积过渡带。

坡积裙是一种典型的坡面堆积地貌。它是坡面流水将其冲刷的物质围绕坡麓堆积形成的形如衣裙的堆积地形。坡积裙上部坡度较大,厚度较小;下部平

缓,坡积物厚度增厚。坡积物的岩性组成与坡地上部母岩成分相同,机械组成一般以亚黏土、亚砂土为主,并夹有粗大的岩块、岩屑等,分选性较差,大小混杂,层理不甚明显,岩块磨圆度差。但是自坡积裙顶部到前缘,其物质组成由粗变细的趋势则比较明显。

(二)水土流失及其防治

水土流失是指地表土壤被水冲刷而散失的现象。它是坡面流水冲刷造成的,在世界各地均存在。美国学者 W.H.Wischmeier(1971)等建立了通用土壤流失方程(USLE),其表达式为:

$$E = R \cdot K \cdot L \cdot S \cdot C \cdot P \tag{5-10}$$

式中 E 为单位面积上年平均土壤流失量,R 为年平均降雨侵蚀能力的系数,K 为土壤可蚀性因子,L 和 S 分别为坡长和坡度指标,C 为种植管理系数,P 为水土保持实施情况系数。而后 Williams(1975)又提出了修正土壤流失量通用方程(MUSLE),其表达式为:

$$Y = a(Qq_p)^b K \cdot L \cdot S \cdot C \cdot P \tag{5-11}$$

式中 Y 为一次暴雨产沙量(t),Q 为暴雨径流量(m^3),q_p 为径流洪峰量($m^3 \cdot s^{-1}$),a、b 为模型参数,其它各项含义同上。可见,水土流失的强弱与地形、气候、土壤、地面覆盖、土地利用等因素有关。

据联合国粮农组织统计,在目前全世界 15×10^8 hm^2 耕地中,由于水土流失而弃耕的土地每年 $500 \times 10^4 \sim 700 \times 10^4$ hm^2。我国水土流失面积达182.66×10^6 hm^2,其中黄土高原地区水土流失面积达 43×10^6 hm^2,其中严重水土流失面积约 11×10^6 hm^2,占总流失面积的 25.58%,多年平均侵蚀模数为24.80 $t \cdot hm^{-2}$,成为世界水土流失最为严重的地区。据统计,全球每年从大陆带入海洋的泥沙约 $150 \times 10^8 \sim 200 \times 10^8$ t,而我国平均每年入海泥沙约 17.8×10^8 t,约占全球的 $1/10$,其中长江 4.8×10^8 t,黄河 12×10^8 t。此外,还有大量泥沙淤积在河道、湖泊和水库中。据估计,我国每年土壤总侵蚀量约 50×10^8 t。

严重的水土流失不仅造成土壤严重退化,破坏土地资源,还造成江河、湖泊、水库的淤积,降低了水库发电、灌溉和防洪效益,降低了江河通航能力和排泄洪水的能力,增加了江河洪水威胁等,严重地影响到国民经济的发展,成为地区贫困的重要原因之一。据我国水利部门调查,凡水土流失严重的地区,也都是人民生活贫困、经济发展落后的地区。因此,防治水土流失,开展水土保持工作成为国土整治与实现经济可持续发展的一项重要内容。防治水土流失的主要措施有以下几个方面:①加强水土保持的立法与宣传工作,树立公民的水土保持意识。

②采用先进技术手段(如遥感技术、地理信息系统、全球卫星定位技术、计算机技术等),加强水土流失规律与水土流失治理措施的研究与试验,为水土流失的治理方式、措施、土地资源的合理利用提供理论依据。③根据水土流失的现实情况,选择科学评价指标,在全国范围内建立水土流失的动态监测体系。④针对各地水土流失的不同特点,以中小流域为单元,采取治坡与治沟相结合,工程措施、生物措施与农业措施相结合,改土与培肥并举的综合措施进行治理。

三、沟谷流水地貌

凡由沟谷流水作用形成的地貌统称沟谷流水地貌,包括沟谷流水侵蚀地貌与堆积地貌两类。

(一)沟谷流水侵蚀地貌

沟谷是坡地上沟谷流水侵蚀而形成的呈线状延伸的槽形凹地,它多发育在地表裸露、结构松散的坡地上。按发育阶段,可把沟谷分为细沟、切沟、冲沟和坳沟等,其形态要素与特征见表5-1。

表 5-1　沟谷类型及其形态特征

类型	深度	宽度	形态特征
细沟	0.1～0.4 m	0.5 m以下	沟底纵剖面与坡面一致,沟缘不明显,横剖面呈宽浅的"V"形,长几米至十余米,经耕犁可消失
切沟	1～2 m	1～2 m	沟床多陡坎,沟底纵剖面与坡面不一致,有明显的沟缘,长度为几十米
冲沟	几米至几十米(或更大)	几米至几十米(或更大)	沟底纵剖面略呈凹形,上陡下缓,横剖面呈"U"形,沟床与沟坡分界不明显,向下游逐渐展宽
坳沟	宽度＞深度		沟底宽平,横剖面呈浅"U"形,无明显的沟缘,沟坡呈上凸形

由表5-1可见,坡面流水作用在坡面上首先形成细沟(浅沟)。随着水流厚度增加,下切作用加强,坡面上的片蚀作用转为沟蚀作用时,细沟继续发展形成切沟。当切沟进一步发展,沟内水量增大,下蚀和旁蚀作用加强,沟坡不稳定,常有崩塌发生时则形成冲沟。当冲沟发展到一定阶段,沟坡变缓,沟底由侵蚀变为

堆积,此时沟谷便发育成为坳沟。

(二)沟谷流水堆积地貌

1.洪积扇

洪积扇是指暂时性和季节性的沟谷流水携带的物质在沟口堆积形成的以沟口为顶点的扇状地形。由于在沟口附近坡度骤降,洪流流速锐减,并形成散流,加之蒸发和下渗,水量减小,挟沙力下降,搬运来的大量物质便发生堆积而形成洪积扇。它主要分布于干旱和半干旱地区的山麓地带。

洪积扇规模较大,面积自数十平方公里至数千平方公里不等,扇顶与边缘的高差可达数百米。洪积扇扇顶坡度较大,一般在5°～10°之间;扇缘坡度较小,一般为2°～6°。洪积扇的组成物质是砾石、泥沙等洪积物,且空间分布具有明显的差异。从平面上看,粗大砾石堆积于顶部,由顶部至边缘物质逐渐变细,依次为砂、亚黏土和黏土,且分选性较好,砾石具有一定的磨圆度。从剖面上看,洪积扇底部主要是由黏土和亚黏土物质组成,自下垂直向上物质逐渐变粗,由砂砾石组成,这是由于洪积扇堆积物逐渐扩大时将老的扇缘相埋在地下,上覆过渡相和扇顶相形成的。实际上,洪积扇的组成物质在垂直方向上多是砾石层中夹许多砂质透镜体,或是砂层中夹砾石透镜体。

2.冲出锥

冲出锥是暂时性沟谷流水在沟口地带堆积所形成的半圆锥地形,其形成过程与洪积扇基本相同。与洪积扇相比,冲出锥规模较小,面积一般为几百平方米;坡度较大,一般为6°～10°,顶部达16°～20°。冲出锥的组成物质为砾石、沙和亚黏土等洪积物,其分选性和磨圆度差。

3.泥石流

泥石流是指山地沟谷中含有大量松散固体碎屑的洪流,即是由大量泥沙等固相物质和水组成的混合流体。泥石流的活动过程介于山洪与滑坡运动之间,是山区常见的一种突发性的自然灾害。

泥石流的发生与发展直接受制于地质、地貌、气候、水文等条件。首先,要具备充足的松散固体物质。因而泥石流多发育在地质构造复杂、断层交错、地震活动、冰川活动和风化剥蚀等内外动力作用强烈的地区。其次,要有足够的水源条件。水既是泥石流的组成成分,又是其搬运介质,暴雨、冰雪融水等对松散泥沙侵润,使之达到流塑状态而加大滑动力,诱发泥石流。一般来说,在山区前期久旱之后又逢暴雨,则易形成泥石流。第三,要有陡峻的地形条件。即流域内要有陡峻的谷坡和沟床纵坡,以利于泥石流的倾泻。一般常发生泥石流的沟谷纵比降多在 15%～40%,最大可达 50%。此外,人类不合理的经济活动,如滥伐森林、陡坡开垦、修路切坡、开矿弃渣等都会使山坡和表层岩体不稳定,促使泥石流的发生。

根据流体结构性质,泥石流可分为稀性和黏性泥石流两类。稀性泥石流是流体内水分含量多于固体物质含量的泥石流。其固体颗粒含量占总体积的 10%～40%,容重为 1.5～1.8 t·m^{-3},含沙量 800～1 200 kg·m^{-3},泥浆体混浊,且其流速快于固体颗粒流速,呈紊流状态,不易造成阻塞和阵流现象。黏性泥石流是流体内固体物质含量高、黏滞性强的泥石流。其固体颗粒含量占总体积的 40%以上,最高可达 80%,容重 2.0～2.3 t·m^{-3},含沙量大于 1 600 kg·m^{-3},形成黏稠的泥浆,流动时做整体层流状运动,阵流显著。其前端的石块积聚可形成一定高度的“龙头”,高达几米至数十米,能阻塞谷地或河流,破坏性巨大。

泥石流可使流域内的地貌发生较大变化。在泥石流沟谷的源头和上游区段,以侵蚀作用为主,沟谷被快速侵蚀而变深展宽。在泥石流沟谷中游区段,多为峡谷地形,岩性单一,沟床顺直,谷坡陡而光滑,其上有被泥石流磨蚀和撞击的条痕及残存的泥迹。若岩性软硬不同,则谷形宽窄相间,弯曲多折,并有跌水发育,残留有少量的泥石流物质。在泥石流沟谷的下游区段,以堆积作用为主,但由于泥石流的性质不同,其作用也不一致。一般来说,黏性泥石流出沟谷后,以淤积为主,形成由粗大砾石组成的泥石流堆积扇,表面垄岗起伏,物质大小混杂,层次不明显,颗粒分选差;稀性泥石流流出沟谷后,以冲刷为主,水和泥浆慢慢流失,形成表面较为平坦的泥石流堆积扇,堆积物中巨大石块较少,丘岗状堆积物也少见,堆积物具一定的分选性。此外,泥石流还能改变主河河谷形态,阻塞河道,形成浅滩,或断流成湖。

泥石流的危害极大,它使成千上万方泥沙石块倾刻间倾泻到堆积扇上或较大的河谷中,给人类造成灾难性的后果。泥石流的危害主要表现在两方面:一是泥石流所具有的巨大动能及其所裹挟的巨石漂砾,对泥石流沟床及其两侧谷坡发生强烈的冲刷,使沟床加深拓宽,沟谷两侧坡面失去稳定,使上游地区水土流失加剧,地面破碎程度加大,并诱发崩塌、滑坡等其它自然灾害。二是泥石流所挟带的大量泥沙在下游地区堆积淤埋大片农田、村镇,冲毁工农业设施和村庄,并使中下游土地沙化,生态环境遭到破坏。如云南东川达德沟,平时只是一条流量为 0.1～0.3 m^3·s^{-1} 的山沟,但在 1981 年 6 月 3 日却突然爆发规模巨大的泥石流,冲毁引水渡槽,淤埋公路桥,直径 5 m 的污工砌体被向前推移 40 m,250 m 长的铁路路轨被扭弯并冲入河中。

目前,防治泥石流的主要措施包括以下几种:一是以防为主,即在易发生泥石流的地区进行绿化,封山育林,植树种草,扩大森林覆盖面积,稳定山坡,控制水土流失,防止泥石流发生区的扩展。二是拦排结合,以拦为主。"排",即在堆积区扩建排洪沟,以利其畅通无阻。"拦",即在泥石流流通区修堤建坝进行拦截,以减小其冲击力。只拦不排极易造成拦淤坝溃决造成更大损失。只排不拦,则把大量泥沙输入江河,造成河床淤高,江河堵塞。因此,要拦排结合,以拦为主。三是综合治理。在植树种草等生物措施治理的同时,在已发生泥石流的沟谷建设拦淤坝、截引水沟等治理工程,截流蓄水与防治沟谷冲蚀并举,综合防止泥石流的发生。

四、河流地貌

由河流侵蚀、搬运、堆积作用形成的各种地貌统称为河流地貌。根据冲淤情况,河流地貌可分为河流侵蚀地貌和河流堆积地貌;根据地貌所处位置,河流地貌可分为河谷地貌和河口地貌。

(一)河谷及其演变模型

1.河谷及其形成发育

河谷是由河流长期侵蚀与堆积作用塑造而成的狭长倾斜凹地。河谷包括谷坡和谷底两部分(图5-5)。谷坡是指河谷两侧的斜坡,其上常分布有阶地。谷底一般比较平坦,常可以分出河床与河漫滩两部分。

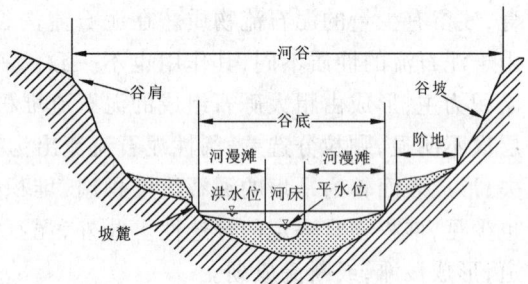

图5-5　河谷要素图[2]

河谷的形成与发育受侵蚀基(准)面控制。所谓侵蚀基面是指控制河流下蚀作用下限的水平面。海平面是控制外流河的终极侵蚀基面,而那些暂时地或局部地控制某些河段下切侵蚀的水平面则为地方性侵蚀基准面,如河流干流的水面就是其支流的侵蚀基面等。侵蚀基面上升,水流下切侵蚀和搬运能力减弱,河流发生堆积;反之,河流下切侵蚀作用加强,开始在河流下游发生下切侵蚀,继而逐渐向上游发展。

根据河谷的发育程度和纵横剖面特征,可将河谷分为年轻河谷、河漫滩河谷和成形河谷三个阶段。年轻河谷阶段是河谷发育的前期阶段。此类河谷平面形态较平直,横剖面呈"V"形,纵剖面比降较大,谷底有明显起伏,多跌水、瀑布,堆积地形不发育。这种河谷常见于山区或河流上游。河漫滩河谷是由年轻河谷进一步发展形成的。这种河谷的谷底宽广而平坦,横剖面呈"U"形或槽形,纵剖面比降变小,且在凸岸发育河漫滩地形。此类河谷常见于大河的中下游地区。成形河谷是由河漫滩河谷发育而成的。此类河谷形态复杂,谷地开阔,河床弯曲,河漫滩面积较大。两侧谷坡不对称,且发育有阶地。河谷纵剖面呈平缓的下凹曲线,横剖面呈宽浅的"U"形。成形河谷表明河流经历了较长时期的发展进入了成熟阶段。

2.河谷演变模型

河谷的演变实际上是河谷的侵蚀与堆积过程。因而,河谷的演变模型也即河流泥沙输移的数学模型。目前,已有很多一维泥沙输移数学模型用于研究长河段、长时期的河谷演变。现介绍前苏联罗辛斯基和库兹明提出的河谷演变模型,即:

$$\frac{\partial Z_0}{\partial t} = \alpha\omega(S - S_*)/\gamma \tag{5-12}$$

式中 Z_0 为断面平均河床高程,S 为断面平均含沙量,S_* 为水流挟沙力,ω 为断面平面泥沙沉速,α 为系数,γ 为泥沙干容重,t 为时间。

由于河流的地理位置不同,流域产水产沙量、水沙过程、泥沙特性及河道的比降等都有一定的差异,因此河谷的形态特征及演变过程亦有不同,但从长时间尺度来看,河谷的演变是向平衡河流的趋势发展的。早在 1948 年,Mackin 就指出:河谷的比降经过一定时期的调整,可使得河流流速在特定流量和断面条件下恰好足以下泄流域来水来沙,这种平衡状态下的河流被称为平衡河流。对于平衡河流来说,只要诸多因素中任一因素发生改变,都会使河流偏离平衡状态并引起各因素重新调整,调整的综合趋势仍是使河流系统向新的平衡方向发展。由于自然界控制河流变化的因素多变,因此所谓的平衡状态都是在运动中接近的"动平衡"态,对应的状态可视为准平衡态。

(二)河谷地貌

1.河流横向环流和螺旋流

自然界的河流多呈弯曲状态。当水流经弯曲河段时,表层水流受到惯性离心力的作用发生向凹岸方向的偏离,水质点便由凸岸流往凹岸,致使凹岸水位增高,形成凸凹岸间的横向水位差。于是,在重力作用下河底部就产生了由凹岸流向凸岸的补偿水流。如不考虑纵向水流的影响,在过水断面上,表层水流和底层水流就构成一个封闭的横向环流系统。在横向环流的作用下,凹岸发生侵蚀,凸岸发生堆积。横向环流在河流总流向的作用下自上游向下游做螺旋状前进,形成螺旋流。螺旋流使凹岸的深槽与凸岸的边滩不断发展,并使弯曲河段不断地向下游移动(图5-6)。

2.河谷地貌

(1)深槽与浅滩:深槽与浅滩是河床底部普遍发育的地貌类型,是河床水流侵蚀与堆积的产物。前者是指河床底部水深较大的河段;后者是指河床底部一些不同规模的冲积物堆积体,其中分布于河岸边的称边滩,分布于河床中心的称心滩(图5-7)。浅滩的形成多是在流速沿程突然减小、环流减弱或消失、洪枯水流流路不一致等情况下,河流输沙能力小于含沙量,由泥沙堆积而成。而深槽多是在河流凹岸或河床狭窄段,受水流冲刷而成的。深槽与浅滩沿河流主流线相间分

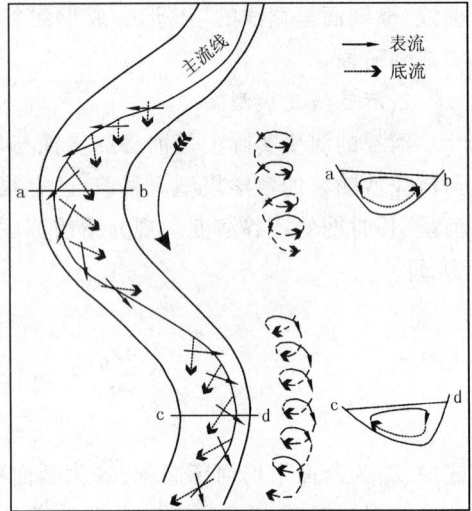

图5-6　河流横向环流与螺旋流示意图[2]

布,使得河床底部高低不平,深槽与浅滩的位置也在流水的作用下以缓慢的速度向下游移动。

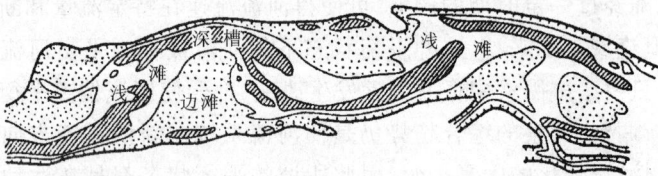

图5-7　深槽与浅滩[2]

(2)河漫滩:河漫滩是指分布于河床外侧洪水期被河水淹没,平水期出露水面的谷底部分,在河流的中下游最为发育。

①河漫滩的形成过程。河漫滩是河流侧向侵蚀和河床横向移动的产物。其形成一般经历三个阶段:第一,边滩阶段。在狭窄的“V”形河谷中,谷底几乎全为河床占据。随着河流侧向侵蚀的进行,河谷出现微弯,凹岸后退,河谷加宽,河流的凸岸有河流冲积物堆积,形成小边滩(图5-8a)。第二,雏形河漫滩阶段。由于河流侧蚀作用不断进行,河曲逐渐增大,河谷展宽,凸岸的小边滩逐渐扩大、增

高,以致在平水期有大片边滩露出水面,形成雏形河漫滩(5-8b)。第三,成形河漫滩阶段。随着河流侧向侵蚀的长期进行,河谷更加拓宽,河流更加弯曲,雏形河漫滩加宽增高,洪水期滩上水深更小,流速缓慢,在粗粒的推移质上覆盖较细的悬移质冲积物,至此,雏形河漫滩发育成为成形河漫滩(图5-8c)。当河床弯曲达到一定程度时,河流便自然裁弯取直,形成废弃河道,并出现牛轭湖及其堆积物(图5-8d)。

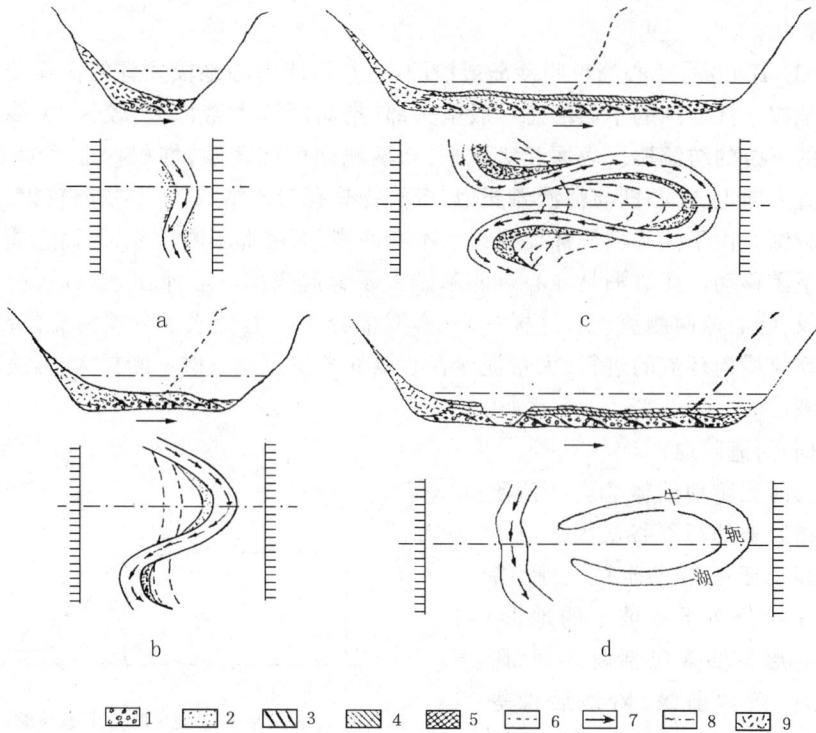

2.河床相冲积物(1.砾石和卵石;2.沙);3,4.河漫滩相冲积物;5.牛轭湖冲积物;6.先期冲积岸的位置;
7.水流方向;8.洪水位;9.坡积物;a.小边滩;b.大边滩;c.河漫滩;d.形成牛轭湖

图5-8　河漫滩的形成[1]

　　②河漫滩的形态及其沉积物特征。河漫滩表面仅有微小起伏,但从整体上看河漫滩滩面自河床向谷坡呈缓倾状态。发育比较典型的河漫滩,按其表面地势起伏及沉积物特性可分为河漫滩滨床部分、中央部分及近谷坡部分,其组成物质则由滨河床部分到近谷坡部分逐渐变细。这是因为,当洪水越过河槽时,水流

流速突然下降,挟沙力骤减,洪水中携带的较粗颗粒在滨床部分沉积;当水流漫溢到近谷坡部分时,水流速度和挟沙力都已经很小,沉积的泥沙自然都是些细小颗粒。从沉积物质的垂直结构看,河漫滩具有二元结构,即组成物质可以明显地分出上下两层。下层是较粗的河床相沉积物,常为砾石和沙层;上层是较细的河漫滩相沉积物,常为粉沙、亚黏土和黏土。河床相沉积物是河漫滩发育过程中由横向环流堆积而成,细小的颗粒不发生堆积而随水流向下游搬运,因而颗粒较粗;河漫滩相是洪水漫过河槽在滩面堆积而成,因其挟沙力小,堆积的泥沙一般是细颗粒。

(3) 江心洲:江心洲也叫沙岛或沙洲,它是河床中心地段发育的面积较大的堆积地貌。江心洲的平面形态一般呈头部(指向河流上游部分)较钝、尖端指向河流的下游的纺缍形。表面起伏不平,自两侧向中部缓倾,堆积物也逐渐变细;在垂直方向上,江心洲与河漫滩相似,沉积物具有二元结构,下部物质较粗,上部物质较细。由于江心洲头部要受流水不断冲刷,而尾部不断堆积,因而它能缓慢地向下游移动。江心洲是在心滩的基础上发育起来的。心滩出现以后,河流发生分汊,绕心滩两侧流动。这样一来,心滩部分实际上变成了分汊河流的凸岸,随着河流横向环流的进行,大量泥沙在心滩处堆积而使心滩不断扩大,最终形成江心洲。

(4)河流阶地:

①河流阶地的概念。河流阶地是指原来的河谷谷底因河流下切而高出于一般洪水位之上,并呈阶梯状分布于谷坡上的地形。阶地的形态要素包括阶地面、阶地陡坎、阶地前缘、阶地后缘等(图 5-9)。可见,阶地是由阶地面和阶地陡坎组成的。阶地面较为平坦;阶地陡坎是相邻两个阶地面之间的陡坎,坡度较大。

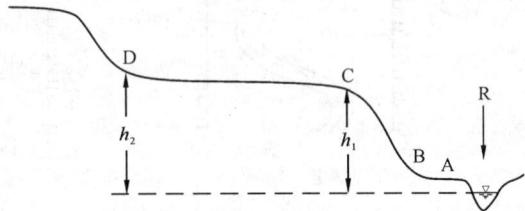

R.河流;A.河漫滩;B.阶地坡麓;C.阶地前缘;
D.阶地后缘;BC 阶地陡坎;CD 阶地面;
h_1 阶地前缘高度;h_2 阶地后缘高度

图 5-9　河流阶地要素图[1]

阶地面与其下部阶地陡坎交接部位为阶地前缘,而与其上部阶地陡坎或谷坡的交接部位为阶地后缘。阶地面与河流平水位之间的垂直距离为阶地高度,阶地前缘到阶地后缘的水平距离则为阶地宽度。

由于河谷发育受到多次堆积与下切作用,所以谷坡上常出现多级阶地。一般将高于河漫滩的最低一级阶地称为一级阶地,由下向上依次称为二级阶地、三级阶地……可以看出,高阶地形成时间早,低阶地形成时间晚。

　　阶地沿河分布并不连续,多出现于河流的凸岸,且由于新构造运动、气候变迁等因素的影响,阶地分布并非对称,即使同一级阶地,其相对高度和宽度也不尽相同。

　　②河流阶地的类型。根据河流阶地的物质组成与结构,可将阶地分为侵蚀阶地、堆积阶地和基座阶地三类(图 5-10)。侵蚀阶地指由基岩构成的阶地(图 5-10T_5、T_6),其上极少或没有冲积物覆盖。侵蚀阶地多发育在构造抬升的山区河谷中。堆积阶地指全部由河流松散冲积物组成的阶地(图 5-10$T_1 \sim T_3$),多分布于河流的中、下游。依据河流下切深度与阶地间的接触关系,堆积阶地又可分为内叠阶地和上叠阶地。前者是指新阶地套在老阶地内的阶地,河流每次下切都达到基岩,但后期的旁蚀作用范围较前期小(图 5-10T_2、T_3);后者是指新阶地上覆在老阶地之上的阶地,河流每次下切的深度小于该阶地冲积物的厚度,河流下切都未达到基岩(图 5-10T_1)。基座阶地是指上部由冲积物、下部由基岩物质组成的阶地(图 5-10T_4)。它是在河流下切侵蚀深度超过堆积层厚度,并切至基岩内部,后期地壳上升幅度超过堆积幅度而形成的。

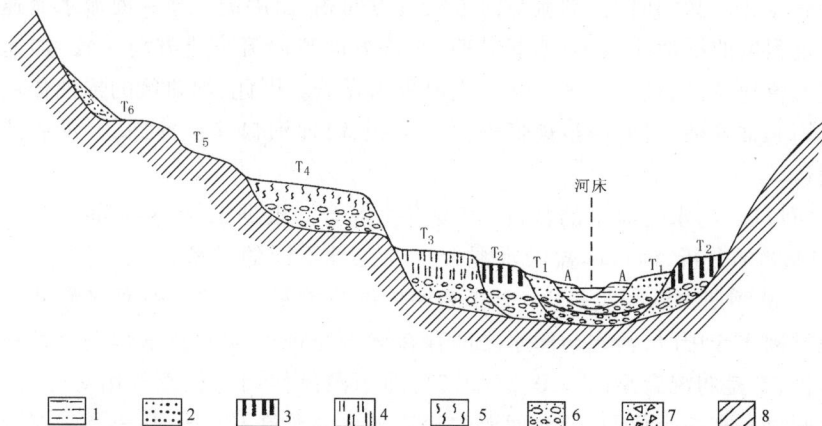

　　1.现代河漫滩冲积物;2.粉砂;3.砂黄土;4.黏黄土;5.网纹红土;6.冲积沙砾层;7.坡积物;8.基岩;
A.河漫滩;T_1.上叠堆积阶地;T_2、T_3.内叠堆积阶地;T_4.基座阶地;T_5、T_6.侵蚀阶地

图 5-10　河流阶地的类型[1]

　　③河流阶地的成因。河流阶地的形成必须具备两个基本条件:一是河床侧蚀展宽,具有比较宽广的谷底;二是要有显著的河流下切侵蚀。概括地说,阶地的形成原因主要有地壳升降运动、气候变迁和基准面变化三个因素。在地壳相对稳定或缓慢下降时,河流以旁蚀作用为主,使河谷展宽,形成河漫滩。之后,若地壳上升较大,河流下切侵蚀加强,使河床下降,就使靠近两侧谷坡的谷底部分

形成阶地。地壳上升运动并非直线式,往往具有间歇性,于是河谷中就形成多级阶地。当前期气候干旱或寒冷时,会造成河流小流量、大含沙量,$G/Q_s>1$,河床发生堆积;在后期气候转湿或温暖时,河流形成大流量、小含沙量,$G/Q_s<1$,河床发生下切侵蚀,从而形成阶地。当河流的侵蚀基面因构造变动、海退或河流决口改道而下降时,河流自下游向上游发生溯源侵蚀,就在溯源侵蚀的河道范围内形成阶地。

(三)河口地貌

在河流与海洋或湖泊的动力作用下,发育在河流入海或入湖地带的地貌称为河口地貌。世界上的河流以外流河为主,并且入海河口区的地貌类型最为典型,因此本书主要介绍入海河口区的地貌类型。

1.河口区的动力特征

在河口区,既有河流作用又有海洋作用,但二者的作用过程存在明显的时空差异。河川径流是单方向水流,洪、枯季节水量有变化;潮流为往复方向水流,流向昼夜有变化。涨潮时期,潮流与河流径流方向相反,潮流流速和河流水流速度都有一定程度的抵消而减小;落潮时期,潮流方向与河流水流方向一致,加速潮流和河流流速,特别是在洪水期这种现象更为显著。因此,河口区的侵蚀作用和堆积作用非常复杂,时而泥沙被带进河口堆积,时而河口又被冲刷,大量泥沙向海洋搬运。

在河口区,河水与海水的盐度、密度发生混合。根据 H.B.Simmons 与 F.R.Brown(1969)的分析,河口区盐淡水混合存在三种不同的类型:一是高度成层型($K=$一个涨潮期内的径流量/一个涨潮期内的进潮量$\geqslant 0.7$),即河水流动的作用远超过潮水作用时,河水与海水之间存在清晰的界面,口门内底部明显存在一个盐水楔;二是弱混合型($K=0.2\sim0.5$),即当潮流作用与径流作用对等时,盐淡水之间仍存在一个界面,但界面上的盐淡水混合现象不甚明显;三是强混合型($K\leqslant0.1$),即当潮流作用超过径流作用时,盐淡水之间混合强烈,不复存在盐淡水之间的明显界面,但近底水流的含盐度仍比海面附近的含盐度大 15% ~ 25%。盐淡水混合影响到河口区泥沙淤积。由于海水比重大于河水,海水沿河底侵入形成盐水楔,造成楔顶地带泥沙淤积。另一方面,在河口区,由于泥沙的粒径较小,容易受到盐水及海洋生物的作用而产生絮凝现象,从而加快其沉降落淤过程。相反,当聚凝体和团聚物进入淡水区后,又会因紊动扩散作用而使之重新分散为较小的颗粒。

此外,河口区的波浪作用对河口地貌发育的影响也很大,它既可使河口区的泥沙发生堆积,也可使河口区发生侵蚀。

　　2.三角洲及其发育过程

　　三角洲是由于河口区的堆积作用超过侵蚀作用而形成的。它的形成一般要有几个有利的条件:一是有足够的河流泥沙来源。据测定,河流年输沙量与年径流量之比大于或等于 0.25 时,就能形成三角洲。二是河口区海洋的侵蚀搬运能力较弱,使得河流带来的泥沙能够堆积下来。三是口外海滨区水深较浅、坡度平缓。这一方面可对波浪起消能作用;另一方面有利于浅滩出露水面。

　　自然界中的三角洲是以拦门沙为雏形,经河流补给的泥沙不断沉积和沉积区流路分汊与合并过程形成的。拦门沙是河口区内因水流比降减小,水面展宽,水体混合,泥沙大量淤积而形成的河口沙坝。它的形成与发展使该区域内过水面积减小,河流分汊,并由此发育新的拦门沙,导致河流再度分汊。如此长期进行,拦门沙不断接受沉积而堆高,并向海外扩展而形成三角洲。可见,拦门沙的形成和河道分汊是三角洲发育的主要方式(倪晋仁,1998)。

　　三角洲的沉积结构比较复杂,按其地貌特征可划分为三角洲平原带、三角洲前缘带和前三角洲带。三角洲平原带为三角洲陆上堆积部分,地形平坦,主要是由河床、河漫滩、湖泊、泻湖及风沙沉积而成,颗粒较细。三角洲前缘带位于三角洲平原带外缘,属三角洲水下部分,呈环状分布,主要是由纯净的砂质物质堆积而成,泥质和有机质沉积较少。前三角洲带处于三角洲前缘带向浅海过渡的地带,系海相沉积,具有明显的沉积层理,且富含有机质和泥质。

第三节　喀斯特作用和喀斯特地貌

一、喀斯特作用

(一)喀斯特作用的概念

　　喀斯特(Karst)是南斯拉夫西北部伊斯特里亚半岛石灰岩高原的地名。19世纪中叶,一些德国和奥地利学者,尤其是南斯拉夫学者 J·司威杰在研究喀斯特高原上奇特地貌时均采用了 Karst 一词,以后喀斯特逐渐成为地学上的通用术语。凡是发生在可溶性岩石地区的地貌,都统称为喀斯特地貌,我国曾经称之为

"岩溶地貌"。喀斯特地貌是在喀斯特作用下形成的。所谓喀斯特作用是水对可溶性岩石以化学溶蚀作用为主,以流水冲蚀、潜蚀和机械崩塌作用为辅的破坏和改造作用。

(二) 喀斯特作用的基本条件

喀斯特作用主要是水与可溶性岩石间的一系列化学反应过程,因此水与岩石就构成了喀斯特作用的基本条件。

1. 岩石的可溶性

岩石的可溶性主要取决于岩石的成分与结构。从成分上看,可溶性岩石分为三类:一是碳酸盐类岩石,如石灰岩、白云岩、硅质灰岩及泥质灰岩等;二是硫酸盐类岩石,如硬石膏、石膏、芒硝等;三是卤盐类岩石,如石盐、钾盐等。在这三类岩石中,卤盐类岩石溶解度最大,硫酸盐类岩石次之,碳酸盐类岩石最小,但由于前二者分布不广,而碳酸盐类岩石分布广、岩体大,所以这类岩石形成的喀斯特地貌是主要的。从结构上看,结晶质岩石的晶粒愈小,相对溶解度就愈大。以白云岩为例,微粒、细粒与中粒的相对溶解度之比为1:0.9:0.79。

2. 岩石的透水性

岩石的透水性影响着水向地下渗透,并且关系到地下喀斯特地貌的发育。岩石的透水性取决于岩石的孔隙度和裂隙度。可溶岩石的孔隙度一般很小,如有的石灰岩孔隙度只有2%~7%或更小。地下水沿孔隙的喀斯特作用过程很缓慢,一般只能溶成细小的溶孔。岩石的裂隙度对透水性影响最大。它的大小与岩石的构造、纯度和厚度等有关。原始的可溶性岩石一般裂隙规模小、数量少、透水性较弱。但经构造变动的岩石,裂隙较多、透水性较强,如在张性断裂带、背斜的顶部或向斜的深处等裂隙较为发育,透水性较好,喀斯特地貌发育较好。质纯的石灰岩刚性较强,裂隙虽然稀疏,但裂隙深长,透水性亦强。厚度大的碳酸岩分布地带,因其隔水层较少,裂隙延长较深,有利于喀斯特地貌的发育。

3. 水的溶蚀力

纯水的溶解力是很微弱的,但当水中含有大量的 CO_2 时,溶解力就大大提高。空气中的 CO_2 溶解到水中,则形成碳酸,碳酸解离出的 H^+ 与石灰岩溶解于水中的 CO_3^{2-} 起化学反应生成 HCO_3^-,并分离出 Ca^{2+}。呈离子状态的 Ca^{2+} 和 HCO_3^- 随水流失,使石灰岩遭到溶蚀。其反应式为:

$$CO_2 + H_2O + CaCO_3 \rightleftharpoons Ca^{2+} + 2(HCO_3)^- \qquad (5\text{-}13)$$

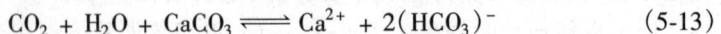

这一反应过程是可逆的,如果空气中的 CO_2 减少,水中的碳酸含量就相应地减

少,这时 $CaCO_3$ 就要发生沉淀作用。但由于水是流动的,空气中的 CO_2 又不断地向水中扩散,溶解带走的 $CaCO_3$ 远远超过重新沉淀的 $CaCO_3$,结果使喀斯特地貌不断发展。

在大气压力一定的情况下,水中溶解的 CO_2 量与水温成反比,即水温越高 CO_2 溶解量越少,反之则越多。但是温度可以提高化学反应的速度,如可以提高碳酸钙、碳酸和水的解离度等,在一定程度上又促进岩溶作用的进行。

4.水的流动性

流动的水可使被 $CaCO_3$ 所饱和的水溶液变为不饱和溶液,使水流重新获取溶蚀力,因此水的流动性对喀斯特作用的持续进行起着十分重要的作用。从一定意义上说,水的流动性对喀斯特的影响超过了温度的影响。同时流动的水还有机械侵蚀作用,尤其以水流挟带砂砾时或当水量大、流速大时更为显著,加速喀斯特地貌的发育。

水的流动性主要由气候条件所决定。在湿热地区,地表水与地下水充足,流动快,喀斯特作用比较强烈;在寒冷或干旱地区,水流的活动性较差,喀斯特作用比较微弱。

二、地表喀斯特地貌

地表喀斯特地貌形态多样。它可以由地表流水的溶蚀作用形成,也可以由地下水作用先形成地下喀斯特地貌,而后出露于地面而成为地表喀斯特地貌。

(一)石芽与溶沟

石芽与溶沟是一对伴生的喀斯特地貌,广泛分布于石灰岩地区。地表水流沿可溶性岩石坡面溶蚀与侵蚀时,所形成的许多石质凹槽称为溶沟。溶沟宽十余厘米至一两米,深数厘米至数米,长度不等(一般不超过深度的 5 倍),其底部常为黏土及碎石充填。溶沟之间的突起石脊称为石芽。石芽多似犬牙,横剖面呈锥状或尖梭状,高度多在 0.5~2 m。形体高大的石芽称为石林,其高度多在 10 m 左右,大者可达 50 m。

(二)喀斯特漏斗

喀斯特漏斗是指喀斯特地区地面上出现的规模较小、平面轮廓呈圆形或椭圆形的封闭洼地。其直径一般为几米至百米,深度多小于直径,且下部多比上部狭小。在洼地的底部常堆积有厚度不大的黏土与碎石。漏斗底部也常发育有落水洞。喀斯特漏斗分布较为普遍,在其成群分布之地,地面如蜂窝状。喀斯特漏斗可由地表流水沿岩石垂直节理、裂缝的聚合地段逐渐溶蚀所形成,也可由隐伏于地下的洞穴因其顶部塌陷而成。

(三)竖井

竖井指喀斯特地区出露于地表的与地下水相通的井状空洞。其平面轮廓呈方形、长条形或不规则圆形。竖井四壁陡立,有明显的井缘,深可达百米,形似水井。由竖井向下常可见洞底有地下水流现象。竖井常由漏斗塌陷形成。

(四)落水洞

落水洞是喀斯特地区地表水流转入地下的通道。它开口于地面,形如细长管道,直径一般小于 10 m,深度可达几十米至百米,宽深比例相差悬殊。落水洞的形态各不相同,有垂直的、倾斜的、曲折的等形状。落水洞是由于地表水沿着岩石裂隙不断溶蚀,以及挟带砂砾的地表水流在此汇聚转入地下时机械冲击、磨蚀并伴随坍塌等综合作用所致。落水洞常分布于喀斯特漏斗底部或河谷底部。

(五)溶蚀洼地、溶蚀盆地与喀斯特平原

溶蚀洼地是指由喀斯特作用所形成的小型封闭洼地。其面积一般由几平方公里到十几平方公里。四周为低山丘陵和峰林所包围,底部平坦,往往有 2m～3m 厚的红土堆积。与喀斯特漏斗相比,面积较大且边缘轮廓不规则为溶蚀洼地的显著特征。四面为石灰岩山岭所环绕的溶蚀洼地常称之为坝子,是良好的农耕区。溶蚀洼地一般是由相邻的漏斗不断扩大合并形成,是喀斯特地貌发育早期的地貌表现。

溶蚀盆地是大型的喀斯特洼地,又名坡立谷(南斯拉夫塞尔维亚语音译,意"可耕种的平地")。其面积一般达数十至百余平方公里,底部平坦,偶有孤峰残丘,有地表河流和地下排水系统。在河流作用下,溶蚀盆地中堆积有较厚的红色冲积物。大多数学者认为,溶蚀盆地是在地壳相对稳定的条件下,以断陷的构造盆地或破碎的褶曲轴部为基础,经流水的长期溶蚀作用所形成的。它也能在可溶性岩石与难溶性岩石接触地带受流水溶蚀、侵蚀作用形成,也可由溶蚀洼地扩展而成。

喀斯特平原是喀斯特地区面积广阔的平地。其地表常有红色黏土覆盖,面积可达数百平方公里,地面近似水平,常散布有孤峰残丘。喀斯特平原主要由溶蚀盆地不断发育扩大而成。

溶蚀盆地与喀斯特平原的出现,表明喀斯特发育已经到了晚期阶段。这些

地貌单元均为当地主要农耕区与村镇所在地。

(六) 峰丛、峰林与孤峰

峰丛是指基部完全连为一体而顶部分散的多个石灰岩山峰。峰丛的基座相对高度大于其顶部山峰的相对高度(图 5-11)。峰丛内部发育有喀斯特漏斗、落水洞以及溶蚀洼地等地貌类型。峰丛多位于石灰岩山地的中心部位,地势较高。

峰林是成群分布的基部分离或微有相连的石灰岩山峰。峰林的基座相对高度小于其顶部山峰的相对高度(图 5-11)。峰林山峰个个形似圆锥、平地突起,四周陡峭,坡度一般在 45°以上,相对高度一般为 100～200 m。因其远望如林,故而得名。峰林是峰丛进一步溶蚀和侵蚀形成的,它分布在山地的边缘。

孤峰是散布于喀斯特平原上的孤立低矮石灰岩山峰。其相对高度仅十米至百余米。它是峰林进一步遭受溶蚀发育成的。孤峰是喀斯特地貌发育到晚期的标志,因而孤峰多零星分布于溶蚀盆地或喀斯特平原上。

地表喀斯特地貌的分布及其组合很有规律。峰丛一般位于山地的中心部分,常与漏斗、竖井、溶蚀洼地组合分布在一起;峰林在山地的边缘,常与溶蚀盆地组合分布在一起;而孤峰分布于溶蚀平原上(图 5-11)。

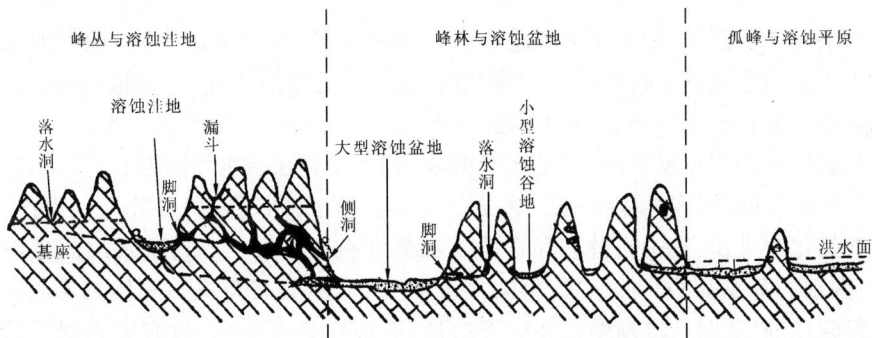

图 5-11　峰丛、峰林和孤峰分布示意图[8]

三、地下喀斯特地貌

发育在地下的喀斯特地貌是喀斯特地区最富有特色的也是最主要的地貌类型,主要有地下河与溶洞两种形态。

(一)地下河

流动在地面以下具有自由水面的管道式河流称为地下河,也称暗河或伏流。地下河在喀斯特地区发育很普遍,它是石灰岩地区地下水汇聚与排泄的通道。地表河流在注入落水洞后可形成地下河,在溶蚀盆地或平原边缘流出又转变为地面河流。地下河规模不一,长者可达几十公里,短者仅有几百米。它在地下分布也有高低之别,这主要受制于地方侵蚀基面和岩层中的不透水层面的高低,以及新构造运动上升幅度与溶蚀深度等情况。

地下河的形成主要是地表水流沿石灰岩层面、节理密集带、断层、背斜轴部等强透水的部位,长期向下强烈溶蚀与侵蚀的结果。刚形成的地下河规模较小,但一经形成,裂隙溶蚀加快,引起塌陷,其规模不断扩大。随着地下洞道不断发展扩大,加上相邻地下河的归并与汇合,最后使地下水的流向得到统一,并向附近的深切河谷排水,于是就发育成了具有自由水面的地下河。当地下河因顶层发生崩塌而露出地表,就成为地面河流。倘若地下河的通道被堵塞,在局部地段可形成地下湖。

(二)溶洞

溶洞又名洞穴,是地下河或地下湖因地壳上升,侵蚀基面下降,地下河水或湖水干涸后形成的一种地貌。溶洞规模大小不同,形态各异,有管状、袋状、大厅状等等。但其基本形态有两种类型:一是垂直型溶洞,常见于包气带内,多是沿石灰岩层垂直裂隙发育的;二是水平型溶洞,多发育在潜水面附近。

在溶洞内,洞穴堆积地貌广泛发育。归纳起来,洞穴堆积可分为三类:一是碳酸钙化学堆积,其中石钟乳和石笋滴水类堆积最为常见。地下水沿洞顶渗透时,因水的蒸发及 CO_2 的散失,使溶在水中的 $CaCO_3$ 沉淀下来。开始只形成一小突起附在洞顶,以后逐渐增长并向下沿伸,形成细长中空的、具有同心圆状结构的石钟乳。当洞顶富含 $CaCO_3$ 的水滴落到洞底后,经水分蒸发和碳酸钙沉淀,形成由下向上增长的石笋。当石钟乳和石笋相连而成柱状体时便形成石柱。若含 $CaCO_3$ 的水溶液在洞壁上漫流时,因 CO_2 迅速散逸而产生片状或层状的碳酸钙堆积,它形如幔状,故称为石幔。二是生物堆积,主要是鸟粪和生物化石等。三是机械堆积,包括地下河湖堆积及崩塌堆积等。

第四节　冰川作用与冰川地貌

在冰川分布区,地貌发育的主要外营力是冰川作用。受冰川作用所形成的一系列地貌统称为冰川地貌。

一、冰川作用

冰川对陆地表面的塑造作用统称为冰川作用,包括冰川的侵蚀、搬运和堆积三种作用方式。

(一)冰川的侵蚀作用

冰川在运动过程中对地表岩石的破坏作用称为冰川的侵蚀作用,其方式可分为拔蚀和磨蚀两种。与冰川接触的基岩被冰融水沿节理反复冻胀而松动,并与冰川冻结在一起,冰川运动时便可将这些岩块拔起带走,这种冰蚀作用称为冰川的拔蚀作用。磨蚀作用是指冰川运动时,冻结在冰川底部的岩块与冰床发生的磨擦作用。冰川的磨蚀作用可在基岩上形成磨光面与擦痕。

(二)冰川的搬运作用

冰川侵蚀产生的大量岩屑和由山坡上崩落下来的碎屑进入冰川后,随冰川运动向下游搬运的过程称为冰川的搬运作用。这些被搬运的岩屑称为运动冰碛物,其中巨大的石块(直径 > 1m)称为漂砾。根据运动冰碛物在冰川中的位置可将其分为不同类型:出露于冰川表面的叫表碛;位于冰川两侧边缘的叫侧碛;夹在冰川内部的叫内碛;挟带在冰川底部的叫底碛;两条冰川汇合后,侧碛合并构成中碛;位于冰川前端的冰碛物叫做终碛。

(三)冰川的堆积作用

冰川消融以后,运动冰碛物堆积下来形成各种堆积冰碛物的过程称为冰川的堆积作用。堆积冰碛物是一种由砾、砂、粉砂和黏土组成的混杂堆积,其结构疏松,粒度差别悬殊,分选性及砾石的磨圆度较差,缺乏层理。根据堆积冰碛物的堆积位置可将其分为三种类型:一是侧碛,即冰川消融后形成的沿冰川谷两侧延伸的长堤;二是终碛,即在冰川末端,围绕于冰舌前端的冰碛;三是基碛,即运动冰碛中的表碛、中碛、内碛在冰川消融后沉落于底碛之上形成的混合冰碛物。

二、冰蚀地貌

（一）冰斗、刃脊和角峰

冰斗是由冰蚀作用造成的三面陡峭、一面敞开且在出口处有一陡坎的围椅状洼地。它是位于冰川上源积聚冰雪的冰蚀洼地，整个地形如匙状，它由冰斗壁、盆地和冰斗出口处的冰坎组成。冰斗的发育需要有一定的气候与地形条件。它常发育在雪线附近平缓的山坡与浅凹地带。由于冰斗底部海拔高度大致代表了冰川发育时的雪线高度，所以经常以古冰斗地形来确定古雪线位置。

随着冰斗的进一步扩大，向源侵蚀作用使冰斗壁后退。于是，两个相邻冰斗之间的分水岭不断变窄，最后形成薄而陡峻似刀刃或锯齿形的地形，称为刃脊。被三个或三个以上冰斗包围的棱角状孤立山峰叫做角峰。

（二）冰川谷

冰川谷又称冰蚀谷，是冰蚀作用所形成的谷地。它一般是在原来河谷基础上经冰川下蚀和旁蚀作用的改造发育而成。冰川谷不同于山区中的河流河谷，其典型形态是具有"U"形横剖面，谷底宽平、谷壁陡峭且常有冰川擦痕，有明显谷缘。冰川谷平面图形比较平直，原先河流河谷两侧的交错山嘴被冰川削去。冰川谷谷地纵剖面起伏明显，常是凸起的冰坎与低凹的冰盆交替出现，呈阶梯状下降。其形成与原始谷地形态、冰床岩性、构造等有关。岩性软、构造复杂、节理发育的冰床地段，易被冰川侵蚀形成冰盆，冰盆之间即是冰坎。

（三）羊背石

羊背石是冰床上出现的由冰蚀作用形成的石质小丘。有时羊背石为单个分布，但多数成群出现，远望宛如匍匐在地的羊群，故名羊背石。羊背石大小不一，低者仅几十厘米，高的可达几十米，长可达数十米至数百米不等。其平面呈椭圆形，长轴与冰川运动方向一致。羊背石前后两坡形态不对称，迎冰的一坡因受冰川磨蚀作用，而比较平缓光滑，有许多条状擦痕；背冰的一坡坡度较陡，因冰川拔蚀作用形成了坎坷不平的石阶陡坎。因而，根据羊背石空间位置和形态即可以判断古冰川运动的方向。

三、冰碛地貌和冰水堆积地貌

（一）冰碛地貌

1. 冰碛丘陵

冰碛丘陵又称基碛丘陵,它是指冰川消融后由基碛构成的波状起伏的低矮丘陵。冰碛丘陵多发育在大陆冰川作用过的地区。其高度由数十米至数百米不等,其形态有椭圆形的和长条形的,有平顶的和尖顶的等等。因受冰体内冰碛物分布不均的影响,丘陵特征各有区别。如以表碛为主的丘陵,堆积物杂乱无章、磨圆度差;以底碛为主的丘陵则与之相反,且具有擦痕。在冰碛丘陵之间常分布有宽浅的沼泽与湖泊。

2. 侧碛堤

侧碛堤是侧碛、部分表碛和内碛随着冰川的退却在冰川两侧连续堆积、逐渐加厚增高所形成的长堤状垄岗。其高度一般在数十米,侧碛堤向上可延伸至雪线附近,末端常与冰舌前端的终碛堤相连,因此侧碛堤上端分布高程可作为研究古雪线的近似高程。

3. 终碛堤

终碛堤又称终碛垄,是由终碛在冰川末端连续堆积逐渐加厚增高所形成的弧形垄状地形。其两端和侧碛堤相连,两坡不对称,外侧陡而内侧缓。相对高度和规模因地而异,大陆冰川终碛堤高约数十米,延伸长度可达数百公里,受融水冲刷作用,常呈不连续的弧形小丘。山岳冰川终碛堤高达百米以上,但其长度较短,因其横拦谷地,内侧常积水成湖。因冰川阶段性退却,终碛堤可有多条。其分布位置指示了冰川曾经达到的范围,由此可推测地质历史时期的气候变化状况。

4. 鼓丘

鼓丘指发育在冰川底部基床上,主要由堆积冰碛物组成的流线形丘陵。它高数米至数十米,长数百米至 1 km 以上。其平面呈椭圆形,长轴与冰川流动方向一致。纵剖面前后两坡不对称,迎冰面坡陡,背冰面坡缓。此特征恰与羊背石相反。从物质组成和结构看,有的鼓丘是泥砾外壳含基岩核心,有的则完全由冰砾泥组成。鼓丘常成群分布于大陆冰川终碛堤的内侧,山谷冰川终碛堤内也有少量分布。一般认为,在冰川末端附近,因冰川体减薄或冰川携带冰碛过多导致搬运能力减弱,冰碛物堆积而成,或冰流受阻时底碛发生堆积可形成鼓丘;或冰川逾越基岩障碍物时,将所挟泥砾堆积于背冰面形成这种常以基岩为核心的低矮丘陵。

（二）冰水堆积地貌

冰碛物再经冰川融水的搬运和堆积(称冰水堆积物)所构成的各种地貌称为冰水堆积地貌。产生在冰川边缘和底部、或冰川末端附近的冰融水具有一定的侵蚀和搬运能力,它能将冰碛物再行搬运和堆积。冰水堆积物既与一般河流冲积物不同(如其中夹有漂砾和保存有冰川擦痕和磨光面等冰川作用痕迹等),又与冰碛物有差别(如堆积物具有一定的分选性、磨圆度和层理构造等)。根据分布位置、物质结构与形态特征,可将冰水堆积地貌分为冰水扇、冰水平原、蛇形丘、季候泥、冰砾阜和冰砾阜阶地等多种类型。下面仅对冰水扇、冰水平原和蛇形丘做以下介绍。

1. 冰水扇与冰水平原

冰川融水从冰川两侧或从冰面、冰下汇集形成冰前河流,它可挟带着大量泥砾物质流出冰川末端或切过终碛堤,堆积形成顶端厚向外渐薄、坡度渐缓的扇形堆积地形——冰水扇。与河流冲积扇不同,冰水扇位于冰川终碛堤外围且堆积物中含有漂砾。由几个冰水扇在终碛堤外相互连接,就构成了起伏和缓的堆积平原,称冰水平原或外冲平原。

2. 蛇形丘

蛇形丘是一种由冰水堆积物组成的狭长而弯曲的垄岗地形,因其蜿蜒伸展似蛇状,故而得名。蛇形丘两坡对称,坡度较大(30°~40°),底宽几十至几百米,丘脊宽仅数米,长数公里至数十公里,高10m至几十米不等。其延伸方向与冰川运动方向基本一致。它可以分布于低处,也能爬上丘陵、高地。蛇形丘的组成物质几乎全为具有分选性的成层砂砾,砾石具有一定的磨圆度,偶尔夹有冰碛透镜体。

蛇形丘主要发育在大陆冰川区。它有多种成因,比较流行的是"冰下隧道成因说"。该学说认为,在冰川消融时期,很多冰融水顺着冰川裂隙渗入冰下,在冰川底部汇聚形成冰下隧道。隧道中的冰融水具有承压性,在上游静水压力作用下,可随地形起伏而上升或下降,冰融水挟带着许多砂砾,沿途不断搬运、堆积,直至冰水堆积物填充隧道。待冰川消融后,隧道中的这些堆积物就出露于地表形成蛇形丘。

综上所述,山地冰川地貌的分布具有明显的垂直分带规律。一般来讲,在雪线以上是角峰、刃脊和冰斗等冰蚀地貌;雪线到终碛堤之间是以冰川谷、侧碛堤和冰碛丘陵为主的冰蚀—冰碛地貌;冰川末端是以终碛堤为代表的冰碛地貌;终碛堤外缘是以冰水扇和冰水平原为主的冰水堆积地貌。

第五节　风沙作用和风沙地貌

一、风沙作用

风沙流(挟带砂粒的气流)对地面的侵蚀、搬运和堆积作用称风沙作用。

(一)风的侵蚀作用

风沙流对地表物质的吹蚀和磨蚀作用统称风的侵蚀作用。吹蚀是指地表松散物质被风吹扬离开原地,致使地表遭到破坏的过程。磨蚀是指风沙流贴近地表运动时,运动的沙粒对地表物体进行的撞击和摩擦作用。风蚀作用的强度与风力大小、土壤性质、地面粗糙度及顺风向的地面长度等因素有关。切皮尔根据野外和风洞实验所取得的资料,得出了如下的风蚀方程:

$$E_p = f(P', C', K', L', V') \tag{5-14}$$

式中 E_p 是风蚀引起的土壤吹失量,单位是 $t \cdot (hm^2)^{-1} \cdot a^{-1}$;$P'$ 是土壤可蚀性因素;C' 是有关风速和土壤水分的气候因素;K' 是未保护地面粗糙度因素;L' 是盛行风的风蚀区长度;V' 是植被因素。

(二)风的搬运作用

风使所携带的各种不同粒径的沙粒发生不同形式和不同距离的位移的作用称为风的搬运作用。一般来说,当近地面风速大于 $4m \cdot s^{-1}$ 时,0.10 mm ~ 0.25 mm 粒径的沙粒就能被搬运形成风沙流。风沙流中所含沙量的多少一般用输沙率表示,其数学表达式为:

$$q = C\sqrt{\frac{d}{D}} \cdot \frac{\rho}{g} \cdot U_*^3 \tag{5-15}$$

式中 q 为输沙量($kg \cdot m^{-1} \cdot s^{-1}$);$d$ 为所研究的沙粒粒径(mm);D 是标准沙粒径(为 0.25 mm);ρ 的风沙流密度($kg \cdot m^{-3}$);U_* 为风速($m \cdot s^{-1}$);C 为经验系数(均匀沙 $C = 1.5$,天然混合沙 $C = 1.8$,粒径分散很广的沙 $C = 2.8$)。为了更为普遍地使用(5-15)式,拜格诺又将(5-15)式修改为:

$$Q = \frac{1.0 \times 10^{-4}}{\log(100Z)^3} t(U - 16)^3 \tag{5-16}$$

式中 Q 为风在每米宽度断面所携带沙子的吨数，U 为风速（$km \cdot h^{-1}$），t 是速度为 U 的风吹时数，16 为起动风速（$km \cdot h^{-1}$），Z 为高度（m）。

各种不同大小的沙粒，在风的作用下产生悬移、跃移和蠕移三种不同的搬运形式。其中悬移是指粒径 < 0.2 mm 的沙粒在风力为 5 $m \cdot s^{-1}$ 时，呈悬浮状态移动的搬运形式。跃移是指在风力作用下，粒径 0.2 ~ 0.5 mm 的砂砾发生跳跃式运动的搬运形式。这是风沙搬运的主要方式，在距地表 10 cm 范围内风沙流中 70% ~ 80% 的含沙量是以这种方式搬运的。蠕移是由于一些跃移运动沙粒降落时对地面的不断冲击，使地表较大的砂粒（粒径 > 0.5 mm）受冲击后产生缓慢向前滑动或滚动的搬运形式。

（三）风的堆积作用

当风速减小、风沙流运行中遇到障碍物或下垫面性质发生改变时，都能使沙粒堆积下来，这种作用称为风积作用。经风力搬运再堆积的碎屑物称为风积物。风积物具有如下特征：粒径一般 < 2 mm，粒度均一，分选性和磨圆度好，具有不明显的层理构造，风成沙的主要成分是石英和长石（占 90% 以上），重矿物（比重 > 2.9）含量较少。

二、风蚀地貌

（一）风蚀蘑菇和风蚀柱

孤立突起的岩石，尤其是由水平地层组成或水平节理发育的岩石，经风蚀作用形成的上部大、基部小、外形像蘑菇的地貌称为风蚀蘑菇（图 5-12）。垂直裂隙发育的岩石，经风沙流沿裂隙长期侵蚀，易形成孤立的柱状岩石——风蚀柱。

图 5-12　风蚀蘑菇[1]

（二）风蚀谷和风蚀残丘

在干旱区，偶有暴雨形成的暂时性洪流，冲刷地面形成冲沟，冲沟再经风沙流长期侵蚀即成为风蚀谷。它常沿主风向延伸，迂回曲折，长者可达数十公里。

风蚀谷经长期侵蚀,使谷与谷之间的地面不断缩小,最后残留下的一些孤立小丘称为风蚀残丘。风蚀残丘多成群分布,形状不一,以平顶桌状者居多,亦有尖峰状的。一些软硬相间的水平地层,经风蚀和暂时性流水作用,形成许多平顶层状山丘,相对高度约 10~30 m,远看犹如废弃的古城堡,这种风蚀地貌称风蚀城堡或风城。

(三)风蚀垄槽

风对干旱区的湖积平原或冲积平原长期吹蚀所形成的支离破碎的垄槽地形(图 5-13)称风蚀垄槽,也叫雅丹。雅丹是维吾尔语,意思是"陡壁的小丘"。干旱地区的湖积或冲积平原常因干缩而产生龟裂,风沿地表裂隙长期吹蚀即形成垄槽相间的雅丹地貌。高起的风蚀土墩呈长条形,排列方向与主风向平行,高度多为 5~10 m,也有在 15~20 m 的。雅丹地貌以我国罗布泊西北楼兰附近最典型。

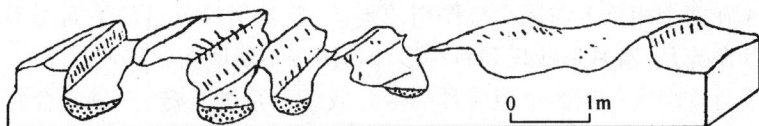

图 5-13　雅丹地貌[2]

(四)风蚀洼地

由松散物质组成的地面经风长期吹蚀所形成的大小不等的洼地称风蚀洼地(图 5-14)。它多呈新月形,其突出的一端面对主风向。也有的洼地呈椭圆形,沿主风向伸展。风蚀洼地深度一般不超过 10 m,长度在 1~2 km 间。

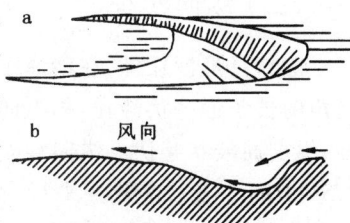

a.素描图;　b.剖面图

图 5-14　风蚀洼地[2]

三、风积地貌

风积地貌是指由风沙流堆积作用所形成的地貌。此类地貌在沙漠地区表现为各种形态的沙丘。

(一)新月形沙丘

新月形沙丘是在单风向或有一主导风向作用下形成的,平面形状如新月。沙丘的两侧有顺风向延伸且近乎对称的两个尖角。在纵剖面上新月形沙丘两坡不对称,迎风坡凸而缓,坡度 5°~20°;背风坡凹而陡,坡度 28°~34°。迎风坡与背风坡的交接处形成一道明显的弧形脊梁。沙丘高度多在 10~30 m,宽度多为100~300 m。单个新月形沙丘常零星分布于沙漠边缘地区。

新月形沙丘是在单向风或者虽为两个相反方向的风向但其中有一个为主导风向的风的作用下,由较小的盾形沙堆发育而成。在沙源供给丰富的条件下,或因新月形沙丘的不断扩大、或因各个沙丘移速的不同,造成两个以上新月形沙丘的彼此连接,形成了与风向相垂直的新月形沙丘链(图 5-15)。其高度一般在 10~30 m,长达几百米至几公里。在

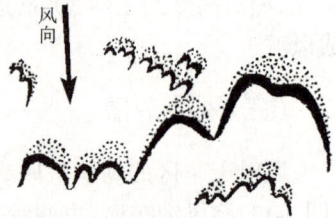

图 5-15　新月形沙丘链[11]

风向单一的地区,新月形沙丘链弧形弯曲度较大,依然保持原来单个新月形沙丘的特征。在两个相反方向风交替作用的地区,新月形沙丘链的平面图形就比较直。因沙源充足,新月形沙丘和新月形沙丘链在不断增高和扩大的同时,常在迎风坡上发育许多次一级的小型新月形沙丘或新月形沙丘链,形成复合新月形沙丘与复合新月形沙丘链。它们的体积十分高大,高度多在 50~100 m,个别的可高达 300~400 m,长度一般在 5~15 km。巨大的复合新月形沙丘链其形态如同山岭,故称之为沙山。

(二) 纵向沙垄

除新月形沙丘外,在沙漠中还广泛分布有顺主风向延伸或与主风向小于 30° 交角的长条形垄状沙丘,称纵向沙垄。沙垄较平直,顶部状如鱼脊,两坡平缓对称,纵剖面波状起伏。纵向沙垄垄长一般 10~20 km,垄高多在 50~80 m,垄宽 0.5~1 km。各沙垄相互平行,垄间为平坦或微凹的沙地,其宽度在 1~2 km。规模巨大的沙垄上可发育密集的新月形沙丘链,称为复合纵向沙垄。

(三) 金字塔沙丘

金字塔沙丘是在多向风且风力相差不大的条件下发育成的一种高大沙丘,因其外形酷似金字塔,故而得名。此沙丘具有尖顶,从尖顶向不同方向延伸出三个或多个狭窄的棱脊,并且每两个相邻棱脊之间均发育有明显的三角形斜面,每个斜面常常代表一个风向。一个金字塔沙丘常有三四个棱面,多者可达五六个棱面,其棱面坡度多在 25°~30°。金字塔沙丘高度很大,100 m 以下者称金字塔沙丘,超过百米者称金字塔沙山。

第六节 黄土区的复合动力作用和黄土地貌

一、黄土概述

(一)黄土的特性与分布

黄土是第四纪时期形成的土状堆积物。黄土颜色呈灰黄或棕黄色;质地均一,以粉沙(0.05~0.002 mm)为主,含量可达50%以上;结构疏松,多孔隙,孔隙度高达40%~55%;无沉积层理,但垂直节理发育;富含碳酸钙,含量达10%~16%,遇水浸润后可产生塌陷。从全球来看,它主要分布于中纬度干旱或半干旱的大陆性气候环境中,即现在的温带森林草原、草原及部分半荒漠地区。全球黄土面积达13 × 10^8 hm^2,占陆地总面积的9.3%。我国的黄土主要分布在北方干旱和半干旱区,位于34°N~35°N之间,呈东西向带状分布,其面积为63.5× 10^6 hm^2,占国土总面积的6.6%,占世界黄土面积的4.9%。其中黄土为38.1× 10^6 hm^2,黄土状岩为25.4× 10^6 hm^2;成为世界上黄土最为发育的地区,尤其是黄河中游的陕西北部、甘肃中部和东部、宁夏南部及山西西部,是我国黄土分布最集中的地区。这里地势较高,起伏不大,不仅黄土分布面积广,而且厚度大(最厚达200 m),形成著名的黄土高原。

(二)黄土的成因

黄土风成说认为,在荒漠地区,冬季强大的反气旋气流从中部吹向外围,把大量的黄土物质吹到荒漠边缘的草原地带,逐渐堆积下来,故称之为荒漠黄土,如我国黄河中游一带及中亚的黄土等。该学说的主要证据是:①从亚洲大陆内部向外围区域过渡,戈壁、沙漠和黄土有规律地依次成带分布;②黄土的矿物成分具有高度的一致性,与所在地区的各种岩石成分极不相同;③黄土上覆在不同成因和形态起伏显著的各种地貌类型上,并保持相似的厚度;④黄土中含有陆性草原动、植物化石;⑤黄土的粒度成分有随距荒漠距离增大逐渐变细的规律;⑥黄土层中发育有随下伏地形起伏的多层埋藏古土壤层等。而欧洲与北美的黄土则为冰缘黄土,它是冰期时大陆冰川区干冷的反气旋气流将冰水平原上的细颗粒物质吹送到外缘草原地带沉积而成的黄土。

黄土水成说认为,在一定的地质、地理环境条件下,成土物质可被各种形式的流水作用搬运、堆积,而形成水成黄土。有人认为水成黄土是原生的风成黄土经过流水搬运,与当地岩石碎屑相混合而成的堆积物,属次生黄土。

黄土风化残积说认为,黄土是当地的各种岩石在干燥气候条件下经过风化和成土作用而形成的,而不是外地搬运来的。风化成土作用在黄土的形成中虽有一定作用,但它难以解释数十米至数百米厚的黄土层中的种种现象,如黄土的均质性及富含碳酸钙等。

总的来说,黄土的堆积和形成过程是很复杂的,其成因不是单一的,在不同的地貌单元上分布的黄土,可能有不同的形成过程。

二、黄土区的复合动力作用

黄土地貌是古代和现代地貌过程综合作用的产物。它的形成,一方面受现代流水侵蚀作用和重力作用等的影响;另一方面也在一定程度上受到古地貌的影响。可见,黄土地貌形成的外营力是多种多样的,既包括流水侵蚀作用、重力剥蚀作用,也包括风力吹蚀作用及潜蚀作用等,但现代黄土的侵蚀地貌主要是由流水侵蚀作用和重力剥蚀作用造成的。

黄土本身的特性为流水侵蚀作用提供了有利条件,加之黄土地区降水集中且降水强度大,所以流水侵蚀作用很强,主要表现为片状散流侵蚀、沟状线流侵蚀作用等形式。其中,片状散流侵蚀形成细沟、浅沟等细小沟谷;沟状线流侵蚀则在重力作用参与下形成较大的沟谷。

潜蚀作用是黄土区特有的地貌外营力作用。它是在地表水沿黄土裂隙或孔隙下渗过程中,对黄土进行机械侵蚀和对可溶性盐类进行化学溶蚀作用。潜蚀作用使土粒和可溶性盐分流失产生洞穴,并在重力作用下造成地面塌陷,形成黄土潜蚀地貌。

此外,黄土地区多风且风力强劲,风蚀作用也是塑造黄土地表形态的一种外营力。

三、黄土地貌

(一) 黄土沟谷地貌

黄土沟谷地貌是流水侵蚀作用造成的。关于沟谷地貌形态与发育已在本章第二节作过详细介绍(参见表5-1),因此这里主要阐述黄土沟谷地貌的一些特殊方面。黄土沟谷地貌与非黄土沟谷地貌相比,其特殊性主要表现在三个方面:第一,黄土沟谷地貌发育迅速。由于黄土质地疏松,富含 $CaCO_3$,再加上干旱与半干旱地区降水变率大,暴雨比较集中,所以黄土地表极易遭受流水侵蚀,一旦小沟谷形成之后,可迅速发育为成形谷。黄土沟谷依其发生部位、发育阶段和形态特征,由小到大依次为细沟、浅沟、切沟、冲沟、坳沟和河沟,切沟和冲沟常具有"V"形横断面,坳沟常具有"U"形横断面,河沟是黄土沟谷地貌发育的最后形式。第二,黄土沟谷谷坡陡峻。黄土垂直节理十分发育,在流水侵蚀和重力作用下,往往沿节理崩塌,形成十分陡峭的谷坡,并且谷坡上部有明显的谷缘。第三,黄土沟谷沟头床底常见有串珠状黄土陷穴(图 5-16)。

(二) 黄土沟间地貌

黄土沟间地貌是黄土沟谷之间的正向地貌,是地表受流水侵蚀切割后的残留部分。它与沟谷地貌互为依存、紧密相连。黄土地貌发育的实质,就是前述沟谷(负向)地貌不断发展扩大,沟间(正向)地

图 5-16　黄土丘陵区的冲沟及陷穴[11]

貌被相应地分割而逐渐缩小的过程。沟间地貌包括塬、梁、峁等类型。

1. 黄土塬

黄土塬是由黄土堆积于下伏大片平缓古地形上又经现代沟谷分割形成的顶面广阔而平坦的高地。它周围为沟谷所环绕,因受沟谷向源侵蚀作用,塬的边缘在平面图上呈花瓣状。塬面积由数平方公里至数十、数百甚至数千平方公里不等。塬中央部分平坦,坡度一般不足 1°;到边缘地带才有明显的坡度(一般为 3°～5°)。塬为我国黄土高原区良好的农耕区。

2. 黄土梁

黄土梁指长条状的黄土高地或丘陵。黄土梁长数百米至数十公里,宽数十米至数百米,多分布于两条大致平行的沟谷之间。黄土梁顶面平坦,大都是塬面被沟谷侵蚀分割而成,也可由黄土覆盖在下伏梁状古地形上经流水作用改造而成。根据其顶部形态可将黄土梁分为顶部较宽、略呈穹形、坡度 1°～5°的平顶梁与顶部宽度小且呈明显的穹形、梁顶横向和纵向坡度在 3°～10°的斜梁或峁梁两种。斜梁是我国黄土高原最多见的沟间地形。

3. 黄土峁

由黄土组成的孤立穹状丘陵地形称黄土峁。峁的顶部面积不大,呈浑圆的馒头形,平面图形为圆形或椭圆形。峁多由梁被流水进一步切割形成,峁梁往往交错分布,因此常将二者统称为黄土丘陵。

（三）黄土潜蚀地貌

1. 黄土碟

黄土碟是一种发育在平缓黄土地面上的碟形小凹地。黄土碟平面呈圆形或椭圆形,深数米,直径 10~20 m。它是由于地表水下渗浸湿黄土后,胶结钙质与细小土粒被流水溶解或带走使黄土分散,在重力的作用下,黄土土层逐渐压实,使地面沉陷而形成的。

2. 黄土陷穴与黄土桥

地表流水沿黄土裂隙进行潜蚀,使黄土地面沉陷形成的洞穴叫黄土陷穴。它多发育在地表水易于汇集的谷地边缘地段或谷坡的上部,尤其是切沟和冲沟的沟头地带最为发育。地表水沿黄土节理下渗,土粒和易溶盐随水流失,在重力作用下发生塌陷,形成深不足 10 m 的漏斗形或竖井状凹地,即黄土陷穴。在切沟沟床上或黄土梁、峁斜坡上,几个陷穴连续分布呈串珠状,其底部常有相通孔道(图 5-16)。

黄土桥一般形成于串珠状黄土陷穴之间。由于两个或几个相邻陷穴之间有地下水流串通,潜蚀不断地使地下通道扩展,于是就在这些陷穴地下通道顶部形成了两端和地面相连、中间狭窄且悬空呈桥状的黄土桥。黄土桥一经崩塌,相邻陷穴就发育成了黄土沟谷。

3. 黄土柱

黄土柱是在沟谷边缘因流水沿黄土垂直节理不断地进行潜蚀,节理不断扩大,节理之间的黄土块体孤立呈柱状形成的。它高几米至十几米。单独耸立的黄土柱因顶部受雨面积不大,加之黄土地区气候比较干燥,在自然状态下常常可保留数十年甚至百年之久。

第七节　海岸带动力作用和海岸地貌

海洋与陆地经常相互作用的海岸带是海岸地貌发育的场所,它包括海岸线两侧的陆上与水下两部分,其最大宽度可达 20 km 左右。虽然海岸带在地图上被描绘成一条线,但实际上由于潮汐等海洋水动力作用引起海水面涨落不定,海岸线也随之向陆、向海移动,处于经常的迁移变动之中。一般将海岸带由陆向海分出海岸、潮间带与水下岸坡三个地段(图 5-17)。海岸这个概念有广义和狭义之分。广义的海岸是指海岸带；而通常所说的海岸是指狭义海岸，即高潮线以上陆上地带，又称潮上带。潮间带位于海岸下部，介于高潮线与低潮线之间。它在高潮时被海水淹没，低潮时出露水面，是海滩发育的地段。水下岸坡是指由低潮线到波浪作用所能达到的下界这一海底区域。

海岸地貌是海岸带由波浪、潮汐、近岸流等海洋水动力作用所形成的独特地貌。

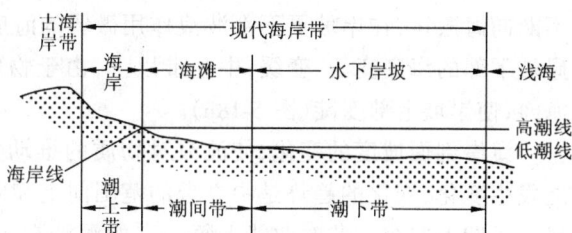

图 5-17 海岸带的划分[11]

一、海岸带动力作用

海岸带动力作用包括波浪、潮汐和沿岸流，它们均是海岸地貌发育的动力条件，其中以波浪作用最为普遍，也最为重要。

（一）波浪的侵蚀作用

波浪对海岸进行机械性冲蚀、波浪挟带碎屑物的磨蚀，以及海水对海岸的溶蚀作用等统称为波浪的侵蚀作用。其中拍岸浪以巨大的冲击力冲刷、撞击海岸，再加上巨大的撞击对岩石裂隙中的空气具有压缩作用，导致岩石强烈破坏，这种作用称为波浪的冲蚀作用。波浪挟带的碎屑物质随波浪往复运动而对海岸的研磨称为磨蚀作用。在可溶性岩石构成的海岸地带，海水还可对海岸产生溶蚀作用。

波浪对海岸作用的强弱取决于波浪的能量，其大小可用下式表示：

$$E = \frac{1}{8} \rho g H^2 L \tag{5-17}$$

式中 E 为波能，ρ 为海水密度，g 为重力加速度，H 为波高，L 为波长。可见，波浪规模愈大，尤其是波高愈大，波浪能量就愈大，对海岸的侵蚀作用也就愈强。

（二）海岸带泥沙横向移动及横剖面发育

当波射线与海岸线垂直时，波浪作用的方向与泥沙移动方向基本一致，海岸带泥沙的这种垂直于海岸带的移动称为泥沙的横向移动。波浪作用加上重力作用，在水下岸坡上半部，泥沙所受波浪向岸推动力大于其重力，泥沙不断朝岸移动；岸坡下半部的泥沙所受波浪向岸推动力小于其重力，泥沙不断向海移动。这两种作用分别形成岸坡的上、下部侵蚀带。下部侵蚀带的沉积物由此不断向海下移动，上部侵蚀带的沉积物由此不断朝岸上移动。在这两条侵蚀带之间存在着一个过渡带。过渡带的沉积物在每一次波浪周期运动中,向岸运动的距离等于向海运动的距离,致使沉积物只是在原地做往复运动,不发生位移,这一侵蚀与堆积过渡带称为中立带(图 5-18a)。

在泥沙横向移动的作用下,岸坡剖面要发生变化。中立带以下,由于物质被不断向海搬运,在岸坡更下部波浪作用微弱的海底堆积下来形成水下堆积台,使岸坡下部的海底变浅、变缓;中立带以上,由于物质不断向岸搬运堆积形成沿岸海滩,使岸坡上部变陡(图 5-18b)。

海岸剖面坡度的变化,使波浪对物质的推动力和物质本身的重力分力也随之发生变化,变化的趋势是中立带的范围向上和向下不断扩大,最后使岸坡发育成一条凹形曲线。此时曲线上每一点的泥沙在一次波浪运动中,只在原地做来回运动。这种海岸剖面称水下岸坡均衡剖面(图 5-18c)。海岸均衡剖面的出现,表明海岸带泥沙运动已达到了稳定状态,海岸带横剖面的发育也达到了最后阶段。但需要指出,这种均衡是暂时的、相对的,随着波浪强度、岸坡比降和组成物质颗粒大小等的改变,均衡状况就要被打破,于是又在新的条件下重新建立新的均衡。

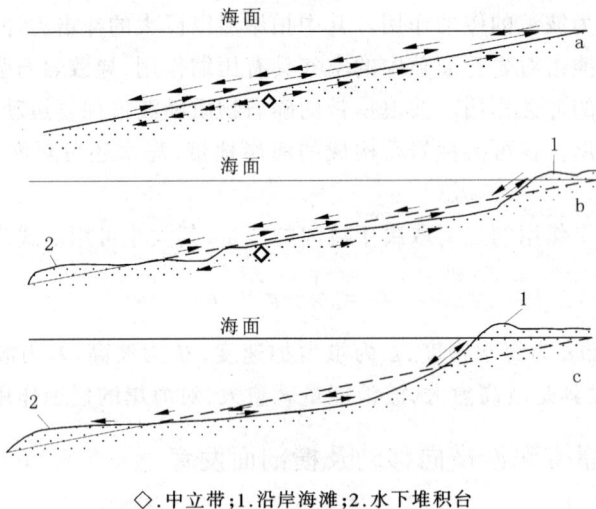

◇.中立带;1.沿岸海滩;2.水下堆积台

图 5-18　水下岸坡均衡剖面的形成[1]

(三) 海岸带泥沙纵向移动与堆积

当波射线与海岸斜交时,泥沙沿近乎平行于海岸方向的移动称为泥沙纵向移动。当波浪进入平直海岸的浅水区时,波浪的前进方向与海岸斜交,使波浪对物质的推动力与物质本身的重力沿岸坡分力作用方向不一致,物质将沿着波浪推动力与重力沿岸坡分力的合力方向移动。由图 5-19 可以看出,物质随拍岸浪的进流方向前进,本应由 1 移动到 M,但因受重力沿岸分力的作用,实际上移动到 2 处,而在随拍岸浪的退流回返时,因还受到重力沿岸坡分力的作用而移动到 3 处。这样在一个波浪的周期中,泥沙不仅发生向岸和向海的移动,同时也沿着海岸方向做一定距离的移动。在波浪连续作用下,泥沙不断发生纵向移动,其速度同波浪前进方向与海岸交角有关。从表面上看,泥沙纵向移动速度好像当波浪前进方向与海岸交角最小时最大,而实际上其交角过小时,波浪通过浅滩的距离大,

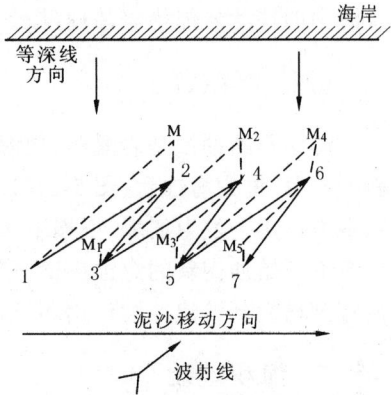

图 5-19 海岸带泥沙的纵向移动[1]

能量消耗也大,故泥沙纵向移动速度反而不快。一般情况下,当波浪前进方向与海岸交角为 45°左右时,物质纵向移动的速度最快。

二、海蚀地貌

(一)海蚀穴

在海面与陆地接触地带,由于波浪的长期侵蚀作用,在基岩海岸岸坡基部形成的许多高度大体一致的槽形凹穴称为海蚀穴(图 5-20N)。海蚀穴宽度大于深度,沿海岸线断续分布。

N.海蚀穴;P.海蚀台;A.海蚀拱桥;S.海蚀柱;R.海蚀崖

图 5-20 海蚀地貌形态示意[1]

(二)海蚀崖

海蚀穴被拍岸浪冲蚀扩大,顶部基岩不断崩塌,海岸后退成为陡壁,称为海蚀崖(图 5-20R)。

(三)海蚀拱桥和海蚀柱

在海岸山岬角处,两侧的岸线均遭海水运动的侵蚀形成海蚀穴和海蚀崖。

随着侵蚀的进行,岬角两侧的海蚀穴可被蚀穿而互相贯通形成海蚀拱桥(图 5-20A),海蚀拱桥又称海穹。海蚀拱桥顶部岩石崩塌或在海蚀崖后退过程中遗留于海中的柱状岩体称海蚀柱(图 5-20S)。

(四)海蚀台

海浪不断冲蚀基岩海岸,使海蚀崖不断后退,在海蚀崖前形成一片微向海倾斜的平台,称为海蚀台(图 5-20P)。原先波浪冲淘崖壁形成海蚀穴,悬空的崖壁在重力作用下发生崩塌,崩塌下来的石块又遭波浪的侵蚀搬运,海蚀台扩大;随后海浪开始冲淘新的海蚀崖壁下部,又形成新的海蚀穴。这种过程直到海蚀台的宽度增大到波浪冲蚀作用不能达到时才停止。

三、海积地貌

波浪侵蚀岸边陆地形成的海蚀产物、河流搬运来的冲积物、海生生物贝壳和残骸等海岸带的松散物质,在波浪作用力推动下发生移动,并在移动中进一步被研磨和分选,形成海滨沉积物。海滨沉积物堆积下来就形成各种海积地貌。

(一)横向移动泥沙堆积为主的海积地貌

1.海滩与滨岸堤

在海岸中立带以上,泥沙向岸移动,堆积于岸边就形成海滩。海滩分布在激浪流作用带,是潮间带所出现的地形。其范围由波浪发生破碎处开始,到岸边激浪流达到的上限为止。海滩地面平缓,向海微倾。据组成物质不同可将海滩分为沙滩、砾滩与泥滩三种,其中尤以沙滩最为常见。

滨岸堤是指由特大激浪流将泥沙、砾石以及贝壳碎片堆积于高潮线附近所形成的顺海岸延伸的堤状地形。它可单条出现,亦可多条出现,是海滩上部的重要地形。

2.水下堆积台

在海岸中立带以下,泥沙向海移动堆积于岸坡坡脚,所形成的表面呈平台状、向海一侧坡度较陡的地形称做水下堆积台。由于此处波浪变形不明显,波浪侵蚀力较小,仅能掀起细粒泥沙,所以水下堆积台主要由细粒泥沙所构成。

3.水下堤和离岸堤

水下堤又称水下沙堤,是发育在水下与海岸略呈平行的狭长堤形堆积体。堤高 1m~4m,长几百米至数公里。水下堤分布于水深约两个波高处的海底,它是破浪作用的产物。在波浪破碎时,能量迅速释放倾翻的水体强烈冲蚀海底,被淘起的泥沙大部分堆积于破碎点的靠海一侧而形成水下堤。

离岸堤是指出露于海面、平行于海岸、由泥砂组成的长而低的岛屿。它的基部通常分布在水深 10~20 m 的岸坡,高度在海面以上 5~7 m,长 10 km 至几百公里。离岸堤可由水下堤增高露出水面而成,也可由激浪流挟带泥沙在此堆积形成。

(二)纵向移动泥沙堆积为主的海积地貌

泥沙沿岸移动过程中由于海岸形态的变化,可使波浪搬运动力下降,泥沙发生堆积。海岸形态的不同,所形成的海积地貌也不同。

1.镶岸地貌

镶岸地貌是出现在凹形海岸处的堆积地貌。如图 5-21a 所示,在 AB 海岸段,海岸与波浪前进方向的夹角大致为 45°,并且有一股含量达到饱和的纵向泥沙流从 A 点向 B 点移动。当泥沙流达到 B 点后,由于海岸方向改变,海岸与波浪前进方向的夹角大于 45°,这时泥沙搬运能力降低,泥沙便在海岸转折处堆积,填充凹岸,形成海滩。

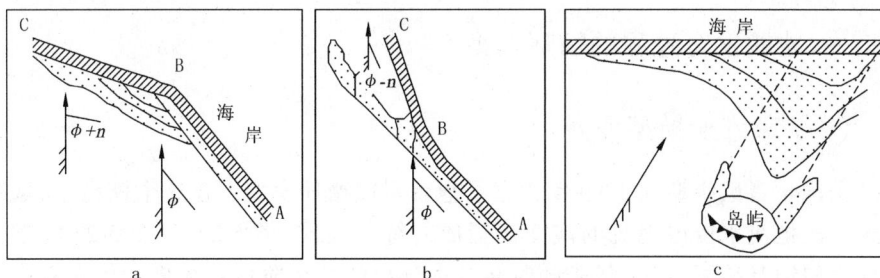

a.镶岸地貌;b.接岸地貌;c.封岸地貌

图 5-21　海岸形态与海积地貌[1]

2.接岸地貌

接岸地貌是出现在凸形海岸处的堆积地貌。如图 5-21b 所示,当纵向泥沙流从 A 点到达 B 点后,因海岸与波浪前进方向的夹角小于 45°,泥沙流的搬运能力降低,泥沙先在海岸转折处堆积,然后顺着原来岸线的方向逐渐向外伸长,形成一端与陆地相连、另一端伸入海中的沙嘴。

3.封岸地貌

封岸地貌是指岸外有岛屿或岬角时所形成的能将岛屿或岬角与海岸封为一体的堆积地貌。如图 5-21c 所示,在岸外有岛屿屏障时,岛向陆的一侧形成波影区。波浪遇到海岸时发生了折射,产生自左向右的泥沙纵向移动。当进入岛屿屏障波影区时,波浪能量减弱,搬运能力降低,使物质堆积下来,并逐渐自岸边向岛屿延伸。同时,岛屿向海的一面受到冲蚀,向陆的一面形成一股或两股泥沙流,在岛屿后方堆积成一个或两个沙嘴,并向陆地延伸,最后与沿岸的泥沙堆积连接成为连岛沙坝。这种以连岛沙坝与陆地相连的岛屿称为陆连岛。山东烟台市的芝罘岛便是一个陆连岛。

第八节　地貌发育过程及其模型

以上各节分别介绍了各种外动力作用对地表形态的塑造及其地貌表现,它们均属于全球地貌系统的组成部分。对全球地貌系统来说,地表各种地貌类型都是内、外动力综合作用的结果,它们共同遵守特定的地貌发展变化规律。现在我们在野外看到的各种地貌形态,实质上是地貌系统发展演变过程中的瞬时状态,它们还要继续发展演化下去。本节主要讨论地貌发育过程的一些基本规律。

一、地貌发育过程的循环模型

(一)戴维斯模型评介

美国学者戴维斯在 1899 年创立了地貌侵蚀循环模型。在这个模型中,戴维斯第一次把流水侵蚀地貌的演变概括成简练的模式(图 5-22)。图 5-22 的横坐标代表侵蚀基准面,1～5 代表随时间推进分出的几个阶段。纵坐标代表海拔高度,上部曲线上的 BDFHK 为各阶段的分水岭高度,下部曲线上的 ACEGJ 为各阶段的谷底高度。他设想流水侵蚀循环开始阶段,地面从 0 处被构造运动迅速抬升至 B,该时段内虽然河谷下蚀速度也逐渐增强,但河流下蚀速度跟不上地面抬升速度。到抬升运动结束时(图 5-22 上 1 处),分水岭和谷底之间相对起伏逐渐增大(图 5-22 上 AB 线段即代表区域相对起伏程度)。地面抬升运动停止后不久一段时期内,河流下切仍强烈,而分水岭受蚀速度较弱,结果岭谷起伏程度达到最大(图 5-22 上 2 处的 CD 线段)。此后,谷底因接近侵蚀基准面,故河流下蚀作用大大减弱,但是由于水系发展,支流增多,促使了地面的剥蚀,分水岭高度降低速度超过了谷底下切速度,整个地面高差起伏向着越趋和缓的方向发展(图 5-22 上 CD > EF > GH)。当地貌发育达到阶段 4 以后,残余分水岭的侵蚀和河谷的下蚀都进行得非常缓慢,地势起伏非常和缓,形成一个微微高出海平面的波伏起伏平原,戴维斯称之为准平原。戴维斯根据流水侵蚀地貌发育过程中的地表形态特征,提出了"幼年期"、"壮年期"、"老年期"地貌发育顺序的概念。幼年期地貌相当于图 5-22 上 0 ~ 2 阶段,壮年期地貌相当于图 5-22 上 2 阶段 ~ 4 阶段。戴维斯认为,当河流泛滥平原上发育了自由曲流就标志河谷达到了壮年期。老年期地貌相当于图 5-22 上 4 阶段以后的地貌发育期。如果地面再次抬升,将重复上述 1 阶段 ~ 4 阶段地貌发育过程,所以他把流水侵蚀地貌的演变称侵蚀循环。各区域从幼年期发展到老年期所需实际时间的长短可以有很大差别,这决定于地表被抬升的高度、侵蚀的强度以及基岩的抗蚀强度等。

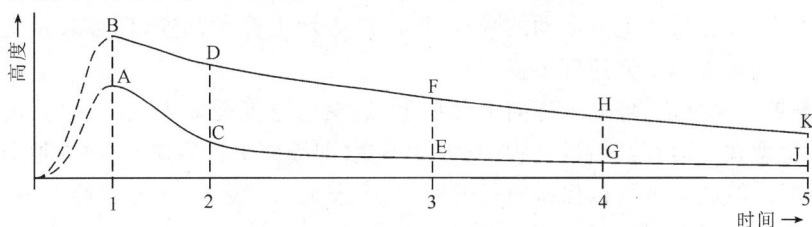

图 5-22 戴维斯侵蚀循环模式[8]

戴维斯的地貌侵蚀循环模型简明、实用,在说明地貌发育问题时,考虑到了地壳运动和外力主导因素——流水作用,指出地貌发展的幼年期、壮年期、老年期具有地貌发育的相对年代含义,并指出了地貌发育的阶段性。它不仅回答了当时地貌学家所提出的问题,而且也满足了整个科学界对一般地貌学原理的要求。但这一学说运用了极为漫长而又不确定的地质时间尺度和演绎推理方法,因此在分析流域地貌发育时,还必须考虑以下几个问题:第一,地壳运动的强度和方向是不断变化的,地壳上升或下降幅度和速度也具有多变性,地壳运动不可能同侵蚀旋回周期完全相符;第二,在地貌的长期发展总趋势中,短期发展变化可能有偏离长期发展趋势,用简单图示不能反映短期内地貌发育过程的实际;第三,在长期的地貌发育过程中,气候、植被等自然环境条件是变化的,因此流水作用的方式和强度尤其是外力组合状况都要发生相应变化,地貌也不一定循着同一方向演化;第四,在地壳上升的同时,河流就开始下切等等。总之,虽然戴维斯地貌循环模型在揭示地貌发育规律方面为我们提供了认识论和方法论基础,在自然地理学上有重要影响,但是它也存在某些缺陷,需要不断完善。

(二)彭克模型评介

德国的地貌学家彭克(1924)认为,地貌是内力运动速度与侵蚀强度比率的函数。他认为,坡的基本形态与地质构造有关。如果地块隆起,速度突然加快,它的边缘可以出现凸坡;速度突然减慢,可以出现凹坡;速度保持均匀,可以出现直坡。在分析河流侵蚀强度和边坡发育的关系时,他认为河流的下切侵蚀可以在无数无穷小的地质时段进行。在每个时段都产生出具有特定坡度(这个坡度取决于下切量和发育坡面的剥蚀量)的斜坡单元。在切入均匀物质的坡面时,风化量和剥蚀量在每个小的地质时段内应是恒定的。因此,由迅速下切产生的斜坡单元应比缓慢下切所形成的斜坡单元陡些。在河流侵蚀强度逐渐增强的时期,凸坡发育;河流侵蚀强度逐渐减弱的时期,凹坡发育;河流侵蚀强度长期不变,即"保持均一的绝对数值",则直线坡发育。可见,坡度大小实际反映侵蚀强度的大小,亦即反映上升运动的强弱,即凸坡表示上升的加速,凹坡表示上升的减弱,直线坡表示上升速度不变。

斜坡一旦形成,坡面永远向上部后退,后退的速度受坡度大小制约,坡度愈陡,后退愈快。但在其后退过程中,坡度不变(即坡面平行后退)。故在地面发育过程中,山岭的陡坡可以保持很长的时间,直至底坡(缓坡)在分水岭上相交,山岭的坡度才逐渐变缓(任美锷,1964)。

彭克(1924)用一简化例证即悬崖发育阐述了他的模型。悬崖顶部为一平坦的地面,悬崖的坡脚有一河流。河流只能移去它所接纳的全部碎屑物质,而不对悬崖基部产生侵蚀作用,又假定直坡的坡面风化作用进行的速度各部分相同。岩屑受地心引力的作用,全部落到坡下,这就导致悬崖面以不变坡度的方式后退

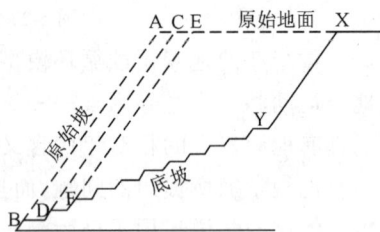

图 5-23　彭克斜坡发育模型[14]

(图 5-23)。只有坡面最下部 B 点的岩屑不能下落,仍在原地点停留。这是因为 B 点已接触地面,又接近侵蚀基面,侵蚀非常微弱。坡面 AB 是原始坡。通过风化剥蚀作用,坡面由 AB 面逐渐移到 CD 面。再过一段时间,坡面由 CD 面移到 EF 面。D 点高于 B 点,但 D 点接触它的邻近地面,其下无坡,岩屑仍留在原地点,不可能向下滚落。经过若干时段之后,坡面将由 EF 面逐渐移到 XY 面。这时,地面上出现一个由 B 到 Y 呈阶状升高的新坡。这个坡叫做底坡。底坡倾斜和缓,通过风化作用之后,岩屑必须崩解得很细小才可以被运走。底坡继续演变,可以出现更多的小坡。这一过程反复进行的结果就发展为一个均一而平缓的坡面。如果地壳再次抬升形成悬崖,那么斜坡的发育将重复上述过程。

如前所述,彭克对于坡面的分析很详尽,这是他对地貌学的最大贡献,但他关于破碎物质均一地同时被搬运的假设只适合于悬崖,若用之解释其它类型的斜坡就不那么合理了,尤其是他用"坡面发育理论对山坡梯地(由阶梯状层迭的

夷平面围绕中央山地组成的地形)成因的解释是不正确的"(任美锷,1964)。但这并不能全盘否定彭克的地貌模型,因为彭克的模型迄今仍代表着两个基本思想:首先,不受现在地壳运动影响的斜坡随着时间的推移,坡脚的小缓坡段会不断形成。每一小坡段都形成于坡脚,然后往上坡方向扩展,从而使整个斜坡变得平缓。其次,斜坡的各部分都平行于自身而后退。因此,彭克的斜坡发育模型是以"斜坡替代"为突出特征的。

(三) 循环模型的热力学分析

熵是热力学的重要概念,它是系统状态的度量,表示的实质是系统的无序度。地貌系统的演化是地表物质经过侵蚀、搬运和堆积的过程,是地表物质的传输过程。沙伊德格认为任何传输过程都与热量传播有相似性,所以前人研究的许多地貌发育模型也可用热传导方程(Hirano,1968)来表达:

$$\frac{\partial H}{\partial t} = \alpha \frac{\partial^2 H}{\partial x^2} + \beta \frac{\partial^2 H}{\partial y^2} + f(x,y,t) \tag{5-18}$$

式中 $H = H(x,y,t)$ 为某一点随时间变化的地面高程,x,y 是地理坐标,t 为时间;α、β 为系数;$f(x,y,t)$ 表示内力作用,是地点和时间的函数。

根据前述戴维斯的侵蚀循环模型,内力对地貌的隆升只在地貌系统演化的初期才起作用,之后内力作用消失,即 $f(x,y,t)$ 一项为零,因此,戴维斯的侵蚀循环模型可用下式表达(Culling,1963):

$$\frac{\partial H}{\partial t} = \alpha \frac{\partial^2 H}{\partial x^2} + \beta \frac{\partial^2 H}{\partial y^2} \tag{5-19}$$

没有 $f(x,y,t)$ 项的热传导方程,是无热源的封闭热力学系统。照此看来,戴维斯的地貌系统也仅相当于无内营力作用的动力学系统,也是封闭系统。在封闭的地貌系统中,内力作用首先使研究区域内的地形抬高,势能增加,该系统向非平衡方向发展,地貌熵减少。内力作用停止或强度减弱后,外力作用则使物质被侵蚀、搬运出该系统,地表逐渐被夷平,该系统趋于平衡,熵值达到最大。

相反,彭克的地貌发育模型则把地貌系统演化引入开放系统之中。他认为,地貌是内力运动速度与侵蚀强度比率的函数,亦即地貌演化过程中,内力作用贯穿始终,相当于热传导过程中系统外部热源的存在,即彭克地貌发育模型可用(5-18)式表示。在开放的地貌演化系统中,系统熵变 dS 由两部分组成,即系统内部不可逆过程熵产生项 diS 和系统与外界相互作用产生的熵负流项 deS,即:

$$dS = diS + deS \tag{5-20}$$

其中 diS 为外营力的作用结果,它使地表逐渐夷平;deS 为内营力的作用结果,它使地表隆升、增大起伏。地貌的演化方向取决于 $\mathrm{d}iS$ 与 $\mathrm{d}eS$ 的对比关系,即当 $\mathrm{d}iS > \mathrm{d}eS$ 时,地貌发育过程趋于老化;当 $\mathrm{d}iS < \mathrm{d}eS$ 时,地貌发育过程趋于年青;当 $\mathrm{d}iS = \mathrm{d}eS$ 时,地貌发育阶段相对稳定。

艾南山(1991)等根据内、外营力作用是地貌系统演化的动力,以及地貌发育过程与热传导方程的相似性,借助斯特拉勒曲线及其积分提供的信息,建立了地貌系统的信息熵。在一个面积为 A 的侵蚀流域内,假定每条等高线所围的面积为 a_i,每条等高线与流域最低点的高差为 h_i,流域最高点与最低点的高差为 H_1,以 $x = a_i / A$ 为横坐标,$y = h_i / H_1$ 为纵坐标,则:

$$y = f(x) \tag{5-21}$$

(5-21)式即为斯特拉勒面积——高程曲线,其中 x 和 $f(x)$ 均在 $[0,1]$ 内取值。对 (5-21)式积分得:

$$S = \int_0^1 f(x)\mathrm{d}x \tag{5-22}$$

此即为斯特拉勒积分。

斯特拉勒面积——高程曲线实质上是流域坡面平均形状的一种描述方法,它不但提供了地貌演化过程的定量信息,也可用它来作为计算地貌系统熵的基础,其值大小与流域地貌发育有关。

在此基础上,构造密度函数 $P(x)$ 为:

$$P(x) = \begin{cases} f(x)\big/\displaystyle\int_0^1 f(x)\mathrm{d}x & x \in [0,1] \\ 0 \end{cases} \tag{5-23}$$

并定义地貌系统的信息熵 H 为:

$$H = \int_{-\infty}^{+\infty} P(x)\ln P(x)\mathrm{d}x$$

$$= \int_0^1 [f(x)/S]\ln[f(x)/S]\mathrm{d}x \tag{5-24}$$

可见,H 值随斯特拉勒积分值减小而增大,也就是说流域逐渐被夷平,熵值将不断增加,当夷平到准平原时,熵值趋向最大。因此可利用地貌信息熵表示侵蚀流域的演化阶段(表 5-2)。

表 5-2 侵蚀流域演化阶段的信息熵[6]

演化阶段	斯特拉勒曲线形状	斯特拉勒积分(S)	地貌信息熵(H)
幼年期	上凸	>0.6	<0.111
壮年期	接近直线	0.35~0.60	0.111~0.400
老年期	下凹	<0.35	>0.400

（四）循环模型的应用

1．流域地貌发育过程

根据戴维斯侵蚀循环模型,如果一地区经过一段时间迅速抬升后,地壳长期保持稳定,其流域地貌的演化可分为幼年期、壮年期和老年期阶段(图 5-24)。

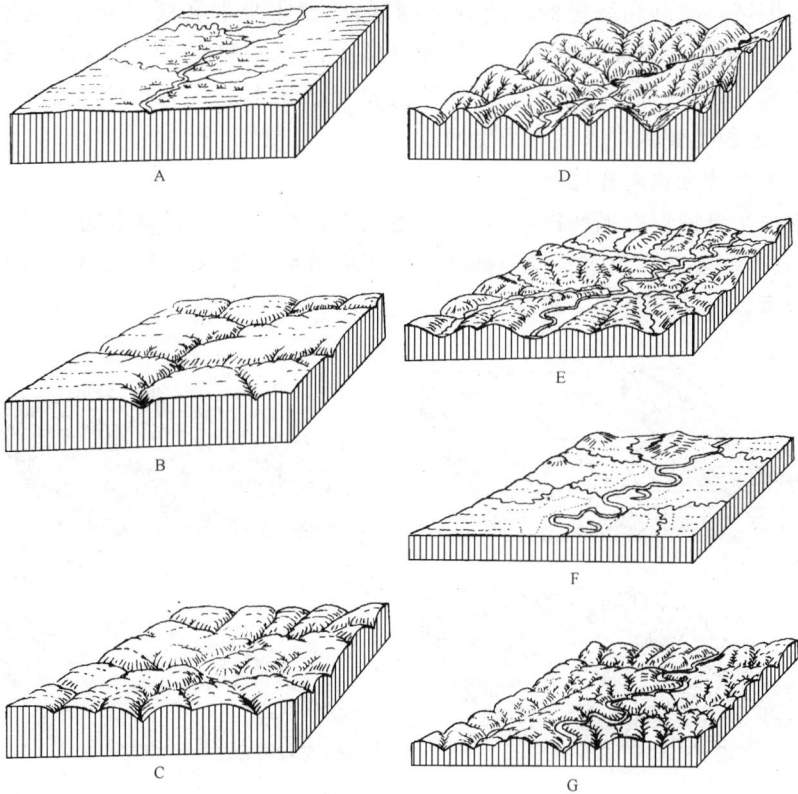

A．轮回开始时的原始地貌;B．幼年早期;C．幼年晚期;D．壮年早期;

E．壮年晚期;F．老年期;G．侵蚀回春,进入下一轮回的幼年期

图 5-24　流水地貌发育阶段[1]

（1）幼年期:某流域地壳被抬升后的初期,地貌景观如同有轻度河流作用的高原,只有很稀疏的水纹网,河谷不深、谷底狭窄。河流之间有开阔平坦的分水岭,地面排水不畅,常有沼泽、湖泊。以后,随河流深切、河网加密,河谷加深,地面被强烈分割,这时河流比降最大,河谷横剖面呈"V"形,谷底狭窄,谷坡陡峻。

原先河谷间的开阔高地被分割成起伏很大的山岭。

(2) 壮年期:该阶段流域内的河流纵剖面先后达到平衡剖面。首先是干流趋于平衡状态,经河流侧蚀拓宽,谷底开始发育自由曲流和河漫滩,随之各级支流也相继出现这些现象。在壮年期,经块体运动与坡面冲刷,山脊高度降低,地形起伏趋于和缓,并广泛发育风化壳。

(3) 老年期:这个时期的河谷更加宽阔,河流蜿蜒曲折于宽阔的河漫滩上。分水岭因坡面冲刷和缓慢的风化碎屑物蠕动,变得更加和缓,最后形成波状起伏、略高于侵蚀基准面的准平原。在准平原上仅有一些抗蚀性能强的坚硬岩石组成的孤立残丘,称为蚀余山。至此地貌发育已完成了一个旋回。当地面再次抬升时,地貌发育将进入下一个旋回。

2.喀斯特地貌发育过程

根据戴维斯侵蚀循环模型,若某一地区在地壳上升形成宽平的石灰岩高地(地下某一深度有大致水平的非溶性岩层或不透水岩层)后,那么,喀斯特地貌发育大致可以分为以下四个阶段(图 5-25)。

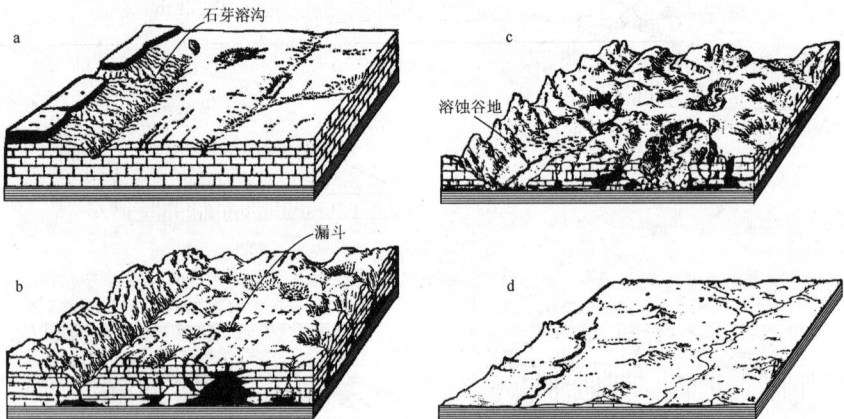

a.幼年期;b.青年期;c.中年期;d.老年期

图 5-25　喀斯特地貌发育阶段[2]

(1) 幼年期:地表水开始对可溶性岩石产生喀斯特作用,地面出现石芽、溶沟及少量的漏斗等。

(2) 青年期:河流进一步下切,地表水几乎全部转为地下水,地下喀斯特地貌强烈发育,地下水系和地下洞穴系统形成,地面漏斗、落水洞、干谷、盲谷、溶蚀洼地等喀斯特地貌也广泛发育。

（3）中年期：地面逐渐被蚀低，溶洞进一步扩大，洞顶发生坍塌，使地下溶洞暴露于地表，地下河又转为地上河，地表溶蚀谷地、峰林等发育。

（4）老年期：当非溶性岩层或不透水岩层广泛出露于地面时，形成宽广的溶蚀平原，其上残留少数石灰岩残丘或孤峰。

　3．山足剥蚀面发育过程

　根据彭克的"山坡蚀退"理论，分水岭和主河谷不可能均匀降低，当河流侵蚀下切趋于停顿之后，谷坡将以固定的角度平行后退。斜坡在后退过程中，上部陡坡段始终保持与原始坡面平行，但坡段逐渐变短；下部波段由于侵蚀物质的堆积，使得坡面逐渐变缓，坡段逐渐变长，整个斜坡呈凹形。如此反复进行，最后在后退坡的坡麓基岩上形成缓倾的基岩坡面，称为山足剥蚀面（图 5-26）。

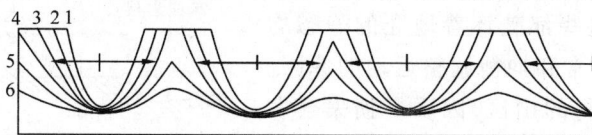

→.为河间地切割进行方向；1～6 为山足剥蚀面发育阶段顺序

图 5-26　山足剥蚀面形成过程示意图[16]

山足剥蚀面可形成于各种类型的气候带内，但干旱与半干旱气候最有利于山足剥蚀面的形成。

二、地貌发育过程的均衡模型

（一）地壳均衡原理

地壳均衡学说是英国学者普拉特（1854）和艾里（1855）提出的。他们认为，固体的地壳在溶融状态的地幔之上好似浮在水面上的块体一样，地壳厚的地方，突出地表愈高，插入地幔也愈深；反之，地壳薄的地方，突出地表愈低，插入地幔愈浅。也就是说，地壳始终处于均衡状态，一旦均衡状态被打破，可以建立新的均衡。但二人对地壳均衡机制的解释不同。普拉特认为，地壳底部的深度（即均衡面）是相同的，但各处的地壳密度不一，地壳密度越小的地区地面地势高，反之地势越低。艾里则认为地壳密度各处相同，只是地壳厚度不一而已，因而形成起伏的均衡面，均衡面越深地势越高，反之地势越低。后来，随着人们对地壳和地幔物质组成和物理性质等认识的不断深入，证明二人的观点可以互相补充。因为世界各地地壳的厚度和密度都不尽一致，不同的地壳密度和不同的地壳厚度在地壳均衡运动中都起着作用。大陆（或山脉）通过陆壳较厚来补偿其密度较小带来的质量不足,洋底则通过密度较大的地幔物质来补偿洋壳较薄及海水层密度较小带来的质量不足,从而保持地表形态的相对稳定(图 5-27)。据赫斯凯恩的意见,地壳均衡平衡的 63%是按艾里的深度补偿原理来完成的,而 37%是由普拉特的密度差来补偿的。

地壳均衡理论是建立在地球静态应力基础上的质量平衡理论。实际上,地球各部分物质经常处于运动之中,地表的侵蚀、搬运和堆积作用,以及地表覆冰、覆水的变化都是地表物质质量转移现象,地下岩浆活动和地幔物质对流是地球内部物质质量的转移现象,这些都破坏着地壳的静态均衡,成为均衡异常和均衡调整运动的原因。如侵蚀作用盛行的山区,因质量损失会发生抬升;相反,以堆积作用为主的平原,因质量不断增加而发生沉降等。

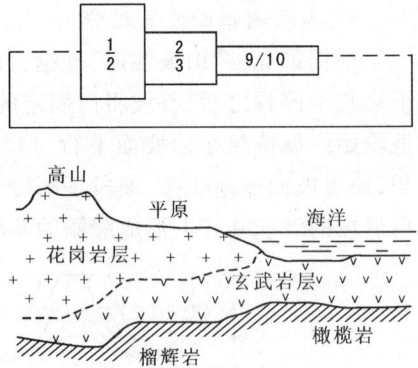

图 5-27　地壳均衡图示[9]

(二) 汉克模型评介

在戴维斯提出侵蚀循环学说以后,许多人曾提出过不少的异议和修正。如斯特拉勒(1952)、汉克(1960)和乔利(1962)等人提出了地形发育的动态平衡模型,其中汉克的思想最好地体现和发展了此类模型。

汉克创立的动态平衡模型认为,假设一个侵蚀系统中的所有地形要素都可以彼此互相整调,那么这些地形要素就会以相同的速率被夷低。形态和过程处于平衡的稳定态,而且可以看做是与时间无关的(时间独立)现象。动态平衡概念要求相互作用的力之间处于平衡状态。这些力以相等速率作用,其影响便相互抵消,从而产生稳定态,其中能量不断地输入,也不断地流出这个系统。这种相对的力可以是各种各样的。例如,如果冲积扇上游山区的岩屑往冲积扇上输送堆积物的速率同扇面上侵蚀移去物质的速率相同,则冲积扇就处于动态平衡。同样,如果坡面被冲刷降低和坡顶被移去的物质同坡脚侵蚀之间精确地达到平衡,则这个坡面也就处于平衡状态。

以坡面发育为例,坡面被剥蚀的强度恰巧等于将所有碎屑物被运走的速度。显然,能否出现动态平衡取决于一系列控制因素,如岩石的岩性、节理、倾角、渗透性以及气候、植被和地壳上升量等。因为这些因素并非恒定不变,因此动态平衡也随时在变化。但是,也会在某些时段内,这些因素不发生变化,那么地貌外形就不随时间而变化。而且,即使这些因素变化,地貌也不一定循同一方向演化,即出现像戴维斯所说准平原那样的特定形式的地貌演化模式。

如图 5-28 所示,一个地区的地壳上、下为坚硬砂岩,中间为松软的页岩,如其它动力因素不变,首先在上层砂岩发育平顶山地和"V"形谷地貌(图 5-28A);当下蚀至页岩层时,则发育圆丘浅谷地貌(图 5-28B);再蚀至砂岩层时,又出现平顶山地和"V"形谷地貌(图 5-28C)。由此可见,这个地区因岩性变化出现两种不同动力平衡状态而调整了地貌形态。如在岩性均一地区,因气候、河流作用等的变化,动态平衡也会出现新的情况,地貌形态亦会随之变化。

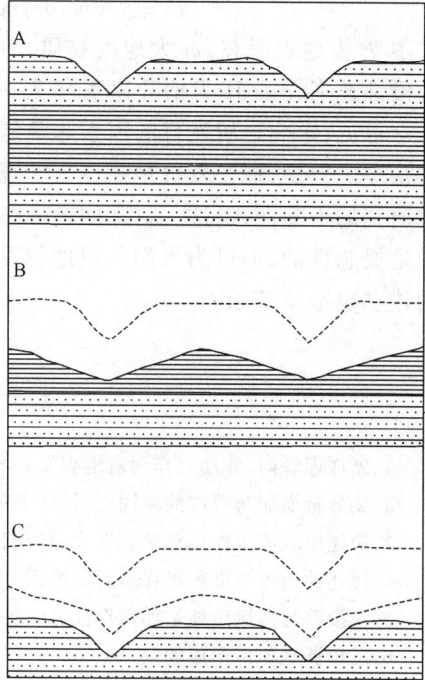

汉克(1960)认为,动态平衡学说并不是一个综合的地貌发育模型,它只是代表一种看法或观点,为地形演化提出了一个重要的理论框架。目前该学说还只是作为一种可供选择的假说,还没有经过充分检验和证实。

图 5-28　动态平衡学说的地貌演化图式[8]

三、地貌过程方程

地貌过程方程是指能够定量描述地貌系统及其演化过程的数学函数表达式。由于地表各种地貌形态都有其具体的演化过程,因此不同的地形发育模型其地貌方程亦有所差异。戴维斯侵蚀循环模型的地貌过程方程认为,地表形态是"结构 + 过程 + 阶段"的某种函数。彭克模型的地貌过程方程认为,地表形态是剥蚀速率和抬升速率的函数。格里高利的地形理论认为,地表形态是地表物质、作用于地表物质的诸过程及时间的函数等,即:

$$F = f(P, M)\mathrm{d}T \tag{5-25}$$

式中 F 为地表形态,M 为受作用的地表物质,P 为作用于地表物质的诸过程,T 为时间。

综上所述,严密而科学的地貌过程方程,能够也必须满足对地貌过程详细分

析的要求,它应包括岩石因素、结构因素、侵蚀因素(外力)、构造因素(内力)和时间因素等等,因此,地貌过程方程可表述为:

$$F = f(m, dm/dl, de/dt, du/dt, t) \tag{5-26}$$

式中 F 为地表形态,m 为地表物质,dm/dl 为地表物质随距离的改变率,de/dt 为侵蚀速率,du/dt 为抬升速率,t 为一个地貌过程所经历的时间。

可见,影响地貌发育的因素非常复杂,要想用一精确的数学方程式表示,困难很多。但是,地貌发育规律性是客观存在的,随着科学技术的发展尤其是地貌学研究的不断深入,这一科学问题最终必将会得到解决。上述地貌过程方程,虽说是概念性的,但可为人们认识地貌发育规律提供有益思考,也为今后定量模式的建立奠定了基础。

复 习 思 考 题

1. 怎样理解内、外动力作用对地貌发育的影响?
2. 试分析崩塌与滑坡的异同,怎样防治这两种自然灾害?
3. 简述地表流水作用对地貌发育的影响。
4. 简述冲出锥与洪积扇在形态和成因上的异同。
5. 河漫滩与河流阶地是如何形成的?各有何特点?
6. 三角洲是如何形成的?
7. 喀斯特漏斗、竖井、落水洞、地下河在发育过程中有何联系?
8. 石芽、峰林、峰丛、孤峰在形态上有何差别?它们的分布规律是什么?
9. 冰蚀地貌与冰碛地貌各有哪些主要类型?它们是怎样形成的?
10. 简述风沙作用及其对风沙地貌发育的影响。
11. 说明风蚀地貌与风积地貌主要类型的形态特征及成因。
12. 黄土是怎样形成的?它有何特征?
13. 黄土沟谷地貌主要有哪几类?各有何特征?
14. 简述海岸地貌主要类型的成因和特征。
15. 怎样评价戴维斯模型与彭克模型?
16. 简述地貌发育过程的均衡模型。

主 要 参 考 文 献

[1] 王飞燕等.地貌学与第四纪地质学.北京:高等教育出版社,1990.26~163

[2] 张光业等.地貌学简明教程.开封:河南大学出版社,1986.16~202

[3] 倪晋仁等.河流动力地貌学.北京:北京大学出版社,1998.60~326

[4] 牛文元.理论地理学.北京:商务印书馆,1992.267~290

[5] 陆中臣等.流域地貌系统.大连:大连出版社,1991.170~195

[6] 中国地理学会地貌与第四纪专业委员会编.地貌及第四纪研究进展.北京:测绘出版社,1991.66~68

[7] C·E·Thorn.理论地貌学导论.陈渭南译.西安:陕西人民教育出版社,1992.119~167

[8] 严钦尚等.地貌学.北京:高等教育出版社,1985.52~110

[9] 杨景春.地貌学教程.北京:高等教育出版社,1985.26~116

[10] 任美锷.W.彭克的地貌学理论及其评价.地理,1964(2):70~73

[11] 马建华等.自然地理学教程.开封:河南大学出版社,1991.172~214

[12] 崔鹏等.四川省美姑县则租滑坡泥石流.山地研究,1997,15(4):282~287

[13] 刘新民等.长江上游(宜宾–宜昌)干流两岸山地城镇滑坡灾害及防治.山地研究,1993,11(1):50~54

[14] 邹豹君.小地貌学原理.北京:商务印书馆,1985.36~37

[15] M.A.卡森等.坡面形态与形态过程.窦葆璋译.北京:科学出版社,1984.12~21,406~415

[16] O.K.ЛЕОНТЪЕВ 等.普通地貌学.朱新美译.北京:人民教育出版社,1983.152~158

[17] 潘树荣等.自然地理学.北京:高等教育出版社,1985.214~268

[18] 李克煌等.自然地理界面理论与实践.北京:中国农业出版社,1996.230~237

[19] B.Г.列别杰夫.现代地貌学基本理论与问题.北京大学地质地理系地貌教研室译.北京:科学出版社,1958.197~201

[20] 陈业裕等.应用地貌学.上海:华东师范大学出版社,1994.180~198

[21] 吴正.风沙地貌学.北京:科学出版社,1987.64

第六章 地表化学元素迁移与
土壤圈的形成

原始地壳形成之后,地表的古老岩石便发生风化,逐渐形成疏松多孔的风化壳。在风化壳中,原有矿物晶格所固定的一些化学元素被释放出来,并溶解在水中随下渗水流和地表径流发生迁移;细粒物质也可在流水、风等地表外营力的作用下发生迁移。原始生物出现以后,特别是高等植物和人类出现之后,进一步加速了岩石风化和物质迁移速度,使原始风化壳的物质发生重新分配,地表物质结构进一步复杂化,形成多种多样的地球化学类型。

在不同风化壳类型的基础上,经过长期的生物作用和人类活动等因素的影响,逐渐形成了具有一定肥力、能够生长植物的土壤层。土壤几乎覆盖了整个地球陆地表面,构成了自然地理系统中的一个特殊圈层——土壤圈。土壤圈的出现对现代自然地理系统的形成具有特别重要的意义,它不仅为植物生长提供了必不可少的立地条件,而且还是岩石圈、水圈、大气圈和生物圈物质、能量和信息传递和转换的枢纽,同时也是人类赖以生存的物质基础之一。

自然地理系统中的物质迁移包括宏观的岩石块体的大规模移动,如板块运动等;中观的物质侵蚀与堆积;微观的地表化学元素迁移(景贵和,1986)。本章主要介绍地表化学元素迁移的方式、强度、影响因素及地表化学元素分异规律,在此基础上介绍土壤的组成、性质、形成和分类等问题。

第一节 地表化学元素迁移的一般规律

地表化学元素迁移是指自然地理系统中的化学元素在各种力的作用下所发生的存在状态的变化以及空间位置的变动。例如,可溶性盐类在水分缺乏的环境中以固体状态存在;随着水分的增多可发生溶解而以离子状态存在,并随水发生移动;在水分减少时又可从溶液中结晶析出。可见地表化学元素迁移实质上是元素的分散、运移和聚积过程,其中分散就是元素从不可移动状态变为可移动状态,聚集是从可移动状态变为不可移动状态,运移则是空间位置的变动。

一、地表化学元素迁移的方式

根据迁移动力介质的不同,地表化学元素迁移可分为水迁移、空气迁移和生物迁移三种方式,其中水迁移是最主要的方式。B.B.多布罗沃利斯基(1983)从全球着眼,给出了三种迁移方式的相互联系图示(图6-1)。

(一)水迁移

地表化学元素的水迁移是指风化壳中的化学元素呈简单离子、络合离子、分子、胶体或悬浮物状态在水体中的迁移。地表水或地下水对风化壳中的水溶性物质具有溶解能力,这一部分化学元素就以溶质的形式随水发生移动;风化壳中的胶体物质或悬浮物质可分散在水介质中以胶体溶液或悬浮液形式随水一起移动。水迁移物质随地表

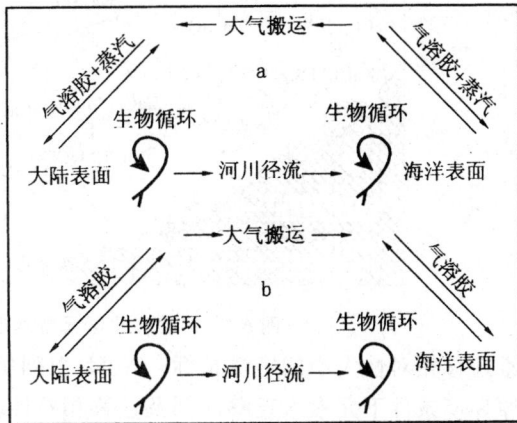

a. 气态和水溶态元素迁移;b. 结合在悬浮态物质上的元素迁移

图6-1　地表化学元素全球迁移示意图[3]

水和地下水水平径流发生水平方向上的迁移,随下渗水流发生垂直方向上的迁移,在迁移过程中可因迁移条件的改变而析出和沉淀(图6-2)。

化学元素的水迁移能力通常用元素的水迁移系数表示。元素水迁移系数是指某元素在水体中的平均含量与该元素在水体所流经岩石中的平均含量之比。其计算公式如下:

$$K_x = \frac{m_x \cdot 100}{a \cdot n_x} \tag{6-1}$$

式中 K_x 表示元素 x 的水迁移系数, m_x 表示元素 x 在水体中的含量($mg \cdot L^{-1}$), n_x 表示元素 x 在水体所流经的岩石中的平均含量(%), a 表示该水体的总矿化度($mg \cdot L^{-1}$)。 K_x 值越大,元素的迁移能力越强,反之,元素迁移能力则越弱。据此可以建立地表化学元素的水迁移序列(分为极强迁移、强迁移、中等迁移、弱迁移和极弱迁移等元素)。然而,同种元素在不同自然地理区域中的迁移能力有很大差别,因此在不同的自然地理区域都可以建立相应的地表化学元素水迁移序列,不同元素水迁移序列中元素迁移系数之比(元素迁移相对性系数 C_x)可以作为

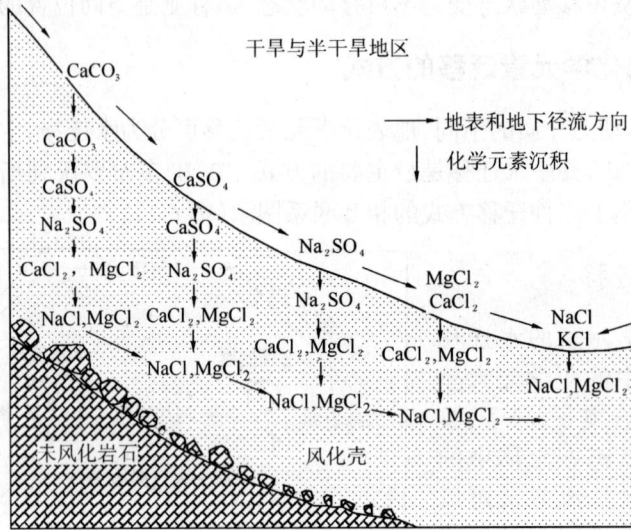

图 6-2 风化壳化学元素水迁移示意图

元素迁移相对性大小的定量指标。A.И.彼列尔曼(1955)给出了氧化环境和强还原环境条件下元素水迁移序列及迁移相对性(图 6-3)。

迁移强度	氧化环境 Kx	迁移相对性 弱 ← → 强	强还原环境 Kx
	1000 100 10 1 0.1 0.01 0.001		1000 100 10 1 0.1 0.01 0.001
很强	Cl, I Br, S	Cl, Br, I	Cl, I
强	Ca, U Na, F Sr, Zn Mg	Ca, Mg, Na, F, Sr Zn, U	Ca, Mg Na, F Sr
中度	Co, Si P, Cu Ni, Mn K	Si, P, K Cu, Ni, Co	Si, P K
弱	Fe, Al, Ti Y, Th, Zr Hf, Nb, Ta Ru, Rh, Rd Cs, Pr, Sn	Al, Ti, Zr, Hf, Nb, Ta, Pt, I r, Sn	Al, Ti, Sc V, Cu, Ni Co, Mo, Th Zr, Hf, Nb Ta, Ru, Rh Pd, Cs, Zn U, Pt

图 6-3 氧化和还原环境条件下元素水迁移序列及迁移相对性[4]

图 6-3 左半部是温带风化壳在氧化条件下的元素迁移序列,右半部是在硫化氢强烈还原条件下的元素迁移序列。将两个序列进行比较,即可得到同一元素在不同环境条件下的相对迁移性。例如,ZnS 中的 Zn 在氧化条件下强烈迁移,其水迁移系数超过 $1(K_{Zn} = n)$;相反,在还原条件下 Zn 形成不溶性 ZnS,其水迁移系数小于 $0·01(K_{Zn} = 0.0n)$。比较这两个序列中的 Zn 迁移系数,我们可得到 $C_{Zn} = n/0·0~n = 100$。元素的相对迁移系数越大即相对迁移性越强,越容易在迁移系数小的那个序列的环境中发生富积。

B.A. 柯夫达(1973)根据大量资料综合比较,提出了风化壳主要化合物的水迁移序列(表 6-1)。由表 6-1 可以看出,Ⅰ类和Ⅱ类化合物的元素很容易从残积风化壳中迁移流失,并在堆积风化壳中聚积或迁移至海洋;Ⅲ类和Ⅳ类特别是Ⅴ类化合物的元素迁移较弱,容易在风化壳中残留或相对聚积。

表 6-1 主要化合物水迁移性能[5]

迁移类型	化 合 物	相对迁移性比较
Ⅰ. 极强迁移	碱金属和部分碱土金属的硝酸盐、氯化物、碘化物、溴化物、硫酸盐、碳酸盐、硼化物、磷酸盐	100
Ⅱ. 强迁移	硫酸钙,碳酸镁,碳酸钙,碱金属的腐殖酸盐、铝酸盐,铁矾和铝矾	50 ~ 10
Ⅲ. 中等迁移	锰和铁的碳酸氢盐,富里酸盐和磷酸盐,二氧化硅水溶胶,腐殖质水溶液	0.5 ~ 10
Ⅳ. 弱迁移	铝、铁、锰的氢氧化物,重金属的腐殖酸盐	0.001 ~ 0.1
Ⅴ. 极弱迁移	二氧化硅,二氧化钛,锆石,铁、铝、钙的正硅酸盐,粘土矿物,硫化物	< 0.0001

(二)空气迁移

地表化学元素的空气迁移是指自然地理系统中的气体成分、水汽、固体和液体微粒随气流运动所发生的迁移。现代对流层大气中 N_2、O_2、Ar 等含量基本上是恒定的,CO_2、水汽等的含量虽有一定变化,但变化幅度不太大。这就说明大气气体成分和水汽在大气环流和生物等因素的影响下处于动态循环过程之中。关于自然地理系统中的碳循环等将在第七章生态系统的物质循环部分介绍,水汽的迁移是自然地理环境水分循环的一个重要环节,已在第四章进行过介绍。下边仅介绍气溶胶的空气迁移问题。

所谓气溶胶是指以大气为分散介质,以固体和液体微粒为分散相所组成的分散体系或胶体体系。大气中的固体微粒来源于大陆陆面表层松散堆积物,它被近地面气流吹拂而进入大气之中。海水中的盐分可以在激浪和暴风的作用下溅出而进入大气。另外,人类活动向大气排放的烟尘也是其重要来源之一。大气中的液体微粒来自海洋和陆面水体的浪花溅出,以及空气中的水汽凝结。

气溶胶本身是由化合物组成的,并且还吸附有很多元素(特别是微量元素)和化合物。B.B.多布罗沃利斯基(1983)使用气溶胶元素富积系数(K_a)来衡量气溶胶富积元素的程度。K_a 的计算公式如下:

$$K_a = A / K \tag{6-2}$$

式中 K_a 表示气溶胶 a 元素富积系数,A 表示固相气溶胶中元素的含量,K 表示大陆地壳岩层中 a 元素的克拉克值。研究表明,气溶胶富积微量元素强度的顺序是 $Cd > Pb > Sn > Zn > Cu > Ni > Cr > V > Ti$。

气溶胶在随气流迁移的过程中,由于风速的减弱,相对较粗的固体颗粒可在重力作用下很快降落下来。而较细的颗粒可被搬运至很远的地方,如对流层高空的气溶胶一般可被水平搬移 5 000 ~ 7 000 km。

(三)生物迁移

生物迁移是指地表化学元素被生物体吸收,并随生物循环而发生的迁移。绿色植物在生长发育过程中,通过根系选择性地吸收土壤中的水分和无机元素,通过叶面吸收大气中的碳、氧等元素,在叶绿素和太阳能的作用下合成有机质。动物吃食植物后,植物体中的元素有一部分转移到动物体内。动植物的呼吸作用将一定数量的元素(主要是碳和氧)归还到大气中,动物粪便、植物根系分泌物以及动植物死亡体中的元素经微生物分解,又重新归还到土壤中。水体中的生物也有类似的元素循环过程,只不过它们主要吸收水体中的元素,又重新归还到水体中而已。

陆地生物迁移是生物迁移的主要方面,它在现代自然地理系统形成和发展过程中起着非常重要的作用。陆生植物通过根系选择性吸收风化壳中均匀分布的元素,植物体死亡之后将其富积的元素释放到风化壳表层。如此反复,风化壳下部的亲生性元素逐渐向风化壳表层移动,使风化壳的化学元素在垂直方向上发生分异。从地表化学元素迁移的方向来看,生物迁移与水迁移的方向正好相反,水迁移力图使风化壳中的元素不断淋失,而生物迁移力图使风化壳中的元素保存在生物体内,避免淋失。

陆地生物迁移的强度通常用生物吸收系数(A_x)表示。所谓生物吸收系数是指植物灰分(植物残体经灼烧所残余的物质,主要是无机盐类)中某元素含量与植物生长处的岩石或土壤中该元素含量之比。其计算公式如下:

$$A_x = L_x / n_x \tag{6-3}$$

式中 A_x 表示生物吸收 x 元素的系数，L_x 表示植物灰分中 x 元素的含量，n_x 表示植物生长处的岩石或土壤中 x 元素的含量。A_x 越大，表明元素的生物迁移越强；反之则越弱。据此彼列尔曼(1967)建立了地表元素的生物迁移序列(表6-2)。

表 6-3　元素的生物迁移序列[9]

迁移强度	生物吸收系数					
	$100 \times n$	$10 \times n$	n	$0.n$	$0.0n$	$0.00n$
极强迁移	P,S,Cl					
强迁移		Ca,K,Mg,Na,Sr,B,Zn,As,Mo,F				
中等迁移			Si,Fe,Ba,Rb,Cu,Ge,Ni,Co,Li,Y,Cs,Ra,Se,Hg			
弱迁移				Al,Ti,V,Cr,Pb,Sn,U		
极弱迁移					Sc,Zr,Nb,Ta,Ru,Rh,Pd,Os,Ir,Pt,Hf,W	

二、风化壳元素迁移强度的指标

自从生物圈出现之后，风化壳或土壤的形成和发展是地表元素水迁移、空气迁移和生物迁移综合作用的结果。因此，度量风化壳或土壤元素迁移强度不能只用 K_x、K_a 或 A_x，而应该用更为综合的指标。

(一)硅铝铁率

硅铝铁率是指风化壳或土壤中二氧化硅和三氧化铁铝的摩尔比值，通常用"$SiO_2/(Al_2O_3 + Fe_2O_3)$"或"$SiO_2/R_2O_3$"表示。为什么 SiO_2/R_2O_3 可以反映元素迁移强度呢？这要从岩石的水解风化作用谈起。岩石的水解风化作用是指水解离出的 H^+ 对岩石的分解作用。水解作用是按一定顺序分阶段进行的。第一阶段是脱盐基(在古典化学上将构成盐类物质的阳离子称为盐基或盐基离子，但不包括 Al^{3+})阶段，即 H^+ 交换出矿物中盐基离子形成可溶性盐而发生迁移的阶段。以正长石为例，脱盐基的一般过程为：

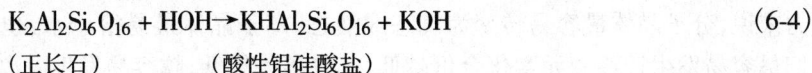

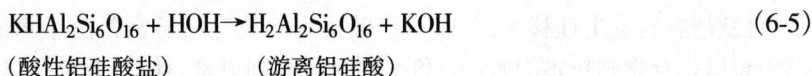

$$K_2Al_2Si_6O_{16} + HOH \rightarrow KHAl_2Si_6O_{16} + KOH \qquad (6\text{-}4)$$

　　(正长石)　　　　　　(酸性铝硅酸盐)

$$KHAl_2Si_6O_{16} + HOH \rightarrow H_2Al_2Si_6O_{16} + KOH \qquad (6\text{-}5)$$

　　(酸性铝硅酸盐)　　　　　(游离铝硅酸)

第二阶段是脱硅阶段,即矿物中的硅以游离硅酸的形式被析出,并开始迁移的阶段。正长石脱盐基以后的游离铝硅酸在水的作用下形成高岭石和游离硅酸,如下式:

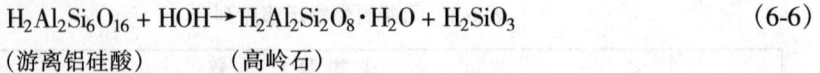

$$H_2Al_2Si_6O_{16} + HOH \rightarrow H_2Al_2Si_2O_8 \cdot H_2O + H_2SiO_3 \tag{6-6}$$

（游离铝硅酸）　　　　（高岭石）

第三阶段是富铝化阶段,随着脱硅的继续进行,矿物被彻底分解,氢氧化铝(或氢氧化铁)大量富积的阶段。上式中的高岭石继续脱硅,则发生氢氧化铝的富积,如下式:

$$H_2Al_2Si_2O_8 + HOH \rightarrow Al(OH)_3 + H_2SiO_3 \tag{6-7}$$

从岩石水解风化的三个阶段来看,盐基和游离硅酸发生了迁移,而 $Al(OH)_3$ 和 $Fe(OH)_3$ 发生了富积。因此,用硅、铝、铁氧化物的摩尔比值可以反映岩石所处的风化阶段以及元素迁移的强度。显然,SiO_2/R_2O_3 值越大,岩石风化程度越低,元素迁移量越小,相反岩石风化程度越高,元素迁移量越大。

(二)迁移系数

在风化壳或土壤的同一纵断面上,元素在垂直方向上的迁移状况可用迁移系数(K_m^x)来表征。其计算公式如下:

$$K_m^x = \frac{任一土层或风化层的\ x/Al_2O_3}{母质层或母岩层的\ x/Al_2O_3} \tag{6-8}$$

式中 K_m^x 为元素 x 的迁移系数。计算时把 x 元素的氧化物实际重量含量与 Al_2O_3 的实际重量含量代入公式。之所以用 Al_2O_3 作为计算基础,是由于 Al_2O_3 在众多氧化物中最不易发生迁移。$K_m^x < 1$,则说明该元素在风化壳或土壤上部发生迁移;$K_m^x > 1$,说明该元素非但没有迁移,而且还发生了富积;$K_m^x = 1$,说明该元素没有发生垂直方向上的迁移。

三、影响地表化学元素迁移的因素

(一)元素本身的内在因素

元素是被迁移的对象,其本身的性质必然影响着元素迁移。从化学键结合力来说,分子晶体最容易转变为气态或液态,离子晶体最易溶于水,也就是说它们最容易发生迁移。元素化合价越低,其电离势越低,越容易发生电离而形成离子,也就越容易发生迁移。例如,一价碱金属的化合物通常是溶于水的,二价的碱土金属化合物则较难溶解,三价金属化合物则更难溶解。原子和离子的大小影响着矿物的同晶替代现象。所谓矿物的同晶替代现象是指矿物晶格上的原子或离子被其它半径与之相同或相近的原子或离子替代,而晶形保持不变的现象。在多数情况下,矿物发生同晶替代以后,矿物变得疏松易碎而易于迁移。同价离子的半径越大,表面电荷密度越小,静电引力愈小,那么也越容易解离或被胶体吸附,因而迁移能力愈强。

(二)自然地理环境因素

1.水热条件

水是地表化学过程最主要的介质,热量是化学反应的动力因素。元素迁移是一种化学行为,所以水热条件影响着地表化学元素迁移的方向与强度。一般来说,水热资源丰富的热带雨林地带,元素迁移强烈,风化壳和土壤中主要残留的是极弱迁移的铁铝氧化物;相反,在干旱荒漠和苔原地带,地表元素除空气迁移外,很少发生水迁移和生物迁移,风化壳和土壤中主要残留的是风化程度极低的岩石碎屑(图 6-4)。

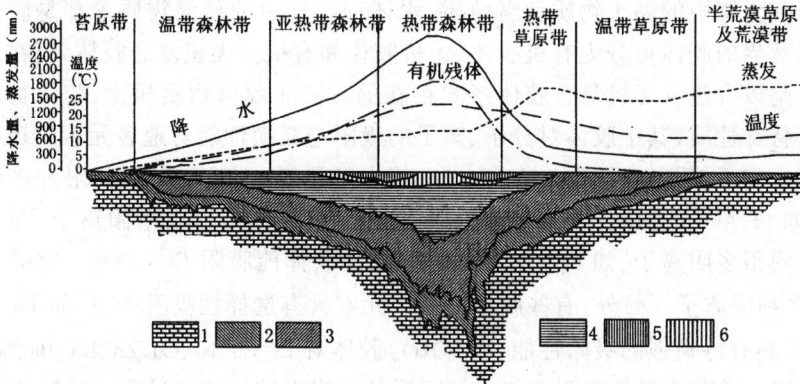

1.基岩;2.碎屑带;3.伊利石－蒙脱石带;4.高岭石带;5.赭石－氧化铝;6.铁磐、氧化铝和氧化铁

图 6-4　水热条件与风化壳元素迁移的关系[10]

2.地表化学环境

(1)酸碱度与元素迁移:大多数元素及其化合物对 pH 值都很敏感。当 pH < 6 时,Ca、Sr、Ba、Ra、Cu、Zn、Cd、Cr、Mn、Ni 等元素易形成可溶性化合物而随水迁移;当 pH > 5 时,Fe、Al、Co、Cr、Bi、Sn、Th、Zr、Ti、Sb、Sc 等元素易从水中以化合物的形式沉淀下来;当 pH = 8 时,Ni、Co、Zn、Mn、Ag、Cd、Pb、Y、La 等元素的氢氧化物不形成沉淀而易于迁移;当 pH > 8 时,Cr、Se、Mo、V、As 等元素的化合物具有较强的溶解性,也易于迁移;对于 Na、K、Ca、Rb、Cs、Sr 等金属元素来说,对 pH 值

不敏感,在任何酸碱环境条件下都易溶解和迁移。

(2)氧化还原与元素迁移:对于变价元素来说,不同价态的元素可移动性差别很大。例如,在氧化条件下 V^{5+}、Cr^{6+}、As^{5+}、Se^{6+}、S^{6+} 等元素可形成含氧的氧酸盐类,很容易发生迁移,而 Fe^{3+}、Mn^{4+} 等元素则形成难溶性化合物,迁移困难。在缺乏 H_2S 的还原条件下,Fe^{2+}、Mn^{2+} 等不易形成金属硫化物,而具有较强的迁移能力;在含有 H_2S 的还原条件下,Fe^{2+}、Mn^{2+} 等可形成难溶性的金属硫化物而沉淀,不易发生迁移。

(3)有机络离子与元素迁移:水体和土壤中存在着大量的有机络离子,它们可与很多金属离子发生络合作用而形成络合物或螯合物。在大多数情况下,不易迁移的金属离子被络离子络合后,其活性增强,容易发生迁移。最常见的络合基团有羟基、酚羟基、甲氧基、醇基、羰基、胺基等,它们可以和很多金属离子发生络合或螯合作用,尤其在湿润的森林地带和沼泽地带,元素的络合迁移非常强烈。

(4)胶体与元素迁移:风化壳、土壤、水体和空气中存在着大量的胶体物质,如风化壳和土壤中的黏土物质和腐殖质、水体和空气中的悬浮物质等都是胶体物质。自然界的胶体可分为有机胶体、无机胶体和有机－无机复合胶体,但在多数情况下是以有机－无机复合胶体形式存在的。同非胶体物质相比,胶体物质具有很多特殊性质,其中胶体对分子、离子的吸附与交换性能对地表元素的迁移影响很大。它不仅可以吸附 K、Na、Ca、Mg 等大量元素,而且还可以吸附许多微量元素,如 Pt、Au、Ag、Hg、V、Cu、Zn、Ni、Co、Pb 等;它不仅可以吸附阳离子,而且还可以吸附很多阴离子,如 $Fe(OH)_3$ 和 $Al(OH)_3$ 胶体能吸附 Cl^-、PO_4^{3-}、VO_4^{2-}、SO_4^{2-} 等多种阴离子。另外,有些胶体对某些元素具有选择性吸附作用,如 Fe_2O_3 胶体对 As 具有特别强的吸附性能,$Mn(OH)_4$ 胶体对 Li、Cu、Ni、Co、Ra、Ba、W、Ag 和 Au 等元素有选择性吸附性能。被吸附的元素在胶体迁移过程中也随之发生迁移。

3.生物条件

在相同的水热条件、地质地貌条件下,生物生长越旺盛,元素的生物迁移就越强烈。如前所述,元素的生物迁移力图使分散在风化壳中的元素不断向表层集聚,避免元素随水发生迁移。所以,生物生长旺盛的地方,地表元素在垂直方向上的迁移量相对较大,而在水平方向上的总迁移量相对较小。

4.地质与地貌条件

地表元素的来源最终和地质作用有关。不同岩石类型的化学组成和数量有一定差别,从酸性岩到超基性岩 SiO_2 含量逐渐减少,铁镁质矿物逐渐增多,特别是岩浆活动可使环境富积 Hg、As、Cu、Pb、Zn、Cd、Cr、Ni、V、W、Mo 等元素。所以,不同岩石类型区被迁移的元素种类和数量是不相同的。岩石的物理性质和化学活性以及地区岩石类型的复杂程度等都影响着元素的迁移。例如,透水性岩石和可溶性岩石有利于元素迁移,反之则不利于元素迁移;黄铜矿氧化形成的 Cu-SO_4 具有较强的迁移能力,但如果周围地区有石灰岩存在的话,Cu 则立即以孔雀石的形式沉淀下来,降低其迁移能力。地貌条件对地表元素迁移的影响是显而易见的。从图 6-2 可以看出,不同地貌部位元素迁移的种类和数量不同。但总的来看,在正地貌部位,元素迁移强烈,容易造成某些元素的匮乏;相反,在负地貌部位,元素富积强烈,容易造成某些元素的过剩。

(三)人类活动因素

目前人类活动已经成为影响地表化学元素迁移的重要因素。人类活动所造成的元素迁移称为人为迁移,但是就迁移机理来说仍然是通过水迁移、空气迁移和生物迁移进行的,只是人类活动大大加速了这些过程。随着矿产资源开采量逐年增加,打破了元素迁移的自然法则,出现了一系列的环境问题。有用成分的浓缩是采矿和冶金工业生产的最终目的,但是相当数量的有用成分在采矿、运输、选矿和筛分过程中就已损失。在冶炼过程中也有相当数量的有用成分或其它成分向大气排放,冶炼废碴中的有用成分和其它成分也被遗弃到环境中。冶炼出来的金属或开采出来的矿物燃料在使用过程中不断被消耗,最终完全扩散到环境中。如大量的金属被利用于化学、造纸、电子等工业部门,并通过工业"三废"排放流失;各种机器在工作时不断磨损向环境扩散大量金属元素;矿物燃料的燃烧伴随着元素向大气排放等。

四、地球化学屏障

(一)地球化学屏障的概念

地球化学屏障也叫地球化学垒,是指在短距离内化学元素或化合物迁移条件明显变化,并导致元素或化合物富积的地段。地球化学屏障中元素或化合物的富积往往形成有用的矿床。例如,在富含酸性有机物的还原环境中,Mn^{2+}、Fe^{2+} 发生强烈迁移,一旦遇到碱性氧化环境便很快转变为 Mn^{4+}、Fe^{3+} 淀积下来,形成铁矿和锰矿。只有在短距离范围内迁移条件的变化,元素或化合物的富积才能显现出来,大范围迁移条件的渐变只能破坏地球化学屏障,减轻富积强度,不利于矿床的形成或形成贫矿。

地球化学屏障在自然地理系统中大量存在,如在土壤、风化壳、含水层、生物体中都存在着地球化学屏障。元素或化合物富积明显且规模较大的屏障称为地球化学巨屏障,如各种有用矿床均属此类;富积量较小且规模较小的屏障叫地球化学微屏障,如土壤下部的淀积物即属此类。

(二)地球化学屏障的类型

1.机械屏障

因水流或气流运动速度发生明显变化而引起元素或化合物在一定地段富积所形成的地球化学屏障叫机械屏障。例如,金砂矿或其它重金属砂矿就是在河流流速突然减小时,因水流挟沙力下降,比重较大的重金属砂粒首先沉积下来形成的矿床。在地表以下的含水层或土壤中,由于各岩层或土层的透水性不同,较致密的岩层或土层阻挡水流,将较粗大的矿物颗粒筛选并堆积下来。

2.物理—化学屏障

由于环境物理和化学条件发生剧烈变化而引起元素或化合物在一定地段富积所形成的地球化学屏障叫物理—化学屏障。因物理和化学条件的不同,该屏障又可分为以下几种类型:

(1)氧化屏障:它是在迁移物质流由还原条件到氧化条件急剧替代的地段上形成的一种地球化学屏障。例如,因断层或其它原因,富含 H_2S 的还原地下水溢出地表与空气接触而被氧化,形成单质硫磺。还原地下水中的 Mn^{2+}、Fe^{2+} 沿土壤细孔隙上升,与含氧地下水或空气接触后发生氧化而以 MnO_2、Fe_2O_3 淀积下来,形成土壤下部的铁、锰聚积带。

(2)还原屏障:它是在迁移物质流由氧化条件到还原条件急剧替代的地段上形成的一种地球化学屏障,又分为不含 H_2S 还原屏障和含 H_2S 还原屏障两种类型。不含 H_2S 还原屏障可引起 U、Se 等元素的富积。U 在氧化环境中以六价形态溶解在水中,迁移能力强,而在还原环境中迁移能力弱,因此从氧化条件到还原条件可使 U 发生富积,甚至形成铀矿。在含 H_2S 的还原屏障地段,相当多的重金属可形成难溶性硫化物而沉淀富积起来,如通过此种途径富积的元素有Fe、V、Zn、Co、Cu、Pb、U、As、Cd、Hg、Ag、Se 等。

(3)碳酸盐和硫酸盐屏障:是富含碳酸盐和硫酸盐的水相与另一种含有大量钙、锶、钡的水相接触时所形成的一种地球化学屏障。这种屏障主要富积 Ca、Sr、Ba 元素。例如,在自流井盆地下陷断层处,原来位于深层的 Ca、Sr、Ba 的氯化物溶液在上升过程中遇到富含 SO_4^{2-}、CO_3^{2-} 的水相时,即可形成 $CaSO_4$、$BaSO_4$、$SrSO_4$、$CaCO_3$、$SrCO_3$ 沉淀。

(4)碱性屏障:它是酸性水流骤然汇集于中碱性水相时所形成的一种地球化学屏障。例如,从硫化矿床或超基性岩排出的酸性水流中含有大量金属离子,当它们流经石灰岩地区时,由于 pH 值上升,碱性增强,致使某些金属元素淀积出来。在石灰岩溶洞和裂隙中的含镍矿脉或镍矿就是这样形成的。碱性屏障富积的元素主要有 Ca、Mg、Sr、V、Cr、Mn、Fe、Co、Ni、Cu、Zn、Cd、Pb 等。

(5)酸性屏障:它是中碱性水流骤然汇集于酸性水相时所形成的一种地球化学屏障。酸性屏障不如碱性屏障那样明显,因为在酸性环境中许多元素或化合物的迁移能力高于碱性环境中的迁移能力,不易发生富积。只有 SiO_2、Mo、Se、U 等少数元素或化合物在酸性环境中的溶解力弱而发生富积。

(6)蒸发屏障:它是地下水在强烈蒸发作用下导致盐分聚积所形成的一种地球化学屏障。这种屏障多出现在干旱和半干旱地区,土壤或地下水中的盐分在强烈的蒸发作用下沿细小孔隙上升,水分不断蒸发,溶液浓缩,致使盐分在地表或地下一定深度聚集。蒸发屏障富积的元素主要有 Li、F、N、Na、K、Ca、Mg、S、Cl、Sr、Rb、I、Br 等。

(7)吸附屏障:它是土壤或风化壳中的胶体物质与水相接触时,因胶体的物理—化学吸附作用所形成的一种地球化学屏障。由此富积的元素主要有 Mg、P、S、K、Ca、V、Cr、Co、Ni、Cu、Zn、As、Hg、U 等。

3.生物屏障

生物屏障是指生物对元素的选择性吸收富积作用,如硅藻对 SiO_2 的富积作用等。

(三)屏障系数

屏障系数是表征地球化学屏障元素富积程度的指标。其表达式如下:

$$N_i = f_i \frac{(x_1 - x_2)Q}{(A_1 - A_2)Q} = f_i \frac{x_1 - x_2}{A_1 - A_2} \tag{6-9}$$

式中 N_i 为元素 i 的屏障系数,x_1 为屏障外地表水或地下水中元素 i 的含量($mg \cdot L^{-1}$),x_2 为经屏障后流出的水流中元素 i 的含量($mg \cdot L^{-1}$),A_1 表示进入屏障水的总矿化度($mg \cdot L^{-1}$),A_2 表示流出屏障水的总矿化度($mg \cdot L^{-1}$),Q 为单位时间内通过屏障的水量(L),f_i 为元素 i 的累积系数。f_i 的计算如下:

$$f_i = \frac{A_i}{A_{TiO_2}} \times \frac{B_{TiO_2}}{B_i} \tag{6-10}$$

式中 A_i 和 B_i 表示元素 i 在屏障和非屏障地段风化壳或土壤中的平均含量($mg \cdot kg^{-1}$),A_{TiO_2} 和 B_{TiO_2} 分别为屏障和非屏障地段风化壳或土壤中 TiO_2 的平均含量

$(mg \cdot kg^{-1})$。之所以用 TiO_2 的平均含量作为计算 f_i 的基础,是因为 TiO_2 是自然地理系统中稳定性较强、迁移能力很低的化合物。通过比较屏障和非屏障地段各元素平均含量同 TiO_2 平均含量的比值,可以确定各元素的富积程度。通过计算 N_i 可以比较各屏障地段中各元素的迁移、积累和屏蔽效应。

五、风化壳的地球化学类型

原始风化壳在各种因素的作用下发生地表元素的重新分配,使风化壳发生分异。土壤则是在不同风化壳基础上形成的。А.И.彼列尔曼(1975)认为,风化壳的地球化学特征首先决定于氧化还原状况,然后决定于地表元素的水迁移能力。因此他首先将风化壳分为氧化和还原两大系列,再根据元素水迁移状况划分为六种地球化学类型。

(一)氯化物—硫酸盐型风化壳

这种类型的风化壳出现在干旱地区。由于水分条件的限制,二价碱土金属盐类迁移很微弱,有时在地表积聚成孔状结皮;一价可溶性盐(主要是氯化物—硫酸盐)随水发生一定程度的垂直迁移,但移动距离较短,多淀积在风化壳中上部,形成盐层或盐磐;而三价盐不发生移动。这种风化壳厚度小且含较多的碎屑物质。其标志元素是 Na、Cl 和 S。所谓标志元素是指能够决定风化壳性质,可对各种地球化学过程产生重大影响的元素。标志元素一般是环境中克拉克值高的元素(主要元素),它们好像是"地球化学过程的专制者",决定着其它元素迁移的条件(如氧化—还原条件、酸碱条件等)。例如,Na 的克拉克值为 2.5%,在干旱地区风化壳或土壤中大量存在,决定着环境的酸碱度,故 Na 是该风化壳的标志元素。而与 Na 同族的 Li、Rb 和 Cs 等元素的克拉克值很低,对环境的物理—化学条件不起决定作用,所以它们不是标志元素。

(二)碳酸盐型风化壳

这种类型的风化壳出现在半干旱半湿润地区。风化壳中的可溶性盐类,特别是一价碱金属盐类大量迁移,或进入地下水或在风化壳深部淀积;二价碱土金属盐类(主要是碳酸盐类)发生一定程度的垂直迁移,淀积在风化壳的中上部形成钙淀积层(如图 6-2 地形中上部元素迁移状况);而三价盐类基本上不发生迁移。其标志元素是 Ca 和 Mg。

(三)酸性风化壳

这种类型的风化壳出现在高温或温暖的湿润地区。这些地区降水量大,元素水迁移强烈,一价盐和二价盐从风化壳中淋失,岩石风化进入不同程度的脱硅阶段和富铝化阶段,风化壳厚度较大,黏性物质多,其标志元素是 H 和 Si。若在温带湿润地区,矿物质风化处于脱硅阶段。Fe、Mn 也开始游离出来,呈酸性或弱酸性反应,风化壳颜色多呈棕色。若在热带和亚热带湿润地区,矿物质风化处于富铝化阶段,Fe、Mn 富积明显,Fe 以三价形态存在,氧化铁的浸润形成了红色或砖红色的风化壳(图 6-4),风化液中含有大量的 H^+ 和游离硅酸,呈强酸性反应。

(四)硫化物强酸性风化壳

富含硫化物的岩脉经风化可形成一种特殊的风化壳。这种风化壳也呈强酸性反应,但它并不是由于强烈的淋溶作用造成的,而是在风化时形成了 H_2SO_4。其标志元素是 H 和 S。

(五)酸性潜育型风化壳

这种类型的风化壳出现在低温潮湿的寒带针叶林和极地苔原地区。风化壳水分饱和,风化液中 O_2 不足,经常处于还原状态(即潜育状态)。在低温和潮湿条件下有机质分解缓慢,利于半腐解有机质的积累,有些地方形成深厚的泥炭层。持续的淋溶作用,使易溶性盐类迁移明显,Fe、Mn 在还原条件下变为低价状态从而也发生强烈迁移,风化液中含有大量的 H^+、Fe^{2+} 离子,故呈酸性或强酸性反应。其标志元素是 H 和 Fe。

(六)碳酸盐潜育型风化壳

这种类型的风化壳出现在水分过剩且富含 $CaCO_3$ 的地区。因风化液富含 Ca^{2+},使矿物风化始终处于脱盐基阶段,风化过程进行得比较缓慢,风化液多呈中性反应。但是在还原条件下,Fe、Mn 还原迁移则比较强烈。其标志元素是 Ca 和 Fe。

第二节　土壤的组成和性质

一、土壤和土壤圈的一般概念

所谓土壤是指位于地球陆地表面具有一定肥力且能够生长植物的疏松层。

土壤肥力是土壤本身所具有的能不断供应和协调植物生长对水、肥、气、热需要的能力。植物的正常生长不仅要求土壤源源不断地供应养分和水分,而且还要求土壤具有一定的通气条件和热量状况,缺乏其中任一条件,植物都不能正常生长。因此,"水、肥、气、热"被称为土壤四大肥力因素。

　　土壤是占有三度空间的实体系统。在水平方向上,土壤性质最为均匀一致的最小单位称为聚合土体(polypedon)。因为聚合土体内部性质最为均一,受力也比较一致,所以在湿胀干缩或热胀冷缩过程中,就会形成垂直方向上的规则破裂面,将聚合土体分割成若干个六棱柱状体(图6-5)。这些六棱柱状体可以代表

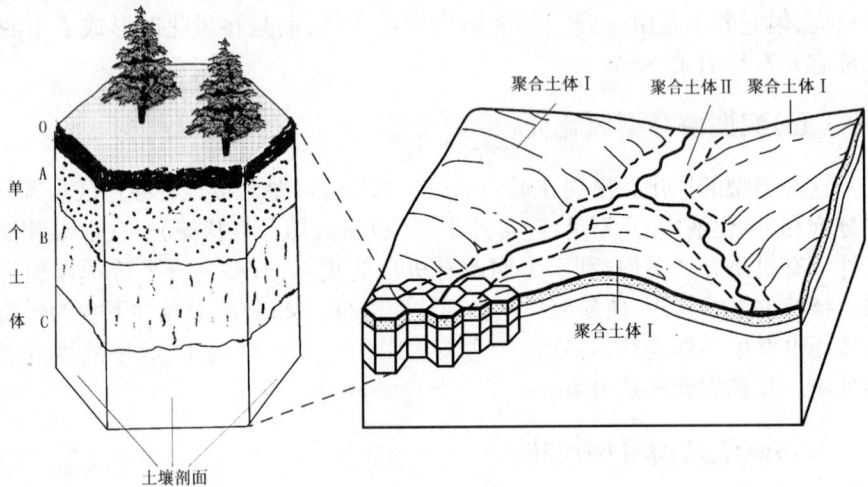

图 6-5　聚合土体、单个土体和土壤剖面示意图

(根据文献[13]改制)

聚合土体的大部分特征,我们将代表聚合土体大部分特征的最小体积单位称为单个土体(pedon)。单个土体表面形状为六边形,面积变化在 $1 \sim 10 \text{ m}^2$ 之间。单个土体的每一个垂直断面叫土壤剖面,即自地表垂直向下的土壤断面。由此可见,单个土体实质上是土壤剖面的立体化。土壤剖面是我们在野外观察认识土壤形态特征的工作面。所谓土壤形态特征是指土壤颜色、干湿度、松紧度、孔隙状况、粗细程度、胶膜(淀积在土粒表面的膜状物)、结核(土壤风化产物凝聚形成的不规则球状物)等可资鉴别土壤性质的外貌特征。在绝大多数情况下,土壤剖面上下部分的形态特征是不同的。在土壤剖面上,根据土壤形态特征所划分出的大致呈水平延伸、厚度不等的层次叫土壤发生层,简称土层。一个土壤剖面自

上而下通常可划分出 A、B、C 三个基本层次,其中 A、B 两层合称土体。A 层也叫腐殖质层、表土层或淋溶层,颜色较暗,根系较多,疏松多孔,某些物质发生水平或垂直迁移(淋溶)。B 层也叫心土层或淀积层,是由 A 层淋溶迁移下来的物质在这里淀积形成的,颜色较淡,根系和孔隙较少,比较紧实。C 层也叫母质层,保持着原始风化物的性质。需要说明的是,不同土壤类型的土层数目、厚度有很大差异,我们把某一土壤剖面土层的数目、厚度及其组合排列型式称为土体构型或土体层次构造。不同土壤类型的土体构型不同,它是鉴别土壤类型的重要标志之一。

土壤在地球陆地表面呈断续分布,共同构成了一个特殊的圈层——土壤圈(soil sphere or pedosphere)。某一地区全部土壤类型的集合称该地区的土被(soil covering)。土壤圈下部同岩石圈和水圈相接触,上部与大气圈和生物圈相接触,处于四大地理圈层的交接部位,各圈层之间的物质和能量交换大都通过土壤中转,因此土壤圈对四大圈层的组成、性质具有重要影响作用。例如,大气降水首先落到土壤上,然后通过土壤渗透才能到达地下水,在渗透过程中土壤中的一些可溶性物质可以进入地下水,从而影响地下水的化学组成和性质。再如,土壤中的有机物质在分解过程中可以产生 CO_2、CH_4 等气体,它们散逸到大气中后可以引起气温上升,进而引起一系列自然地理系统的变化。当前,从土壤圈的高度来认识全球土壤变化及其对大气圈、生物圈、水圈和人类社会的影响,是自然地理学关注的热点问题之一。

土壤是人类赖以生存的物质基础,人们的衣、食、住、行最终都离不开土壤资源,所谓"万物土中生"就是这个道理。另外,土壤形成的周期非常漫长,多数土壤经过了数千万年的发育历史。J. Thorp(1965)曾指出,经过 7 000~10 000 年的发育时间,冰碛物上的土壤仍处于原始阶段。据 Г. Иенни(1948)报道,在石灰岩上形成 2.5 cm 厚的细土层,大约需要 240~500 年的时间。相对于人类社会来说,土壤资源也可以被认为是不可再生资源,它一旦遭到破坏,很难恢复。所以我们要十分珍惜土壤资源,合理开发利用和保护土壤资源。

土壤由矿物质、有机质、活的生物体、土壤溶液和土壤空气五种成分组成。按重量计,土壤矿物质一般占 95% 左右,有机质占 5% 左右。若按容积计,土壤矿物质一般占 38%~45%,有机质占 5%~12%,两者共占 50% 左右;土壤液相和气相共占 50% 左右,并且两者相互消长。可见土壤是一种疏松的物质体系。

二、土壤的物质组成及其变化

(一)土壤矿物质

1.矿物质的组成

土壤矿物质来源于地表岩石的风化。按其成因类型可分为原生矿物和次生矿物两类。土壤原生矿物是指由岩浆岩、变质岩和某些沉积岩仅经过物理风化、破碎变小后残留下来的矿物,这些矿物的组成和性质与原岩中的同类矿物完全相同。原生矿物是土壤矿物质的主体,大多数是抗风化能力较强的石英和长石类矿物,颗粒一般较大。土壤次生矿物是指原生矿物的风化产物在一定条件下重新形成的矿物。这类矿物包括简单盐类、氧化物(氧化铁、氧化铝、氧化锰、次生氧化硅等)和次生铝硅酸盐,其中次生铝硅酸盐是土壤次生矿物的主体。

土壤次生铝硅酸盐的种类很多,但最主要的是高岭石、蒙脱石和伊利石。这些矿物的颗粒都很小,可缩性和黏结性等胶体性能比较明显,故也称之为黏土矿物。在显微镜下观察,次生铝硅酸盐晶体呈薄层片状,其主要化学成分是 Al、Si 和 O 等,所以又称为层状铝硅酸盐。不同类型的次生铝硅酸盐具有不同的层状构造,也表现出不同的性质,高岭石、蒙脱石和伊利石的主要性质见表 6-3。

表 6-3　高岭石、蒙脱石和伊利石的主要性质比较

黏土矿物性质	高岭石	蒙脱石	伊利石
胀缩性	遇水不易膨胀,失水不易收缩	遇水极易膨胀,失水极易收缩	介于高岭石和蒙脱石之间
同晶替代现象	基本不发生	普遍发生	普遍发生
带电性	负电荷数量少	负电荷数量多	负电荷数量多
吸收阳离子的能力	相对较弱	很强	强
颗粒大小	相对较大	细小	介于高岭石和蒙脱石之间
黏结性能	相对较弱	很强	强

2.矿物质的变化

土壤矿物质的种类和数量始终处于两个截然相反的变化过程之中:一方面是矿物质的风化分解,由大颗粒变为小颗粒,或由不溶性矿物变为易溶性矿物,或由难移动性矿物变为可移动性矿物的过程;另一方面是风化产物重新合成新矿物,由小颗粒变为大颗粒,或由易溶性矿物变为不溶性矿物,或由可移动性矿

物变为难移动性矿物的过程。不管哪一个过程都与矿物所处的环境条件有关。关于岩石和矿物的风化过程已在第二章有关部分有过介绍,度量岩石和矿物风化程度的指标也已在本章第一节作过介绍。下边仅介绍黏土矿物的形成与变化。

黏土矿物是原生矿物在风化过程中所形成的分解产物经过相互絮凝、与环晓物质相互吸收和交换等过程重新合成的新矿物。原生矿物分解产物中的 SiO_2 带负电荷,当遇到带正电荷的 $Al(OH)_3$ 和 $Fe(OH)_3$ 时便相互絮凝,形成非晶质次生矿物。在碱性或干旱环境中,非晶质次生矿物吸收 K^+ 等盐基离子,易形成晶质蒙脱石或伊利石;在高温多雨的环境中,经过结晶易形成高岭石。由此可以看出,黏土矿物的形成与环境条件密切相关,不同自然地理区域中出现的主要黏土矿物类型不同(图 6-4)。

(二)土壤有机质

1. 有机质的组成

根据成因和复杂程度,土壤有机质可分为普通有机质和腐殖质两类。普通有机质是一类比较简单的、有机化学界已经研究得比较清楚的有机化合物。土壤普通有机质的种类很多,如碳水化合物(单糖、双糖和多糖),各种有机酸(脂肪酸中的草酸、甲酸、柠檬酸等及芳香族酸中的原儿茶酸、香草酸、咖啡酸等),木质素,各种含氮、磷、硫的有机化合物(蛋白质、氨基酸、核酸等)以及其它有机化合物(树脂、单宁、鞣质等)。土壤普通有机质直接来源于动植物残体和微生物残体,是土壤生物的食物和能量源泉,分解后可为植物提供养分。

腐殖质是土壤普通有机质的分解产物经缩合或聚合重新形成的一类复杂的有机化合物。腐殖质是土壤有机质的主体,约占有机质总量的 50% ~ 65%。腐殖质主要由胡敏酸和富里酸组成,两者约占腐殖质总量的 60%。胡敏酸和富里酸的性质差异很大,且对土壤性质有重要影响(表 6-4)。

表 6-4　胡敏酸和富里酸的性质比较

腐殖质性质	胡敏酸	富里酸
复杂程度	分子结构复杂,分子量一般在 20 000 ~ 100 000 之间	分子结构较简单,分子量一般在 951 左右
溶解和移动性能	溶于碱而不溶于酸,一价盐可溶于水,二价和三价盐均不溶于水,移动性弱	溶于水、酸和碱一、一、二、三价盐均溶于水,移动性强

续表

腐殖质性质	胡敏酸	富里酸
酸碱性	弱酸性	强酸性
负电荷数量	少	多
吸收阳离子数量	少	多
颜色	较暗,又称黑腐酸	较淡,又称黄腐酸

2.有机质的转化

土壤有机质的转化是指在土壤生物的作用下所发生的土壤有机质存在形态之间的变化。土壤生物特别是土壤微生物是土壤有机质转化的主要动力因素。土壤微生物数量大而且种类很多,是有机质分解转化的主力军。据统计,每克土壤中至少有数千万个微生物,最多可达 10 多亿个,每公顷微生物量可达 5~8 t。土壤微生物是通过分泌一种叫做"酶"的物质对土壤有机质进行分解转化的。土壤酶是一种生物催化剂,具有高度的专一性。也就是说,种微生物能分泌一种特殊的酶,而一定的酶又能参与一定的生物化学反应。在微生物的作用下,土壤有机质的转化有两个不同的方向:一是土壤有机质的矿质化过程,二是土壤有机质的腐质化过程。

土壤有机质的矿质化过程是指土壤普通有机质和腐殖质在微生物的作用下,分解成简单的有机化合物,或最终形成简单无机盐类的过程。有机质矿质化的速度与有机质本身的组成和环境条件有关。有机质组成越复杂,分解速度就越慢。在氧化条件下,分解速度快,形成的中间产物少,最终产物是无机盐类、CO_2 和 H_2O 等,不利于有机质的积累。相反,在还原条件下,分解速度慢,形成的中间产物多,有利于有机质的积累。

土壤有机质的腐殖化过程是指在微生物的作用下,土壤有机质的一些分解中间产物重新缩合或聚合成复杂腐殖质的过程。一般认为,该过程分两个阶段进行:一是在微生物分解有机残体过程中形成腐殖质的组成原料,如酚类化合物、氨基酸和多酞等;二是这些腐殖质的组成原料经过多次缩合和聚合形成复杂的腐殖质分子。在湿润的森林条件下易形成富里酸,在较干旱的草原条件下易形成胡敏酸。

(三)土壤水分

1.土壤水分形态类型及水分常数

任何土壤或多或少都含有一定数量的水分,其存在状态可分为液态水、气态水和固态水。其中固态水不能移动,也不易被植物吸收利用;气态水虽然可以在土壤孔隙中发生扩散运动,但也不能被植物吸收利用;液态水的绝大部分既可以运动也可以被植物吸收利用,是土壤水分的主要形态类型。每一种土壤水分形态类型达到最大时的含水量叫水分常数。土壤液态水的存在状态又可分为以下四种类型(图6-6)。

(1)吸湿水:它是气态水分子在分子引力和静电引力的作用下吸附在土壤固相颗粒表面的水分(图6-6a)。吸湿水的水分子与土壤固相表面之间的结合力非常大(大约是$3.14 \times 10^6 \sim 1.01 \times 10^9$ Pa),水分不能自由移动,不能被植物吸收利用。当土壤吸湿水含量达到最大时的含水量称为吸湿系数或最大吸湿水含量。

(2)膜状水:它是吸附在吸湿水外层的水分,呈水膜状态包裹在土壤固相颗粒表面(图6-6b)。膜状水的水分子与土壤固相表面之间的结合力比吸湿水要小(大约是$6.33 \times 10^5 \sim 3.14 \times 10^6$ Pa),所以膜状水在一定条

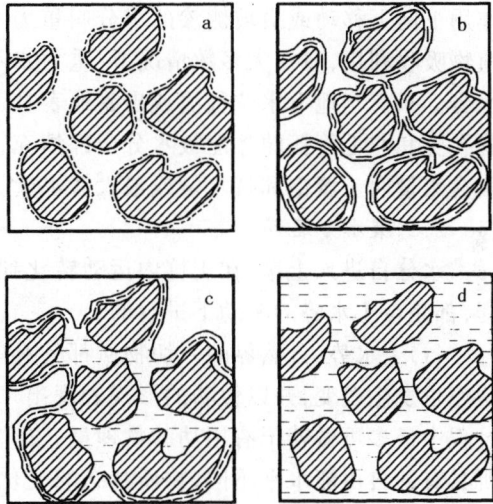

a.吸湿水;b.膜状水;c.毛管水;d.重力水

图6-6 土壤液态水分形态类型

件下能够移动且被植物吸收利用。但是膜状水黏滞性强,移动缓慢,不能有效补充植物所需水分,植物利用受到一定限制。当土壤膜状水含量达到最大时的含水量称为最大分子持水量。当植物缺水出现永久性萎蔫(即经过蒸腾量最小的夜间仍不能恢复失去的膨压)时的土壤含水量叫萎蔫点或凋萎系数,它介于最大分子持水量和吸湿系数之间。

(3)毛管水:它是在毛管力作用下吸附保持在土壤毛管孔隙中的水分(图6-6c)。所谓毛管孔隙是指土壤中孔径$0.001 \sim 1$ mm的孔隙。存在于毛管中的液体在毛管力的作用下,可以沿毛管运动一定距离并保持在毛管孔隙中,而不因重力的作用流出。这种现象称为毛管现象。根据水源和运动方向不同,毛管水可分为毛管上升水和毛管悬着水两种类型。毛管上升水是指地下水沿毛管上升并保持在毛管孔隙中的水分,毛管悬着水是指在降水或灌溉后水分沿毛管下降并保持在毛管孔隙中的水分。毛管水受力较小(大约是$3.38 \times 10^4 \sim 6.33 \times 10^5$Pa),可以流动,能顺利地被植物吸收利用,又能在土壤中保持较长时间,因此

是土壤中最有效的水分。当土壤毛管水含量达到最大时的含水量叫毛管持水量或最大毛管持水量,其中当毛管悬着水含量达到最大时的土壤含水量称田间持水量,它反映了某种土壤能够最大保持水分的能力。

(4)重力水:土壤毛管孔隙充满水分之后,倘若水分进一步增加,那么土壤非毛管孔隙中也可存在一定数量的水分。像这种存在于非毛管孔隙中,能在重力作用下向下移动或沿坡侧渗的水分叫重力水。重力水受到的引力为零,可以被植物吸收利用,但在大多数情况下,重力水不能在土壤中保存很长时间,属多余水分。只有当地下水位很浅或出露地表时,或土壤下部有隔水层存在时,土壤毛管孔隙和非毛管孔隙才能被水分全部填充,达到饱和状态(图 6-6d)。此时的土壤含水量叫土壤饱和持水量或最大持水量。

2.土壤水分运动

水分自进入土壤、在土壤内运动转化到最后移出土壤这一水分运动的全过程,都是在土水势的驱动下进行的。

(1)土水势:自然界的一切物质都具有能量,在物质状态发生变化时其能量状态也发生改变,并以做功的形式表现出来。自由能就是表征物质体系在等温过程中最多可做若干有用功的物理量。自然界的一切变化归根到底是它们本身所具有的自由能水平不同,物质状态的变化总是从高自由能态向低自由能态转变,力求使体系的自由能状况降到最低,以保持体系的相对稳定。土水势(soil water potential)是指土壤水在各种力的作用下,其势能(或自由能)状况与同一温度、正常大气压下某一规定高度的纯自由水的势能(或自由能)状况(通常规定为零)相比较,而得到的土壤水的势能(或自由能)值,常用"Ψ"表示。可以看出,土水势是一个相对数值,其标准参照状态是与土壤水同一温度、1.01×10^5 Pa 压力下某一规定高度(可人为规定)的纯自由水的势能值,并人为地规定为零。自由水一旦进入土壤后,受各种力的作用被束缚在土壤中,可做有用功的势能值下降。也就是说,土壤水的势能值在一般情况下(水分不饱和的情况下)低于纯自由水的势能值,而纯自由水的势能值又人为地规定为零,所以土水势一般为负值。根据土壤水受力的不同,土水势可分为以下几个分势:

①基质势(matric potential)又称间质势,是由于土壤颗粒大小、表面性质及孔隙状况等基质特征所产生的土水势。自由水进入土壤后,受分子引力、静电引力、表面张力和毛管力的作用而保持在土壤中,降低了自由水的势能值(损失的这一部分势能以湿润热的形式释放了出来)。很明显,基质势总为负值,用"$-\Psi_m$"表示。

②溶质势(solute potential)又称渗透势,是由于土壤水中溶解有溶质所产生

的土水势。土壤水溶解有溶质以后,溶质与极性水分子之间产生引力,黏滞性增强,活动性降低,因此溶液的势能值比自由水的势能值小(损失的这一部分势能以溶解热的形式释放了出来)。可以看出,溶质势也总为负质,用"$-\Psi_s$"表示。

③压力势(pressure potential)是在土壤水分饱和时,由于承受各种压力而产生的土水势。在水分饱和的土壤中,水分呈连续水体,上层水对下层水可产生静水压力;土壤水含有悬浮物质时,使其承受的压力大于纯水的静水压力。承压土壤水的势能值必然大于标准参考状态下纯自由水的势能值。故压力势总为正值,用"Ψ_p"表示。

④重力势(gravitational potential)是指土壤水所处位置与标准参照状态的位置相比较,由于重力影响而产生的土水势。一般将标准参照状态的位置规定在地下水的位置上,那么土壤水所受的重力影响大于标准参照状态,故重力势一般为正值,用"Ψ_g"表示。

上述四种土水势分势之和叫做土壤总水势(total soil water potential)。它代表了土壤水总的能量水平,决定着土壤水的一切运动变化。土水势的大小以单位数量土壤水的势能值表示,通常用单位容积土壤水的势能值(即压力单位 Pa)表示。

(2)SPAC 界面水分运动:SPAC 是英文 soil-plant-atmosphere continuum 的缩写,中文译名为"土壤—植物—大气连续体"。它是土壤水分经植物到大气的运动变化所构成的动态系统(Philip,1966)。在 SPAC 中,水分运动的途径是:土壤水分向植物根系移动被根系吸收传递到茎部,由茎木质部传送到叶部,在叶部的胞间孔隙蒸腾出来并扩散到近叶面大气。显然,SPAC 水分运动穿过了土壤圈与生物圈之间的界面,也穿过了生物圈与大气圈之间的界面,水分将这三个圈层有机地联系在了一起,构成了一个统一的动态系统。

水分在 SPAC 中的运动总是从高势能处向低势能处流动,流动的速度与势能梯度成正比,与水流阻力成反比。其水分通量可用 Van.den.Honert(1948)公式表达:

$$CT = \frac{\Psi_s - \Psi_r}{R_{sr}} = \frac{\Psi_r - \Psi_l}{R_{rl}} = \frac{\Psi_l - \Psi_a}{R_{la}} \qquad (9\text{-}11)$$

式中 CT 表示水通量,Ψ_s、Ψ_r、Ψ_l、Ψ_a 分别表示土水势、根水势、叶水势和大气水势,R_{sr}、R_{rl}、R_{la} 分别表示水流从土壤进入根木质部、经根木质部至叶气孔腔、从叶气孔腔到近叶面空气层所遇到的阻力。之所以土壤水分能经植物流向大气,是由于土壤水势大,大气水势小,形成了由土壤指向大气的水势梯度(图6-7)。随着水分从土壤经植物向大气运动,水势不断降低。由图6-7可以看出,水分从土壤到植物根系的水势曲线较陡,根系到叶部的水势曲线很平缓,从叶部到大气的水势曲线又变得非常陡。这说明,SPAC中的水分能量耗损主要用于克服土壤—根系界面的水流阻力和叶片—大气界面的水流阻力。曲线1、2是土水势较高时的情况,曲线3、4是土水势较低时的情况,只是曲线2比曲线1,曲线4比曲线3的大气蒸发力强而已。

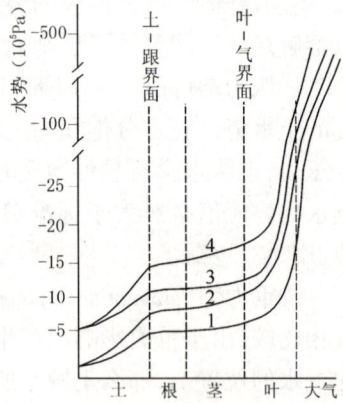

图6-7   SPAC中水势沿界面的变化
(根据文献[19]改制)

3.土壤水分有效性

所谓有效性是指土壤水分能够被植物吸收利用的性能,通常用土壤有效水分含量来表示。长期以来人们根据土壤水分类型来分析水分的有效性,认为介于田间持水量与萎蔫点之间的土壤水分既可以保持在土壤中,又可以被植物顺利吸收利用,是土壤有效水分。因此,土壤有效水分含量的计算如下:

$$土壤有效水分含量 = 田间持水量 - 萎蔫点 \tag{6-12}$$

土壤有效水分含量的大小与其矿物质粗细程度密切相关,随着黏粒含量增加,田间持水量和萎蔫点增加的幅度不同。当土壤矿物质粗细程度中等时,有效水分含量最高,偏粗或偏细土壤有效水分含量都下降(图6-8)。

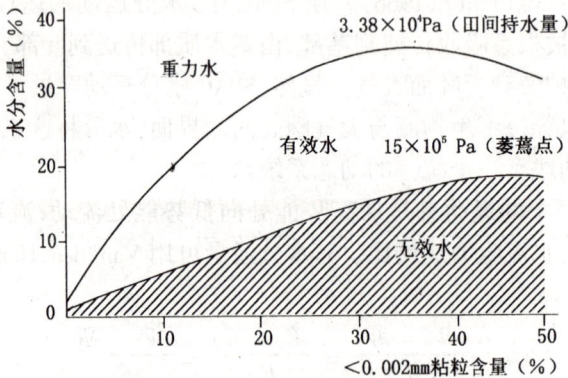

图6-8   土壤矿物质粗细程度与有效水分含量的关系
(根据文献[16]改制)

最近二三十年来,人们开始用能量的观点分析土壤水的有效性。对大多数植物而言,根水势平均为 -15×10^5 Pa。若土水势低于 -15×10^5 Pa,多数植物已不能顺利吸收利用土壤水分,从而出现永久性萎蔫甚至死亡,因此,将土水势

-15×10^5 Pa 作为土壤有效水的最低能量水平。将某一土壤的土水势与相应含水量绘制成的曲线叫土壤持水曲线。一旦测得土壤实际土水势值,即可在曲线上迅速查得对应的土壤实际含水量。土壤实际含水量减去土水势 -15×10^5 Pa 的含水量,即得到给定土壤的有效水分含量。显然,应用土壤水的能量观点解释土壤水的有效性比上述水分形态类型大大前进了一步。

对于任一给定土壤来说,土壤有效水分含量都不是一个定值。土壤水分有效性大小还与土壤导水性质、水分扩散性质、植物根系分布深度、有效根密度以及水分蒸腾的气象条件等都有密切关系。对于一定含水量的土壤来说,植物蒸腾越强烈,植物吸水能力就越强,给定水量的有效份额就越大。

(四)土壤空气

1.土壤空气的组成

由于土壤空气主要来源于近地面大气,部分来源于土壤生物活动产生的气体,因此土壤空气与近地面大气相比既有相似之处又存在着差异。相似之处在于,土壤空气和大气的主要气体成分都是由 N_2、O_2 和 CO_2 组成的。差异之处主要表现在两个方面:一是 O_2 和 CO_2 的体积比不同,大气 CO_2 含量为 0.03%,而土壤空气中含量很高。据研究(B.A.柯夫达,1973),土壤表层 15~30 cm 土层空气中 CO_2 含量高达 0.3%~8.0%,土壤下层空气中 CO_2 含量更高,可达 10%~19%。大气 O_2 含量在 21% 左右,而土壤空气中含量较低,变化于 15.10%~20.65%之间。二是土壤空气中含有较多的 CH_4、N_2O、NO、CO、H_2S、H_2、醇类等气体。出现上述差异主要是土壤生物及根系的呼吸作用消耗 O_2 而排放 CO_2,以及微生物在分解有机质的过程中易产生温室气体和还原性气体等的缘故。

2.土壤呼吸作用

土壤不断从大气中获得新鲜 O_2,而将其本身所含的 CO_2 等温室气体和还原性气体排放到大气中的过程称为土壤的呼吸作用。土壤和大气间的气体交换主要是通过土壤空气与大气之间个别气体成分的扩散作用完成的。例如大气中 O_2 分压高,土壤空气中 O_2 分压低,这就形成从大气指向土壤的 O_2 分压梯度,造成大气中的 O_2 不断向土壤孔隙扩散。与此相反,土壤中的 CO_2、CH_4、N_2O、NO、CO、H_2S、H_2 和醇类等气体则向大气扩散。

3.土壤空气对全球变暖的影响

最近一二十年来,人们对土壤痕量温室气体向大气扩散导致大气温室气体上升问题非常关注。自工业革命以来,大气中 CO_2、CH_4、N_2O、NO 等温室气体含量的上升、全球变暖已成不容争辩的事实。土壤既是温室气体的"源"又是"汇"。

大气中的 CO_2 被植物固定之后,相当一部分的碳以有机质的形式保留在了土壤之中,土壤也可吸收一定数量的其它大气温室气体;另一方面土壤痕量温室气体向大气扩散是大气温室气体的重要来源之一。在自然状态下,土壤温室气体的源与汇是平衡的。近一二十年来由于土地利用和土地覆盖变化(LUCC)打破了源与汇的平衡,使源的性质明显地表现了出来。据研究(B.G.Rozanov,1990),在人类活动明显作用于土壤之前,全球土壤中储存的有机碳为 1.7×10^{15} kg,目前已下降到 1.4×10^{15} kg,土壤有机质的下降已使大气中 CO_2 浓度上升了近 140 ppmv。有人估计(N.Van Breemen,1990),每年由土壤向大气排放的 CO_2 为 $2 \times 10^{11} \sim 9 \times 10^{11}$ kg,土壤向大气释放的 CO_2 占全球释放总量的 $5\% \sim 20\%$。土壤向大气排放 CH_4 的量也相当可观。据王木林等(1994)在浙江省临安县观测,水稻田 CH_4 排放通量平均为 10.58 ± 3.48 mg·m^{-2}·h^{-1},年平均释放量为25.4 g·m^{-2}。据王明星等(1993)报道,在杭州附近 1987 年~1989 年早稻田的 CH_4 平均排放通量为 7.8 mg·m^{-2}·h^{-1},晚稻田 CH_4 平均排放通量为 28.6 mg·m^{-2}·h^{-1};在四川乐山(1990)单季稻田 CH_4 排放通量为 216.0 g·m^{-2}·a^{-1}。全球稻田 CH_4 年排放总量为 $60 \times 10^{12} \sim 170 \times 10^{12}$ g,占全球年排放量的 20% 左右。全球土壤每年排放 N_2O 为 7.5×10^{12} g,占总排放量的 53.6%。可见土壤在全球变暖中的作用是不容忽视的,应引起科学界的高度重视。

三、土壤性质及其肥力意义

(一)土壤物理性质

1.土壤质地

任何土壤的矿物质颗粒大小都不是均匀一致的,有些土壤大颗粒多一些,有些土壤小颗粒多一些。为了研究方便,通常根据土壤矿物质颗粒粒径大小将土壤矿物质颗粒划分出不同的级别,如砾石、砂粒、粉砂粒和黏粒等。这些级别在土壤学上称为粒级(separates)。各粒级的划分标准如下(粒径:mm):砾石 >2,极粗砂 2.0~1.0,粗砂 1.0~0.5,中砂 0.5~0.25,细砂 0.25~0.1,极细砂 0.1~0.05,粉粒 0.05~0.002,黏粒 <0.002。我们把某一土壤各粒级所占的重量百分数称为土壤机械组成(mechanical composition)。不同土壤有不同的机械组成,据此可对机械组成进行分类,所划分出的类型叫土壤质地类型,简称土壤质地(soil texture)(图 6-9)。如图 6-9 所示,土壤质地共包括砂土、壤土、黏土和粉土 4 类 12 个级别。质地类型影响着土壤水分、空气和热量状况,进而影响养分的转化和植

物生长。例如,砂土的砂粒较多,粒间孔隙较大,多为非毛管孔隙;土壤持水性差,通气透水性好,氧气充足;有机质分解迅速,养分释放快,供肥性能强,但肥效短;热容量小,温度变化剧烈,早春时土温回升快,俗称"暖性土";作物苗期生长状况较好,但后期生长不良;生产中应注意保墒,多次少量施用肥料。黏土的肥力性能和砂土正好相反。壤土的肥力性能介于砂土和黏土之间,是最理想的质地类型。

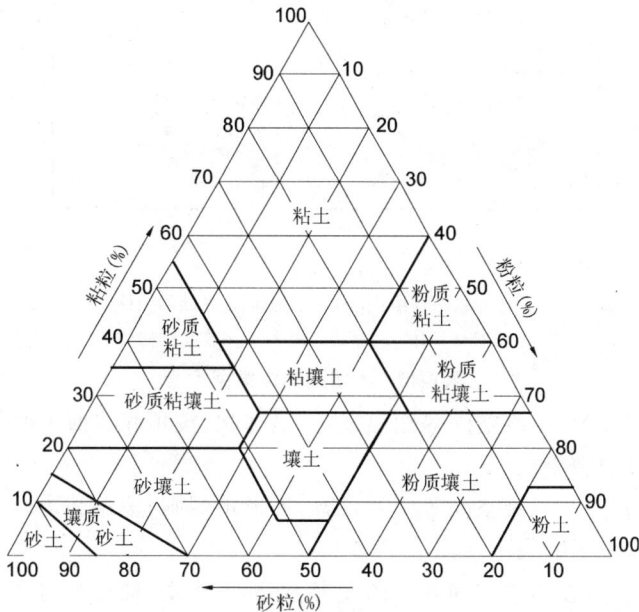

图 6-9　土壤质地分类三角表[13]

2.土壤结构性

通常所说的"土壤结构"实质上包括两方面的涵义:一是土壤结构体,二是土壤结构性。土壤结构体是指各粒级的土粒在各种胶结力和胶结物质以及外力的作用下相互团聚所形成的大小不等、形状各异的土粒复合体,即农民所说的"坷垃"。胶结力有静电引力、分子引力、毛管力等,胶结物质有黏土矿物、腐殖质等,外力包括干湿交替缩胀力、冻融交替胀缩力、植物根系生长压力等。依据形状,可把土壤结构体分为六种基本类型(图 6-10):

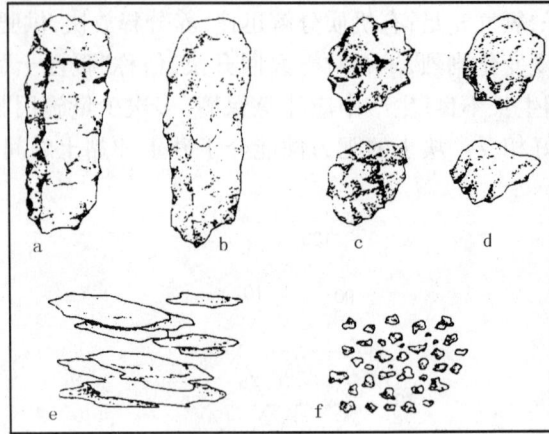

a.棱柱状结构体；b.柱状结构体；c.核状结构体
d.块状结构体；e.片状结构体；f.团粒状结构体

图 6-10　土壤结构体类型[23]

团粒结构体：在三维空间等距离发育，呈球状，棱角和边面不明显，多见于有机质含量较高的表土层。

块状结构体：在三维空间等距离发育，外形不规则，棱角和边面不明显，多见于有机质含量较低的表土层。

核状结构体：在三维空间等距离发育，外形不规则，棱角和边面明显，多见于有机质含量较低的黏质土壤中。

柱状结构体：在三维空间沿纵轴发育较好，沿两横轴发育较差，呈柱状，棱角和边面不明显，顶部浑圆，多见于干旱和半干旱地区土壤的底土层和碱土的心土层。

棱柱状结构体：在三维空间沿纵轴发育较好，沿两横轴发育较差，呈柱状，棱角和边面明显，多见于质地黏重且干湿交替明显的底土层。

片状结构体：在三维空间沿两横轴发育较好，沿纵轴发育较差，呈扁平状，多见于土壤耕作层下部的犁底层。

土壤结构性是指土壤结构体的种类、大小、空间排列组合状况以及结构体之间的孔隙状况等的综合特征。结构体内部粒间孔隙小，多为毛管孔隙，持水性能好；结构体之间多为非毛管孔隙，通气透水性能好。所以土壤结构性的形成使土壤既能蓄水又能通气，并且其温度变化缓慢、养分能持续释放和供应，为植物生长营造了较理想的生活环境。

3.土壤孔性

土壤孔性是指土壤的孔隙度、大小孔隙的比例及其在各土层中分布状况的总称。单位体积土壤中孔隙所占的体积百分数叫土壤总孔隙度。由于土壤孔隙的大小和形状非常复杂,直接测定总孔隙度十分困难,所以通常根据土壤比重和容重来计算总孔隙度,其计算公式如下:

$$P(\%) = (1 - \frac{d}{d_1}) \times 100 \qquad (6-13)$$

式中 P 为土壤总孔隙度, d 为土壤容重, d_1 为土壤比重。土壤比重是单位体积土壤固相颗粒(不包括粒间孔隙在内)的重量与同体积水(4℃)的重量之比(目前常用密度表示比重,单位是 $g \cdot cm^{-3}$)。所谓容重是指单位体积原状土壤(包括粒间孔隙在内)的干土重,单位是 $g \cdot cm^{-3}$ 。土壤矿物质组成和有机质含量影响着土壤比重的大小,土壤质地和结构影响着容重的大小。一般来说,土壤总孔隙度随着质地变细、结构性增强、有机质含量升高而升高。因此,总孔隙度是衡量土壤结构性好坏、有机质高低、土壤松紧程度的一个指标。

(二)土壤化学性质

1.离子交换反应

离子交换反应是指带电土壤胶体对土壤溶液中离子的吸附与交换作用。例如,带负电荷的胶体可对溶液介质中的阳离子进行吸附,在一定条件下这些被吸附的阳离子还可以被溶液介质中的其它阳离子交换下来而本身被胶体吸附,所以吸附与交换是一个过程的两个方面,统称离子交换反应。土壤胶体是离子交换反应的离子吸收与交换体,它的结构、组成和性质对离子交换反应具有重大影响。

(1)土壤胶体:土壤胶体是指粒径在 $1 \sim 100$ nm 之间的土壤固相颗粒,可分为无机胶体(包括黏土矿物,硅、铁、铝氧化物胶体等)、有机胶体(包括腐殖质、蛋白质及其衍生物等大分子有机化合物胶体等)和有机—无机复合胶体(有机胶体和无机胶体通过某种方式复合在一起的胶体)三类,其中有机—无机复合胶体是土壤胶体的主要存在形式。

胶体的电泳试验告诉我们,胶体在一般情况下是带电的。带电胶体可以对溶液中带相反电荷的离子发生吸附,最终抵消胶体本身的电性。图 6-11 是负电胶体的一般构造示意图。

一般情况下,胶体微粒核是由黏土矿物和腐殖质缩聚而成的固体微粒,因某种原因带电后就在其表面形成一层负电荷,因其最靠近微粒核,故称为内电子层。带内电子层的微粒核在土壤溶液中可吸附等电荷数量的阳离子。在内电子层外部形成一个正电荷层,也叫外电子层。胶体的内电子层和外电子层合称双电层。内电子层决定了胶体的电荷性质和数量,故又称之为决定电位离子层;外电子层的电荷符号与内电子层相反,因而也称之为反离子层或补偿离子层。反离子层中的离子距离内电子层近者所受电性引力大,难以自由活

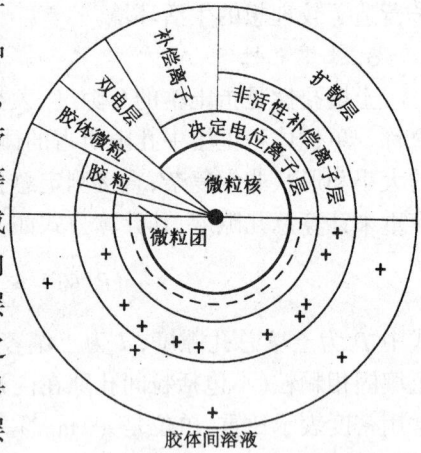

图 6-11   胶体的一般构造图示[17]

动,故称之为非活性补偿离子层;距离内电子层远者所受电性引力小,活动性较大,并可逐渐向溶液介质扩散过渡,故称之为活性补偿离子层或扩散层。胶体电荷数量的多少,通常用某个离子层的电位与溶液介质的电位差来表示。决定电位离子层表面与溶液介质之间的电位差叫胶体的热力学电位(ε),非活性补偿离子层表面与溶液介质之间的电位差叫胶体的电动电位(ζ)。某一胶体形成之后,ε 电位就是一个固定的值,而 ζ 则随着溶液浓度和扩散层厚度的变化而变化。溶液浓度增大、扩散层变薄,ζ 减小,反之则增大。这是因为溶液浓度增大后,扩散层中的补偿离子浓度也增大,导致部分补偿离子跃迁到非活性补偿离子层,使非活性补偿离子层表面的电荷密度下降,ζ 减小。

土壤胶体的存在形式有溶胶和凝胶两种。土壤胶体从溶胶变为凝胶的过程称胶体的凝聚,从凝胶变为溶胶的过程称胶体的分散。胶体的分散和凝聚与土壤胶体的 ζ 密切相关。ζ 大则表明非活性补偿离子层表面的电荷密度大,电斥力强,不易凝聚,原来凝聚的胶体也会逐渐分散。相反,ζ 小则有利于胶体发生凝聚。实践证明,在胶体溶液中用二、三价离子取代一价离子,可以降低 ζ,导致胶体的凝聚;用一价离子(特别是 Na^+)取代高价离子,可以增大 ζ,导致胶体的分散。

(2)阳离子交换:土壤阳离子交换是指负电胶体对土壤溶液中阳离子的吸附与交换作用,是土壤离子交换反应的主要形式。该反应可用 Kerr 离子交换方程式表示,即:

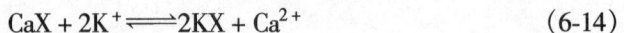

$$CaX + 2K^+ \rightleftharpoons 2KX + Ca^{2+} \tag{6-14}$$

其平衡常数为:

$$k = \frac{(KX)^2(Ca^{2+})}{(CaX)(K^+)^2} \tag{6-15}$$

式中 X 代表土壤胶体。从(6-14)和(6-15)式可以看出,土壤阳离子交换作用与一般化学上的置换反应相似,是可逆反应,原有平衡被打破后能迅速建立新的平衡,离子交换按当量定律进行等价交换。

阳离子交换反应的强弱与阳离子本身的交换能力、土壤胶体的种类和数量以及土壤溶液的 pH 有关。阳离子交换能力随着阳离子价数的增加而增大,等价阳离子随着原子序数的增加而增大,离子运动速度越快,交换能力越强。土壤中常见阳离子的交换能力的顺序为: $Fe^{3+} > Al^{3+} > H^+ > Ca^{2+} > Mg^{2+} > NH_4^+ > K^+ > Na^+$。胶体的负电荷数量越多阳离子交换作用越强,有机胶体的交换能力大于无机胶体,无机胶体中蒙脱石的交换能力大于伊利石,伊利石的交换能力大于高岭石。pH 越高胶体吸附溶液中的 H^+ 或解离 OH^- 的数量也越多,胶体的负电荷数量也越多,阳离子交换作用就越强。

阳离子交换反应的强弱常用阳离子交换量来衡量。阳离子交换量是指每千克土壤所吸附的全部阳离子的厘摩尔数量,简写为 CEC(cation exchange capacity),其量纲是 $cmol(+) \cdot kg^{-1}$。CEC 是土壤保肥性能强弱的指标。一般认为,CEC $> 20\ cmol(+) \cdot kg^{-1}$ 的土壤为保肥能力强的土壤;CEC 在 $20 \sim 10\ cmol(+) \cdot kg^{-1}$ 之间的土壤为中等保肥土壤;CEC $< 10\ cmol(+) \cdot kg^{-1}$ 的土壤为弱保肥土壤。然而 CEC 存在着明显的缺陷,因为它没有告诉我们胶体上吸附的阳离子种类。事实上,胶体吸附的 H^+ 和 Al^{3+} 与其它盐基阳离子的性质明显不同,它们属于致酸离子,可以使土壤溶液呈酸性反应。为了区别胶体上吸附的致酸离子和盐基离子的数量,专家们提出了盐基饱和度的概念。所谓盐基饱和度(percent base saturation)是胶体上吸附的盐基离子占 CEC 的百分数,其计算公式如下:

$$盐基饱和度(\%) = (交换性盐基数量/CEC) \times 100 \tag{6-16}$$

一般认为,盐基饱和度 $\geqslant 50\%$ 为盐基饱和土壤,这类土壤保肥性能好,养分丰富,呈中性或碱性反应;盐基饱和度 $< 50\%$ 为盐基不饱和土壤,这类土壤保肥能力弱,养分贫乏,呈酸性反应。

(3)阴离子交换:正电胶体对土壤溶液介质中阴离子的吸附与交换作用叫土壤阴离子交换。土壤阴离子交换远不如阳离子交换那样普遍,但是它对土壤 P、N、S 等以阴离子形式存在的养分供应来说却十分重要。吸附阴离子的胶体主要是 $Fe(OH)_3$、$AL(OH)_3$ 等无机胶体。大量研究表明,土壤阴离子交换能力次序为: $F^- > 草酸根 > 柠檬酸根 > H_2PO_4^- > HCO_3^- > H_2BO_3^- > CH_3COO^- > SCN^- >$

$SO_4^{2-} > Cl^- > NO_3^-$。

2. 酸碱反应

（1）酸碱反应及其对养分有效性的影响：土壤酸碱反应是土壤中最基本的化学反应。根据土壤 pH 值的大小，可将土壤的酸碱性划分为五级（表 6-5）。

表 6-5   土壤酸碱性的分级[10]

土壤酸碱性分级	强酸性土	酸性土	中性土	碱性土	强碱性土
pH	< 4.5	4.6~6.5	6.6~7.5	7.6~8.5	> 8.5

土壤酸碱性对元素迁移或植物养分有效性以及土壤物理性质都有重要影响。关于土壤 pH 对元素迁移的影响已在本章第一节有过介绍，这里仅介绍 pH 对土壤微生物和植物养分有效性以及土壤物理性质的影响。研究表明，土壤 pH 直接影响着微生物种类、分布和活动。例如，一般细菌和放线菌适宜的土壤 pH 在中性附近，固氮菌适宜的 pH 为 6.8，硝化细菌适宜的 pH 为 6.0~8.0。微生物是土壤有机质分解的主要承担者，过酸过碱的土壤环境必然影响有机质分解和养分供应。在不同 pH 条件下，养分的有效性是不同的（图 6-12）。就大多数养分来说，土壤 pH 在中性附近有效性最大，除个别养分外，偏酸偏碱都会降低其有效性。碱性土中 Na^+ 的含量很高，Na^+ 可降低土壤胶体的 ζ，促使胶体分散，导致土壤

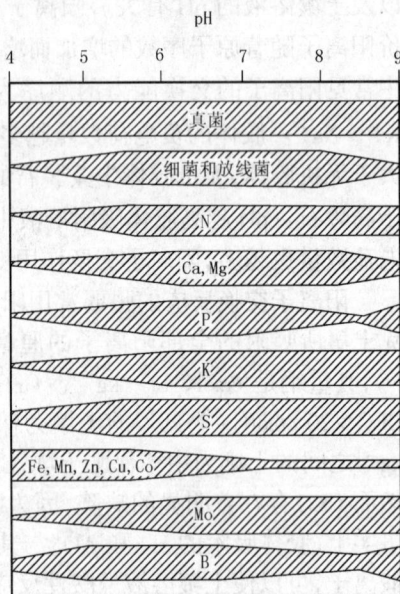

图 6-12   土壤 pH 与养分有效性和微生物的影响[23]

结构破坏，孔隙度下降，通气状况恶化，出现"湿时膨胀泥泞，干时收缩坚硬"等不良的土壤物理性质，影响植物正常生长。所以强酸性和强碱性土壤是性质不良的土壤，在农业生产实践过程中要对其进行改良。最常用的改良办法是用石灰改良酸性土，用石膏改良碱性土。

（2）影响土壤酸碱性的因素：影响土壤酸碱性的因素很多，如大气和土壤孔隙中的 CO_2、大气降水、水文地质、生物以及人类活动都影响着土壤 pH。大气和土壤孔隙中的 CO_2 溶解于土壤水之后，生成 H_2CO_3，从而降低土壤 pH。土壤微生物在分解有机质的过程中产生的有机酸或植物根系分泌的有机酸也可降低土

壤 pH。不过,这些因素具有普遍性意义,对区域性土壤酸碱度的分异不起主导作用。与此相反,大气降水、水文地质和人类活动对土壤 pH 的区域分异有重大影响。

①大气降水和土壤淋溶是制约土壤酸碱度高低的最重要的因素。从全球角度看,降水量大的地区或降水量大于蒸发量的地区,土壤湿度大,土壤水分运动以下渗水流为主,土壤中的盐基离子不断遭到淋溶,盐基饱和度逐渐降低,最终使土壤 pH 下降。降水量小的地区或降水量小于蒸发量的地区,土壤较干燥,水分在土体中下渗深度有限,盐基离子淋溶受到限制,盐基饱和,土壤 pH 较高甚至呈强碱性。下边以高温多雨地区为例说明土壤淋溶过程与 pH 的关系。

第一阶段:矿物风化形成的盐基离子存在于土壤溶液中,土壤溶液呈中性偏碱性反应。随着土壤淋溶的进行,溶液中的盐基离子随下渗水流移出土体,进入地下水。

第二阶段:随着土壤溶液中盐基离子浓度的下降,胶体上吸附的一价盐基离子开始被 H_2O 解离出的 H^+ 交换下来,进入土壤溶液,生成强碱性物质,使土壤溶液呈强碱性反应。其交换反应如下:

$$X \begin{subarray}{l} -Na \\ -K \end{subarray} + 2H_2O \rightarrow X \begin{subarray}{l} -H \\ -H \end{subarray} + NaOH + KOH \tag{6-17}$$

第三阶段:可溶性强碱性物质在持续淋溶作用下移出土体,胶体上吸附的二价盐基离子开始被 H_2O 解离出的 H^+ 交换下来,进入土壤溶液,生成碱性物质,使土壤溶液呈碱性反应。其交换反应如下:

$$X^{-Ca} + 2H_2O \rightarrow X^{-2H} + Ca(OH)_2 \tag{6-18}$$

$$Ca(OH)_2 \rightarrow Ca^{+2} + 2OH^- \tag{6-19}$$

然而,土壤溶液中的 Ca^{2+} 浓度受大气 CO_2 分压的控制。这是因为土壤溶液中 H_2CO_3 的浓度受大气 CO_2 分压的控制,H_2CO_3 解离出的 CO_3^{2-} 与溶液中的 Ca^{2+} 发生反应生成难溶性的 $CaCO_3$ 的缘故。经大量研究,在土壤溶液中存在 Ca^{2+} 的情况下,土壤 pH 与大气 CO_2 分压的关系式为:

$$pH = 6.03 + \frac{2}{3} \log P_{CO_2} \tag{6-20}$$

在正常大气 CO_2 分压(0.03%)下,土壤 pH 为 8.5 左右。

第四阶段:随着土壤进一步淋溶,土壤胶体上吸附的盐基离子大部分被交换下来并移出土体,土壤胶体上吸附的主要是 H^+ 和 Al^{3+},土壤胶体呈极度不饱和状态。矿物质风化释放出的 Al^{3+} 和 Fe^{3+} 除一部分被胶体吸附外,大部分迅速发生水解,使土壤呈酸性或强酸性反应。其水解反应式为:

$$Fe^{3+} + 3H_2O \rightarrow Fe(OH)_3 \downarrow + 3H^+ \tag{6-21}$$

$$Al^{3+} + 3H_2O \rightarrow Al(OH)_3 \downarrow + 3H^+ \tag{6-22}$$

需要指出的是,降水量不同的地区,其风化壳的淋溶状况可处于上述四个阶段的不同阶段。如干旱地区降水量极少,土壤淋溶状况始终处于第一或第二阶段,土壤溶液的盐基离子含量高,土壤呈中性偏碱性反应;干旱与半干旱地区降水量较少,土壤淋溶作用状况处于第三阶段,土壤呈碱性或强碱性反应;湿润地区降水量大,土壤淋溶状况处于第四阶段,土壤呈酸性或强酸性反应。

②水文地质因素也是影响土壤酸碱度的重要因素。如果局部地层或地下水中含有较多的钠盐特别是 Na_2CO_3,并且地下水位有升降变化,那么地下水位浅时含 Na_2CO_3 的地下水可沿毛管上升水到达土壤表层,Na^+ 可进入土壤胶体,交换出 Ca^{2+}、Mg^{2+} 等离子。其交换反应式如下:

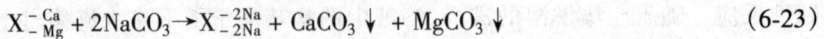

$$X{-}^{Ca}_{-Mg} + 2NaCO_3 \rightarrow X{-}^{2Na}_{-2Na} + CaCO_3 \downarrow + MgCO_3 \downarrow \tag{6-23}$$

胶体上吸附的 Na^+ 到达一定程度后,即可发生水解,使土壤呈碱性或强碱性反应。其交换反应式为:

$$X{-}^{Na}_{-Na} + 2H_2O \rightarrow X{-}^{H}_{-H} + 2NaOH \tag{6-24}$$

据研究,只有胶体上吸附的 Na^+ 占 CEC 的 15% 以上时,胶体上的 Na^+ 才能发生水解。Na^+ 占 CEC 的百分数叫 Na^+ 饱和度或碱化度(exchangeable sodium percentage),简写为 ESP。

③人类活动对土壤酸碱性的影响是多方面的,如人工施用酸碱肥料、土壤利用方式的改变、不合理灌溉等都可造成土壤 pH 的变化。近一二十年来,人为大气酸沉降引起的土壤酸化问题引起了世界各国的重视。

大气酸沉降是指 pH < 5.6 的大气物质降落至地面的现象和过程。大气酸沉降的物质来源主要是燃煤、燃油、矿物冶炼和化学氮肥的施用等生产和生活过程中排放到大气中的 SO_2、NOx 和 NH_3,它们在大气中被氧化为 H_2SO_4 和 HNO_3 并溶解于水中,随着降水进入土壤。据报道(李天杰,1995),我国贵阳市区 1982 年 ~ 1984 年降水的平均 pH 为 4.07、广州市为 4.78、重庆市为 4.29,瑞典 1973 年 ~ 1975 年降水的平均 pH 为 4.30,美国东部 1978 年 ~ 1979 年降水的平均 pH 为 3.94。大气酸沉降降落到土壤之后,必然引起土壤 pH 的下降。例如,瑞典南部森林土壤 1927 年 ~ 1984 年,土壤 pH 下降了 0.5 ~ 1.2。我国庐山森林土壤从 1957 年以来,土壤 pH 下降了 0.4 ~ 1.2。

3.氧化还原反应

氧化还原反应也是土壤中普遍发生的一种化学反应,对土壤组成和性质以及形成发育都有重要影响。氧化还原电位是氧化还原反应强弱的度量指标,通常用 Eh 表示,量纲是 V 或 mV。某一氧化还原体系的 Eh 值可用 Nernst 公式计

算:

$$Eh = E_0 + \frac{RT}{nF} \cdot \ln \frac{[OX]}{[Red]} \tag{6-25}$$

式中 E_0 表示某一氧化还原体系在 20℃、101 325 Pa,氧化剂和还原剂浓度为 1mol 时测得的 Eh 值;R 为气体常数;T 为绝对温度;F 为法拉弟常数;n 为反应中电子转移数目;$[OX]$ 和 $[Red]$ 分别为氧化剂和还原剂的浓度。对于一定的氧化还原体系来说,E_0、R、T、F 和 n 均为常数,因此 Eh 值的大小仅与 $[OX]$ 和 $[Red]$ 的比值有关。

土壤中存在着很多氧化还原体系,如有机碳体系(氧化态是 CO_2,还原态是 CH_4),氧体系(氧化态是 O_2,还原态是 H_2O),铁体系(氧化态是 Fe^{3+},还原态是 Fe^{2+}),锰体系(氧化态是 Mn^{4+},还原态是 Mn^{2+}),氮体系(氧化态是 NO_3^-、NO_2^-,还原态是 NH_3、N_2、N_2O),硫体系(氧化态是 SO_4^{2-},还原态是 H_2S),氢体系(氧化态是 H^+,还原态是 H_2)等。其中碳体系和氧体系是土壤中最主要的氧化还原体系,它们决定着土壤的 Eh 值,被称为决定电位体系。O_2 的氧化能力最强,它的 E_0 为 1 229mV,在通气良好的情况下,整个土壤将显示氧化特征。有机碳体系的还原能力最强,其 E_0 为 169 mV,在通气不良、有机质含量高的情况下,整个土壤将显示还原特征。一般将 300 mV 作为土壤氧化环境和还原环境的分界线。

土壤氧化还原反应对元素迁移和植物生长有重要意义,关于对元素迁移的影响已在本章第一节作过介绍,下边仅介绍 Eh 与植物营养的关系。对大多数养分来说,氧化态的有效性高,能被植物吸收利用;还原态的物质一般不能被植物吸收,并且积累到一定程度还可对植物产生毒害作用。据研究,我国水稻受害的 Fe^{2+} 和 H_2S 临界浓度分别是 50~100 ppm 和 0.07 ppm。所以了解养分的存在价态对植物营养具有重要意义。将某一氧化还原体系的 E_0 与实测 Eh 比较,可以判断该元素的存在价态及其对植物的有效性大小。例如,氮体系(NO_3^-—NO_2^-—N_2)的 E_0 为 410 mV,如果实测某一土壤的 Eh < 410 mV,那么就可以判断土壤中氮素主要是 NO_2^- 或 N_2,植物有效性下降;若 Eh > 410 mV 则表明土壤中的氮素主要是 NO_3^-,对植物的有效性高。

第三节　土壤圈形成理论

　　土壤圈是自然地理系统的一个子系统,它的形成和发展离不开土壤圈系统的环境条件,即大气圈、生物圈、岩石圈和水圈。土壤就是在这四大圈层相互作用下逐渐形成和发育起来的。其中,土壤圈和大气圈相互作用出现了土壤空气,和生物圈相互作用出现了土壤有机质,和水圈相互作用出现了土壤水分,和岩石圈相互作用出现了土壤矿物质。人类出现之后,人类活动也成了土壤圈形成的重要因素,并且其影响范围和强度日益扩大。土壤圈形成的实质是母质和其它各土壤形成因素(简称成土因素)之间所发生的复杂的物质、能量的迁移和转化过程(图6-13)。

一、土壤圈形成的 CLORPT 模型

　　现代土壤圈形成理论认为,土壤是在各种成土因素综合作用下形成的。对于自然状况下形成的土壤来说,成土因素包括母质、气候、生物、地貌和时间等五大自然成土因素。土壤与成土因素之间的关系是因变量和自变量的关系,其数学表达式为:

$$S = f(cl, o, r, p, t, \cdots) \qquad (6\text{-}26)$$

式中 S 表示土壤,cl 表示气候,r 表示地貌,o 表示生物,p 表示母质,t 表示时间,"$\cdots$"表示其它成土因素或目前尚未被人们认识的成土因素。这就是著名的土壤圈形成的"CLORPT 模型"(H.詹尼,1983)。

　　CLORPT模型强调各成土因素在土壤圈形成过程中是同等重要的、相互不可替代的。各成土因素在土壤圈形成中

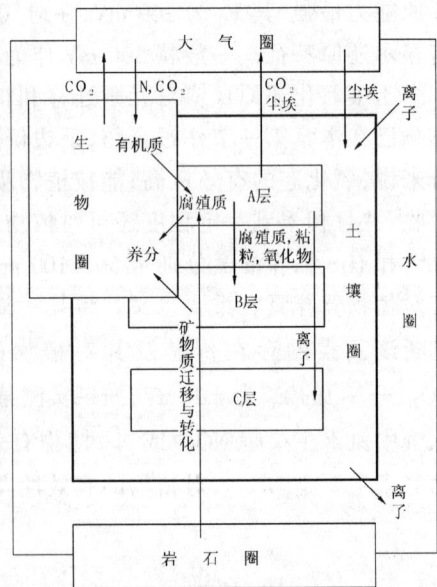

图 6-13　土壤圈形成与其它地理圈层的关系[29]

都具有独特的作用,离开任一种因素都不可能形成土壤圈,也就是说土壤圈是各

种成土因素综合作用的产物。这里所说的"同等重要"并不是指各成土因素所起的作用时时处处都完全一样,相反,在某一具体地域或特定时段内各成土因素的作用是不完全相同的,往往以某一个因素为主导成土因素,其它因素为次要成土因素。根据土壤圈形成的时空差异,上述五大自然成土因素都可以成为主导因素,因此 CLORPT 模型又有如下多种形式:

$$S = f(cl, o, r, p, t, \cdots) \tag{6-28}$$

$$S = f(o, cl, r, p, t, \cdots) \tag{6-29}$$

$$S = f(r, cl, o, p, t, \cdots) \tag{6-30}$$

$$S = f(p, cl, o, r, t, \cdots) \tag{6-31}$$

$$S = f(t, cl, o, r, p, \cdots) \tag{6-32}$$

$$S = f(\cdots, cl, o, r, p, t) \tag{6-33}$$

式中括弧内第一个因素为主要成土因素。上述各式分别称为土壤圈形成的气候因素模型、生物因素模型、地貌因素模型、母质因素模型、时间因素模型和其它因素模型。

CLORPT 模型为我们认识土壤圈的形成提供了有力的方法论和认识论武器。长期以来,许多学者致力于该模型的求解研究。但是由于成土因素的变量众多、彼此之间的关系极为复杂,至今没有取得令人满意的结果。当前主要采用偏微分的方法,在假定其中四个成土因素不变的前提下,分别建立某一成土因素(或某一变量)与土壤某些性质之间的关系模型。如气候与土壤性质的关系模型可用下式表达:

$$S = f(cl)_{r, o, p, t, \cdots} \tag{6-33}$$

式中的下标为假定的不变因素。

二、成土因素在土壤圈形成中的作用

(一)母质因素

所谓母质是指风化了的岩石。土壤是在成土母质的基础上形成和发育起来的,因此成土母质的组成和性质对土壤的组成和性质具有重要影响。

首先,母质的机械组成影响土壤的质地类型。例如,在砂岩风化母质上形成的土壤,质地一般较粗;在泥岩或页岩风化物上形成的土壤,质地一般较细。

其次,母质的化学组成影响土壤的化学组成和养分含量。例如,石灰岩风化物中含有较多的 Ca^{2+},以此为母质的土壤中也含有较多的 Ca^{2+};我国四川盆地分布的紫红色砂页岩风化物中含有丰富的 K^+,故以此为母质的土壤中也含有

多的 K^+

第三,非均质母质不仅导致土壤质地和化学组成的非均一性,而且还影响土壤水分运行和物质迁移状况。例如,"上轻下黏"型的质地构型,水分下渗到土体中部受阻而滞水,当土层倾斜时,易形成土内径流,导致物质大量迁移。相反,"上黏下轻"型的质地构型,表层水分下渗困难,易形成地表径流,引起土壤冲刷。而且通过黏土层下渗的水分又极易发生渗漏,造成养分的淋失。

(二)气候因素

气候因素是直接或间接影响土壤形成过程方向和强度的基本因素。所谓直接影响是指水热条件直接影响着土体内部发生的一系列物理、化学和生物学过程的方向和强度,所谓间接影响是指气候因素通过影响植物、母质等成土因素而对土壤形成产生作用。

首先,气候因素影响风化壳的类型和厚度。如图 6-4 所示,在不同水热条件下,地表矿物质风化的方式和程度不同。水热条件好的地区,矿物质风化比较彻底,风化壳厚度大,以铁铝氧化物和高岭石为主;水热条件差的地区,矿物质风化程度低,风化壳薄,以碎屑为主。据研究(E.科罗乌捷尔,1953),风化壳硅铝率(SiO_2/Al_2O_3)与水热条件有如下函数关系:

$$S = S_0 + 2.235 - 0.0311R + 0.126T \tag{6-34}$$

式中 S 表示硅铝率,S_0 表示母岩(未风化岩石)的硅铝率,R 和 T 分别表示年平均降水量和年平均气温。据 H.詹尼(1948)研究,风化壳黏粒含量与水热条件有如下函数关系:

$$\Gamma = 0.011\,4\,me^{0.14\,T} \tag{6-35}$$

式中 Γ 表示黏粒含量(%);T 为年平均气温(℃);m 为平均水分指数(N.S.Q),即年降水量同大气饱和压差的比值。

其次,气候因素影响土壤腐殖质的数量和性质。在水热条件中等时(典型草原土壤地带)最有利于土壤腐殖质的积累,随着湿度增大和温度的下降,或湿度下降和温度上升,或湿度和温度同时上升,土壤腐殖质的积累逐渐下降。虽然湿热地区生物生长量大,供给土壤的有机残体数量多,但是有机质的分解速率也很快,不利于腐殖质的积累;在低温潮湿的地区,虽说有机质分解慢,但供给土壤的有机残体的数量少,也不利于腐殖质的积累;在干旱地区,供给土壤的有机残体的数量很少,并且有机质分解很快,腐殖质积累更少。土壤氮素主要以有机态形式存在,所以气候因素也影响土壤的氮素含量。据 H.詹尼(1983)研究,北美洲大平原土壤全氮含量与水热条件的关系遵循如下曲面模型:

$$N = 0.55 e^{-0.08T}(1 - e^{-0.005m}) \tag{6-36}$$

式中 N 为土壤全氮含量（%），其它符号同前。该式的直观表示见图 6-14。另外，气候因素还影响着土壤腐殖质的组成和性质。干旱与半干旱地区的土壤腐殖质组成中以胡敏酸为主，湿润地区以富里酸为主。干旱与半干旱地区随着降水量的减少，或湿润地区随着温度上升，土壤胡敏酸含量不断下降，分子量减小，而富里酸的相对含量逐渐上升。

图 6-14　北美洲大平原土壤全氮含量
与水热条件的关系[30]

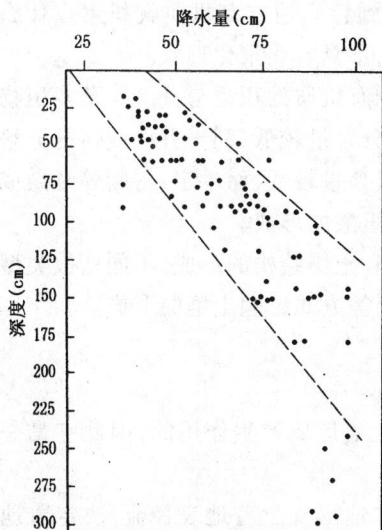

第三，气候因素影响土壤内部物质迁移转化过程。湿润地区土壤中的盐基离子遭到强烈的淋溶；半干旱地区只有一价盐遭到淋溶，而二价的碳酸盐在土体中部相对聚积，淀积层出现的深度随降水量的增加而增加（图 6-15）；干旱地区一价盐淋溶较弱，在土体中部甚至土壤表层发生聚积。

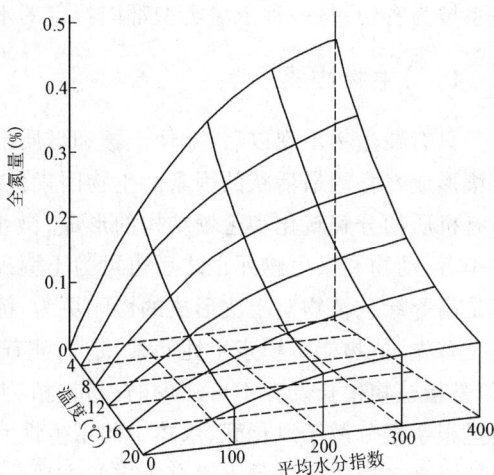

图 6-15　美国大平原中部地区碳酸盐淀积
层出现深度与降水量的关系[30]

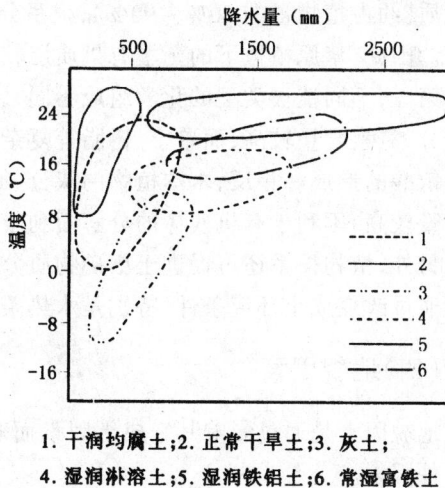

1. 干润均腐土；2. 正常干旱土；3. 灰土；

4. 湿润淋溶土；5. 湿润铁铝土；6. 常湿富铁土

图 6-16　几种主要土壤类型的水热条件范围

（根据文献[5]改制）

第四，气候因素影响土壤分布。大量的实例证明，土壤分布与水热条件的关系极为密切，每一种土壤类型都同特定的水热条件相联系(图 6-16)。

(三)生物因素

只有在生物出现以后，才使土壤和母质最终区别开来，因此生物因素是影响土壤形成发育的最活跃的因素。生物因素包括植物、动物和微生物，土壤动物参与有机质的分解转化和土壤结构的形成，微生物是土壤有机质分解转化的主要承担者，动物和微生物死亡之后也可为土壤提供有机质。但是相比之下，植物尤其是高等绿色植物对土壤形成的影响更为直接和明显。

首先，植物能富积亲生性元素，是土壤有机质的主要来源。所谓"亲生性元素"是指植物生长发育不可缺少的、易被植物吸收利用的元素。植物出现之后，通过根系把分散于风化壳、水体中的亲生性元素不断地富积到土壤表层，促进肥力的提高。植物残体是土壤有机质的主要来源，动物残体最终也来源于植物的光合作用，所以植物是影响土壤有机质含量高低的重要因素。

其次，不同植被类型影响着土壤有机质的积累方式。森林植被主要以凋落的枝叶和花果为土壤提供有机质(约占植物年生长量的 65%～85%)。这些有机物质在土壤表层积聚，使土壤表层的有机质含量很高，但厚度较小。这种现象称为土壤有机质的表聚化。与此相反，草原植被主要以死亡的根系为土壤提供有机质(约占植物量的 80%～90%)，根系分布到什么地方有机质就积累在什么地方。因此，草原植被下的土壤有机质层较厚，不具有表聚化现象。

第三，不同植被类型的化学组成不同，影响有机质的积累与分解。草本植物的灰分、氮素含量较高，而单宁、树脂等复杂成分含量较低，利于有机残体的分解和胡敏酸的形成。相反，木本植物的灰分、氮素含量较低，而单宁、树脂等复杂成分含量较高，不利于有机残体的分解而利于富里酸的形成。

另外，植物根系还可促进土壤矿物质分解和土壤结构的形成，不同植被类型也可通过改变成土环境条件(特别是水热条件)等方式影响土壤的形成。

(四)地貌因素

地貌因素是通过影响其它成土因素而对土壤形成产生作用的，因此它是一个条件因素。

首先，地貌影响地表水、热条件的再分配。地形支配着地表径流，决定着地下水活动状况。例如，在正地貌坡度较大的部位，地表径流量大，下渗量小，地下水位深，土壤易干燥；在负地貌部位，地势低洼，汇聚大量地表径流，地下水位浅，土壤湿度大甚至饱和。地形高度、坡度和坡向不同，其水热状况也不同，从而影响土壤的形成发育。

其次，地貌影响母质的机械组成和地球化学分异。从地势高的地方到地势低的地方，由于沉积物的机械分选作用使成土母质的质地由粗变细。从正地貌部位到负地貌部位地表化学元素的分异非常明显（图 6-2），正地貌部位地表化学元素迁移明显，负地貌部位地表化学元素富积明显。

第三，地貌影响中小尺度的土壤分布。在同一水平气候带内，随着地势从高到低的变化，水热条件、母质和生物都会出现相应的变化，那么在不同的地貌部位必然出现不同的土壤类型。G.Milne 把这种随地形变化而出现的土壤类型的有规律的组合叫土链（catena）或土壤的地形系列。

（五）时间因素

任何土壤都是气候、生物和地貌作用于母质并经历不同时间的具体表现。也就是说，在某一地区尽管母质、气候、生物和地貌基本相同，若相互作用的时间长短不同，也会形成不同类型的土壤（图 6-17）。

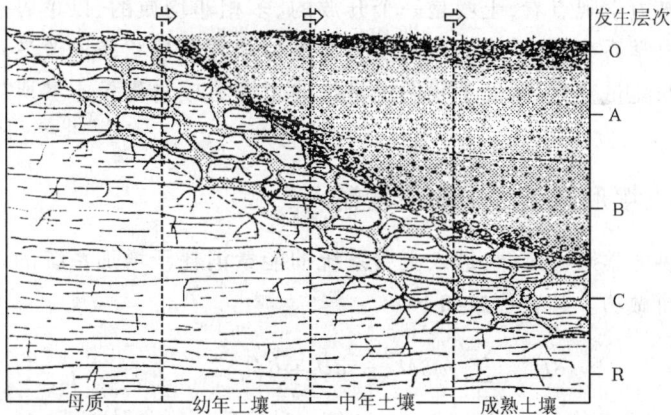

图 6-17　土壤剖面随时间的发育[32]

（六）人类活动对土壤形成的影响

自从地球上出现人类以后，土壤形成发育就迭加了人类活动的影响，而且随着科学技术的发展和社会的进步，人类活动对土壤形成的影响必将愈来愈深刻。人类活动对土壤形成的影响是多方面的，几乎涉及土壤形成的全部过程。总起来说，人类活动在土壤形成中的作用特点可概括为以下几个方面：一是目的性。

人类活动对土壤施加影响都是有目的的,是向着合理利用土壤、促进肥力提高的方向发展的。二是社会性。在不同的社会制度和不同的生产力水平下,人类活动对土壤形成的方向、程度和规模的影响都是不相同的。三是深刻性。在某些情况下,人类活动可以极大地改变土壤形成的自然条件,短时间内即可使土壤性状发生重大变化。例如通过人工排水,可以改变沼泽地区土壤的形成方向;通过人工掺沙掺黏,可以改变土壤原有的质地类型等。四是广泛性。目前,地球上的所有土壤都受到了人类活动的影响,只是有些土壤受影响强烈,有些土壤受影响较弱而已。五是两重性。在人类正确掌握土壤形成发育规律的前提下,人类活动对土壤的影响是正向的,是向着肥力提高的方向发展的;相反,如果人类违反客观规律而对土壤施加负向影响,则可引起土壤退化、肥力下降。如此正反两方面的例子都是很多的。随着科技的发展和社会的进步,人类能够最终掌握土壤形成发育规律,促进土壤正向发育,最大限度地抑制对土壤的负面影响。

三、土壤形成的力能学分析

土壤形成的力能学是运用热力学观点分析探讨土壤形成过程中能量变化的学科。从热力学观点看,土壤是一个开放的、多相非均质的、以不可逆过程为其特征的热力学系统,该系统的形成发育必然伴随着能量状态的改变。分析研究土壤形成的能量变化,有助于我们定量描述土壤形成过程及土壤所处的能量状态。

(一)土壤形成过程中的能量输入

根据热力学第一定律,进入土壤系统的能量消耗于增加系统的内能和克服外界阻力而做功。其表达式如下:

$$\delta Q + \sum_1^i \mu_i \delta M_i = dU + \delta A \tag{6-37}$$

式中 Q 为进入系统的热量,μ_i 为 1 mol 第 i 种物质所携带的能量,M_i 为第 i 种物质进入土壤的摩尔数量,U 为土壤系统的内能,A 为土壤系统克服外力所做的功。显然,进入土壤的能量包括两大部分,一是太阳辐射能,二是环境向土壤输入物质本身所含的能量。进入土壤的物质有水分、有机物质和矿物质三类,它们本身所含的能量随着物质输入一起进入土壤。以热能形式进入土壤的太阳辐射能,主要消耗于土壤与大气圈、水圈、生物圈和岩石圈之间的水分循环和热量交换,至少有 99.9% 的太阳能以热量形式从土壤中损失掉,只有不到 0.1% 的太阳能转化为有机质和矿物质的化学键能保存在土壤中。因此,输入土壤的太阳辐射能实际上几乎全部消耗于土壤系统克服外力而做功,向土壤输入物质的能量几乎全部转变成了系统的内能。

(二)土壤中的太阳能耗损

太阳能是土壤各种过程的能量源泉。土壤中的太阳能耗损在土壤形成中起着非常重要的作用。土壤中太阳能做功可用下式表示:

$$Q = W_1 + W_2 + b_1 + b_2 + i_1 + i_2 + g + v \tag{6-38}$$

式中 W_1 为消耗于矿物质物理风化的能量,W_2 为消耗于矿物质化学风化的能量,b_1 为聚集在腐殖质中的能量,b_2 为消耗于有机质矿质化的能量,i_1 为消耗于土壤蒸发的能量,i_2 为消耗于植物蒸腾的能量,g 为盐分和黏粒在土壤中机械迁移过程中消耗的能量,v 为土壤与大气圈热量交换过程中消耗的能量。据研究(B. P. Bслобуев,1969),消耗于 W_1 和 W_2 矿物风化的能量较少,大约从冻原和荒漠的 $0.84 \sim 2.09$ J·cm^{-2}·a^{-1} 增加到热带雨林的 $41.87 \sim 62.80$ J·cm^{-2}·a^{-1}。b_1 和 b_2 为土壤生物过程消耗的能量,根据形成 1 mol 光合作用物质需要消耗 15.70 J 的太阳能推算,生物生产的能量消耗大约从冻原和荒漠的 $10.47 \sim 104.67$ J·cm^{-2}·a^{-1} 增加到热带雨林的 8 373.60 J·cm^{-2}·a^{-1}。i_1 和 i_2 为土壤水分损失消耗的能量,大约从冻原和荒漠的 $1.26 \sim 2.51 \times 10^4$ J·cm^{-2}·a^{-1} 增加到热带雨林的 0.25×10^6 J·cm^{-2}·a^{-1}。土壤与大气圈热量交换过程中消耗的能量是很大的,大约从冻原区的 2.09×10^4 J·cm^{-2}·a^{-1} 增加到热带雨林的 21×10^4 J·cm^{-2}·a^{-1}

(三)土壤储能的计算

根据能量加和原理,土壤内能可按下式计算:

$$U = \sum_1^p K_p U_p - E_f \tag{6-39}$$

式中 U 表示土壤系统总内能,单位是 J·g^{-1} 或 J·cm^{-3};p 表示土壤系统的物质组分;U_p 表示第 p 种组分的内能;K_p 表示第 p 种组分占土壤总重量或容积的比例;E_f 表示表面相互作用的能量。

土壤有机质(腐殖质)以及土壤中有生命物质的内能值可用单位质量有机质燃烧时的热能值来计算,其内能值平均为 23 027 J·g^{-1}。需要指出的是,进入土壤的有机物质一方面发生矿质化,另一方面发生腐殖化。前者是损耗能量的过程,后者是富积能量的过程。据研究(C. A. Aлиев,1966),在苜蓿根系残体腐殖化过程中,贫能物质(淀粉、半纤维素等)相对减少,而富能物质(蛋白质、木质素等)相应增多,腐殖化的苜蓿根系所含能量值要比新鲜根系高出 3 350 ~ 3 768 J·

g^{-1}。所以土壤腐殖化过程的结果增加了土壤的能量水平。土壤矿物质的内能可用其晶格能近似地计算。岩石在风化过程中,低能量矿物组分(含碱金属和碱土金属的矿物等)数量不断减少,而高能量矿物(二氧化硅、铁和铝的氧化物等)逐渐富积,结果使单位质量土壤矿物的内能水平高于未风化岩石。土壤溶液的内能值按溶质和溶剂的晶格能分别计算。土壤空气内能值的计算十分复杂,而且数值较小,常常在计算土壤总内能时忽略不计。同样 *Ef* 值也是很小的,也可在计算土壤总内能时忽略不计。在上述影响土壤总内能的各项目中,矿物质的晶格能是最主要的,土壤腐殖质的结合能最多仅占 0.6%左右。

(四)内能变化与土壤形成

大量试验和计算证明,单位体积未风化岩石具有较高的内能。虽然风化过程中低能量矿物组分数量不断减少而高能量矿物逐渐富积,土壤腐殖质也积累了一定的能量,但单位体积风化物或土壤的内能仍低于未风化岩石。所以从土壤力能学观点看,土壤形成是地球表面的一种特殊过程,其总趋势是导致未风化岩石单位体积内能的不断降低。若用单位质量表示岩石、风化物和土壤的内能,则可得出与上述相反的结论:单位质量岩石的内能较小,而风化物和土壤的内能较高。这主要是由于晶格能较低、抗风化能力较弱的矿物在土壤形成过程中发生了迁移,而晶格能较高、抗风化能力较强的矿物在土壤中残留造成的。同时随着土壤发育程度的不断提高,土壤腐殖质积累的太阳辐射能也逐渐增多。可以认为,与成土母质相比,土壤的形成发育过程实质上是土壤腐殖质富积太阳能的过程。

四、土壤形成过程及其形态标志

土壤形成过程是指在不同成土条件下土体内部发生的各种物质和能量的迁移转化过程。由于成土条件的组合形式及其空间分布的多样性,致使土壤圈中的物质和能量迁移转化过程形形色色、复杂多变。每一种成土过程都必然在土壤剖面上留下相应的形迹,这为我们观察认识不同成土过程提供了帮助,也是我们划分土壤类型的主要依据。

(一)腐殖化过程

腐殖化过程是指在各种动植物的作用下,土体表层发生的腐殖质的形成与积累过程。这是各种土壤普遍发生的一种成土过程,只不过有些土壤强,有些土壤弱而已。该过程进行的结果使土体上部出现一个颜色较暗的腐殖质层。

（二）灰化过程

灰化过程是指土体表层特别是亚表层发生的 SiO_2 残留，R_2O_3 和腐殖质淋溶、淀积的过程。该过程发生在寒带针叶林下的土壤中，由于针叶树残体富含单宁、树脂等复杂化合物多，真菌活动生成大量有机酸（以酸性较强的富里酸为主），再加上该地区相对湿度大，致使土体表层发生强烈的酸性淋溶。在酸性条件下，SiO_2 移动性弱，原地残留下来；R_2O_3 和部分腐殖质发生淋溶，并在土体下部淀积。这样一来，在土体亚表层形成一个灰白色的富含 SiO_2 的层次——灰化层。灰化层之下，出现一个由 R_2O_3 和腐殖质淋溶、淀积形成的呈棕色或黄棕色的灰化淀积层。

（三）黏化过程

黏化过程是指土体中黏土矿物的生成及其在土体中下部淀积的过程。在温带生物气候条件下，不仅有利于原生矿物的分解，而且还有利于黏土矿物的生成。土壤表层生成的黏粒随水向下发生机械淋洗并淀积在土体中下部，形成一个黏粒含量相对较高的黏化层。

（四）富铝化过程

富铝化过程是指土体中发生的脱硅富铁铝过程。在湿润热带和亚热带生物气候条件下，土壤矿物质发生强烈分解，释放出大量盐基、硅酸和铁铝氧化物，其中盐基和硅酸大量淋失，而铁铝氧化物相对富积，形成一个颜色发红、铁铝含量较高的层次——铁铝层或富铁层。

（五）钙化过程

钙化过程是指土体中发生的碳酸盐的淋溶和淀积过程。在半干旱和半湿润气候条件下，易溶性碱金属盐分大部分淋出土体，碱土金属碳酸盐仅在土壤表层发生一定程度的淋溶，而在土体中下部淀积，形成一个富含碳酸盐的层次。该层次主要成分是碳酸钙，故称之为钙化层。

（六）盐化过程

盐化过程是指易溶性盐分在土体中积聚的过程。干旱或半干旱地区淋溶作用弱，易溶性盐分不能被淋出土体，而在土体中下部淀积下来，形成盐化层。在地下水位浅、地表蒸发强烈的情况下，土壤中的易溶性盐分随上升水流到达地表,水分蒸发,盐分就地残留,也可形成易溶性盐含量较高的盐化层。

(七)碱化过程

碱化过程是指交换性钠离子进入土壤胶体,使土壤呈强碱性反应的过程。碱化过程往往和脱盐化过程相伴发生,或与碱性地下水上升有关。当钠离子进入土壤胶体,使 ESP 达到 30% 以上时,土壤开始呈强碱性反应,胶体分散,结构破坏,孔隙度下降,通气不良,严重影响植物正常生长。这一土壤物理性质恶化的层次称碱化层。

(八)潜育化过程

潜育化过程是指土体中发生的还原过程。在整个土体或土体下部长期被水浸泡的情况下,通气不良,氧气缺乏,土壤呈还原环境。铁、锰等变价元素由氧化态变为还原态,形成一些呈蓝色、青色、绿色或白色的蓝铁矿、菱铁矿、亚铁铝硅酸盐等亚铁化合物,使整个土体呈蓝灰色或青灰色。该层次称为潜育层。

(九)潴育化过程

潴育化过程是指土体中发生的氧化与还原交替进行的过程。在地下水位浅且有季节变动的情况下,当水位上升时,土体某些部分发生潜育化;当水位下降时,原先被水浸泡的土体部分又发生氧化反应,铁、锰等元素变为高价态而淀积下来,形成棕红色锈纹、锈斑。这一层次称为潴育层。

(十)泥炭化过程

泥炭化过程是指土体中发生的半腐解有机质的积累过程。在地表有积水的沼泽地段,有机残体嫌气分解不彻底,形成半腐解有机质,如此年复一年的积累就形成深厚的泥炭层。

(十一)白浆化过程

白浆化过程是指土壤表层因上层滞水而发生的潴育漂洗过程。在冷凉湿润地区,由于冻土层顶托或质地黏重等原因,水分滞留于土壤表层,导致铁锰还原。一部分低价铁锰以侧渗方式流出土层,另一部分则在干季就地形成铁锰结核,土层逐渐脱色形成一白土层。与灰化层相比,该土层中的 SiO_2 含量并不高,故称为白浆层。

(十二)熟化过程

熟化过程是指人工定向培肥土壤的过程。在自然土壤的基础上,通过人类耕作、施肥、改良不良土壤性状等措施,使土壤肥力不断提高,更加有利于作物生长。人类长期耕作的土壤层次被称为熟化层。

第四节　土壤类型划分

一、土壤分类概述

(一)土壤分类的概念及意义

土壤分类是人类根据土壤自身发生和发展规律,在系统认识土壤的基础上,通过比较土壤之间的相似性和差异性,按照一定的原则和系统,对客观存在的各种土壤进行科学划分归类,并给以合理的命名。可以看出,土壤分类是在充分认识土壤的基础上进行的,在人类没有真正掌握土壤性质及其形成发育规律之前,不可能产生真正科学意义上的土壤分类,因此土壤分类最能代表一个时期土壤科学的发展水平。不同土壤类型具有不同的肥力水平和利用特点,一个科学的土壤分类能够为因地制宜、合理开发利用土壤资源提供科学依据。同时,土壤分类还是土壤调查与制图的基础,国内外土壤信息交流的工具。

由于土壤组成和性质的复杂性以及时空分布的多变性,直到目前为止,还没有形成全世界统一的土壤分类,因而出现了多种分类系统共存的局面。

(二)世界土壤分类现状与趋势

目前,世界土壤分类出现了前苏联、西欧和美国分类方案三足鼎立的局面。前苏联的土壤分类属发生学分类。这一土壤分类的基本观点是:土壤是在各种成土因素综合作用下形成的,应以成土因素对土壤形成的影响作为土壤分类的理论基础,强调成土因素空间分布在土壤分类中的作用,同时也把成土过程和属性特征作为土壤分类的依据。土壤发生分类被东欧、越南、缅甸等国家所采用,中国在20世纪50年代~80年代的土壤分类也深受这一分类思想的影响。

西欧的土壤分类属形态发生分类。这种分类基本承认前苏联土壤发生分类的思想,但它认为土壤之间的差异是由土壤剖面层次的发展阶段性决定的,同时也强调土壤水分、成土母质和有机质分解状况在土壤分类中的作用。土壤形态发生分类在西欧一些国家影响较大。

土壤发生分类和形态分类虽然逻辑性强、易于被人们接受,但其定量化程度低,分类指标不甚明确,有时甚至出现将性质差异较大的不同土壤归为一类的现象。鉴于此,美国从 20 世纪 50 年代开始进行土壤系统分类的研究,经过七次修订于 1961 年完成了《美国土壤系统分类》(Soil Taxonomy),并于 1975 年正式出版。该分类的基本观点是:土壤分类应以土壤形成已经反映出来的土壤属性为基础,用已有明确说明的诊断层和诊断特性作为土壤分类的主要依据。由于诊断层和诊断特性是土壤系统分类的核心,所以这一分类又称为诊断分类。土壤系统分类被视为土壤分类的一次革命,代表了国际土壤分类的趋势。到目前为止,已有 45 个国家直接采用了这一分类,有 80 多个国家将其作为本国第一或第二分类方案。

二、中国土壤系统分类

(一)中国土壤分类的沿革

20 世纪 30 年代,在吸取当时美国土壤分类的基础上,结合我国的实际,建立了与美国土壤分类相似的分类系统,共划分出 2 000 多个土系。从 1954 年开始,吸收和借鉴前苏联土壤发生分类的经验,结合我国的土壤实际,经过多次讨论,于 1978 年颁布了《中国土壤分类暂行草案》,1984 年又颁布了《中国土壤分类系统》。从 1982 年开始,美国土壤系统分类逐渐传入我国。1985 年由中国科学院南京土壤研究所牵头正式开始了中国土壤系统分类研究,在吸收和借鉴美国土壤系统分类的基础上,结合我国的土壤实际,于 1991 年提出了《中国土壤系统分类(首次方案)》,1995 年又出版了《中国土壤系统分类(修订方案)》。该方案以诊断层和诊断特性为基础,并充分注意了我国的土壤特色,已被我国越来越多的土壤工作者和地理工作者所接受,并不断出现在有关文献中。

(二)诊断层和诊断特性

所谓诊断层是指用于鉴别土壤类型,在性质上有一系列定量说明的土层。诊断特性是指用于鉴别土壤类型,在性质上有一系列定量说明的土壤性质。我国土壤系统分类中共有 33 个诊断层和 25 个诊断特性(表 6-6)。其中直接从国外引进的诊断层和诊断特性分别占 36.4% 和 31.0%,从国外引进概念又加以修订和补充的诊断层和诊断特性分别占 27.2% 和 32.8%,根据我国实际情况新提出的诊断层和诊断特性分别占 36.4% 和 36.2%。

表 6-6　中国土壤系统分类的诊断层和诊断特性

诊 断 层(33 个)	诊 断 特 性(25 个)
1.诊断表层(11 个) 　有机表层,草毡表层,暗沃表层,暗瘠表层,淡薄表层,灌淤表 层,堆垫表层,肥熟表层,水耕表层,干旱表层,盐结壳 2.诊断表下层(20 个) 　漂白层,舌状层,雏形层,铁铝层,低活性富铁层,聚铁网纹层,灰化淀积层,耕作淀积层,水耕氧化还原层,黏化层,黏磐,碱积层,超盐积层,盐磐,石膏层,超石膏层,钙积层,超钙积层,钙磐,磷磐 3.其它诊断层(2 个) 　盐积层,含硫层	有机土壤物质,岩性特征,石质接触面,准石质接触面,人为淤积物质,变性特征,人为扰动层次,土壤水分状况,潜育特征,氧化还原特征,土壤温度状况,永冻层次,冻融特征,n 值,均腐殖质特征,腐殖质特征,火山灰特征,铁质特征,富铝特征,铝质特征,富磷特征,钠质特征,石灰性,盐基饱和度,硫化物物质

　　每一种诊断层和诊断特性都有非常详尽而又严密的定义。例如,钙积层为一富含碳酸盐的、未胶结或未硬结的土层。它具有以下一些规定:厚度 ≥ 15 cm,未胶结或未硬结成钙磐,并至少有下列特征之一:①$CaCO_3$ 相当物含量为 $150 \sim 500$ $g \cdot kg^{-1}$,而且比下垫土层至少高 50 $g \cdot kg^{-1}$;②$CaCO_3$ 相当物含量为 $150 \sim 500$ $g \cdot kg^{-1}$,而且按体积计,可辨认的次生碳酸盐(如石块底面的悬膜、结核、假菌丝体、软粉状石灰、石灰斑等)所占比例 $\geq 5\%$;③$CaCO_3$ 相当物含量为 $150 \sim 500$ $g \cdot kg^{-1}$,而且细土部分(< 0.002 mm)含量 < 180 $g \cdot kg^{-1}$,颗粒大小为砂质、砂质粗骨、粗壤质或壤质粗骨,可辨认的次生碳酸盐重量比下垫土层中高 50 $g \cdot kg^{-1}$或更多(中国科学院南京土壤研究所土壤系统分类课题组,1995)。

(三)分类系统及其划分依据

　　中国土壤系统分类为多级分类,共有土纲、亚纲、土类、亚类、土族(属)、土系(种)六级。前四级为高级分类级别,后二级为基层分类级别。

　　1.土纲

　　土纲为最高土壤分类级别,它根据主要成土过程产生的性质或影响主要成土过程的性质划分。例如,根据主要成土过程产生的性质可把土壤划分出有机土、人为土、灰土、干旱土、盐成土、均腐土、铁铝土、富铁土和淋溶土等土纲;根据土壤水分状况、母质特征等影响主要成土过程的性质可把土壤划分出潜育土、火山灰土等土纲。

2.亚纲

亚纲是土纲的辅助级别,主要根据影响现代成土过程的控制因素所反映的性质(如水分状况、温度状况和岩性特征等)划分。例如,根据水分状况可将人为土纲划分为水耕人为土亚纲和旱耕人为土亚纲;根据温度状况可将干旱土纲划分为寒性干旱土亚纲和正常(温暖)干旱土亚纲;根据岩性特征可将新成土纲划分为砂质新成土亚纲、冲积新成土亚纲和正常新成土亚纲等。

3.土类

土类是亚纲的续分,多根据反映主要成土过程强度或次要成土过程或次要控制因素的表现性质划分。如正常有机土亚纲根据主要成土过程强度——有机质泥炭化过程强度,可划分出高腐正常有机土、半腐正常有机土、纤维正常有机土等土类。正常干旱土亚纲根据次要控制因素(如钙化、石膏化、盐化、黏化等)的表现性质可划分出钙积正常干旱土、石膏正常干旱土、盐积正常干旱土、黏化正常干旱土等土类。

4.亚类

亚类是土类的辅助级别,主要根据是否偏离中心概念,是否具有附加过程的特性和是否具有母质残留的特性划分。所谓中心概念是指某一土壤类型性质的平均状况。与之相对应的概念叫边界概念,指某一土壤类型性质的变化范围。根据中心概念划分的亚类叫普通亚类,根据附加过程划分的亚类叫过渡性亚类,根据母质残留的特性划分的亚类叫继承亚类。

5.土族

土族是基层分类单元。它是在亚类范围内,主要反映与土壤利用和管理有关的土壤理化性质发生明显分异的续分单元。同一亚类的土族划分是地区性成土因素引起的土壤性质变化的具体体现。供土族分类选用的主要指标是剖面控制层段的土壤颗粒级别、不同颗粒级别的矿物组成类型、温度状况、酸碱性、盐积特性、污染特性以及人类活动赋予的其它特性等。

6.土系

土系是最低级别的基层分类单元。它是发育在相同母质上,由若干剖面形态特性相似的单个土体组成的聚合土体。同一土系的成土母质、所处地貌部位以及水盐状况均相似,在一定剖面深度内,土壤的特征土层的种类、性态、排列顺序以及土壤利用的适宜性能大体一致。

中国土壤系统分类共划分出14个土纲、39个亚纲、141个土类、595个亚类。表6-7给出了中国土壤系统分类土纲、亚纲、土类的划分情况。

表 6-7　中国土壤系统分类简表

土　纲	亚　纲	土　　类
有机土	永冻有机土	落叶永冻有机土,纤维永冻有机土,半腐永冻有机土
	正常有机土	落叶正常有机土,纤维正常有机土,半腐正常有机土,高腐正常有机土
人为土	水耕人为土	潜育水耕人为土,铁渗水耕人为土,铁聚水耕人为土,简育水耕人为土
	旱耕人为土	肥熟旱耕人为土,灌淤旱耕人为土,泥垫旱耕人为土,土垫旱耕人为土
灰土	腐殖灰土	简育腐殖灰土
	正常灰土	正常灰土
火山灰土	寒冻火山灰土	简育寒冻火山灰土
	玻璃火山灰土	干润玻璃火山灰土,湿润玻璃火山灰土
	湿润火山灰土	腐殖湿润火山灰土,湿润火山灰土
铁铝土	湿润铁铝土	暗红湿润铁铝土,简育湿润铁铝土
变性土	潮湿变性土	盐积潮湿变性土,钠质潮湿变性土,钙积潮湿变性土,简育潮湿变性土
	干润变性土	腐殖干润变性土,钙积干润变性土,简育干润变性土
	湿润变性土	腐殖湿润变性土,钙积湿润变性土,简育湿润变性土
干旱土	寒性干旱土	钙积寒性干旱土,石膏寒性干旱土,黏化寒性干旱土,简育寒性干旱土
	正常干旱土	钙积正常干旱土,石膏正常干旱土,盐积正常干旱土,黏化正常干旱土,简育正常干旱土
盐成土	碱积盐成土	龟裂碱积盐成土,潮湿碱积盐成土,简育碱积盐成土
	正常盐成土	干旱正常盐成土,潮湿正常盐成土
潜育土	寒冻潜育土	有机寒冻潜育土,简育寒冻潜育土
	滞水潜育土	有机滞水潜育土,简育滞水潜育土
	正常潜育土	含硫正常潜育土,有机正常潜育土,表锈正常潜育土,暗沃正常潜育土,简育正常潜育土
均腐土	岩性均腐土	富磷岩性均腐土,黑色岩性均腐土
	干润均腐土	寒性干润均腐土,黏化干润均腐土,钙积干润均腐土,简育干润均腐土
	湿润均腐土	滞水湿润均腐土,黏化湿润均腐土,简育湿润均腐土
富铁土	干润富铁土	钙积干润富铁土,黏化干润富铁土,简育干润富铁土
	常湿富铁土	富铝常湿富铁土,黏化常湿富铁土,简育常湿富铁土
	湿润富铁土	钙积湿润富铁土,强育湿润富铁土,富铝湿润富铁土,黏化湿润富铁土,简育湿润富铁土

土 纲	亚 纲	土 类
淋溶土	冷凉淋溶土	漂白冷凉淋溶土,暗沃冷凉淋溶土,简育冷凉淋溶土
	干润淋溶土	钙质干润淋溶土,钙积干润淋溶土,铁质干润淋溶土,简育干润淋溶土
	常湿淋溶土	钙质常湿淋溶土,铝质常湿淋溶土,铁质常湿淋溶土
	湿润淋溶土	漂白湿润淋溶土,钙质湿润淋溶土,黏磐湿润淋溶土,铝质湿润淋溶土,铁质湿润淋溶土,简育湿润淋溶土
雏形土	寒冻雏形土	永冻寒冻雏形土,潮湿寒冻雏形土,草毡寒冻雏形土,暗沃寒冻雏形土,暗瘠寒冻雏形土,简育寒冻雏形土
	潮湿雏形土	潜育潮湿雏形土,砂姜潮湿雏形土,暗色潮湿雏形土,淡色潮湿雏形土
	干润雏形土	灌淤干润雏形土,铁质干润雏形土,斑纹干润雏形土,石灰干润雏形土,简育干润雏形土
	常湿雏形土	冷凉常湿雏形土,钙质常湿雏形土,铝质常湿雏形土,酸性常湿雏形土,简育常湿雏形土
	湿润雏形土	钙质湿润雏形土,紫色湿润雏形土,铝质湿润雏形土,铁质湿润雏形土,酸性湿润雏形土,暗沃湿润雏形土,斑纹湿润雏形土,简育湿润雏形土
新成土	人为新成土	扰动人为新成土,淤积人为新成土
	砂质新成土	寒冻砂质新成土,干旱砂质新成土,暖热砂质新成土,干润砂质新成土,湿润砂质新成土
	冲积新成土	寒冻冲积新成土,干旱冲积新成土,暖热冲积新成土,干润冲积新成土,湿润冲积新成土
	正常新成土	黄土正常新成土,紫色正常新成土,红色正常新成土,寒冻正常新成土,干旱正常新成土,暖热正常新成土,干润正常新成土,湿润正常新成土

(四)土壤命名

中国土壤系统分类采用分段连续命名法,即土纲、亚纲、土类、亚类、土族为一段,以土纲名称为基础,在其前面分别叠加反映亚纲、土类、亚类和土族性质的术语,构成亚纲、土类、亚类和土族的名称。土系则另列一段,单独命名。通常选用该土系代表性剖面点位或首次描述该土系所在地的标准地名直接定名。这种命名法,虽说土族以上级别的土壤名称长一些,但便于理解和联想,只要见到土壤名称即可知道其涵义,也便于国际交流。

三、主要土壤类型简介

限于篇幅,本节主要介绍面积大、分布广、与人类关系密切的一些高级别土壤类型的基本特征。鉴于目前很多文献中还经常出现 1978 年或 1984 年中国土壤分类的土壤类型名称,本教材在介绍系统分类的土壤类型时也适当与传统土壤类型名称进行对比。

(一)灰土

灰土是指具有灰化层和灰化淀积层的土壤,在过去土壤分类中称灰化土。灰土广泛分布在欧亚大陆和北美大陆北部,约占地球陆地面积的 15.3%,我国的灰土主要分布在大兴安岭北端。气候为寒带大陆性气候,植被是寒带针叶林。成土特点是具有明显的灰化过程,亚表层有一富含 SiO_2 的灰白色灰化层,之下出现棕色或黄棕色的 Fe、Mn 和腐殖质灰化淀积层。剖面构型为 O-Ah-E-Bsh-C,O 层是枯枝落叶层,Ah 层是腐殖质层,E 层是灰化层,Bsh 层是灰化淀积层,C 层是母质层。表层有机质含量很高,可达 $200 \sim 400 \ g \cdot kg^{-1}$,Bsh 层的有机质含量也可达 $25 \sim 120 \ g \cdot kg^{-1}$,$pH < 5.5$,$CEC < 10 \ cmol(+) \cdot kg^{-1}$,盐基饱和度 $< 29\%$,土体上部的黏土矿物以蒙脱石为主,并有少量高岭石,下部以伊利石为主,黏粒 SiO_2/R_2O_3 在 E 层为 $9.95 \sim 11.50$,Bsh 层为 $1.28 \sim 2.27$。

(二)淋溶土

淋溶土是指矿质土表以下至 125 cm 深度内有黏化层或黏磐的土壤,主要分布在温带湿润地区,约占陆地面积的 14.7%。

1. 冷凉淋溶土

冷凉淋溶土相当于过去土壤分类中的部分暗棕壤,它分布于灰土向低纬的一侧。气候属温带湿润性气候,植被多为针阔叶混交林。土壤形成的特点表现为弱腐殖质积累、轻度的酸性淋溶和黏化过程。与灰土区相比,由于冷凉淋溶土区气温相对较高,有机质分解较快,故有机质积累不及灰土;蒸发量较大,土壤水分不饱和,淋溶作用也不及灰土;但是有利于黏土矿物的形成。剖面构型为 O-Ah-Bt-C,Ah 层呈棕灰色,Bt 层为粘化层,呈棕色。土壤表层有机质含量 $60 \sim 150$ $g \cdot kg^{-1}$,$pH \ 5.5 \sim 6.5$,CEC 为 $25 \sim 40 \ cmol(+) \cdot kg^{-1}$,盐基饱和度 $60\% \sim 80\%$,黏土矿物以伊利石为主,黏粒 SiO_2/R_2O_3 2.2 左右。

2. 湿润淋溶土

湿润淋溶土包括简育、铁质等七种土类。

简育湿润淋溶土相当于过去土壤分类中的部分棕壤。所谓简育是指具有该土类最起码的诊断层和诊断特性。它主要分布在冷凉淋溶土向低纬一侧,气候属暖温带湿润气候,植被多为落叶阔叶林。成土过程的基本特点是具有明显的黏化、淋溶和较强的生物循环过程。与冷凉淋溶土相比,该区热量条件较好,更有利于黏粒的形成和积累。虽然淋溶作用较强,但生物富积的盐基释放也较快,酸度较小。剖面构型与冷凉淋溶土相同,只是 Bt 层更厚,颜色更为鲜艳(呈鲜棕色)。土壤表层有机质含量 $50 \sim 90 \ g \cdot kg^{-1}$,pH $5 \sim 7$,CEC 为 $12 \sim 22 \ cmol(+) \cdot kg^{-1}$,盐基饱和度 $60\% \sim 70\%$,黏土矿物以伊利石和蒙脱石为主,黏粒 SiO_2/R_2O_3 2.6 左右。

铁质湿润淋溶土相当于过去土壤分类中的部分黄棕壤,分布于简育湿润淋溶土向低纬的一侧。在我国,铁质湿润淋溶土区属北亚热带湿润气候,植被多为含有常绿成分的落叶阔叶林。成土过程的基本特点是具有弱富铝化、较强的黏化和生物循环过程。与简育湿润淋溶土相比,该区水热条件相对比较优越,矿物质风化由脱硅向富铝化阶段过渡,铁铝开始移动淀积,有机质分解更为迅速。剖面构型为 O-Ah-Bts-C,O 层较薄,Ah 层呈暗黄棕色,Bts 层为黏化层并有一定量的铁铝淀积。土壤表层有机质含量 $40 \sim 70 \ g \cdot kg^{-1}$,pH $5 \sim 6.7$,CEC 为 $40 \ cmol(+) \cdot kg^{-1}$,盐基饱和度 $30\% \sim 80\%$,黏土矿物以伊利石为主,也有少量高岭石,粘粒 SiO_2/R_2O_3 2.4 左右。

3. 干润淋溶土

干润淋溶土相当于过去土壤分类中的部分褐土,分布在简育湿润淋溶土靠近内陆的一侧。在气候上具有从温带暖湿润气候向暖温带半干旱气候过渡性特征,植被为中旱生落叶阔叶林。成土过程的基本特点是具有明显的黏化过程和较弱的钙化过程。与简育湿润淋溶土相比,干润淋溶土淋溶作用较弱,碳酸盐淋溶深度较浅,往往在土体中下部淀积形成钙积层。剖面构型为 Ah-Bt-Bk-C。干润淋溶土缺乏 O 层或较薄;Bt 层之下的 Bk 层为钙积层,钙积形态有粉末状和结核(砂姜)状等。表层有机质含量 $10 \sim 30 \ g \cdot kg^{-1}$,pH 7 左右,CEC 为 $7 \sim 17 \ cmol(+) \cdot kg^{-1}$,盐基饱和度可达 $>80\%$,黏土矿物以伊利石为主,黏粒 SiO_2/R_2O_3 $2.5 \sim 2.8$。

(三)富铁土

富铁土是指上界在矿质土表以下至 $125 \ cm$ 深度内具有低活性富铁层的土壤。所谓低活性是针对带负电荷数量少,吸收性能较低(pH 7 时的 CEC < 24 $cmol(+) \cdot kg^{-1}$)的黏粒而言的。

1. 湿润富铁土

湿润富铁土相当于过去土壤分类中的部分红壤,分布在铁质湿润淋溶土向低纬一侧的中亚热带湿润森林(常绿阔叶林)地区。成土过程的特点是具有中等富铝化过程和较旺盛生物循环过程。这类土壤分布区水热资源较为丰富,土壤矿物质风化处于中等富铝化阶段,氧化铁在土体中有明显的积累;生物生长和分解速度均较快,地表缺乏枯枝落叶层。其剖面构型为 Ah – Bs – C。Ah 层呈暗棕色;Bs 层为氧化铁淀积层,呈红色或棕红色,常出现红棕或暗棕色铁质胶膜和结核;C 层为红色风化壳。表层有机质含量 10 ~ 15 g·kg^{-1},pH 5.0 ~ 5.5,CEC 为 3 ~ 8 cmol(+)·kg^{-1},盐基饱和度 40%,黏土矿物以高岭石为主,并有少量伊利石,黏粒 SiO$_2$/R$_2$O$_3$ 1.7 ~ 2.0。

2. 常湿富铁土

常湿富铁土相当于过去土壤分类中的部分黄壤,它与湿润富铁土分布在同一纬度地带,只是分布地势较高,水分条件强于湿润富铁土,热量条件稍差而已。由于常湿富铁土相对湿度大,土体中的红色氧化铁发生水化形成了黄色或橘黄色的水化氧化铁,所以使土体变为黄色。土体构型与湿润富铁土基本相同。表层有机质含量 50 ~ 100 g·kg^{-1},pH 4.5 ~ 5.5,CEC < 10 cmol(+)·kg^{-1},盐基饱和度 < 20%,黏土矿物以伊利石类的蛭石为主,高岭石次之,黏粒 SiO$_2$/R$_2$O$_3$ 1.3 ~ 1.8。

(四)铁铝土

铁铝土是指上界在矿质土表以下至 150 cm 深度内出现铁铝层的土壤。

1. 暗红湿润铁铝土

暗红湿润铁铝土相当于过去土壤分类中的部分砖红壤,分布于高温多雨的热带地区,植被为热带雨林或季雨林。土壤矿物质风化最为彻底,达到了高度的富铝化阶段,铁铝氧化物大量残留。生物循环过程也最为旺盛,地表缺乏枯枝落叶层。剖面构型为 Ah-Bms-BC-C。Ah 层呈灰棕色,Bms 为铁铝层(铁质胶结层或聚铁网纹层),BC 为淀积层与母质之间的过渡层,除 Ah 层外,通体呈砖红色或红棕色。表层有机质含量 80 ~ 100 g·kg^{-1},pH 4.5 左右,CEC 为 3 ~ 10 cmol(+)·kg^{-1},盐基呈极度不饱和状态,黏土矿物以高岭石为主(> 60%),另外还有氧化铁(约 20%)和三水铝石,黏粒 SiO$_2$/R$_2$O$_3$ < 1.5。

2. 简育湿润铁铝土

简育湿润铁铝土相当于过去土壤分类中的部分砖红壤性红壤或赤红壤,分布于富铁土向低纬一侧的亚热带湿润森林(季雨林或常绿阔叶林)地区。成土过程具有明显的过渡性,富铝化过程和生物循环过程均强于湿润富铁土而弱于暗红湿润铁铝土。剖面构型与湿润富铁土基本相同,只是红色稍浅一些。

(五)均腐土

均腐土是指具有深厚暗沃表层(有机质层)、盐基饱和度≥50%的土壤。

1. 湿润均腐土

湿润均腐土相当于过去土壤分类中的部分黑土,分布于温带森林向温带草原过渡地带。植被是草原化草甸,根系发达。母质黏重,土体下部常有冻土层存在。形成过程的特点表现为强烈的腐殖质积累过程和潴育化过程。湿润均腐土区草甸茂盛,暖期较短,有机质分解慢,利于有机质积累。黏重母质和冻土层的存在影响水分下渗,往往形成季节性上层滞水,从而发生潴育化过程。剖面构型为 Ah-AhBcs-Bcsq-Cg。Ah 层呈黑色,厚度一般 70 cm 左右;AhBcs 为潴育层,含有大量锈纹锈斑和铁锰结核,有机质含量也较高;Bcsq 为硅铁质聚积层,有白色粉末状 SiO_2 淀积,也有大量锈纹锈斑和铁锰结核;Cg 为母质层,有时出现潜育化现象。表层有机质含量 $30 \sim 60$ g·kg^{-1},pH $5.5 \sim 6.5$,CEC 为 $35 \sim 45$cmol(+)·kg^{-1},盐基饱和度 $80\% \sim 90\%$,粘土矿物主要是伊利石和蒙脱石,黏粒 SiO_2/R_2O_3 <2.8。

2. 干润均腐土

干润均腐土分布在温带半干旱气候区的典型草原地带,它包括许多土类,现仅介绍钙积干润均腐土。

钙积干润均腐土相当于过去土壤分类中的部分黑钙土和部分栗钙土。形成过程的特点是具有较强烈的腐殖质积累过程和明显的钙化过程。腐殖质积累过程类似于湿润均腐土的腐殖质积累过程,只是强度相对稍弱而已。这类土壤分布区降水较少,碳酸盐的淋溶淀积非常明显,在土体中下部形成了厚度不等的钙积层。剖面构型为 Ah-Bk-Ck。Ah 层呈黑色、黑灰色或栗色,厚度 $25 \sim 50$ cm;Bk 层为钙积层,钙积形态多为结核状、斑块状和菌丝状,出现深度在地表以下 $30 \sim 90$ cm,钙积层厚度变化于 $20 \sim 60$ cm 之间。表层有机质含量 $20 \sim 80$ g·kg^{-1},pH $7 \sim 9$,CEC 为 $10 \sim 40$ cmol(+)·kg^{-1},盐基饱和,黏土矿物主要是蒙脱石,黏粒 SiO_2/R_2O_3 $2.4 \sim 3.7$。

(六)干旱土

干旱土是指具有干旱表层,并在矿质土表以下至 100cm 深度内出现一个或一个以上盐积层、石膏层、钙积层、粘化层等层次的土壤。干旱土分为寒性干旱土和正常干旱土两个亚纲,其中寒性干旱土分布于高寒地带,正常干旱土分布在温带荒漠地区。下边仅介绍两种分布面积较大的正常干旱土土类。

1. 石膏正常干旱土

石膏正常干旱土相当于过去土壤分类中的部分棕漠土和灰棕漠土,广泛分布在气候干旱、植被稀疏的温带荒漠地区。成土过程的特点表现为微弱腐殖质积累过程、强烈的盐积化过程以及砾石幂、荒漠漆和孔状结皮的形成。荒漠地区降水稀少,易溶性盐分在表层有微弱淋溶,在土体中下部大量淀积,形成石膏层、盐积层或盐磐。在强风吹拂下,干旱地表的细土粒被吹走,大块砾石残留下来形成砾石幂。在高温作用下,砾石表面的铁锰游离出来并淀积于砾石表面形成黑色膜状的荒漠漆。碳酸钙移动很弱,在地表积聚,CO_2 逸出后形成孔状结皮。石膏正常干旱土的剖面构型为孔状结皮层—片状和鳞片状层—棕色紧实层—石膏层(By)—易溶盐聚积层(Bz)—C。表层有机质含量 3 $g \cdot kg^{-1}$,pH 8.0 ~ 9.5,CEC < 10 cmol(+)·kg^{-1},盐基饱和,颗粒较粗,黏土矿物以伊利石为主,黏粒 SiO_2/R_2O_3 3.0 ~ 3.4。

2. 钙积正常干旱土

钙积正常干旱土相当于过去土壤分类中的部分棕钙土,主要分布在温带草原向温带荒漠过渡的地带。气候干旱程度强于干润均腐土而弱于石膏正常干旱土,植被为荒漠化草原。成土过程与性质均介于干润均腐土和石膏正常干旱土之间。土体构型为 Ah-Bk-By(Bz)-C。Ah 层呈浅棕色,厚度 20 ~ 30 cm,地表多砾石、沙包;Bk 层出现在地表以下 20 ~ 30 cm 处,厚度约 20 ~ 60 cm,钙积为粉末状连续成层;Bk 层之下有时出现石膏层或易溶性盐的聚积层。表层有机质含量 10 ~ 20 $g \cdot kg^{-1}$,pH 8 ~ 9,CEC < 10 cmol(+)·kg^{-1},盐基饱和,颗粒较粗,黏土矿物以伊利石为主,黏粒 SiO_2/R_2O_3 3 ~ 4。

(七)潜育土

潜育土是指矿质土表以下至 50 cm 范围内至少有一厚度大于 10 cm 的潜育层的土壤,相当于过去土壤分类中的部分沼泽土。它分布在地表有常年积水的地段,植被为沼泽。形成过程主要表现为表层的泥炭化或腐殖化过程和下部的潜育化过程。剖面构型为 Ah(Oi)-G,。Ah 层是高度腐解的有机质层;Oi 层是半腐解有机质积累的泥炭层,厚度小于 40 cm,呈棕褐色;G 层是潜育层,质地黏重,呈灰蓝或浅灰色。表层有机质含量很高,Ah 层常为 50 ~ 250 $g \cdot kg^{-1}$,Oi 层可达 400 $g \cdot kg^{-1}$,pH 6.5 ~ 7.0,CEC 为 30 ~ 50 cmol(+)·kg^{-1}。

(八)有机土

有机土是指泥炭层厚度大于 40 cm,有机层厚度占总土层厚度的 2/3 或更厚的土壤,相当于过去土壤分类中的部分泥炭土。其形成条件和过程与潜育土基本相同,只是土壤表层有机物质的分解程度更低,厚度更大而已。Oi 层一般厚 40 ~ 200 cm,最大可达 600 cm 以上。

(九)盐成土

盐成土是指矿质土表以下至 30 cm 范围内有盐积层或矿质土表以下至 75 cm范围内有碱积层的土壤。

1. 正常盐成土

正常盐成土相当于过去土壤分类中的部分盐土,主要是在盐化过程作用下形成的。正常盐成土发生层次不太明显,除在土壤表面有很薄一层灰白色盐结皮外,通体呈浅灰色或浅棕色。表层有机质含量很低,而含盐量很高,一般高于 10 g·kg^{-1},盐基饱和,pH 7.5 ~ 8.5。

2. 碱积盐成土

碱积盐成土相当于过去土壤分类中的部分碱土,主要是在碱化过程作用下形成的。其剖面构型为 E-Bth-Bz-C。E 层是淋溶层,厚度仅数厘米,常为灰色,片状或鳞片状结构;Bth 是碱化层,褐色,柱状结构,紧实;Bz 层是盐化层,柱状或核状结构。土壤表层有机质含量很低,碱化层 ESP≥30%,pH≥9。

(十)变性土

变性土是指矿质土表以下至 50 cm 深度内无石质接触面,矿质土表以下至 100 cm 深度内具有变性特征的土壤。所谓变性特征指高胀缩性黏质土壤的开裂、翻转和扰动特征。它相当于过去土壤分类中的部分黏质的砂姜黑土、潮土、石灰土、赤红壤、水稻土等土壤类型。主要分布在热带、亚热带季节性干旱地区。该土壤母质中含有大量蒙脱石。在干旱季节,土体收缩使地表出现纵横裂隙,深达 1 m 以上,地表裂隙宽度达 10 cm。经外力或人类活动的作用,裂隙上部边缘的土壤物质可坠落并填充于裂隙中。在湿润季节,土体膨胀,裂隙闭合,填充物质的膨胀挤压使土壤向上运动,发生翻转。所以变性土物质的混合度较高,剖面层次分异不明显,并且土壤结构体面上往往出现滑擦面。土壤表层为团粒或核状结构,下部为棱柱状结构或土体膨胀挤压剪切形成的楔状结构。黏粒主要是蒙脱石,含量≥300 g·kg^{-1}。干旱季节的地表裂隙宽度一半以上≥1 cm。有机质含量 5～30 g·kg^{-1},CEC 为 25～80 cmol(＋)·kg^{-1},盐基饱和,pH 6.0～8.5。

(十一)人为土

人为土是指自然土壤经人类活动的影响使其原有成土过程和性质发生重大改变的土壤。它包括水耕人为土和旱耕人为土两个亚纲。

1. 水耕人为土

是具有水耕表层和水耕氧化还原层的人为土,相当于过去土壤分类中的水稻土,主要分布在热带、亚热带湿润地区。其前身可以是其它各种不同类型的土壤。水耕熟化过程是该土壤形成过程的特点,即人类活动的"精修田面、泡水耕耘、排水烤田、轮作施肥"等过程。在水耕熟化作用下,土壤内部发生了一系列物质和能量的变化。首先,形成了松软的耕作熟化层,有机质含量有所提高。其次,泡水以后盐基淋溶作用增强,而又通过人为施肥向土壤补充一定数量的盐基,该过程称为盐基的淋溶和复盐基过程。第三,铁锰发生还原淋溶和淀积。第四,黏粒的机械迁移与淀积,使耕作层之下出现较黏重的犁底层。水耕人为土的剖面构型为 AP'-P-B-BG-G-C。AP'层是耕作层,团粒或块状结构,主体颜色呈蓝灰色;P 层是犁底层,因农机具长期镇压而形成,较紧实,片状结构,亦呈蓝灰色;B 层是淀积层,铁锰淀积(斑纹状)最为明显,呈棕、浅棕或黄棕色;BG 是还原淀积层或潴育层,主体呈蓝灰色,锈纹锈斑大量出现;G 是潜育层,蓝灰色。表层有机质含量 15～40 g·kg^{-1},pH 5.5～7.5。

2. 旱耕人为土

旱耕人为土是指具有旱耕表层(如肥熟表层、灌淤表层和堆垫表层当)的人为土,包括肥熟、灌淤、泥垫和土垫等四种旱耕人为土土类。下边仅介绍土垫旱耕人为土。

土垫旱耕人为土主要分布在我国陕西关中和山西西南部汾、渭河谷的阶地上,黄河以北华北平原西缘黄土洪积高地上也有分布。其前身是黄土母质干润淋溶土。这类土壤分布区耕作历史悠久,通过长期施用土粪,不断抬高田面,使原来的耕层和土壤逐渐被埋藏在地下。这种土壤的剖面包括两大层段:上段是熟化层,一般厚约 50 cm,包括现代耕作层、现代犁底层、老耕作层和老犁底层;下段是受耕作影响较小的原来干润淋溶土剖面,包括黏化层、钙积层和母质层。上部层段较为疏松,有机质含量较高,可达 10～15 g·kg^{-1},CEC 为 10～15 cmol(＋)·kg^{-1},盐基饱和,pH 7.0～8.5。

(十二)新成土

新成土是指发育程度微弱,母质特征明显,发生层分异不显著或只有轻度发育的幼年土壤。相当于过去土壤分类中的风沙土、黄绵土、紫色土、粗骨土、初育土等。新成土广泛分布在植被稀疏、土壤侵蚀严重的地区,或分布在干旱半干旱地区,或分布在大江大河河漫滩和入海口新近河流冲积地带。新成土发育微弱,剖面构型为 A-C(R)型。A 层厚度很小,只有几厘米,向下立即过渡到母质层或母岩层(R)。质地一般较粗,有机质含量低,土壤贫瘠。

(十三)雏形土

雏形土是介于新成土和其它土纲之间的一类土壤,其发育程度强于新成土而弱于其它土纲。它有微弱的 B 层发育,但淀积现象不明显,不符合黏化层、灰化淀积层、钙化层、盐积层、铁铝层等诊断层标准。与新成土相比,它的土层厚度较大,一般 $\geqslant 10$ cm,具有砂壤或更细的质地,黏粒含量在 $80 \sim 300$ g·kg^{-1} 之间,土壤结构发育,且土壤结构体积至少占土层体积的 50%。

复习思考题

1. 如何正确理解地表化学元素迁移与土壤形成的关系?

2. 简述地表化学元素水迁移的主要规律。

3. 为什么 SiO_2/R_2O_3 可以反映土壤或风化壳元素迁移的强度?

4. 促使原始风化壳发生区域分异的因素有哪些?

5. 简述地球化学屏障在土壤形成和风化壳分异过程中的作用。

6. 简述土壤在地理系统中的地位和作用。

7. 试述土壤矿物质和土壤有机质的肥力意义。

8. 试述 SPAC 界面水分运动的一般规律。

9. 何谓土壤水分有效性? 对于某一土壤来说,为什么有效水分含量不是常数?

10. 简述土壤呼吸作用对土壤肥力和全球变化的影响。

11. 为什么说壤土是最理想的质地类型?

12. 影响土壤胶体电动电位的因素有哪些?

13. 土壤 CEC 和盐基饱和度受哪些因素影响?

14. 为什么湿润、半湿润和干旱地区的土壤 pH 不同?

15. 简述土壤 Eh 值对植物生长的影响。

16. 土壤圈是如何形成的?

17．简述各成土因素在土壤形成过程中的作用。

18．如何正确理解土壤形成过程中的能量变化？

19．试述中国土壤系统分类的特点。

20．观察描述你所在地区的土壤剖面并查阅有关资料，鉴定它属于何种土壤类型。

主要参考文献

[1]赵松乔等.现代自然地理.北京:科学出版社,1988.69～95

[2]景贵和.综合自然地理学.长春:东北师范大学出版社,1986.54～74

[3]B.B.多布罗沃利斯基.微量元素地理学.朱颜明译.北京:科学出版社,1987.1～222

[4]А.И.彼列尔曼.后生地球化学.龚子同等译.北京:科学出版社,1975.20～37,157～176,245～268

[5]B.A.柯夫达.土壤学原理(上下册).陆宝树等译.北京:科学出版社,1983.55～160,89～198

[6]林年丰.医学环境地球化学.长春:吉林科学技术出版社,1991.1～23,31～35

[7] Parker A . et al. Environmental Interactions of Clay —Clay and the Environment. Springer – Verlag, 1998.113～114

[8]刘培桐等.化学地理学.北京:北京师范大学出版社,1993.80～309

[9]Fortescue John A C.Environmental GeoChemistry. Springer – Verlag New York Inc.1980.77～153

[10]李天杰等.土壤地理学.北京:高等教育出版社,1983.1～135

[11]王景华等.华北平原化学元素的表生迁移.北京:科学出版社,1990.49～52

[12]А.И.彼列尔曼.景观地球化学概论.陈传康等译.北京:地质出版社,1958.21～28,98～106

[13]Bradshaw M . et al. Physical Geography—An Introduction to Earth Environments. Mosby – Year Book Inc.1993.539～567

[14]Thorp,J. The nature of the pedological record in the Quaternary.Soil Sci. 1965,99(1):1～8

[15]于天仁.土壤化学原理.北京:科学出版社, 1987.25～63

[16]N.C.布雷迪.土壤的本质与性状.南京农学院等译.北京:科学出版社,1982.1～2,25～245

[17]朱鹤健等.土壤地理学.北京:高等教育出版社,1992.8～121

[18]赵聚宝等.干旱与农业.北京:中国农业出版社,1995.88～107

[19]D.希勒尔.土壤和水.华孟等译.北京:农业出版社,1981.221～232

[20]王木林等.浙江临安水稻田甲烷排放通量的观测研究.应用气象学报,1994,5(4):402～407

[21]蔡祖聪.土壤痕量气体研究展望.土壤学报,1993,30(2):117～123

[22]王明星等.中国 CH_4 排放量的估算.大气科学,1993,17(1):52~63

[23]Thompson R D. et al. Processes in Physical Geography. Longman Group Lid. 1986. 230~249

[24]朱祖祥.土壤学.北京:农业出版社,1983.1~189

[25] Tyler Miller G JR. Living in the Environment – Principles, Connections, and Solutions. 9th ed. Belmont, Wadsworth Publishing Company. 1996. 502~527

[26]李天杰等.土壤环境学——土壤环境污染防治与土壤生态保护.北京:高等教育出版社,1995.188~202

[27]熊毅等.中国土壤(第二版).北京:科学出版社,1987.433~463

[28]于天仁等.土壤发生中的化学过程.北京:科学出版社,1990.265~269,432~475

[29]Dorothy J. et al. Environmental geology – an earth system science approch. W. H. Freeman and Company. 1998. 167~172

[30]H.詹尼.土壤资源—起源与性状.李孝芳等译.北京:科学出版社,1988.268~489

[31]B.P.沃洛布耶夫:土壤与气候.杨景辉等译.北京:科学出版社,1958.148~183

[32]D.斯蒂拉.土壤地理学.王云等译.北京:高等教育出版社,1983.53~62

[33]中国科学院南京土壤研究所土壤系统分类课题组等.中国土壤系统分类(修订方案).北京:中国农业科技出版社,1995.1~60

[34]龚子同等.中国土壤系统分类——理论、方法、实践.北京:科学出版社,1999.6~79

[35]龚子同等.中国土壤系统分类参比.土壤,1999,31(2):57~63

第七章　生物群落与生态系统

地球形成之后,随着自然环境的演变,生物从无到有,从简单到复杂、从少到多不断演进,同时其分布空间也不断扩展,从而在地球表层形成了一个非常活跃的次生圈层——生物圈(Suess,1875)。生物圈是地球上所有生物及其生活空间的总称,它占居大气圈的底部、水圈和岩石圈的上部,厚度约 25 km,但绝大部分生物个体集中分布在地表上下 100 m 厚的范围内。据估计,目前生物圈中的生物种类有 $500 \times 10^4 \sim 1000 \times 10^4$ 种甚至更多,已经定名或研究过的有 $140 \times 10^4 \sim 170 \times 10^4$ 种。对于复杂多样的生物曾经有过多种不同的分类方案。按照李德尔(1974)提出的生物"四界分类系统",首先根据细胞有无真正的细胞核把生物分为原核生物和真核生物两大类;然后将真核生物分为植物、真菌和动物三界,与原核生物并列共为四界。这些类别不同、形态各异的生物在受自然环境影响的同时,又彼此相互联系、相互制约形成多种生物群落,成为自然地理系统中最为活跃和引人注目的景观要素,并与自然环境相联系构成多种物质循环和能量流通的实体系统——生态系统。一方面,这些生态系统作为自然地理系统中的能量固定者和物质循环的主要推动者之一,深刻地影响着多种地理过程和各种自然景观的形成和发展。另一方面,它们像自然地理系统中的一面镜子,能够敏感地反映自然地理系统的特征,成为自然地理系统的鲜明标志。同时,生物的生产功能为人类提供了多种不可缺少的生活和生产资料,成为人类真正赖依生存的自然资源。

第一节　生物与环境关系概述

一、生物与环境关系的基本原理

生物与环境之间的关系是一种辩证关系,它表现在生物都生活在一定的环境中,深受环境的影响,同时又对环境产生种种适应,并对环境产生一定的反作用。

(一)关于环境的一些概念

环境是泛指某一中心事物周围的一切其它事物的总和。生物的环境就是生物周围的一切事物的总和,它包括生物周围的地形、大气、光照、水、土壤及其它生物因素等。这些构成环境的各种因素称为环境因素,其中对生物的生命活动有显著影响的环境因素称生态因素或生态因子。生态因素包括非生物因素的气候、土壤、地形(有些学者认为只有那些直接影响生物体的环境因素才是生态因子,故地形不算生态因子)和生物因素的动物、植物及人类活动等。人们为了强调环境的生态意义,通常把环境中全部生态因素综合组成的那一部分称为生态环境。

(二)生物与环境的本质联系

任何生物在其生活过程中都需要一定的物质和能量,如植物需要光、热、H_2O、O_2、CO_2 和无机盐类等,动物需要 O_2、H_2O 和有机食物等。生物不断地从环境中摄取这些物质和能量用以建造自己的躯体;同时生物又不断地在体内进行着复杂的代谢过程,将自身不需要的物质和能量排放到环境中,如植物经常向环境中释放 O_2、CO_2、H_2O、枯枝落叶及其它化学物质,动物向环境中排放 CO_2、H_2O、热量和粪便等,从而构成了生物与环境之间的物质和能量的交换。生物与环境之间经常进行的物质和能量的交换过程是维持生物体一切生命活动的不可缺少的最基本的过程,正是这种过程把生物与环境紧密地联系在一起,使之成为不可分割的统一整体,因此物质能量交换是生物与环境之间的本质联系。由于二者之间存在着这种交换,生物必将受到环境的影响,也不可避免地对环境产生种种影响。

(三)生态因素对生物作用的基本规律

1.生态因素的综合作用与主导因素作用

生态环境中的各个生态因子不是单独孤立地对生物起作用的,而是相互联系、相互制约形成一个复杂的整体同时对生物起作用。其中一个生态因素变化,必将引起其它因素发生不同程度的变化,如光照条件发生变化将引起温度、湿度等其它生态因素的变化。对生物起作用的是各生态因子的综合作用,而不是单个生态因子的独立效应。这就是生态因素的综合作用。

在各生态因素对生物的综合作用过程中,它们并不是等同的,而总是有一个或少数几个因素起主导作用,这些因素称主导因素。所谓主导包括两个方面的含义:一是从生态因素本身来说,当某个因素改变时就会引起所有生态因素变化而形成另一生态类型;二是对生物来说,由于某一因素的存在与否或强度的变化,使生物的生长发育情况发生明显的变化,如植物春化阶段的低温、开花所需要的光照时间等都属主导因素。

2.生态因素的不可代替性与可补偿性

在生物所必需的各个生态因素中,其作用强弱可能是各不相同的,但它们都是不可缺少、不可代替的,具有同等重要性。如果缺少其中一个便会影响生物的正常生长发育,甚至死亡。虽然在质上是不可替代的,但在量上它们之间在一定条件下却是可以调剂的。也就是说,在一定条件下,某一因素在量上的不足可由相近生态因素的增强而得到补偿,可获得相似的生态效应。例如,增加CO_2含量可补偿由于光照减弱所引起的光合作用强度降低的效应。

3.限制因素律

各种生态因子的强度变化范围是很大的,而每种生物对其适应都是有限度的。在众多的生态因子中,任何接近或超过某种生物的耐受极限并使生物的生命活动受到抑制的因素称限制因素。

(1)李比希最低量定律:德国农业化学家李比希(1843)在研究作物栽培中发现:每种作物都需要一定种类和一定数量的矿质养分,当某种矿质养分处于最低量时,产量的高低决定于这种处于最低量的养分。在不可缺少的有效养分中,数量上接近于临界最低的一个因素限制着作物的产量,这一原理被称为"李比希最低量定律"。经过多年的研究,人们发现这个定律对于温度、光、水分等多种生态因子也都是适用的。

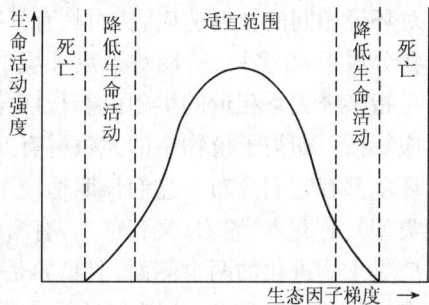

图 7-1　生态因素对生物的作用

(2)谢尔弗德耐受性定律:美国生态学家谢尔弗德(1913)在最低量定律的基础上提出了耐受性定律。他认为,生物不仅受生态因子最低量的限制,而且也受最高量的限制。这就是说,生物对每一种生态因素都有其耐受的上限和下限,上下限之间就是生物对这种生态因素的耐受范围(图 7-1),也就是生物的生态幅(生物对环境的适应范围)。不同生物对同种生态因素的生态幅是不同的。任何一个生态因子在数量上或质量上的不足或过多,即当其接近或达到某种生物的耐受性限度时,就会使该种生物衰退或不能生存,这就是生物的耐受性定律。

(四)生物的适应性和指示性

生物在受生态环境长期影响的过程中,并不是消极被动地受外界环境所支配,而是不断地适应环境。在形态结构、生理机能和行为生态上产生种种特殊性能,或能够更充分地利用有利条件,或增强抗御不利条件的能力。生物的这种能使自己顺应环境以至形成有利于自身生存的遗传性状称生物对环境的适应性。如仙人掌类植物为了能在干热环境中生存,叶子退化,以减少水分散失;茎肉质化,能贮存水分等。高纬地带许多动物的休眠、迁徙等是对寒冷季节不利环境的适应方式。有的动物为了躲避捕食者而具有保护色和拟态的本领,如野兔具土黄色、北极熊呈白色、枯叶蝶停在树枝上似枯叶一片等等,它们都与其环境的颜色、形态协调一致,从而达到保护自身的目的。

生物的适应能力是在长期的进化过程中形成的,凡是有利于维护自身生存的形态特征和生理特征,便随着个体正常繁衍而一代一代地传留下来;对环境不能适应的种种特征,则随个体一同被淘汰,所以生物的适应特征是其遗传变异与自然选择的结果。在漫长的进化过程中,生物对环境的适应朝着趋同和趋异两个方向发展。趋同适应是指亲缘关系极远的类群由于生活在相同的环境中,都对环境相同的长期适应,从而具有某些相似的形态结构特征。例如,肉质旱生植物分属于40多科,长期对干热环境的适应,都具有肉质化的茎或叶。趋异适应是指亲缘关系相近的生物由于长期分别生活在不同的环境中而产生了不同的适应特征。如被子植物中的大戟科有8 000多种,从热带到温带、从湿润到干旱的环境都有它们分布。它们长期适应不同的环境,从而分化出多种生活型(或生态类型),有乔木、灌木,又有草本,有常绿的又有落叶的等等。趋同适应与趋异适应是生物进化的两个侧面,但趋异是基本的。趋异适应使同一类群的生物产生多样化的生态类型,分别占据不同的生态位(即生物在群体中占据的位置及功能),减少生物之间的直接竞争。MacArthur 和 Wilson(1967)按照生物的栖息环境及其在进化过程中所采取的生殖对策,把生物分为 k - 对策者和 r - 对策者。前者的栖息环境比较稳定,相应的适应对策为低出生率,个体大,寿命长,对后代的保护机制较为完善,一生可多次繁殖,竞争能力强,死亡率与密度有关。它们的个体数量常处于环境容量 k 值附近,故此而得名。虎、豹、狮等大型兽类、鸟类和大型乔木等多属此类。后者的栖息环境多变,相应的适应对策为高出生率,个体小,寿命短,子代数量多但缺乏保护,竞争力弱但扩散能力强。它们的个体数量变化 大,常处于逻辑斯谛曲线k值以下的高增长率(r)阶段,故称其为r - 对策者。

昆虫和一年生草本植物多属此类。此外,还有许多生物是介于上述二者之间的过渡类型。

需要指出的是,生物的适应性虽然保证了生物的生存与发展,但它是相对的。一是因为从长远来看,环境总在不断变化,曾经适应过去环境的种类不一定能适应新的环境。特别是对某种环境高度适应的种类,可出现高度特化的现象,常过分依赖该种环境,一旦环境剧变,便有绝灭的危险。二是因为每种生物对环境的适应都有一定的范围或限度,不同的种类其范围不同。

由于任何生物都是在一定的环境中经过长期的自然选择和对环境适应的结果,其分布及本身的特征与某种环境特征具有相关性,因此某种生物或生物群体的存在就标志着某种环境特征的存在。生物这种对生态环境特征的反映作用称生物对环境的指示作用。如椰子能正常开花结果就标志着环境属热带气候,杉木林是亚热带湿润气候的标志等等。生物之所以能够指示环境特征,主要在于生物是地球表层发展过程中的一种次生成分,是无机环境发展到一定条件下才出现,它对周围环境依赖性很强。它所需要的养分、水分等都是从环境中取得的,因此它对环境变化的反应就很敏感,环境一旦发生重大变化,生物也将随之发生变化,包括种类、形态、生理、行为等特征都要发生变化,一直变化到能够适应变化了的环境的情况下才能生存下来。换句话说,现今存在的生物及其特征是经过长期自然选择的结果,它们的生理、形态等是对一定环境长期适应和环境对它们塑造的结果,这样我们就可以通过认识生物特征来认识其周围环境的特征。但是,生物种类及其生态习性是千差万别的,它们的指示意义或可靠性也有较大差别。一般来说,植物比动物的移动性小,对环境的依赖性更强,因此植物比动物的指示意义大;生态幅窄的种类比生态幅宽的种类指示性可靠些;群体比个体的指示性可靠些。

生物对环境特征的指示作用主要包括对气候、土壤、地下水、地质、环境污染等几个方面的指示作用。植物种或植被类型能指示现代气候类型。如前所述的椰子和杉木等单一的植物种可分别指示热带气候和亚热带湿润气候。树木年轮变化是对过去气候变化的记录,干冷年份木质部生长减慢,湿暖年份生长加快,因而可根据年轮数目及宽度变化状况推测过去气候干湿、冷暖的变化特点。植物的物候可指示一年时序节令的变化,如华北地区流行的"枣发芽,种棉花"农谚是用植物的指示性对该区棉花播种的指示。

植物直接生长在土壤上,因此它对土壤肥力、酸碱性、机械组成和水分等都有很好的指示作用。如葎草是肥沃土壤的标志,而杜那草是土壤贫瘠的标志;铁芒箕是强酸性土的指示植物,蜈蚣草是钙质土的指示植物,盐角草、盐爪爪是盐土的指示植物;分布于内蒙古一带的油蒿是土壤沙性很强的指示植物等。

根据植物和植物群落与地下潜水的关系可判断地下潜水深浅及矿化度等状况。如木贼、灯心草、芦苇、香蒲、水芹生长的地方地下水埋深很浅,而针茅群落分布的地方地下水埋深大于 5 m,泡泡刺、沙拐枣分布的地下水位离地表在8 m以上;柳、桑等中生潜水植物分布的地方地下水为淡水,骆驼刺、欧亚甘草常出现在潜水为微咸的地方,盐节木、盐穗木、里海盐爪爪主要分布在潜水为咸水的地区。

植物及其群落还具有地质指示作用。岩石的特殊化学成分直接影响到植物的化学组分或形态特征,借助这些特殊植物可认识岩石的化学成分。如戟叶堇菜可指示铀矿(其体内含铀量达 296 ~ 2 909 ppm)的存在,长江中下游一带分布的海州香薷是铜矿的指示植物。一定的岩石常与一定性质的植被相联系,植被常沿断裂带呈线状展布,在断层错动地区因岩性不同,植被类型也随之发生变化,借此可判断断层的存在。

大气、地表水体被有害物质污染后,可使生存其中的生物在种类、数量、形态和生理等方面发生明显变化,据此我们可利用植物和水生生物监测大气、水体的污染状况。

(五)生物对环境的影响

生物受环境影响的同时,也对环境产生一定反作用,影响着周围的环境。首先,绿色植物的光合作用和呼吸作用不仅使大气中 O_2、CO_2 的含量成为现代的基本稳定状态,而且把太阳能转化为化学能储存起来,为自然地理系统引入了能量。其次,生物的生命活动把分散在岩石圈、水圈和大气圈中的营养元素向地表富集,促进了土壤的形成过程。第三,生物的生命活动及残体参与了岩石的风化和形成,如生物分泌的有机酸对岩石的生物风化作用,硅藻土、煤、石油、油页岩的形成等。第四,生物有机体对地表水分循环、热量平衡及物质迁移等过程也产生重要影响。

二、各生态因素与生物的关系

(一)光与生物的关系

绿色植物直接利用太阳光能,其它生物间接利用太阳光能,所以太阳光能几乎是地球上一切生命活动的能量源泉。另外,光对生物的形态结构、生长发育、行为等特征也有重要影响。

1. 光质变化对生物的影响

植物光合作用是利用可见光进行的,但即使如此,不同波长的光其生物学意义也是不同的。绿色植物光合作用利用最多的光是红光,其次是蓝光,而绿光和黄光很少被利用。这与叶绿体几种色素的颜色有很大关系。红光能促进叶绿素的形成和碳水化合物的合成,有利于植物的伸长生长。蓝光有利于蛋白质和有机酸的形成。紫外线对原生质有破坏作用,从而抑制茎的伸长生长和引起向光性敏感,但它能促进花青素的形成,因此很多高山植物茎秆低矮,花色艳丽。在海拔较低的地方,紫外线对生物的影响较小,但生长素仍受短波光(紫、蓝)的抑制,以致白天生长速度不及夜间,迎光面不如背光面,产生所谓的"向光运动"。在高温高湿的多雨或多云雾天气条件下,漫射长波光较多,可引起植物出现"陡长现象"。在海洋中的透光带内,上层红光、蓝光较多,而下层绿光较多。因此,所含色素与高等植物相似的绿藻分布在上层,含有藻红素的红藻分布在下层(可利用青绿光),褐藻分布在中层。

2. 光照强度及其变化对生物的影响

在一定条件下,光照强度制约着植物光合作用的强度或速率。无光时没有光合作用,但植物的呼吸作用照样进行。当有微弱光照时,光合作用开始进行,并随着光照强度的提高而增强。到一定程度后光合作用强度则可达到与呼吸作用强度相等,这时的光照强度称为光补偿点。超过光补偿点后,光照强度提高,光合作用继续增强。当达到一定程度之后,光合作用强度就趋于稳定,即使光照强度再增加,光合作用强度也不会再增加,这种现象称为光饱和。开始达到光饱和时的

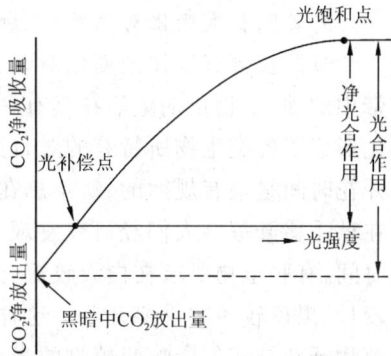

图 7-2　光强与光合作用关系示意图[7]

光照强度称为光饱和点(图 7-2)。可见,只有光照强度超过光补偿点之后才会产生有机质积累。不同植物的光补偿点和光饱和点是不同的。

不同植物对光强的需要是不同的,这是植物长期适应不同光照条件的结果。据此可将植物分为阳生植物、阴生植物和耐阴植物三种生态类型。阳生植物是适生于强光条件而在弱光或荫蔽条件下生长不好的植物。这类植物的光补偿点和光饱和点均高,枝叶稀疏、透光性好,叶小而厚、色浅,自然整枝良好,多分布在空旷地带和森林的上层。如蒲公英、蓟、杨、柳等以及森林的上层乔木和大多数农作物等都属此类。阴生植物是适生于弱光条件而在强光条件下生长不好的植

物。这类植物正好与阳生植物相反,其光补偿点和光饱和点均低,枝叶稠密,叶大而薄,叶浓绿,自然整枝不好,多分布在阴湿之处和森林的下层,如人参、三七、细辛等。耐阴植物是介于上述二者之间的过渡类型,即可在较强光照条件下生长又能忍耐一定的遮荫而不受损害的植物,如榆、华山松、侧柏等。

水体中随着深度的加深,光强随之减弱,植物的光合作用强度也随之减弱。光合作用强度减弱到与呼吸消耗量相等时的水深称为补偿深度,这是水体中光合植物垂直分布的下限。补偿深度随水的透明度不同而不同,如地中海为200 m,冰岛附近为88 m,而在一些受污染的河流中仅为几厘米。

光照强度对动物的行为也有明显的影响。有些动物适应于白天强光下活动,如大多数鸟类,哺乳动物中的灵长类、有蹄类、松鼠,爬行动物中的蜥蜴,昆虫中的蝶类、蝇类等,这些动物称昼行性动物。另一些动物则适应于夜间活动,如黄鼬、家鼠等,这些动物称为夜行性动物。还有一些动物适应在早晨或黄昏的弱光下活动,如蝙蝠、刺猬等,称之为晨昏性动物。此外,有些动物昼夜都可活动,如田鼠、蚱蚕等,这些为全昼夜活动者。

3. 日照长度变化对生物的影响

日照长度有规律地变化对动、植物都有重要生态作用。分布在地球各纬度带中的动、植物长期生活在具有一定昼夜变化格局的环境中,经过自然选择和进化形成了各类生物所特有的对日照长度变化的适应方式。自然界中许多植物的开花时间是很有规律的,每年总在一定的季节开花,如桃花在春季盛开,而菊花在秋季盛开等。人们经研究发现,制约植物开花的生态因素是每天的光照持续时间,有些植物要求在白天较短、黑夜较长的季节开花,有些植物则要求在白天较长、黑夜较短的季节开花。这种不同长短的昼夜交替或光照时间长短不同对植物开花结实的影响叫植物的光周期现象。根据植物开花对光照时间长度要求的不同,可把植物分为长日照植物、短日照植物和中间性植物三类。长日照植物是在生长发育过程中,一段时间内需要每天的光照时数超过一定限度时才能开花的植物,如凤仙花、除虫菊、冬小麦、大麦、油菜、波菜等。日照时数越长,这些植物开花越早。它们一般起源于高纬地区。短日照植物是在生长发育过程中,一段时间内要求光照时数短于一定数值时才能开花的植物,如牵牛、苍耳、菊、水稻、玉米、大豆、烟草等,通常在早春或深秋开花。光照时数越短,这类植物开花越早,它们通常起源于低纬地带。中间性植物是对光照时数要求不严的植物,在不同的光照条件下,只要其它条件允许都能开花,如黄瓜、蕃茄、四季豆、蒲公英等。

了解植物的光周期现象对植物引种驯化和人工控制观赏植物的开花时间具

有重要意义。

　　动物也有光周期现象。如鸟类和鱼类的迁移与生殖,哺乳动物的生殖和换毛,昆虫的冬眠等都与光照时间长度的变化密切相关。

(二)温度与生物的关系

1.不同生物对温度的适应范围

　　生物体内的各种生化生理过程都必须在一定的温度范围内才能进行,而生物的生命活动是以一系列的生化生理过程为基础的,所以生物也只能生活在一定的温度范围内。但不同种类的生物适应的温度范围是不同的,有的适应范围广,称广温

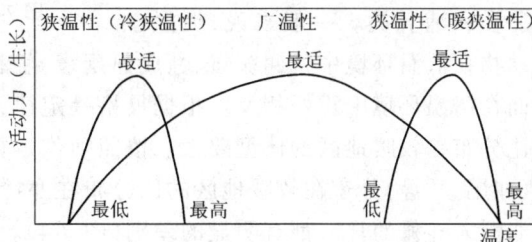

图 7-3　生物对温度的适应[12]

性生物;有的适应范围窄称狭温性生物。在狭温性生物中,有的仅适生于热带,有的仅适生于寒冷地区。当温度超出了生物适应范围的上下限时,生命过程就会停止。在上下限之间有一最适温度,它往往偏向于上限一侧(图7-3)。但这并不说明生物对高温的忍耐能力强,而是恰恰相反。生物对高温的忍耐能力不如对低温的忍耐能力强。这是因为高温不但能加强呼吸作用,使代谢失调,而且能使细胞中的蛋白质凝固,使生命失去活力;低温虽然也能使生物体内溶液冻结而失去活力,但其破坏蛋白质性质的速度远比高温缓慢。

2.温度变化对生物的影响

　　植物在其适应的温度范围内,随着温度的升高,体内生化生理过程加快,因而生长发育速度也加快,当达到最适温度时,生长速度最快。之后,随着温度继续升高,因生物体内酶的活性降低,生化生理过程受到抑制,从而使生长发育速度下降,直至停止。据研究,植物的生长发育不仅在一天之内需要一定的温度值,而且在某个发育阶段甚至整个发育期还需要一定的温度总量,即一定的积温值。

　　温度的周期性变化对植物的生长发育也有显著的影响。一定的日温差有利于植物的生长发育,这是因为白天温度高有利于光合作用,夜间温度低可降低呼吸作用,有利于有机质在体内积累。对于许多温带一二年生植物来说,需要冬季低温刺激,之后才能开花结实,这就是所谓的春化作用。

动物对温度变化的适应分为两类:一类是体温随环境温度变化而变化的变温动物,如鱼类、两栖类、爬行类和昆虫类等;另一类是体温不随环境温度变化而变化,保持相对稳定的恒温动物,如鸟类和哺乳类。一般来说,恒温

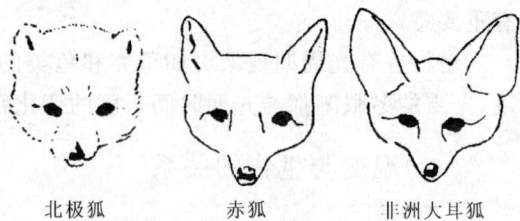

北极狐　　　　赤狐　　　非洲大耳狐

图 7-4　不同地区狐狸耳朵的差异[4]

动物在低温环境中代谢缓慢,性成熟延缓,生长时间长,个体大,具有保温特征。而在高温环境中正好相反。根据贝格曼定律,同类恒温动物分布于较冷地区的比分布在较暖地区的体型要大。按照阿伦定律,同类恒温动物其身体突出部分(如尾、耳等)分布在较暖地区的比分布在寒冷地区的大而长,如北极狐、赤狐和非洲大耳狐的耳朵都有明显的差别(图 7-4)。温度变化对动物行为的影响主要表现在动物避开不利温度环境去选择适宜温度环境的生态习性。例如,青蛙、蛇、黄鼠等以冬眠的方式度过寒冬,草原和沙漠地区的鸟类在干热的夏季多是晨、昏外出活动,而正午则隐伏不动以避开酷热等。

3.温度对生物地理分布的影响

由于每种生物都只能生活于一定的温度总量和一定的温度变幅范围内,因此每种生物只能分布在特定的热量带或空间范围之内。高温常常限制着生物的分布。例如,在我国白桦、云杉在自然条件下不能在华北平原生长,苹果、梨、桃树不能在热带平原地区栽种,菜粉蝶不能忍受 26℃ 以上的高温等等。其原因主要是高温破坏了生物体内的代谢过程和光合呼吸平衡,其次是植物因得不到必要的低温刺激而不能完成发育阶段。低温对植物和变温动物分布的限制也是很明显的。如在我国杉木的自然分布北不过淮河,柑橘不能在北方栽种,橡胶分布的北界在云南是 24°40′N、海拔 960 m 以下,东亚飞蝗分布的北界是年等温线13.6℃ 一带等等。温度对恒温动物分布的限制较小,但也常常通过影响其它生态因子(如食物)而间接影响其分布。

(三)水与生物的关系

1.陆生生物对水分条件的适应类型

(1)旱生生物:通过一定适应方式能正常生活在干旱环境中的生物称为旱生生物,它们大多分布在荒漠和草原中。植物中的拐枣、梭梭、针茅等硬叶类和仙人掌、景天、芦荟等肉质类就是通过不同的方式来适应干旱的。前者通过叶面积缩小、角质层较厚、根系发达、细胞渗透压增高以减少水分散失和增强吸水能力

保持水分的收支平衡。后者通过茎或叶肉质化、体内发达的储水组织、体表的角质保护层以增强储水保水能力等适应干旱环境。动物对干旱环境的适应也是多种多样的。旱季来临时向有水的地方迁移是干旱地区许多鸟类和兽类常见的适应方式。保持体内水分、提高对缺水的耐受性是一些动物适应干旱的另一种方式。例如,有的动物减少汗腺、排脱水干粪便;有的体外有特殊结构(昆虫的几丁质外骨骼,爬行类的鳞片)防止水分从体表蒸发;骆驼的血液含有一种特别的蛋白质可以保持血液水分,同时它的肾脏可以使尿浓缩,减少水分丧失,骆驼即使17天不饮水,身体脱水达体重的27%仍能照常行走;荒漠中的啮齿类、鸟类和爬行类常常仅从食物中得到少量的水就能生活等等。另外,夏眠或蛰伏也是动物适应干旱缺水的一种方式。

(2)中生生物:生活在中等湿度环境中的生物称中生生物。一般森林动植物及栽培植物大多属于此类。它们对水分的需求适中,形态上没有特化现象。

(3)湿生生物:只生长在潮湿环境中的生物称湿生生物。湿生植物一般叶大而薄,体内通气组织较发育,而根系不发达,分布很浅。它们一般分布在水边潮湿处和森林的下层,如半边莲、秋海棠、灯心草和许多蕨类植物等。湿生动物主要包括一些软体动物和蚯蚓等适应高度潮湿环境的种类。

2.水生生物对水分条件的适应类型

生活在水中的植物,通气组织发达,叶常呈带状、丝状或大而薄,根系发育微弱,有的甚至没有根。水生动物类型复杂多样,但均受水中气体、溶解盐类和酸碱度的影响。根据水生生物对水的适应特征可分为三类。

(1)沉水生物:该类是生物体全部沉没于水中的生物,如植物中的眼子菜、狐尾藻、金鱼藻、苦草等以及各种水生动物。水生动物又可进一步分为底栖动物(如珊瑚、海绵、蟹等),自游动物(如鱼类等)和浮游动物(如甲壳类等)三类。

(2)浮水植物:植物体或叶片漂浮在水面上的植物叫浮水植物。其中有些植物根着生在水底泥中,如萍蓬草、菱等;有些植物的根不着生在水底而完全漂浮,如浮萍、满江红等。

(3)挺水植物:上部挺立于水面以上而根部着生在水底的植物叫挺水植物,如芦苇、香蒲、水稻等。挺水植物实际上是湿生植物与水生植物之间的过渡类型,有时又称为沼生植物。

水生生物受水质影响较大。当排放到水体中的废物增多超过水体自净能力时便造成水污染,直接影响水体中生物的种类、数量、形态、生长状况及体内有毒物质的含量等。有的种类会因此而死亡;有的可能会大量繁殖,使水体中的种类组成发生变化;有的种类体内有害物质含量增高,有时可通过食物链进入人体而影响人的身体健康。

(四)空气与生物的关系

1. 空气成分对生物的影响

在自然状态下,对生物影响最大的空气成分是 CO_2 和 O_2。CO_2 是植物光合作用的主要原料,其浓度影响着植物光合作用的强度。植物生产 100 g 干物质约需要 150 g 的 CO_2。阔叶林在生长季节每公顷每天要消耗掉 1 t CO_2,放出 0.73 t 的 O_2。在植物生长旺盛的季节里,CO_2 浓度常常偏低,成为光合作用的限制因子,此时若提高 CO_2 浓度,光合作用强度则会大幅度提高。O_2 主要由植物光合作用所释放,又是动物呼吸所必需的。

现代工业生产向大气中排放的 SO_2、HF、NO_x 等有害气体达到一定浓度会对生物产生伤害作用。植物受到这些有害气体的影响,其生理过程受阻,叶子出现斑点、变色,甚至植株枯萎死亡。动物吸入过多有害气体,会使体内器官发生病变乃至死亡。

2. 风对生物的影响

风对植物的影响有有利的一面,也有有害的一面。风是植物花粉、种子和果实传播的动力之一。据研究,地球上有 10% 的显花植物借助风力授粉繁殖。风还能促使空气中的 O_2、CO_2 和水汽均匀分布并加速它们的循环,形成有利于植物生活的环境。

风对植物的有害影响主要表现在强风可破坏植物的水分平衡,降低植物的生长量,使植物变矮、变形。例如,山顶的树木比较低矮,在风向稳定、风力强的地方常形成旗形树冠(图 7-5)。

风对陆生动物的行为和分布有明显影响。在风力强劲的沿海、岛屿、草原、荒漠和冻原等地区,飞行动物比较贫乏,只有善于飞行的类群才能保留在那里。随风带来的气味往往是许多嗅觉灵敏的动物觅食或避敌时定位的重要依据,许多食肉动物在觅食时迎风行动就是这个道理。

(五)土壤与生物的关系

1. 土壤的生态意义

土壤是陆生植物生长和陆生动物生活的基地。除了寄生、附生以外,大多数植物都是固着在土壤中生长的。土壤不仅为植物提供和协调水、肥、气、热,而且还起着固着作用。土壤也是土壤动物赖依生存的栖息场所,土壤中总含有多种多样的生物。在植物与土壤之间进行着频繁的物质交换和能量转化,因此土壤

图 7-5　旗形树冠[4]

理化性质及肥力高低直接影响着植物的生长和产量。对动物来说,土壤是比大气更为稳定的生活环境,其温度和湿度的变化幅度要比大气小得多,因此土壤常常成为某些动物的极好隐蔽所,可以躲避高温、干燥、大风和阳光直射。

2.土壤质地对植物的影响

土壤质地直接影响着土壤的水分、温度、空气和养分状况,因此它也直接或间接地影响着植物的生活。质地黏重的土壤,透水通气性差,所以水分多时易积水,造成缺氧的环境,使植物根系呼吸作用及生长受阻;过干时则又易板结成块,不利于植物根系发育。因此,质地黏重的土壤只适于浅根系植物生长。质地疏松的沙质土,透水通气性好,利于根系发育,所以生长在这类土壤上的植物多为深根系种类。

3.土壤养分对生物的影响

植物正常生长发育不可缺少的元素中有 13 种是从土壤中吸收的。其中植物需要量较大的有 7 种元素(N、P、K、S、Ca、Mg、Fe)称之为大量元素;另外植物需要量较少的 6 种元素(Mn、Zn、Cu、Mo、B、Cl)称之为微量元素。还有一些元素仅为某些植物所必需,如豆科植物必需 Co,藜科植物必需 Na,蕨类植物必需 Al,硅藻必需 Si 等。这些元素主要来自土壤中矿物质和有机质的分解。土壤必须含有这些元素并且比例适当,植物才能正常生长发育,否则,缺少任何一种植物将生长发育不良。例如,若土壤中缺 Fe 和 Mn,植物的叶绿素不能形成,影响植物正常生长发育。

土壤中的养分对动物的分布、形态和数量也有一定影响。例如,Ca 对蜗牛壳的形成很重要,所以石灰岩地区的蜗牛数量往往比其它地区多,而且壳重在体重中的比例也较大;生活在石灰岩地区的鹿,其角坚硬,体重也大。含 NaCl 丰富的土壤往往吸引大量的食草有蹄类动物,因为这些动物出于生理需要必须摄入大量的盐。

4.土壤酸碱度、盐分含量对生物的影响

土壤酸碱度可直接影响植物的生长发育,如小麦种子的萌发率随土壤酸性减小而递增,以中性为最好。土壤酸碱度还可通过影响养分的有效性、微生物活动等而间接影响植物的营养状况,详细情况可参阅第六章有关内容。不同植物对土壤 pH 的要求不同,据此可将植物分为酸性土植物(pH < 6.5,如泥炭藓、铁芒箕、油茶)、中性土植物(pH 为 6.5~7.5,如大多数栽培作物)和碱性土植物(pH > 7.5,如荒漠和草原中的许多植物)三类。土壤动物依其对酸碱性的适应范围也可区分为嗜酸性(如金针虫)和嗜碱性(如麦红吸浆虫、蚯蚓等)两类。

土壤中易溶性盐类含量过高时,土壤溶液浓度升高,植物不能正常从土壤中吸收水分而出现枯萎甚至死亡,并且这些盐类过多时对植物也有直接的毒害作用。因此,一般植物不能在此生长,只有那些在结构和生理上具有较高渗透压、并具有泌盐和耐盐特性的盐生植物才能在盐渍土中生存,如盐角草、盐爪爪、红树类植物等。

(六)生物与生物的关系

任何生物都不是孤立地存在于自然界,而是和其它生物生活在一起。对于某一生物来说,周围的其它生物就成为一种生态因素,它们彼此之间通过多种方式相互影响。它们之间的关系十分复杂,有种内和种间关系,有直接和间接关系,有有利和不利影响等,但这些关系归纳起来主要有以下几种。

1.竞争

生活在同一地段内的不同物种或同物种的不同个体为了争取有限的资源和生存空间等,相互抑制对方,从而给双方带来不利影响的生物关系称为竞争。例如,农田中作物与杂草为争夺养分、水分的竞争关系,草原上蚱蜢、鼠类、羊和其它野生植食动物为争夺饲草的竞争关系,以及同种雄性动物个体间为求偶而发生的争斗等。前苏联生物学家高斯(1930 年)认为,由于生物竞争,两个相似的物种不能占据同一生态位,所以它们之间必然出现栖息地、食性、活动时间或其它特征上的分化,这种现象常称为"竞争互斥原理"或"高斯原理。"

2.捕食与被食

生物捕食与被食关系包括动物对植物的摄食和一种动物对另一种动物的捕

食。植物是动物的食物来源,一切动物都直接或间接地依靠植物而生存,因此植物的生长、分布和丰缺程度影响着动物的分布和数量变动等状况。另一方面,动物对植物的摄食也会对植物产生种种影响。如鸟、昆虫适量的采食活动有利于植物花粉和种子的传播,食草动物适度的食草有利于(因植物具有补偿作用)植物的更新和生长。但是动物过度采食会给植物带来危害,如草原过度放牧,会导致草原退化,植食性昆虫大量繁殖会给森林、农作物等带来灾难性影响。动物捕食者袭击并捕杀被捕食者的现象也是普遍存在的,如狮子捕食羚羊、鸟捕食昆虫等。捕食与被食的关系是在漫长的历史过程中双方协同进化的结果,双方都有一系列的适应,二者保持一定的动态平衡,在数量上具有复杂的相互制约关系,因此捕食作用并不都是有害的。对于一种捕食者与一种被食者这样简单的系统来说,在不考虑其它因素的情况下,二者的数量动态可用 Lotak – Volterra 捕食者与被食者模型来描述,即:

$$\begin{cases} \dfrac{\mathrm{d}N}{\mathrm{d}t} = (r_1 - \varepsilon P)N & (7\text{-}1) \\[2ex] \dfrac{\mathrm{d}P}{\mathrm{d}t} = (-r_2 + \theta N)P & (7\text{-}2) \end{cases}$$

式中 N 和 P 分别为被食者和捕食者的种群数量; r_1 为被食者的种群增长率; $-r_2$ 为捕食者的死亡率; ε 为捕食压力常数即平均每一捕食者捕杀猎物的常数, θ 为捕食效率常数,即捕

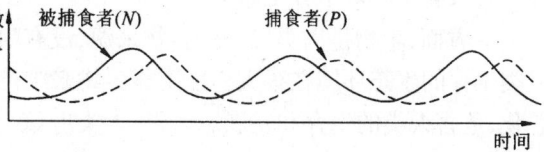

图 7-6　捕食者与被食者种群的周期性波动图示

食者利用猎物而转化为更多捕食者的常数。7-1 式为被食者种群方程,7-2 式为捕食者种群方程。该模型揭示了捕食者与被食者种群增长具有周期性波动的特点(图 7-6),其振幅大小取决于二者的初始种群数量。具体来说,随着时间的变化,猎物数量增加,捕食者数量随之增加,但在时间上落后一步;由于捕食者的增加,导致猎物减少,后来又由于猎物减小,捕食者也随之减少。这样重复循环出现周期性振荡,使捕食者和被捕食者的种群数量稳定在一定范围之内。该模型是假定一对一的条件下建立起来的。实际上,在自然界中往往有多种捕食者吃同一种猎物,同一种捕食者也能吃多种猎物,所以实际情况要比这种模型描述的复杂得多。

3. 互利共生

互利共生是指异种生物共同生活在一起对双方都有利的生物关系。例如,根瘤菌与豆科植物的关系,藻类与真菌共生在一起形成地衣,有花植物与传粉昆虫的

关系等等都属互利共生关系。

4.共栖和群栖

生活在一起的异种生物仅一方受益、另一方既不受益也不受害的关系称共栖。如有些植物(苔藓、地衣等)附生在另一植物的茎秆上,自己更易获得阳光和空气水分,而附主既不受益也不受害。藤壶附生在鲸鱼或螃蟹的背上,森林上层乔木为下层的耐荫植物提供了一个适宜的生存环境等也都属共栖关系。

许多植物、许多动物,或许多动物与植物共同生活在一起的生物关系叫群栖。不同生态习性的植物生活在一起有利于各自的生长,如森林、草原等往往由多种植物群栖而成。

5.寄生

一个物种寄居于另一生物的体内或体表,并从寄主组织中吸取营养的生物关系叫寄生。如菟丝子、列当等常寄生在某些植物的体表,蛔虫、绦虫常寄生在动物的消化器官内。

(七)人类与生物的关系

1.人类生存离不开生物

一方面,生物是人类惟一的食物来源,没有生物,人类就不能生存。另一方面,人类生存的生态环境在很大程度上靠生物来维持,没有生物,人类的生存环境就会恶化,危害人类的生存和发展。所以,人类应该自觉地保护生物,与多种生物和平共处。

2.人类可以改变生物原有性状,培育出大量新品种

目前,农牧业中的各种作物及牲畜都是人类从野生种类中经过长期的选种育种、饲养驯化而培育或驯养出来的。据初步统计,可以称为作物的植物约2 300种,其中与人类生活关系密切的栽培植物约有几百种。栽培及家畜种类出现了许多比野生种类更有益于人类的新性状。例如,粮食作物的产量及品质(蛋白质、糖、淀粉含量)比其野生祖先高而好,如苹果以其肉厚、糖分含量高而远远优于其祖先野生苹果,家猪以其短粗的头、颈、四肢和肥大的体态不同于其祖先野猪。随着社会和科学技术的不断发展,尤其是生物工程学的发展,对生物性状的影响将会更加深刻和容易。

3.人类可以改变生物的地理分布

人类在利用生物资源和经济交往过程中,常把经济价值高的种类从一个地方引种到另一地方,或者无意识地将某些"伴人生物"带到另一地方,从而使其分布范围得到扩大。例如三叶橡胶原产于巴西热带雨林,后来由于引种,现在东南亚成了它们的栽培中心,我国海南和西双版纳热带地区也有一定面积的栽培。人类对某些种类的过度利用也会使其个体数量减少,导致其分布范围变小。

4.人类可以使天然物种绝灭

人们为了开辟土地,栽培作物,往往要砍伐大片森林,破坏草原,再加上过度猎捕和现代的环境污染,使许多物种发生灭绝,生物多样性降低。据世界保护监测中心报告(1992),自 1 600 年以来,至少有596 种植物和504 种动物已经灭绝或正在灭绝,还有很多物种未被定名就已经消失了。目前物种灭绝一直呈上升趋势,有人估计当今物种灭绝速度是物种自然绝灭速度的 1 000 倍。人类活动给生物带来的危害尤其是大规模的物种灭绝正在受到世界科学界和有识之士的高度重视。科学家们正在采取多种措施拯救珍稀濒危生物,保护生物的多样性。

第二节　生物群落

一、生物群落的概念

在一定地段上,共同生活在一起的各种生物(包括各种植物、动物和微生物)以多种多样的方式相互作用、相互联系、彼此适应形成的具有一定组合规律的生物群体叫生物群落(Mobius,1877)。例如,森林、草原等都有多种生物共同生活在一起,所以它们均可称为不同类型的生物群落。

根据生物群落的生物组成可将其进一步分为植物群落、动物群落和微生物群落三大类。植物群落是指一定生物群落中全部植物的总体。它是生物群落中惟一能进行光合作用的生命集合体,是动物和微生物的食物库和主要的栖息场所之一,因此它是生物群落形成的基础。此外,它与无机环境的关系也最为密切,其特征也最为引人注目,所以人们对植物群落研究得最多,也最深入,群落学的一些基本原理多半是在植物群落研究中获得的。一个地区全部植物群落的总体叫该地区的植被,如北京的植被、河南的植被都是指在这两个地区范围内分布的全部植物群落。动物群落是指存在于生物群落中的全部动物的总体。由于动物的流动性强,其群落的组合更松散,所以对动物的研究多以种群(在一定空间中同种生物的个体集合)为单位。微生物群落是指存在于生物群落中的全部微生物的总体,它们在生物群落的物质能量转换过程中起着不可替代的作用。

需要说明的是,关于群落的性质长期以来存在着两种对立的观点。一种观点(Clements,1916;Daubenmire,1966 等)认为,群落是客观存在的实体,是一个有组织的生物系统,像有机体那样有形态、生长和变化,甚至认为它是由种群组合起来的更高的生物层次——超有机体。所以,这种观点称为有机体论。另一种观点(Gleason,1926;Curtis,1959;Whittaker,1962,1970 等)认为,群落不是自然界中的一个有机实体,而是人们为了便于研究,从一个连续变化着的植被连续体中人为确定的物种的组合,对环境反应的不是整个群落而是一个个的物种。所以,这种观点称为个体论。也有些学者认为,二者都未能包括全部真理,群落既有连续性的一面,又有间断性的一面,现实的自然群落可能处于从个体论到有机体论的连续谱中的任何一点上。

二、生物群落的种类组成和结构

(一)群落的物种组成及物种多样性

每一个相对稳定的群落都有一定的种类组成,不同的群落其种类组成是不同的。种类组成是生物群落最基本的特征之一,它决定着群落其它方面的特征,所以研究生物群落由哪些生物组成是研究群落的基本内容之一。

群落中生物种类的丰富程度与环境条件的优越程度、复杂程度以及群落发育的时间长短有关。一般来说,环境的水热条件和营养条件越优越,环境条件越复杂,发育时间越长,种类就越丰富,反之则贫乏。所以,低纬度地带的群落比高纬地带的群落种类丰富,同一纬度地带山地比平原丰富,森林比草原丰富,大陆比岛屿丰富。两个或多个群落的过渡地带,如山地与平原交界带、农牧交错带、城乡交接带、潮间带、森林与草原的交错带等,由于环境复杂,生物群落的种类常比相邻群落中的种类多,这种现象称为群落的边缘效应。

生态学家在研究群落种类组成的过程中,提出了物种多样性的概念。狭义的物种多样性是指群落中所含物种数目的多少,常用群落最小面积(至少有这么大的空间才能包含群落的大多数种类的样地面积)及其物种的绝对数目来表示。广义的物种多样性是指群落中所含物种数目的多寡及各物种个体分布的均匀程度,常用物种多样性指数来表示。目前人们已经提出了许多物种多样性指数,其中被广泛应用的是香农—韦纳指数(1949)。该指数是根据信息论得来的,所以又称之为信息多样性指数,其计算公式为:

$$H = - \sum_{i=1}^{s} P_i \cdot \log_2 Pi \tag{7-3}$$

式中 H 为物种多样性指数,单位为尼特/个体,其数值越大生物物种多样性越大;s 为物种数目;Pi 为属于第 i 种的个体在全部个体中的比例。

(二)生态位和群落成员型

群落中每一物种都占据一定的小生境,并在群落建造、资源利用及群落物质能量传输中起一定作用。群落中每一种生物所占据的位置及其功能作用称为生态位。通俗地说,生态位就是一个物种在群落中的地位和角色。群落中不同物种的生态位往往是不同的。根据生态位的差别,可把群落中的生物划分为三种成员型,即优势种、建群种和附属种。优势种是指群落中生态位高即个体数量多,生物量大,盖度也较大,对群落的影响较大的种类。一个群落中的优势种往往不只一个,可以有多个优势种并存。建群种是指群落中生态位最高者,即优势种中的最优者,是占据空间最大,盖度最大,生物量也最大,并在群落建造、改造环境和群落的物质能量交换中作用最突出的种类。它是群落的建造者,对群落的基本性质起着决定性作用。附属种是指优势种和建群种以外的其它种类。它们或是因适合群落内部环境而存在,或是因具有较广的生态幅而存在,与优势种相伴而出现,故又称为伴生种。

(三)种群及其动态特征

如前所述,在一定空间中同一种生物的个体集群称种群。在一个生物群落中,每一种生物都有许多个体,所以群落中每一种生物实际上都是一个种群,而整个群落就是许多种群的集

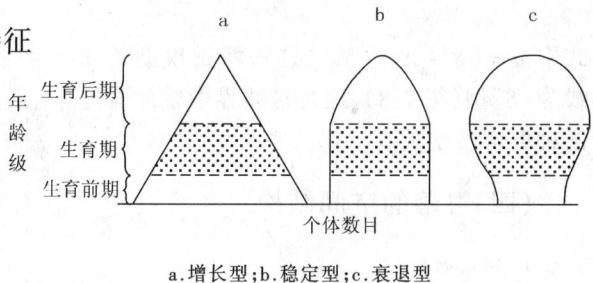

a.增长型;b.稳定型;c.衰退型

图 7-7　种群年龄结构类型[6]

合。每个种群的数量及其动态变化对群落特征尤其是对群落的动态变化具有重要影响,因此研究每个种群对研究群落具有重要意义。种群的个体数量在时间上的变化就是种群动态。决定种群动态特征的因素除了性别比以外,主要是种群的年龄结构。一个种群的不同个体可分为幼龄、中龄和老龄三个年龄级,而各年龄级个体数的百分比组成便是该种群的年龄结构。据各年龄级的个体数,按从幼龄到老龄的顺序作图可得到年龄金字塔。根据各种群年龄结构的不同可将种群分为增长型、稳定型和衰退型三类(图 7-7)。

种群动态在数量上的表现,即种群的个体数量随时间的变化可用逻辑斯谛方程来描述。先假定一个种群单独存在,空间和资源无限,没有天敌和疾病,也

没有个体迁入与迁出等其它因素的影响。按瞬时增长率(r)连续地增殖,那么,种群数量(N)的瞬时改变量是 r 与 N 的乘积,即 $dN/dt = r \cdot N$,对其积分后为 $N_t = N_0 e^{rt}$。可见种群为指数增长,其曲线为"J"型(图 7-8)。但是在现实的自然界中,种群并不能长时间按指数方式增长下去,因为空间和资源是有限的,周围又有其它生物存在与之竞争。当它的密度增大到一定程度之后,由于空间和资源的紧缺、种内和种间的竞争以及疾病等环境阻力的存在,它的出生率和存活数将会下降,实际增长率降低,种群增长变慢,直至增长率为零,此时种群数量将稳定。所以,种群实际的增长开始时增长较慢,接着加快,随后又变慢,最后稳定在一定水平上,此时个体数目接近或达到环境的最大负荷量。在这种有环境阻力的条件下,世代重叠的种群增长是按逻辑斯谛方程增长的,即:

$$\frac{dN}{dt} = rN\left(\frac{K-N}{K}\right) \tag{7-4}$$

式中 K 为环境容量或最大负荷量,$\left(\dfrac{K-N}{K}\right)$ 代表环境阻力,其它符号意义同前。对(7-4)式积分得:

$$N_t = \frac{K}{1 + e^{a-rt}} \tag{7-5}$$

式中 $a = (K - N_0)/N_0$。这一增长模型的曲线为"S"型(图 7-8),这是自然界中较为普遍的种群增长型式。

(四)群落的空间结构

1.分层性

生物群落的垂直结构最为显著的特征是分层性或成层现象,即由于各种生物的生态位不同,群落在垂直方向上分化为若干层次。分层性在成熟的森林群落中尤其是温带森林群落中最为明显。温带森林地上部

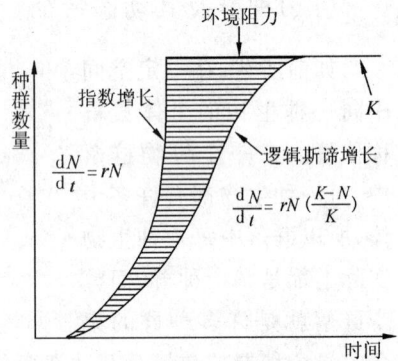

图 7-8　种群增长曲线[6]

分一般可分出四个基本层次,自上而下依次为乔木层、灌木层、草本层和地被层(图 7-9)。地下部分因各种植物根系分布深度不同而形成与地上分层有对应关系的地下成层现象,即乔木根系分布最深,灌木根系次之,草本根系很浅,地被物附于地表。

群落中的动物也因生态位不同而出现在不同的层次中。例如,在欧亚大陆寒带针叶林(亦称北方针叶林、寒温性针叶林、泰加林)中,两栖类、爬行类、兽类、某些鸟类和各种啮齿类栖息在地被层和草本层中;莺、苇莺和花鼠等栖息在灌木层和幼树层中;山雀、啄木鸟、松鼠和貂等栖息在森林的中层;柳莺、交嘴和戴菊等在树冠层栖息。在水生群落中,也有明显的成层现象。

生物群落的分层性是自然选择的结果。它显著提高了生物利用空间和环境资源的能力,是生物充分利用空间和环境资源的最合理的配置组合方式。它使群落在单位面积上能容纳更多的生物,更充分地利用空间和营养物质,产生更多的生物产品,增加群落的生产量。农业生产实践中的间作、套种、多层种植和立体养殖就是人们模拟天然群落的分层性,充分利用光、热、水和养分等以提高产量的一种有效措施。

图 7-9　森林群落的分层性[6]

2. 镶嵌性

所谓群落的镶嵌性是指群落内部在水平方向上生物分布疏密不均而呈现为许多斑块的现象。斑块是生物稠密的地方,斑块之间生物稀疏甚至是空地。这些斑块常被称为小群落,小群落的组合就形成了群落的镶嵌性。形成群落镶嵌性的原因有环境因素和生物本身因素两个方面。环境在水平方向上往往有一定的差异,如微地形的起伏会导致土壤水分和质地在水平方向上呈现出一定的差异等。这些环境上的差异会影响到植物的发芽、生长及分布。有的植物种子散落集中,成丛生长,适于遮荫条件下生长的一些耐荫种类就会与之生活在一起而形成小群落。

三、生物群落的动态

(一)群落季相更替

群落的季相是指群落的季节性外貌。在季节变化明显的地区,群落的外貌会随着季节的转变而呈周期性变化,这种现象就称为群落的季相更替或季相变化。例如,温带落叶阔叶林在冬季呈一片光秃灰色;在春季开始发芽抽叶;在夏季枝叶茂盛,一片浓绿;在秋季开始落叶,呈黄色或红色。季相更替是群落对当地环境年内节律性变化适应的表现形式,是对环境尤其是对气候适应的结果。所以,季相更替是否明显以及季相的多少与当地季节变化是否明显以及群落内生物生态类群的复杂程度有关。终年高温多雨的热带地区,群落的季相更替不明显;而四季分明的温带地区,群落的季相更替就非常明显。生物生态类群复杂的群落季相就多,如草原的季相可达 10 多个。还需要特别指出,群落季相更替属于同一个群落年内外貌的变化,并没有发生群落组成和结构的变化,所以季相更替不是群落质的变化。

(二)群落演替

1.群落演替的概念及原因

在一定地段上一种群落被另一种群落替代的过程称为群落演替。例如,当林区内某一块农田弃耕休闲后,随着时间的推移,最先出现的是一二年生杂草群落;然后是多年生杂草和禾草群落;再后是灌木群落和乔木群落,直至一片森林形成。这就是在一块撂荒地上发生的一种群落被另一种群落替代的群落演替过程。可见,群落演替同季相更替不同,它是群落的质变过程。这种质变主要包括群落的种类组成和结构的变化,尤其是优势种和建群种的变化,这是确认群落演替出现的主要根据。但是群落演替往往是一个渐变过程,经历的时间长短差别很大,需几年、几十年或几百年甚至更长,所以在短时间内往往不易被人们所感觉到。

导致群落发生自然演替的原因有内因和外因两个方面。群落内部的种间矛盾和生物与环境之间的矛盾是导致群落发生演替的内因。外部环境的变化,如气候变迁、洪水淹没、火灾等,是引起群落演替的外因。在人类活动频繁的今天,人类活动已成为引起现代许多群落发生演替的另一重要原因,如砍伐森林、开垦土地、火烧草地等都会导致群落发生演替。

2.群落演替的类型

根据演替发展的方向,可将群落演替分为顺行演替和逆行演替两种类型。顺行演替是群落朝着更符合当地生态环境方向演替,是一种进展性演替,如上述林区农田撂荒地上发生的系列演替便属于此类。其特点是:群落的种类组成由少到多,结构由简单到复杂,由不稳定到稳定。逆行演替是群落受干扰破坏而朝着背离当地生态环境方向演替。这是群落的一种退化过程,可使群落种类组成由多到少,结构由复杂到简单,由稳定到不稳定。例如,在山地陡坡上经常砍伐树木,会导致水土流失,土壤变瘠薄,乔木、灌木不易生存,将会发生由森林→灌丛→草地的演替。这种演替会给人类生态环境带来不利影响,所以它是人类要极力避免的群落演替,由上述可知,演替前后群落的优势种及建群种的生活型(指植物对一定生活环境长期适应所表现出的生长型式,如乔木、灌木、草本、藤本、附生和苔藓植物都是不同的生活型)、种类丰富程度和结构复杂程度的变化趋势与当地生态环境或当地稳定群落的向背关系是判别这两种演替类型的主要依据,趋向于当地稳定群落特征的群落演替为顺行演替,反之则为逆行演替。

根据群落基质性质,可将群落演替分为原生演替和次生演替两类(Clements,1916;Weaver 和 Clements,1938)。前者是指从原生裸地或水域上开始的群落演替,如从裸露岩石上开始的演替,而后者是指从次生裸地上开始的演替,如发生于砍伐迹地上的演替。由于次生裸地中会存在原来植物的根、种子等繁殖体,演替过程会受原有植物的影响,所以次生演替要比原生演替更为复杂。

3.原生演替的两个经典模式

对于原生演替的讨论通常是以两个极端性的模式作为代表(Clements,1938),一个是从岩石表面开始的演替,另一个是从淡水水域开始的演替。前者按顺序发生的一系列群落所构成的演替系列称旱生演替系列,后者按顺序发生的一系列群落所构成的演替系列称水生演替系列。这两个类型的群落演替,特别是早期的几个阶段,在各地都非常近似,所以这两个演替系列可以分别作为陆生群落和陆地上的水生群落的演替模式。

(1)旱生演替系列:这是假定在森林气候环境中,发生于裸岩上的群落演替。其演替系列为:裸岩→地衣群落→苔藓群落→草本群落→灌木群落→乔木群落。由于地衣是能够忍耐严酷环境条件的类群,它可以首先在干旱的岩石表面上定居、生存,形成地衣群落。同时,在其生命活动过程中能分泌有机酸,腐蚀岩石表面,并借助本身阻留空气中的细小尘粒,再加上本身有机残体的聚集,经过长时期的作用之后,会在岩石表面形成极薄的原始土壤,从而使岩石表面的水分和养分等有所改善,为苔藓侵入创造了条件。在地衣群落发展的后期,苔藓侵入并逐渐占居优势而代替了原来的地衣群落成为苔藓群落。以同样的方式,以后每一阶段的植物以其本身生命活动使土壤加厚并使其居住环境的水、温度和养分等条件得到进一步改善,为下一阶段的植物侵入提供了条件,而自身被后来者所替代。如此长期进行,群落将一直演替到与当地气候条件相适应的森林群落,这是旱生演替系列的最后阶段,将长期稳定下来。

(2)水生演替系列: 这是假定在森林气候环境中发生于淡水湖泊或池塘开敞

水体中的群落演替,其演替系列为:开敞水体→沉水植物群落→浮叶植物群落→
挺水植物群落→湿生草本植物群落→木本植物群落。在开敞水体中最先有一些
浮游生物出现,包括自由漂浮的植物和鱼类等。这些生物的排泄物、残体以及湖
岸雨水冲刷带来的泥沙等堆积在湖底,使湖底逐渐抬高,水体变浅。当湖底抬高
到一定程度后,会有沉水植物在湖底生长。随着沉水植物的大量繁衍,残体不断
堆积,加之泥沙的淤积使湖底进一步抬高,水体进一步变浅。在较浅的水体中浮
叶植物开始生长。由于浮叶植物在水面遮挡阳光,沉水植物得不到充足的阳光
而衰退,而且浮叶植物的根及地下茎较为发达,积累有机物和拦截泥沙作用强,
加速水体变浅。进一步变浅的水体又为挺水植物的生长提供了条件。这样,每
一阶段的植物生长繁殖堆积从而使湖底升高水体变浅,为下一阶段的植物生长
提供条件而本身不能适应变化了的环境而被替代,最后水体消失,由湿生变为中
生,形成适合于当地气候条件的森林群落便稳定下来。

　　在上述两个植物群落演替系列过程中,栖息于植物群落中的动物群也相应
地发生更替,与每个阶段的植物群落相适应。

　　一定环境中的群落经过长期的演替,到最后会发展为与当地环境条件相适
应的结构稳定的群落。这种演替到最后阶段与当地环境相适应的相对稳定的群
落叫"演替顶极"或"顶极群落"。关于演替顶极,学术界尚有争议。"单元顶极
说"(Clements,1916,1936)认为,在一定的气候区域内,无论开始时环境差异有多
大,只要时间足够长,最终全区内的群落将趋同于一个与该区气候相适应的顶极
群落,即形成一个由气候决定的顶极群落,故称之为气候顶极。"多元顶极说"
(Tansley,1939)认为,一个气候区域内可以有多种顶极群落,除了气候顶极外,还
可以形成由土壤、地形等因素控制的与之相适应的土壤顶极、地形顶极等。"顶
极—模式"说(Whittaker,1953)认为,一个自然群落适应于它生存环境因素的整个
分布和变化模式,所以一个地区的顶极类型不是截然地分离成离散状态,而是沿
环境梯度逐渐地变化,是顶极类型的连续,模式中心的和最广泛分布的群落是优
势顶极,它是最清楚地表现该地区气候的群落。

　　4.关于群落演替机制的学说

　　关于群落演替机制的问题,学术界已经出现了许多种学说,其中主要的有以
下几种。

　　(1)促进作用说:Clements(1916)认为,群落演替是由于前一阶段群落中的物
种活动改变了环境条件使它不利于自身存在而有利于其它物种存在,从而促进
了后来其它物种的繁荣,最终导致整个群落发生演替,因此物种替代和群落演替
具有顺序性和方向性。这是群落演替机制的经典性学说。

(2)抑制作用说:Egler(1954)认为,先来物种抑制后来的物种,使后来者难以入侵和繁荣,所以初始物种组成决定着群落演替的后来优势种。演替并不一定总是朝着顶极方向发展,通常是从短命物种向长命物种发展变化。

(3)忍耐作用说:Conell 和 Slatyer(1977)认为,物种替代决定于物种的竞争能力,早期物种的存在并不重要,任何物种都可能开始演替。随着环境资源的递减,较能忍受有限资源的物种将会取代其它种类。演替就是靠这些物种的侵入和原来定居物种的逐渐减少而进行的。

(4)适应对策演替说:Grime(1989)对植物适应对策的详细研究,在传统 k-对策和 r-对策的基础上,提出了 R-对策种、C-对策种和 S-对策种三类。其中 R-对策种适应于临时性资源丰富的环境,C-对策种适应于资源一直处于丰富状态的生境中;S-对策种适应于资源贫瘠的环境,它们忍耐恶劣环境的能力强。一般情况下,在次生演替过程中,先锋种为 R-对策种,演替中期的种多为 C-对策种,而顶极群落中的种则多为 S-对策种。

此外,现代群落演替的研究还常用数学模型定量地描述演替过程,预测演替的结果。其基本思路是把演替看做是一个马尔科夫过程,即演替是一种随机过程,演替从一个阶段到另一个阶段的转移概率只与现时状态有关,而与先前状态无关,演替转移概率不随时间而改变。在此前提下,以群落中每一物种在特定时间内被本种和其它物种替代的概率来构造马尔科夫转移概率矩阵,据此来预测演替的结果。

四、生物群落对环境的影响

(一)群落对内部环境的影响

因为群落中各层植物对光的吸收、反射等而具有削弱作用,所以不仅使进入群落的总光量减少,而且光质也有所变化。据研究,到达群落地面的光量通常不到总光量的 10%,且以漫射光为主,生理有效光减少。由于群落内部总光量较少,以及植物体对热量交换的影响(地面辐射受阻,逆辐射增强,有效辐射减少),所以群落内部的平均温度稍低于群落外部的,且温度变化和缓,日较差和年较差小,白天和夏季群落内部的温度比空旷地低,夜间和冬季比空旷地高。群落内部植物对大气降水的截留作用以及植物的蒸腾作用可使群落内部空气中的水汽增加,湿度增高,与空旷地相比,群落内部空气的相对湿度一般比空旷地高出 10%以上,绝对湿度也明显地较高。群落内部植物体对空气流动有机械阻挡作用,使群落内部的风速明显小于群落外部,尤其是森林群落最为显著,密林深处常常几乎处于静风状态。群落内部 CO_2 具有白天含量低夜间含量高、冠层含量低地面含量高的时空变化特点。在群落内特定的水热条件和生物因素作用下,其土壤在理化性状和有机质含量等方面也与群落外空旷地的土壤有明显的差异。一般来说,群落内部土壤有机质含量高,水分较多,pH偏低,土壤生物活动强烈,养分含量较高。

(二)群落对外界环境的影响

群落对外界环境的影响主要表现在植物群落具有防止风害、调节水分、改良土壤和净化空气等方面。由于植物群落尤其是森林群落对气流具有阻碍作用,能降低风速,改变风向,因此森林具有良好的防风效应,能防止或减小大风带来的一系列危害。植物群落特别是森林群落对水分具有良好的调节作用,在降水时,枝叶的截留作用可减少直接到达地面的降水量,地表的枯枝落叶层和活植物体的拦蓄作用可使地表径流流速减慢而易于下渗,增加地下水数量。降雨过后或在干季,蓄存于地下的一部分水分以地下径流的形式慢慢补给河流;另一部分被植物吸收,通过蒸腾作用进入大气。由此可见,森林群落对水分的一系列调节起到了涵养水源、减少水土流失、防止河水暴涨暴落而降低旱、涝灾害发生频率的作用。同时,通过植物群落的蒸腾作用,可以改善周围地区的大气湿度状况,有利于降水的形成,促进干旱和半干旱地区生态环境的良性循环。城市中绿化造林对城市的空气具有净化作用。据观测,一公顷阔叶林在生长季节一天可以消耗 1 t CO_2 而放出 0.73 t O_2。植物的枝叶对大气中的烟尘及有害气体具有吸附作用,对减轻大气污染具有明显作用。一定宽度的林带对噪音也具有明显的减弱作用。总之,植物群落对周围环境的改造作用对人类来说是有益的。应该大力提倡植树造林,绿化荒山荒坡,使生态环境向更加有利于人类的生存和发展方向演变。

第三节 生态系统

一、生态系统概述

(一)生态系统的概念

任何生物群落都存在一定的环境中,并与环境之间经常进行着物质、能量交换,从而形成一个不可分割的统一整体。在一定空间中,生物群落与其环境通过物质循环和能量流动而形成的统一整体叫生态系统(Tansley,1935)。换句话说,生态系统就是生物群落与其环境的综合,它实际上是生物群落与其非生物环境共同形成的一个物质—能量系统。生态系统是一个广泛的概念,可以从类型上理解,也可以从区域上理解。例如,一片森林、一个湖泊、一条河流都可看做是不同类型的生态系统,一个包括有森林、湖泊和河流在内的相对独立的地理区域也可看做是一个生态系统,生物圈可看做是地球上最大的生态系统。

生态系统是具有不同规模或层次的系统。也就是说生态系统的空间尺度大小是不同的,大尺度的生态系统由比它空间尺度小、层次低的次一级生态系统构成。例如,生物圈自然生态系统是由陆地生态系统、海洋生态系统这些次一级的生态系统构成,而陆地生态系统又由森林、草原、荒漠和冻原等更次一级的生态系统构成,海洋生态系统又由海岸、浅海和远洋等次一级生态系统构成。

对生态系统的研究有助于我们全面正确认识生物与生物、生物与环境之间的关系,从而正确认识生物在自然地理系统中的地位和作用,特别是生物在其物质能量传输中的特点与作用。不仅如此,生态系统研究还有助于正确认识人类与自然的关系。最近几十年在生态系统研究中所揭示出的生态规律已成为人类协调人与自然关系,解决当今人类面临的人口、资源、环境等全球性问题的重要理论基础。

(二)生态系统的组成

生态系统由生物和非生物环境两大部分构成,其中生物根据其在生态系统中的功能作用不同又分为生产者、消费者和分解者三类,因此,一个完整的生态系统由非生物环境、生产者、消费者和分解者四种成分组成。

1.非生物环境

非生物环境包括与生物生存有关的大气及物理状况、水分、土壤和地貌等，它们既是生物活动的场所，又是生物生活所依赖的物质和能量的源泉。

2.生产者

生产者主要指绿色植物，其次还包括某些自养细菌。它们能够利用太阳能将环境中的 CO_2、H_2O 和无机盐等合成为有机物，同时把太阳能固定下来，不断为其它生物提供食物和能量，故称之为生产者。

3.消费者

消费者由各种动物组成，它们自己不能制造食物，而是靠直接或间接地消耗植物生产的有机物而生存。根据消费者食性的不同，动物可分为植食动物、肉食动物和杂食动物等。植食动物又称为一级消费者，它们直接以植物为食，如牛、羊、鹿等。肉食动物中以植食动物为食的称一级肉食动物，为二级消费者，如食昆虫的鸟类、蛙、蜘蛛等。以一级肉食动物为食的动物称二级肉食动物，如狐狸、狼、蛇等，为三级消费者。以二级肉食动物为食的动物如狮、虎、鹰等凶猛兽禽称三级肉食动物，为四级消费者，又称为顶部肉食动物，其数量较少。杂食性动物既食植物又食动物，如熊、鲤鱼等。人类也属于杂食者，是最高级的消费者。

4.分解者

分解者主要包括细菌、真菌和一些原生动物等异养微生物，它们靠分解动植物的残体及其排泄物取得能量和营养物质。分解者把复杂的有机物分解成简单的无机物归还到环境中，供生产者再次利用，所以它们在物质循环过程中起着重要作用。

在上述生态系统的四种成分中，惟独消费者是可有可无的非基本成分，但是它们的存在使生态系统的能量流动和物质循环进一步复杂化，延长了物质和能量在生态系统中的停留时间。

(三)生态系统的营养结构

生态系统各组成成分并不是杂乱无章的堆积而是具有一定的内在联系，具有一定的结构使之成为一个有机整体并呈现出一定的功能。生态系统除了有以分层性和镶嵌性为特征的空间结构外，还有以食物为纽带形成的营养结构。所谓营养结构就是生态系统中各营养级的有序组合，它是以营养为纽带把各种生物联系在一起的一种结构。在一个生态系统中，根据生物营养方式所划分的级别叫营养级。通常把获取食物方法相似的和食物性质相同的生物归为同一个营养级，这样可把生物分为若干个营养级。例如，作为生产者的植物和所有自养生物都属于同一个营养级,即第一营养级。所有以生产者为食的动物为第二营养级。所有以植食动物为食的肉食动物(一级肉食动物)为第三营养级。依此类推,还可以划分出第四和第五营养级等。一般来说,营养级越高的生物其种类和数量越少,当少到一定程度时就不能再维持更高营养级的生物生存了,所以,营养级的数目不可能很多,一般3~5级,最多不会超过6级。生态系统内这些营养级的有序组合就是它的营养结构。

生态系统中营养结构的具体表现形式是食物链和食物网。所谓食物链是指处于不同营养级的某些生物通过取食与被食的关系彼此关联而形成的一个能量和物质流通系列。例如,在草原中由牧草—蝗虫—蛙—蛇—鹰这种吃与被吃构成的系列就是一个具有5个营养级的食物链。食物链根据其起点的有机体和生物的营养方式或生存方式可分为三类:一类是以生产者—植食动物—各级肉食动物为顺序的直接消费活有机体或组织为特点的活食性食物链;第二类是以较大动物—寄生动物—原生动物为顺序的以寄生关系形成的寄生性食物链。第三类是以动植物残体或腐屑为起始点主要由真菌、细菌等各级腐生生物构成的腐食性食物链。任何一个生态系统的食物链都不只是一条,并且食物链上的每种生物都不是仅吃一种生物,它本身又往往被多种生物所食。这样以来,食物链往往不是一条简单的直线链,而是出现许多分枝,并且多个食物链发生交叉彼此交织在一起成为一种网状结构。这种由多个食物链相互交织而形成的复杂网状结构称食物网。每种生物都处在食物网的某个位置上,它们通过食物网相互依存,彼此制约,其中一种生物发生重大变化,将会引起连锁反应影响到其它种类。生态系统之所以成为一个统一整体,就是因为食物网将各种生物有机地联结在了一起。

(四)生态系统的功能

生态系统具有一定的功能,主要体现在生态系统能够进行生物生产、能量流动和物质循环三个方面。生态系统功能的强弱决定于系统的结构(包括空间结构和营养结构),结构越复杂,其功能越强大。

1.生物生产

生物生产是生态系统最基本的功能。所谓生态系统的生物生产系指生物合成有机质或固定能量的过程,可分为第一性生产和第二性生产两种。第一性生产也叫初级生产,主要是指绿色植物把来自环境的 H_2O、CO_2 和无机盐类等合成为有机物的过程,这是生态系统最基本的生物生产。第二性生产是指动物和微生物把第一性生产的产品直接或间接地转化为新的有机物的过程,这是以第一性生产为基础的生产。

生态系统的生产状况或生产力常用净第一性生产量和生物量或现存量等指标来反映。净第一性生产量是指在单位时间单位面积上由绿色植物光合作用合成的有机物质总量除去植物本身呼吸消耗量后所剩下的那部分生产量,单位为 $g \cdot m^{-2} \cdot a^{-1}$ 或 $J \cdot m^{-2} \cdot a^{-1}$。净第一性生产量的大小直接反映了生态系统生产力的高低。当净第一性生产量随时间推移积累到某一观测时刻,单位面积上的积存量称为植物的生物量。它只是一个理论数值,实际上在净第一性生产量的积累过程中,植物体往往要被消费者和分解者消耗一部分。若除去这部分消耗量,余下的积累量叫植物的现存量。现存量通常比生物量小,但对二者一般不严格区分,其单位均用 $g \cdot m^{-2}$ 或 $J \cdot m^{-2}$ 表示。由于第一性生产是生态系统的基本生产,而且生态系统的生物量绝大部分是植物生物量(约占99%),动物和微生物的生物量所占比例很小,所以常用净第一性生产量和植物生物量(或现存量)来代表整个生态系统的生产量和生物量(或现存量)。

生态系统的净第一性生产量是随着该系统的发育而变化的。例如,在森林生态系统中,随着该系统的发育,叶面积指数(叶面积/地表面积)不断增大,总第一性生产量和净第一性生产量也都随之增大。当叶面积指数约为4时,净第一性生产量达到最大值(图7-10)。之后叶面积指数增大,虽然总第一性生产是继续提高,但由于根、茎、叶呼吸消耗量增大,净第一性生产量却逐渐减小。当叶面积指数为9～10时,总第一性生产量达到最大,这时系统发育达到了成熟的阶段。

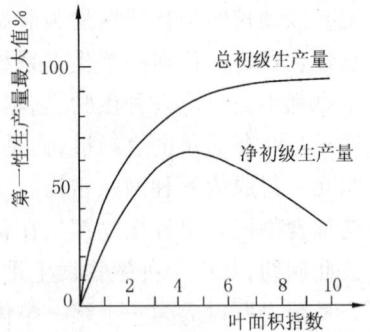

图 7-10 生态系统净第一性生产量与系统发育的关系[9]

不同类型的生态系统其净第一性生产量具有明显的差异,其高低与当地的水热条件和营养物质的丰富程度有很大关系。据 Whittaker(1975)资料,热带雨林的净第一性生产量平均为 2 000 $g \cdot m^{-2} \cdot a^{-1}$,亚热带常绿阔叶林为 1 300 $g \cdot m^{-2} \cdot a^{-1}$,温带落叶阔叶林为 1 200 $g \cdot m^{-2} \cdot a^{-1}$,温带草原为 500 $g \cdot m^{-2} \cdot a^{-1}$,极端沙漠、岩漠和冰地仅为 3.3 $g \cdot m^{-2} \cdot a^{-1}$。

2.能量流动

生态系统的能量主要来源于太阳能。绿色植物通过光合作用把太阳能转化为化学能固定在有机物质中从而使太阳能进入生态系统。然后,随着植食动物和肉食动物的采食与捕食,能量沿着食物链转移到各营养级。各营养级的生物在其生命活动过程中因呼吸作用将本身一部分能量直接转化成热能散失到环境中,当生物体死亡后保存在有机质中的能量经分解者作用最终也以热的形式散失到环境中。散失到环境中的热能不能再次被生产者利用,所以能量是一次性通过生态系统的。我们把生态系统中能量沿各营养级单向转化移动的过程称能量流动(图 7-11)。由图 7-11 可见,生态系统的能量在由低营养级逐渐向高营养级

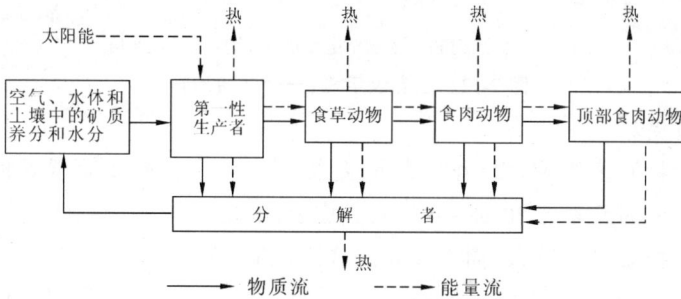

图 7-11 生态系统能量流动和物质循环示意图[1]

转移过程中,每经过一个营养级,数量都要大大减少。这是因为对于每一级消费者来说,前一营养级的生物产品都有一部分是不可食用的;被食用的那部分总是不能全部被生物吸收利用,而以"废物"形式排泄到环境中;被吸收的那部分能量又大量用于呼吸代谢,转化为热能而损失。所以只有很少一部分能量储存在生物体内供自身的生长发育之用。由此可见,后一营养级生物对前一营养级生物能量的实际利用率是很低的。早在 20 世纪 40 年代,美国生态学家林德曼通过对湖泊生态系统的研究发现,能量在各营养级中转化的效率大约为 10%,这就是著名的林德曼"百分之十率"。这一定律告诉我们,每经过一个营养级能量要损失掉 90%,只有 10% 才真正转移到下一营养级的生物体中,生态系统的营养级数目不会很多,一般不会超过 5~6 级。大量研究证明,百分之十率适用于水生生态系统,对陆地生态系统并不完全适用。这是因为陆地生态系统的净生产量不是完全逐级传递到下一营养级的,其中相当大一部分直接传递到分解者那里被分解转化。另外还发现,在低营养级位能量转移效率可以低于 10%,而在较高营养级位则可高达 30%。尽管如此,林德曼"百分之十率"给我们提供了一个大致的数量概念,具有重要价值。受能量转移效率的制约,顺营养级向上,生产量急剧地、阶梯般地递减,用图形表示则呈金字塔形,故称之为生态金字塔。不仅生产量如此,而且生物量和个体数量也有类似的递减规律,也呈金字塔形(图 7-12)。

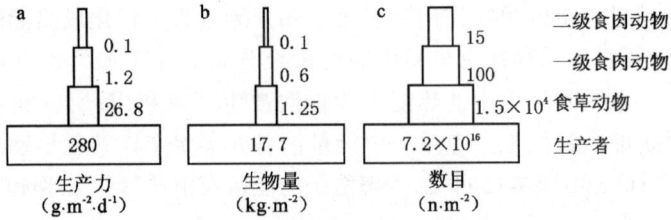

a.生产力金字塔;b.生物量金字塔;c.个体数目金字塔
图 7-12　生态金字塔(一个试验池)[1]

3.物质循环

各种生物的正常活动既需要能量,还需要水和多种矿质元素等物质。大多数生物所需要的元素有 30 种~40 种,其中 C、O、H、N、P、K、Na、Ca、Mg、S 等约 20 多种元素生物需要量较大,而 B、Co、Cu、I、Mn、Mo、Se、Si、Zn 等 10 多种元素需要量较少,但又是不可缺少的。另外,生物需要的能量还必须被固定和储存在由各种元素组成的有机质中,并且以物质为载体它才能沿着食物链流动。所以,物质对生态系统来说是不可缺少的。但物质在生态系统中的运动过程与能量不同,物质可以进行循环反复被生物所利用。

植物从环境中不断吸收各种所需的物质,将它们合成为有机物而进入植物体。其中一部分被植食动物摄食而进入动物体,并沿食物链继续转移,最后动植物残体及其排泄物被微生物分解成为简单的无机物回归到环境中,回到环境中的无机物可再次被植物吸收利用。这种生态系统中的物质可以一次又一次地被利用、再利用,循环往复的过程称为生态系统的物质循环(图 7-11)。

根据生态系统物质循环范围、途径和周期不同可分为生态系统内的生物小循环和生态系统之间或全球性的生物地球化学大循环两类。前者范围小,周期短,速度快,后者则相反。对于全球性物质循环来说,由于各元素的性质不同,所以它们的循环途径、周期等也各不相同。这里仅以碳的全球性循环为例,说明物质循环的特点(图 7-13)。

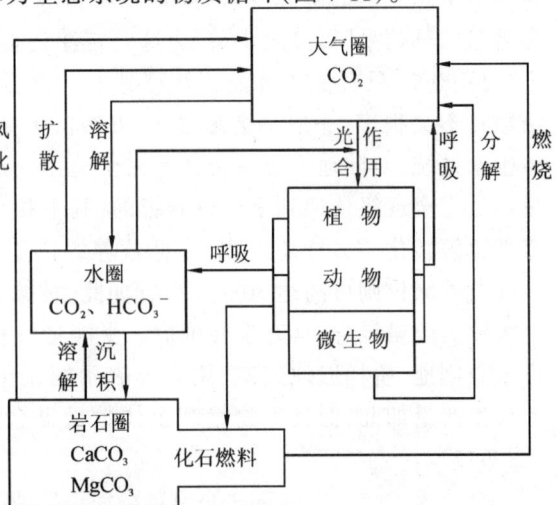

图 7-13　碳循环示意图

地球上大约 99.9% 的碳被固结在岩石圈中的碳酸盐岩和化石燃料中,而生物所需要的碳则主要来自大气圈或水圈中的 CO_2。陆生绿色植物从大气中吸收 CO_2,水生浮游植物利用溶解于水中的 CO_2,通过光合作用将其转化为碳水化合物,用以构成自身并供消费者利用。这些进入生物系统被转化为有机态的碳经以下四种途径又分解为 CO_2 返回到大气中或水中被植物重新吸收利用,从而构成生物与环境之间的不同周期的碳循环:第一,生物呼吸作用;第二,动植物残体及其排泄物被微生物分解;第三,现代生物遗体燃烧和地质历史时期形成的化石燃料被人类开发燃烧进入大气;第四,某些动物如海洋软体动物的贝壳和有孔虫类的骨骼中聚集的碳酸盐,经沉积成岩作用形成的石灰岩或珊瑚礁出露地表后经风化进入大气。与此同时,在这种循环的影响下,大气圈、水圈和岩石圈之间也经常进行着碳的交换,从而构成全球性完整的碳循环图式。在自然状态下,某一圈层中的碳含量若变得过高或过低都能通过全球性碳循环的调节机制得到调整而恢复到原来各圈层间的平衡状态。但是,碳循环的调节机制能在多大程度上承受人类的干扰,目前还不十分清楚。自从工业革命以来,人类燃烧了大量化石燃料,每年向大气释放大量 CO_2。由于 CO_2 的温室效应,人们担心这将会引起气候变暖从而引起一系列生态问题,因此一些生态学家提出今后应改善能源结构,减少 CO_2 排放量,同时要提高森林覆盖率,增强对 CO_2 的吸收能力,以扭转大气 CO_2 含量继续升高的趋势。

在生态系统中能量流动和物质循环同时进行,相互伴随。物质循环是在能量流动的推动下进行的,而能量流动又必须以物质为载体才能进行,二者缺一不可。能量是单向流动的而物质则可以循环。

(五)生态系统的动态平衡

生态系统是一种开放的动态系统。它的各种生物个体在经常更新,能量在不断地流动,物质在不停地循环,并按照一定规律向前发展。只要给以足够的时间和稳定的环境,生态系统总是向着组成、结构和功能更加复杂的方向演进,即从简单的、很不稳定的初期阶段演替到复杂的、稳定的成熟阶段。当一个生态系统发展到成熟的阶段时,它的各组成成分之间相互协调,结构和功能处于相对稳定状态,其物质和能量的输入与输出接近于相等,在一定限度内能通过自我调节抗御外来干扰而保持系统本身的相对稳定,这种状态叫生态平衡。生态平衡是一种动态平衡,而不是静止的平衡,并且其稳定性大小随系统类型的不同而有很大差异。

生态系统之所以能维持自身的稳定或平衡主要在于系统本身具有自我调节

的能力。生态系统的自我调节是通过以负反馈为主的反馈机制来实现的。所谓反馈是指系统的一部分的输出能控制该系统输入的现象。如果反馈作用对该系统的影响与原来输入对该系统的影响相同,叫正反馈;反之,则叫负反馈。可见,正反馈能加大系统偏离常态的趋势,负反馈能制止或缓和偏离常态的倾向,使系统趋于稳定。所以,生态系统主要是靠负反馈来实现稳定或平衡的。生态系统的反馈过程十分复杂,在生物与环境之间、生物组分之间都存在着复杂的反馈关系。例如,在一定范围内的草原上,所能供养的食草动物的数量是一定的,当食草动物的数量逐渐增多后,牧草会因遭到过度啃食而使草场退化,产草量降低;牧草减少后,食草动物因食物缺乏、营养不良而繁殖力下降,导致动物数量不断减少;食草动物减少后,对牧草的啃食压力减小,牧草逐渐恢复增长,草场的产草量逐渐提高,从而又促进食草动物数量的增加。这样,通过一系列反馈机制,尤其是负反馈机制使食草动物数量与草地之间保持一种动态平衡。

当生态系统达到动态平衡的最稳定状态时,它能够自我调节和维持自己的正常功能,并能在一定程度上抵抗和消除外来的干扰,保持自身的稳定性。但是,这种自我调节能力是有限的,当外界干扰超过了一定限度(生态阈限)时,生态系统自我调节的功能就会遭到损害,甚至丧失,从而引起生态失调,甚至整个系统发生崩溃。另外,生态系统的稳定或平衡以及自我调节能力是以生物多样性为基础的。一般来说,多样性越高,越利于稳定或平衡。这是因为生态系统的种类多,食物链就多,食物网就复杂,物质能量流通渠道就多,如果一个渠道或环节受损可由其它环节进行补偿,不致于使整个系统受损或崩溃;反之,生态系统的种类单一,食物链少,食物网简单,如果某一环节受阻,就易使整个系统受到较大影响。由此可见,保护生态系统的物种多样性是维护生态平衡的前提条件。由于不同地域的生态系统其物种多样性高低及其无机环境的优越性程度具有明显的差异,所以它们的稳定性大小也具有明显的差别。

(六)生态系统研究进展

自 20 世纪 60 年代以来,生态系统研究得到了迅速发展,不仅对生态系统的结构、功能和调节机制等方面的特征有了进一步的认识,产生了一些新观点,而且在研究方法上不断更新,并从自然生态系统扩展到人类社会生态系统,使生态系统研究更加深入、精确和广泛。

在生态系统营养结构的研究方面,Cohen(1989)、Pimm(1983)和 Lawton(1989)等人对食物网的研究取得了重要进展。他们的研究表明,食物网图式有一定规律,如食物网很少是环状的,食物链不长,平均为 4 节;顶位种、中位种和基位种的比例相当稳定;各类链节,即基—中节、基—顶节和中—顶节的相对比例也很稳定;链节数/物种数的比例同样也是稳定的。在此基础上,他们提出了可以预测上述所有规律和食物网中各种长度食物链分布规律的级联模型。在营养结构研究中出现的另一热点是,将生态系统中的物种按其对资源利用方式划分为同资源种团(或称为功能团),同一功能团的物种之间竞争激烈,而不同功能团的物种竞争很弱。这样的研究将促进有关竞争和进化问题的深入,也避免以营养级为单位的生态系统研究过于简单而以物种为单位的生态系统研究又过于复杂的缺陷。

在生态系统的功能的研究方面,H·T·奥德姆(1983)对生态系统能量学做了进一步具有独到见解的论述,提出了能质链及其等级序列的概念,用不同类型能量之间的转换率作为质量的测度(通常用单位能量或物质所含有的太阳能焦耳数作为能量转换率)。处于较高等级序列者具有较大的能量转换率,属于高质能,它需要输入较多的能量来维持,高质能反馈于低质能量有放大作用或控制作用。如人类劳动、复杂的生化物质等均属于高质能,具有较高的能量转换率。这种观点被一部分学者所接受。人们对生态系统功能的另一种新的认识是,生态系统中除了物质循环和能量流动外,还存在着生物之间的信息传递,这种信息流起着把各个组成部分联成一个整体的作用。关于生态系统中信息传递的问题,自 70 年代提出以来,有些学者应用信息概念对生态系统中一些难以解释的现象和过程进行了推测,但是对生态系统中信息流动途径和特征的研究,以及在各个营养级间定量表示信息传递过程等方面,仅做了一些初步的尝试和探索,至今还未形成完整的理论体系。

关于生态系统物种多样性对系统稳定性影响的问题,Elton(1958)和 MacArthur(1955)等早期学者所提出的多样性导致系统的稳定性观点至今仍被多数人所接受。但是,在 20 世纪 70 年代 May(1974)等人通过数学模型研究得出了相反的结论,即复杂性增加将不可避免地削弱系统的稳定性。这无疑是对传统认识的挑战。虽然目前对这两种观点谁是谁非还难下定论,但这种新的观点推动了对生态系统稳定性的深入研究。人们在研究物种丢失对系统影响的过程中,提出了多种不同解见,其中比较重要的有"铆钉"假说和"冗余种"假说。"铆钉"假说将生态系统中的物种比作一架飞机上的铆钉,开始丢失少量物种时,对系统影响不是很明显,当物种数量丢失到一定程度时生态系统将会崩溃。铆钉说认为,生态系统中各物种的作用是相同的,没有主次之分。"冗余种"假说则认为,物种丰富对一个生态系统并不重要,而只不过与维持初级生产者、消费者和分解者的生物量有关。假如这一点能得到满足,一个生态系统乃至整个生态支撑系统——地球中的各种功能过程只需要几个物种就能很好地完成。这种假说认为,物种在生态系统中的作用有主次之分,如果关键种丢失,生态系统的面貌将会全部改变,而冗余种丢失则不会引起系统变化。

人们在70年代对海洋生态系统的研究中发现,深海火山口周围高温(200℃以上)水体中的生物,包括长达3 m、体内无消化道的蠕虫,其食物来源于共生的化学合成细菌。这就证明地球上还存在着不依赖太阳能的特殊的生态系统。

近20年来的生态系统研究,大量采用新技术、新方法,如采用自动测试装置、电子计算机、同位素跟踪等技术,应用系统分析和建立数学模型等方法,使研究从定性向精确的定量发展。并且从自然生态系统研究扩展到以人类社会经济活动为中心的人工生态系统研究,以致出现了"自然—社会—经济复合生态系统"的概念,使得生态系统的研究内容越来越丰富。

二、陆地生态系统

根据生态系统受人类影响的程度可将其分为自然生态系统、半自然生态系统和人工生态系统三大类。其中自然生态系统又根据环境的不同分为陆地生态系统和水域生态系统两类。与水域生态系统相比,陆地生态系统的生产力高,类型多样,动态变化和地理分布规律明显。陆地生态系统根据其植被特征可分为森林、草原、荒漠和冻原四类次一级生态系统。

(一)森林生态系统

森林是陆地上分布最广的一类生态系统,其面积约占陆地总面积的1/3。它主要分布在从热带到寒带的湿润和半湿润地区。森林生态系统的物种多样性、结构复杂程度、生产力、稳定性以及类型数量等均明显高于其它陆地生态系统。森林生态系统不仅能为人类提供大量木材和各种林副产品,而且具有涵养水源、保持水土、调节气候、抗御风沙、净化空气和保护生物多样性等多种重要生态功能,在维持全球生态平衡、改善人类生存环境方面起着重要作用。森林类型多样,不同热量带中的森林特征差异明显,在此仅对四种有代表性的森林生态系统作一简要介绍。

1.热带雨林

热带雨林主要分布在赤道两侧,以南美亚马孙河流域、非洲刚果盆地和东南亚热带地区发育最好;我国的西双版纳、海南岛和台湾南部等热带地区也有小面积分布,但已属于热带雨林的北部边缘。典型雨林区的气候为赤道多雨气候或热带海洋性气候,土壤为铁铝土。

　　热带雨林的种类组成极为丰富,是地球上各类生态系统中物种多样性最丰富的类型。例如,南美雨林中高等植物至少有 30 000 种;在巴西,8 km² 范围内仅乔木就有 400 种,而整个欧洲乔灌木才 250 种;在巴拿马附近的一个面积不到 0.5km² 的小岛上,仅哺乳动物就有 296 种。尽管热带雨林种类丰富,但同种的个体数却不多,优势种不明显。

　　热带雨林结构非常复杂。主要表现为层次多(一般可分为 5 ~ 8 层)而不易划分,层间植物发达,层间界线不很明显,并且藤本植物、附生植物、寄生植物等非常丰富。如木质藤本植物省藤的茎长可达 300 m 以上,为世界上最长的植物。寄生在青紫葛属植物根上的大花草,其花径达 1 m,为世界上最大最奇特的花。生活在热带雨林中的动物以树栖攀缘类中的鸟类、灵长类以及变温动物中的昆虫类、两栖类和爬行类为特色,大型食草动物比较贫乏。

　　热带雨林的乔木具有一系列独特特征。树木高大,皮薄而光滑。上层乔木高 30 ~ 40 m,还有 50 ~ 60 m 的巨树,最高可达 80 ~ 90 m。不少上层乔木发育有板状根,下层树木常见有"老茎生花"现象。对于茎花现象的原因有两种解释:一种观点认为这是一种原始的性状,说明雨林乔木的古老性;另一种观点认为这是对昆虫传粉的一种适应(昆虫不能飞到很高的树冠上去活动)。另外,许多树叶具有滴水叶尖,雨林就是因此而得名。。

　　热带雨林外貌终年常绿,季相更替不明显。植物终年都可生长发育,树木叶子凋落的时间不集中,使得雨林全年郁郁葱葱,花果不断。动物全年都可活动和繁殖,没有冬眠或夏眠现象,季节性迁移也少见。

　　热带雨林的生产力和稳定性均高,位于各陆地生态系统之首。全年高温多雨的气候条件,有利于植物生长,而且有机残体分解快,使得雨林中能量流动和物质循环速率高,周转快,生产量高。净第一性生产量平均 2 000 g·m⁻²·a⁻¹,为全球之冠。因种类丰富,空间结构和食物网复杂,所以稳定性极高。

　　热带雨林蕴藏着极为丰富的生物资源,如热带雨林中含有三叶橡胶、可可、金鸡纳等多种热带经济植物以及大量木材。并且它对人类生态环境具有重要的影响,在维持人类生态环境的稳定方面起着重要的作用。但随着人类对热带雨林的开发和破坏,特别是近几十年来热带雨林面积大幅度下降,造成了水土大量流失,物种减少,环境恶化,危及人类的生存。所以,保护和合理开发利用热带雨林已成为当今全球关注的重要环境和生态问题之一。

　　2. 亚热带常绿阔叶林和硬叶常绿阔叶林

　　亚热带常绿阔叶林和硬叶常绿阔叶林均分布于南、北纬 25° ~ 40° 的亚热带地区,但前者分布于大陆东岸,后者分布于大陆西岸,它们的水热组合状况、生物组成及生产力等方面都有明显的差异。

常绿阔叶林在亚洲、非洲、大洋洲和南北美洲的东南沿海地带都有分布,但以我国的常绿阔叶林分布面积最大,发育最为典型。常绿阔叶林分布地区的气候属亚热带季风气候和亚热带湿润气候,土壤为铁铝土。

常绿阔叶林的植物种类相当丰富,主要由壳斗科、樟科、山茶科和木兰科的常绿阔叶树种组成。乔木叶子表面具有蜡质层,光泽好,叶面常与光线垂直,故亦称照叶林。群落外貌全年常绿,林冠微波起伏,季相更替没有落叶林明显。群落结构比较复杂,乔木层可分为二个亚层,上层乔木高度一般 20 m 左右,很少超过 30 m。灌木层和草本层明显。灌木层较稀疏,草本层中蕨类植物丰富。藤本植物和附生植物等层间植物较少,无板状根和茎花现象。在该类森林分布地区,还分布有多种暖性针叶林和竹林,如马尾松林、杉木林、云南松林,毛竹林、红杉林等。另外,在我国常绿阔叶林中还保存有不少古老的残遗珍贵树种,如银杏、水杉、银杉、金钱松、鹅掌楸等。常绿阔叶林的生产力较高,净第一性生产量平均 1 300 $g·m^{-2}·a^{-1}$,仅次于热带雨林和季雨林。

常绿阔叶林中的动物种类繁多并具有过渡性。林中昆虫类、鸟类、爬行类和哺乳类都比较丰富,其中哺乳动物以猴类、鹿类和鼠类为最多,如有著名的金丝猴、日本猴、白唇鹿、毛冠鹿、瞳鼠、竹鼠等,此外还有大熊猫、穿山甲、华南虎等稀有珍贵动物。常绿阔叶林中的不少动物种类有冬眠现象,动物的季节变化比热带雨林明显。

硬叶常绿阔叶林是分布于亚热带大陆西岸地中海型气候地区的一种森林生态系统。这里气候夏干冬湿,森林旱生特征明显。乔木层低矮稀疏,以栎类为主,灌木层和草本层相当繁茂。乔灌木叶片常绿,具有革质,较硬,有的退化成刺。生活在其中的动物也较少。该生态系统净第一性生产量平均为 800 $g·m^{-2}·a^{-1}$。目前硬叶常绿阔叶林多被破坏,代之而起的是常绿灌丛、油橄榄林或葡萄园。

3.温带落叶阔叶林

落叶阔叶林又称为夏绿林,它是发育在北半球温带湿润半湿润地区的一类森林生态系统。在世界范围内它主要分布于欧洲西部、北美大西洋沿岸和亚洲东部三个不连贯的区域。南半球由于没有适宜的条件,夏绿林分布面积极少。我国的夏绿林主要分布于华北和东北南部。落叶阔叶林分布地区的气候属温带海洋性气候和温带季风气候,土壤主要为淋溶土。

落叶阔叶林季相更替非常明显。夏季植物生长旺盛,枝叶繁茂,草木丛生,动物也最为活跃,大部进入繁殖期;冬季植物进入休眠期,叶片凋落,一片灰黄,动物活动也减弱,大部分进入冬眠或发生迁移。夏绿林分层性明显,通常可分为乔木层、灌木层、草本层和地被层四层,藤本植物和附生植物等层间植物极少。乔木层种类组成比较单纯,优势种明显,以落叶阔叶树木为主,主要为壳斗科的山毛榉属、栎属、栗属,其次为桦木科、槭树科、椴树科和榆科等科的种类,树高15~20 m。林中较多的动物为鸟类、鹿类、啮齿类,食肉兽类也比较常见,如喜鹊、杜鹃、褐马鸡、梅花鹿、马鹿、大林姬鼠、花鼠、黄鼬、狐、狼、熊等。

温带落叶阔叶林由于冬季低温,其生产量受到限制,净第一性生产量平均为1 000 g·m^{-2}·a^{-1}。该类型分布地区开发历史悠久,人类活动频繁,目前原始夏绿林已所剩无几,多为次生林或被农业生态系统所替代,以种植小麦、杂粮、棉花等农作物以及苹果、桃、梨、枣等落叶果树为主。

4.寒带针叶林

寒带针叶林又称泰加林或北方针叶林或寒温性针叶林,主要分布在北纬45°~70°,包括欧亚大陆北部和北美洲北部,构成一条完整的针叶林带,其北界就是全球森林分布的最北界线。我国大兴安岭北部有小片寒带针叶林分布。寒带针叶林带的气候属寒带大陆性气候和寒带海洋性气候,土壤为灰土,常有很厚的冻土层存在。

针叶林植物种类组成比较单一,乔木以云杉、冷杉、松和落叶松为主,常形成单优势种森林。树干挺直,树高在20 m上下,叶为针形,树冠为圆锥形或尖塔形。结构比较简单,可分为乔、灌、草和地被层四层,但每层种类单一。乔木层通常由一两个树种构成纯林,地被层比较发达。由松、落叶松阳生树种组成的针叶林比较稀疏,林内光线较强,故称亮针叶林。由云杉、冷杉耐荫树种组成的针叶林林冠郁闭,林内光线较弱,则称暗针叶林。

针叶林内动物种类也比较贫乏,而且大多是耐寒的和广适性种类,两栖类和爬行类很少。特有的动物有灰鼠、驼鹿、紫貂、狼獾、星鸦、榛鸡、松鸡、三趾啄木鸟等,它们主要集中在地面和树冠上活动。林内动物季节性变化比较明显,有的种类冬季南迁,有的冬季休眠或休眠与贮食相结合。

针叶林区净第一性生产量很低,是各类森林生态系统中最低的一种,平均只有500 g·m^{-2}·a^{-1},但针叶林林木寿命长,植物现存量高。针叶树的树干挺直粗大,质材好,所以它蕴藏着丰富的木材资源和林副产品。

(二)草原生态系统

草原生态系统是以多年生旱生禾草植物占优势的生态系统。它主要分布于半干旱和半湿润气候地区,面积约占陆地面积的1/6。 这里的降水量不足于支持森林的发育,却足以维持耐旱的多年生草本植物尤其是禾草类的繁茂生长。草原不仅是一种重要的陆地生态系统,而且是人类重要的畜牧业基地。根据草原的组成和地理分布,草原生态系统可分为温带草原和热带稀树草原两类。

1.温带草原

温带草原分布于温带内陆半干旱半湿润地区。世界上的温带草原主要集中分布在三个区域:一是欧亚草原区,它从欧洲的匈牙利和多瑙河下游起向东一直延伸到我国东北境内,形成长达 8 000 多公里的东西向的草原带;二是北美草原区,它分布于北美中部,当地称普列利;三是南美草原区,它主要分布于阿根廷和乌拉圭境内,当地称潘帕斯。我国草原属欧亚草原区的一部分,主要集中分布于蒙古高原、鄂尔多斯高原和东北平原的部分地区。温带草原所处的地区属温带半干旱与半湿润气候,土壤为均腐土和钙积正常干旱土。

温带草原地上部分高度一般不超过 1 m。植物以耐低温的旱生多年生丛生禾草为主,又以禾本科的针茅属最为典型,此外还混生有一些菊科、藜科和豆科等科的种类,有些地方还散生一些矮小灌木。这些植物普遍存在有旱生特征,如叶面积狭窄,叶内卷,气孔下陷,根系发达等。温带草原结构简单,一般只有一两层。温带草原的季相较多而且季相更替非常明显。

温带草原中动物种类比较少,但每个种的个体较多。开阔的草原景观缺少天然隐避所,所以草原动物中以善于奔跑的营群居生活的大型食草动物和营穴居生活的啮齿类最为繁盛。另外还有一些猛禽和小型肉食动物,如野牛、野马、黄羊、田鼠、仓鼠、旱獭、跳鼠、狐、狼、獾、鸢、苍鹰等。

温带草原的生产力不高,净第一性生产量平均为 500 $g \cdot m^{-2} \cdot a^{-1}$,与寒带针叶林生态系统大致相当。

2.热带稀树草原

热带稀树草原又称萨王纳,主要分布于热带干湿季交替明显的地区。在非洲撒哈拉大沙漠的南缘、南美洲巴西高原、大洋洲中部荒漠的外围和亚洲印度半岛等都有较大面积的分布,其中以非洲的稀树草原面积最大。热带稀树草原分布区属热带干湿季气候,土壤为干润富铁土。

热带稀树草原以耐高温、旱生高大禾草为主(1~3 m),并散生有旱生的矮乔木。常见的禾本科草本植物有扭黄茅属、须芒草属、黍属的植物等,常见的矮小乔木有金合欢、猴面包树、瓶子树等。动物以善于奔跑的大型有蹄类食草动物和啮齿类为主,也有一些食肉动物,如斑马、长颈鹿、羚羊、狮、猎豹、袋鼠、袋狼、鹿和驼鸟等。随着气候的干湿季交替,热带稀树草原的季相更替非常明显。

热带稀树草原的生产力比温带草原稍高,净第一性生产量平均 700 $g \cdot m^{-2} \cdot$

a^{-1},但由于其植物的粗纤维和二氧化硅含量高,氮、磷含量低,所以它的饲用价值低于温带草原。

(三)荒漠生态系统

荒漠生态系统是形成于干旱气候条件下的一种生态系统,其面积约占陆地面积的 12%。在北半球,荒漠生态系统主要集中分布在大陆内部和回归线附近的大陆西岸,南半球除阿根廷境内的荒漠外,基本上都分布在回归线附近。我国的荒漠主要分布在西北干旱地区。荒漠生态系统分布区的气候属热带、副热带和温带干旱气候,土壤为干旱土。

荒漠群落十分稀疏,常有大片裸地。植物与动物的种类也都十分贫乏。荒漠植物主要有三类:一是超旱生半灌木、灌木和半乔木,这些植物根系发达,叶小而厚,甚至叶完全退化,以藜科、蒺藜科、菊科和柽柳科的植物为多,如琐琐,白刺、霸王,蒿等;二是肉质植物,这些植物茎或叶肉质化,气孔白天关闭、夜间开放,以适应干旱缺水的环境,如仙人掌科、大戟科、百合科的一些植物;三是短命植物(一年生)和类短命植物(多年生),它们利用较湿润的季节迅速完成其生活周期,以种子或营养器官形式度过不利季节。荒漠中的动物主要是耐旱的啮齿类、爬行类、鸟类和昆虫类等,如跳鼠、沙鼠、沙蜥等。另外,骆驼、驼鸟、野驴等也是典型的荒漠动物。

荒漠生态系统的生产力很低,净第一性生产量一般不超过 $10~g \cdot m^{-2} \cdot a^{-1}$,平均 $3~g \cdot m^{-2} \cdot a^{-1}$。荒漠生态系统的稳定性很低,极易遭到破坏。

(四)冻原生态系统

冻原又称为苔原,分布在寒带针叶林以北围绕北冰洋沿岸分布,大致呈一连续的地带。在我国仅在长白山 2 100 m 以上和阿尔泰山 3 000 m 以上的高山上有冻原分布。全球冻原面积约占陆地面积的 5%。冻原生态系统分布区的气候为极地苔原气候,土壤为寒冻潜育土。

冻原生态系统植物种类非常贫乏,主要为耐寒的苔藓、地衣、草类和矮小灌木。其群落结构简单,层次分化不明显,一般有一两层。动物种类也十分贫乏,主要是一些耐寒种类。典型动物有麝牛、驯鹿、北极兔、旅鼠、雪兔等草食动物,北极狐、北极熊、白鼬等肉食动物以及铁爪鹀、雪鹀、白鸮、雷鸟和雁类等夏候鸟类等。它们皮下脂肪厚,体毛绒密而长,有的冬季变为白色,多数种类有季节迁移习性。

冻原的生产力相当低,净第一性生产量平均只有 $140~g \cdot m^{-2} \cdot a^{-1}$。

三、水域生态系统

(一)水域生态系统的特点

水域生态系统与陆地生态系统相比具有以下三个特点:一是类型较少。这是因为水具有流动性,水温比气温稳定,水环境性质比较均一,使许多水域生物分布广泛,形成的生态系统不像陆地生态系统那样复杂多样。二是平均生产力较低。因水体中各种物质和能量的组合没有陆地环境中的协调,如水多、空气少,光照随水层加深而减弱,矿质元素贫乏等等,所以水域生态系统的净第一性生产量比陆地低,如海洋平均为 $153 \ g \cdot m^{-2} \cdot a^{-1}$,仅相当于陆地生态系统平均净第一性生产量的 21%。三是生产者除一部分为体型小的高等水生植物外,大多数是浮游藻类,现存量低,可出现生物量金字塔倒置现象。由于浮游藻类个体小,生命周期短,大量死亡的残体很快发生自溶或被微生物分解,一部分又被水生植食性动物所吞食,所以生产者的生物现存量很少,而动物寿命较长,生物现存量较高,故形成生物量金字塔倒置现象。

(二)淡水生态系统

淡水生态系统是指陆地上的各种淡水水体及其生物所形成的生态系统。相比之下,淡水生态系统的净第一性生产量比海洋高,如河流和湖泊平均为 $500 \ g \cdot m^{-2} \cdot a^{-1}$,沼泽则更高。根据水体运动状况可将淡水生态系统分为流水生态系统和静水生态系统两个类型。

1.流水生态系统

流水生态系统包括江河和溪流等生态系统。不同自然区的河流和同一条河流的不同河段,由于环境条件不同,生物种类组成及生产力也各不相同。对同一条河流来说,上游河道窄而比降大,水流急,水中含氧量高,河底泥沙少砾石多,水流清澈,营养物质少,水温低,因此生物种类少,生产力较低,而且多以固着性和贫养性生物为主。生产者多为固着藻类,如刚毛藻、硅藻等。消费者多是以吸盘或钩等特殊器官紧附于岩石上的软体动物、昆虫和小型鱼类等。河流下游河床宽阔,比降小,水流缓,河底多泥沙,水中营养物质含量高,水温较高,因此生物种类较多,生产力较高。生产者除浮游藻类外,在心滩和边滩浅水区还有高等水生植物生长。有营固着生活的无脊椎动物,也有在底泥中生活的动物,还有多种鱼类,如水蚯蚓、蚊类、虾、鳖、鲶、鲫、螺、蚌等。河流中游的生态特征介于上、下游之间。

2.静水生态系统

静水生态系统包括淡水湖泊、沼泽、池塘和水库等水生生态系统。所谓"静水"是相对于河流而言的,只是流速极小而已。该类生态系统中的生产者有浮游性和丝状藻类,如绿藻、硅藻、蓝绿藻、水绵、双星藻等,还有挺水、漂浮和沉水高等植物,如芦苇、香蒲、莲、菱等。消费者有轮虫类、桡足类、枝角类等浮游动物,还有昆虫、虾、鱼和水鸟等。

不同水域部位的生物种类组成和生产力等明显不同。较深的静水生态系统(如湖泊),从岸边向湖心,一般可以分为滨岸带和深水带两个部分。滨岸带是由岸边到高等植物分布的下限的范围。该带水层浅,光照充足,营养物质丰富,生活着大量植物和动物。生产者以水生维管植物和藻类最为茂盛,第一性生产量相当高。它们由湖岸向湖心呈几个同心环分布,即依次为挺水植物带、浮叶植物带和沉水植物带。消费者种类也很丰富,除浮游甲壳类外,还有螺、蚌以及大量脊椎动物蛇、蛙、鱼、水鸟等。

深水带因水层加深,下层光照不足,根生植物无法生存,所以生产者全为浮游藻类,生产力较低。消费者以桡足类、枝角类和鱼类为主,水底淤泥中常有水蚯蚓和蚊类幼虫等。

在自然状态下,由于入湖河流带来的泥沙和有机物的输入,湖底逐渐抬高,营养物质不断富集,水生植物越来越茂盛,直至演变为沼泽。这一过程叫湖泊的富营养化过程。近代人类活动产生的大量有机废物(氮、磷)排入湖泊,大大加速了湖泊的富营养化过程,产生了明显的有害影响。由于有机废物中含有大量的植物需要的硝酸盐和磷酸盐等营养盐类,使湖中藻类大量繁殖,在水面形成稠密的藻类漂浮层,人们形象地称之为"水花"或"水华"。这些藻类死亡分解时会消耗大量溶解氧,造成鱼类和其它水生生物因缺氧而死亡,所以有机物污染引起湖泊富营养化是生态环境保护中需要解决的重要问题之一。

(三)海洋生态系统

浩瀚的海洋养育着大量的生物,目前已被发现的海洋生物有 20×10^4 多种,既有以多种藻类为主的植物,又有从原生动物到脊椎动物几乎所有门类的动物,它们彼此关联形成了营养结构以浮游藻类—浮游动物—小型鱼类—大型鱼类—更大型凶猛鱼类及海兽为特征的海洋生态系统。海洋各部分受大陆的影响程度和水深不同,生活在其中的生物类群也有一定差异,据此可将海洋生态系统分为海岸带、浅海带和远洋带三个次级生态系统(图 7-14)。

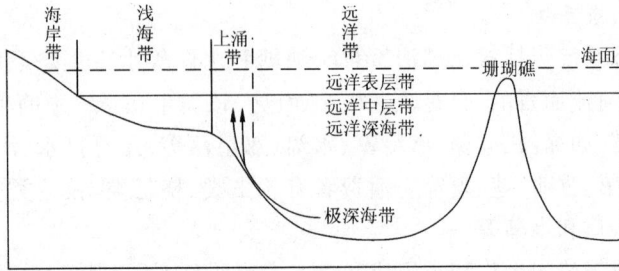

图 7-14 海洋生态系统类型分布[6]

1.海岸带

海岸带位于陆地与海洋相互作用的地段。这里水深较浅(一般不超过100 m),光照充足,盐度、温度和地形变化较大,而且有河流从陆地上带来丰富的有机物质和无机盐类,因此该带生物种类复杂多样。生产者除浮游藻类外,还有大型固着生长的绿藻、褐藻和红树类植物等。消费者以近岸浮游动物、鱼类及底栖动物蚶、贝、沙蚕、牡蛎、螺、蚌等为主。海岸带生态系统生产力较高,尤其是河口湾和红树林的生产量最高,约为 1 800 g·m^{-2}·a^{-1}。

2.浅海带

浅海带位于大陆架上,水深一般不超过200 m。该带光照比较充足,来自陆地的营养物质比较丰富,生物种类和数量比较多。生产者主要为硅藻、裸甲藻等浮游藻类,消费者为浮游动物(如桡足类)、虾、鱼(如鳕鱼、鲱鱼等)和海鸥类。生产力仅次于海岸带,平均为 360 g·m^{-2}·a^{-1}。然而,该带面积大,藻类繁盛,鱼虾产量高,是海洋中主要的捕捞区,世界上的主要渔场几乎都分布在浅海带。

3.远洋带

远洋带是指位于大陆架以外的广阔海域,水深超过200 m,面积约占海洋总面积的90%。该带又可分为上涌带、珊瑚礁和远洋区等更次一级的生态系统。

(1)上涌带:它是位于大陆架外缘由于受信风影响而具有上升水流的海域。上升水流将底层营养物质输送到表层,为藻类的繁殖创造了有利条件。藻类的繁殖为鱼类等海洋动物提供了大量饲料,所以上涌带为远洋带中生产力较高的海区之一,净第一性生产量平均为 500 g·m^{-2}·a^{-1}。

(2)珊瑚礁:它是分布于热带、亚热带远洋带中浅海区的一种特殊生态系统。珊瑚礁是腔肠动物中的一些珊瑚与其体内的藻类共生群体死亡后层层垒叠抬高而形成的。由于这里水浅、光照充足、营养丰富,有利于生物生长,所以生产力很高,平均 2 000 g·m^{-2}·a^{-1},属生产力最高的海洋生态系统之一。

(3)远洋区:远洋区海水很深,自上而下可分为表层带、中层带、深海带和极深海带。在表层 100 m 深度范围内,光照充足,水温高,是浮游藻类集中分布的水层,但是由于这里远离陆地,水中营养物质贫乏,所以第一性生产量不高,为 200 ~ 400 $g \cdot m^{-2} \cdot a^{-1}$。消费者有乌贼、金枪鱼、飞鱼、鲨鱼、鲸类和海龟等。水深 100 m 向下,光线微弱,温度变低。当水深超过 200 m 后变为一片黑暗,植物已无法生存,虽然仍有动物存在,但数量明显减少,而且多为肉食动物,它们依靠上层下沉的生物尸体碎屑为食物。深海的生产力很小,一般小于 120 $g \cdot m^{-2} \cdot a^{-1}$,被称为海洋中的荒漠。

四、岛屿生态系统

从生态系统本身的非生物环境和生物的生态特性来看,岛屿生态系统与陆地生态系统没有本质的区别。但是,岛屿生态系统规模小,星散状地分布于海洋之中,被广阔的水域隔离成各自独立的生态系统,彼此之间生物遗传基因交流机会少,这些又与一般的陆地生态系统有所不同。由于岛屿生态系统的地理隔离性在生物进化中对新种的形成和古老种类的保存等具有重要意义,而且其独立性较强,边界明确,便于人们在其内部观察生物之间的营养关系、研究其结构和功能,因此近些年来,不少学者已把岛屿作为一类独立的生态系统进行研究,其研究成果在自然保护等方面具有重要的应用价值。

(一)岛屿生态系统的特点

按照岛屿的位置与陆地的关系,可把岛屿分为陆地岛和海洋岛两类。前者分布于大陆架上,与陆地有地质上的联系,属于大陆的一部分,其生物区系(一个地区生物种类的总体)与附近陆地有密切的联系;后者距陆地较远,与陆地没有地质上的联系,主要是一些火山岛和珊瑚礁,一般面积较小,其生物区系与附近陆地的联系不密切。岛屿生态系统的特点主要表现在以下几个方面:首先,物种多样性较低。岛屿上的生物特别是海洋岛上的生物主要是从陆地上迁移而来的,而岛屿周围的广阔海域是陆生生物和淡水生物向岛屿迁移或传播的天然障碍,使得陆地生物向岛屿迁移的成功率大大降低,而且岛屿面积较小,生境比较单一,从而限制了岛屿生物种类的丰富程度,距陆地越远、面积越小的岛屿其生物种类越贫乏。因此,岛屿生态系统的物种多样性指数一般低于条件相似的邻近的大陆生态系统的物种多样性指数。其次,岛屿生态系统的结构简单、稳定性较低。由于岛屿生态系统种类组成单一,营养结构简单,食物链短而少,故系统的自我调节能力差,整个生态系统比较脆弱,稳定性差。一旦有某种干扰因素出现,食物网就易受破坏,进而影响整个系统的功能,甚至使整个系统崩溃。所以对岛屿生态系统的开发利用,必须进行深入调查研究,避免脆弱生态系统的生态平衡遭破坏。第三,生物种类特有现象显著。由于岛屿被海水包围长期与大陆隔离后,岛屿与大陆之间生物遗传基因的交流受阻,岛屿内的生物单独孤立进化,可保存一些在相邻大陆上已经灭绝的古老种类,另外也会形成一些新种,因此岛屿特别是孤立而古老的岛屿其生物特有种比例较高,如马达加斯加、新西兰、夏威夷等岛屿,植物特有种高达 70% ~ 80%。岛屿上的某些动植物长期适应岛屿环境,出现了一些新的适应特征,如鸟类和飞翔昆虫的翅膀退化等等。

(二)岛屿生物地理学的平衡理论

在 20 世纪 20 年代 ~ 60 年代,一些学者(Arrhenius,1921,1922;Gleason,1922,1925;Preston,1962)在大量实地调查与研究的基础上,得出一个表示物种—面积关系的统计模型,即:

$$S = CA^Z \qquad\qquad (7\text{-}6)$$

式中 S 为生物种类数目;A 是这些生物所存在的空间面积;C 为待定系数,它主要取决于分类类群和生物地理区域的差异;Z 为某一统计指数,大多数分类类群的 Z 值介于 0.18 ~ 0.35 之间。根据此统计模型,当 $Z = 0.3$ 时,面积增加 10 倍,物种数目将增加 1 倍。如果原生态系统的面积保留下来 10%,那么该生态系统的物种将丢失 50%;如果保留面积 1%,则该系统的物种将丢失 75%。这种计算尽管忽略了许多具体的因素,它却比较真实地为我们提供了有根据的数量概念,为自然保护区面积的确定提供了一个重要的理论依据。但是这一关系模型仅仅是一经验统计模型,未涉及其机理。而且许多实地观测数据与此关系式的"期望值"严重背离,这说明该模型不能描述所有的物种—面积关系。鉴于此,在 20 世纪 60 年代中期,MacArthur 和 Wilson(1963,1967)提出了岛屿生物地理学平衡理论,从动态角度阐述了种类丰富度与面积和隔离程度之间的关系。

岛屿生物地理学平衡理论的基本论点是:岛屿生物种类的丰富程度取决于新的种类不断从最近陆地迁入和该岛屿原有种类不断绝灭这两个过程,当迁入率和绝灭率相等时,岛屿物种数则达到动态平衡。但岛屿生态系统的物种组成却在不断变化和更新,新的种类不断替代原有种类而经常进行种类的周转。平衡时的周转率可大可小,而物种迁入和绝灭的速率则是相等的。周转率大小与岛屿和陆地之间的距离及面积有关。

一个荒芜的新岛出现之后,随着陆地生物的不断迁入,在一定时期内岛屿上的物种数量会越来越多。岛屿上的空间和生态位是有限的,先前定居下来的种类越多,后来者能够成功定居的可能性就越小,灭绝率就越大,因此物种迁入率和灭绝率随岛屿上物种丰富度的增加而分别呈下降和上升的趋势。物种的迁入率和灭绝率的大小随岛屿面积大小和离陆地远近不同而不同。距陆地远近相同而面积不同的岛屿，其迁入率相同但灭绝率各不相同，小岛屿的灭绝率大于大岛屿的灭绝率。这是因为小岛的空间和资源总量小，竞争比大岛更激烈。面积相等而离陆地远近不同的岛屿，由于距离大陆越远物种迁移越困难，成功率越低，所以距离陆地远的岛屿物种迁入率低，但它们的灭绝率却基本一样。由于上述差别，面积不同的岛屿或距离陆地远近不同的岛屿，其物种迁入率与灭绝率达到平衡时的物种数量和达到平衡的时间是各不相同的。其中与陆地距离相同的岛屿，面积大者达到平衡时的物种数量多，物种丰富，这种现象称为面积效应。面积相同的岛屿，与陆地距离越远者达到平衡时的种类数量越少，物种越贫乏，这种现象称为距离效应。岛屿物种迁入率与灭绝率之间的动态平衡及其与物种数量之间的关系见图 7-15。上述物种数量与迁入率和灭绝率之间的关系可用下式表示：

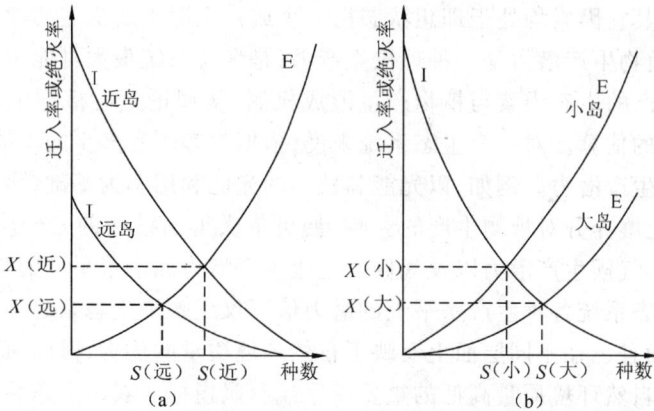

a.距离效应；b.面积效应；I.物种迁入率曲线；E.物种绝灭率曲线；S.种数；X.周转率

图 7-15　岛屿生态系统迁入与绝灭之间的动态平衡[11]

$$\frac{\mathrm{d}S(t)}{\mathrm{d}t} = I - E \tag{7-7}$$

式中 $S(t)$ 表示岛屿物种数量变化，I 为物种迁入率，E 为物种绝灭率。I 和 E 与岛屿面积大小以及与岛屿距离陆地远近有关，其关系比较复杂，此处不再阐述。

第四节　生态系统植物生产潜力的原理及模型

一、植物生产潜力及其影响因素

(一)植物生产潜力的概念

生态系统中植物积累有机物和能量的速率称植物生产力或植物生产能力,其大小通常用净第一性生产量来表示。它又分为实际生产力和潜在生产力两种。前者是指在现实条件下,生态系统净第一性生产量实际达到的数值。后者是指在一定条件下生态系统净第一性生产量所能达到的上限,即最大可能产量,或者是假设其它因素均处于理想状态由一个或几个因素所决定的净第一性生产量。可见,植物生产潜力是一种理论生产力,是生态系统最大可能生产力。它是根据植物生产的生态因素与植物产量形成机制,从理论上对植物生产能力可能达到的产量的估算。对一个生态系统来说,依据生态因素多少的不同,可得出不同水平上的生产潜力。例如,以光能和植物的光能利用率为基础,再依次考虑温度、水分和土壤养分对植物生产的影响,便可依次得出植物的光合生产潜力、光温生产潜力、气候生产潜力以及气候—土壤生产潜力四个水平上的生产潜力。

自然生态系统各种生产水平上的潜力值不仅反映了生态系统不同层面上的潜在功能,而且也在不同层面上反映了自然环境质量的优劣,因而植物生产潜力可作为评价自然环境质量高低的重要依据或参照指标。农田生态系统植物生产潜力是农业生产产量的上限,因此它对分析农业生产潜力的大小以及如何发挥农业资源优势、提高实际生产力具有重要指导意义。由于植物生产是人类食物生产的基础,所以全球各地的植物生产潜力是研究预测各地乃至全球人口最大承载能力的基本依据。可见,研究生态系统植物生产潜力具有重要的理论意义和实践意义。

(二)影响植物生产潜力的植物因素

人们根据植物光合作用中碳素同化为最初产物的不同,把高等植物分为 C_3 植物和 C_4 植物两类。其中 C_3 植物的最初产物是三碳化合物(如三碳甘油磷酸),像水稻、小麦、棉花等大多数植物都属此类;C_4 植物的最初产物是四碳化合物(如四碳二羧酸),如玉米、甘蔗、高粱等以及热带许多禾本科植物和其它一些多年生草类均为此类植物。两类植物的结构和生理方面都存在着明显的差异,这直接影响着它们的光合作用强度。在结构上,C_4植物叶片的维管束周围的薄壁细胞大并且含有叶绿体,维管束鞘外侧密接一层环状的叶肉细胞,组成"花环型"结构。而C_3植物维管束周围薄壁细胞小并且不含叶绿体,也无花环结构。在生理上,C_4植物固定CO_2的磷酸稀醇式丙酮酸羧化酶的活性强,对CO_2的亲和力大,其活性比C_3植物的强60倍,因此C_4植物能利用低浓度的CO_2,光合作用速率比C_3植物高得多。并且C_4植物光呼吸非常微弱,消耗能量少;而C_3植物光呼吸强,消耗能量多。例如,小麦、大豆等C_3植物光呼吸消耗其光合总量的$1/4 \sim 1/3$,而玉米、高粱等C_4植物光呼吸消耗的仅为其光合总量的$2\% \sim 5\%$。所以,相对而言,C_4植物比C_3植物积累有机物质多,产量高。

　　对每种植物的个体来说,不同生育期其净光合速率是不同的,如一般农作物都以营养生长中期为最大,到生长末期下降。对于植物群体来说,其净光合量不仅取决于单位叶面积的光合速率,而且在很大程度上还受总叶面积和群体结构的影响。总叶面积大小决定着群体对光能的接收程度或对光能利用率的大小以及对CO_2吸收利用的数量,通常用叶面积指数(单位土地面积上的叶面积数量)来反映总叶面积的大小。一般认为,大田作物最佳叶面积指数为5左右。群体结构包括各器官的相对面积指数及其在垂直方向上的分布以及叶片的倾角、方位等,它们对群体的净光合速率也有一定程度的影响。

(三)影响植物生产潜力的环境因素

　　在植物特性一定的条件下,植物净光合速率的大小取决于光照、水分、CO_2浓度、温度、矿质养分等环境因素。在一定范围内,光照越强,净光合作用强度就越大。植物光合作用所利用的光波主要位于$0.38 \sim 0.71 \ \mu m$,此范围的光称为光合有效光。在其它条件相同时,光合有效光数量是决定植物生产潜力高低的最重要因素。

　　CO_2是光合作用的重要原料,所以空气中CO_2的浓度高低对光合作用的强度有直接影响。但空气中的CO_2的浓度在大范围的空间上差异不大,在计算对比不同生态系统的生产潜力时,往往不予考虑。

　　水不仅是光合作用的重要原料之一,而且也是植物各种代谢的媒介。在陆生植物所需要的水量中约1%用于光合作用,其余绝大部分用于植物蒸腾过程。当水分减少时,叶片气孔关闭,影响CO_2进入叶内,并且使叶片的淀粉发生水解形成糖类堆积,光合产物输出缓慢,同时植物对无机盐类的吸收和运输受阻,从而使光合速率下降。因此,环境中水分条件对植物生产潜力有重要制约作用。

光合作用和呼吸作用过程中的生化反应都是在酶的催化下进行的,而温度直接影响着酶的活性和化学反应速度,所以温度对植物的光合作用和呼吸作用都有直接影响。低温时酶促反应下降,化学反应速度变慢,同时植物对水分和养分的吸收能力也明显下降,不利于光合作用的进行。高温时也可使酶的活性降低,不利于光合作用进行,并且此时呼吸作用加强,消耗增多,积累有机物和能量的数量减少。因此,温度高低对植物生产潜力也有重要的制约作用。

矿质养分直接或间接地影响着净光合作用的进行。N、Mg、Fe、Mn 等元素是叶绿素合成所必需的矿质元素,K、P 等参与糖类代谢。在一定范围内,营养元素越多,光合作用速度就越快,生产力就越高。

二、自然植被生产力经验模型

关于生态系统中的自然植被生产力的计算,人们曾经提出过许多模型,而且目前还在不断发展。

(一)迈阿密模型

该模型是里思(1971)根据世界各地植物生产量与气温、降水资料而建立的估算植物生产力的一种模型,因在 1971 年美国迈阿密举行的生物学术讨论会上首次提出,故而取名为迈阿密模型。其计算公式为:

$$NPP_t = \frac{3000}{1 + e^{1.315 - 0.119t}} \tag{7-8}$$

$$NPP_n = 3000(1 - e^{-0.000664n}) \tag{7-9}$$

式中 NPP_t、NPP_n 分别为按年平均气温、年平均降水量计算出的植物干物质产量($g \cdot m^{-2} \cdot a^{-1}$),$t$ 为年平均温度(℃),n 为年降水量(mm)。

在同一地点或同一地区,NPP_t 和 NPP_n 若不相等,则根据李比希最低量定律取二者中的最小值。

(二)桑斯威特纪念模型

此模型也称蒙特利尔模型,它是里思等人于 1972 年在蒙特利尔举行的第 22 届国际地理学大会纪念桑斯威特的讨论会上提出的。由于植物的生长发育不仅受气温和降水的制约,而且还受其它气候因子影响,所以里思等人经过进一步分析论证,在桑斯威特研究的基础上,提出以实际蒸散量(植物蒸腾量和土壤蒸发量之和)作为估算植物净第一性生产潜力的基础。其计算公式为:

$$NPP_e = 3000\left[1 - e^{-0.0009695(E-20)}\right]\qquad(7\text{-}10)$$

式中 NPP_e 为植物干物质产量($g \cdot m^{-2} \cdot a^{-1}$），$E$ 为年蒸散量(mm)。因为蒸散量大小是对一个地区太阳辐射、温度、降水、饱和差和风等气候因子特征的综合反应，所以该模型比迈阿密模型更为周密。

(三)格思纳—里思模型

这一模型是由格思纳和里思共同研究提出的。这是一种从植物生长期长短与第一性生产力的相关关系出发来估算植物生产潜力的一种方法。其公式为：

$$NPP_d = -157 + 5.17S\qquad(7\text{-}11)$$

式中 NPP_d 为植物生产量($g \cdot m^{-2} \cdot a^{-1}$），$S$ 为光合季节的日数。

由于上述三个统计模型是在植被产量经验资料的基础上建立起来的，所以估算值比较接近实际。但是这种植被产量的估算实际上只考虑了气候因素，并且只代表未遭受人类活动破坏的植被情况，因此它仍是一种潜在的可能产量。

三、作物生产潜力理论模型

这类模型是根据农田生态系统的光、温、水、肥与作物光合作用机制的关系来计算作物生产潜力的。这种计算通常是按照量子效率理论，根据农田生态系统所获得的太阳辐射能通过光合作用过程所能形成的干物质数量，从而得出光合生产潜力，然后经过温度、水分、土壤养分等制约作物光合作用因素的订正，最后得出农田生态系统作物的生产潜力。具体计算又有许多不同的模式。

(一)阶乘模式

这一模式是由我国以黄秉维等为代表的一批科技工作者在 20 世纪 70 年代～80 年代逐步建立起来的。

1. 光合生产潜力

光合生产潜力是指在植物群体结构及其它环境因素均处于最适状态时，由光能所决定的生产潜力。它由当地的光能数量和作物的光能利用率所决定，可由下式表示：

$$Y_p = Q \cdot \varepsilon(1-\alpha)(1-\beta)(1-\gamma))(1-\rho)(1-\omega)\varphi(1-B)^{-1}(1-H)^{-1}C^{-1}\qquad(7\text{-}13)$$

式中 Y_p 为光合生物产量；Q 为太阳总辐射($J \cdot cm^{-2}$）；α 为反射率，一般植物叶面对光合有效辐射的反射率为 8%；β 为透射率，平均约 1%，可近似取为 0；ε 为光合有效辐射与总辐射之比，一般为 $0.48 \sim 0.50$；ρ 为非光合器官的无效吸收，约占光合有效辐射量的 10%；γ 为光饱和限制率(即光饱和点以上的光能的比例)，其值可取为 0；φ 为量子效率，即每还原 1 M CO_2 成为 CH_2O 的自由能与消耗的光量子能量之比，平均值为 0.2063；ω 为呼吸作用能耗比值，约占光合作用所形成有机物的 33%；C 为能量转化系数，即形成单位干物质所需要的能量，不同作物其值不同，平均值为 17.794 $kJ \cdot g^{-1}$；B 为植物含水率；通常为 14%；H 为植物灰分率，常取 5%。将上述有关系数代入公式后可将 7-13 式简化为

$$Y_p = \frac{QE}{C(1-B)(1-H)} \tag{7-14}$$

式中 E 为总辐射利用率，约为 5.7%，其它符号含义同前。若 B、H 取值为 0，则 Y_p 为干物质产量。

2. 光温生产潜力

光温生产潜力是指在其它环境因素和作物因素处于最佳状态下，由光能和温度所决定的作物产量上限，其计算公式为：

$$Y_t = Y_p \cdot f(T) \tag{7-15}$$

式中 Y_t 为光温生产潜力；$f(T)$ 为温度订正系数，可按下述方法取值：

$$f(T) = \begin{cases} 0 & (t < T_1 \text{ 或 } t > T_3) \\ t/T_2 & (T_1 \leqslant t \leqslant T_2) \\ 2 - t/T_2 & (T_2 < t \leqslant T_3) \end{cases}$$

式中 t 为月平均气温（℃），T_1、T_2、T_3 分别为作物光合作用的下限温度、最适温度和上限温度。

3. 气候生产潜力

气候生产潜力是指在其它环境因素和作物因素处于最适状态时，由光、温、水三个气候因子所决定的作物产量上限。其计算公式为：

$$Y_c = Y_t \cdot f(W) \tag{7-16}$$

式中 Y_c 为气候生产潜力；$f(W)$ 为水分订正系数，可按下式取值：

$$f(W) = 1 - k_y(1 - E_{ta}/E_{tm})$$

式中 k_y 为作物产量对缺水的反应系数，可通过查表得到；E_{ta} 为实际蒸散量；E_{tm} 为潜在蒸散量。

4. 气候—土壤生产潜力

气候—土壤生产潜力是由光、温、水和土壤养分共同决定的作物产量上限，其计算公式为：

$$Y_l = Y_c \cdot f(S) \tag{7-17}$$

式中 Y_l 为土地生产潜力；$f(S)$ 为土壤养分订正系数，它等于土壤供肥量与形成气候生产潜力所需肥量的比值。

(二)瓦格宁根模式

这是国际土地开垦与改良协会采用的,由斯莱波斯提出的适应于估算小麦、玉米、高粱、苜蓿产量的一种模式。其计算步骤如下:

1. 标准作物干物质产量计算

标准作物干物质产量的计算按下式进行:

$$Y_0 = F \cdot y_0 + (1 - F)y_c \qquad (7\text{-}18)$$

式中 Y_0 为标准作物干物质产量;y_0 为全阴天干物质生产率($kg \cdot hm^{-2} \cdot d^{-1}$);$y_c$ 为全晴天干物质生产率($kg \cdot hm^{-2} \cdot d^{-1}$);$F$ 为白天中的阴天部分(云覆盖度),按下式取值:

$$F = (Rse - 0.5Rs)/0.8Rse$$

式中 Rse 为晴天最大短波辐射,Rs 为实际短波辐射。

2. 气候订正

7-18 式的计算没有考虑蒸发因素,因此需要对 7-18 式进行气候订正。气候订正系数为:

$$E_{tm}/(e_a - e_d) \qquad (7\text{-}19)$$

式中 E_{tm} 为最大蒸散量,$e_a - e_d$ 为饱和差。

3. 作物种类订正

标准条件下作物干物质产量与苜蓿、玉米、高粱和小麦的干物质产量之间的关系为一常数 K,称之为作物转换系数。

4. 温度订正

(7-18)式的 Y_0 为作物在标准温度下的干物质毛重,若考虑全生长期在实际温度平均条件下的干物质产量毛重则可用作物的温度系数进行修正,同时作物用于自身生长呼吸消耗一定比例的干物质,也应用净重系数进行订正。温度系数和净重系数合并为一个系数 C_t。

5. 经济系数订正

作物收获部分与总干物质净产量的比值为经济系数(C_h)。经此系数订正后则得到经济产量。

综合上述 5 个计算步骤,瓦格宁根作物生产潜力的计算公式为:

$$Y = Y_0 [E_{tm}/(e_a - e_d)] \cdot K \cdot C_t \cdot C_h \cdot G \qquad (7\text{-}20)$$

式中 Y 为作物光温生产潜力 $(kg \cdot hm^{-2})$，G 为总生长日数。这是在水肥条件充分满足条件下，由辐射和温度所决定的作物最高产量。如果考虑水分条件的影响，则可进一步用水分因素进行订正，得：

$$Y_a = Y\left[1 - k_y\left(1 - \frac{E_{ta}}{E_{tm}}\right)\right] \tag{7-21}$$

式中 Ya 为气候生产潜力，Y 为光温生产潜力，其它符号含义与前面的相同。

(三)FAO 模式

这是由联合国粮农组织(FAO)在 70 年代提出并采用的求算作物生产潜力的方法，简称 FAO 模式。这一方法的基本思路与瓦格宁根模式相同，但比瓦格宁根模式机理性更强，适应的作物更多。其计算公式为：

$$Y_0 = \left[F(0.8 + 0.01 y_m) y_0 + (1 - F)(0.5 + 0.025 y_m) y_c\right] \cdot C_l \cdot C_n C_h \cdot G$$
$$(y_m \geqslant 20 \ kg \cdot hm^{-2} \cdot h^{-1} \text{时}) \tag{7-22}$$

$$Y_0 = \left[F(0.5 + 0.025 y_m) y_0 + (1 - F)(0.05 y_m) y_c\right] \cdot C_l \cdot C_n \cdot C_h \cdot G$$
$$(y_m < 20 \ kg \cdot hm^{-2} \cdot h^{-1} \text{时}) \tag{7-23}$$

式中 y_m 为叶片最大光合速率 $(kg \cdot hm^{-2} \cdot d^{-1})$；$C_l$ 为叶面积订正系数；C_n 为净干物质订正系数，对凉性气候下(平均温度 < 20℃)的作物 C_n 为 0.6，对暖性气候下(平均温度 > 20℃)的作物 C_n 为 0.5；其它符号的含义同瓦格宁根模式。

复习思考题

1.生物与环境之间存在什么关系？

2.生态因素对生物的影响有何特点？

3.生物及其群落对环境的影响主要表现在哪些方面？

4.举例说明生物对环境的适应性。

5.为什么生物对环境具有指示作用？举例说明生物对环境特征指示作用的几个主要方面。

6.根据各生态因素与生物的关系，在生物引种驯化过程中应考虑哪些生态因素？

7.应从哪几个方面分析研究生物群落的特征？

8.群落的季相更替与演替有何不同？

9.说明生态系统的组成和结构。

10.生态系统的能量流动与物质循环有何关系？植物在其中起什么作用？

11.何为生态平衡？为什么要保护生态平衡？

12.简述生物群落和生态系统在自然地理系统中的作用？

13.热带雨林与亚热带常绿阔叶林生态系统的特征有何异同？

14.热带稀树草原与温带草原生态系统的特征有何异同?

15.岛屿生态系统、水域生态系统各有什么特征?

16.何为生态系统植物生产潜力?怎样计算农作物生产潜力?

主要参考文献

[1]北京大学等.植物地理学(第二部分).北京:人民教育出版社,1980.1~36,63~173

[2]武吉华等.植物地理学(第二版).北京:高等教育出版社,1983.1~74,99~134,220~239

[3]孙儒泳.动物生态学原理.北京:北京师范大学出版社,1987.18~172

[4]陈鹏等.生物地理学.长春:东北师范大学出版社,1989.79~182,196~230

[5]A.N.斯特拉勒等.现代自然地理学.《现代自然地理学》翻译组译.北京:科学出版社,1983.
　25~284

[6]潘树荣等.自然地理学(第二版).北京:高等教育出版社,1985.310~359

[7]马建华等.自然地理学教程.开封:河南大学出版社,1991.262~308

[8]黄秉维等.现代自然地理.北京:科学出版社,1999.56~68

[9]E.P.澳德姆.生态学基础.孙儒泳等译.北京:人民教育出版社,1981.8~135,228~270,292
　~402

[10]马世骏等.现代生态学透视.北京:科学出版社,1990.1~133

[11]卓正大等.生态系统.广州:广东教育出版社,1991.198~289

[12]孙儒泳等.普通生态学.北京:高等教育出版社,1993.11~183

[13]李博等.现代生态学讲座.北京:科学出版社,1995.1~108

[14]国家自然科学基金委员会.生态学.北京:科学出版社,1997.38~94

[15]王伯荪等.植被生态学——群落与生态系统.北京:中国环境科学出版社,1997.264~357

[16]H.A.叶菲莫娃.植被产量的辐射因素.王炳忠译.北京:气象出版社,1983.74~200

[17]H.里思等.生物圈第一性生产力.王业遽等译.北京:科学出版社,1985.157~308

[18]李克煌.气候资源学.开封:河南大学出版社,1990.130~281

[19]张金屯.植被数量生态学方法.北京:中国科学技术出版社,1995.299~323

[20]全石琳等.土地资源学.开封:河南大学出版社,1996.47~62

[21]W·F.卢卡斯.生命科学模型.翟晓燕等译.长沙:国防科技大学出版社,1996.42~142

[22]康育义.生命起源与进化.南京:南京大学出版社,1997.91~168

[23]伍光和等.自然地理学(第三版).北京:高等教育出版社,2000.275~350

[24]Joy Tivy. Biogeogrphy (second edition). New York: Langman Inc., 1982.168~377

[25]Ralph C. Scott. Physical Geography (second edition). New York: West ublishing Company, 1992.
　253~297

第八章   自然地理系统的基本规律

在一定地域内由气候、水文、地貌、土壤和生物等自然地理要素有规律组合形成的统一整体叫自然地理系统。自然地理系统虽然由各个自然地理要素组成,但它绝非各自然地理要素的机械迭加,而是具有一系列独特的功能。所以,要想真正揭示自然地理系统的运动变化规律,仅了解自然地理各要素的组成、性质和变化规律是远远不够的,还必须将各个要素综合在一起,开展自然地理系统的综合研究。

第一节   自然地理系统的整体性规律

自然地理系统是一个复杂的开放巨系统,各要素之间存在着广泛的物质和能量联系,并具有抵抗内、外干扰的能力,在一定范围内保持系统的稳定性。自然地理系统本身所具有的这种性能称为自然地理系统的整体性规律。

一、自然地理系统是复杂的开放巨系统

(一) 关于系统的一般概念

所谓系统是指由相互联系的部分(要素)按一定秩序组合而成的、具有特定功能的统一整体。系统之外的所有物质和能量都称为该系统的环境。要素是构成系统的基本单元,是对系统组成部分、组分、成分或个体的抽象概括。一个系统至少要有两个以上的要素,一个要素构不成系统。任何系统都具有一定的结构和功能。所谓结构是指系统内部相对稳定的组织形式(秩序)或分布关系的总称,有空间结构和时间结构之分。与要素相比,系统的结构是相对稳定少变的。功能是系统内部各要素之间活动关系的总体。这里所说的要素活动是指要素的各种运动、变化或作用;要素的活动关系是指某一要素的活动对其它要素活动的

影响,或某一要素对其它要素作用。系统内部要素活动关系的表现形式多种多样,但最终都体现在系统把接受的环境作用(输入)转换为系统对环境作用(输出)的能力,即体现在系统对输入的响应能力方面。在要素组成相同的情况下,系统功能的大小决定于系统的结构。结构合理,系统内部各要素间的物质和能量流通通畅,转换效率高,功能强大。反之,功能较弱。

系统有大小或层次之分。每个系统对于更大规模的系统来说都是一个组成要素,或称子系统,那个更大的系统则称为母系统。子系统之下还可以划分出更小规模的子系统。

根据系统与环境之间的关系,可将系统划分为孤立系统、封闭系统和开放系统三种类型。孤立系统是指系统与环境之间既没有物质交换,也没有能量交换的系统。封闭系统是指系统与环境之间只有能量交换,而没有物质交换的系统。开放系统是指系统与环境之间既有物质交换,又有能量交换的系统。根据组成系统的子系统数量,由少到多依次划分为小系统(几个、十几个子系统)、大系统(几十个、几百个子系统)和巨系统(几千个、几万个、几十万个、几千万个甚至上亿个子系统)。在巨系统中,如果子系统的数量相对不太多,它们之间的关联关系又相对比较简单,层次较少,则称为简单巨系统;相反,子系统数量非常多、关系非常复杂且层次较多的巨系统则称为复杂巨系统(钱学森,1990)。

(二) 自然地理系统的复杂性

自然地理系统的上界在大气对流层顶部,下界在地壳沉积岩石底部,平均垂直厚度约 15 km(图绪 – 1),是一个与人类生存与发展密切相关的自然物质和能量系统。

自然地理系统的组成非常复杂,它包括气候、水文、地貌、土壤和生物五大子系统,每个子系统又包括数目众多、层次和规模不等的子系统。例如,地貌子系统包括大陆地貌和洋底地貌二级子系统,其中大陆地貌又包括构造地貌、重力地貌、流水地貌、冰川地貌、风沙地貌、黄土地貌、岩溶地貌、冻土地貌、海岸地貌等三级子系统,其中流水地貌又包括坡面流水地貌、沟谷流水地貌、河流地貌等四级子系统,其中河流地貌又包括河谷地貌和河口地貌五级子系统,其中河谷地貌又包括深槽、浅滩、河漫滩、河床、阶地、江心洲、离堆山等六级子系统,其中阶地又包括阶地面、阶地陡坎、阶地坡、阶地前缘、阶地后缘等七级子系统……

自然地理系统各要素或子系统之间存在着广泛的联系,形成十分复杂的关联网络。众所周知,植物生长受土壤、气候、水文、地貌等因素的影响,而植被反过来又对其它自然地理要素产生影响。例如,植被通过截留降水、涵养水源、植物蒸腾等方式调节气候;植被通过减少地表径流、增加水分下渗、抑制水土流失等方式对地貌发育和水文状况产生影响;植被还是土壤形成发育的重要因素,对土壤组成和性质有深刻的影响。

由此可见,自然地理系统是一个复杂巨系统。

(三) 自然地理系统的开放性

在本书绪论中就已经指出,自然地理系统的环境包括地球内部环境、宇宙环境和人类活动三个方面。地球内部环境是指地壳沉积岩石圈以下的地壳深部、地幔和地核,宇宙环境是指大气对流层顶以上的大气层、广阔的宇宙空间和其它天体。人类活动系指人类为了生存所进行的一切生产实践活动。

从系统和宇宙环境的联系来看,彼此之间有广泛的物质和能量联系。太阳辐射将巨大的能量输入到自然地理系统,这是系统最主要的能量来源,约占系统总获能的 99.998%。来自太空的宇宙射线也可以为自然地理系统输入能量,但它仅占进入系统太阳辐射能的 0.000 0011%。月球、太阳或其它天体和地球之间相互吸引所产生的天体引潮力,给自然地理系统带来了潮汐能,这部分能量约占进入系统太阳辐射能的 0.000 017 2%。流星体进入对流层可为自然地理系统提供动能和热能,但其数额很有限。以短波辐射形式进入自然地理系统的太阳能,除一部分被大气和地面直接反射外,大部分被大气和地面吸收转换后又以长波辐射形式散失到宇宙空间。在这一过程中,有一部分太阳能以有机残体或化石燃料的形式保存在了自然地理系统中,促进了系统的发育。太阳系中的小行星或彗星以及宇宙尘埃受地球引力的作用可进入大气对流层,甚至降落地表。据估计(周人龙,1990),每年落至地表的陨石约 400 t、宇宙尘埃约 30 000 t,那么在地球 46×10^8 年的历史中,宇宙降落物可覆盖地表 20 cm 厚。

从系统与地球内部环境的联系来看,彼此之间的物质和能量联系也广泛存在。地球内部热能不断向上传导进入自然地理系统,不过通过这种途径输入的能量是很少的。岩浆侵入(侵入到自然地理系统范围之内)、火山喷发和热液上涌可直接向自然地理系统输入硅酸盐物质、气体和水分,同时也伴有大量的能量输入。地震和构造变动为自然地理系统输入动能和位能。扩张的大洋板块遇到大陆板块时,便俯冲到地壳深部或地幔中。

人类与自然地理系统之间的物质和能量联系也是多方面的。一方面人类为了生存质量的提高,不断从自然地理系统中获取物质和能量;另一方面,人类又把生产和生活废弃物质和能量排放到自然地理系统之中。这两方面的作用都对自然地理系统发生影响。

综上所述,自然地理环境不是一个封闭系统,更不是一个孤立系统,而是一个复杂的开放巨系统。

(四) 自然地理系统整体性规律的数学表达

按照系统科学理论,自然地理系统各要素都是作为系统的一个特定部分而存在的,当把它们从系统中分割出来时,就不可能完全保留原来在系统中的性质、作用和意义。也就是说,自然地理系统是各自然地理要素有机集合形成的统一整体,而不是各要素机械的、简单的堆砌。自然地理要素一旦被有机地组织起来,那么它们就不再作为单个要素而存在,而在自然地理系统中获得了新质。这就是一般系统论中所说的"系统不等于各部分之和"的整体性原理。根据这一原理,自然地理系统整体性规律的数学表达可写为:

$$PGS = [c + h + g + s + b] \neq c + h + g + s + b \tag{8-1}$$

式中 PGS 表示自然地理系统,c 表示气候,h 表示水文,g 表示地貌,s 表示土壤,b 表示生物。

二、自然地理系统要素间的物质和能量联系

自然地理系统之所以是一个统一整体,原因就在于系统内部各要素之间存在着广泛的物质和能量联系。这种联系将各要素密切结合在一起,它们相互影响、相互制约,当某一要素发生变化时,会引起其它要素的相应变化乃至整个系统性质的变化。

(一)自然地理系统的结构特征

自然地理系统的结构特征表现为垂直分层性和地域差异性。自然地理系统要素在垂直方向上的分层现象叫垂直结构。从全球规模来看,自然地理系统的组成物质因密度和受地球引力大小的不同,各自相对集中于自然地理系统一定的空间部位,密度最小者在顶部,密度最大者在底部。根据空气、水和岩石的密度不同自上而下依次排列着对流层、水圈和沉积岩石圈。疏松多孔的固、液、气混合自然体——土壤圈则分布在岩石圈的上部和大气圈的下部。生物圈分布在上述四个圈层的交界部位。上述各圈层在垂直方向上还可以进一步分层。例如,对流层还可以分出摩擦层(大气边界层)和自由大气层,其中摩擦层又分为贴地层、底部摩擦层和上部摩擦层等;水圈还可以分出空中水层、地表水层和地下水层等;沉积岩石圈还可以分出风化层、半风化层和未风化层等;土壤圈还可以分出枯枝落叶层、有机质层、淀积层、母质层等。生物群落还可以分出乔木层、灌

木层、草本层、地被层(苔藓地衣层)和根系层等。

自然地理系统不同级别的子系统在水平方向上的差异性或镶嵌现象叫水平结构。如大陆和海洋构成了自然地理系统水平方向上的两大自然地理单元,大陆内部又可分出山地、平原等次级单元。由于地球形状的影响,使地表不同纬度地带接受的太阳辐射能数量不同,从而形成东西方向延伸、自低纬到高纬在南北半球对称分布的气候带、生物带、土壤带以及相应等级的自然地理系统。

(二)自然地理要素间的物质和能量联系

上述自然地理系统的结构特点决定了系统中物质和能量流通、转化的途径与方向。自然地理系统的垂直结构性规定了要素间垂直方向上的物质和能量联系(如大气⟷植物⟷土壤⟷地下水⟷岩石之间的联系),水平结构性规定了各要素间水平方向上的物质和能量联系(如侵蚀与堆积、水分循环、洋流和大气环流等)。自然地理系统中各要素间的物质和能量联系非常复杂,但从总体上看主要是通过地质循环、大气环流、水分循环和生物循环四种途径实现的。

地质循环也称地质大循环,是指陆地表面的岩石经各种风化作用形成细小颗粒或可溶性物质,在流水冲刷、搬运作用下,最终汇入海洋形成各种沉积岩;后经地壳运动,海底沉积岩又上升成为陆地,再次遭受风化剥蚀的过程。

大气环流是指规模不等的、定常的或周期性的空气流动。大气环流使地表不同热量带之间的热量得到交换,维持了地表温度周年的稳定性。

水分循环是指海洋、大气和陆地上的水分在太阳辐射能和重力能的驱动下所发生的往复相变和运动过程。在水分循环过程中,通过水分的相变将水圈、大气圈、生物圈和土壤圈联系在一起(见图4-18)。

生物循环也叫生物小循环,是指活的生物体从生境中获得养分和水分,生物死亡后又将体内固定的养分和水分重新归还到生境中的往复过程。生物循环将太阳能、大气圈、水圈和土壤圈有机地结合在了一起。

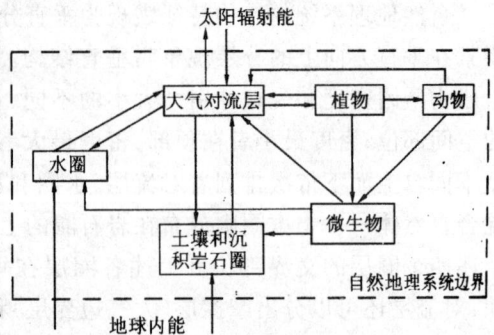

图 8-1　能量在自然地理系统中流动的简化模式
(根据文献[3]改制)

需要说明的是,自然地理系统内部的物质流和能量流是相伴出现、同时发生的,能量流要以物质流为载体, 物质运动要以能量流动来推动。例如,海洋中的液态水可以变为水汽,在气流的带动下传输到数千公里之外,以降水的形式落到地球表面。这一过程很容易被理解为物质(主要是水分)流,但是在液态水蒸发变为气态水的过程中要吸收热量,在气态水凝结变为液态水的过程中要释放热量,所以这一过程实质上也伴随着能量的传输。自然地理系统内部的物质和能量流动极为复杂,要想用一精确的、定量的模型来刻画它是非常困难的。图 8-1 仅仅给出了能量在自然地理系统中流动的简化模式,它可以帮助我们加强对自然地理系统整体性的认识。

三、自然地理系统的稳定性

(一)自然地理系统稳定性的概念

自然地理系统的稳定性是指自然地理系统的结构和功能在一定的内、外干扰(涨落)下不发生相应改变或扰动后的自然地理系统可以自动恢复到原来状态的性能。这里所说的外部干扰(涨落)指的是自然地理系统环境条件的改变,如太阳活动、小行星撞击、地球自转和公转参数的变化、地球内能的积累与释放(地震、火山活动和构造变动)、人类利用自然和改造自然的实践活动等。内部干扰(涨落)指的是自然地理系统内部某些要素数量或质量的变化。

(二)自然地理系统稳定性的原因

自然地理系统之所以具有稳定性,是由于系统内部存在着一系列反馈机制或自我调节机制。所谓反馈是指系统的输出信息反过来又影响系统输入的现象。根据输出信息对系统输入的影响,系统的反馈可分为正反馈和负反馈两种。凡是后输出的信息与原输出的信息起着相同的作用,使系统总的输出在原有基础上不断增大的反馈叫正反馈;凡是后输出的信息与原输出的信息起着相反的作用,使系统总的输出在原有基础上不断减小的反馈叫负反馈(图 8-2)。可见,正反馈可以使系统偏离原来状态,甚至引起系统结构和功能的重大改变;负反馈可以克服或抑制系统偏离原来状态。

自然地理系统中存在着多种多样的负反馈机制,当系统受到内、外干扰时,可以通过自我调节保持系统的相对稳定。例如,生态系统中物种的种类和数量保持长时间的相对恒定就是一系列负反馈作用的结果。再例如,随着现代工业的发展,排放到大气中的 CO_2 越来越多,使大气增温。但是,自然地理系统中也存在着降低大气 CO_2 浓度和抵抗气温上升的机制。大气 CO_2 浓度升高以后可以促进植物光合作用,将 CO_2 固定在生物体内,降低大气 CO_2 浓度;气温升高之后,

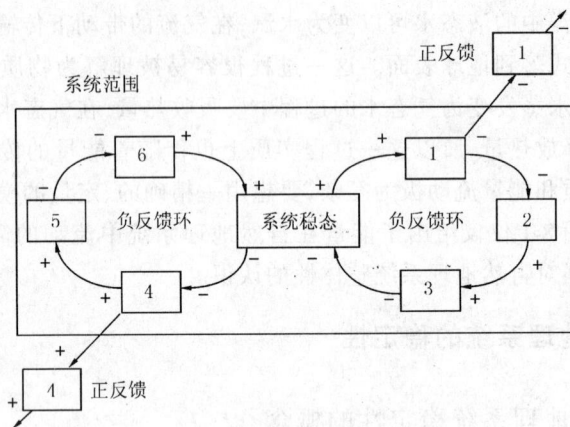

图 8-2　系统正、负反馈示意图

(根据文献[4]改制)

地表水分蒸发强烈,大气中散射粒子增多,地面吸收的太阳辐射减少,地面长波辐射也相应减少,在一定程度上克服了因大气 CO_2 浓度增加所导致的"温室效应";大气 CO_2 浓度的增加,增大了 CO_2 分子与海洋表面的接触机会,那么海水对 CO_2 的吸收增强,也可在一定程度上降低大气 CO_2 浓度;另外,当人类意识到大气 CO_2 浓度上升能够增加大气温度,可使冰川融化、海平面上升、荒漠面积扩大、粮食产量下降之后,就可以主动采取措施减少 CO_2 排放量。

(三)影响自然地理系统稳定性的因素

自然地理系统稳定性的强弱主要与系统内部组成和结构的复杂程度有关。系统的组成与结构愈复杂,物质和能量流通渠道则愈多,当某一流通环节发生障碍时,可以通过其它途径得到补偿,不致于使系统的整体功能遭到破坏,这样的系统其稳定性就越强。与此相反,系统的稳定性就越弱。

需要特别指出的是,自然地理系统的稳定性是有条件的,它的自我调节能力有一定限度,如果内、外干扰的强度超过了系统所能调节的限度,那么系统的稳定性则会丧失,整个系统的结构和功能将发生重大变化(突变)。

第二节 自然地理系统的时间演变规律

自然地理系统从它形成之日起随时间推移的发展变化方向、原因和途径的一般规律性称为自然地理系统的时间演变规律。

一、自然地理系统演变的时间尺度及其表现形式

自然地理系统演变的时间尺度有很大差异,而且演变的表现形式也各不相同。大尺度演变是中尺度演变的背景,中尺度演变是小尺度演变的背景。反过来,小尺度演变是中尺度演变的组成部分,中尺度演变是大尺度演变的组成部分。三种时间尺度互有联系,不可分割。

(一)全地球时间尺度与单向进化过程

全地球时间尺度是指从自然地理系统开始形成到现在所经过的全部历程。这是一个漫长的地质历史过程,到现在大约经历了 46×10^8 年的历史。全地球时间尺度的演变过程可用图 8-3 来表示。原始地壳形成之前,在地球的宇宙位置是一团混沌状的低温星云,后来不断凝聚形成固体地球,并因放射性元素蜕变和重力分异作用逐渐形成

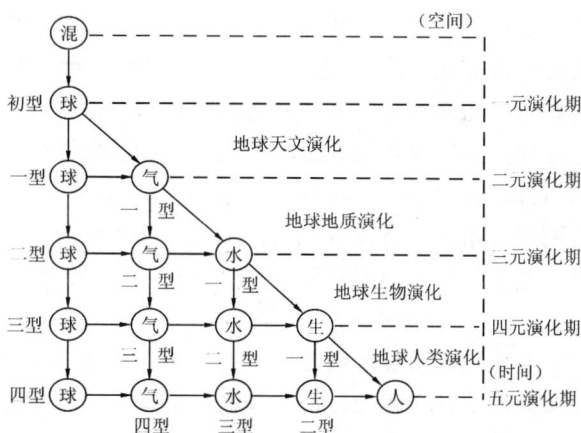

图 8-3 全地球时间尺度自然地理系统演化序列

(根据文献[6,7]改制)

原始地壳、地幔和地核。此阶段称为自然地理系统的一元演化期。原始地壳形成之后,尚无大气圈、水圈和生物圈,地球表面是荒芜的和寂静的世界。随着地球内部温度的上升,形成很多气体,它们可以沿地壳裂隙上升或通过火山喷发等形式释放出来。这些气体在地球引力的作用下被吸附在地球固体外壳周围,形成了原始大气圈(主要气体成分是 N_2、CO_2、H_2O、CH_4、NH_3 等)。此阶段称为自然

地理系统的二元演化期。从地球内部释放出来的炽热水蒸气,在地表凝结后以降水的形式降落地表,从而形成了水圈。此阶段称为自然地理系统的三元演化期。水圈的出现为生命的诞生提供了有利条件,大约在距今 30×10^8 年左右,原始海洋中第一次出现了低等生物——原核生物。随着时间的推移,原核生物又进化为真核生物,逐渐形成了包括形形色色生物在内的生物圈。绿色植物通过光合作用使原始大气中的 CO_2 浓度不断下降,O_2 含量不断上升,大气成分逐渐向现代大气逼近。此阶段称为自然地理系统的四元演化期。大约距今 200×10^4 年,猿逐渐进化为人类,从此自然地理系统开始迭加人类活动的影响,并且随着科技进步和社会发展,人类利用自然、改造自然的广度和深度日益扩大和加深。此阶段称为自然地理系统的五元演化期。

综上所述,全地球时间尺度自然地理系统的演变是一种从无到有、从简单到复杂、从低级到高级的进化性演变过程,而且是单向的、不可逆的。也就是说,全地球时间尺度的演变是有方向性的,它惟一地指向更为复杂的自然地理系统。

(二) 中小时间尺度与动态节律

关于自然地理系统演变的中小时间尺度的划分,目前学术界尚无科学界定,最长可达上亿年,最短在一日之内。中小时间尺度的自然地理系统演变表现为动态节律。所谓动态节律是指自然地理系统随时间推移所发生的周期性或旋回性变化。根据周期或旋回的时间长短,自然地理系统的动态节律可分为昼夜节律(日周期)、朔望节律(月周期)、年度节律(年周期)、世纪节律(以几年或几十年为周期)、超世纪节律(以上百年、上千年或上万年为周期)和地质节律(以百万年以上至上亿年为周期)等。通常将前四种节律称为现代自然地理系统的动态节律。

自然地理系统的动态节律有多种多样的表现形式,大致可分为周期性节律和旋回性节律两大类。所谓周期性节律是指自然地理现象和过程严格按照或大致按照特定时间间隔重复出现的现象,如气温、湿度、光合作用的日变化,动物的昼出夜伏,每日的潮涨潮落,月相盈亏,山谷风和海陆风转换,大潮与小潮,气候的寒来暑往,植物群落的季相更替,候鸟迁徙和鱼类回游,季风转换,生物的生老病死等。自然地理系统的旋回性节律是指自然地理现象和过程按显著不等长的时间间隔重复出现的现象,如太阳黑子出现所导致的自然地理现象和过程的变化(以 7 年～17 年为周期,平均以 11 年为周期),地质旋回所导致的海陆升降等自然现象的变化(以几百万年至上亿年为周期),气候旋回所导致的冷暖交替(冰期与间冰期)和干湿交替(以几十年至上万年为周期)等。

二、全地球时间尺度演变的理论基础

大量事实证明,自然界存在着两类不可逆的演化方向。第一类是从复杂到简单、从有序到无序的不可逆退化方向。例如,暴露在空气中的岩石,经过一定时间后会变成疏松多孔的风化物,风化物绝不会再自动地变成坚硬的岩石。第二类演化方向是从简单到复杂、从无序到有序的不可逆进化方向。例如,达尔文的生物进化论所揭示的生物从无到有、从简单到复杂、从低级到高级的演化过程,以及前述的自然地理系统的形成与发展过程、河川径流的汇集过程、土壤的形成与发育过程等等都表现为第二类演化方向。这两类演化方向在自然界都是可以看到的,前者称为"第一类时间之矢",后者称为"第二类时间之矢"。关于第一类时间之矢,可用经典的、严密的热力学第一和第二定律进行科学阐述。20世纪60年代以后逐渐形成和发展起来的非平衡态热力学比较成功地解释了第二类时间之矢问题,为我们认识自然界的复杂性和自然地理系统全地球时间尺度的演变提供了一把金钥匙。在非平衡态热力学体系中,最具有代表性是耗散结构理论(I.普利高津,1969)。

(一)耗散结构理论简介

1.关于熵的概念

熵是表征热力学系统存在状态的一个函数(状态函数或态函数),是耗散结构理论的一个核心概念。熵概念是克劳修斯1862年在研究热机转换效率时首先提出来的。他发现,在体系从热源吸收热量而作功的过程中,存在着一个状态函数,他称其为熵(Entropy),用 S 表示。其定量表达式为:

$$dS \geqslant \mathrm{d}Q/T \tag{8-2}$$

式中 Q 表示体系从热源获得的热量,T 表示体系的绝对温度,等号表示可逆过程,大于号表示不可逆过程。(8-2)式被认为是热力学第二定律最普适的数学表达式。

统计物理学研究表明(普朗克,1906),系统的熵状况与体系的混乱度有关,两者的关系为:

$$S = k \ln W \tag{8-3}$$

式中 W 表示热力学几率,即体系的混乱度或无序度;k 是玻耳兹曼常数。(8-3)式表明,熵是度量系统无序化程度的一个函数,低熵对应有序,高熵对应无序。所谓"序",可通常被理解为系统要素空间组织或结构的层次性,以及物质流和能量流的通畅能力和复杂程度。

2.孤立系统中的熵增原理

对于孤立系统来说,由于系统与环境之间既没有物质交换,也没有能量交换,所以(8-2)式可改写成:

$$dS \geqslant 0 \tag{8-4}$$

(8-4)式说明,孤立系统的熵永远不会减少,在可逆过程中熵值不变,在不可逆过程中熵值单调增加,一直达到系统混乱度最大的热力学平衡态。这里所说的平衡态是指系统参量(如温度、压力、密度等)不再随时间发生变化,不存在任何宏观物质和能量流动的状态。此时系统的功能丧失,处于死寂状态。在现实生活中,绝对可逆的过程是不存在的,因此孤立系统的熵值永远不会减少的这一规律被为"熵增原理"。它规定了非平衡孤立系统的演化方向,即最终达到熵值最大、最无序、最简单的热力学平衡态,也就是前述的第一类时间之矢。

3.封闭系统中的波尔兹曼有序原理

对于封闭系统来说,其行为可用自由能这一状态函数来表征,即:

$$F = E - TS \tag{8-5}$$

式中 F 为亥姆霍兹自由能,E 为系统的内能,T 为系统与外界同一的绝对温度,S 为系统的熵。由8-5式可见,当系统与环境的 T 很低时,系统的熵可以忽略不计,系统的自由能接近内能。此时系统的有序性增强,可形成一定的结构形式,如晶体、液体等。这就是波耳兹曼有序原理。不过,在低温下维持的这种结构是一种没有宏观物质和能量流动的结构,是一种"死"的结构,通常称其为平衡结构。可见,封闭系统的演化方向有可能出现前述的第二类时间之矢。

4.开放系统中耗散结构的形成

对于开放系统来说,在某一时间间隔内其熵值的改变由两部分决定,即:

$$dS = deS + diS \quad (diS \geqslant 0) \tag{8-6}$$

式中 deS 为系统与环境进行物质和能量交换所引起的熵流,diS 为系统内部不可逆过程的熵产生。其中 diS 项的符号永不会是负值(熵增原理),而 deS 项的符号则可正可负(此处的正负号是针对系统与环境进行物质和能量交换所引起的系统的熵值增减而言,凡是导致系统熵增者为正,凡是导致系统熵减者为负)。当 deS 为负值且其绝对值大于 diS 时,即环境向系统输入负熵流(薛定鄂,1944)时,dS 则为负值,系统的有序性增强,可以出现更为复杂的结构;当 deS 为正值时,dS 必然亦为正值,系统的有序性下降,结构破坏;当 deS 为负值且其绝对值与 diS 相等时,dS 等于零,系统处于稳定状态,亦不可能有新的结构形成。由上述分析可以看出,对于开放系统来说,有可能形成更加复杂的结构,使系统演化方向指向第二类时间之矢。需要特别强调的是,开放系统中新形成的这种结构与平衡结构截然不同,它是一种系统内部以及系统与环境之间存在有宏观物质和能量流动的"活"的结构。我们把这种在非平衡状态下通过耗散物质和能量而自发形成并维持的宏观有序结构叫耗散结构。

按照上述"平衡"的定义,大多数开放系统都处于非平衡态。非平衡态热力学研究表明,非平衡态又可分为近平衡态(区)和远离平衡态(区)。近平衡态是指离开平衡态不太远的非平衡态,系统内部"流"与"力"的关系是线性的,因此近平衡态也叫线性非平衡态(区)。线性非平衡态热力学告诉我们,因某种内、外干扰(涨落)使系统偏离平衡态或近平衡定态后,其内部的不可逆过程熵产生(diS)增加,但随时间推移熵产生率 $dP/dt \leqslant 0$(其中 $P = diS/dt \geqslant 0$),即熵产生率不断减少,最终又回到 $dP/dt = 0$ 的平衡态或近平衡定态。这一规律称为最小熵产生原理。也就是说,在线性非平衡区不可能出现新的耗散结构。远离平衡态是指离开平衡态很远的非平衡态,系统内部"流"与"力"的关系是非线性的,因此远离平衡态也叫非线性非平衡态(区)。非线性非平衡态热力学告诉我们,系统在远离平衡态时,最小熵产生原理已不再适用,而存在着一个判别系统稳定性的超熵产生($\delta_x P$),其符号不定。当涨落微弱时,$\delta_x P > 0$,系统处

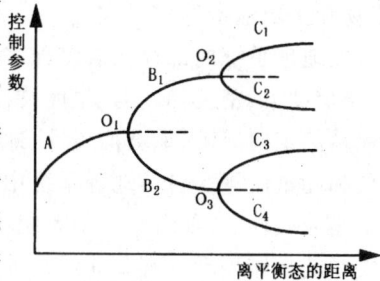

图 8-4　热力学分叉图示

于稳定状态,即保持原有的非平衡定态;当涨落达到临界点时,$\delta_x P = 0$,系统处于稳定与不稳定的临界状态;一旦涨落超过临界点后,$\delta_x P < 0$,此时系统变得极不稳定,微小的涨落即可通过复杂的非线性机制形成巨涨落,驱使系统离开原有的非平衡定态,进入一个新的、更加远离热力学平衡的低熵有序状态,即新的耗散结构状态。在临界点附近,微弱涨落引起系统性质发生根本改变的现象叫突变。在热力学上,这种现象叫热力学分叉(图8-4)。图8-4中A、B、C表示热力学分支,实线表示稳定的热力学分支,虚线表示不稳定的热力学分支,O_1、O_2、O_3为临界点。临界点之后出现热力学分叉,分叉后出现一条不稳定的热力学分支和两条稳定的热力学分支。系统将沿着某一条稳定的热力学分支演化。系统究竟沿着哪一条分支演化呢?这具有很大的随机性,完全靠涨落来决定。一旦系统跳到某一分支,系统就重新变得稳定起来,小的涨落不再对新形成的耗散结构产生影响,而另外一分支则永远失去了出现的机会。

（二）自然地理系统的耗散结构特性

1. 自然地理系统是远离热力学平衡的定态系统

如前所述，自然地理系统是一个复杂的开放巨系统。大量客观事实表明，自然地理系统决非处于热力学平衡态，而是处于热力学非平衡状态。关于这一点，我们可以从两方面予以说明。首先，自然地理系统内部以及系统与环境之间存在着物质和能量的宏观运动过程，如系统内部的大气环流、地质循环、水分循环、生物循环，以及系统与环境之间的物质和能量交换。其次，自然地理系统是一个有序系统。其要素分布不是杂乱无章，而是极为有序的。各个自然地理要素都占有特定的空间位置，如自然地理系统具有分明的同心圆构造、排列有序的气候、生物和土壤地带等。

自然地理系统内部存在着多种多样的"力"与"流"。最常见的力有势能梯度力、气压梯度力、密度梯度力、温度梯度力等。流是在这些力的作用下产生的物质和能量的定向流动，如坡面侵蚀、地表化学元素迁移、河流、洋流、风、生态系统的物质和能量流等。自然地理系统中流与力的关系有些是线性的，但在大多数情况下是非线性的，如自然地理系统中存在的各种正、负反馈现象都是流与力非线性关联的具体表现。有些非线性关系已被人们所知晓（如种群增长的逻辑斯蒂模型等），而更多的非线性关系我们还不能精确地描述甚至还没有被我们所认知。

综上所述，自然地理系统已经超越了热力学近平衡区，处于远离热力学平状衡态。

2. 自然地理系统的负熵流是太阳辐射

耗散结构之所以能够维持并不断进化，关键在于环境向系统持续输入负熵流，并抵消或超过了系统内部的熵产生。对于自然地理系统来说，太阳辐射是最主要的负熵流。

首先，太阳辐射是自然地理系统最主要的能量来源，约占系统获能的99.998%，并且进入系统的是短波辐射，输出的是长波辐射。由于光量子流的能量值大小与波长成反比，所以进入自然地理系统的短波辐射具有较高的能量值（熵值较低），输出的长波辐射具有较低的能量值（熵值较高）。可以看出，太阳辐射在自然地理系统中的流通与转化实际上是负熵流（全石琳，1988）。

其次，太阳辐射能是自然地理系统一切过程的原始驱动力。例如，地面受热不均导致了空气的垂直和水平运动，由此又产生了各种各样的天气过程和天气现象；岩石风化、地貌发育、水文过程、土壤形成、生物循环等都与天气过程和天气现象有关。假若没有太阳辐射,自然地理系统的一切过程都将停止,系统的存在与演化就无从谈起。

第三,自然地理系统的演变历史就是系统储存太阳辐射能不断增加的历史。虽然太阳辐射在自然地理系统演变过程中变化不太大,但是随着系统的进化,自然地理系统储存的太阳辐射能却不断增加。在系统演化的一元期,输入的太阳短波辐射和输出的地面长波辐射量都是巨大的,仅有少量能量储存在原始地壳的表层。在系统演化的二元期,大气圈截获的太阳辐射能约占太阳辐射年射入总量的 6%。在系统演化的三元期,水圈依其巨大的热容量储存了约占太阳辐射年射入总量的 24%。在系统四元演化期,生物圈的高等绿色植物通过光合作用,将太阳能储存在生物体中,增加了自然地理系统的储能量。据研究(陈之荣,1990),全球生物圈储存的能量约占太阳辐射年射入总量的 0.1%。在系统五元演化期,人类活动通过营造各种高效的人工生态系统(如优质高产农田生态系统等)和建设各种太阳能利用工程等,进一步增加了系统的储能量。自然地理系统储能的增加是系统不断演化的结果,反过来它又促进了系统的进一步演化。从熵变角度分析,自然地理系统储能的增加降低了系统的熵值,使系统更加远离热力学平衡态。

3. 自然地理系统的涨落与分叉

由于涨落使系统离开非平衡定态,走向新的、更高级的耗散结构,因此涨落在系统演化过程中起着非常重要的作用。自然地理系统的涨落有内、外涨落之分。外部涨落是来自自然地理系统环境的涨落,如陨石撞击、太阳活动、地球运动参数的变化、海陆变迁、火山、地震以及人类大规模改造自然的活动等等;内部涨落是来自自然地理系统本身的涨落,如气温的升降、旱涝灾害、种群数量的增加与减少、水体水位的升降等等。外部涨落是条件,内部涨落来是根本,外部涨落通过内部涨落对系统演化发生作用。例如,巨大的陨石撞击地球,导致大量尘埃物质进入大气,严重影响太阳辐射的输入,使地表植被乃至生物圈发生重大改变。自然地理系统的非平衡定态具有一定的自稳性,小的涨落可被系统削减或吸收,只有当涨落达到临界点形成巨涨落时才能使系统发生突变。

自然地理系统的分叉有层次之分。按照各圈层形成的先后顺序,自然地理系统的高级分叉可分为四级。一级分叉形成了原始大气圈,二级分叉形成了水圈,三级分叉形成了生物圈,四级分叉形成了人类圈(图 8-5)。高层次的分支往往由一系列次级分叉形成的分支所组成。例如,生物圈分支包括细菌分支、藻类和原始动物分支、蕨类植物和无脊椎动物分支,蕨类植物、鱼类和两栖动物分支,裸子植物和爬行动物分支,被子植物和哺乳动物分支等。低级分支是高级分支

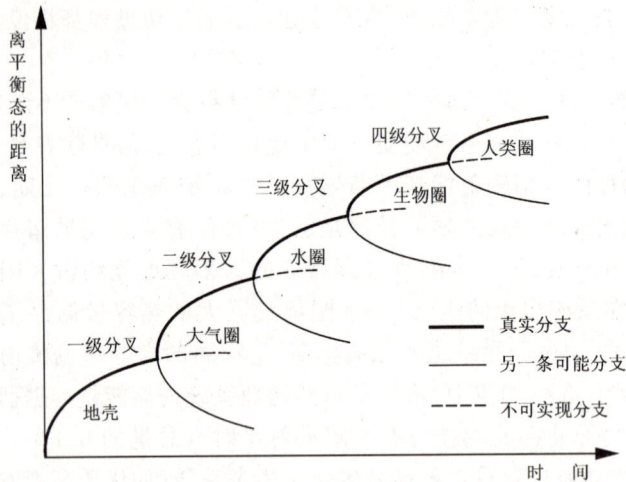

图 8-5　自然地理系统分支与分叉示意图

的基础,高级分支是低级分支的背景。

三、自然地理系统动态节律的原因

(一)天文因素

影响自然地理系统动态节律的天文因素比较复杂,概括起来说,主要包括以下四个方面:第一,太阳的周期性活动。太阳活动有 11 年、22 年、80 年~90 年的周期,在太阳活动(扰动太阳)期间,太阳活动表现为太阳爆发,出现大量黑子和耀斑,辐射增强。如前所述,太阳辐射是自然地理系统最主要的能量来源,太阳的周期性活动势必影响该系统的大气过程、水文过程和生物过程,使其出现相应的节律性变化。第二,月球和太阳对地球引潮力的周期性变化。天体引潮力能引起地球固体、液体和气体圈层出现潮汐现象。其中一日(太阴日)内涨潮与落潮的周期性变化是由于地球自转造成的,一月(恒星月)内大潮与小潮的周期性变化与地球、月球和太阳相对位置有关。现已发现,天体引潮力的变化不仅引起潮汐的变化,还可以导致洋流运动方向和海水温度的变化。第三,地球行星运动。众所周知,地球的自转和公转是自然地理现象和过程出现昼夜更替和季节变化的惟一原因。地球公转轨道参数(轨道偏心率、黄赤交角等)的变化也具有周期性。其中地球轨道偏心率变化周期大约为 9.5×10^4 年,黄赤交角变化周期大约为 4.1×10^4 年。据研究(Hays,1976;任振球,1990),在偏心率低值期对应全球气温下降,形成冰期;黄赤交角增大时,高纬地区年辐射量增加,低纬地区年辐射量减少,高、低纬之间的温差变小,使气候、生物、土壤地带向高纬一侧推进。第四,太阳系绕银心运动。太阳系绕银河系质心旋转运动的过程中,往返穿越银道面,其周期大约为 $3\ 300 \times 10^4$ 年。研究表明(Fischer),当太阳系位于银道面时,对应全球气温下降,海洋面积缩小。

(二)地球内部因素

地球内部热能的积累与释放也具有节律性。当地热能积累到一定程度,固体地球则处于不稳定状态,在外因诱导下发生岩浆活动和构造变动,使储能得以释放。能量释放后的固体地球处于相对稳定状态,地球深部同位素核裂变放出的能量又开始不断积聚,孕育着下一次地壳运动的发生。现代地壳沉积岩的岩相变化就是地质历史时期地壳运动的痕迹。一套海侵层序与相邻的一套海退层序构成一个地质(沉积)旋回。它表明地壳发生了一次下降和一次上升过程。地质旋回的时间跨度很大,可以是上百万、上千万甚至上亿年。从第二章第五节有关内容可以看出,整个地壳的发展变化过程是由多次地质旋回节律构成的,并且每一次地质旋回节律都给自然地理系统带来了重大影响。

(三)生物自身因素

生物自身因素引起的节律性变化是自然地理系统中一种特殊的节律性表现,它受生物生理特性的制约。如植物、动物和微生物都要经历胚胎、发芽(出生)、成长、衰老和死亡过程,它们的后代仍重复着同样的过程,周而复始,代代相传。再例如,各种生物在感受环境条件变化过程中,可以不断调节自身生理活动,使生理过程表现出相对固定的时间节律——生物钟。

四、自然地理系统演变的方式

自然地理系统演变遵循"量变到质变"规律。量变是在不影响系统本质特征的情况下,系统内部组成、性质、数量上的变化,往往表现为一种缓慢的、连续的和逐渐过渡的变化。质变是量变达到临界点时,系统所发生的本质特征的变化,往往表现为一种快速的、不连续的飞跃式变化。因此,自然地理系统的演变方式可分为渐变和突变两种类型。

渐变型演变方式在自然地理系统中最为常见,如温度的上升与下降、物质的扩散过程、原始大气圈向现代大气圈的演变、生物圈物种的进化等事件都属于渐变型。对于渐变型地理过程,我们已有了比较成熟的理论和方法,可应用微分方程加以比较精确的描述,也可应用概率论和离散数学等方法加以解析(牛文元,1992)。一旦发现了渐变型演变的基本规律,即可相当准确地预测未来的行为,它是开展自然地理预测和模拟的基础。

突变型演变方式在自然地理系统中也很常见,如火山喷发、地震、崩塌、小行星撞击、恐龙灭绝等事件都是很明显的突变型演变。还有一些突变型演变不易被人们察觉。例如,据 D.R.Mush(1984)研究,土壤黏粒含量 20%~40%(依黏土矿物类型而定)就是一个临界值。当粘粒含量小于临界值时,黏粒易分散并随水下移,形成黏化层;一旦黏粒含量超过临界值时,就会因土壤孔隙被大量黏粒堵塞影响黏粒下移或停止下移,出现水分滞留和黏粒侧向移动,从而使土壤性质发生变化。这种突变型演变往往不易被人们所察觉。

自然地理系统的突变型演变实质上就是前述非平衡态热力学的分叉现象,它在新的、更高级的耗散结构形成方面起着关键性作用。精确描述此类突变型事件不是一件容易的事情,但自从突变论创立(托姆,1972)以来,人们开始逐渐认识和描述这些复杂现象,并取得了一些可喜成果,开始形成当今最有发展前景的复杂性学科。

第三节　自然地理系统的地域分异规律

一、地域分异规律概述

(一)地域分异规律的概念

所谓地域分异是指自然地理系统或自然地理要素在空间分布上的不均一性。可见,地域分异的对象可以是各个自然地理要素,也可以是各要素综合形成的自然地理系统。本节我们主要讨论自然地理系统的地域分异问题。实际上,自然地理要素的地域分异已包含在自然地理系统的地域分异之中,通过对自然地理系统地域分异的学习,可以很容易理解自然地理要素的地域分异。

自然地理系统的地域分异有广义和狭义两种涵义。广义的地域分异泛指全球不同等级自然地理系统在空间分布上的不均一性,包括海洋和陆地两大自然地理系统及其内部的空间差异。狭义的地域分异单指陆地自然地理系统的空间差异。长期以来,由于人们对陆地自然地理系统地域分异的研究比较充分,因此一般地理文献中所述的地域分异主要是狭义的地域分异。本节我们也主要讨论狭义的地域分异问题。自然地理系统的地域分异规律即指各级自然地理系统在空间上按一定方向呈有序性更替变化的规律性。

(二)地域分异的基本因素及表现形式

自然地理系统之所以在地球陆地表面呈有规律性分布,从根本上说是由于两方面的因素造成的。一是太阳辐射。它在地球陆地表面按纬度分布不均,导致自然地理系统出现东西方向延伸、南北方向依次发生更替的分布规律。二是地球内能。它的积累与释放控制着海陆分布格局和地势起伏变化,在一定程度上干扰甚至破坏由太阳辐射因素引起的自然地理系统东西方向延伸、南北方向依次更替的分布规律,而出现南北方向延伸、东西方向依次更替或出现随海拔高度升降依次更替的分布规律。这两个因素分别来自自然地理系统的宇宙环境和地球内部环境,它们对自然地理系统的影响互不从属、彼此独立,是制约地域分异的基本因素。因此有些学者(A.T.依萨钦科,1958;胡焕庸,1964 等)将太阳辐射因素称为地域分异的地带性因素,而将地球内能因素称为地域分异的非地带性因素;并把由地带性因素引起的自然地理系统呈东西方向延伸、南北方向依次发生更替的地域分异规律叫作地带性规律或纬度地带性规律,而将非地带性因素引起的地域分异规律叫作非地带性规律,包括自然地理系统呈南北方向延伸、东西方向依次更替的经度地带性规律以及随海拔高度升降变化依次发生更替的垂直地带性规律。但也有很多学者(罗佐夫,1959;黄秉维,1959 等)在承认太阳辐射和地球内能对地域分异起控制作用的基础上,认为凡是在地表呈带状延伸且以某种形式有规律更替的地域分异规律均可称为地带性规律,包括纬度地带性规律、经度地带性规律和垂直地带性规律,三者合称"三向地带性规律"。产生上述分歧的原因在于,前者是从原因上考察地域分异规律,后者是从形式上考察地域分异规律。由于对地域分异规律的认识需要一个不断探索的过程,所以存在一些分歧是可以理解的正常现象(郑度、杨勤业,1997)。

还必须指出,任何等级的自然地理系统都受太阳辐射因素和地球内能因素的影响,只是影响程度不同而已。一般来说,影响大尺度自然地理系统地域分异的基本分异因素可以比较明显地区分开来,而小尺度自然地理系统的地域分异是两种基本分异因素共同作用的结果,两者对地域分异的影响往往是分不开的。

(三)地域分异的层次性

全球自然地理系统空间分布是由不同等级的子系统构成的镶嵌体系。由于影响不同等级自然地理系统的分异因素不同,而且地带性因素和非地带因素对不同等级自然地理系统的影响程度差异很大,那么地域分异的表现形式也互不相同,所以在分析讨论自然地理系统地域分异规律时,有必要区分出不同的层次和规模。如表 8-1 所示,一般用三种尺度来衡量地域分异规律。虽然不同尺度的地域分异各有自身的成因和具体表现形式,但它们又是相互联系的。低级次的地域分异总是在较高级次地域分异的背景下发生的,带有较高级次地域分异的烙印,并受到较高级次地域分异的制约。另一方面,低级次的地域分异是较高级次地域分异的基础,离开低级次的地域分异,较高级次地域分异就无从谈起。

表 8-1   地域分异的规模与尺度

规　模	层　次	水平范围	垂直厚度	内部物质联系
大尺度	大陆层次	大陆或洲	对流层顶至沉积岩石圈底	全球性大气环流、水分循环和地质循环
中尺度	区域层次	大于 $100 \times 10^4 km^2$	大气边界层至太阳能休止深度	地区性大气环流和大流域的物质迁移
小尺度	局地层次	小于 $100 \times 10^4 km^2$	植物冠层顶至根系所及部位	生物循环

(四)地域分异规律的研究意义

地域分异规律研究具有重要的理论意义,它可以揭示不同等级自然地理系统在地球表面的确切位置和展布方式,回答为什么这个地方存在这样的自然地理系统、它的周围又应该出现什么样的自然地理系统,有利于我们进一步理解自然地理系统的整体性规律。因此,地域分异规律是自然地理学的基本理论问题,长期以来备受人们的重视,也是自然地理学研究得相对比较充分的一个领域。现代地域分异规律研究表明,太阳辐射和地球内能两大基本分异因素是通过纬度、经度(距海度)和高度对地域分异发生作用的,任一自然地理系统的分布都是这三者共同作用的结果,只是作用强度不同而已。由此看来,任一自然地理系统的空间分布都是纬度、经度和高度函数,可用下式表示:

$$S = f(W, D, H) \tag{8-7}$$

式中 S 表示任一自然地理系统,W 表示纬度因素,D 表示经度因素,H 表示高度因素。在平原地区,H 为常数或接近常数,(8-7)式即可简化为 $S = f(W, D)$,此种地域分异规律称为水平分异规律。在面积不大的山区,W 和 D 可近似地看成常数,(8-7)式又可简化成 $S = f(H)$,此种地域分异规律称为垂直分异规律。

地域分异规律研究在国民经济建设中也具有重要的意义。由于同一自然地理系统的组成、结构和功能有较大的相似性,其利用方式和利用方向也基本相同,因此地域分异规律研究对因地制宜、科学合理地开发利用自然资源具有极为重要的指导意义。综合自然区划和土地类型划分(第十章将详细介绍)是自然地理学服务于国民经济建设的重要"桥梁",其理论基础就是地域分异规律。

二、陆地自然带及其分布规律

(一)陆地自然带

1.陆地自然带的一般概念

大陆上出现的呈带状分布并具有一定延伸方向和更替次序的自然地理系统称为陆地自然带,简称自然带或自然地带①。根据空间展布方式,自然带可分为水平自然带和垂直自然带。水平自然带是在不考虑地势起伏的前提下,即在"理想大陆"上出现的呈水平展布的自然带。每一个水平自然带的空间范围是巨大的,其垂直厚度上至大气对流层顶,下至地壳沉积岩石圈底部,在水平方向上往往纵横跨越 10~20 个纬度或经度。由此可见,水平自然带相当于自然地理系统层次结构中的大尺度地域单位(图绪-2)。

垂直自然带是在水平自然带的基础上,由于地势巨大的起伏变化所形成的在垂直方向上依次更替的自然带。从空间分布规模来看,垂直自然带没有水平自然带那么广大,在千米以上的海拔高度范围内即可见到不同的垂直自然带,其垂直厚度也比较小。同水平自然带相比,垂直自然带属于次一级地域单位,即自然地理系统的中尺度地域单位。

两个相邻自然带之间没有截然的分界线,总是从一个自然带逐渐过渡到另一个自然带。在过渡带较宽的某些情况下,还可以划分出一些过渡型自然带。

关于自然带的命名,目前学术界尚有争议。多数学者认为,在自然地理系统各要素当中,植物因素对其它自然地理要素的变化最为敏感,在野外也是最容易被观察和识别的,故通常用各个自然带中的典型植被类型来命名相应的自然带。

2.水平自然带的基本类型及其特征

垂直自然带在类型划分、命名和性质等方面同水平自然带相比,有很多相似之处,这里我们仅以水平自然带为例来说明自然带的类型及其特征。

水平自然带一般可分为 12 个基本类型,它们是热带雨林带、热带季雨林带、热带草原带、热带荒漠带、亚热带常绿硬叶林带、亚热带常绿阔叶林带、温带落叶阔叶林带、温带草原带、温带荒漠带、寒带针叶林带、极地苔原带和极地冰原带。

---

① 广义的自然带还应包括海洋自然带,本书所述的自然带仅指陆地自然带。

各水平自然带的气候类型、典型土壤、典型植被和典型动物见表8-2。

表8-2 水平自然带及其主要特征

自然带名称	气候类型	典型土壤	典型植被	典型动物
热带雨林带	赤道多雨气候	暗红湿润铁铝土	热带雨林	猩猩、河马等
热带季雨林带	热带季风气候	简育湿润铁铝土	热带季雨林	象、孔雀等
热带草原带	热带干湿季气候	铁质干润淋溶土	热带草原	长颈鹿、羚羊等
热带荒漠带	热带干旱气候	暖性干旱土	热带荒漠	袋鼠、沙漠狐等
亚热带常绿硬叶林带	亚热带夏干气候	干旱淋溶土	亚热带常绿硬叶林	菊头蝠、无尾猴等
亚热带常绿阔叶林带	亚热带季风气候 亚热带湿润气候	湿润富铁土	亚热带常绿阔叶林	猕猴、灵猫等
温带落叶阔叶林带	温带季风气候 温带海洋性气候	简育淋溶土	温带落叶阔叶林	松鼠、黑熊等
温带草原带	温带半干旱气候	钙积干润均腐土	温带草原	黄羊、旱獭等
温带荒漠带	温带干旱气候	正常干旱土	温带荒漠	双峰驼、子午沙鼠等
寒带针叶林带	寒带大陆性气候	正常灰土	寒温带针叶林	驼鹿、紫貂等
极地苔原带	极地苔原气候	暗沃寒冻潜育土	苔原	驯鹿、北极狐等
极地冰原带	极地冰原气候	未发育	未发育	北极熊、海豹等

(二)水平地带性规律

自然带在水平方向上沿一定方向延伸,并按确定方向依次发生更替的现象称为自然带的水平地带性规律。按照水平自然带延伸和更替方向可将水平地带性规律分为纬度地带性和经度地带性两种规律。

1.纬度地带性规律

纬度地带性规律是指水平自然带大致沿东西方向延伸并按南北方向依次发生更替的现象。例如,高纬地区的极地苔原带和寒带针叶林带以及低纬地区的热带雨林带延伸方向都大致与纬线平行,而且它们都横跨世界大陆,呈断续的带状分布,表现出明显的纬度地带性规律(图8-6)。

自然带纬度地带性规律的根本原因是大陆不同纬度地带得到的太阳辐射能数量不同,而这一点又与地球的形状、空间位置和运动有关。由于低纬地带得到的太阳辐射能多,向两极过渡逐渐减少,因而出现自赤道到极地依次出现东西方向延伸、南北方向更替的热带、亚热带、温带、寒带和极地等热量带。不同热量带的大气运动、天气状况等差异很大,形成不同的气候带。气候是自然地理系统中最活跃、最基本的要素,它控制着一切自然地理过程的速率,不同气候带将出

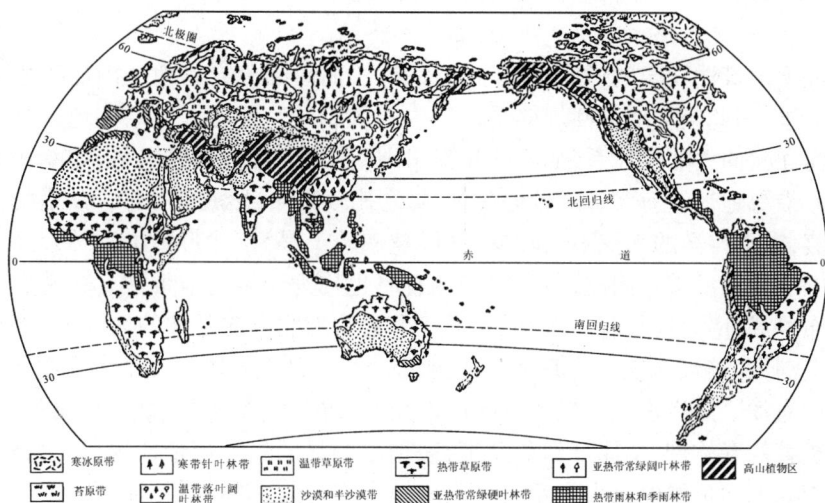

图 8-6　世界陆地自然带分布图

(根据文献[16]改制)

现不同的水文、土壤和生物状况。所以,自然带的分布也会出现与温度带相同的分布规律,即沿东西方向延伸、按南北方向依次更替的纬度地带性规律。

标准的纬度地带性规律(即自然带严格按照东西方向延伸、南北方向更替并环绕地球分布)往往在其它因素的干扰下发生偏转甚至尖灭。例如,中纬度的自然带就不能横跨整个大陆分布,而是在大陆东岸、西岸和内陆地区出现不同的纬度地带性规律。由图 8-6 可以看出,欧亚大陆东部地区自北而南依次分布着寒带针叶林带、温带落叶阔叶林带、亚热带常绿阔叶林带和热带雨林带;欧亚大陆西部地区自北而南依次分布着寒带针叶林带、温带落叶阔叶林带、亚热带常绿硬叶林带;欧亚大陆内陆地区自北而南依次分布着寒带针叶林带、温带落叶阔叶林带、温带草原带和温带荒漠带。

2.经度地带性规律

经度地带性规律是指水平自然带大致沿南北方向延伸并按东西方向依次发生更替的现象。例如,欧亚大陆东部地区自沿海向内陆依次出现温带落叶阔叶林带、温带草原带和温带荒漠带。这三个自然带大致南北方向延伸(确切地说呈东北—西南向延伸),东西方向更替,在一定程度上表现出经度地带性分布特征。再如,北美洲中西部地区,自东向西依次分布温带落叶阔叶林带、温带草原带和温带荒漠带,这些自然带也大致呈南北方向延伸,表现出比较明显的经度地带性规律。

经度地带性规律的形成与海陆位置有关,而海陆分异是地球内能积累与释放的结果,因此经度地带性规律受地球内能的制约。世界上的某些地区常年盛行自海洋吹向大陆的风系(如西欧和南美洲南部)或盛行季风风系(如欧亚大陆东部),沿海地带受海洋影响较为深刻,降水比较丰沛,形成森林带。从沿海向内陆过渡,来自海洋的水汽不断减少,气候越来越干旱,自然带则由森林带经草原带逐渐变为荒漠带。因此,经度地带性有时也称为干湿度地带性。纵观世界大陆分布格局,南北狭长者居多,形成了三个大致南北方向延伸的大陆瓣(南美洲—北美洲大陆瓣、欧洲—非洲大陆瓣、亚洲—大洋洲大陆瓣),三个大陆瓣之间为广阔的海洋。海洋水汽从东西方向进入大陆,结果必然形成南北方向延伸、东西方向更替的森林带、草原带和荒漠带,表现出明显的经度地带性规律。另外,各大陆南北方向延伸的巨大山系也可以阻挡水汽进入大陆内部,加剧经度地带性分异。

3.理想大陆水平地带性分异

真实大陆的水平地带性规律受多种因素影响,表现形式十分复杂。在多数情况下,纬向分布的水平自然带并不能横跨整个大陆,延伸方向也并非严格按照纬线呈东西方向延伸;经向分布的水平自然带并不能纵跨整个大陆,延伸方向也并非严格按照经线呈南北方向延伸。但是,纬度地带性和经度地带性分异规律是客观存在的,只是现实大陆的水平地带性分异与理想大陆的水平地带性分异出现了偏差而已。为了使读者对自然带水平分异有一个更加清晰的图像,加深对水平地带性规律的理解,有必要对理想大陆水平地带性分异规律进行简要讨论。

所谓理想大陆是指能全面反映自然带水平分布规律,现实世界并不存在的大陆。它要具备以下几个条件:一是大陆呈南北向延伸,有足够的宽度和长度(到达两极或高纬地区),赤道穿越大陆中部。二是大陆的地势高平,地下水位较深,地面光滑,没有起伏变化。三是大陆的物质组成均匀一致。

Π.C.马克耶夫(1963)经过长期研究,给出了理想大陆水平地带性分异图式(图8-7)。他把水平自然地带概括为27种。在这27种自然地带中,有些与表8-2所列的基本陆地自然带相一致,有些是基本自然带下更次一级的自然带单位。马克耶夫把理想大陆水平地带性规律归纳为五个方面:第一,南半球和北半球的水平地带谱(即自然带的数目以及在水平方向上的更替次序)基本上是对称的;第二,环球分布的自然带只出现在赤道、高纬和两极地区,其它纬度均出现东西递变的经度地带性自然带;第三,在海洋性地带谱(即滨海地区的地带谱)中,除了大陆西岸寒流流经的地区外,基本上都是各类型的森林地带,到极地过渡为苔原带;第四,大陆性地带谱(即大陆内部地区的地带谱)自荒漠带开始向两极过渡,依次出现草原、泰加林、苔原和长寒冰雪带;第五,在寒、暖流发生分流的大陆西岸,出现地中海型自然地带。

(三)垂直地带性规律

1.垂直地带性规律的概念

随着海拔高度的剧烈变化,垂直自然带在垂直方向上依次地、有规律地发生更替的现象叫做自然带的垂直地带性规律,简称为垂直地带性规律。一条高大山系,自山麓到山顶可以出现一系列垂直自然带。这些自然带自下而上的排列顺序、数目及分布高度统称为自然带的垂直带谱。山麓地带的自然带称为该垂直带谱的基带,亦即该山系所在地区相应的水平自然带。垂直地带性规律包括正向垂直地带性规律和负向垂直地带性规律。所谓正向垂直地带性规律即指自基带向上随海拔高度上升,垂直自然带依次发生更替的规律。例如,自喜马拉雅山南坡山麓至珠穆朗玛峰依次出现热带雨林带、山地亚热带常绿阔叶林带、山地温带针阔叶混交林带、山地寒带针叶林带、亚高山寒带灌丛草甸带、高山寒冻草甸带、高山寒冻地衣带、高山冰雪带等垂直自然带。所谓负向垂直地带性规律是指自基带向下随海拔高度下降,垂直自然带依次发生更替的

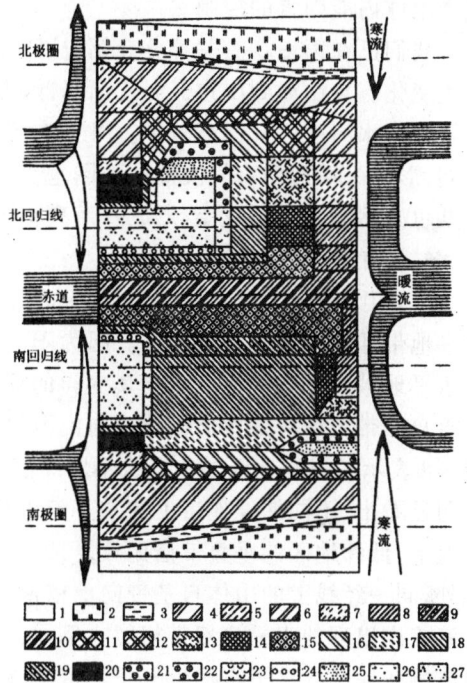

图 8-7　理想大陆水平地带性分异图式[17]

1.长寒地带;2.苔原地带;3.森林苔原地带;4.泰加林地带;5.混交林地带;6.阔叶林地带;7.半亚热带林地带;8.亚热带林地带;9.热带林地带;10.赤道雨林地带;11.桦树森林草原地带;12.栎树森林草原地带;13.半亚热带森林草原地带;14.亚热带森林草原地带;15.热带森林草原地带;16.温带草原地带;17.半亚热带草原地带;18.亚热带草原地带;19.热带草原地带;20.地中海地带;21.温带半荒漠地带;22.半亚热带半荒漠地带;23.亚热带半荒漠地带;24.热带半荒漠地带;25.温带荒漠地带;26.半亚热带荒漠地带;27.亚热带荒漠地带

规律。负向垂直地带性规律仅在某些高原面上出现,不太普遍,我们通常所说的垂直地带性规律是指正向垂直地带性规律。

　　2.垂直地带性规律的成因

　　垂直地带性规律形成的前提条件是地表巨大的地势差异。地势差异的根本原因又是地球内能积累与释放导致造山运动的结果,所以垂直地带性规律的形成受地球内能因素的控制。

　　我们已在第三章有关部分介绍过,随着海拔高度的变化,气温和降水也相应发生变化。自山麓到山顶气温逐渐降低,降水随海拔高度升高先是逐渐增加,到达最大降水高度后又逐渐减少。可见在不同海拔高度上,水热条件的组合状况不同,形成一系列垂直气候带。不同垂直气候带内,土壤、生物等其它自然地理要素也必然随之发生改变,形成一系列相应的、性质各异的垂直自然带。

　　3.垂直带谱的空间变异

　　(1) 山体所处水平自然带位置不同,其垂直带谱不同:垂直地带性规律是在水平地带性规律基础上形成的。因为不同水平地域的水平自然带不同,所以不同水平地域的垂直带谱不同。其变异的规律是:自基带随山体升高依次出现的垂直自然带与所在地区向极地或向沿海过渡所出现的一系列水平自然带相似。图8-8表示了湿润地区同一经线不同纬度地带上垂直带谱的空间变异情况。可以明显看出,不同纬度地带上的垂直带谱组成不同,在山体高度相差不太悬殊的情况下,低纬地区的垂直带谱比较复杂,高纬地区的垂直带谱则比较简单。除极地外,同一经线上的山体自基带向上依次出现的垂直自然带与所在地区向极地过渡依次出现的水平自然带相似。例如, 位于热带湿润地区的山体,其基带是山体所在地区的水平自然带——热带雨林带(Ⅰ),由此处向极地过渡依次出现的水平自然带为亚热带常绿阔叶林带(Ⅱ)、温带落叶阔叶林带(Ⅲ)、寒带针叶林带(Ⅳ)、极地苔原带和冰原带(Ⅴ)等,那么自基带向上也依次出现与之相对应的山地亚热带常绿阔叶林带、山地温带落叶阔叶林带、山地寒带针叶林带、山地苔原带和山地冰原带等垂直自然带。在同一经线上,自低纬到高纬不同山体上的同种垂直自然带分布高度逐渐降低,最后尖灭。例如,温带落叶阔叶林带在热带地区的高山上出现在山体的中上部;在亚热带地区的高山上出现在山体的中部;在温带地区的高山上出现在山体的下部,即变为该山体垂直带谱的基带;在寒带地区的高山上,则见不到温带落叶阔叶林带(即温带落叶阔叶林带发生了尖灭)。

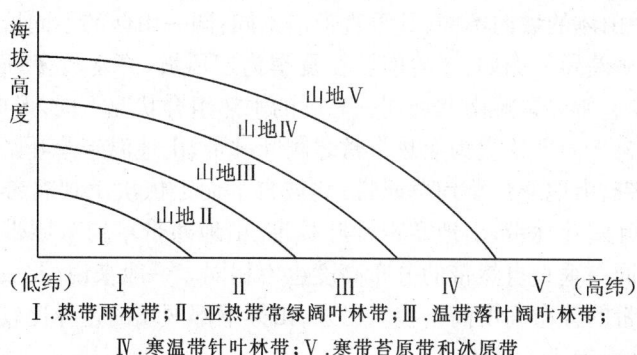

Ⅰ.热带雨林带；Ⅱ.亚热带常绿阔叶林带；Ⅲ.温带落叶阔叶林带；

Ⅳ.寒温带针叶林带；Ⅴ.寒带苔原带和冰原带

图 8-8　湿润地区同一经线不同纬度地带上的垂直带谱示意图[20]

同一纬线不同经度地带上的垂直带谱也有明显的空间变异规律。如图 8-9 所示，不同经度地带的垂直带谱组成不同，在山体高度相差不太大的前提下，内陆荒漠地区的垂直带谱比较复杂，沿海地区的垂直带谱相对比较简单。除沿海地区外，同一纬线上的山体自基带向上依次出现的垂直自然带与该山体所在地区向沿海过渡依次出现的水平

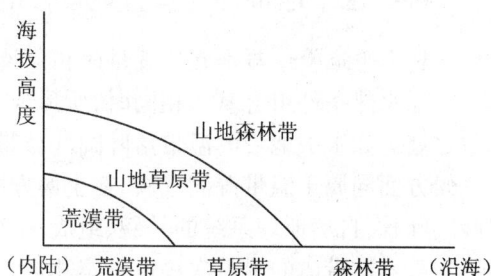

图 8-9　同一纬线不同经度地带上的垂直带谱示意图[20]

自然带相似。例如，位于内陆荒漠地区的山体，其基带是山体所在地区的水平自然带——荒漠带，从该处沿同一纬线向沿海过渡依次出现的水平自然带为草原带和森林带，那么自基带向上也依次出现与之相对应的山地草原带和山地森林带。如果该山体高度足够高，在山地森林带以上还可以出现山地草甸带、山地苔原带和山地冰原带等垂直自然带。在同一纬线上，自沿海到内陆不同山体上的同种垂直自然带分布高度逐渐升高。例如，森林带出现在沿海垂直带谱的下部，在草原地区出现在垂直带谱的中部，在内陆荒漠地区出现在垂直带谱的上部。需要注意的是，内陆地区的垂直带谱比较多变，在某些内陆垂直带谱中不一定出现山地森林带，山地草原带可直接与山地苔原带相连。

（2）同一水平自然带内，山体高度不同垂直带谱不同：同一水平自然带内，垂直带谱的复杂程度主要与山体海拔高度有关。山体愈高大，气候垂直分异也就愈明显，出现的垂直自然带数目就会越多。喜马拉雅山是世界上最高的山脉，因此它的垂直带谱最为完整。

（3）同一山体的坡向不同,其垂直带谱不同:同一山体的不同坡向,水热条件可以出现明显差异。例如,秦岭南坡在夏季为迎风坡,降水较多;而北坡为背风坡,降水较少。所以秦岭南北坡同一高度的水热组合状况不同,形成不同的垂直带谱。南坡自下而上依次为亚热带常绿阔叶林带、山地温带落叶阔叶林带、山地寒带针叶林带、山地寒带草甸草原带;北坡自下而上依次出现温带森林草原带、山地温带落叶阔叶林带、山地寒带针叶林带、山地寒带草甸草原带。不仅如此,秦岭南北坡同一垂直自然带的分布高度也不相同。一般来说,北坡相对干旱,同种垂直自然带的分布高度高一些。另外,山体下部两坡的差异比较明显,愈向上差异越小,最终趋于一致。

（四）水平地带性与垂直地带性的关系

1.水平地带谱与垂直地带谱的相似性与差异性

在水热条件组合基本相同时,所形成的水平自然带和垂直自然带有诸多相似之处。如水平地带的温带落叶阔叶林带与相应的山地温带落叶阔叶林带,在气候方面同属于温带湿润气候,在土壤方面都是淋溶土,在植被方面皆为温带落叶阔叶林,自然地理系统的外貌、组成、结构和功能都十分相似。另外,水平地带谱与垂直地带谱的更替次序也基本相同。但是,二者又有一些明显的差异。首先,垂直自然带的带幅较窄,一般在300～1 000 m之间,最窄的只有几十米。所以,垂直自然带的自然地理现象和过程在很短的距离内即可发生明显的变化。水平自然带的带幅较宽,一般都在500 km以上。其次,垂直地带谱的时间变化过程具有一致性。水平地带谱范围广大,跨越较多的纬度带,自然地理现象和过程在同一时间内具有不同的日变化和季节变化,而垂直地带谱中各地带的自然地理现象和过程在时间上的变化则是一致的。第三,垂直自然带的局部条件具有多种特殊性,如坡度较大、水土流失比较严重、土层较为浅薄、砾石含量较高、有成片的裸岩出露、地下水位很深等等。

2.水平地带与垂直地带空间联系模型

前述水平地带性规律和垂直地带性规律都是根据大量的野外观察,经过理性概括总结出来的,从一定意义上说是关于地域分异规律的经验性的、定性的思维图像。那么能否用一理论模型来定量表征水平地带和垂直地带的关系呢? 而且只有解决了这个问题,我们才能圆满解释复杂的自然地理现象在空间联系上的统一性以及在形成原因上的一致性,才能把地域分异规律纳入精密科学的轨道。20世纪80年代以来,很多自然地理学家在建立水平地带与垂直地带空间联系理论模型方面做了大量而有益的工作。

牛文元(1981)根据东亚地区一些山体的树线高度及山体所处纬度资料,建立了树线高度与山体所处纬度的回归模型:

$$1gH = -28.9\Phi + 1\,009.5 \tag{8-8}$$

式中 H 为树线分布高度,Φ 为地理纬度。若将树线高度改为雪线高度或山地石膏寒性干旱土高度也可得出同样形式的回归模型:

$$1gH_i = b\Phi + a \tag{8-9}$$

$$f_i(\Phi) = H_i = e^{b_i\Phi + a_i} \quad (i = 1,2,3,\cdots n) \tag{8-10}$$

式中 i 表示不同的自然带;a 和 b 为系数,它们随所研究的自然带类型的不同而变化;其它符号的涵义同前。

纬度和高度实质上都与温度紧密相联,是温度的隐函数。若将基准高度定在海平面处,即可建立自然带垂直分布高度与一定纬度地带海平面温度之间的确定关系:

$$H = \exp\left[2.3\left(b \cdot \mathrm{arc\,}\cos\sqrt{\frac{T_\Phi + 17.8}{44.9}} + c\right)\right] \tag{8-11}$$

式中 H 表示任一自然带分布高度,T_Φ 表示纬度为 Φ 时的海平面温度,b 和 c 为系数,它们随所研究的自然带类型的不同而变化。T_Φ 可用下式求得:

$$T_\Phi = 44.9 \cos^2(\Phi - 6.5) - 17.8 \tag{8-12}$$

自然带占有三度空间,其理想分布图式见图8-10。在纬度方向和高度方向组成的二维空间上,任一自然带的面积可用(8-10)式的积分求得:

$$S_i = \int_{\Phi_0}^{\Phi_i} f_i(\Phi)\mathrm{d}\Phi - S_{i-1} \tag{8-13}$$

式中 S_i 表示某一自然带 i 在二维空间中所占的面积,其它符号的涵义同前。倘若把(8-13)式推广到三维空间,即自然带在纬度、高度和经度空间上的分布情况,则需对(8-13)式实行再次积分,得到自然带所包含的"体"的空间域。其一般表达式为:

$$V_i = \int_{L_0}^{L_{360}} \int_{\Phi_0}^{\Phi_i} f_i(\Phi)\mathrm{d}\Phi\mathrm{d}L - V_{i-1} \tag{8-14}$$

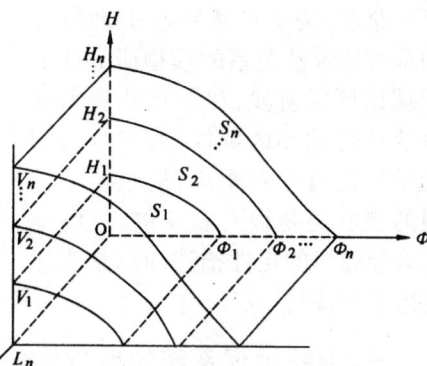

图8-10 自然带三维空间分布示意图[18]

式中 V_i 表示某一自然带 i 在三维空间所占的体积;L 表示经向,L_0 到 L_{360} 表示自然带由海陆分布差异以及由此引起的能量和水分分布差异导致的畸变,是按某个纬度范围($\Phi_0 \sim \Phi_i$)沿经向围绕地球一周的分异情况;其它符号的涵义同前。

从方程(8-13)和(8-14)可以看出,水平地带性(主要是纬度地带性)与垂直地带性之间具有内在联系和统一基础,该统一基础均隐含于太阳辐射(或温度)的空间分布之中。不过,此种理论模式只有加上物质非均一性(特别是水分状况的非均一性)分布所致畸变的订正,才能应用于更广泛的研究之中,这正是今后自然带宏观分布规律研究的重要内容。

李文华在研究欧亚大陆暗针叶林分布上限与纬度、经度和高度的关系时,得到了二元二次回归模型:

$$H = -2965 - 301x - 1.83\,x^2 + 14\,y + 3.8xy + 0.0233x^2y +$$

$$5488\left(\frac{1}{y-20}\right) - 1464\left(\frac{x}{y-20}\right) + 8.09\left(\frac{x^2}{y-20}\right) \tag{8-15}$$

式中 H 表示暗针叶林分布上限的高度,x 表示经度,y 表示纬度。应用该式也得到与图 8-10 类似的图式(图 8-11)。从图 8-11 可以看出,欧亚大陆暗针叶林分布高度自低纬到高纬逐渐下降,自沿海到内陆逐渐升高,与前述关于自然带垂直带谱的空间变异是一致的。

总之,关于自然带水平地带性和垂直地带性关系的模型研究还处于理论探索阶段,尽管这些模型还是统计性的和区域性的,与全球理论模型还有一定距离,但是这些模型的建立还是很有意义的,它将地域分异规律的定性描述向定量表达迈出了可喜的一步。

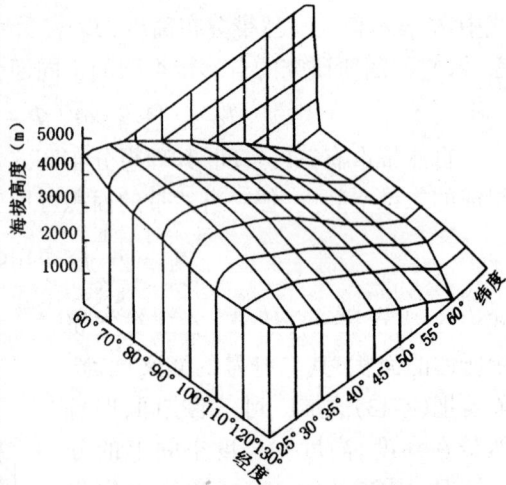

图 8-11 欧亚大陆暗针叶林分布上限与经纬度的关系[4]

三、自然地理系统的地方性分异规律

所谓地方性分异规律是指在某一自然地带内部由于局部因素作用所形成的小范围的地域分异规律。因为地方性分异规律属于小尺度分异规律,多数情况

下可以被人们在野外直接观察,所以它更具有普遍意义,更能为生产实践提供直接科学依据。

(一)地方性分异规律的一般表现形式

1.序列性

序列性也称系列性或组合性,是指自然地理系统随地形序列变化依次发生更替的现象。这里所说的地形变化尚未达到形成两个垂直自然带的程度,只是某一垂直自然带内部的地形变化。序列性分异在平原和山区都很常见。例如,在一条河谷中,地形从河床向两侧依次变化为河漫滩、阶地(一级阶地、二级阶地、三级阶地等等)、谷坡。不同地貌部位的地表物质组成、地下水位、土壤和植被是不同的,从而引起自然地理特征从河床到谷坡依次发生变化,而且呈对称分布。

2.重复性

重复性也称复域性,是指自然地理系统在一定空间范围内既重复出现又相互更替的现象。重复性分异在平原地区或黄土丘陵区最为常见。例如,在波状起伏的冲积平原地区,若局部地段地势相对较低,地下水位较浅,土壤表层积盐强烈,形成潮湿正常盐成土;而在地势相对较高的部位,形成干润雏形土。在这样的区域,以干润雏形土为背景,潮湿正常盐成土呈星点状分布,两者既重复出现又相互更替。在黄土丘陵地区,深切的沟谷与谷间的梁、峁相间分布,也是典型的重复性地域分异。

(二)地方性分异因素

1.小地貌因素

小地貌因素指小尺度地貌部位的差别,它是引起地方性分异的基本因素。首先,不同地貌部位具有不同的日照和通风条件,可形成不同的小气候。其次,不同地貌部位的地下水位深浅不同,从而影响土壤的形成与演化。第三,地貌部位不同,地表物质的迁移转化状况也不同,从而影响地表物质的组成。

2.小气候因素

小气候反映了贴地面大气层的光、热、水等方面的综合状况,它是影响地方性分异更直接的因素。不同的小气候区域,土壤矿物质的风化状况不同,从而引起土壤化学组成和性质(如土壤质地、水分和厚度等)的地域差异。同时,小气候状况还直接影响着局地生物群落的组成和结构,最终导致自然地理系统的小尺度地域分异。

3.区域岩性因素

在同一自然带内,地表岩性组成往往差异很大。不同岩性的矿物组成、物理和化学性质各不相同,这势必影响土壤的组成和性质,进而影响地表植被,形成不同的自然地理系统。例如,温带湿润地区的一些山地,如果由花岗岩组成,地表风化物中就含有较多的石英和长石粗大颗粒,淋溶作用较强,土壤呈酸性反应,形成简育湿润淋溶土,适宜生长以栎类、黑松和油松等为主的森林植被;如果山地由石灰岩组成,地表风化物比较黏重,土壤中含有较多的钙质,呈碱性或微碱性反应,形成钙质湿润淋溶土,适宜生长以柏类为主的森林植被。

4.区域排水因素

区域排水因素与小地貌因素有关。在地势较高的地貌部位,地下水位较深,地下水不参与土壤的形成与演化,从而形成该地带典型的土壤类型、植被类型和自然地理系统。通常将能代表该地带的自然地理系统称为显域性自然地理系统,表8-2所列陆地水平自然带都是不同地带的显域性自然地理系统。在地势较低的地貌部位,地下水位较浅,地下水可参与土壤的形成和演化,所形成的土壤类型与该地带应该出现的土壤类型不同,其植被类型和自然地理系统也有别于该地带应该出现的显域性植被和自然地理系统。我们把某地带出现的非显域性自然地理系统称为隐域性自然地理系统(如沼泽、绿洲、草甸和盐碱地等)。隐域性自然地理系统大多可以广泛分布于各个自然带。但不同自然带内出现的同一个隐域性自然地理系统也有所差别。例如,沼泽湿地自然地理系统可出现在苔原带、寒带针叶林带、温带落叶阔叶林带、亚热带常绿阔叶林带和热带雨林带等地带之中,但是不同地带的沼泽,其沼生植物的生长状况、季相变化以及泥炭层厚度都有很大不同。总的规律是,从苔原带到热带雨林带沼生植物的生长量逐渐增加,季相变化愈来愈不明显,泥炭层厚度越来越薄。

复习思考题

1.为什么说自然地理系统是一个复杂的开放巨系统?
2.试述自然地理系统整体性的原因。
3.试述自然地理系统的耗散结构特性。
4.试从耗散结构理论解释自然地理系统全地球时间尺度的演变规律。
5.简述自然地理系统节律性动态变化的原因。
6.地域分异规律研究的意义是什么?
7.试述自然带水平地带性规律的表现形式和原因。
8.如何正确理解垂直自然带带谱的空间变异规律?

9.简述自然带水平地带性与垂直地带性空间联系模型研究的进展与存在的问题。

10.隐域性自然地理系统分异的原因是什么?

主要参考文献

[1]钱学森等.论地理科学.杭州:浙江教育出版社,1994.82~99

[2]景贵和等.综合自然地理学.北京:高等教育出版社,1990.28~48

[3]牛文元.自然地理新论.北京:科学出版社,1981.71

[4]赵松乔等.现代自然地理.北京:科学出版社,1988.118~127

[5]King C A M.Physical Geography.Oxford:Basil Blackwell,1980.6~10

[6]谢家泽.关于地球表层系统观的几个问题.地球科学进展,1995,10(5):432~435

[7]孙根年.地球表层 MPBL 系统与全球变化的概念模型.地球科学进展,1998,13(5):481~486

[8]全石琳.综合自然地理学导论.开封:河南大学出版社,1988.99

[9]湛垦华等.普利高津与耗散结构理论.西安:陕西科学技术出版社,1982.232~278

[10]沈小峰等.耗散结构论.上海:上海人民出版社,1987.36~106

[11]E.拉兹洛.进化——广义综合理论.闵家胤译.北京:社会科学文献出版社,1988.60~73

[12]彼德·柯文尼.时间之箭.江涛等译.长沙:湖南科学技术出版社,1995.141~180

[13]陈之荣.地球系统不可逆过程的熵解释.自然杂志.1990,13(3):156~160

[14]Mush D R.Intrinsic Thresholds in Soil Systems.Physical Geogephy,1984,6(2):99—110

[15]李克煌等.气象学与气候学简明教程.开封:河南大学出版社,1994.471~508

[16]北京教育学院师范教研室.自然地理.北京:北京出版社,1980.262~267

[17]П.С.马克耶夫.自然地带与景观.李世玢译.北京:科学出版社,1963.290~295

[18]牛文元.理论地理学.北京:商务印书馆,1992.641~706

[19]牛文元.自然地带性的理论分析.地理学报.1980,35(4):288~298

[20]马建华.自然地理学教程.开封:河南大学出版社,1991.314~318

[21]郑度等.自然地域系统研究.北京:中国环境科学出版社,1997.11~31

第九章　自然地理系统的区域划分与类型研究

　　自然地理系统存在着明显的地域差异性,并且各地域之间存在着一定的从属关系,地球表面的自然地理系统实质上是由不同等级但又有一定从属联系的区域单位镶嵌而成的。

　　自然地理系统的地域划分包括类型划分和区域划分两种。类型划分是根据自然地理系统综合特征的相似性和相似性程度对其进行归类或分类。同一个类型单位的不同个体,其自然地理综合特征彼此相似,而在区域分布上彼此分离。区域划分是根据自然地理系统的区域共轭关系和相对一致性将其划分为不同等级的区域单位。每个区域单位可能包含着几种类型单位,但在分布上具有"惟一性",即在空间上不会重复出现两个完全相同的区域单位。

　　区域划分和类型划分不仅并行不悖,而且相辅相成(郑度,1997)。地域类型划分通常是区域划分的基础,而区域划分又对类型划分起控制作用。一般说来,大范围自然地理系统的划分属于综合自然区划的研究范畴,所划分出来的自然地理系统数量有限,彼此之间存在许多差异性,通常采用个体的方式进行研究;小范围自然地理系统的划分属于土地类型的研究范畴,所划分出来的自然地理系统数量众多,彼此之间存在许多相似性,一般不对它们进行逐个研究,而是把它们归纳为类型,用类型的观点来研究它们。

　　进行自然地理系统区域划分与类型研究不仅可以进一步揭示地域分异规律,而且可以加深对自然地理系统整体性的认识。此外,通过分析不同等级自然地理地域系统的特征、结构和功能,可以确定区域资源开发方向,使区域自然资源得到合理和有效的利用。

第一节 综合自然区划

一、综合自然区划的概念

自然区划是以自然地理系统地域分异规律为指导,按照一定地域自然地理特征(包括自然地理要素的特征和自然地理综合特征)的相似性和差异性逐级进行区域划分,并且根据各区划单位自然地理特征的相似程度和差异程度排列成一定等级区域系统的研究方法。可以看出,自然区划的对象包括自然地理各要素和自然地理系统两个方面。根据区划对象的不同,自然区划可分为部门自然区划和综合自然区划。部门自然区划分别以自然地理某一要素为对象,按其自然特征的相似性和差异性逐级进行区域划分,并根据各区划单位自然特征的相似程度和差异程度排列成一定的区划等级系统,如地貌区划、气候区划,水文区划,土壤区划,植被区划和动物区划等。综合自然区划也叫综合自然地理区划,它的区划对象是自然地理系统,是按照一定地域自然地理综合特征的相似性和差异性进行逐级区域划分,并根据各区划单位的相似程度和差异程度排列成一定的区域等级系统。

综合自然区划是自然地理研究发展到一定阶段的产物。它是在比较全面地认识地域分异规律,对研究区域各级自然地理系统以及自然地理过程有深入的了解,并在适当的原则和方法论的基础上才能全面开展的一项工作。因此,综合自然区划反映了人们对自然地理系统及其地域分异的认识深度和研究水平,是衡量自然地理研究水平的重要标志之一。综合自然区划工作不仅可以具体地验证自然地理系统的地域分异规律,而且还可以使这一理论进一步得到充实和发展。综合自然区划工作是正确评价区域自然条件和自然资源的必要手段和有效途径,它的研究成果可以直接为生产部门和决策部门制订自然资源综合开发利用规划和国土规划提供必要的科学依据。

二、综合自然区划的原则

由于综合自然区划主要反映了自然地理系统的地域分异规律,因此地域分异规律是综合自然区划的理论基础。综合自然区划必须依据自然地理系统地域分异规律确定区划的原则和方法,建立区划单位等级系统,逐级进行区域划分。

在具体运用地域分异规律进行综合自然区划时,为了保证综合自然区划工作能正确反映自然地理系统地域分异的客观存在,必须遵循一定的原则。区划原则是选取区划方法,确定区划依据和指标,建立区划单位等级系统的基础。

(一)综合分析原则

自然地理系统是由各自然地理要素相互作用形成的统一整体。其中,一种要素发生变化必然导致与其联系的其它要素发生相应变化,最终可能导致整个自然地理系统发生变化。综合自然区划的综合分析原则就是在进行综合自然区划时,必须对该地域自然地理要素相互作用的方式和过程进行历史的和全面的分析,深刻认识其地域分异的具体规律性。只有贯彻综合分析原则,才可能真正掌握各自然地理系统的综合特征的相似性和差异性以及相似性程度与差异性程度,才能保证综合自然区划结果尽可能接近客观实际。

部门区划叠置法和地理相关分析法是贯彻综合分析原则常用的方法。部门区划叠置法是通过重叠同比例尺的各部门区划(气候区划、地貌区划、水文区划、土壤区划、植被区划)图的方式来划分区域单位的方法。地理相关分析法主要运用各种专门地图、文献以及统计资料,对各自然地理要素相互关系作深入对比分析后再进行综合区划的方法。在实际工作中,往往将部门区划叠置法与地理相关分析法配合使用。

(二)主导因素原则

尽管自然地理系统的地域分异都包含着地带性分异因素与非地带性分异因素,但是不同尺度地域分异的主导因素是不相同的。影响自然地理系统地域分异的多种因素的作用和地位往往不是等同的,有一个或少数几个因素起着主导作用。综合自然区划的主导因素原则就是在综合自然区划时必须充分考虑决定地域分异的主导因素及其作用。掌握了地域分异的主导因素就等于抓住了地域分异的本质,同时也使复杂的综合自然区划工作变得简便易行。

主导标志法是贯彻主导因素原则常用的方法。通过综合分析,选取某种反映地域分异主导因素的自然标志作为划定区界的依据,并且每一级区划单位按统一的标志划分,这种区划方法称为主导标志法。每一级区划单位都存在自己的主导分异因素,而反映这一主导因素的主导标志往往是一组密切联系的多个自然标志。事实上,综合自然区划常用的标志(如各种气候指标、地貌指标、土壤和植被指标等)都是带有一定综合性的主导标志。

综合分析原则和主导因素原则是综合自然区划的两个基本原则,二者相辅相成,互为补充。综合分析原则是使综合自然区划真正实现综合的重要保证,贯彻主导因素原则可以比较容易地划分出区域单位。在实际工作中常采用建立在地理相关分析基础上的主导标志法。由于主导标志与地域分异之间不存在严格的函数关系,只存在相关关系,因此在运用主导标志确定区界时,需要参考其它指标对区界进行订正。

三、综合自然区划的方法

(一)自上而下逐级划分法

通过对地域分异各种因素的分析,采用地理相关分析和主导标志相结合的方法,从划分高级区域单位开始,逐级进行区域划分,这种区划方法就是自上而下逐级划分法,也称演绎法。这种区划方法可用图 9-1 来说明。首先根据最大尺度的地带性和非地带性分异规律划分出热量带或自然带和自然大区,然后将自然带和自然大区相互叠置得出带段区划单位(图 9-1 中的 1 和 2)。由非地带性单位的自然地区与带段相叠合得出自然国区划单位(图 9-1 中的 3)。由地带性单位的地带与自然国相叠合得出地带段区划单位(图 9-1 中的 4)。余者类推,一直划分至最低级综合自然区划单位——自然地理区。

(二)自下而上逐级合并法

综合自然区划的自下而上逐级合并法是从划分最低等级区域单位开始的,然后按照一定的原则再将它们依次合并为高级区域单位,所以也称此种方法为归纳法。随着土地类型制图工作的广泛开展,这种方法与类型制图法结合,正作为一种科学的区划方法而被

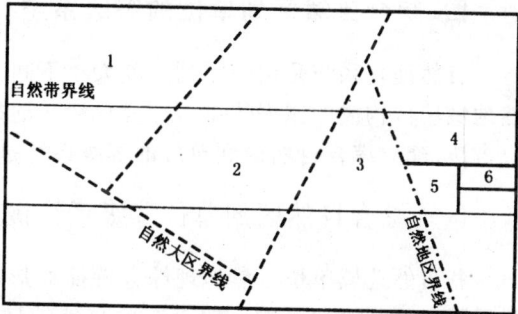

图 9-1　自然区划等级系统逐级划分图式[1]

广泛采用。在区划工作实践中,可直接利用土地类型图对土地类型空间组合结构进行分析,并按其相对一致性和区域共轭性合并成不同等级的综合自然区域单位。这种方法可用图 9-2 来说明。首先划分出各个具体的土地单位,并对土地单位进行分类,从而划分出不同的土地类型 1、2、3(图 9-2a)。然后去掉土地单位的具体界线即得到土地类型图(图 9-2b)。最后根据土地类型组合分布的地域差异,进行综合,去掉土地类型界线,划分出自然地理区Ⅰ、Ⅱ、Ⅲ(图 9-2c)。

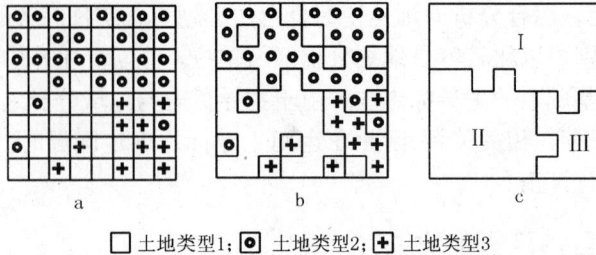

□ 土地类型1; ◉ 土地类型2; ✚ 土地类型3

图 9-2　自下而上划分自然地理区的方法图示[1]

自上而下逐级划分和自下而上逐级合并是综合自然区划的两种基本方法。前者主要考虑高级地域单位如何划分为低级地域单位,后者则主要考虑低级地域单位如何合并为高级地域单位。由于土地类型结构对低级区划单位的形成起重要作用,因而自下而上逐级合并的方法对确定低级区划单位具有更确切和客观的效果。而自上而下逐级划分的方法能客观地把握和体现自然地理地域分异的总体规律,更适于高级区划单位的确定。所以,在综合自然区划实际工作中,这两种方法是双轨并进、互为补充的。但是,如何衔接自下而上的归纳途径与自上而下的演绎途径,尚有很多工作要做(郑度,1997)。

四、综合自然区划单位的等级系统

自然地理系统是由一系列尺度大小不同、等级高低有别、结构复杂有异的自然地域单位构成的镶嵌体系。综合自然区划是揭示地域分异规律的地域系统研究方法,建立综合自然区划单位的等级系统是综合自然区划的基本内容之一。

(一)综合自然区划单位等级系统概述

各自然地域单位自然地理综合特征的形成,同时受地带性和非地带性地域分异因素的制约和影响。然而有些自然地域单位主要受地带性分异因素的制约,地带性分异特征明显;有些自然地域单位则主要受非地带性分异因素制约,非地带性分异特征明显。因此,地表的自然地域单位可分为彼此并列的两种等级系统,即地带性地域单位等级系统和非地带性地域单位等级系统,这就是综合自然区划单位的双列系统。上述两大系统的自然地域单位虽然都是具有综合性的自然地域单位,但是它们却只是分别侧重反映某一方面的地域分异因素,因此应视其为不完全的综合性地域单位,其等级系统也必然是不完全综合的等级系统。地表自然地理系统还存在着综合反映地带性和非地带性两方面分异因素、完全综合性的自然地域单位,其单位等级系统称为单列系统。

综合自然区划单位的双列等级系统是分别按照地带性分异规律和非地带性分异规律而拟定的彼此并列的综合自然区划单位等级系统。地带性区划单位是根据地域分异规律的地带性特征划分的各级地域单位,它们大致沿纬线方向呈带状分布。地带性特征不仅明显地表现在气候、土壤和自然植被方面,而且在地表水文状况和地貌发育的外力过程方面也有不同程度的反映,因此按地带性特性划分的各级地域单位应该视为具有一定综合性的区划单位。但由于地带性区划单位内部的地质基础和大地构造—地貌单元常有较大差异,在地质地貌方面缺乏发生统一性和相对一致性,所以这些区划单位又不是完全综合性的区划单位。地带性区划单位从大到小的等级序列为:自然带—自然地带—自然亚地带—自然次亚地带。非地带性区划单位泛指按地域分异规律的非地带性特征划分的各级地域单位,它们往往"切断"沿纬线方向延伸的地带性区划单位,呈块状分布。地表非地带性分异的根本原因有两个方面:一是由于地表的海陆分布与海陆对比关系的不同,导致各地气候的干湿程度发生巨大差异,从而引起一系列自然地理现象与过程发生非地带性变化;二是由于大地构造—地貌单元不同,致使气候、水文、土壤和植被等自然要素及其综合特征也随之发生变化。地表自然界在非地带性因素作用下,形成一系列等级不同的非地带性自然地域单位。非地带性区划单位也是具有一定综合性的区划单位,但不是完全综合性的区划单位。非地带性区划单位从大到小的等级序列为:自然大区—自然地区—自然亚地区—自然小区。

综合自然区划单位的单列等级系统是一种综合反映地带性与非地带性分异规律的、统一的综合自然区划单位等级系统,是由完全综合性的区划单位所构成的等级系统。

有人认为,双列系统的区划单位分别反映不同的分异规律,它不能体现综合性原则;也有人认为,单列系统过于强调两种规律的矛盾统一,易产生划分上的任意性。从综合自然区划的实践看,双列系统和单列系统并不是互相排斥和截然对立的。从一定意义上讲,双列系统的联系单位大致相当于单列系统的主要区划单位,双列系统是建立单列系统的重要手段和必要步骤。

(二)综合自然区划单列系统及其划分依据

关于综合自然区划单列系统的建立,学术界有三种方案。第一是统一单列系统(任美锷,1961),即建立完全综合性的自然地域系统;第二是交叉单列系统(易绍桢、徐俊鸣,1962;陈传康,1964、1993),即交替使用地带性单位和非地带性单位建立单列系统;第三是承接单列系统(黄秉维,1959、1989),即高级单位按地带性分异划分,低级单位按非地带性单位划分。下边主要介绍交叉单列系统的划分方法与依据。

在综合自然区划工作中,划分完全综合性的地域单位并建立交叉单列系统,首先应分别划分地带性地域单位和非地带性地域单位,然后对二者进行叠合和对比分析,划出完全综合性的地域单位,并建立起完全综合性的区划单位等级系统。两类区划单位的叠合并非机械的交叉,需要在地理相关分析的基础上交替选用不同的主导标志,对叠合所得的区划单位的轮廓界线进行适当的调整和修订;此外两类区划单位的叠合和对比分析需要等级对应,而不是两个系列的任一等级单位相互随便叠合进行划区。两类区划单位的叠置,使地带性区域单位内有非地带性差别,非地带性区域单位内有地带性差异,从而形成两类相应的综合性区划单位,即省性单位和带段性单位。这些单位的空间分布规律分别称为省性规律和带段性规律。

图 9-3 是陈传康等学者(1993)通过双列系统的不完全综合性的区划单位叠合交叉而建立的由完全综合性的区划单位构成的单列系统示意图。该单列系统的区划单位自上(高级)而下(低级)依次为:带段—自然国—地带段—自然省—亚地带段—自然州—次亚地带段—自然地理区(景观)。这些单位既可以"自上而下"逐级划分,也可以"自下而上"逐级合并。下边就交叉单列系统高级单位的划分依据作一简单介绍。

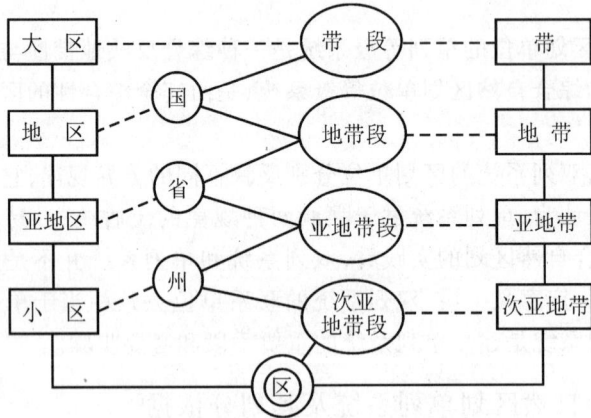

图 9-3　交叉单列系统构成示意图[6]

1. 带段

由地带性区划一级单位的自然带与非地带性区划一级单位的自然大区相叠合所得的第一级完全综合性单位叫带段,如图 9-1 中的区划单位 1 和 2。因为它是自然大区内的一段自然带,所以在热量条件、大地构造基本单元和大地貌单元的组合特征等方面都有一定的共同性。在某一自然大区内,带段分布往往有一定的地带谱。例如在我国东部季风大区内所划分的赤道带、热带、亚热带、暖温带、寒温带便属于带段这一级区划单位。

2. 自然国

由非地带性单位的地区与带段相叠合所得的第一级省性单位叫自然国,它是带段内地质地貌省性和气候省性相对一致的较大的区划单位,如图9-1中的区划单位3。划分自然国的标志,首先考虑的是大地构造基本单元的一致性,这是因为一定的地质地貌省性常伴随气候过程的省性。每个自然国都具有一定的大陆度、环流特征和地带谱,常为一定的占优势土类系列所分布的地域。例如在我国东部季风大区的暖温带(带段)范围内所划分出来的湿润地区、半湿润地区和半干旱地区便属于自然国这一级区划单位。

3. 地带段

由地带性单位的地带与省性单位的自然国相叠合所得的第二级带段性单位叫地带段,如图9-1中的区划单位4。它是自然国范围内次一级的带段,即自然国内水热对比关系相对一致的区划单位,每个地带段都具有相对一致的土壤、生物和气候特点,地貌发育的外营力作用也具有一定的共性。我国东部季风大区的各带段,因其水热对比关系具有自东南向西北递变的特点,所以地带段呈东北—西南向延展。例如我国东部温带半湿润地区的森林草原黏化干润均腐土地带和草原钙积干润均腐土地带便是呈东北—西南向延展的地带段。我国西北(蒙新高原)干旱大区的各带段,由于深居内陆,水热对比关系具有自南而北递变的特点,所以地带段大致呈东西向延展。例如我国西北部温带干旱地区内的荒漠草原钙积正常干旱土地带、荒漠草原黏化正常干旱土地带、荒漠石膏正常干旱土地带便是大致呈东西向伸展的地带段。

4. 自然省

由非地带性单位的亚地区与地带段相叠合所得的第二级省性单位叫自然省,如图9-1中的区划单位5。它是在地带段范围内按地质地貌的省性或气候省性的分异而划分的省性单位。具体来讲,当地带段内的地质地貌省性差异明显时,可划分为平原、丘陵、高原和山地之类的自然省;地带段内的地质地貌省性差异不太清晰时,可根据气候省性的差异划分自然省。在一般情况下,每个自然省大致相当于一个二级或三级地质构造单元的范围,它具有一定的地方气候特征和一定的优势植被,并与一定的土壤亚类和土属的分布密切相关。我国典型自然省的实例有三江平原、海河平原、四川盆地和丘陵、胶东山地丘陵、秦巴山地、贵州高原等。

一般说来,自然省以下仍可继续交替使用地域分异的带段性与省性标志逐级详细划分出亚地带段、自然州、次亚地带和自然地理区(景观)等完全综合性的地域单位。鉴于目前国内外对于自然省以下区划单位的研究还很不深入,所以不再逐一详述。

五、中国自然地理系统的区域划分

我国的自然地理系统的区域划分已有许多研究(林超,1954;罗开富,1956;黄秉维,1959;任美锷,1961;侯学煜,1963;赵松乔,1983;席承藩,1984),下面着重介绍黄秉维(1959)《中国综合自然区划》(初稿),这是目前我国最详尽而系统的一部全国自然区划专著。该方案自上而下将我国划分为三个大自然区,6个热量带和亚带,18个自然地区与亚地区,28个自然地带和亚地带,90个自然省。自然省以下只列出区域单位的等级名称,而未进行具体区划。该方案采用的是承接单列系统,其等级系统及其各级区划单位的名称、实例和对应的交叉单列系统单位如表9-1。

表 9-1   中国综合自然区划等级系统[8]

等级序列	名　　称	举　　　　例	对应交叉单列系统单位
未列级	自然(大)区	中国东部季风区	
	热量带与亚带	暖温带	带　　段
第一级	自然地区与亚地区	半湿润地区	自然国
第二级	自然地带与亚地带	半干旱落叶阔叶简育干润淋溶土地带	地带段
第三级	自　然　省	黄淮平原省	自然省

根据中国自然情况最主要的差异,将全国划分为东部季风区、蒙新高原区和青藏高原区三个自然大区。它们的划分是根据现代地形轮廓以及对它有决定作用的新构造运动不同,地域分异所服从的主导因素不同,气候、土壤、植被、地貌外营力及水文最主要特征的不同。自然界(土壤、生物、地质、地貌)的主要发展过程不同,人为因素对自然的影响,以及利用与改造自然的方向不同。其主要自然特征见表9-2。

表 9-2　我国三大自然区的主要特征[10]

自然大区	东部季风区	蒙新高原区	青藏高原区
占全国面积	46.0%	27.3%	26.7%
决定自然地域差异的主导因素	随纬度而变化的热量与温度的地域差异	随离海距离而变化的湿润状况的地域差异	随高度而变化的垂直地带性
新构造运动及地势	新构造运动上升幅度一般不大,在钦州—郑州—北京—鸥浦一线以东,以沉降为主。大部分地面海拔在1000 m以下,在沉降地域中,500 m以下的面积占很大比例,有广阔的堆积平原。	显著的差别上升运动。海拔1000m左右的平地和横亘其中的山脉	大幅度的近代上升,局部有差别上升。世界最大高原,海拔在4000m以上,有许多高出雪线的高山
气候	夏季季风影响显著,湿润程度比较高	干旱和半干旱	气稀薄,温度很低,太阳辐射颇强,降水不多,风力强烈
水文	地表水以雨水为主要补给来源,潜水相当多	绝大部分属内陆流域,地表水多为雨水所形成的暂时性水流,有不少湖泊(主要为咸水湖)。以积雪融水为主要补给来源的山地径流。潜水不丰富	大部分为内流流域,有不少冰川和湖泊
地貌外营力	常态的风化、物质移动、水力侵蚀与堆积、溶蚀,沿海有波浪和潮汐的破坏与堆积作用,在高山高纬度地域有冻裂作用,部分地域有风沙搬运与堆积	微弱的风化、物质移动、水力侵蚀和堆积,广泛的风力侵蚀、搬运和堆积。在山岭中冰川的侵蚀与堆积以及冰沼条件下的风化、物质移动和侵蚀	物理风化较强烈,冰川和流水的搬运与堆积
土壤	土壤剖面发育较好,机械组成较细,腐殖质含量较高,可溶盐分较少。区内差异很大	机械组成较粗,有机质含量有限,可溶盐分较高	由于化学风化微弱,所以成土母质的机械组成很粗。土壤剖面一般发育很差
植被	森林为主,部分为草原	荒漠为主,部分为荒漠草原和干草原。在高山中有森林和高山草原	荒漠、草原与草甸为主,在山地及谷地中间有森林
植物区系	植物区系在第四纪冰期所受到的冰川破坏作用不大,植物种类繁多,分布比较混杂	在中生代末期以来断续出现干旱和半干旱气候的过程中,植物逐渐干生化。植物种属少	第四纪冰期以后,在地面上升过程中形成。除柴达木盆地外,与蒙新区的植物关系较少,植物种属很少

自然大区	东部季风区	蒙新高原区	青藏高原区
遗存性因素	由于在第四纪冰期,冰川作用范围及强度均甚小,所以生物种类繁多,并有不少从中生代末及第三纪保存下来的植物。红色古风化壳分布甚广,长江以南尤为发达	由于外营力较弱,所以断层及其它内营力所造成的地貌保存较好。在第四纪中曾有比较湿润时期,有些地方古代水系很发达。在 3 500 m 以上,有第四纪冰川的遗迹	第四纪冰期冰川的遗迹分布广泛
人为因素	人类影响深刻而广泛,可开垦的地方,已全部辟为农田,天然森林大部分被破坏,水文与小气候、小地形也因人类活动而发生不同程度的变化	人类影响较小,只在内蒙古、宁夏境内以及有高山流水可资灌溉的地方影响较大	人类影响非常微小
土地利用方向及利用与改造自然的主要问题	我国最主要的农业地域。耕作逐步田园化、化学化、水利化、机械化、电气化。大半面积为山岭、丘陵,林业应大规模地发展,畜牧业规模亦应显著扩大	在有灌溉水源的地域发展农业,干草原与荒漠草原发展畜牧业,山地部分宜林业及畜牧业。本区主要问题是水源保证问题,其次是固沙与防止盐渍化	以畜牧为主,少数地方可发展农业和林业,主要问题首先是热量不足,其次是水分不足,再次为风大,土壤质粗层薄

以活动积温总和(即年内日平均气温≥10℃持续期内的气温总和)为主要参考指标,按照活动温度总和等值线与土壤、植被及农业分布的大体关系来拟定划分带和亚带的大体指标。将全国划分为赤道带、热带、亚热带、暖温带、温带和寒温带六个热量带与亚带。

赤道带的活动温度总和约 9 000℃,终年气温变化很小,热量条件适宜各种热带植物生长。

热带的活动温度总和约在 8 000℃～9 000℃之间,最冷月气温在 16 ℃以上,极端最低温度多年平均不低于 5℃,绝少出现 0℃以下的记录。植被主要为热带季雨林,水稻可一年三熟,温度情况对冬小麦生长不大适宜。

亚热带的活动温度总和约在 8 000℃～4 500℃之间,最冷月温度在 0℃～16℃之间,天然植被有常绿阔叶林和常绿阔叶与落叶阔叶混交林,水稻可一年二熟,冬小麦各地都有栽培。

暖温带的活动温度总和约在 4 500 ℃～3 200℃之间,夏季温度颇高,与亚热带几乎无显著差异,因此对热量要求较高的一年生作物(除靠近北界的地方以外)都可以生长得很好。冬季温度颇低,最冷月温度在 - 8℃～0℃之间。天然植被主要由落叶阔叶林组成,大多数地方的小麦仍以冬播为主,作物一年两熟或两年三熟,少数地方一年一熟。

温带的活动温度总和约在 3 200℃～1 700℃之间,夏季温度仍相当高,若干喜热作物,如稻、高粱、玉米、蓖麻等都能在大部地区生长,小麦、大豆、高粱则分别在不同地域成为主要作物,甜菜也生长得好。冬季温度很低(最冷月温度在 -8℃～-24℃之间),寒冷季节很长,不适于栽培棉花与冬季作物。天然植被为针叶与落叶阔叶混交林,也有草原与荒漠。

寒温带的活动温度总和大致在 1 700℃以下,冬季寒冷期很长,稻、高粱、蓖麻等都不能生长,只勉强能栽培小麦、马铃薯、荞麦和谷子,天然植被为明亮的落叶松林。

在热量带与亚带内根据干湿度的差异划分出湿润、半湿润、干旱和半干旱四类地区,全国共划分出 18 个自然地区和亚地区(表 9-3)。

表 9-3　自然地区和亚地区的划分[10]

热量带与亚带	东部季风大区			蒙新高原大区		青藏高原大区	
寒温带	寒温带湿润地区						
温带	温带湿润地区	温带半湿润地区		温带半干旱地区	温带干旱地区(分东部和西部两亚地区)		
暖温带	暖温带湿润地区	暖温带半湿润地区	暖温带半干旱地区		暖温带干旱地区	青藏高原高寒半干旱地区	青藏高原高寒干旱地区
亚热带	亚热带湿润地区(分东、西两个亚地区)					青藏高原高寒湿润半湿润地区	
热带	热带湿润地区(分东、西两个亚地区)						
赤道带	赤道带湿润地区						

在自然地区和亚地区内根据土类和植被型的地带性差异划分出自然地带和亚地带,全国共划分出 28 个自然地带和亚地带。如亚热带湿润地区东部亚地区包括北亚热带落叶阔叶与常绿阔叶混交林—铁质或粘磐湿润淋溶土地带、中亚热带常绿阔叶林—富铝湿润富铁土与常湿富铁土地带、南亚热带常绿阔叶林—简育湿润铁铝土与常湿富铁土地带等三个地带。

在自然地带和亚地带内根据地质地貌分异和由它引起的生物气候差异可划

分出自然省,全国共划分出 90 个自然省,此处不再一一叙述。

第二节　土地类型的划分及其空间组合结构

一、土地类型及其划分的概念

土地是位于地球表面具有一定垂直厚度,由各自然地理要素组成的并受人类活动影响的低级次自然地理系统。在正确理解土地概念时,要注意以下几点:①土地是由多种自然地理要素组成的低级次自然地理系统。土地和土壤是两个既有联系又有区别的概念。土壤是指位于地球陆地表面具有一定肥力、能够生长植物的疏松层,而土地是包括土壤在内的由多种自然要素组成的低级次的自然地理系统。在某些情况下,土地的组分中并不一定含有土壤,例如内陆水域、流动沙漠区、裸岩区等都可称为土地,但这些地区却没有土壤存在,所以土壤并不是土地必备的组成成分,土地比土壤更具有广泛的综合性。还必须指出,对于大多数土地来说,土壤又是土地最重要的组成成分。因为没有土壤,土地表面将是荒芜的、毫无生机的。总之,土地是各自然地理要素(包括土壤在内)相互作用形成的有机整体,具有综合自然地理特征,而土壤仅仅是组成土地的一个重要成分。②土地具有一定的水平范围和垂直厚度。在水平方向上的小尺度范围内,地表不同地域的自然地理要素性质及其组合方式可能是不相同的,这些土地特征不相同的地域就形成不同的土地单位。每一个土地单位都占有特定的水平空间范围,土地单位不同其水平范围大小也不相同。但是,最大范围也不会超过最低级综合自然区划单位,也就是说,土地单位是比综合自然区划最小单位规模更小的自然地理系统。在垂直方向上,土地系统具有确定的边界。一般认为,土地的上限是绿色植物冠层顶部,下限是植物根系所及部位,总厚度一般只有几十米。在土地系统范围内,大气圈、水圈、岩石圈和生物圈相互交接,是自然地理系统中物质能量交换最活跃的场所,因此有人将土地系统称为"活动层"。③土地具有一定的经济利用价值。土地的经济利用价值是多方面的,但归纳起来讲大致包括两个方面:一是土地具有肥力能够生长植物,并为动物提供饲料,最终为人类提供食品、纤维、木材、燃料等生活用品和生产原材料。二是土地具有支持或承载性能,可为工矿企业、交通运输及其它人类经济活动提供基地或场所。由于土地具有一定的经济利用价值,因此它自古以来就被人类看做是一种重要的自然资源——土地资源。④土地是一个历史自然体,并不同程度地带有人类活动的烙印。土地是在各种地理要素发展过程中相互影响逐渐形成的,有它自身的发生、发展和变化规律,它强烈地受自然规律的制约,所以土地是一个历史自然体。然而,在人类开发利用土地过程中无不对土地的形成与演化施加影响,现代的土地都不同程度地带有人类活动的烙印。

土地类型是根据一定的分类原则和划分指标所划分的属性相对一致的具有不同等级的各种土地单位的总称。这里所说的土地属性主要是指土地的自然属性,即土地的自然生产力和适宜性能等。同一种土地类型,其自然属性、利用方向和改良途径都相对一致,不同土地类型间则有质的差异。由此可见,土地类型研究是土地利用和土地规划的基础性工作,它不仅可以深化土地研究的深度而且在生产实践上也具有重大意义。

土地类型的划分又称土地分类,它是根据一定的原则和指标,将某级别的土地按其属性的一致性进行归类,并将各类型土地纳入统一的分类系统之中。由于土地分类的目的不同,所以分类时选用的指标、划分出的类型性质亦有明显差异,于是形成了不同的土地分类体系。从目前我国众多的土地分类方案中,大致可归纳为基础性土地分类体系、应用基础性土地分类体系和应用性土地分类体系三类。基础性土地分类指土地自然分类,即根据各土地单位之间综合自然特征的差异性及其差异程度逐级进行类型划分。应用基础性土地分类是突出土地应用的基础性分类,它既要考虑和反映同特定目的相关的土地自然特征,又必须考虑和反映同特定目的关系密切的土地的社会经济属性。例如,《中国 1:100 万土地资源图》(中国科学院,1983)就是为满足我国大农业土地评价工作的需求,在高级次土地单位的自然分类基础上,充分考虑土地的生产特征,并且反映人类生产活动对土地的影响,划分出来的土地资源类型既包括土地自然组分和要素的综合特征,又包括土地利用方式的主要差别。应用性土地分类主要是指从土地资源的合理开发、利用、治理和保护的角度出发,选取反映土地生产属性地域差异的分类指标,对一定地域的土地进行类型划分。我国这方面的土地分类系统主要有:南方(亚热带)山地合理开发利用类型划分系统、全国草场牧坡合理开发利用类型划分系统、黄土高原水土流失治理类型划分系统、黄淮海平原盐碱洼地改造类型划分系统,东北地区沼泽湿地改良类型划分系统等。

在上述三大土地分类体系中,基础性土地分类体系是最基本的分类体系,它是应用基础性土地分类和应用性土地分类的基础,也是自然地理学研究的重点内容之一,因此本节着重介绍基础性土地分类体系。

二、基础性土地分类体系

根据对土地级别认识的不同,基础性土地分类又包括多系列和单系列土地自然分类两种分类系统。

(一)多系列土地自然分类系统

在综合自然区划最低级单位内部,地方性或小尺度的地域分异因素是客观存在的,如某山地的不同山体、同一山体的不同坡向、同一坡向的不同地貌部位以及岩性、土壤母质等方面都存在着差异,据此可划分出许许多多的土地单位。客观存在的土地单位尽管千差万别,其规模的大小和内部结构的复杂程度各不相同,但是它们的空间分布却是有序的,彼此有着一定的隶属关系和相对一致的地方性综合特征。因此,在进行土地自然分类之前,首先应区分土地单位的级次(等级层次),以明确是对哪一级土地单位进行分类,不同级次的土地单位不能归入同一层次的土地自然分类之中。由于土地单位有不同的级别,因而出现了多个土地分类系列。由此可以看出,多系列土地自然分类的基本思路是:先进行土地分级,然后对不同土地级别进行分类。

1.土地分级

土地分级是在最低级的综合自然区划单位内部,根据自然地理综合特征的相似性和差异性程度对土地单位进行等级高低的确定或划分。在自然地理区内,不同土地单位之间的相似性和差异性程度是有区别的,据此可将不同土地单位纳入不同等级的土地单位系统之中。像这种在自然地理区内对土地单位所进行的等级确定或划分就称为土地分级。从低级到高级,土地单位内部的相似性逐渐减小,而彼此之间的差异性则逐渐增大。

土地分级系统一般包括三级,从低级到高级分别称为土地相,土地限区和土地地方。

(1)土地相:土地相简称相。它是最低级次的土地单位,系指位于同一地形面,排水条件相同,并具有同一小气候、同一土系和同一植物群丛的地段。例如河流阶地的一个阶面,如果其它自然条件都很一致,便构成一个最低级次的土地分级单元。总之,土地相是地表自然特征最一致的地段,它已不能再进行自然地理细分。如果再细分的话,那么所划分出的单位已不能代表该区域的自然地理特征。

(2)土地限区:土地限区简称限区。它是介于高级次和低级次之间的土地分级单位,系指那些自然界限比较清晰的初级地貌形态上的相的有规律的组合。

也就是说,限区主要是在初级地貌形态特征的基础上,根据相的空间组合规律或一系列相的地球化学联系来划分的。限区内的水分运动、固体物质和化学元素的迁移方向一致。例如高差几十米内的一个岗地由岗顶相和岗坡相组成,岗顶相淋溶作用较强,迁移明显,物质入不敷出;岗坡相接受一部分岗顶相迁移下来的物质(当然岗坡相也有部分物质发生迁移)。可见岗顶和岗坡不仅在空间上有一定分布规律,而且在地球化学上也有发生学联系,因而岗地便构成一个中级次的土地限区。

(3)土地地方:土地地方简称地方。它是最高级次的土地分级单位,系指那些具有较复杂的中地貌形态(且沿一定方向重复出现)和发生上有联系的几种土系与植物群丛的若干限区的组合地域。地方的空间范围较大,结构形态相对比较复杂。同一地方具有共同的地质构造历史及一组中地貌形态,其内部的限区在空间上可以重复出现。例如,一片岗地中经常出现岗地与岗间洼地重复出现的组合型式,又如河谷中从河床、自然堤、河滩至阶地出现一定的排列组合型式,它们均可各自构成一个较高级次的土地地方。

自然地理综合特征相似、形成历史一致的一些土地地方有规律组合而成的能综合反映区域自然地理特征的最小自然地域,便是综合自然区划的起始单位——自然地理区(景观)。

2.土地分类

在土地分级的基础上,即可开展土地分类工作。这里所说的土地分类是指根据各土地分级单位(相、限区和地方)综合特征的相似性和差异性进行抽象概括,分别划分出属性相对一致的土地类型单位,并根据各土地类型单位之间的相似性和差异性程度拟定土地类型的分类系统。由于土地自然分类的对象是多级次的土地分级单位或土地自然个体单位,所以土地自然分类系统理应是多系列的,如同生物分类一样,每个级次的土地分级单位都可以有“种、属、科”的分类级别(图9-4)。

由图9-4可以看出,多系列的土地自然分类系统有两个特点:第一,每个级次的土地分级单位(相、限区、地方)都可以分别进行类型划分,各自构成一个分类系统。例如,某些性态相似的相可以划归为一个相种,一些性态相近的相种可以划归为一个相属,而一些性态相近的相属可以划归为一个相科等等。同理类推,性态相似或相近的限区或地方都可依次分别构成各自的种、属、科等分类系列,而且彼此呈横向并列。第二,不同级次的土地分级单位的分类系列,不仅各自独立、呈横向并列,而且彼此之间还有一定的纵向对应关系。例如,每个地方种总是同某一限区属相对应,这是因为每个地方都是由多个限区有规律地组合

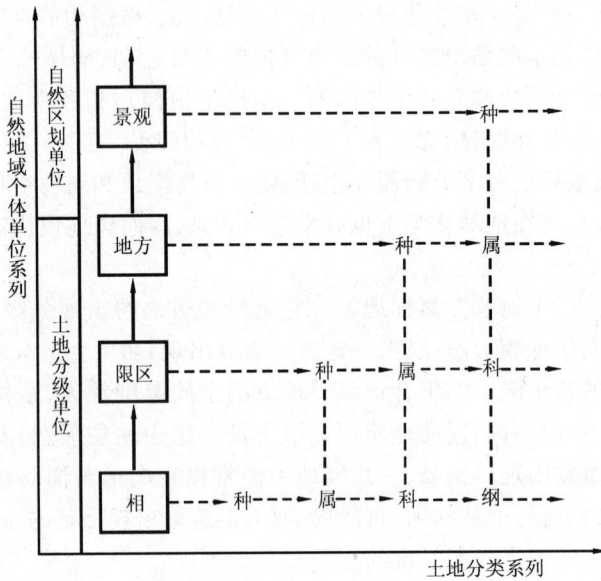

图 9-4　多系列土地自然分类示意图[9]

而成的。再如,每个土地限区属总是同一定的相科相对应,这是因为每个限区都是由多个紧密联系的土地相组合而成的。

　　现以秦岭东段伏牛山为例(全石琳,1988)说明多系列土地自然分类不同级次系列的相互对应关系(表 9-4、表 9-5、表 9-6)。

表 9-4　土地相的分类系列实例[9]

相　　科	相　　属	相　　种
侵蚀切割山谷地	常流水溪谷地	缓流溪谷地 急流溪谷地 跌水溪谷地
	暂时流水沟谷地	基岩裸露沟谷地薄土层沟谷地

表 9-5　土地限区的分类系列实例[9]

限　区　科	限　区　属	限　区　种
构造侵蚀山间谷地	侵蚀切割山谷地	常流水切割谷地暂时流水侵蚀谷地
	断裂构造山谷地	碎石岩屑堆积谷地砂砾石堆积谷地

表 9-6　土地地方的分类系列实例[9]

地　方　科	地　方　属	地　方　种
花岗岩石质中山山地	山间谷地	侵蚀山谷地 构造山谷地
	山岭坡地	剥蚀陡坡地 残积缓坡地

（二）单系列土地自然分类系统

中国科学院地理研究所主持制定的《中国 1:100 万土地类型制图规范及分类系统》方案(1985)采用的是单系列土地自然分类系统，所谓单系列土地自然分类系统就是将一个国家或地区的各种土地自然类型按照一定的原则和指标纳入一个统一的分类系统之中。中科院这一分类方案把全国土地的自然类型分为土地纲、土地类和土地型三个级别。土地纲是最高一级分类单位，它是依据气候的水热结合类型划分的。全国共划分为 12 个土地纲，即湿润赤道带、湿润热带、湿润南亚热带、湿润中亚热带、湿润北亚热带、湿润半湿润暖温带、湿润半湿润温带、湿润寒温带、黄土高原、半干旱温带草原、干旱温带荒漠、青藏高原土地纲。土地类是直接从土地纲中续分出土地类型单位，其划分的主要指标是大、中地貌类型及其相应的土壤、植被类型。该方案主要有高山、中山、低山、丘陵、高平地(台、岗地)、低平地(沟谷地)、潮湿地(沼泽、滩涂)等土地类。土地型是从每个土地类中续分出来的类型单位，为该种单系列土地自然分类系统中最基本的类型单位。每个土地型都具有相同的中地貌和土壤亚类及植物群系组，在山地垂直带中，则相当于同一的土类(或亚类)和植被型(或亚型)。

该系统是我国土地分类研究的一次总结，具有开创意义。符合我国地域辽阔、自然条件复杂、土地类型多样的基本国情，方法简便易行，易于操作，代表一种讲究实用的研究方向。但也存在一些值得商榷的地方，如将类型单位和区域单位列为一个等级系统，在理论上不够严密。

三、土地类型空间组合结构

在一定地域内各种土地类型不是孤立存在的，而是在形成和发展上具有内在的联系，它们有规律地相互组合在一起，形成一定的组合形式。所谓土地类型空间组合结构是指土地类型在一定区域内的空间分布规律和组合形式，即土地类型质和量在一定地域的对比关系。所谓质的对比关系是指在一定范围内出现的土地类型种类。所谓量的对比关系则是指每一种土地类型在该范围内所占的绝对和相对比例。土地类型空间组合结构是用自下而上逐级合并法进行综合自然区划的基础,还是影响区域农业发展的重要因素。

(一)土地类型空间组合结构的形式

1.条带状结构

这种土地类型空间组合形式多出现在平原地区,系河流的侵蚀堆积作用形成,呈条带状分布。除少数土地类型面积大、条件好、利用效率较高外,其它均有程度不同的限制因素,是风沙、盐碱或内涝等灾害的主要发生地区。

2.环状结构

这种土地类型空间组合结构形式常出现在各类盆地和较孤立的山丘地带。在封闭的盆地内,各种土地类型几乎呈圆环状逐渐抬升,彼此之间水分、热量以及地表物质的迁移存在密切联系。如上部的强度侵蚀是盆底淤积抬高的前提,盆底的雨季洪涝又是周围高地降水汇集的必然结果。在较孤立的山丘外围,土地类型排列形式和物质迁移与盆地正好相反,由中心向四周也呈同心圆状分布。

3.扇状结构

这种土地类型空间组合形式主要出现在山地向平原过渡的山前地带,是由河流的冲积洪积作用形成的。其平面分布形似扇状,常与冲积扇或洪积扇相联系。扇状结构所包含的土地类型农业利用程度高,尤其是扇的中下部位的土地类型区是高质量农田的集中分布区。

4.树枝状结构

这种土地类型空间组合形式主要出现在山地丘陵区的沟谷地带,由侵蚀切割作用形成,其平面分布呈多级分叉的树枝状。在山地丘陵区,树枝状结构的土地水、热、土肥条件最好,土地农业利用率最高,是农业比较发达的地带。

(二)土地类型空间组合结构的统计分析

以区域内土地类型面积数据为基础可以进行多种量的分析,由此把土地类型空间组合结构的研究引向深入。目前用于研究土地类型空间组合结构的统计分析方法有以下几种。

1.多度

多度是某种土地类型在区域内的相对个体数,其计算公式是:

$$某种土地类型的多度 = \frac{该种土地类型的个体数}{该区域内全部土地类型的个体数} \times 100\% \tag{9-1}$$

多度可以定量地表示出某种土地类型在区域内分布的相对优势,该值越大表明某种土地类型在区域内的优势越明显。多度是合理配置适宜于该区域土地利用方式的依据。

2.频度

频度是某种土地类型在区域内出现的频率,其计算公式是:

$$某种土地类型的频度 = \frac{出现该种土地类型样方数}{该区域内的样方数} \times 100\% \qquad (9\text{-}2)$$

式中的样方是调查区域能反映土地类型空间组合状况的最小取样样地,通常为规则的正方形。频度可以定量地表示某种土地类型在区域内的分布均匀程度,该值越大表明某种土地类型在区域内分布愈均匀。频度也是合理配置适宜于该区域土地利用方式的依据。

3.面积比

面积比是某种土地类型的面积在区域土地总面积中所占的比重,其计算公式是:

$$某种土地类型的面积比 = \frac{该种土地类型的面积}{区域土地总面积} \times 100\% \qquad (9\text{-}3)$$

面积比可精确地表示某种土地类型在区域内的相对数量,是决定能否在该区域建立适宜于某种土地类型的商品生产基地和确定土地适度规模经营的依据。

4.重要值

重要值是某一土地类型的多度与面积比之和,即:

$$某种土地类型的重要值 = 该种土地类型的多度 + 该种土地类型的面积比 \qquad (9\text{-}4)$$

重要值可以定量地表示某种土地类型在区域内的重要程度,该值越大表明某种土地类型在区域内越重要。重要值是确定区域土地利用专业化方向的重要依据。

5.复杂度

复杂度是表示一定区域内的土地类型结构在高一级区域内的相对复杂程度或多样化程度。其计算公式是:

$$区域土地类型复杂度 = \frac{区域内土地类型数/该区土地面积}{高一级区域内土地类型数/高一级区域土地面积} \qquad (9\text{-}5)$$

复杂度是确定研究区域土地利用方式多样化的重要指标。研究区土地类型复杂度越大,表明区域土地类型结构越复杂,土地利用应向多样化方向发展。

6.区位指数

区位指数是表示区域内某种土地类型的区际意义的指标,其计算公式是:

某种土地类型的区位指数 = 该种土地类型在区域内的面积比 –

该种土地类型在高一级区域内的面积比　　　　　　(9-6)

区位指数若为正值,表示该种土地类型有区际意义,该土地类型的区域优势明显;若为负值,则说明它不具备区际意义,该土地类型的区域优势不明显。区位指数也是确定区域土地利用专业化方向和建立商品生产基地的重要依据。

(三)土地类型空间组合结构的研究意义

由于土地类型的空间组合结构是自下而上进行综合自然区划的基础,所以通过土地类型空间组合结构的研究与实践,可以为综合自然区划自下而上划分方法提供科学的理论与方法。

土地类型空间组合结构的研究对区域农业发展具有重要意义。一个地区的大农业生产构成主要取决于该区的水热条件和土地类型的空间组合结构。某一地区水热条件决定了该区最适宜栽培的作物组合,决定了该区大农业生产构成的基本方向,而土地类型结构则使该地区大农业生产构成基本方向更加具体化。一定的水热条件下总有其最适宜发展的作物或牧畜种类,据此可考虑农业生产专业化的发展方向;而相同的水热条件下可能有多种土地类型,不同的土地类型适合于不同的农业生产,据此又应考虑农业生产综合发展问题。将二者结合起来,就使一个地区的农业生产有了一定的构成方向。这个方向可以是比较集中的专业化方向,或是综合发展的方向,或是具有一定的专业化方向的综合发展。例如,平原区域土地类型空间组合结构比较简单,常形成比较集中的区域农业专业化生产;而在地貌变化起伏较大的丘陵山区,土地类型空间组合结构较复杂,不易形成单一优势,却具有结构优势,可以形成具有一定农业构成专业化的综合发展方向,或形成综合发展的集约多元化方向。另一方面,土地类型的空间组合结构也影响地区大农业内部的各种构成,包括农林牧渔等业的构成、土地利用方式构成、农作物和牧畜种类构成、农田水利设施和田间工程种类构成、农业机械配套构成等等。我们知道,各种土地类型的自然特征各不相同,农业生产又要求因地制宜利用不同的土地类型,因此各种土地类型都有与其相适应的最适合的大农业内部的构成方向。例如,适于农业的土地类型比例大时,农业在生产构成中的比重就大;适于发展牧业的土地类型多,分布面积又大时,牧业在生产构成中的比例就大,等等。所以,土地类型空间组合结构在一定程度上决定了一个地区的大农业构成方向。以陕北北部为例,水热条件宜于农林牧发展。但从土地类型空间组合结构来看,该区具有"一川、二沟、三坡、四峁梁"的特点。"川"地宜农,但所占比例小,不宜扩大农耕;"沟"地可耕部分宜发展农业,但需要一定的田间工程措施,防止水土流失;"坡"地和"峁梁"地是目前水土流失较严重的地段,如开垦耕种必然导致水土流失恶化。由此可见,该区的土地类型空间组合结构适于农业的土地类型少,适于种植牧草和造林的坡丘地多。因此本区的大农业发展方向应以牧为主,农林牧综合发展。

第三节 土地评价

一、土地评价概述

土地评价又称土地质量评价或土地分等定级,它是针对不同的实践目的对土地类型的质量进行科学的评估和等级的划分。

土地评价的对象是土地质量。土地质量是指土地的综合属性,是土地的自然属性和社会属性的综合反映。土地的自然属性就是土地各组成成分相互作用所表现出的自然生产力,土地的社会属性是人类经济活动对土地施加影响所表现出的土地劳动生产力。土地的自然生产力和劳动生产力合称土地生产力。所以,土地质量实质上是指土地生产力的高低。由于土地评价的对象是土地质量,因此有时也将土地评价叫作土地质量评价。

根据土地质量的自然属性和社会属性,土地评价也相应地可分为土地适宜性评价、土地潜力评价和土地经济评价。前两者主要依据土地的自然属性进行评价,后者主要依据土地的社会属性进行评价。土地适宜性评价是最基本的土地评价,它主要是根据特定的土地利用目的分析评价土地的自然属性是否适宜及适宜的程度,从而确定出土地相对优劣的等级。土地潜力评价是对土地潜在的自然生产能力的评价。由于土地的生产潜力系列包括光合生产潜力、光温生产潜力、气候生产潜力和土地生产潜力,因此土地潜力评价也应按这种系列分层次进行评价。土地的经济评价指在现实的土地利用中,通过人们的劳动和物质投入的消耗与土地提供的产品或其它效益的对比来评价土地质量的优劣。

按照土地用途不同可分为农业用地评价和非农业用地评价两大类。为大农业服务的土地评价在土地评价中仍占有重要位置,目前已出现从综合的大农业土地评价向农、林、牧单项土地评价甚至单作物土地评价的发展趋势。特别需指出的是,近年来我国的非农业用地评价发展很快,主要集中表现在旅游用地评价和城市土地经济评价两个方面。实践证明,土地评价不仅可服务于农林牧业,在非农业领域也有广泛和良好的应用前景。

近年来国内外还开展了土地生态评价的研究,它是以土地的生态类型为基础,侧重于对土地的生态价值和功能的评价。通过土地生态评价,可以查明土地生态类型与土地利用现状之间的协调程度,对土地可持续利用提供科学依据。

从土地评价的定义可以看出,土地评价的单元是不同级别的土地类型。所谓土地评价单元是指需要评定质量高低的具体地域单位。目前现行的土地评价单元大多数是土地类型单位。从土地类型划分研究可知,土地类型单位有等级之分,那么土地评价的规模也必然有层次之分。进行大范围的土地评价(地区级、省级乃至国家级的土地评价),需要选用高级别的土地类型单位作为评价单元,进行小范围的土地评价(乡级或县级土地评价),需要选用低级别的土地类型单位作为评价单元。

综上所述,土地评价是土地类型研究服务于生产实践的重要桥梁,其目的是为了更加充分而合理地开发利用土地资源,为土地利用规划提供科学依据。所以,国内外对土地评价工作都非常重视。

二、土地评价的原则

(一)适宜性和限制性相结合的原则

适宜性和限制性都是针对某种特定土地用途而言的。土地的适宜性既指在土地属性不致恶化或退化的前提下,土地适宜一种或多种利用方式的广度,也指对某种利用方式的适宜程度。土地限制性则指在某些限制性因素作用下,土地不适宜某种利用方式的性质。如果人们进行这种不合理的利用非但不能获得高效益,反而将导致不良后果。实质上,土地评价就是评定在人类开发利用土地资源时,它所表现出的适宜性和限制性大小。所以,土地的适宜性和限制性无疑就成了土地评价必须遵循的原则。

(二)自然因素与社会经济技术因素相结合的原则

土地是自然因素与人为因素长期作用的产物,影响土地质量的因素既包括土地的自然因素,也包括人类活动施加在土地上的各种社会经济技术因素。因此,在进行土地评价时,既要考虑制约土地质量的自然因素,如地貌、气候、土壤、植被、水文等,也要考虑当地的劳力、资金、市场和现代化水平等社会经济技术因素。

(三)短期经济效益和长期生态效益相结合的原则

在土地评价时,尤其是在确定土地利用的适宜性时,不能只顾眼前的经济效益,而要同时考虑由此种土地利用带来的环境后果。如某些土地利用方式在短期内可获取极高的经济效益,但以后可能导致水土流失、草场退化、土地沙化、土壤次生盐碱化等不利后果,使长期的生态效益降低。从长远观点看,这种土地利用方式是不合理的。因此,土地评价要贯彻短期经济效益与长期生态效益相结合的原则。

三、土地评价系统

1983 年中国科学院自然资源综合考察委员会在主持编制《中国 1:100 万土地资源图》时,曾对我国土地资源进行了适宜性评价,其评价系统自上而下采用土地潜力区、土地适宜类、土地质量等、土地限制型和土地资源单位五级制。是我国目前最有权威性的全国性土地评价系统。

(一)土地潜力区

土地潜力区的划分依据是水热条件,主要反映区域之间土地生产力的差异。在同一区内,应具有大体相同的土地生产能力,适宜的农作物、牧草、林木的种类及其组成、熟制和产量,以及土地利用的主要方向和措施都大致相同。该土地评价系统共将我国划分出九个土地潜力区,即华南区、四川盆地—长江中下游区、云贵高原区、华北—辽南区、黄土高原区、东北区、内蒙半干旱区、西北干旱区和青藏高原区。

(二)土地适宜类

土地适宜类是在土地潜力区的范围内依据土地对农、林、牧业生产的适宜性进行划分的。在划分时,尽可能按主要适宜方向(主宜性)进行划分,但对那些主要利用方向尚难以明确的多宜性土地应作多种适宜性评价。该土地评价系统共将土地适宜类划分为八类,即宜农土地类、宜农宜林宜牧土地类、宜农宜林土地类、宜农宜牧土地类、宜林宜牧土地类、宜林土地类、宜牧土地类、不宜农林牧土地类。

(三)土地质量等

土地质量等是在土地适宜类范围内根据土地对农、林、牧的适宜程度和质量高低进行划分的,这是土地资源评价的核心等级。各土地适宜类均可按农林牧适宜程度与质量高低来划分,每个适宜类均包括三个质量等。例如,宜农土地类下划分为宜农一等地、宜农二等地和宜农三等地。

(四)土地限制型

土地限制型是在土地质量等的范围内按其限制因素的差异及其限制强度来划分的。同一土地限制型内具有相同的主要限制性因素和相同的主要改造措施。同一土地质量等内,不同土地限制型之间只反映限制因素、改造对象和改造措施的不同,而没有质的差别。该土地评价系统共划分为无限制、水文与排水条件限制、土壤盐碱化限制、有效土层厚度限制、土壤质地限制、基岩裸露限制、地形坡度限制、土壤侵蚀限制、水分限制、温度限制等十个土地限制型。

(五)土地资源单位

土地资源单位是土地评价的具体评价单位或土地资源图(或土地评价图)的制图单位,在数量上没有统一规定。

四、土地评价的方法

(一)直接评价法

通过一定的观测试验,直接探测土地生产潜力或土地对某种用途的适宜性及其适宜程度,从而评定土地质量等级的方法称为土地评价的直接评价法。例如,在几种不同类型的土地上种植同一种作物,并采用相同的农业技术措施,通过观察作物的生长状况和测定作物的产量,按其产量的高低来评定这几种土地生产能力的差异,从而确定出它们的质量等级。土地直接评价法大都应用于农用土地的评价。由于目前我国各地有关土地直接评价所需的系统试验资料积累的还很少,尤其符合统计稳定性原则的试验资料更是匮乏,所以在大范围地区推广使用土地直接评价方法尚有较大困难。

(二)间接评价法

通过对影响土地生产力和土地利用适宜性的各种因素及其性质的综合分析,并进行间接诊断来评定土地质量高低的方法称为土地评价的间接评价法。土地间接评价法经过长期的实践检验得到了不断的充实和发展,是目前广泛应用的土地评价方法。土地间接评价法又分为逻辑归类法和数值分析法(简称归类法和数值法)两种。

1. 归类法

归类法主要是针对一定的土地利用方式,依据评价目的,选取评价因素并确定分级标准,然后对各种土地类型所具有的属性进行分析、归类,将其土地质量以不同类别和等级的形式表示出来。例如,前述《中国 1:100 万土地资源图》所采用的评价方法首先选择 12 个评价因素,并确定各评价因素的评级标准,编写出土地适宜性评级表,然后制定划分土地质量等级标准,最后采用"对号入座"的方法,即按照各土地类型的各个属性在评级表中的位置,对照等级划分标准,确定其等级。此种评价方法属定性分析法,它既可用于大农业用地的评价,也可应用于非农业用地的评价。就大农业的土地评价而言,具有代表性的归类法应用实例除上述《中国 1:100 万土地资源图》以外,还有美国农业部制定的土地潜力分类、联合国粮农组织制定的《土地评价纲要》。

2. 数值法

数值法又称参数法或指数法。这种方法首先选出影响土地生产力的各个评价因素,并定出各评价因素评价标准,以便求得不同的利用方式下的土地潜力或适宜程度的不同分指数;然后再对各项分指数进行简单的数学运算得出总指数,并据此对土地作出等级评定。由于具体的运算方法不同,所以总指数的计算又可分为以下三种具体方法:

第一,累加法,其基本形式为: $P = A + B + C + \cdots + N$ （9-7）

第二,乘积法,其基本形式为: $P = A \times B \times C \times \cdots \times N$ （9-8）

第三,复合法,例如"平方根"法,其基本形式为: $P = \sqrt{A \times B \times C \times \cdots \times N}$

（9-9）

式中 P 代表某一评价单元(土地类型)质量总指数, A 、 B 、 C 和 N 分别代表不同土地评价因素的质量分指数。这些分指数可直接采用土地评价因素的数值作为评定依据,如土层厚度 30 cm 评为 10 分,40 cm 评为 15 分等。分指数的设置范围一般为 100~0 分。

在很多情况下,各个评价因素对土地质量的影响作用是不同的,所以常常需要对不同的评价因素给予不同的权重值。在确定评价因子的权重方面,可应用等差法、回归分析法、灰色关联度法、层次分析法、主成分分析法等。在定量分析和综合评价土地质量时,还可应用聚类分析法与判别分析法以及模糊综合评判法等,这里不再一一叙述。

复习思考题

1. 自然地理系统的区域划分与类型划分有什么区别和联系?
2. 简述综合自然区划的理论与实践意义。
3. 试述综合自然区划的原则和方法。
4. 什么是综合自然区划的"单列系统"和"双列系统"? 二者有什么联系?
5. 土地和土壤有什么区别和联系?
6. 试述多系列土地自然分类的方法。
7. 试述土地类型空间组合结构研究的意义。
8. 试述土地评价的原则和方法。

主要参考文献

[1]伍光和等.自然地理学(第三版).北京:高等教育出版社,2000.368~380

[2]赵松乔等.现代自然地理.北京:科学出版社,1988.156~199

[3]黄秉维等.现代自然地理.北京:科学出版社,1999.29~55

[4]马建华等.自然地理学教程.开封:河南大学出版社,1991.319~329

[5]郑度等.自然地域系统研究.北京:中国环境科学出版社,1997.65~82

[6]陈传康等.综合自然地理学.北京:高等教育出版社,1993.58~169

[7]景贵和等.综合自然地理学.北京:高等教育出版社,1999.78~106,158~186

[8]全石琳.综合自然地理学导论.开封:河南大学出版社,1988.168~244

[9]全石琳等.土地资源学.开封:河南大学出版社,1996.20~31,41~83

[10]中国科学院自然区划委员会.中国综合自然区划(初稿).北京.科学出版社,1959.1~48

[11]任美锷等.中国自然区划问题.地理学报,1961,27(1):66~74

[12]蔡运龙.土地结构分析的方法及应用.地理学报.1992,47(2):146~154

[13]倪绍祥、陈传康.我国土地评价研究的近今进展.地理学报,1993,48(1):75~83

第十章　全球变化及其对策

　　全球变化(Global Change)一词首次出现于 20 世纪 70 年代,主要用于表达人类社会、经济和政治系统愈来愈不稳定,特别是表达国际安全和人民生活质量下降这一特定涵义。20 世纪 80 年代以后,随着环境、生态、资源、人口等全球性问题的出现,自然科学家将全球变化的对象拓展至地球(环境)系统的变化。地球(环境)系统的范围比自然地理系统的范围要宽一些,它包括整个大气圈、岩石圈、水圈、生物圈以及人类圈(包括人类的社会和经济活动),但是自然地理系统是地球环境系统的最主要的组成部分,也是全球变化最为明显的部分。例如,大气中温室气体增多所导致的全球变暖、森林面积锐减导致的生物多样性下降、土地利用和土地覆被变化、环境污染加剧等等都属于自然地理系统的变化,所以全球变化研究是自然地理学研究的重要内容。亦可以看出,全球变化中的"变化"具有"恶化"或"有恶化趋势"的含义。

　　目前,国际上的全球变化研究主要由四个国际科学研究计划组成,即世界气候研究计划(WCRP)、国际地圈生物圈计划(IGBP)、全球环境变化人文因素计划(IHDP)和生物多样性计划(DIVERSITAS)。中国是参与国际全球变化研究的主要国家之一。1998 年中国提出了《全球变化:中国面临的机遇和挑战》的全球变化研究报告,引起了国际学术界的关注。全球变化研究强调研究内容的综合性,从地球环境系统整体出发,着重研究各圈层之间的联系;在研究组织上,强调国际间的作用;在研究尺度上,将几十年至百年作为重点;在研究方法上,强调综合集成,最终建立和发展能够描述地球环境系统运行的概念和数值模式,揭示其演变规律。

　　全球变化研究的领域非常广泛,本章仅介绍全球变化的几个主要方面以及人类应该采取的对策。

第一节　全球变暖

一、全球变暖的现状

全球变暖又称全球增暖或 20 世纪变暖,是指 19 世纪 80 年代以来地球表面平均温度和近地表平均气温呈上升趋势的现象。图 10-1 示出了自 1861 年～1993 年全球陆地气温和海表温度合成的平均温度的逐年变化。图中纵坐标为温度距平,曲线是平均温度滑动平均值的连线,实线和虚线分别取自 Jones 1994 年和 1988 年的文章。该图是英国安东吉利大学气候研究中心 Jones 等人根据 2 000 个测站,1×10^8 个陆地观测数据,$6\,000 \times 10^4$ 个海洋观测数据,按纬度加权求全球平均温度序列而绘制的。这个温度序列,不仅资料最完全,而且消除了城市热岛效应及观测方法改变所带来的误差。由图 10-1 看出,全球地表温度的上升趋势是十分明显的,其直线趋势为 0.51℃/100a,即近百年全球平均温度上升 0.5℃左右。气候从何时开始变暖需要更长的温度序列方能辨识,图 10-2 示出了 1580 年～1990 年北半球气温的变化,图中纵坐标为温度距平(Δt),曲线为 50 年气温滑动平均值的连线,阴影区为达到 99% 信度的距平。可以看出,19 世纪 80 年代以前,气温基本上在 $\Delta t = -0.25$℃附近上下波动,此后气温呈波动式上升。因此,气候变暖大约开始于 19 世纪 80 年代。

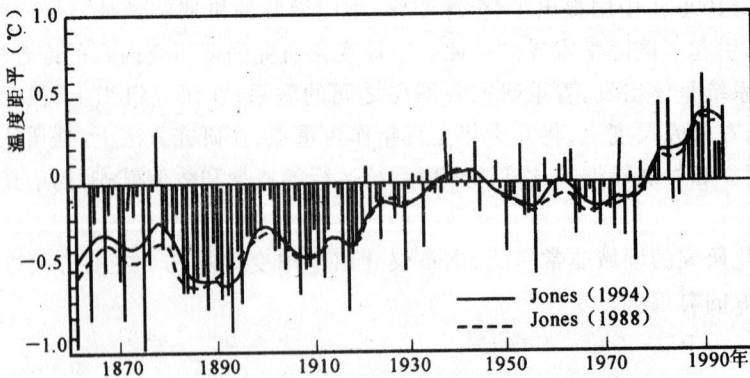

图 10-1　1861 年～1993 年全球陆地表面气温和海表温度合成的平均温度的逐年变化[1]

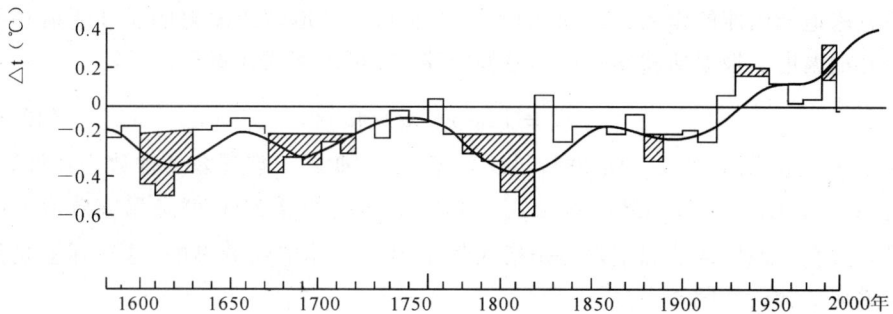

图 10-2　1580 年~1990 年北半球 10 年平均气温距平[4]

安基尔等人(1987)根据全球探空测站网(包括 63 个站,比较均匀地覆盖了全球的大部分地区)1958 年以来约 30 年的温度资料,计算了全球年平均气温的变化,结果发现与 Jones(1988,1944)等的温度序列的相关系数高达 0.9。自由大气很少受城市热岛效应的影响,这从另一角度证明,剔除了城市影响的琼斯温度序列所反映的温度变化是可信的。

全球变暖是对百年时间尺度全球或半球年平均地表温度变暖而言的,并不是指每一种时间尺度或每一个地区都会增暖。例如,近 130 年来北半球平均地表气温含有 1 年、10 年和 100 年三个量级的时间尺度的冷暖变化。从百年尺度上看,气候是变暖了;但是若从 10 年尺度上看,1954 年~1975 年的气候却是相对偏冷的(刘式达,1996)。从空间尺度上讲,全球变暖是指全球或半球尺度,而不是区域尺度。在全球变暖过程中,各地区有不同反应,一些地区增暖幅度大,一些地区增暖幅度小,还有一些地区可能降温。

二、全球变暖的原因

(一)人为原因

全球变暖的人为原因主要是指近百年来人类活动向大气排放了大量的温室气体。大气是由许多气体成分组成的,其中水汽(H_2O)、CO_2、CH_4、N_2O 等对辐射具有选择性吸收的特征。它们能近似透明地让太阳短波辐射通过大气,而对地球长波辐射具有一定的吸收作用。这些气体包括人类社会出现以前就存在于大气中的 H_2O、CO_2、CH_4、N_2O 等气体和近几十年来人类活动制造出的氟氯烃(CFC_s)等新气体,它们能将所吸收的长波辐射热量用于加热地表面和大气,使其温度升高。这种作用称为大气温室效应,简称温室效应。其强度可用地球表面平均温度(T_s)和辐射平衡温度(T_e)的差值($\triangle T$)表示。T_e 是在无大气条件下,并忽略地球内能的作用,当吸收的太阳辐射和行星地球所放射的长波辐射相平衡时的温度。根据斯忒藩—玻耳兹曼定律,T_e 可用下式计算:

$$T_e = \left[I_0(1 - \alpha)/4\sigma \right]^{\frac{1}{4}} \tag{10-1}$$

式中 I_0 为太阳常数,α 为地球行星反射率,σ 为斯忒—玻耳兹曼常数。经计算, $T_e = -18℃$,而 $T_s = 15℃$,则 $\Delta T = 33℃$。增高的这 33℃ 就是温室效应的结果。现在人们所谈的温室效应是指大气中温室气体增加的影响,这实际上是温室效应的加剧问题。

表 10-1 所列的主要温室气体含量的增加及其有关情况是依据 1990 年国际政府间气候工作委员会(IPCC)公布的数值作出的。表中气体浓度单位 ppmv、ppbv、pptv 分别表示 10^6、10^9、10^{12} 分之一。来自各种手段的研究表明,温室气体浓度在工业革命前的很长时间内变化很小,工业革命以后温室气体的平均浓度急剧增加。例如,1990 年 CO_2 浓度比工业革命前指数式增加了 26%,CH_4 翻了一番,CFC_s 从无到有、从少到多地快速增长。

表 10-1 人类活动影响下的温室气体[1]

温室气体名称	CO_2 (ppmv)	CH_4 (ppmv)	N_2O (ppbv)	CFC - 11 (pptv)	CFC - 12 (pptv)
工业革命前浓度(1750 年~1800 年)	280	0.79	288	0	0
1990 年浓度	354	1.72	310	280	484
目前年平均增长量	1.6	0.015	0.8	10	17
目前年平均增长率(%)	0.5	0.9	0.26	3.6	3.5
平均寿命(年)	50~200	10	150	65	130
20 年增暖相对潜值	1	63	270	4 500	7 100

温室气体浓度增加的原因虽然复杂,但主要是人类活动所致。人类活动影响温室气体增加的主要途径有以下诸方面。

第一,通过砍伐森林和燃烧矿物燃料导致大气中 CO_2 浓度增加。从公元 1 000年到 1 800 年,大气中 CO_2 浓度相当稳定,大约变动于 270~290 ppmv 之间,平均值为 280 ppmv。据王绍武(1994)研究,19 世纪以来,随着人口数量急剧增长,大量森林被砍伐,耕地面积不断扩大,使大气中 CO_2 浓度迅速增加。由于自然植被(特别是原始森林)的含碳量比栽培植被大 20~100 倍,所以从 1850 年~

1986 年的 100 多年时间里,估计仅此一项就向大气排放了 115 ± 35 Gt 的碳(1 Gt = 10×10^8 t)。燃烧矿物燃料(煤、石油、天然气等)在 20 世纪迅速增加,估计从 1850 年 ~ 1987 年总共向大气排放了 201 Gt 的碳。两者的共同作用使大气中 CO_2 浓度从 280 ppmv 上升到了 350 ppmv 以上。目前因燃烧矿物燃料每年向大气排放 5.7 ± 0.5 Gt 的碳,而每年砍伐森林的 CO_2 排放量约相当于 1.9 ± 1.1 Gt 的碳,所以每年总排放碳量达 7.6 ± 1.6 Gt。排放的 CO_2 大约只有 40% 存留于大气中,其余大部分被海洋吸收。如果不是这样,大气中 CO_2 浓度的增加将更加迅速。

第二,通过稻田、家畜反刍和燃煤使大气中 CH_4 浓度增加。据毛文永等(1993)研究,CH_4 自然源(沼泽与天然湿地)的 CH_4 排放量占不到总排放量的 1/4,而人为源(稻田、家畜和燃煤)的 CH_4 排放量占总排放量的 3/4 以上。1940 年 ~ 1980 年间,全球水稻种植面积增加近一倍,从 80×10^6 hm^2 增加到 145×10^6 hm^2;家畜头数与人口数量同步增长,年增长率均为 1.5%;人口增长和工业发展使矿物燃料特别是煤的燃烧明显增加。因此,大气中 CH_4 浓度将随人为源 CH_4 排放量的增长而增长。

第三,通过人工合成物质及其使用使大气中 CFC_s 浓度大幅度增加。自然界中不存在 CFC_s,它完全是人工合成的物质。CFC_s 是一个家族,其种类达 13 种之多。其中应用最多的是 CFC – 11($CFCl_2$)和 CFC – 12(CF_2Cl_2)。20 世纪初,CFC_s 在大气中的浓度为零。20 世纪 20 年代,CFC_s 被合成成功,开始它被用于清洁溶剂、制冷剂和灭火剂的制造,但当时未投入广泛的商业使用,所以大气中 CFC_s 浓度很低。20 世纪 50 年代以后,CFC_s 被广泛投入商业使用,CFC_s 的制造和使用的增长极快。从 20 世纪 70 年代中期开始到 90 年代,每年大约有 100×10^4t 的各类 CFC_s 产品被排放到大气中,使大气中 CFC_s 浓度猛增。1990 年它的年增长率达到 3.5% 以上,居各种温室气体之首(表 10-1)。今后,虽然 CFC_s 生产逐渐受到限制并最终禁止生产和使用,但大气中的 CFC_s 在相当长的时期内还将不断增加。这是因为,CFC_s 在大气中的存留期长,即使 CFC_s 被最终停止生产,但其影响还能在一定时期内存在。

此外,通过化肥使用、毁林、矿物燃料和生物质的燃烧以及其它农业活动,将促使 N_2O 的释放,使大气中的 N_2O 浓度增加。

由表 10-1 看出,除 CO_2 浓度 1990 年达到 354 ppmv 外,其余各温室气体浓度都很低,故称之为微量气体。微量气体的浓度虽然远低于 CO_2,但其影响却很大。由表 10-1 看出,微量气体的增暖潜值都很大。如果一个 CO_2 分子在 20 年内形成一个单位的增暖效果,那么一个 CH_4 分子将造成 63 个单位的增暖效果,一个 CFC – 12 分子将造成 7 100 个单位的增温效果。微量气体不仅温室效应强度大,而且 1990 年的增长率(除 N_2O 外)均远大于 CO_2。所以,微量气体的温室效应已逐渐达到与 CO_2 所造成的温室效应相比拟的程度,现在所谈的温室效应,通常已不单是指 CO_2 浓度增加,而是指整个温室气体含量的增加。

(二)自然原因

1.气候系统内部因子的影响

气候系统内部因子包括海—气、陆—气、冰—气等的相互作用以及各种反馈过程,这里只谈海—气作用。就 20 世纪全球变暖来说,虽然温室气体的影响很大,但海洋对温室效应的调节亦很重要。如前所述,释放到大气中的碳约有40%滞留在大气中,其余的碳主要被海洋所吸收。从化学平衡来看,海洋足以吸收现代矿物燃料燃烧释放的 CO_2,只是大气与海洋 CO_2 完全交换需要很长时间。大气与表层海水 CO_2 交换的时间大约为 10 年,而表层海水的 CO_2 向更深层海水传输约需 200 年~1000 年,这就使海洋吸收的 CO_2 还不到每年因燃料燃烧排放到大气中的 CO_2 的一半。可见,海洋对 CO_2 的调节是一种慢变过程,这使 CO_2 增加引起的变暖效应幅度减小,时间推迟。根据大气环流模式模拟,如果只考虑大气快变过程,那么全球平均气温应该上升 1.5℃,而实际仅上升 0.5℃,这很可能是海洋对温室效应的调节作用所致。

2.大气上界太阳辐射的影响

太阳常数是否真正是常数始终是一个有争议的问题。直到 1983 年发表了雨云 7 号卫星的观测资料,该问题才有了答案。1978 年 11 月 16 日到 1981 年 7 月 31 日共 971 天的观测证明,太阳常数确实有变化,变化幅度约为 0.2%~0.5%。多数学者认为,如此小的太阳常数变化不足以解释观测到的气候变化,同时由于观测时间短,不能由此推断更长时间太阳常数的变化,所以人们在研究太阳常数变化的同时,更注意研究太阳活动的变化。

太阳活动是指太阳大气中经常发生的黑子、光斑、日珥、耀斑和日冕凝聚区等现象的总称,其中太阳黑子和太阳光斑与气候变化最为密切。当太阳活动激烈时,各种波段的电磁辐射和粒子辐射大大加强,有时比静态太阳时增强几十倍甚至几百倍。太阳黑子、光斑与太阳辐射强度的关系是光斑增多,太阳辐射增强;黑子增多,太阳辐射减弱。观测表明,太阳活动增强时黑子与光斑均增多,光斑增多所造成的太阳辐射增加可抵消黑子增多所造成的太阳辐射减少而有余。因此,太阳活动增强时气候偏暖,反之则偏冷,即太阳活动强度与地面气温呈正相关。

通常用太阳活动 11 年周期的峰值年(M 年)太阳黑子数的变化来表征太阳

活动的长期变化。根据瑞德(Reid,1991)的研究,太阳黑子数变化11,太阳常数可能变化 1 W·m^{-2}。许多气候模式的模拟表明,太阳常数变化1%(约 14 W·m^{-2}),地面气温可能变化 1 ℃。据此,辐射强迫变化 1 W·m^{-2}可造成地面温度 0.07℃的变化。由 1640 年~1989 年峰值年太阳黑子滑动平均曲线看出,近百年特别是 1880 年~1960 年峰值年黑子数的增多趋势十分明显,若将其转换为气温变化,则其直线趋势为 0.19℃/100 a,即近百年由于辐射强迫作用使全球地面年平均温度上升 0.19℃。

　　3.火山活动的影响

　　火山爆发将大量悬浮物质和含硫气体带入大气层,甚至冲入平流层,减弱太阳辐射,使地面吸收的太阳辐射减少,导致降温。这种现象称为阳伞效应。一般大火山爆发期气候偏冷,而地壳相对宁静期气候偏暖。不是所有的火山爆发都能对气候产生显著影响,只有那些能把数百万吨级的火山灰和含硫气体喷至对流层顶的大火山爆发才会影响广大地区的天气和气候。通常一次强火山爆发后 1 年~2 年间,全球或半球年平均温度下降 0.3℃左右,大约经过 4 年~5 年以后逐渐恢复到正常水平。一次强火山喷发降温 0.3℃是不小的,它有可能影响 10 年时间尺度的全球变暖趋势,但如果不是群发性、连续性的强火山爆发,则难以扭转几十年到百年尺度的增温效果。过去 100 年间全球只有 5 次强火山爆发 (1883、1902、1912、1980、1982),多数火山爆发间隔时间较长,仅能对短期气候产生影响。自 1913 年到 1980 年的 67 年间,火山活动异常偏弱,阳伞效应非常不明显,这也是 20 世纪变暖的重要条件之一。

三、全球变暖的预测

　　表 10-2 是根据 1765 年~1990 年大气中主要温室气体的浓度计算的加热率 (W·m^{-2}),统计出的不同时段主要温室气体加热率占该时段总加热率的百分数。由表 10-2 看出,20 世纪之前的大约一个半世纪的温室气体加热率只有 0.55W·m^{-2},但是 1980 年~1990 年的加热率已超过这个数值。还可以看出,CO_2 在温室效应中的贡献比重呈下降趋势,1980 年~1990 年间已降到 50% 以下;CH_4 的贡献比重也下降了一半;平流层 H_2O 的贡献比重从 6% 下降到 3%;而 CFC_s 与对流层 O_3 的贡献比重则明显增加,CFC_s(含 CFC-11 与 CFC-12)在 1980 年~1990 年间已增加至 20%,O_3 也上升到 14%。IPCC 根据温室效应上述发展趋势估算未来温室效应加剧程度时,设计了 2100 年四种不同情况下的温室效应。这四种情况是温室气体排放量保持 2% 的年增长率(A)、维持目前的排放量(B)、使排放量按每年 2% 下降(C)以及停止排放(D)。在 A 情况下,温室效应将以指数形式

上升;在 B 情况下,温室效应将直线上升;在 A、B 两种情况下,到 2100 年的加热率将达到目前的 4 倍~5 倍。在 C、D 情况下,到 2100 年的加热率仍将增加到目前的 1 倍左右。实际上,C、D 的情况几乎是不可能出现的,所以温室效应对 21 世纪的气候变化将起着决定性作用。

表 10-2　各种温室气体效应占总效应的百分数(%)[2]

年　代	CO_2	CH_4	N_2O	CFC－11	CFC－12	其它CFC_s	H_2O	O_3	总加热率($W·m^{-2}$)
1765－1900	67	18	5	0	0	0	6	4	0.550
1900－1960	58	19	2	1	1	1	7	11	0.721
1960－1970	47	17	3	3	7	4	5	14	0.359
1970－1980	52	13	3	4	9	6	4	9	0.464
1980—1990	49	9	5	4	10	6	3	14	0.630

　　许多学者用气候模式模拟方法对大气 CO_2 倍增的气候情景作了大量研究,但没有任何两种模式能提供完全一致的结果。这主要是因为目前人们对气候系统中各种物理过程还缺乏准确的描述。IPCC 曾把国际上最好的 10 多种模式进行比较,从中概括出较为一致的结果,并不断地根据新模式的研究结果修改未来气候预测的报告。其中最重要的修改是考虑了人类活动排放气溶胶所造成的气候效应。根据这些预测,21 世纪全球气温平均每 10 年上升 0.3℃,这一升温幅度比过去一万年间的升温幅度还大。预测 2100 年全球气温比 1990 年高 3℃。气温上升幅度在低纬度地区较小,不到 2℃;中纬度区稍高,为 2.5℃;高纬度区和极地最高,特别是秋冬季可能比 1990 年高 6℃左右。20 世纪 90 年代部分中国和英国科学家合作,比较了 7 个大气环流模式计算结果,对中国未来气候变暖作了预测。他们估计 21 世纪中期全球平均增温 1.2℃,冬季中国大部分地区增暖 1.0℃~1.5℃,东北大部可能增温 1.5℃以上。

　　上述预测结果不是十分确定的。其原因是:温室气体是气候变暖的主要原因,但对其源和汇及其变化缺乏确切了解;云是气候变化的重要影响因素,但对云的变化及其在全球热量平衡的作用,目前还没有定量研究;海洋环流及其热状况对气候变化有显著影响,但目前除了对海表水温和表层环流有一些了解外,对其它海洋状况的了解甚少。在这种情况下不可能建立科学的海—气耦合模式。另外,人类对陆地生态系统和陆—气相互作用的研究还很不深入。所以,人类对气候变暖的预测还远未达到定量化程度,致使区域气候预测结果很不可靠。

四、全球变暖的影响

(一)海平面上升

不同研究者在统计分析世界各地近五百年验潮站记录时发现,海平面均呈明显的上升趋势。绝大多数海域的海平面年平均上升值在 $1.0 \sim 2.0$ mm·a^{-1} 之间(施雅风,1993)。多数学者认为,这主要是由于气候变暖造成的。气候变暖可引起海水热膨胀。当海水温度为 $5^{\circ}C$ 时,每升温 $1^{\circ}C$ 可使海水体积增加 0.01%;当温度为 $25^{\circ}C$ 时,每升温 $1^{\circ}C$ 能使海水体积增加 0.03%。如果 100 m 厚的海洋表层温度为 $25^{\circ}C$,当其温度升高到 $26^{\circ}C$ 时,海平面将上升 3 cm。另外,全球变暖可引起冰川、冰原和小冰帽融化使海平面上升。关于 21 世纪海平面上升情况,IPCC 根据前述气候变暖的预测,预估 2030 年海平面将比 20 世纪 90 年代上升 8 ~ 29 cm,2100 年上升 $31 \sim 110$ cm。

(二)对自然生态系统的影响

生态系统是指生物群体与其生境相结合而形成的整体。生境包括直接影响生物群体的各种环境因素,其中最重要的是热量与水分条件。气候变暖意味着温度升高、夏季风加强、蒸发量加大,从而使生态系统发生变化。当 CO_2 浓度倍增、年均温上升 $1^{\circ}C \sim 2^{\circ}C$ 时,我国热带雨林、亚热带常绿阔叶林将北移 1 个 ~ 2 个纬度,针阔叶混交林将明显减少,寒带针叶林几乎从中国消失(徐德应等,1997)。CO_2 浓度倍增,气温升高,蒸发量加大,土壤水分减少,降水量较小的地区干旱加剧,引起土地荒漠化。据慈龙骏(1998)研究,当大气中 CO_2 含量倍增,温度上升 $1.5^{\circ}C$ 时,我国干旱区总面积将每年增加 22.11×10^4 hm^2,湿润区面积每年减少 30.23×10^4 hm^2。

环境敏感区(如群落交错区、森林边缘区、农牧过渡带、沿海湿地等)的某些物种和植物群落对气候变化特别敏感。这些地区是生态系统的边缘交汇地带,从生态系统分布区中心到边缘带,生境愈来愈不适于该系统生物群落的生存和发展,只要外界环境条件发生微小变化,边缘区的生物生长发育就会受到显著影响。例如,随着气候变暖变干,我国农牧过渡带将向东南推移;随着海平面上升,沿海湿地将变为海域,其生态系统将发生质的变化。

气候变暖对生态系统中植物生理的影响是十分显著的。这主要表现在使植物物候期提前或推迟。春季物候现象如芽膨大、芽开放、展叶和开花的早晚,主要受春季温度波动的制约;秋季的黄叶、落叶等现象主要是由于温度下降到一定界限引起的。如果年均温升高 1℃,我国春季的物候期大约提前 3～5 天,秋季则推迟 3～5 天,绿叶期将延长 6～10 天。

(三)对农业生产的影响

一般说来,大气中 CO_2 浓度的增加提高了植物或作物光合作用率,有利于作物产量的增加,但不同作物对 CO_2 浓度增加的反应不同。实验表明,C_3 植物对 CO_2 增加较为敏感,CO_2 加倍其产量可能增长 10%～50%;C_4 植物对 CO_2 增加的敏感性差,CO_2 加倍其产量只增长 0%～10%。世界上 20 种主要粮食作物中,C_3 植物 16 种,占世界谷物产量一半以上的小麦和水稻都是 C_3 植物,所以 CO_2 浓度增加对谷物生产是有利的。玉米、高粱、谷子均为 C_4 植物,当 CO_2 浓度倍增时,这些植物的产量只有微增或不增。另外,C_4 植物竞争不过 C_3 杂草的生长,因而 CO_2 浓度的增加不利于这些谷物的生产。C_3 植物在 CO_2 浓度倍增时,虽然产量可能上升,但质量可能下降。这是因为 C_3 植物叶子的碳含量升高,而氮含量相对减少,不利于蛋白质的合成。

全球变暖对作物生长和作物产量的影响因作物种类和地区条件而异。据黄秉维(1992)研究,北半球变暖使温度带北移,对作物生长有利。例如,中国温度带北移后,热带北缘的橡胶、咖啡等作物再也不会遭受现在偶尔出现的冷害;在中、北亚热带,目前的一年两熟制可望变为一年三熟制;在暖温带,不仅会增加作物产量,也将有利于水果生产。据王绍武(1994)研究,高纬度地区升温幅度最大,作物生长期延长,产量增加。例如,俄罗斯欧洲部分的北部,如果温度上升 1.5℃,小麦单产可增加 30%,适合种植小麦的面积增加 26%,小麦总产量可增加 64%。

全球变暖对一些地区的农业生产也会带来不利影响。据蔡运龙等(1996)研究,在 6°N～31°N 地带,如果水稻结实期温度上升 1℃～2℃,将会使产量下降 10%～20%。在热带半干旱区,若降水量不变,增温将加速蒸发,使土壤水分恶化,作物产量下降。例如,印度北部,在降水量不变的情况下,温度上升 1℃,小麦产量将减少 10%。对世界粮食供应的最严重的威胁是中纬度"谷物带"的变暖及作物水分亏缺,这将使粮食生产潜力降低。美国所有主要的非灌溉作物将减产,加拿大草原地带的平均产量将减少 10%～30%,中国黄淮海平原作物也将减产。

总之,全球变暖对作物产量的影响对不同作物、不同地区有不同的表现。一般说来,中纬度地区将受损,高纬度地区将受益。由于高纬度地区耕地面积有限,增加的产量不足以补偿中纬度地区的减产,从而使世界粮食生产下降。

（四）其它影响

全球变暖对能源、工业、人类健康都有一定影响。温度升高将减少高纬度地区供暖的能源消耗，明显增加低纬度地区制冷的能源消耗。例如，气候变暖后，美国北方年发电需求量估计可能略有减少，而南方发电能力可能要增加30%。与不出现气候变暖相比，未来60年内美国在电力方面的投资将因气候变暖而增大（J. Houghton,1998）。

全球变暖可使那些产生大量温室气体的工业活动承受到越来越多的政策性压力和税收负担，而使节能节水技术、耐高温耐干旱的培育技术等获得广阔的市场。

当温度升高到某一临界值后，人的死亡数明显增加。据谭冠日（1997）研究，在美国的纽约、费城、芝加哥、底特律和中国的上海、广州，人的死亡显著增多的最高温度为32℃~33℃。达到这个临界温度以上的日子称为热日。上海平均每一热日死亡数比非热日超出28.2%，广州超出10.5%。影响冬季人口死亡的最大气象变量是最低温度，死亡数随着温度的降低而少量增加，没有明显的临界温度。如果各月均温比现在高3℃，那么夏季的上海"与热有关死亡数"比现在将多13%，广州多17%；两地冬季死亡数分别减少4%和8%。全球变暖的间接影响是使大气污染物的光化学反应速率增大，促使急性上呼吸道疾病、慢性支气管炎、肺气肿、支气管哮喘和肺肿瘤的形成和发展，还使一些寄生虫病和病毒性疾病（如疟疾、血吸虫病）的传播范围增大。

五、全球变暖的对策

（一）控制温室气体的排放量

由于能源生产和利用的不合理是导致全球变暖的主要因素之一，因此在能源生产和使用过程中减少温室气体的释放是十分紧迫的任务。今后应该逐步调整能源结构、提高能源利用率、开发新能源和采用综合用能技术，这不仅是控制温室气体释放的主要能源对策，也是经济持续发展所必需的能源战略。目前世界能源消费比重由大至小依次是石油、煤、天然气、生物质能、水力、原子能、太阳能、风能、地热，其中前三者占能源消费总量的80%以上。能源消费量以及与之相应的CO_2排放量随经济发展而增加，占世界人口24%的发达国家，消费世界能源的75%，其CO_2发生量占世界总量的73%。根据石油、天然气和煤的使用寿命（分别为43年、56年和174年），估计以化石燃料为主的能源结构至少到21

世纪中期不会有大的变化。目前应采取以下对策：①增大核能和水电在能源结构中的比重。②更新设备，采用先进技术，提高化石燃料的利用率。这是目前限制 CO_2 排放的最经济可行并容易被普遍接受的措施，也是实现经济社会持续发展的长远战略。③开发利用太阳能、风能等新能源。④加强研究化石燃料特别是煤炭在燃烧过程中和燃烧后的 CO_2 提取技术以及减少 CO_2 排放的燃烧技术（如煤炭液化后燃烧技术），并及早推广这些技术，减少 CO_2 的排放。⑤控制沼气的排放。把有机肥放入沼气池内密封发酵，既可减少 CH_4 排放，又可提高有机肥的肥效，还能利用 CH_4 作能源。

(二)严禁破坏森林

地球上现存的大面积森林，主要是位于低纬地区的热带森林和位于中高纬度地区的温带森林。由于发展中国家人口增长对土地和薪木生产的额外需求以及发达国家对热带木材需求的增长，使热带森林遭到严重破坏，20 世纪 90 年代热带森林年平均损失率为 0.9%。根据精确取样估计，热带森林的平均碳储量约 $100\ t\cdot(hm^2)^{-1}$。伐木后随木材运出的碳约占树木原始碳储量的 20%，其余的或焚烧或弃置而自然分解转化为 CO_2。热带森林的减少和土壤每年净排入大气中的碳为 $10\times10^8\ t$，占矿物燃料排碳量的 1/5。砍伐森林不仅增加大气中的 CO_2 浓度，使气候变暖，而且造成水土流失，使土地退化，还使生物多样性下降。森林是调节 CO_2 的最有效的植物群落，每平方公里的森林每年可固碳 500~1000 t。所以，我们必须严禁破坏森林，推行绿色战略。所谓绿色战略，一方面是要保护现有森林，特别是要保护热带森林；另一方面，更为重要的是通过资金和技术投入，大力植树造林，扩大世界森林面积。据毛文永等(1993)研究，全球的游耕地、休闲地、退化地等约有 $10\times10^8\ hm^2$，其中 $3.8\times10^8\ hm^2$ 宜林地经植树造林可以成为林地；并认为热带森林地区若再植 $2\times10^8\sim8\times10^8\ hm^2$ 的森林，就能除去全球大气中每年积聚的碳。绿色战略既有科学上的依据，也具有多种效益，而且可操作性强，因而愈来愈多地受到世界科学界和各国政府的重视。

(三)适应全球变暖的农业对策

农业对全球变暖的适应对策包括战略、战术和技术三个方面。战略上的适应对策是指从农业系统的高度来探求全球变暖的适应对策。农业系统是农业自然生态系统和农业社会经济系统的综合。全球变暖对农业的影响不仅是气候本身变化的结果，而且在相当程度上受农业社会经济条件的影响。例如，未来的食物保障问题不仅受气候变暖对粮食生产潜力的影响，而且受人口过剩、贫困、政策失误等因素的影响。因此,必须强调社会体制的适应,诸如加强农业系统的实力、发展持续农业、提高农村的教育和科研水平等都是适应气候变暖应该考虑的问题。战术上的适应对策一般包括三类战术调整:一是土地利用调整(如农业区和作物类型的调整),二是管理措施调整(如增加灌溉和施肥、防治病虫害、控制水土流失、改造农业基础设施等),三是耕作制度调整(如调整农时等)。技术上的适应对策是使用适时、适地、适作物的技术措施。例如,缺水地区推广雨水资源化技术、节水农业技术,在水土流失地区要因地制宜使用生物措施、工程措施和农业措施相结合的技术。

(四)针对全球变暖的区域特点采取不同对策

由于全球变暖具有区域差异性,它的影响内容、程度、范围因地区而异,因此预防全球变暖及其影响的对策也应具有区域性。例如,沿海地区应着重防御因海平面上升导致的海水入侵以及海温升高致使的风暴潮加剧等。在中纬度可能变干的地区,主要是发展旱地农业防御干旱,逐步推广提高农田水分利用的工程技术、旱地培肥技术、抗旱抗逆性强的品种选育技术以及建设防护林网技术等。

第二节　臭氧层破坏

一、臭氧层破坏的现状

(一)臭氧层及其对自然地理系统的影响

臭氧层是大气中臭氧相对集中的层次,一般是指距地面 10 ~ 50 km 高度之间的大气层。这里受太阳紫外线的光化作用,其臭氧含量比较高,尤其在距地表 20 ~ 25 km 的高度处含量更高。O_3 的形成主要是由紫外线、氧分子、氧原子等决定的。在低层大气中由于缺乏氧原子,生成臭氧的机会少。随着高度增加,太阳紫外线辐射增强,氧分子在紫外线辐射的作用下发生分解形成氧原子的数目增加,在距地表 20 ~ 25 km 的高度范围内氧原子和氧分子的含量都较高,所以在这一高度的大气中出现了 O_3 含量的最大值,到达了臭氧的光化学平衡状态。高度再增加,紫外线辐射更加强烈,大部分氧分子被分解为氧原子,出现氧分子过少的状况,而不利于 O_3 的形成,所以 O_3 的含量又逐渐减少。可见,臭氧的光化学平衡只有在 20～25 km 这个特定的高度才出现,大气高度过低或过高,臭氧的光化学平衡实际上不可能进行。正由于太阳辐射的紫外线和大气中氧分子、氧原子的含量有这种随大气高度增减而变化的规律,所以在平流层内便形成了臭氧层。

在臭氧层里,O_3 浓度最大也不过 10 ppmv 左右。大气中的 O_3 含量虽然很低,但是它在自然地理系统中所起的作用却非常重要。首先,臭氧层是地球生物的保护伞。因为臭氧层阻挡了太阳辐射中的大部分紫外线,使地面生物免受紫外线的伤害,而少量穿透大气层到达地面的紫外线对人类和生物则是有益的。其次,臭氧层中 O_3 浓度的变化是引起气候变化的重要因素之一。O_3 对太阳紫外线辐射的吸收是平流层的主要热源,平流层 O_3 浓度及其随高度的分布直接影响平流层的温度结构,从而对对流层大气环流和气候的形成起着重要作用。平流层 O_3 浓度下降,将引起平流层上层温度下降,平流层下部和对流层温度上升,从而改变大气环流结构。因此,平流层臭氧浓度的变化是大气的重要扰动因子(王明星,1996)。

(二)臭氧层破坏现状

从多年平均和全球来看,20 世纪 70 年代以前大气臭氧浓度大约是 300 Dobson[①]。许多观测资料表明,自 20 世纪 70 年代以后大气臭氧浓度急剧减少,平均每年减少 0.2%左右(温刚等,1998)。臭氧减少常与地理位置和季节有关,最低值通常出现在高纬地区的春季。表 10-3 列出了 1978 年～1985 年间不同

表 10-3　1978 年～1985 年不同纬度地带臭氧总量平均减少状况[5]

北半球(N)	平均减少(%)	南半球(S)	平均减少(%)
0°～19°	1.6	0°～19°	2.1
19°～30°	3.1	19°～29°	2.6
30°～40°	–	29°～31°	2.7
40°～53°	3.0	31°～53°	4.9
53°～64°	2.3	53°～60°	10.6
64°～90°	–	60°～90°	＞5.0

---

① Dobson 是位科学家的名字。由于他对大气 O_3 浓度的测量有重要贡献,因而以他的名字作为度量 O_3 浓度的单位。100 Dobson 单位意味着指此浓度的 O_3 平铺在地表面,压缩到标准大气状态(15℃,1000 Pa),其臭氧层厚度为 1 mm。

纬度地带臭氧总量平均减少状况。由表10-3可以看出,南半球臭氧减少大于北半球,高纬地区臭氧减少量大于低纬地区。观测表明,南极附近高空(21～23 km)每年春夏季节 O_3 急剧减小,尤其是春季(10月份)减少最为严重,大约低于全球 O_3 平均值的30%～50%,出现了"南极臭氧洞"(G. Tyler,1996)。自1985年发现"臭氧洞"到1987年,臭氧洞不断扩大加深;1988年虽然有所缓解,但在1989年以后的90年代里,每年南半球春季都出现很强的"臭氧洞"。1993年10月8日,Meteor/TOMS 空间探测器甚至还观测到南极上空有臭氧总量为85Dobson的低值区。1994年到1996年南极臭氧洞还在扩大。20世纪90年代末,从安装在俄罗斯和美国卫星上的探测器发回的数据获悉,"南极臭氧洞"面积已达 24×10^8 hm^2,相当于北美大陆的面积,O_3 浓度最低处只有100Dobson。图10-3给出了南极大陆边缘 Halley 湾1956年～1992年10月份平均大气 O_3 总量的逐年变化(World Meterorological Organization,1991)。由图10-3可以明显看出,20世纪70年代以前,南极上空 O_3 浓度大致波动在300Dobson水平上,70年代以后,O_3 总量下降的趋势非常明显。

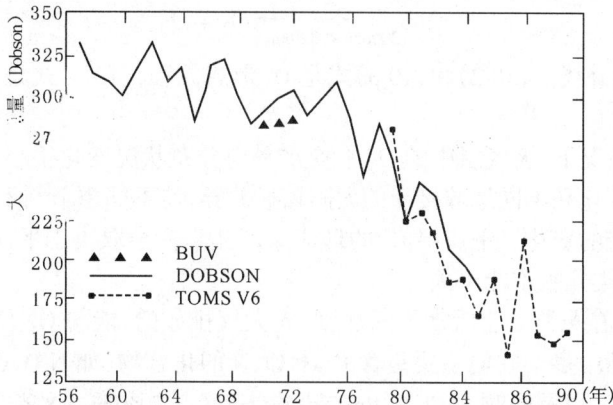

(BUV 为美国 Nimbus – 4 卫星上的观测仪器;TOMS 为美国
Nimbus – 7 卫星上的观测仪器;DOBSON 为一种地面观测仪器)

图 10-3　1956 – 1992 年 Hally 湾 10 月平均 O_3 总量逐年变化[1]

人们在观测中还发现,北极上空也存在 O_3 减少的现象,但弱于南极臭氧洞。最近几年还发现,欧洲上空的 O_3 含量也在不断减少。我国科学家(周秀骥等,也发现,青藏高原上空每年6月～9月份 O_3 含量显著下降,其中心值最低,比四周低约11%,每年以0.375%的速度减少。

二、臭氧层破坏的原因

一般认为,太阳活动引起的太阳辐射强度的变化、大气运动引起的大气温度场和压力场的变化以及与 O_3 生成有关的化学成分的输送等都对 O_3 的光化学平衡产生影响,从而影响 O_3 的浓度和分布。有关化学反应物的输入将直接地参与反应而对 O_3 浓度产生影响。人类活动的影响主要表现在生产、消费和排放消耗臭氧层物质方面。

(一)臭氧耗损物质对臭氧层破坏的机理

在自然状态下,大气层中的 O_3 处于动态平衡状态中。当大气层中没有其它化学物质存在时, O_3 的形成和破坏速度几乎相等,即:

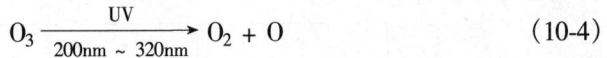

$$O_2 \xrightarrow[180nm \sim 240nm]{UV} O + O \tag{10-2}$$

$$O_2 + O \longrightarrow O_3 \tag{10-3}$$

$$O_3 \xrightarrow[200nm \sim 320nm]{UV} O_2 + O \tag{10-4}$$

式中 UV 是紫外线。(10-2)和(10-3)式是 O_3 形成方程,(10-4)式是 O_3 破坏方程式。

在自然情况下,大气层中的 O_3 平均水平与分布状况变化很小,只是随太阳辐射周期性变化和不同地域接受的太阳辐射差异,使不同季节与不同地域的 O_3 水平出现一定的变化。平流层 O_3 的形成速度几乎完全取决于平流层太阳辐射能的多少,人类几乎不能干预。

但是,随着人类工业活动不断加剧,向大气排放的、能与 O_3 发生反应的 O_3 破坏物质逐渐增多。它们主要是含 C、H、Cl、N 的化合物(如 N_2O、CH_4、CCl_4)、含 Cl 和 F 的 CFC_s 以及同时含 Cl、F、Br 的哈龙(HBFC$_s$)物质等。这些物质的大部分能长期滞留在大气层中(见表 10-1),并最终从对流层进入平流层,在紫外线作用下,形成含 F、Cl、N、H 和 Br 的活性物质,剧烈地破坏 O_3。虽然进入平流层的这类物质很少,但因其起催化剂作用,自身消耗甚少,而对 O_3 的破坏作用十分强大,导致 O_3 平衡被打破, O_3 浓度下降。这就是目前臭氧层破坏的症结所在。

1.氯氟烷烃对臭氧层的破坏

氯氟烷烃是一类化学性质稳定的人工物质,简称氟里昂,它被广泛用作制冷剂和清洗剂。自从 CFC_s 研制成功到 20 世纪 70 年代,其产量一直在增加。它们在大气对流层中不易分解,寿命可长达几十年甚至上百年(见表 10-1)。但当它们进入平流层后,受到强烈的紫外线照射,会分解产生氯游离基(Cl·)。氯游离

基与 O_3 作用生成氧化氯游离基（$ClO·$）和 O_2，使 O_3 浓度下降；进而，氧化氯游离基再与 O_3 分子作用又生成氯游离基。如此反复进行，氯游离基不断产生，又不断与 O_3 作用，使一个 CFC_s 分子可以消耗掉成千上万个 O_3 分子。现以 $CFC-11$ 为例说明 CFC_s 对 O_3 的破坏机理：

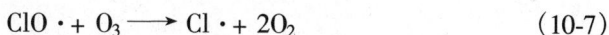

$$CFCl_3 \longrightarrow ·CFCl_2 + Cl· \tag{10-5}$$

$$Cl· + O_3 \longrightarrow ClO· + O_2 \tag{10-6}$$

$$ClO· + O_3 \longrightarrow Cl· + 2O_2 \tag{10-7}$$

因此，有人将 CFC_s 称为 O_3 的"第一杀手"或臭氧层破坏的元凶。

2. 溴化物对臭氧层的破坏

大气中的溴化物主要是溴甲烷和哈龙类物质（包括哈龙 1301 和哈龙 1211 等）。大气中溴甲烷的发生源有天然和人为两种。其天然发生源是海洋，如 CH_2Br_2、$CHBr_3$、$CH_2CHBrCl$ 及 $CHBrCl_2$ 等；其人为源是工业活动。两者排放量之比约为 41。大气中的哈龙类物质主要由人类工业活动产生。溴甲烷的浓度可能是相对稳定的，但哈龙的浓度迅速增加。哈龙 1301 每年的增长率为 5%，哈龙 1211 每年增长率达 12%。

溴比氯对平流层臭氧的催化破坏作用可能更大。南极地区臭氧的减少至少有 20% 是溴的作用所致。有人指出，在极地上空臭氧的破坏中，BrO 与 ClO 反应可能起重要作用，其反应式如下：

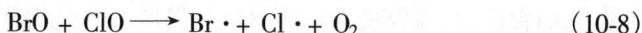

$$BrO + ClO \longrightarrow Br· + Cl· + O_2 \tag{10-8}$$

$$Br· + O_3 \longrightarrow BrO + O_2 \tag{10-9}$$

$$Cl· + O_3 \longrightarrow ClO + O_2 \tag{10-10}$$

对极地平流层的 BrO 和 ClO 的观察支持了这种观点。并由此认为，南极地区上空臭氧破坏的 20%～30% 是由溴引起的，溴对北半球臭氧的破坏可能更加重要。这是因为北极地区平流层中 ClO 没有南极平流层中多，同时北极地区平流层温度较高，由 ClO 形成的二聚物更不稳定的缘故。

各种溴化物气体破坏平流层臭氧的效力是不一样的，这种效力是含溴分子中溴原子数量及其在大气中寿命的函数。若分子中存在多个溴原子时，可提高其光解效率，并能显著缩短溴化物分子在大气中的寿命。所以，多溴原子的溴化物对 O_3 的破坏效力不如少溴原子的溴化物。大量研究表明，虽然大气中的含溴气体浓度比与其结构相似的含氯气体浓度小，但在破坏臭氧方面，溴化物单个分子的破坏效率却要高得多。

3. 氮氧化物对臭氧层的破坏

N_2O 在大气中的浓度为 310 ppbv，并且以 0.26% 的年增长率增加（见表 10-

1)。其发生源有自然源和人工源两种。其自然源主要是土壤,在土壤 NH_4^+、NO_3^- 等氮源充足和土壤潮湿的条件下,经反硝化细菌作用即有 N_2O 产生。N_2O 的人工来源主要是化学肥料的生产与使用。据研究,氮肥施于土壤后,短期内就有 1/3 脱氮,其中 5% ~ 20% 变为 N_2O。此外,工厂、汽车尾气、燃料燃烧等都可产生 N_2O。

N_2O 在平流层中受光解而破坏,同时完成对 O_3 的破坏过程。其反应式如下:

$$N_2O \xrightarrow[< 337nm]{UV} N_2 + O \tag{10-11}$$

$$N_2O \xrightarrow[< 250nm]{UV} NO + N \tag{10-12}$$

$$N_2O + O \longrightarrow 2NO \tag{10-13}$$

$$NO + O_3 \longrightarrow NO_2 + O_2 \tag{10-14}$$

$$NO_2 + O \rightarrow NO + O_2 \tag{10-15}$$

(10-11)和(10-12)式是由紫外线造成的 N_2O 光解,(10-13)式是 N_2O 和激发态氧原子的反应,N_2O 光解反应比后一种反应快两个数量级。(10-12)和(10-13)式生成的 NO 可破坏 O_3,同时又生成 NO_2,从而发生循环反应使大量的 O_3 遭到破坏。

(二)大气环流对南极臭氧洞形成的影响

人们曾认为,南极臭氧洞的形成和发展主要是由于 CFC_s 单个因素对 O_3 的破坏造成的,但是用 CFC_s 的光化学反应不能解释臭氧洞有准两年周期波动和 11 年左右的周期变化。对南极地区大气物理和大气化学综合观测以及相应的化学动力学理论和实验研究(王明星,1996),较好地回答了为什么主要在北半球中纬度地区排放的 CFC_s 对南极地区 O_3 的破坏最显著这一问题。在南极地区,每年 4 月 ~ 10 月盛行很强的南极环极涡旋,它经常把冷气团阻塞在南极上空,使南极平流层极冷(- 84℃以下),因而形成了平流层冰晶云。实验证明,在这种特定的条件下,冰晶表面可吸附 CFC_s 等臭氧耗损物质,破坏臭氧的两个过程(见 10-6 和 10-7 式)将因原子氯的活性大大增加而变得更为有效,这就使南极春季平流层臭氧浓度大幅度下降。但是强劲的环极涡旋阻止了极地气团与较低纬度气团的交换,因而平流层冰晶云只限制在南极地区很小的范围,气柱臭氧总量大幅度下降的地区也就局限于这一范围内。在北极地区,虽然也存在环极涡旋,但其强度较弱,且持续时间较短,不能有效地阻止极地气团与中纬度气团的交换,因此北极地区平流层气温很少会低于 - 80℃,通常不会形成平流层冰晶云,原子氯对平流层臭氧的破坏也就比南极地区弱,再加上气体交换造成的臭氧向极区输送便使北极臭氧洞不像南极明显。

另外,还须说明,CFC$_s$在大气中的寿命为 70～160 年,因此北半球中纬度地面排放的这类物质有足够的时间在全球范围内输送,使得南极地区平流层中的CFC$_s$浓度足够高。

三、臭氧层破坏的影响

臭氧层的最大作用就是能吸收波长小于 320 nm 的太阳紫外线。UV－C 的波长为 200～280 nm,可以杀死人与生物,但几乎可全部为 O$_3$ 吸收。波长为 280～320 nm 的 UV－B,可大部分被 O$_3$ 吸收,这部分紫外线也可杀死生物。波长在320 nm 以上的 UV－A,只能部分被 O$_3$ 吸收,且对生物危害极小。据有关资料分析,臭氧层破坏将会对人类和自然地理系统产生以下三个方面的影响。

(一)对人类健康的影响

人类的皮肤和眼睛都直接暴露在太阳紫外线之下。在到达地表的紫外线中,具有生物学作用的部分主要是 UV－B。20 世纪初,人们开始认识到紫外线的杀菌作用并利用它来进行结核病的治疗等,因而认为它对人类和生物是有益的。后来人们逐渐认识到紫外线对人体的有益作用仅仅局限于合成活性维生素 D,而紫外线反复照射将使皮肤和眼睛发生称之为光老化(photoaging)的病变。

由于臭氧层的破坏,以往极少能到达地面的紫外线将增加,因此光老化特别是皮肤病和白内障将会增加。根据美国国家科学院估计,臭氧层中 O$_3$ 减少 1%可使有害的 UV－B 增加 2%,结果皮肤病的发病率将提高 2%～4%。1992 年联合国环境规划署(UNEP)也预测,O$_3$ 减少 10%,皮肤病将会增加 26%。UV－B 增强还可使人体免疫机能下降,易感染各种传染性疾病。

现在,距南极洲较近的居民已饱尝臭氧洞带来的痛苦。例如,居住在智利南端的海伦娜岬角的居民,只要走出家门,就一定要在衣服遮不住的肤面上涂防晒油,再戴上太阳镜,否则半小时后皮肤就被晒成鲜艳的粉红色,并伴有痒痛;这里的羊群则多患白内障,几乎全盲;捕到的鱼类也有很多是盲鱼。

(二)对生物的影响

虽然植物已发展了抵抗高水平 UV－B 的保护性机制,但实验研究表明,它们对 UV－B 增加的应变能力差异甚大。迄今为止,科学家已对 200 多种不同的植物进行了 UV－B 敏感性试验,发现其中 2/3 产生了反应。敏感的物种如棉花、豌豆、大豆、甜瓜和卷心菜等,在 UV－B 增加时生长缓慢,有些不能正常萌发,导致农作产量下降。这是因为 UV – B 能损伤植物激素和叶绿素,从而使光合作用降低。用大豆进行的长期试验表明,O_3 耗损 25% 会使大豆产量降低 20% ~ 25%。可以认为,UV – B 水平增加也会严重影响树和草的正常生长。

UV – B 在清洁水中能穿透到相当深的深度,并对单细胞藻类有特别严重的威胁。由于海藻对紫外线特别敏感,因此人们担心 O_3 耗损会导致海藻死亡,从而严重改变海洋生态系统的食物链结构,影响整个海洋生态系统。研究还表明,紫外线对幼鱼有直接杀伤作用。幼鱼若在 10 m 深水下接触比目前高 20% 的 UV – B 15 天,将被全部杀死。

UV – B 辐射增强还可使原核微生物的氮吸收下降,可能导致水稻缺氮。此外,UV – B 辐射增强对浮游植物的损伤可能会影响它们对 CO_2 的吸收,从而间接地增加大气中温室气体的含量。

(三)对全球气候的影响

平流层中的 O_3 对气温的影响具有两种相反的效应:一方面,平流层中 O_3 浓度降低,平流层自身会变冷,释放出的红外辐射就会减少,因之会使地球变冷。另一方面,因辐射到地面的紫外线辐射量增加,会使地球变暖。如果整个平流层中 O_3 浓度的减少是均匀的,上述两种效应则可以互相抵消;如果平流层不同区域的 O_3 浓度降低不一致,两种效应就不会相互抵消。现在的状况是,平流层臭氧减少呈不均减少趋势,这种变化的净效应如何,还有待科学研究进一步证实。

如前所述,平流层中的 O_3 对紫外线的吸收是平流层的主要热源,O_3 浓度下降则可改变平流层的温度结构,使平流层层结不稳,最终可影响对流层正常的大气环流系统,而出现异常的天气和气候。关于这一点,目前尚有很多科学问题没有解决,所以今后要加强平流层大气化学和大气动力学研究,为 O_3 耗损对地理系统的影响提供科学依据。

四、保护臭氧层的对策

自 20 世纪 70 年代提出臭氧层正在受到耗损的科学论点以来,UNEP 意识到保护臭氧层需要全球合作行动,并召开了多次国际会议,为制订全球性的臭氧层保护公约和合作行动作了大量的工作。

1977 年通过了《臭氧层行动世界计划》,并成立"国际臭氧层协调委员会"。1985 年和 1987 年分别签署了《保护臭氧层维也纳公约》和《消耗臭氧层物质的蒙特利尔议定书》。议定书最初的控制时间表是分阶段减少特定氟利昂的生产和消费量,到 20 世纪末减至 1986 年水平的一半。

　　通过预测大气全氯浓度今后的动态,即使氟利昂的排放量减半,破坏臭氧层物质依然会持续增加。因而,为了控制这种趋势,使大气臭氧层的状态恢复到臭氧空洞出现之前的状态(氯的浓度为 2 ppbv),必须全面禁止破坏臭氧物质的使用。1990 年 6 月在伦敦召开的蒙特利尔议定书缔约国会议上,对原议定书进行了大幅度强化控制的修改,提出到 2000 年要全面禁止特定氟利昂的使用。同时将四氯化碳和 1,1,1 - 三氯化烷增列为新的破坏臭氧层物质,并提出也要在2000 年～2005 年之间全面禁止使用这些物质。并且对于使用量较小、大气中浓度比特定氟利昂小得多、但对臭氧层的破坏能力大于特定氟利昂的哈龙类物质,到 2000 年也要全面禁止。后来,由于发现臭氧层的状况比预想的要差,所以1992 年 11 月在哥本哈根的缔约国会议上,提出进一步对特定氟利昂的控制措施,将全面禁止 O₃ 耗损物质的时间提前到了 1996 年。

　　鉴于全世界对环境保护的日益重视,1995 年在维也纳公约签署的 10 周年之际,150 多个国家参加的维也纳臭氧层国际会议规定,将发达国家全面停止使用CFCs 的期限提前到 2000 年;发展中国家则在 2016 年冻结使用,2040 年淘汰使用。我国积极参与了保护臭氧层国际合作,并制定了《中国逐步淘汰消耗臭氧层物质国家方案》。

　　由于氟利昂是现代生活中的必需品,所以如果要全面废除它则必须寻求其替代物质。目前,为了缩短这类物质在大气中的寿命,或者合成一些含有氢的氟利昂同类物质或合成一些不含破坏平流层臭氧物质的替代物质。这样的开发正在顺利进行。另外,也在进行清洗剂替代技术的开发,避免清洗时使用像氟利昂那样的溶剂。目前,最主要的 CFCs 替代品是 HCFCs 和 HFCs。前者比 CFCs 分子含有较少的 Cl 原子,后者不含 Cl 和 Br 原子。需要特别指出的是,即使开发出了CFCs 替代品,也不能像以往那样随意地弃置这些物质,对其要进行排放控制,在它们向大气排放之前进行回收再利用,对不能使用的物质进行分解处理。因为这些 CFCs 替代品大都是作用强大的温室气体,而且在大气中的停留时间比CFCs 和 CO₂ 要长得多,所以大量使用这些替代品将会引起其它方面的环境问题。

第三节　森林面积锐减和物种灭绝

一、森林面积锐减和物种灭绝的现状

(一)森林面积减少的状况

据估计(国际环境与发展研究所,1987),在农业时代开始之前,地球上的森林和林地面积约有 60×10^8 hm² 公顷。之后,随着人口的增长和农牧业生产的发展,大片森林不断被砍伐而变为农田或牧场。近代工业的发展和城市化也加速了对森林的消耗和侵占速度,到 20 世纪 80 年代末,全球森林和林地面积减至 40.8×10^8 hm²(世界资源研究所等,1991),比农业时代以前约减少了 1/3。

在历史时期,温带森林减少量最大,其次是亚热带森林,而热带森林减少量最小。自从大约 8 000 年前开始大规模农业开垦以来,温带夏绿林减少 32% ~ 35%。例如,西欧自罗马时代以来,2/3 的天然林已经消失;美国在过去的 150 年间原始森林被砍伐 95%;中国在远古时代森林覆盖率估计达 49%,而到 20 世纪 80 年代一度降至 12% 以下,损失达 3/4。但是,当代世界毁林集中于热带地区,热带森林正以前所未有的速度在减少,而温带森林面积则相对稳定,局部地区还有所增加。自 1850 年至 1980 年,森林减少最多的地区是非洲北部和中东(减少60%)、南亚(减少 43%)和中国(减少 39%)。毁林速度(即每年森林减少百分比)最高的地区是南美(1.3%)和亚洲(0.9%)。

20 世纪 80 年代以来,关于世界森林面积及其变化状况的统计虽然各家互有出入甚至有时差距很大,但总的趋势都是在明显减少。据世界资源研究所、联合国环境规划署和联合国开发计划署汇集的资料分析统计(1991),20 世纪 80 年代世界密林有 28.39×10^8 hm²,稀疏林 12.43×10^8 hm²,总计 40.82×10^8 hm²。每年砍伐森林 $2\,068.4 \times 10^4$ hm²,与此同时每年造林 $1\,052.3 \times 10^4$ hm²(表 10-4),所以每年净减森林 $1\,016.1 \times 10^4$ hm²,递减率为 0.25%。其中热带森林减少数量超过此数值,而温带森林和寒带森林已不再减少,并且 1990 年比 1980 年还有所增加。

表 10-4　20 世纪 80 年代的世界森林资源　　　　　面积单位：$\times 10^3 hm^2$

地区	森林与林地面积			年平均砍伐森林						年平均造林面积	管理的密闭林面积	保护的密闭林面积
	密闭林	稀疏林	总计	密闭林		稀疏林		总计				
				面积	%	面积	%	面积	%			
世 界	2 838 770	1 242 768	4 081 538					20 684	0.5	10 523		
非 洲	219 811	464 591	684 402	1 359	0.6	2 406	0.5	3 822	0.6	355	2 327	9 434
北美和中美洲	541 009	261 276	802 285	1 072	0.2	20	0.0	1 251	0.1	2 552	102 884	36 812
南美洲	653 605	204 520	858 125	9 837	1.5	1 296	0.6	11 180	1.3	460		16 761
亚 洲	409 418	82 147	491 565	3 931	1.0	57	0.1	4 405	0.9	5 708	48 705	19 417
欧 洲	137 005	21 887	158 892	–		–		–		1 031	74 628	1 732
大洋洲	86 322	71 347	157 669	25	0.0	1	0.0	26	0.0	117	0	55

约 1/2 的世界森林集中分布于热带地区。热带森林曾一度高达 $29.7 \times 10^8 hm^2$，到 1990 年已减至 $17.5 \times 10^8 hm^2$，减少约 42%，且目前仍在不断减少。据联合国粮农组织（FAO）1991 年的报告，热带毁林速度已接近每年 $1\,700 \times 10^4 hm^2$。1980 年热带森林总面积为 $18.84 \times 10^8 hm^2$，到 1990 年减少至 $17.15 \times 10^8 hm^2$，10 年间减少 $16\,900 \times 10^4 hm^2$，平均每年减少近 $1\,700 \times 10^4 hm^2$，年减少率为 0.9%，比 1976 年 ~1980 年年均毁林率（0.6%）上升了 50%。根据三个热带地区 12 个亚区毁林速度，可推算出 20 世纪 80 年代热带毁林的基本情况（表 10-5）。在三个热带地区中，拉丁美洲每年毁林面积最大，而亚洲每年的毁林率最高。从国家来看，毁林面积大的国家有巴西、印度、印度尼西亚、越南、泰国、菲律宾、哥斯达黎加、喀麦隆、缅甸等国。其中巴西是世界上拥有热带雨林面积最大的国家，也是目前毁林面积最大的国家。

表 10-5　世界热带森林面积和 87 个热带国家 1981 年 ~1990 年的毁林状况[5]

面积单位：$\times 10^3 hm^2$

地区和亚区	统计国家数	总土地面积	1980 年森林面积	1990 年森林面积	年毁林面积	森林年变化率（%）
世界总计	87	4 815 700	1 884 100	1 714 800	16 900	− 0.9
拉丁美洲	32	1 675 700	923 000	839 900	8 300	− 0.9
中美与墨西哥	7	245 600	77 000	63 500	1 400	− 1.8
加勒比	18	69 500	48 800	47 100	200	− 0.4
热带南美	7	1 360 800	797 100	729 300	6 800	− 0.8
亚洲	15	896 600	310 800	274 900	3 600	− 1.2
南亚	6	445 600	70 600	66 200	400	− 1.6
大陆东南亚	5	192 900	83 200	69 700	1 300	− 1.6
鸟屿东南亚	4	258 100	157 000	138 900	1 800	− 1.2
非洲	40	2 243 400	650 300	600 100	5 000	− 0.8

续表

地区和亚区	统计国家数	总土地面积	1980 年森林面积	1990 年森林面积	年毁林面积	森林年变化率(%)
西撒哈拉非洲	8	528 000	41 900	38 000	400	− 0.9
东撒哈拉非洲	6	489 600	92 300	85 300	700	− 0.8
西非	8	203 200	55 200	43 400	1 200	− 2.1
中非	7	406 400	230 100	215 400	1 500	− 0.6
热带南部非洲	10	557 900	217 700	206 300	1 100	− 0.5
岛屿非洲	1	58 200	13 200	11 700	200	− 1.2

(二)物种灭绝的状况

在森林、草原、湿地和各种水域生态系统被人类干扰破坏的同时,许多物种发生绝灭,物种多样性不断减少。1990 年,一种水獭在荷兰消失。1991 年鼠耳蝙蝠在美国绝灭。在过去的 10 年里,美国至少有 34 个物种或特有种群已经消失。墨西哥流域所有本地鱼类已经绝灭。在中国,按有记录的资料,犀牛、麋鹿、高鼻羚羊、白臀叶猴等动物以及植物中的崖柏、雁荡润楠、喜雨草等已经消失了几十年甚至几个世纪。据世界保护监督中心报道(1992),自 1600 年以来,世界范围内至少有 504 种动物和 596 种维管植物已经绝灭或正在灭绝,许多物种没有被发现就已消失。大量资料表明,物种灭绝一直呈上升趋势,而且越到近代灭绝的速度越快。但是,对于物种灭绝的速度有不同的估计,人们根据岛屿生物地理学的物种—面积关系推算出的生物灭绝速率与自然灭绝速率的本底值相比较,得出目前和今后生物灭绝的速率至少是自然灭绝速率的 1 000 倍。

自然界物种的出现和灭绝是一种自然过程。据古生物化石分析,多数物种的限定寿命平均为 100×10^4 年 ~ $1\,000 \times 10^4$ 年(Raup, 1978)。现在,世界上的物种按 $1\,000 \times 10^4$ 种计,那么每年自然灭绝 1 个 ~ 10 个物种,这是生物自然灭绝率的本底值。根据物种—面积关系公式(式 7 – 6)和 20 世纪 80 年代森林面积减少速度可推算出当前和今后物种灭绝的速率。若公式中的 Z 分别取 0.18 和 0.35,按 80 年代全球每年净减森林面积 $1\,016 \times 10^4$ hm^2 计,那么在 1990 年 ~ 2020 年间世界森林面积将减少约 3×10^8 hm^2。30 年内世界森林的物种将灭绝 1.4% ~ 2.6%,每年损失 4 667 ~ 8 667 个物种。若取其平均数,那么,物种实际灭绝率则是自然灭绝率的 1 212 倍。

物种灭绝是物种濒危进一步发展的结果。一些自然保护组织常把趋于灭绝的物种分为濒危和受威胁两类。濒危种是指个体残存数量极少、处于灭绝危险之中的物种。如果引起灭绝的因素继续发生,它们将在所有的分布区内或大部分布区内消失。受威胁种是指那些在自然分布区中为数不少,但数量已经减少或可能会濒危的物种。在国际自然保护同盟(IUCN)定期编辑的世界受威胁和濒危物种一览表中,1988 年有 4 600 个物种被列入此表。目前,我国已列入濒危物种名单的脊椎动物有 398 种,高等植物有 1 009 种,分别占各自类群的 7.7%和 3.4%(国家环保局,1994)。例如,动物中的东北虎、华南虎、大熊猫、叶猴类、多种长臂猿、儒艮、白暨豚等以及植物中的无喙兰、海南苏铁、姜状三七、人参、天麻、肉丛蓉等都属国家重点保护的濒危物种。

二、森林面积锐减和物种灭绝的原因

世界森林面积减少和物种灭绝尽管有自然方面的原因,但从根本上来说是由人为作用造成的。其根本原因主要在于:一方面由于人口和人均消费资源量不断增长,给资源和环境带来巨大压力;另一方面由于人类对各种生物、生态系统及其与人类的关系缺乏透彻的了解和正确的认识,以至于在开发利用生物资源过程中往往采用盲目的、过度的和掠夺式的开发利用方式,从而加剧了对生物资源的耗竭和对环境的破坏,使得森林和生物多样性急剧减少。

(一)森林减少的直接原因

森林减少的直接原因主要是以烧荒垦殖和滥伐薪材为特征的各种人工毁林活动。随着人类过渡到农业耕作时期,人们为了开辟土地、栽培作物,必然要清除大面积自然植被。森林地区尤其是温带、亚热带地势比较平坦的森林地区,最适宜人类居住和发展农业生产,因此这里的大片森林最先被砍伐,代之而起的是农田和居民点及其它用地。到了近代,人口膨胀、工业发展和城市化加速了对森林的消耗和破坏,并逐渐从温带、亚热带扩展到了热带地区。人们认为,目前热带毁林最直接的原因有三个。一是当地贫困农民靠清除森林而辟为农田和牧场维持生计。最近研究认为,毁林开荒和游耕农业(又称边缘农业扩张)是森林损失的主要原因。据估计,非洲 70%、亚洲 50%、美洲 35%的森林损失都是由游耕农业造成的。二是商用木材增加。富裕国对热带木材及木材制品的需求鼓励和刺激了穷国对森林的砍伐。三是对薪柴需求的增加。据联合国环境规划署资料,非洲、南美洲和亚洲所生产的木材主要用作燃料,在世界范围内薪柴占木材消耗量的 50%以上。

另外,气候变暖、工业污染造成的酸雨、战争和自然灾害的爆发等对森林也产生较强的破坏作用。

(二)物种灭绝的直接原因

1.人类过度开发利用生物资源

过度猎捕某些野生动物和过度采集或采伐某些野生植物是导致生物灭绝或趋于灭绝的重要原因之一。例如,19 世纪 50 年代著名鸟类学家 Alexander Wilson 曾看到北美一队迁徙旅鸽遮天蔽日,飞经时间长达 4 个小时的壮观景象。他估计,这一长 370 km、宽2.2 km的鸽群约有 20×10^8 只旅鸽。然而从 1858 年开始,人们大量捕杀旅鸽用于食用和肥料。到 1914 年地球上最后一只旅鸽死于美国的辛辛那提动物园,用它制成的标本现陈列于华盛顿国家自然历史博物馆中。再如,在南极海域的蓝鲸数量一度达 200×10^4 头,工业化以后人们开始捕鲸活动,1930 年捕获量高达 3×10^4 头,现在残存的蓝鲸数量可能不到 1000 头,面临着灭绝的危险。据粗略统计,在所有濒危和受威胁的脊椎动物中,约 37% 是由于过度利用造成的。许多毛皮兽如灰鼠、骆马、藏羚羊、大水獭的种群已经下降到临界水平,这主要是由于人们为了利用其毛皮造成的。非洲象在 1981 年 ~ 1987 年从 120×10^4 头下降到 76.4×10^4 头,在很大程度上就是为了利用象牙引起的。

2.生物生境遭到破坏

生境是生物的具体居住环境,也是生物获取食物、水和其它生存所需资源的地方或区域。每一生物都需要有适宜的生境,如果其生境发生重大改变,这种生物的生存就受到威胁而趋于灭绝。生境的改变主要表现为直接破坏、分割和退化等几种形式。

经过人类对土地的利用,现在世界上的宜农土地和适宜人类居住的土地绝大部分都已被开垦或利用,其中森林转化为农田的过程已经持续了很长时间,至今仍在部分地区继续进行,局部地区甚至更为严重。例如,中美洲太平洋沿岸 98% 的热带干性森林已经消失,地中海沿岸目前仅剩下 10% 的森林,欧洲温带地区基本上没有留下天然森林。与此同时,草原、湿地和各种水域生态系统也遭到破坏和干扰。例如,北美中部的高草草原面积一度在 100×10^4 km^2,而今其 99% 已不复存在;俄罗斯成千上万平方公里的大草原已经被用作耕地;南部非洲和亚洲温带地区、澳大利亚和北美牧场面积的 53% 已经沙化;许多包括沼泽、红树林和各种浅水水域在内的各种湿地生态系统已被破坏转变为其它用地;在淡水生态系统中,一些拦水大坝破坏了江河和溪流生境。所有这些,都使原始生境遭到破坏,使许多生物失去了适宜的生存环境而灭绝。

在原生生境直接遭到破坏的同时,也被分割得支离破碎,变成被道路、农田和居民点包围的生境岛。生境岛屿化或片断化后更易使物种灭绝。首先,生境岛屿化后其面积变小,当低于某个种群所需最小面积后,该种群就不能长期生存,对一些大型动物来说尤其如此。第二,岛屿化后的生境内部异质性消失,即趋于单一化,满足不了某些物种在其生活周期内对不同生境的需求而影响其存活。第三,岛屿化后的种群变小,对动物来说剩下的个体将是近亲繁殖,缺少遗传变异,不利于种群的繁荣与发展。据遗传学原理,动物种群的个体数量在500个以上时才有可能长期存活下去。第四,岛屿化后的生境易受边缘环境的影响和边缘物种的侵入,易失去其原有性质并改变生物种类组成。Lovejoy 等人(1986)的观测研究结果表明,森林面积小于 $1km^2$,就没有真正森林内部环境的特点,也易失去林内的物种。近代已灭绝的哺乳动物和鸟类,约 75% 是生活在岛屿上的物种。事实上,由于人类开发利用土地的规模不断扩大,已将野生生物生境切割成一块块处于人类活动包围之中的小岛,它们因无法支持许多野生生物的长期生存而灭绝。

除了生境被直接破坏和分割外,生境退化也是威胁物种生存的一个重要方面,如生境被污染和外来物种的侵入等。

3. 全球气候变化

全球气候变化会对某些生物造成巨大的破坏。例如,全球变暖会使冰川融化、海平面上升、气候带移动,许多物种的再分布可能跟不上气候变化的步伐而被淘汰,同时岛屿被海水淹没后使分布其上的动植物全部消失。

三、森林面积锐减和物种灭绝的危害

(一)引起气候变化

森林作为一种特殊的下垫面起着缓解气候极端变化的作用,另外森林储存着大量的碳,在全球碳循环中起着重要作用。所以,当森林被大规模破坏后,局部地区的温差和风速将增大而湿度变小;森林固定 CO_2 能力的减弱或本身储存的碳被氧化成 CO_2 进入大气,可引起气候变暖,带来一系列危害(详见本章第一节)。

(二)水土流失加剧

森林遭到破坏后,易引起水土流失,使土地日益瘠薄,并使下游河流和湖泊淤积加快。据计算,当前全球每年约有 270×10^8 t 土壤被水侵蚀搬运至河口区,而在史前全世界土壤侵蚀量仅为 9.3×10^9 t,也就是说自人类广泛从事耕作活动

以来,土壤侵蚀量增加了 2～3 倍。目前我国黄土高原地区每年流失土壤约 5 000～10 000 t·km^{-2},最高可达 30 000 t·km^{-2}。强烈的水土流失不仅使黄土高原地表支离破碎、土地贫瘠,而且泥沙在下游堆积使河床抬高速度加快。据考证,在西周时期,黄土高原特别是陕、甘、晋黄土分布区腹地的森林覆盖率大约为 53%,而到 20 世纪 80 年代已下降到 11% 以下,水土流失逐渐增强。

(三)旱涝灾害频繁

森林具有涵养水源、调节径流的良好水文效应,能减缓河流暴涨暴落,所以有"绿色水库"之称。当森林大面积消失后,暴雨时地表径流向河道集流加快,河流水位上涨迅速,易出现洪水,产生洪涝灾害;在干季,因地下蓄水量少、河流缺乏补给而易出现枯水产生旱情。所以,保护森林尤其是加强河流上游和水库周围地区的水源涵养林的建设与保护对防止旱涝灾害具有重要意义。

(四)土地沙化

森林能降低风速,具有防风固沙、保护农田和其它生态系统的作用。所以,在干旱半干旱地区,一旦森林被破坏,其它生态系统就会失去屏障,风蚀加强,易出现土地沙化,危害当地人们的生产和生活。

(五)生物多样性降低,生态平衡遭破坏

生物多样性包括遗传多样性、物种多样性和生态系统多样性三个层次。遗传多样性是指地球上所有生物所携带的遗传信息的多样性或种内个体之间的遗传变异性。物种多样性是指物种水平上的多样性。生态系统多样性是指物种生存复合体系的多样化和健康状态,即指生物圈内的生境、生物群落和生态过程的多样化以及生态系统内的生境差异和生态过程变化的多样性。物种灭绝和森林面积锐减必然导致生物多样性降低,而生物多样性尤其是物种多样性是维持生态系统稳定与平衡的基础,所以物种灭绝和森林面积锐减将使生态系统的稳定性减弱,甚至崩溃。

四、森林面积锐减和物种灭绝的对策

(一)遏止森林面积锐减的主要措施

1.封山育林和植树造林

对某些已遭到破坏但有望恢复的林地,应立即禁止砍伐,实行封山育林。这

是一种行之有效的措施。对森林破坏严重的地区,进行植树造林是扩大森林面积的惟一有效的途径。温带森林面积在 20 世纪 80 年代末期有所增加,主要原因就是大力推行人工造林的结果。我国从 1981 年～2000 年,覆盖率从 12%上升到 16.55%,也是人工造林和封山育林的结果。

2.采伐与造林并举和综合利用

在森林管理中,首先要处理好采伐与造林的关系。一般来说,森林管理应遵循采伐与造林并重的原则,但在当前情况下尤其应该重视造林。根据森林的生长量和可采量合理确定实际采伐量,限制局部集中过伐,以保证森林的正常更新和资源的持续利用。其次,要坚持综合利用森林资源的原则,减少对资源的浪费。对森林资源的利用不能仅局限在圆木上,对其它林副产品及伐木过程中的枝梢等都应进行综合、充分的利用。

3.采取综合措施,减少对木材的需求

要加强木材替代品开发(塑料、铝材等),并提高煤、电在燃料构成中的比例,以减少人们对木材的需求量。

(二)开展生物多样性保护

1.生物多样性保护的指导思想

当今的生物灭绝、生物多样性减少主要是由于人类活动不断增强引起的,而且今后人类社会还要继续利用生物资源。鉴于此,在对生物多样性进行保护的同时,还必须考虑它的持续利用问题,否则将是脱离实际的。在生物多样性保护方面,应贯彻"保护—研究—持续利用相结合"的指导思想。"保护"就是保护和挽救生物多样性,其重点是保护生态系统的完整性和珍稀濒危物种,为持续利用生物资源奠定坚实的基础。这是生物多样性保护工作的最基本任务。"研究"就是研究生物多样性,其目的是要弄清生态系统的组成、分布、结构和功能,了解基因、物种在生态系统中的作用和功能,阐明原生性生态系统与次生系统之间的复杂关系,开展物种和遗传多样性的筛选技术以及新产品开发与销售规划研究等,为保护和持续利用生物多样性提供技术保证。"持续利用"就是持续利用生物多样性。

2.生物多样性保护的主要措施

(1)建立和完善自然保护区网:建立自然保护区是保护生物多样性最好的措施。所谓自然保护区是为保护自然资源和自然环境,对具有代表性的不同自然带的生态系统、珍贵稀有动植物自然栖息地、自然历史遗迹和重要水源地等划出界线加以特殊保护和管理的区域。自然保护区可以保持生态系统的完整性和多样性,为生活在其中的各种生物提供适宜的自然环境,保护物种和基因的多样性,尤其是保护濒于灭绝的物种。

各自然地带和各大自然区都应有一定数量的保护区。例如,在各自然带和大自然区中的天然生态系统保持比较完整,足以代表该地带或地区自然特征的、科学意义或实践意义重大的、物种比较丰富的区域;重点保护的珍稀濒危动物的主要栖息繁殖地和植物的原生地或集中分布区;有特殊保护意义的天然景观、岛屿、海岸和海洋等生态系统;栽培植物和家养动物的野生亲缘种集中分布地等都应该建立自然保护区。

自然保护区面积的确定是一个十分重要的问题。它依保护对象和目的而定。一般来说,应以物种—面积关系、生态系统的物种多样性—稳定性以及岛屿生物地理学理论来确定保护区的面积。自然保护区面积的确定不仅要考虑物种数量,还要考虑物种正常繁殖必需的最小空间。一般认为,面积大的自然保护区比面积小的保护效果好。保护区面积的确定还应考虑全球变暖的因素。因为气候变暖后,气候带和生物将向极地方向移动,若保护区面积小就会限制生物迁移的范围,生物易被淘汰。

保护区的形态以圆形效果最好,这是因为圆形区域可减小物种扩散的距离,并且与外界保持最好的邻接状态。

根据功能可将自然保护区分为核心区、缓冲区和实验区三个部分。核心区是原生生态系统和物种保存最好的区域。该区应严格实施保护,严禁任何狩猎和砍伐,以维持物种和基因的多样性。缓冲区一般位于核心区周围,包括一部分原生生态系统类型以其演替系列类型所占据的地段。它一方面可防止外界对核心区的影响和破坏,另一方面可用于某些实验性和生产性的科学研究。在缓冲区周围还要规划出相当面积作为实验区。它主要用作发展当地特有生物资源的场地,也可作为野生生物发展繁育基地,还可根据当地经济发展的需要建立各种人工生态系统,为本区生物多样性恢复进行示范。必要时还可在缓冲区和试验区划出若干旅游区域和教学科研区域。把保护区办成保护、科研、教学、生产和旅游的多功能场所。

从1861年美国建立约塞米帝国家公园和1872年建立黄石公园以来,特别是20世纪60年代以来,世界上的自然保护区建设得到了迅速发展。到1990年全球已建立6 500多个主要保护区,总面积达 6.3×10^8 hm², 占陆地面积近5%。截止到2000年底,我国已有自然保护区1 227处,面积达 0.98×10^8 hm², 占全国土地面积近9.85%。这些自然保护区在世界范围内初步形成了自然保护区网,对生物多样性的保护奠定了一定基础。但是还需扩大数量、提高质量、填补空白点。

(2)利用植物园、动物园和水族馆实行迁地保护:处于保护区之外的珍稀濒危物种除了建立保护区之外,实行易地保护也是行之有效的措施。将濒危物种迁入到适当的植物园、动物园和水族馆中进行保护,当恢复到一定程度后再让其回到大自然中去。

(3)建立基因库实行离体保存:将需要保存物种的种子、花粉、胚胎、精液、各种繁殖体以及组织或细胞培养材料等保存在一定的储存设备中,这是防止物种基因消失的另一种重要措施。但是,因其技术性强、成本高,目前主要用于与农业有关的植物种子基因保护方面。

第四节　土地荒漠化

一、土地荒漠化的概念

"荒漠化"一词在 1977 年联合国荒漠化会议上被正式采用以来,人们对它的内涵及外延存在着不同的解释。1977 年在联合国荒漠化会议上将荒漠化定义为:"土地滋生生物潜力的削弱和破坏,最后导致类似荒漠的情况,它是生态系统普遍恶化的一个方面,它削弱或破坏了生物的潜力。"从这一概念出发,联合国环境署等(1977)在编制 1:2 500 万世界荒漠化地图时,把土地荒漠化的内容概括为:"发生流沙移动的地区,多石的和岩质表面遭受风蚀或大片冲刷而剥蚀的地区,地表盐碱化的地区,土壤遭受剥蚀的地区等。"之后,国际上很多专家围绕荒漠化的概念和定义进行了深入研究。1994 年 6 月在国际荒漠化公约政府间谈判委员会(INCD)通过的《联合国关于在发生严重干旱和/或荒漠化的国家特别是在非洲防治荒漠化公约》中,对荒漠化进行了新的定义,即"荒漠化是指包括气候变异和人类活动在内的种种因素造成的干旱、半干旱和亚湿润干旱地区的土地退化"。此处的亚湿润干旱相当于我国地理学界常说的半湿润。这一定义不仅在环境发展大会上为各国所接受,也为国际荒漠化防治公约所采纳。可以看出,"荒漠化"的定义明确地指出了三个问题:第一,"荒漠化"是在包括气候变化和人类活动等多种因素作用下发生和发展的。第二,"荒漠化"发生在干旱、半干旱和亚湿润干旱地区,指 INCD 根据桑斯威特湿润指标(即年降水量和潜在蒸散量之比)在 0.05～0.65 之间的地区,但不包括极地区和副极地区。这就给出了荒漠化产生的背景条件和分布范围。第三,"荒漠化"是土地退化,即由一种营力或数种营力结合使干旱、半干旱和半湿润地区雨浇地、水浇地、草原和林地的生物生产量或经济生产力下降或丧失。土地退化包括风蚀和水蚀导致的土壤物质流失,土壤的物理、化学和生物特性退化,自然植被的长期丧失等。

综上所述,"荒漠化"既不是沙漠的形成和扩张过程,也不是沙漠自然形成过程中某一发展阶段的纯自然过程,更不能把纯粹由自然因素形成的原生沙漠、戈壁、盐漠等称作荒漠化。慈龙骏(1994)认为,荒漠化的主要表征是:①气候变化。由于荒漠化引起植被退化,改变了地表反射率及 CO_2 的吸收过程,从而对气候变化产生影响,如气候变暖和降水的变化等;②植被及动物群落退化。例如,物种密度减少,多样性降低等;③土壤退化。例如,土壤养分流失,肥力降低,次生盐渍化等;④水文状况恶化。由于植被退化,对地表径流的涵养作用降低,致使洪峰径流量增加、枯水流量减少,同时水蚀作用加强等。朱震达(1998)根据若干典型地区不同时期航片解译及地面调查研究,结合我国实际提出了荒漠化指征体系(表 10-6、表 10-7、表 10-8)。

表 10-6 风力作用下的土地荒漠化指征[33]

程 度	风积地表形态占该地面积(%)	风蚀地表形态占该地面积(%)	植被覆盖度(%)	地表景观综合特征	土地生物生产量较荒漠化前下降(%)
轻 度	≤10	≤10	31～50	斑点状流沙或风蚀地。2m 以下低矮沙丘或吹扬的灌丛沙堆,固定沙丘群中有零星分布的流沙(风蚀窝)。旱作农地表面有风蚀痕迹和粗化地表,局部地段有积沙	30
中 度	11～30	11～30	11～30	2～5 m 高流动沙丘成片状分布。固定沙丘群中沙丘活化显著,旱作农地有明显风蚀洼地和风蚀残丘,广泛分布的粗化砂砾地表	31～50
强 度	≥31	≥31	≤10	5 m 高以上密集的流动沙丘或风蚀地	51 以上

表 10-7　流水侵蚀作用下的土地荒漠化指征[33]

程　度	劣地或石质坡地占该地面积（%）	现代沟谷(细沟、切沟、冲沟)占该地面积(%)	植被覆盖度(%)	地表景观综合特征	土地生物生产量较荒漠化前下降(%)
轻　度	≤10	≤10	51~70	斑点状分布的劣地或石质坡地。沟谷切割深度在 1 m 以下,片蚀及细沟发育,零星分布的裸露沙石地表	30
中　度	11~30	11~30	31~50	有较大面积分布的劣地或石质坡地。沟谷切割深度在 1~5 m。较广泛分布的裸露沙石地表	31~50
强　度	≥31	≥31	≤30	密集分布的劣地或石质坡地。沟谷切割深度 3 m 以上,地表切割破碎	51 以上

表 10-8　物理化学作用下土地荒漠化指征[33]

程　度	次生盐渍化土地占该地面积(%)	大气或水、土污染造成荒芜地表面积占该地面积(%)	土地生物生产量较荒漠化前下降(%)
轻　度	<30	<30	<30
中　度	31~50	31~50	31~50
强　度	≥51	≥51	≥51

二、土地荒漠化的现状与危害

1.土地荒漠化的现状

目前,全球受到或将要受到荒漠化威胁的土地面积达 45.6×10^8 hm²,占全球土地面积的 35%,并且仍在继续蔓延和恶化。全球各大陆均有荒漠化土地,但主要分布于非洲和亚洲(表 10-9)。据联合国环境署统计,目前类似荒漠条件的土地继续以每年600×10^4 hm²的速度增加;完全丧失生产力的土地正以每年 $2000 \times 10^4 \sim 2100 \times 10^4$ hm² 的速度增加;在受到中等程度荒漠化影响的土地中,旱农地 3.35×10^8 hm²、灌溉农地 0.4×10^8 hm²、牧地 31×10^8 hm²;受到荒漠化影响地区的人口达 10×10^8 人,其中有 1.35×10^8 人正面临耕地丧失、背井离乡的困境,全世界每年因土地荒漠化所造成的经济损失达 260×10^8 美元。

表 10-9　各洲荒漠化土地占各洲面积及其干旱区面积的比重[37]　　　（单位:%）

地　区	非洲	亚洲	大洋洲	北美洲	南美洲	欧洲	全球统计
占各洲面积的比例	55.0	34.0	－	19.0	10.0	2.0	35.0
占各洲干旱区面积的比例	73.0	69.7	53.6	74.1	72.7	64.9	69.0

　　我国是世界上受荒漠化危害最为严重的国家之一。我国荒漠化土地面积达 $262.2 \times 10^6 hm^2$,占我国干旱、半干旱和半湿润地区面积的79.0%和国土面积的27.3%。我国荒漠化土地面积占干旱、半干旱和半湿润地区总面积的比例高出世界69.0%的平均水平,而且高出各大洲的最高比例5个百分点。我国的荒漠化土地广泛分地新疆($104.4 \times 10^6 hm^2$)、内蒙古($65.9 \times 10^6 hm^2$)、西藏($43.6 \times 10^6 hm^2$)、甘肃($19.9 \times 10^6 hm^2$)、青海($16.7 \times 10^6 hm^2$)等18个省(自治区、直辖市)的471个县(市、旗)。按其类型可分为风蚀荒漠化($160.7 \times 10^6 hm^2$)、水蚀荒漠化($20.5 \times 10^6 hm^2$)、冻融荒漠化($36.3 \times 10^6 hm^2$)、土壤盐渍化($23.3 \times 10^6 hm^2$)及其它成因的荒漠化($21.4 \times 10^6 hm^2$)等5类。按其程度可分为轻度荒漠化土地($95.1 \times 10^6 hm^2$,占我国荒漠化土地面积的36.27%)、中度荒漠化土地($64.1 \times 10^6 hm^2$,占24.45%)和重度荒漠化土地($103.0 \times 10^6 hm^2$,占39.28%)3类。其中重度荒漠化土地最多,相当于世界平均水平的18倍(表10-10),并且有不断扩大与加重的趋势。尤其是作为我国荒漠主体的风蚀荒漠土地,20世纪50年代~70年代平均扩展速度为 $15.6 \times 10^4 hm^2 \cdot a^{-1}$,70年代中期至80年代中期平均扩展速度为 $21 \times 10^4 hm^2 \cdot a^{-1}$,至90年代中期扩展速度平均达 $24.6 \times 10^4 hm^2 \cdot a^{-1}$。据预测,在我国风蚀荒漠化所涉及的212个县(市、旗)中,风蚀荒漠化程度为轻度的有154个县(市、旗)、中度的有35个县(市、旗)、重度的有23个县(市、旗)。96个县(市、旗)的风蚀荒漠化程度将有不同程度的升级,其中71个县(市、旗)由轻度升为中度,7个县(市、旗)由轻度升为重度,18个县(市、旗)由中度升为重度。

表 10-10　各洲与中国荒漠化程度构成比较[37]　　　（单位:%）

程度	非洲	亚洲	大洋洲	欧洲	北美洲	南美洲	全球平均	中国
轻度	30.46	45.48	77.45	39.72	30.75	32.12	41.42	36.27
中度	68.99	53.36	14.85	59.01	66.80	62.64	56.41	24.45
重度	0.55	1.16	7.73	1.27	2.45	5.24	2.17	39.28

2. 土地荒漠化的危害

土地荒漠化的不断加剧不但造成区域生态环境的巨大破坏,促使气候恶化,而且还成为区域经济可持续发展的制约因素。土地荒漠化的危害可以从以下两个层次来分析。第一个层次是对生态环境的影响。土地荒漠化造成的植被破坏、动物种群和植物种质资源的减少严重地影响到物种的生存,并造成相当数量物种灭绝或濒临灭绝,大大降低了生物多样性。例如,陕西榆林地区历史上曾是林草茂密的丰腴之地,随着荒漠化的发展,林地、草原被破坏,在解放前的百余年间流沙南移 50 km,至解放初期林木覆盖率仅为 1.8%。随着土地荒漠化面积的扩大和程度加剧,造成干旱、半干旱和半湿润地区的农田、草场等可利用土地面积愈来愈少,并且土壤肥力愈来愈低。同时,荒漠化的地表不但成为大气尘埃的源地,对环境造成严重污染;还增加地表对阳光的反射及地面蒸发,从而对区域气候造成影响。第二个层次是对经济发展和居民生活的影响。据统计,我国荒漠化地区耕地退化率超过 40%,草地退化率达 56%;农田产量普遍下降 75% ～ 80%,大部分草场产量下降 30% ～ 40%。众多地区的土地荒漠化造成的耕地数量减少和土地生产力下降,将导致世界粮食生产潜力下降和食品亏缺,随之对世界粮食的储存和贸易产生影响。同时,土地荒漠化还造成人民生活及生产设施的毁坏,甚至危及到该区域人民群众的生存与发展,是导致贫困的重要因素。如榆林地区在解放前的百余年间,因沙漠扩大使 6 个城镇和 412 个村庄遭受风沙侵袭和压埋。1993 年的“5·5”沙尘暴,席卷我国的西北大部分地区,造成牲畜死亡和丢失 12×10^4 头(只),受灾牲畜 43×10^4 头(只),致死 85 人,致伤 264 人,直接经济损失 5.6×10^8 元。此外,荒漠化地区的交通线路因荒漠化而阻塞、中断,水库和灌渠等水利工程设施也因风沙入侵而难以发挥正常效益甚至遭到破坏,严重阻碍了当地经济的发展。在我国西北地区受荒漠化危害的铁路线长达 3 000 km,其中主要危害路段达 500 km。在晋、陕、蒙接壤地区,库容大于 50×10^4 m³ 的 46 座水库的总库容已被风沙淤埋 37.3%。青海龙羊峡水库因荒漠化影响而进入库区的总泥沙量每年达 $3 130 \times 10^4$ m³,仅此一项每年造成 $4 700 \times 10^4$ 元的经济损失。

三、土地荒漠化的原因

1. 气候变化

撒哈拉地区的研究资料表明,荒漠化过程主要是在气候持续干旱期间发生和加强的。撒哈拉南部的苏丹—萨赫勒地区在 1913 年—1916 年、1944 年—1948 年、1968 年—1973 年出现三个持续干旱期,都使撒哈拉沙漠面积不同程度地扩大。尤其是 1968 年—1973 年干旱尤为严重,年降水量比正常年份减少10%~20%,致使撒哈拉沙漠的南界向南移动了几百公里。人类历史时期以来,我国的沙区也随着气候的波动出现了荒漠化和非荒漠化的一系列变迁(图 10-4)。

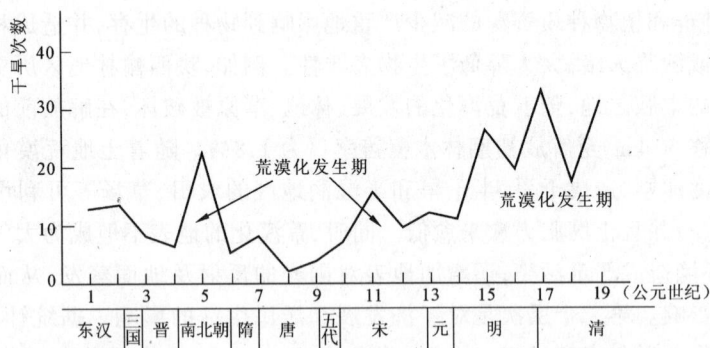

图 10-4 我国西北和内蒙古地区历史上干旱与荒漠化的关系[38]

另外,随着 CO_2 及其它温室气体浓度的增加,全球大部分地区的温度和降水量的平均值都可能发生变化,从而对土地荒漠化产生影响。根据 Emanuel 等人预测,当大气中 CO_2 浓度倍增时,平均温度将增高 1.5℃~4.5℃,由此全球荒漠化面积将会扩大 17%。慈龙骏(1994)根据我国 700 多个气象台站近 30 年连续的气象观测资料预测,到 2030 年 CO_2 含量倍增,气温将上升 1.5℃~4.0℃,干旱区总面积将扩大。当 CO_2 含量倍增,温度上升 1.5℃ 时,干旱区总面积增加18.8×10⁶ hm²;当温度上升 4℃ 时,干旱区总面积增加 50.5×10⁶ hm²。可见,随着全球变暖,将会使干旱、半干旱、半湿润地区面积增加,荒漠化面积也进一步扩大,程度进一步加深。

2. 人类活动

人类活动在现代荒漠化过程中具有举足轻重的作用。据一些专家估计,自然变化引起的荒漠化土地仅占荒漠化土地总面积的 13%,其余是由人为原因引起的。董玉祥(1992)认为,荒漠化的历史过程是自然过程,其现代过程是人为的加速过程,其中现代荒漠化过程中人文因素对荒漠化的影响作用在 60% 以上,自然因素的作用不足 40%。可见,人类活动是荒漠化扩展的直接原因。

(1)土地利用不合理:在干旱、半干旱和半湿润地区,不合理的农垦、过度放牧、过度樵采及不适当的农林利用等是土地荒漠化的主要原因。联合国环境规划署在分析引起全球荒漠化的因素时指出:全球有 39.70×10⁸ hm² 土地受到荒漠化的影响,其中的34.50%由过度放牧引起,28.10%由草地垦荒引起,29.50%由森林破坏引起,因水利、交通、建筑等导致的土地荒漠化占7.90%。首先,不合理的农垦可引起农牧交错区土地荒漠化。在半干旱的农牧交错区,土地一经开垦后,2~3年就因沙害或天然肥力衰竭而弃耕。弃耕撂荒地无植被保护,风蚀加强,"暗沙"很快翻为"明沙",引起土地荒漠化。例如,美国开发西部大平原、俄罗斯开发北哈萨克斯坦草原等都引起了难以控制的沙尘暴及土地荒漠化,我国的科尔沁草原和鄂尔多斯草原的荒漠化也是历史时期人类过度开垦造成的。其次,过度放牧可引起草场退化。在牧区,牧民为提高经济收入,盲目增加牲畜数量,使牲畜头数远远超过草场的载畜能力,造成草场植被退化,荒漠化面积扩大。例如,建国以来,科尔沁地区人口增加近两倍、家畜增加5倍,平均每畜占有的草场面积下降到0.19 hm²,大大低于本地区1.04 hm²的标准,导致土地迅速退化,荒漠化土地面积比重由原来的20%增加到77.6%。第三,过度樵采可引起灌溉绿洲和旱农地流沙的形成。以毛乌素沙地乌审旗为例,五口之家每年薪柴所需要的数量相当于破坏3~4 hm²的灌木林,由此破坏的草场面积平均每年达50 × 10⁴ hm²。此外,挖掘沙地药材等也破坏了草地的乔灌草保护体系,直接导致流沙的出现。近20年来,我国"三北"地区农牧交错带耕地的荒漠化面积扩大了500 × 10⁴ hm²,平均每年扩大25 × 10⁴ hm²,其中过度放牧占34.55%,过度垦殖占27.45%,过度樵采占38.00%。可见,土地的快速荒漠化与人类对土地的不合理利用直接有关。

(2)人口增长过快:如图10-5所示,随着人口的剧增,对粮食的需求量增加,粮食总产量不能满足人口增长对粮食的需求,农牧民必然通过扩大垦殖面积、过度放牧等掠夺性经营方式来获得生活必需品,但如果经营粗放、广种薄收,从而引起土地荒漠化。例如,我国北方12个受土地荒漠化影响省区的人口平均密度为每平方公里24人,超过该环境条件下的人口承载极限,成为土地荒漠化的主要原因之一。

(3)水资源利用不当:水资源利用不当也会引起土地荒漠化,特别是在一些内陆河流的下游地区更为明显。例如,新疆塔里木河沿岸,随着中上游地段农业用水的增加,特别是在20世纪70年代初期修建大西海子水库以后,下游阿拉干以南的河段水量显著减少,甚至断流,地下水位自20世纪50年代的3~5 m下降到80年代初期的8~10 m,导致天然植被生长衰退,灌丛大量死亡,胡杨林失去更新能力,再加上人为过度樵采等活动,致使地表裸露,荒漠化土地面积逐渐扩大。在阿拉干以南的塔里木河下游地段,荒漠化土地面积从20世纪50年代末期占平原地段面积的53.6%,扩大到90年代初期的88.6%。

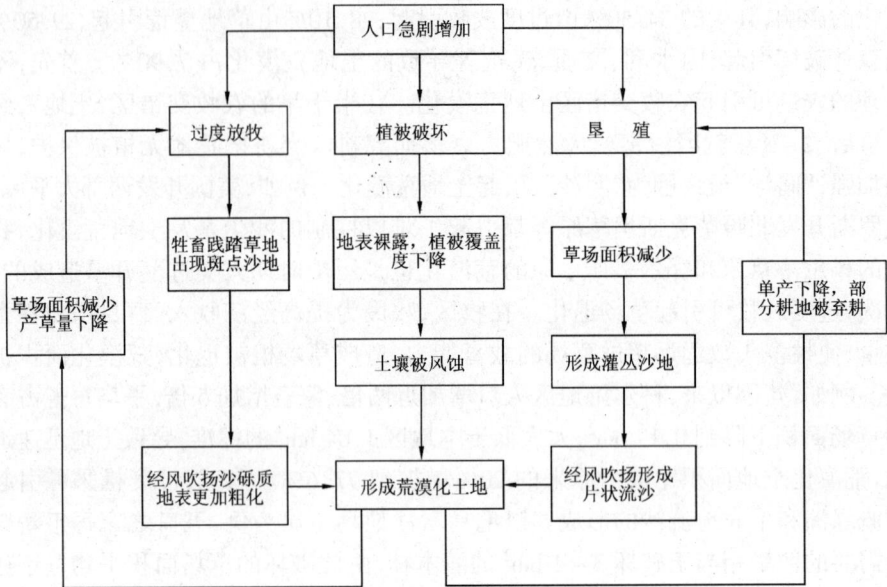

图 10-5　人口剧增对土地荒漠化的作用

3.土地荒漠化成因的综合分析

综上所述,土地荒漠化的形成原因非常复杂,是多种因素综合作用的结果。但归纳起来,它取决于人类过度的经济活动对资源环境所产生的破坏力(D)和资源环境本身的承载力(B)的对比关系。承载力主要是由资源、环境的质量和状态所构成。它在原始时期处于最大值,随着时间的推移和人类活动的增强,承载力相应地下降。破坏力主要由不断膨胀的人口及其消费量增加所构成。在人类的历史发展过程中,人类对环境的破坏力随时间的增加而增强,进入 20 世纪后破坏力增长速度加快,到 20 世纪后半叶显著加快。破坏力随时间增长的规律符合 Logistic 曲线,即:

$$\frac{\mathrm{d}x}{\mathrm{d}t} = rx\left(1 - \frac{x}{k}\right) \tag{10-16}$$

式中 x 是人类对资源环境的破坏力,r 为人类对资源环境的破坏速率,k 为资源环境承载力,t 为时间。对式(10-16)求解可得:

$$x = \frac{k}{1 + ce^{-rt}} \tag{10-17}$$

式中 c 积分常数。据此可绘制出资源环境承载力与人类对资源环境破坏力的变化曲线(图10-6)。当 $B > D$ 时,生态环境处于良好的状态,可以保持生态系统的良性循环;当 $B = D$ 时,生态系统处于危险临界状态;当 $B < D$ 时,生态系统失去平衡,环境开始受到破坏,并向土地荒漠化的方向发展。

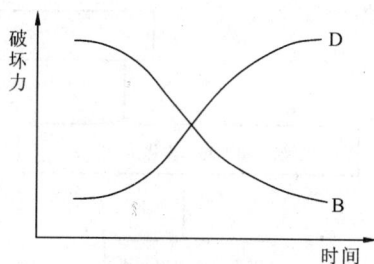

图 10-6 资源环境承载力(B)与人类对资源环境破坏力(D)变化曲线[31]

四、土地荒漠化的防治对策

荒漠化防治就是防止和减少土地退化、恢复部分退化的土地及复垦已荒漠化的土地。这是一项复杂的系统工程,涉及社会、经济及自然各方面,因此需要从整体上综合考虑,因地制宜制订出防治对策。

1.荒漠化防治的指导思想

由于荒漠化防治是一项持久的群众性工作,因此要通过深入、持久的宣传教育,提高全民防治荒漠化的意识,树立防治荒漠化的正确观念。在处理荒漠化的防与治的关系上,要以防为主,防治结合;在处理生态效益与经济效益的关系上,要“两个效益”并举,当二者存在矛盾时,经济效益应服从生态效益;在治理措施上,要实行生物、工程相结合的综合治理措施。同时,要注意开发与利用并举,只有这样才能保证荒漠化防治工作的顺利实施。

2.编制荒漠化土地综合防治规划

在对荒漠化土地深入调查研究的基础上,开展多学科、多部门联合编制荒漠化综合防治的近期与远期规划,因地制宜地制订出符合当地实际的防治土地荒漠化的治理模式(图10-7),以促进区域自然和经济的可持续发展。

3.促进农林牧水工复合生态系统的良性循环

科学利用土地,实行宜农则农,宜牧则牧,农林牧水工综合发展是防止土地荒漠化的重要原则。计划用水和节约用水,保持水资源系统的平衡和永续利用是干旱区荒漠化防治的重大战略措施。为此,要做好以下几方面工作:①补充、完善荒漠化防治国家行动方案,包括国家级、省区级和县级三级行动方案。②管好、用好水资源,特别是确定跨区域、跨流域水资源的合理分配。③加快绿化荒山、荒坡的步伐,建设高效的防护林带。我国“三北”防护林建设已经取得了重要的生态、经济和社会效益,在防治荒漠化方面起到了良好作用。

植树种草时,要考虑区域内地下水的平衡,因地制宜,大力推广集水和节水工程;根据生物多样性原则,植树种草要根据立地条件选用树种和草种,保护和

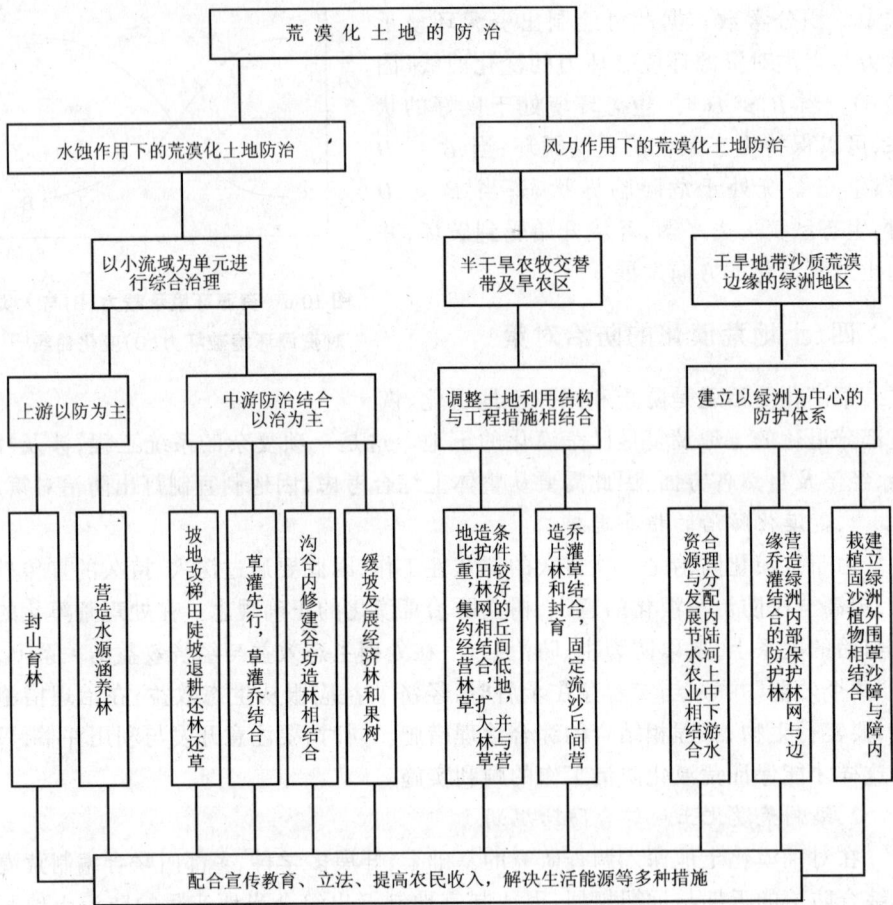

图 10-7　荒漠化土地综合治理简明图式[33]

培育荒漠化地区的珍贵植物物种质资源;实现系统的自我控制,变无序为有序,在动态平衡的基础上提高生物生产力。

4.建立防治土地荒漠化的监测系统

利用卫星、遥感及地理信息系统等先进技术手段,建立防治土地荒漠化的监测系统,对荒漠化土地的发展变化进行预测,为因地制宜制订荒漠化防治对策提供科学依据。

5.加强国际合作

荒漠化土地的形成、分布及危害往往是跨越国界的,所以荒漠化是全球性的重大环境问题,需要世界各个国家联合行动,开展广泛的交流与合作。

第五节　世界能源问题和环境污染

一、世界能源问题和环境污染现状

(一)当今世界的能源问题

第二次世界大战以后,随着经济的发展和人民生活水平的提高,全世界的能源消费量大幅度地增长。20 世纪 50 年代初,全世界消费的能源总量约为 30×10^8 t 标准煤,而当今世界能源的消费总量已超过 100×10^8 t 标准煤,在短短的 50 年里,能源消费量增加了两倍多。与此同时,能源的消费结构也发生了明显的变化。50 年代初,煤炭在世界一次能源消费构成中占 60% 以上,是当时最主要的能源。50 年代以后,廉价的石油逐渐代替煤炭成为主要能源。70 年代中期,石油和天然气在能源结构中的比重高达 70% 以上。这就造成了世界能源需求过分依赖于石油的状况,特别是一些发达国家的经济发展主要建立在以石油为能源的基础之上,由此引发了世界能源问题。

能源生产和消费的地区不平衡是世界能源问题的一个重要方面。非洲、拉丁美洲和中东地区能源资源相当丰富,但是工业很不发达,能源消费量较少,生产量远大于消费量,能源多向国外输出。在发达国家,除了英国、加拿大、挪威等少数国家外,大多数国家能源不能自给。例如,日本能源资源非常贫乏,但能源消费量很大,所需能源的 90% 以上需从国外进口;美国尽管能源资源丰富,能源生产量很大,但由于经济发达,能源消费量更大,仍需要大量进口能源。据统计分析,在当今世界 170 多个国家中,能源生产不能自给的国家有 120 多个。

从 50 年代起,西方工业发达国家大量使用廉价的石油替代煤炭作为主要能源,大大降低了生产成本,获取了巨大的利益,促进了西方资本主义的发展。然而,由于国际石油市场的油价在发达国家的控制下,远没有体现出石油的使用价值,石油输出国没有分享到它们应得的利益。70 年代,中东地区的各石油输出国为了反对美国等工业大国对该地区石油的控制和掠夺,维护它们的石油权益,采取了联合行动以控制石油出口并提高石油价格。靠大量进口廉价石油的美国、日本和西欧各国,由于油价上涨,其经济发展受到沉重打击。加之 70 年代后石油探明储量有所减少,因而在西方国家出现了"石油枯竭"、"能源危机"等等。

由此可见,所谓的"能源危机"只是少数国家的"石油危机",其实质是工业大国同石油输出国之间掠夺与反掠夺、控制与反控制的一场斗争。

通常所说的能源问题,更多的是指能源短缺问题。事实上,由于能源生产与消费在地区上不平衡,使得世界某些地区不断地出现某种程度的能源短缺问题。目前,能源问题已引起人们的普遍关注,成为当今人类社会面临的主要的世界性问题之一。

中国能源资源丰富,完全能够满足现代化建设和人民生活的需要。但是,能源还是目前中国国民经济中的薄弱环节,存在着能源供应紧张的严峻形势,能源问题已成为制约我国经济发展的一个重要因素。

(二)世界环境污染现状

人类活动向环境排放废弃物质和能量,使自然地理系统质量下降,破坏生态系统和人们正常生产和生活条件的现象和过程,称为环境污染。具体地说,环境污染是人类活动所导致的超过自然本底值的声、光、电现象,其中主要是工业的"三废"(废气、废水、废渣)对大气、水体、土壤和生物的污染。因此,环境污染包括大气污染、水体污染、土壤污染、生物污染、噪声污染、热污染、光污染、放射性污染和电磁辐射污染等。

在不同发展水平国家中,环境污染的情况也有所不同。就整个环境污染的历史进程来看,它是伴随着工业的发展而日趋严重的。特别是到了20世纪,人口增长迅速,世界各国城市化进程加快,能源和各种物质的消耗迅猛增加。到了50年代末和60年代初,环境污染发展到了高峰,并已成为发达资本主义国家的一个重大社会问题。经过20多年的努力,发达国家的环境污染问题部分地获得解决,环境状况有所改善,但全球性环境污染问题并没有完全解决。许多发展中国家正在走发达国家的老路,在发展经济的同时,环境污染越来越严重。

自1972年斯德哥尔摩人类环境会议以来,发达国家和发展中国家的环境污染问题发生了不同的变化。发达国家的环境污染问题有两个显著特点:一是大气污染、水污染得到较好的治理,环境质量有了明显的改善;二是部分环境污染问题仍待解决,并且又出现了一些新的环境污染问题。

目前,一些工业发达国家如美国、日本等十分重视对大气污染和水污染的治理,收到了很好的效果。以美国70年代为例,多数城市大气中的CO和光化学氧化剂含量比以前有大幅度的下降;数百家大型燃煤和燃油电厂中,有74%达到了SO_2的排放标准;1 162个排放石棉、铍、汞和氯乙烯等污染物的排放源中,约有95%达到了有关排放标准。80年代初与70年代相比,美国烟尘和粉尘的排放量又减少了 50%,大气质量改善了 20%;大部分污染源安装了污染控制设备,许多工厂粉尘的排放量减少了 90% 以上;城市空气中的 CO 和 SO_2 的浓度降低了 40%,许多大城市大气污染超出健康允许水平的日数减少了 18%。进入 90年代,美国的大气环境质量又有了明显的改善。美国也重视对水体污染的治理,使得 70 多条主要河流的水体水质有了明显改善。例如,美国东部的特拉华河曾是河水发臭、生物绝迹的一条"死河",经过数十年的治理,现已有 90% 的河段水质清洁,一些河段还成为重要的游览娱乐区;曾遭受严重污染面临"死湖"威胁的"五大湖",经治理后已初见成效,斑鳟鱼、鲑鱼等一些名贵鱼类又在湖中繁衍生息了。再以日本为例,从 1972 年起,日本全国 SO_2 排放浓度已低于日本国家排放标准;目前已难以见到发黑和发臭的水体,在测定镉、氧化物和其它 7 种有毒物质的样品中,达到人体健康环境水质的水样百分数逐年提高,1982 年的达标率为 99.7%。此外,德国、英国、法国的大气污染和水污染也都得到较好的治理。

　　但是,发达国家仍有许多环境污染问题,其中有些污染问题有日渐严重的趋势。例如,NO_x 的排放量在逐年增加,对大气中的重金属、致癌物质、有机卤素以及硫酸盐和硝酸盐的控制缺乏有效的措施。水污染问题未能彻底解决,日、英等国的湖泊富营养化问题、美国和西欧一些国家的某些河流的污染问题仍很严重。发达国家工业废物、生活垃圾仍在急剧增加。美国的核废弃物的发生量呈增长趋势,1990 年有 90 座新建的核电站投入运转,更显著地增加了核废弃物数量。近年来,美国生活垃圾的发生量也增加到每年 2×10^8 t 以上。工业发达国家的噪声污染问题十分突出。以日本为例,在 1981 年日本公害诉讼案中,噪声污染案件占 36.7%,其中又以交通噪声污染为主。1980 年日本环境厅对 3.91×10^4 km 的一般国营公路和 11.9×10^4 km 的都道府县公路的交通噪声进行了调查,结果显示沿线受汽车噪声影响的居民达 $3\,810 \times 10^4$ 人,相当于全国人口的 30%。美国噪声污染也很严重,有 $2\,000 \times 10^4$ 人遭受持续性的高强度噪声的危害。据调查统计,美国有 $1\,300 \times 10^4$ 工人在噪声超标的环境中工作,受到 75 分贝交通噪声影响的人约有 $2\,000 \times 10^4$ 人。此外,因生产性事故造成的环境污染在发达国家屡有发生,如 1986 年前苏联切尔诺贝利核电站事故使核尘埃大面积扩散;1987 年瑞士某仓库火灾将农药、溶剂和汞大量泄入莱茵河,使水质本已明显改善的河水又重新处于严重污染状态;远洋油轮泄油事故也时有发生。

　　发展中国家的环境污染问题与发达国家显著不同。它们多处于经济发展的初级阶段,为发展经济而牺牲环境是普遍存在的问题,因此发展中国家的环境污染问题相当严重。其中最突出的问题是大气污染、水污染和农药污染。1986 年世界卫生组织公布了世界上大气污染最严重的大城市名单,这些城市大部分分布在发展中国家,它们是米兰、马德里、巴格达、德黑兰、新德里和里约热内卢。就空气中 SO_2 和烟尘的含量而言,汉城空气中 SO_2 含量高达 316 $\mu g \cdot m^{-3}$,是世界卫生组织规定限度的 5.3 倍;德黑兰为 160 $\mu g \cdot m^{-3}$。马德里、德黑兰、开罗和哈瓦那等都是烟尘污染较重的城市。大量排入大气的 SO_2 和 NO_x(发达国家 NO_x 的排放量也有增无减)所形成的酸雨,又形成了严重的二次污染,带来巨大的经济损失。发展中国家的水污染十分突出。例如,印度的许多河流如达莫尔河、恒河、维里—佩利亚河和卡鲁河等都遭受到严重污染。在中国,乡镇企业的迅猛发展也造成了严重的污染问题,一个造纸厂污染一条河流的事件屡见不鲜。农药污染是发展中国家又一突出的环境问题。仅农药使用引起的中毒事件而论,全世界每年约发生 50×10^4 起,其中发展中国家占 75%。

应当指出的是,部分发展中国家已经意识到环境污染的严重危害,并且正在采取有效措施防治环境污染。如印度设立了实体性的国家环境规划委员会,在大气、水、固体和核废料处理与综合利用方面积极开展研究,并注意采用一些有效的污染控制技术,在环境污染防治方面取得了一定的进展。中国政府十分重视环境污染的防治,并取得了显著的成效。工业污染是中国环境污染的主要根源。经过多年努力,全国多数污染严重的大中型企业都不同程度地采取了治理措施,减轻了对环境的污染。20 世纪 70 年代以来,中国分期分批对重点污染源进行限期治理,完成了数万个治理项目,极大地提高了对"三废"的处理能力。到 1984 年底,全国工业废水合格排放率已达 37%,废渣处理率达 28.1%,综合利用率达 26.3%。近年来,在经济持续增长的情况下,工业"三废"的排放量除工业废水略有增长外,其它均有显著下降,初步扭转了环境污染急剧恶化的局面。

二、能源问题和环境污染产生的原因

(一)能源问题产生的原因

工业的发展、人口的激增以及人类对物质的追求,极大地加快了能源的消耗速度。由于地球上矿物能源的储量都是有限的,这就不可避免地产生能源供不应求的问题。

世界能源生产与消费的地区不平衡也是造成世界能源问题的一个重要原因。前已述及,在一些能源资源非常丰富的地区,能源的生产量远远大于能源消费量,有大量的能源出口;而在一些能源资源相当贫乏的国家或能源消耗量过大的国家,能源生产量远远小于能源消费量,需要大量进口能源。在这一背景下,引发了所谓的"石油危机"、"能源危机"。实质上,所谓的能源危机并不是世界能源的供需真地出现了危机,它只是带有明显政治色彩的少数西方国家的石油危机。

从目前世界能源生产与消费的总量来看,能源的供需大体上是平衡的,因此在总体上并不存在能源短缺的问题。但是,在某些国家和地区的确存在着严重的能源短缺的问题。就某个国家或地区来说,由于受能源资源贫乏、或者能源需求增长过快、或者战争的破坏等许多因素的影响,就会在某一时期出现能源紧缺的现象。就中国的情况而言,目前也存在着严峻的能源形势,能源问题特别是能源供应紧张的问题已成为经济发展的制约因素。其原因主要有如下三个方面。首先,改革开放以来国民经济的迅速发展和人民生活水平的提高,极大地增长了对能源的需求量,能源生产的增长又相对滞后于社会经济的发展,因此能源供给不能充分满足工农业生产和民用消费的需要。今后,中国的国民经济仍将保持较高的增长速度,人民生活水平也将不断提高,能源需求量必将大幅度增长,如果能源生产量不能迅速提高,必然会出现能源紧张的局面。其次,中国能源生产与消费在地区上的不平衡也是造成一些地区能源供应紧张的原因。如中国东南沿海地区,经济发达、人口稠密、能源消费量很大,必须从区外调入相当数量的能源,但因运输能力的限制,能源供应比较紧张。第三,能源利用效率低,单位产值能耗高也是形成中国能源紧张的一个重要原因。

(二)环境污染产生的原因

当代人类面临的各种环境污染,都是人类经济活动直接或间接作用于自然系统的结果。具体而言,环境污染是在人口急剧增长的压力下和城市化进程加快的过程中产生和不断加剧的。

世界性人口激增,人类对粮食和能源及其它自然资源的消费量必然急剧增加,产生的废水、垃圾和大气污染物也必然相应增加。由于社会经济活动的规模不断扩大以及新型化学物质的大量使用,造成了大气、水体、土壤的污染。除了区域性的环境污染外,还存在着不容忽视的全球性环境污染问题。例如,农药、核废弃物、SO_2 等污染物质在全球范围内不断扩散和积累;SO_2、NO_x 等污染物质的长距离迁移形成的酸雨;农药、石油和重金属等污染物使海洋面临着改变面貌的威胁。

城市化通常是指人口向城市地区集聚或农村地区转变为城市地区的过程。20世纪以来,尤其是第二次世界大战以后,世界人口城市化的速度、规模、范围都达到了历史上空前未有的程度。大城市的数目不断增多,其人口规模迅速膨胀。城市是人类生产和生活的集中场所,城市利用和消耗着大量的能源和资源,随之产生了大量的"三废"污染物,使环境受到了严重的污染。可以说,环境污染的许多方面,都是由于城市化进程的加快而引起的。城市排放的废气可造成大气严重的污染。城市中分布着成千上万个工厂,居住着千家万户,煤炭燃烧过程中排出大量的烟尘、CO 和 SO_2;汽车排出的 NO_x 和碳氢化合物;一些工厂还排放含氯和氟的废气等都可造成严重的大气污染。上述大气污染物质有的能够形成酸雨,有的能够形成光化学烟雾,有的可直接威胁生物和人群的身体健康。城市废水排放是造成水体污染的重要原因。城市废水包括城市生活废水、各种工业废水和城市地表径流污水等,城市废水未经处理直接排入纳污水体,必然造成严重的水体污染。城市固体废弃物包括生活垃圾、工业废渣、城市建筑垃圾以及少量废水处理的污泥等,它们是造成大气污染、水体污染和土壤污染的重要源泉。城市环境噪声已成为城市环境污染的一个重要方面,而且城市越大、越繁华的地方,噪声污染越严重。城市环境噪声包括交通运输噪声、工业噪声、公共活动噪声等,其中交通运输噪声和工业噪声是造成噪声污染的重要污染源。

此外,化肥、农药和农膜的大量使用以及污水灌溉等,是造成土壤污染和生物污染的主要原因。

前已述及,20 世纪 70 年代以来,部分工业发达国家由于采取了防治污染的有效措施,从而减轻了对环境的污染。但部分发达国家将污染严重的企业转嫁到一些发展中国家,也是造成发展中国家环境污染日趋严重的原因之一。

三、解决能源问题和环境污染的途径

(一)解决能源问题的途径

无论是发达国家还是发展中国家,解决能源问题的途径是基本相同的,它包括开源和节流两个方面。

开源是指大力开发常规能源和新能源。目前,世界各国都十分重视对常规能源的开发利用,以解决能源短缺问题。以中国为例,针对国民经济建设中能源环节薄弱的状况,为保证"四化"建设的顺利进行,国家把能源作为经济建设的战略重点,放在最优先发展的位置,大力加强能源的开发利用。对煤炭的开发,国家正重点新建和扩建一批大型煤矿,加强煤炭基地的建设,扩大煤炭的运输能力,同时大力发展矿区电站和坑口电站。水能资源也正在大力开发之中,近期内已开工兴建或正筹备修建一批大型骨干水电站,可使全国水电总装机容量在 20世纪 90 年代初期的水平上翻一番。在大力发展水电的同时,也要在能源短缺的

地区继续建设原子能电站。在石油和天然气方面,要重点抓好东部油田的勘探和开发,稳定油田产量,提高可开采的年限;集中力量加强以新疆两大盆地为重点的西部油气田的勘探和开发;同时积极勘探和开发海上油气田。上述措施的顺利实施,必能明显改变中国能源供应紧张的局面。近10年来,全世界化石能源的消耗量已相当于过去整整一个世纪消耗量的2倍多。能源的不合理利用是目前化石燃料短缺的主要原因之一。为了改变现状,世界各国在积极利用新技术勘探开发常规能源的同时,充分合理地利用现有的能源,逐步调整能源结构。例如,在解决石油供应短缺方面,许多国家在回收原油方面取得了新的进展,如采用二次或三次回收工艺使矿井石油采收率从20%提高到25%~30%。由于石油和天然气的储量有限,目前世界上许多国家又开始重视煤炭的开采和利用。例如,对煤进行气化和液化加工,这既可以除去煤炭中的硫分和灰分,减少对环境的污染,还可以回收化工原料,大大提高了对煤的综合利用率。近年来,有人提出了煤的地下气化的设想,目前一些发达国家正在进行有关试验。该项技术一旦获得成功,必将大大改变原有的煤炭开采和利用技术,也将使环境得到更大的改善。

从人类社会整个历史进程来看,随着科学技术的进步,人类总是在不断地开辟新的能源资源。据专家估算,地球上现有的石油、煤炭探明储量分别够用几十年到几百年,但这仅仅反映了现有科技水平下的勘探成果。随着勘探技术的发展,必然还会有新的储量发现。就核能发电而言,由于核燃料的能量巨大,核能可以看做是取之不尽、用之不竭的能源。太阳能也是取之不尽的能源,如果利用太阳能分解水制氢技术获得成功,人类将会获得永远不会用完的能源。另外,潮汐能、地热能的开发利用也必将越来越充分。由此看来,随着社会的进步、科学技术的发展以及新能源的开发利用,人类完全能够解决能源问题。

节流是指节约使用能源资源。当前世界能源利用率低是能源消耗增长过快的原因之一。例如,直接燃烧时的效率只有15%左右,热电转换率一般只有33%,因此有大量余热可以利用。火电厂的高、低压蒸汽和热水都可以在其它工艺过程或商业区、居民区中找到用途,这样就提高了热能利用率,而且还减少了热污染。广大农村地区将大量的农、牧、渔、副业的残余物直接燃烧或作垃圾堆肥,也严重地浪费了能源资源,如能利用部分残余物饲养家畜家禽后再进行沼气化处理,这不仅充分利用了有机质中固定的太阳能,又节约了生产化肥过程中消耗的能源。应当指出,一些发展中国家落后的燃烧方式和陈旧的工艺设备也是造成能源利用率低的重要原因,改进燃烧方式、更新和改造设备就可明显地降低能耗。此外,一些发达国家奢侈的生活方式所造成的超量的能源消耗,也是造成能源浪费的原因之一,所以这些国家也有节约能源的义务。总之,通过科学技术节约能源,提高能源利用率,是解决当前能源问题的重要途径。

(二)解决环境污染的途径

环境污染问题的解决途径一般包括行政措施和技术措施两个方面。行政措施包括制定法律法规、建立排污标准、设置管理机构和进行污染监督检测工作等。技术措施包括两项内容:一是通过技术革新改革生产工艺或更新设备,设法制止或减少污染源或污染物的排放量;二是利用先进的科学技术手段对人类活动已产生的污染物进行无害化处理。

1.牢固树立经济建设与环境保护协调发展的思想

环境污染问题是在经济发展过程中产生的,反过来,环境污染又在一定程度上阻碍经济发展。所以,经济发展和环境保护两者之间是对立统一的关系,既存在着矛盾的、对立的一面,也存在着可以协调、统一的一面。经济发展带来环境污染问题,却又增强了解决环境污染问题的实力;环境污染问题的解决,又为经济持续发展奠定了基础。所以,"经济建设、城乡建设、环境建设必须同步规划、同步实施、同步发展,实现经济效益、社会效益、环境效益的统一",这是经济建设与环境保护协调发展思想的具体体现。

2.认真搞好产业布局

产业布局包括两方面的内容:一是新建城市产业的合理布局,二是老城市产业布局的调整与改造。不管哪一方面,都要根据城市的性质和功能分区,构筑最优的产业布局结构,以最大限度地减轻污染企业对环境的污染。

3.实行环境影响评价制度

中国环境保护法规定,一个工业区的新建或扩建,一个城镇的新建和扩建,一个大型水利工程建设,大面积垦荒,交通干线建设,直至一个工厂的新建或扩建,都要事先进行充分的环境调查,对项目实施后可能对环境带来的污染做出综合分析评价,并提出克服环境污染的工程措施。这就是环境影响评价的主要内容。环境影响评价制度是保证在工程项目建设前就采取全面预防措施,防止环境污染的有效管理措施。

4.开发无废和少废技术

实践证明,技术改造是控制环境污染最有效的途径。技术改造的内容包括:改革工艺,更新设备;最大限度地综合利用资源和能源,减少废物排放量;选择无毒或低毒原料取代有害原料,消除或减轻环境污染;开展综合利用,化害为利,变废为宝,实现废物资源化。目前在中国化工部门的一些企业中,只有1/3的化工原料转化为产品,而其余的 2/3 变为废气、废渣与废液,严重污染环境,因此技术改造是当务之急。中国政府规定:"对企业利用废气、废液、废渣作为主要原料的产品给予减税、免税和价格政策上的照顾,盈利所得不上交。"这种政策可调动企业开展技术创新、引进使用无废和少废技术以及综合利用资源的积极性,减轻对环境的污染。

5.认真实行污染物排放总量控制制度与排污收费制度

污染物排放总量控制制度又称为排污许可证制度。它是根据一个区域或一个城市对某种污染物的容纳能力或某种控制目标,确定该污染物的排放总量和企业排放污染物的允许量。环境保护部门根据企业的实际排污量是否超出允许量及超出的程度来征收排污费或超标排污费。污染物排放总量控制制度与排污收费制度通过经济手段促进企业对污染的治理,可以实现在较少的环境投资下更有效地控制污染源,从而减轻环境污染。

6.加强环境污染的工程治理

环境污染的工程治理包括分散治理和集中治理两种。分散治理是指工厂或事业单位内部的工程治理,包括对废弃物的预处理和综合利用等。不同的企业部门排放废弃物的种类不同,工程治理的方法也千差万别。集中治理是指建立专门的治理工程(如污水处理厂等)对工矿企业生产废弃物和居民生活废弃物进行统一处理。根据被治理的污染物类别,治理工程可分为废气采集与治理工程、废水治理工程、废渣治理工程等。目前一些工业发达国家的环境污染状况之所以明显优于 20 世纪 60 年代,主要是得益于环境污染的工程治理。所以,加强污染治理工程的建设是减轻环境污染的重要途径。

第六节　土地利用和土地覆被变化

一、土地利用和土地覆被变化概述

(一)土地利用和土地覆被变化的基本概念

土地利用和土地覆被是两个既有联系,又有区别的概念。土地利用是指人类为了达到一定的经济和社会目的,根据土地的自然特性,通过一定的生物和技术手段,对土地进行的长期性或周期性的经营和治理改造活动。它既是一个把自然生态系统变为人工生态系统的过程,也是一个自然、经济、社会诸因素综合作用的复杂过程。土地覆被是指土地被自然营造物和人工建造物所覆盖的地表综合体。土地覆被的含义与土地利用相近,只是研究的角度不同,前者侧重于土地的自然属性,后者侧重于土地的社会属性。例如,农业、林业、牧业、交通等为土地利用活动,而耕地、林地、草场、道路等则属于土地覆被的范畴。

土地覆被是陆地生命支持系统的重要组成部分,其变化是全球变化的一个重要方面。人类活动对地理系统的影响极为广泛,其突出表现为两个方面:一是通过化石燃料燃烧干扰地理系统的生物地球化学循环,如碳循环和氮循环等;二是通过土地利用活动改变地球陆地表面的覆被性质,即土地利用和土地覆被变化(Land Use and Land Cover Change,简写为 LUCC),如建设农场和牧场可使热带森林变为耕地和草地,土壤铺上沥青成为道路,有着绿色植被的土地浇筑水泥发展成为城市等等。土地利用和土地覆被变化可分为改造与变异两类。改造是指由一种土地覆被类型转变为另一种土地覆被类型,如由农业用地转变为非农业用地;变异是指土地覆被类型内部的变化,如工业用地转变为商业居住用地的变化。土地覆被变化通过对地面反射率和生物群落储碳能力的影响,作用于地球的生物地球化学循环,同时也对区域水质和水量、生物多样性、陆地生态系统的第一性生产力和环境适应能力等都具有深刻影响。因此,土地利用和土地覆被变化作为全球变化的主要问题之一,逐渐被人们所认识。

20 世纪 90 年代以来,全球变化研究逐渐加强了对土地利用和土地覆被变化的研究。自 1990 年起,隶属于国际科学联合会的 IGBP 和隶属于国际社会科学联合会的 IHDP 积极筹划全球性综合研究计划,于 1995 年共同拟定并发表了"土地利用/土地覆被变化研究计划",并将其列为核心项目之一。1993 年 5 月,国际应用系统分析研究所(IIASA)以"土地利用和全球变化:过去、现在和将来"为题发出呼吁,向全世界征集项目建议书,最后选定"欧洲和北亚土地利用/土地覆被变化模拟"项目,并于 1995 年启动,由不同国家和不同学科背景的科学家联合开展研究。之后,一些积极参加全球变化研究的国际组织和国家也纷纷行动,相继启动了各自的土地利用和土地覆被变化研究项目,如联合国环境规划署(UNEP)于 1994 年启动的"土地覆被评价和模拟"(LCAM)项目,美国科学技术委员会下辖的全球变化研究委员会的"北美洲土地覆被变化研究"项目,日本国立科学院全球环境研究中心的"为全球环境保护的土地利用研究"项目等等。

(二)土地利用和土地覆被变化研究的基本内容

"土地利用土地覆被变化研究计划"的基本目标是提高对全球土地利用和土地覆被变化动态过程的认识,提高预测土地利用和土地覆被变化动态过程的水平,并着重提高预测土地利用和土地覆被变化的能力。其具体目标包括:①更好地认识全球土地利用和土地覆被的驱动力;②调查和描述土地利用和土地覆被变化动力学中的时空可变性;③确定各种土地利用和可持续性间的关系;④认识土地利用和土地覆被变化与生物地球化学和气候之间的相互关系。

该计划确定了三个研究重点。第一,土地利用动力学—案例研究的比较分析。土地利用动力学是一种案例比较研究方法,其目的在于提高对土地管理中的自然—社会驱动力变化的认识,从而帮助建立区域和全球模型。第二,土地覆被动力学—直接观测和诊断模型研究。土地覆被动力学包括对从直接观测中(卫星影像和野外测量)得到的土地覆被变化信息进行区域评价和建立能反映区域 LUCC 实际的模型两个方面。第三,区域和全球土地利用和土地覆被变化综合模型研究。它主要包括土地生产力模型、土地覆被以及环境影响模型、土地利用分配模型、经济模型等的综合,然后在此基础上进一步发展由人口模型以及人类行为与法律共同综合而成的区域和全球土地利用和土地覆被模型系统。

由于土地利用和土地覆被变化的机制对解释土地覆被的时空变化和建立土地覆被变化的预测模型起着关键作用,因而是 LUCC 研究的焦点。但是,在进行区域性的 LUCC 研究时,由于驱动因子及土地利用和土地覆被系统的变化机制极为复杂,而且变化的空间和时间尺度难以把握,使得在 LUCC 研究中建立全球模型遇到许多困难。现在的 LUCC 研究主要是通过遥感图像分析,开展 LUCC 区域性案例的研究,将土地覆被变化与土地利用方式改变的自然和经济驱动因子联系起来,建立解释土地覆被时空变化的经验模型。再依据"压力—状态—响应(PSR)"模型的思路,建立区域性的驱动因子—土地利用—土地覆被变化—环境影响的综合定量模型。

二、区域土地利用和土地覆被变化的研究方法

(一)区域土地利用和土地覆被测量的技术方法

土地利用和土地覆被测量主要包括土地利用和土地覆被的分类制图和变化探测两项工作。传统的土地利用和土地覆被测量主要是通过野外土地清查或航空像片解译分析等方法来完成。这些方法所得的数据在时间上不尽一致,工作

量大、时效性差、更新困难。自 1972 年美国发射第一颗陆地观测卫星以来,随着卫星遥感技术的迅速发展和计算机软硬件功能的快速提高,遥感和数字图像分析技术逐步成为当前区域土地利用和土地覆被制图以及动态监测的最有效方法。

1. 土地利用和土地覆被的分类与制图

土地利用和土地覆被分类与制图属于专题分类与制图,在步骤上与其它专题的分类和制图是基本相同的。

将遥感图像转变为土地利用类型定性数据,尽管丢失了一些图像上原有的数字信息,但是简化了空间细节,使土地利用类型一目了然。土地利用和土地覆被分类在特定区域空间上的实现,是建立在土地利用和土地覆被分区的基础上的。所谓土地利用和土地覆被分区是根据特定区域空间现象的相似程度和差异程度,按一定的分类原则所进行的土地利用和土地覆被区域划分。土地利用和土地覆被制图则是分类与分区的综合,它将分类和分区的结果以地图的形式表达出来。可见,土地利用和土地覆被分类可以看做是利用野外调查、观测或遥感资料等进行制图的初始工作。换言之,土地利用和土地覆被制图首先要建立起土地利用和土地覆被分类体系。1976 年美国地质调查局利用遥感图像进行了土地利用和土地覆被制图,制定了一个多层分类系统。该分类系统共有四级,表10-8 反映了第一级和第二级分类状况。第一级分类单元适用于分辨率较低的卫星资料,一般用于制作 1∶50 万的地图;第二级适用于小比例尺航片或较高分辨率的卫星资料,可用于制作 1∶5 万的地图。随着分类系统级别的降低,制图就需要越来越详细的遥感资料和其它辅助资料。

目前,土地利用和土地覆被变化图的编制主要是在遥感和计算机技术尤其是 GIS 技术的支持下完成的,这种制图方法具有速度快、精确度高、省工省时等特点。

2. 土地利用和土地覆被变化监测

土地利用和土地覆被随时间的推移而变化。许多土地覆被变化信息可以直接从不同时间的遥感影像上相比较来获得。但是,有些细微的土地覆被变化由于遥感技术灵敏度的限制,或者由于大气干扰等其它因素的影响,可能无法探测到,因此对土地覆被变化的监测需要有光谱灵敏度高的传感器才能取得较满意的结果。

对土地利用变化的监测需要确定某时刻、某地点的土地利用类型,或者从土地覆被变化状况中推测土地利用的变化。

表 10-8　美国地质调查局土地利用和土地覆被分类系统[49]

第 一 级	第 二 级
1.城市或城区用地	11 居住区 12 商业服务区 13 工业区 14 交通、通讯和公共设施用地 15 工商混合区 16 各类城市和建城区用地 17 其它
2.农业用地	21 农地和牧草地 22 果园、幼树林、苗圃和园林地 23 饲养地 24 其它农业用地
3.草地	31 草木草地 32 灌木地 33 混合草地
4.森林地	41 阔叶林 42 常绿林 43 混交林
5.水面	51 河流 52 湖泊 53 人工水库 54 海湾和河口
6.湿地	61 有树的潮湿地 62 无树的潮湿地
7.荒漠	71 盐地 72 沙滩 73 非水滨沙地 74 裸露岩石 75 操场 76 过渡区 77 混合荒漠区
8.苔原	81 灌木苔 82 草木苔
9.永久性冰面覆被	91 常年覆被 92 冰川

概括地说,利用遥感技术进行土地利用和土地覆被变化探测,大致需要以下五个步骤:①提出土地利用和土地覆被变化探测的问题,即确定探测地区、时间变化频率和欲探测的土地利用和土地覆被变化的类型。②分析影响探测土地利用和土地覆被变化的因素。这包括两个方面的工作:一是对遥感系统的评价,如

系统重访某地获取图像的时间频率,传感器的光谱和分辨率等;二是对环境因素影响分析,如大气、地形、土地湿度等条件,物候周期变化特点和潮位变化等的分析。③提取土地利用和土地覆被变化信息及图像处理。主要目的是获取合适的图像及其它数据,如地图、实测数据等。④评价土地利用和土地覆被变化信息提取的精度。⑤编写和编绘土地利用和土地覆被变化探测的报告和图件。

(二)建立区域土地利用和土地覆被变化模型

由于土地利用和土地覆被的变化涉及因素繁多,过程错综复杂,因而建立抽象模型对于理解和预测土地利用和土地覆被的格局和变化过程具有十分重要的作用。当前土地利用和土地覆被变化模型的建立与全球环境变化和陆地生物圈的研究密切相关,其核心问题在于探讨土地利用和土地覆被变化对全球和区域生态系统的影响。Moore 等人(1981)建立的简单生物圈模型,就是一个较早的尝试。Hall(1985~1990)则基于刀耕火种这一盛行于热带地区的土地利用方式,发展了 GLOBC 模型,改进了以往模型对热带生态系统及其变化的处理。20 世纪90 年代以来,土地利用和土地覆被变化模型的发展有三个重要趋势:一是时间动态模拟、空间格局分析与地理信息系统相结合;二是遥感数据的广泛应用;三是对自然、社会、经济各要素的综合。

根据具体的研究目的,土地利用和土地覆被变化模型可以采用不同的形式和结构。一般说来,土地利用和土地覆被变化模型是用于研究不同土地利用和土地覆被变化的动因、过程及其对环境和人类影响的,因此一般的土地利用模型主要应由四个部分组成,即土地利用和土地覆被的类型、各种类型变化的动因、变化的过程和机制、变化造成的影响。目前国际上尚未形成土地利用和土地覆被分类统一的标准,常用的分类体系除了前述的美国国家地质局的土地覆被分类(表 10-8)外,还有 IGBP 土地覆被分类、Olson 世界生态系统综合体等。造成土地利用和土地覆被变化的原因很多。McNeill(1994)将 LUCC 驱动因子划分为四个方面:① 政治因素,包括地方和国家政府的社会和经济发展规划、政策调节、土地利用管理、利益团体和公众影响;② 经济因素,包括经济体制中对资源(特别是土地资源)的分配方式、市场结构和运行机制、技术构成、财富分配等;③ 人口因素,人口密度和人均耕地面积是衡量人口对土地的压力以及对土地利用变化影响的重要指标;④ 环境因素,包括自然资源的质量和人类生产、生活环境状况等。这些因素对土地利用和土地覆被变化的影响既可以是独立的,又可以是交互作用的,影响方式和影响强度极为复杂,难以用简单的统计方法将其区别开来。土地利用和土地覆被变化过程既包括类型的变化,也包括在类型不变情况下操作方式的改变(如粗放型农耕地转化为集约型农耕地仅是操作方式的改变,而土地利用类型则没有改变)。McNeill 等(1994)将土地利用和土地覆被变化过程划分为三种类型,即收获,如狩猎、采集、捕捞、薪材收集、伐木、放牧、刀耕火种、采矿等;替代,包括皆伐、焚烧、耕作、修筑梯田、水利工程等;外部输入,包括作物和家禽引种、驯化,引水灌溉,机械、化肥、农药投入等。土地利用和土地覆被变化对环境和人类的影响重大而深远,主要包括对区域和全球生物化学循环的影响、对生态系统结构和功能的影响、对区域小气候的影响等。针对每一种影响,均可建立一系列模型,如可建立土地利用和土地覆被变化对全球碳循环、区域小气候以及区域经济和社会的影响模型等。

三、土地利用和土地覆被变化的现状

(一)全球土地利用和土地覆被变化现状

人类活动是引起土地利用和土地覆被变化的最主要的原因。为了获得人类社会发展需要的物质和能量支持,人类通过各种土地开发和经营活动在很大程度上改变了土地覆被状况。土地利用和土地覆被变化的趋势是农田、城市和建设用地面积逐渐扩大,森林、草地和湿地面积不断缩减(图 10-8)。

换言之,现在的农田、城市和建设用地面积扩大是以牺牲森林、草地和湿地为代价的。从工业革命起至 20 世纪早期,土地覆被的主要变化大都集中于北半球的中纬度地区。到 20 世纪中后期,特别是后期,土地覆被的主要变化发生在热带地区。这一区域的耕地及草地的扩展,森林退化及城市化正急剧发生。

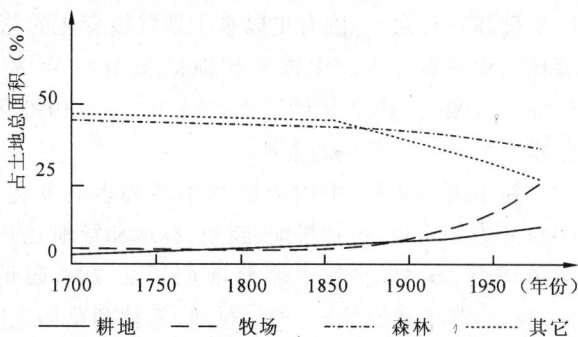

图 10-8　全球土地覆被变化趋势(据[48]改制)

从 1700 年至今,土地覆被变化最突出的特征之一,就是农用地(包括耕地和园地)面积大幅度增加,增幅达 392% ~ 466%。另外,在最近 200 年间,全球农田灌溉面积增加了 2 400%,从 800×10^4 hm² 增至 2×10^8 hm²。目前农用地的转化及集约化在工业化水平较低的区域最为迅猛,但是在欧洲,由于退耕还林及其它原因农用地面积已有减少的趋势。

在人类历史上,地球上的森林遭受到了两次大的浩劫。第一次发生在西方国家工业化初期,人们为了获得农田、建材和薪柴,使 1/3 的温带森林被砍伐。第二次现在正在进行,主要发生在热带雨林区及北美的温带森林区。20 世纪 80 年代全球热带雨林的毁林速度达每年 $1\ 690 \times 10^4\ hm^2$,年毁林率为 0.9%(表 10-5)。北美的阿拉斯加和北太平洋沿岸的温带森林地区伐木仍在进行。20 世纪 50 年代以来,美国森林面积持续减少,在 1975 年—1984 年里,森林面积共减少了 $2\ 540 \times 10^4\ hm^2$。

如果从广义的草地来看,最近 300 年来草地面积的变化很小,全球总减少约 1%。这是因为被垦为耕地的草地损失,基本上都从林地中得到了补偿。但是,就狭义的草地而言,自农业时期以来,草地已减少了 20%。湿地损失主要是农用地扩展的结果,长期的全球湿地损失很难估算,面积缩减可能达数亿公顷。

(二)中国土地利用和土地覆被变化现状

中国的土地利用和农业历史悠久,早在六七千年前,长江流域就已经出现了耕种,至今农业在国民经济中仍占有重要地位。随着生产的发展和人类活动的加剧,自然植被逐渐被次生植被和人工植被所替代。元朝时多数平原已被开发,自然植被仅在边远地区才有分布。近 500 年来,战争和人口增长更使森林受到严重破坏。总之,中国有史以来土地覆被变化的总趋势也是耕地面积不断扩大,森林面积不断减少。中国的耕地面积 1661 年为 $3\ 662 \times 10^4\ hm^2$,1851 年增至 $5\ 041 \times 10^4\ hm^2$,1932 年增至 $8\ 320 \times 10^4\ hm^2$,1990 年达到 $9\ 567 \times 10^4\ hm^2$,现在已基本上没有了可开垦的荒地。

新中国成立后,中国土地利用结构也有变化,但幅度相对较小(表 10-9)。1949 年农用土地(包括耕地、园地、林地和草地)约占全国土地总面积的 64.1%,1990 增至 66.4%。其中耕地增加了 2.7%,园地增加了 0.6%,林地增加了 5.7%,而草地减少了 6.7%。耕地、森林和草场之间的比例,也自 1949 年的 1∶1.29∶4.0 变为 1990 年 1∶1.88∶4.0。居民点和工矿用地从 1949 年的 0.49% 增至 1990 年的 1.87%,交通用地由 0.21% 增至 0.75%,二者均增加了 3 倍。未利用地则由 1949 年的 32.8% 减至 27.0%。

表 10-9　1949 年—1990 年中国土地利用结构变化[47]　　　（单位：%）

土地利用类型	1949 年	1990 年	变化
总面积	1.000	1.000	0.000
耕地	0.102	0.129	0.027
园地	0.001	0.007	0.006
林地	0.130	0.187	0.057
草地	0.408	0.341	−0.067
居住工矿用地	0.005	0.019	0.014
交通用地	0.002	0.008	0.006
水域	0.023	0.036	0.013
其它	0.328	0.270	−0.058

四、土地利用和土地覆被变化对全球环境的影响

土地利用和土地覆被变化对自然地理系统有正、负两方面的影响，此处仅分析其负面影响。

（一）土地退化

土地退化是由自然力或人类土地利用中的不当措施或二者共同作用而导致的土地质量下降、土地生产力衰减的过程和结果，表现为土壤侵蚀、土壤次生盐渍化、土地荒漠化及土地污染等。在人类社会发展过程中，人类通过各种途径和措施改善土地质量，提高土地生产力，这是土地利用的主要目的和主要结果。然而限于人类的认知水平和科学技术能力，由土地利用而引起土地退化的现象也屡见不鲜，如由于土地开垦不当造成的土地荒漠化、过渡放牧导致的草场退化、水土流失形成的土地退化、施肥不足出现的土壤肥力下降、不合理灌溉引发的土壤盐渍化、土壤污染所致的土地质量恶化等等都是普遍存在的。土地退化不仅可使土地质量下降，甚至可使土地丧失其使用价值。

在许多发展中国家（如厄瓜多尔、尼泊尔、印度尼西亚等），由于贫穷和人口增长引发农民大量开荒，导致了严重的水土流失。在哥斯达黎加、马拉维和墨西哥等国，每年因土壤侵蚀而形成的损失约占各自国家当年国内生产总值的 0.5% ~ 1.5%。在过去的 40 年里，由于灌溉方法应用不当，全世界次生盐碱化土地急剧扩大。全球 9.5×10^8 hm^2 的耕地中，约有三分之一受到盐碱化的影响，约有 2.4×10^8 hm^2 生产力严重下降。目前荒漠化已影响到世界约六分之一的人口及发展中国家 70% 的干旱土地和发达国家 40% 的干旱土地，面积达 45.6 ×

10^8,占全球土地总面积的 35%。

(二)生物多样性下降

生物多样性是人类社会赖以生存和持续发展的物质基础,对维持全球和区域生态平衡有着十分重要的作用。所以,生物多样性及其保护日益受到世人的关注,已成为全球环境热点问题之一。虽然影响生物多样性下降的因素有很多、很复杂,但土地利用和土地覆被变化是主要原因之一。

土地覆被变化已经导致了全球物种数量和种类的显著损失,仅热带森林每年的物种损失就达 $1.0 \times 10^4 \sim 1.7 \times 10^4$ 种之多。中国的生物多样性下降也较为严重,详细情况请参阅本章第三节有关内容。

(三)大气二氧化碳含量增加

土地利用和土地覆被变化对全球碳循环有着深刻的影响。在 20 世纪 80 年代初期,土地利用和土地覆被变化引起的全球环境变化,就常被解释为热带森林砍伐导致大气 CO_2 含量上升。所以,土地利用和土地覆被变化对全球碳循环的影响在全球环境变化研究中具有重要意义。

虽然现在大气 CO_2 的人工来源主要是化石燃料燃烧,来源于土地利用和土地覆被变化的 CO_2 仅占来源于化石燃料燃烧的 CO_2 的 25% ~ 30%,但是最近 200 年中来源于二者的 CO_2 总量几乎相等。如果土地覆被变化仍按目前的趋势继续下去,那么未来 75 年里排入大气的 CO_2 将与最近 300 年里已经排入大气的 CO_2 在数量上基本持平。

如本章第一节所述,大气 CO_2 含量上升可引起全球变暖,因此土地利用和土地覆被变化是全球变暖的重要原因,并带来一系列的其它负面影响。

(四)洪涝灾害频繁

如本章第二节所述,森林具有良好的水文效应。若森林面积下降,流域内涵养水源的能力降低,必然导致河流的暴涨暴落,引发洪涝灾害。我国 1998 年长江流域特大洪涝灾害就与长江上游森林面积减少有重要关系。所以,土地利用和土地覆被变化对河流水文和洪涝灾害也有十分明显的影响。

五、土地利用和土地覆被变化对全球环境影响的对策

人类社会的发展,必然会引起土地覆被的变化。土地覆被变化对环境的影响可有两个截然相反的结果,一是提高土地生产力和改善生态环境,二是造成土

地和生态环境质量的下降。人类的愿望是通过采用一定的土地利用调控对策,在最大程度满足人类社会各类用地需求的同时,保持土地质量的稳定和提高,避免土地覆被变化对生态环境的不良影响,实现人类社会的可持续发展。针对上述土地利用和土地覆被变化对全球环境的负面影响,可提出如下相应的对策。

(一)加强耕地保护

随着世界人口的不断增长,势必导致对耕地需求的增加。为了确保人类社会所需粮食的供应,同时又为了减轻因扩大耕地面积而形成的对森林、草地和湿地的"蚕食"和破坏,对现有耕地的保护是十分必要的。耕地保护主要包括耕地面积保护和耕地质量保护两个方面的内容,具体的保护措施有以下几个方面:①建立基本农田保护制度,严格其它土地用途占用耕地的审批权限,控制居民点和工矿用地的规模,限制非农业建设用地的发展速度,防止城镇村和工矿用地的盲目扩大。②采取行之有效的经济、技术和管理措施,促进土地整理、复垦和开发工作,充分开发利用宜耕荒地、农村闲散地和工矿业废弃地,最大限度地扩大耕地面积。③通过搞好农田水利基本建设、调整肥料施用结构、改良土壤等措施,改造中低产田,提高耕地的生产力水平。④通过应用生物措施和工程措施等多种途径,有效防治水土流失、土地荒漠化、土地盐碱化和土壤污染,提高耕地质量,防治土地退化。

(二)采取多种措施,提高森林覆盖率

就全球变化而言,扩大森林面积既有利于保护生物多样性,又有利于减少CO_2排放量。因此,有必要采取有效措施,遏制森林面积锐减的势头,搞好森林建设,扩大森林面积,建立自然保护区网。具体措施详见本章第三节有关内容。

(三)开展 LUCC 理论研究,搞好土地利用规划

如前所述,LUCC 对环境和人类的影响有有利的一面,也有不利的一面。我们研究 LUCC 的目的就是要克服其不利影响,发挥其有利影响。为此,我们必须深入研究 LUCC 的驱动因子、变化过程和环境影响,在此基础上努力回答现状土地利用是否是可持续性的,什么样的土地覆被格局最有利可持续发展,如何改变现状不合理的土地利用方式以促进可持续发展,深入探索区域最优化的土地利用和土地覆盖格局,对于不合理土地利用方式提出调整对策,制订出科学合理的土地利用规划。我国 20 世纪 90 年代普遍开展的土地利用规划尚不能完全满足LUCC 研究的要求,规划的理论水平有待进一步提高,所以今后要开展 LUCC 的

理论研究,从另一视野搞好土地利用规划,促进我国自然、经济和社会可持续发展。

复习思考题

1.简述全球变暖的现状与趋势。
2.全球变暖的原因和危害主要表现在哪些方面?
3.人类面临全球变暖应该采取哪些措施减轻其危害?
4.南极臭氧洞的形成原因是什么?
5.臭氧层破坏对人类和自然地理环境的危害主要表现在哪几个方面?
6.人类在遏制臭氧层破坏方面采取了哪些措施?今后应注意什么问题?
7.引起森林面积减少和物种绝灭的主要原因有哪些?
8.森林面积减少和物种绝灭对生态环境和人类社会产生什么危害?
9.人类应采取什么措施遏制森林面积减少和物种绝灭的趋势。
10.简述土地荒漠化的危害及原因。
11.如何防治土地荒漠化。
12.能源问题的实质是什么?如何解决能源问题?
13.发达国家与发展中国家环境污染的状况有什么不同?原因如何?
14.谈谈你对解决环境污染问题的认识。
15.试述土地利用和土地覆被的概念及其变化研究的内容。
16.试述土地利用和土地覆被变化对全球环境的负面影响及其对策。

主要参考文献

[1]温刚等.全球环境变化.长沙:湖南科学技术出版社,1998.1~19
[2]王绍武.气候系统引论.北京:气象出版社,1994.226~247
[3]J.Houghton等.全球变暖.戴晓苏等译.北京:气象出版社,1998.4~145
[4]王绍武等.未来50年中国气候变化趋势的初步研究.应用气象学报,1995,6(3):333~341
[5]毛文永等.全球环境问题与对策.北京:中国科学技术出版社,1993.36~73,143~169,171~303
[6]Reid G C. Sloar total irradinace Varitations and the global Sea Surface temperature record. J. Geopihys. Fes., 1991, 96(D2):2835~2844
[7]施雅风.海平面上升影响评估中的三个问题.见:包浩生.任美锷教授八十华诞地理论文集.南京:南京大学出版社,1993.18~27
[8]徐德应等.气候变化对中国森林影响的研究.北京:中国科学技术出版社,1997.5~15

[9]李克煌等.自然地理界面理论与实践.北京:中国农业出版社,1996.1~17

[10]崔读昌等.气候变化对农业气候带和农牧过渡带的影响.见:邓根云.气候变化对中国农业的影响.北京:中国科学技术出版社,1993.210~222

[11]蔡运龙等.全球气候变化下中国农业的脆弱性与适应对策.地理学报,1996,51(3):203~211

[12]黄秉维.全球气候变化与中国的对策.地理知识,1992(8):26~27

[13]谭冠日.气候变暖对中国人体健康的影响.见:李政道.绿色战略.青岛:青岛出版社,1997.359~365

[14]朱瑞兆等.中国科学技术蓝皮书(第5号).北京:科学技术文献出版社,1990.105~127,171~173,260~277

[15]刘式达.地球科学中的非线性和复杂性.见:21世纪科学发展趋势课题组21世纪初科学发展趋势.北京:科学出版社,1996.275~276

[16]葛全胜等.全球变化研究与地理学.见:吴传钧等.世界之交的中国地理学.北京:人民教育出版社,1990.68~76

[17]王贵勤等.大气臭氧研究.北京:科学出版社,1985.5~6

[18]Miller G T JR. Living in the Environment. Wads worth Publishing Compawy, 1996. 317~327

[19]不破敬一郎.地球环境手册.全浩等译.北京:中国环境科学出版社,1995.66~67

[20]王明星.大气化学.北京:气象出版社,1996.291~327

[21]人民教育出版社地理社会室.地理.北京:人民教育出版社.1996.66~67

[22]陈月娟等.南极臭氧洞与南极涡旋的变化—IAP模式的试验结果.大气科学,1999(4):462~468

[23]叶笃正等.当代气候研究.北京:气象出版社,1991.266~279

[24]世界资源研究所等.世界资源(1990~1991).中国科学院自然资源综合考察委员会译.北京:北京大学出版社,1992.155~179,497~549

[25]世界资源研究所等.全球生物多样性策略。中国科学院生物多样性委员会译.北京:中国标准出版社,1993.5~13

[26]"中国生物多样性保护和行动计划"总报告编写组.中国生物多样性保护行动计划.北京:中国环境科学出版社,1994.10~32

[27]王献溥等.生物多样性的理论与实践.北京:中国环境科学出版社,1994.15~36,97~222

[28]中国科学院生物多样性委员会.生物多样性研究的原理与方法.北京:中国科学技术出版社,1994.1~34,83~96,141~162

[29]Hunter M JR. Fundamentals of Conservation Biology. Blackwell Sicence. inc. 1996.107~125

[30]国际环境与发展研究所等.世界资源(1987).中国科学院自然资源综合考察委员会译.北京:能源出版社,1989.80~108,413~449

[31]林年丰.第四纪地质环境的人工再造作用与土地荒漠化.第四纪研究,1998(2).128~133

[32]朱震达.荒漠化概念的新进展.干旱区研究,1993,10(4):8~10

[33]朱震达.中国土地荒漠化的概念、成因与防治.第四纪研究,1998(2):145~153

[34]慈龙骏.全球变化对我国荒漠化的影响.自然资源学报,1994,9(4):289~302

[35]慈龙骏.我国荒漠化发生的机理与防治对策.第四纪研究,1998(2):97~105

[36]董玉祥.人文因子在荒漠化中的作用.中国沙漠,1992,12(1):16~26

[37]刘毅华等.刍议我国的荒漠化与可持续发展.中国沙漠,1999,19(1):17~22

[38]吴正.风沙地貌学.科学出版社,1987.237~249

[39]井文涌等.当代世界环境.北京:中国环境科学出版社,1989.38~64,162~198

[40]张志杰.环境污染生态学.北京:中国环境科学出版社,1989.7~21

[41]刘培桐.环境学概论(第二版).北京:高等教育出版社,1995.1~13,212~266

[42]金鉴明等.自然环境保护文集.北京:中国环境科学出版社,1992.1~17

[43]方磊.中国环境与发展.北京:科学出版社,1992.55~69,179~194

[44]田德旺等.环境与发展导论.北京:中国环境科学出版社,1997.59~71,97~103,116~131

[45]李秀彬等.前言.地理译报(土地利用/土地覆盖变化专刊),1996,15(3):1~42

[46]Skole D. Land Use and Land Cover Change: an Analysis, Golbal Change Newsletter, 1996(25):4~7

[47]黄秉维等.现代自然地理,北京:科学出版社,1999.195~210

[48]Leemans R. Land-use Chang and the terrestrial carbon cycle, Global Change Newletter, 1999(37)24~26

[49]史培军等.土地利用/覆盖变化研究的方法与实践.北京:科学出版社,2000.1~124

第十一章　人类与自然地理环境的关系

对于人类社会来说,自然地理系统是其生存的基本环境,因此在论及二者相互关系时,常把自然地理系统称为自然地理环境,或自然环境。自然地理环境是人类赖以生存和社会经济发展的物质基础,对人类社会有着直接而深刻的影响作用,而人类的各项活动实际上就包含着适应、利用和改造自然地理环境的性质与内容。所以,人类与自然地理环境的关系,实质上是一种相互作用的关系。

人类与自然地理环境相互作用关系的基本论题在于运用统一的概念体系和逻辑结构阐明人与自然相互作用系统的演变过程和发展规律,并用这一理论框架去解释不同的社会文明发展阶段人与自然相互作用的基本方式及其演进的内在机制,进而探求人类可持续发展的途径和措施等。

第一节　人类与自然地理环境关系概述

论述人类与自然地理环境的关系,首先需要揭示有关"人类"和"自然地理环境"等概念的深层涵义,以及有关"环境"系列基本概念(范畴)的层次关系。

一、人类的属性和行为

习惯中所说的"人",通常是作为"人类"的泛称或简称。一般说来,"人类"是一个集合概念,指的是人的社会群体,亦即人们通过一定方式的生产和生活联系网络而紧密结合起来的集体。因而,每个人都是"社会化"的人,每个人都具有明显的社会属性。人类的本质就在于其社会属性。

人类的社会属性主要是指人类作为"有意识的存在物"所具有的属性。按此意义讲,每个人不仅具有生理特点,而且还都有心理特性,即可以通过思想、智慧和自主行为有意识地去适应和改造自然,并以各种社会形式予以表现,以满足自己不断增长的需要。具体讲来,人类的社会属性主要表现在两方面:一方面随着人类社会的发展,人类积极调节和提高适应自然环境的能力;另一方面通过各种社会实践活动(如生产劳动和科学实验等)对环境条件进行不同程度的改造,从而使人类的生存生活环境打上了社会的烙印(如农田、牧场等各种人工生态系统的形成,城镇、工矿区的出现,风景旅游区的开辟等)。当然,在不同的社会发展阶段,由于社会生产力水平和生产关系的不同,人类改造利用自然的方式和程序有显著差别。总之,人类与生物界中的动物最根本的区别在于人类具有社会属性。

从人类的起源来讲,人类是地球表层这一特定物体系统长期演变和发展的一种自然历史产物,是从类人猿动物进化而来的。因而,人类必然具有一定的生物特性,亦即人类的自然属性。

人类的生物特性突出地表现在人类的生存和生活脱离不开土地,脱离不开生物圈。或者说,人类是从其赖以生存和生活的自然地理环境中不断获取各种生产活动(实质上是在人类控制下的物质与能量的转化过程),尤其是人类的农业生产活动对于人类生物特性的反映更为明显。人类生物特性的另一方面表现,是在人类进化过程中逐渐形成对生存环境的适应能力。人类同各种生物相比较,固然可以肯定地说适应环境的能力很强,但也不是没有限度的,超过了最大适应能力的限度,人类也是难以生存生活的。有人认为,随着人类社会的发展和科学技术的进步,人类将逐渐完全摆脱对自然界的依赖,彻底克服环境条件的束缚,其生物特性最终将会消失。其实,人类由所谓必然王国进入自由王国,正是在逐步掌握了自然规律的前提下,按照"因势利导"和"因地制宜"等原则,主动去协调人与自然的关系,以求更有效地适应不同环境条件的变化。因此,这并不意味人类生物特性的消失,而是其生物特性的延展。

综上所述,人类既具有社会属性,又具有自然属性,是两者的辩证的统一(其中社会属性是其主导方面)。只有承认人类的两重性,才可能正确认识人与自然的关系,克服环境虚无论和环境决定论等片面观点。

人的社会属性主要是通过人的行为表现出来的。人的行为与动物行为的本质差别,就在于人有高度发达的智能(人类认识世界和改造世界的特有才能)。人的行为可分为个体行为和集体行为两种。人的个体行为是人类社会活动最基本的单位,它是分析研究人类行为的基础;由个体行为组成的群体行为将会对自然界和社会产生更大的影响。人类的各种群体可能是有组织化的,也可能是无序的。人的群体行为通常与群体的规模、行为规范、信息交流、人际关系等有着密切关系。鉴于现代社会组织化程度日益提高,了解群体行为的规律性对于人与自然的讨论更有实际意义。

人类正确认识自我,不仅是哲学探索的最高目标,也是深入了解和协调人与自然关系的基本前提之一。人类只有清醒地认识自己所处的地位,才可能摆脱自身行为的盲目性,才可能不断超越自我,进而通向与自然界和谐共处的美好未来。

二、环境的涵义和系列

在一般文献中所论述的"人与自然"或"人类与自然界"、"人与环境"或"人类与地理环境"等命题中的自然(自然界)或环境(地理环境),通常都是泛指统一的客观物质世界(不依赖于人的意识而存在的客观现实),其具体概念含义没有明确揭示。在使用过程中,除了有些文献相互混用之外,多数文献选用的是表述较为抽象的"自然",有的文献在强调某事物是以人为主体的外部事物时,则使用"环境"或"地理环境"等词。为了行文简便,本章内容中所论述的"人类与自然地理环境关系",一般泛称为"人与自然关系",有时简称"人地关系"。

"环境"一词的英文(Environment)原意是"环绕着的东西",亦即周围事物。其汉语的本意是指"周围事物的境况"(周围事物简称环,境况简称境)。因此,当"环境"一词作为专业术语使用时,必须考虑和体现以下几方面的深层涵义:一方面要明确什么事物被环绕? 亦即对于某环境来说,它的主体(中心)事物是什么? 如果没有主体或中心事物,也就无所谓相对应的环境;另一方面还要明确主体(中心)事物被什么东西环绕? 亦即主体以外的周围事物怎样,境况如何等。

如果把"环境"作为一种科学概念引用时,还必须进一步明确环境系列中有关范畴的层次关系。鉴于每种具体的"周围事物"都是同某种主体(中心)事物相对应而言的,而客观存在的物体系统有大有小,可分为不同的等级或层次,所以环境的空间范围差别很大,呈现出多等级、多层次系列。

天文学(宇观尺度)所讲的某个星系或天体的"环境",指的是"宇宙环境"。若以地球为主体,那么太阳系便是地球存在和运动的环境;若以太阳系为主体,银河系磨威为太阳系存在和运动的环境,其它可依此类推。

地质学(宏观尺度)所讲的"环境",主要指的是"地球环境",或称"地质环境"。一般说来,它是以地壳为主体事物,而把地球内部的地幔和地核及其构造作用,以及地球外部营力作用作为地壳的存在和演变的环境条件。

生物学所讲的生命物质的生活环境,主要是指动、植物的"自然生态环境"。如果以整个生物界为主体,那么整个生物圈的空间范围便是动物、植物和微生物的生存和生活环境。如果把分布在地球表层的各个生物群系、群落、生物种分别作为主体,那么不同的地区、地段和地形部位便可分别视为生物的区域环境、生境和小环境等。若用微观的尺度来衡量,每个动物、植物有机体可视为该有机体细胞的生存环境,而细胞又可视为分子的环境等等。

在一般的书刊文献中,如果没有明确限定而笼统地提到的"环境",通常都是指以人类为中心(主体)的"人类环境"。鉴于人类是生存生活在地球特定的表层部位,结合上述之环境系列,整个人类环境按其空间范围的大小以及同人类生活关系的密切程度,大致可分为三个等级或层次:最高的级次是前述的宇宙环境,其次是地球环境,再次便是通常所说的地理环境(即大多数地理学者所理解的地理系统的范围界限)。

长期以来,地理学者把地理环境(地理系统)作为地理学研究对象的主要原因,是因为地理环境为人类提供了生存的场所,它对人类的生产和生活有着直接的影响和联系;同时地理环境又直接受人类活动的多种作用,并在不同程度上打上了人类活动的烙印(即原始的自然状况都有不同程度的改变,增添了一些新的人文景观)。

随着地理科学的发展,地理环境的概念也在不断地延伸和扩展。在现代一些地理文献中,地理环境又分为自然地理环境(自然地理系统)和人文地理环境(人文地理系统)两大类别。

如果把前述之地理环境理解为广义的地理环境,那么自然地理环境可以被理解为狭义的地理环境。它是人类赖以生存的自然场所和获取生产生活资料的源泉,其空间范围同生物圈的范围基本一致。它的发展变化受自然规律制约。它的结构特点主要表现为多层次的镶嵌物质体系。牛文元(1981,1992)把自然地理环境内部的岩石风化壳与大气圈、水圈的交接部分,特称为自然地理面(垂直厚度为 525 ~ 1 100 m)。该部分的物质和能量转化形式最为复杂,生命物质成分最为集中,故成为生物圈的核心部分。由于这部分自然地理环境同人类生活的关系最密切,对人类生活的影响作用最直接、最明显,所以又称其为人类生活自然环境(简称人类生活环境),并成为环境科学的主要研究对象。

人文地理环境实际是指人类在自然地理环境的空间范围内谋求生存、从事生产、维持生活等活动所必需的各种条件的综合,是一种"社会化"的地理环境,故也称社会地理环境。人文地理环境是人类社会发展的历史产物,并按照人类社会发展规律不断地演进变化。人文地理环境的实质是人类在其历史发展过程中经过长期的物质生产和文化交流,按照一定的生产关系而逐渐形成的相应的经济、政治和文化的联系网络。具体说来,这种网络是由社会经济各部门(包括工业、农业、运输业、商业和金融等部门)和一定的政治制度、法律、文化、宗教等社会要素相结合而成的有机整体。所谓每个人都不能离开社会而单独生存生活,实际就是指人们必然生活在一定的人文地理环境之中。在现代有关文献中,人们根据社会的经济基础与上层建筑的对应关系,又把人文地理环境分为社会经济环境和社会文化环境(如图11-1)。

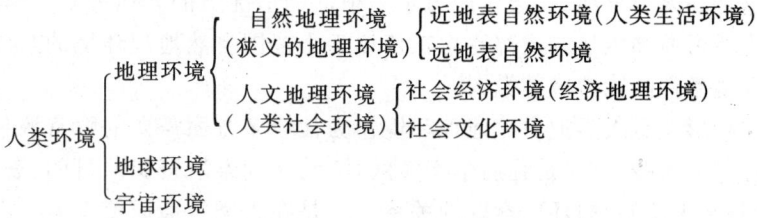

```
                      ┌ 自然地理环境 ┌ 近地表自然环境(人类生活环境)
            ┌ 地理环境 │ (狭义的地理环境) └ 远地表自然环境
            │         │ 人文地理环境 ┌ 社会经济环境(经济地理环境)
人类环境 ┤         └ (人类社会环境) └ 社会文化环境
            │ 地球环境
            └ 宇宙环境
```

图 11-1　人类环境系列[5]

通过以上人类环境系列的剖析,我们可以确立这样的概念:所谓"人与自然的相互作用"、"人类与环境的关系"等,确切地说,实际上指的都是"人类与自然地理环境的相互作用关系"。

三、人地关系的基本形式及其演变

在1972年联合国召开的人类环境会议通过的《人类环境宣言》中,明确指出:"人类是环境的创造物,也是环境的改造者。"显然,这一方面说明了自然地理环境是人类起源和进化的物质基础,是现代人类社会经济发展最基本的物质条件,它的发展变化对于人类的生产和生活有着直接的影响作用;另一方面说明人类的生息活动又是促进自然地理环境演变的重要动因之一,自从人类出现以后,自然地理环境的自然生态系统已发生了巨大变化。总之,人类与自然地理环境的关系是相互作用的关系。

从人类的角度来讲,人地相互作用关系不单是作用和反作用的关系,实际上包含着人类如何适应、利用、保护和改造自然地理环境等复杂的关系。所谓人类依赖于自然地理环境而得以生存繁衍,实际表现为人类利用环境条件、从开发环境中的自然资源而获取生产和生活资料。人类为了永续、有效地开发利用环境中的自然资源,势必要采取一定的保护和改造环境的措施。人类利用和改造环境的各种实践活动,一方面起到影响和改变环境中的自然生态平衡作用,另一方面还将导致自然地理环境产生相应的反馈作用。这种作用和反作用,可称之为地理综合效应。人类利用改造环境的实践活动要想达到预期的目的、取得良好的地理综合效应,最基本的前提条件就是要适应自然地理环境的时空变化规律,否则将是事与愿违,终会使自然地理环境遭受破坏,进而人类自身将受到大自然的"惩罚"。

　　尽管说人地关系的具体表现复杂多变,但若概括地讲先后出现过或将会出现的基本形式主要有三种。

　　第一种形式是人类完全受自然地理环境制约,表现为人类被动适应环境的关系。这是在人类早期,社会生产力水平很低的情况下的人地关系。当时人类全部的生活习惯和生活方式都建立在依赖于小范围自然地理环境的基础上,人类改造环境条件的能力极其微弱。

　　第二种形式是人类把自然地理环境作为社会多方面需要的财富源泉,通过作用于环境的实践(首先是物质生产实践)活动达到索取资源的目的,表现为人类主动(甚至无节制)向环境索取的关系。这是在人类社会向前发展、生产力水平逐步提高情况下的人地关系。它反映了当时人类"普遍的物质交换"的实践活动与社会"多方面需要"的关系,同时也显示了人类在"对物质的依赖性"基础上的能动性。

　　第三种形式是人类提出并实施合理调节对自然地理环境的索取,争取实现人类与环境"和睦相处"、"相得益彰"的和谐关系。这是一种在生产关系社会化、生产资料公有制、人类具有高度的科学技术文化水平的社会条件下最为理想的人地关系。它反映了人类对自然资源的珍惜、对自然环境自觉爱护的心理与行为,以及自然环境雄伟、壮丽、幽静的景色所激发出来的人的美感。这种人地关系实际上包含着人类对自然地理环境的伦理学和美学观念。

　　若把上述三种人地关系基本形式联系起来看,它们实际上经历了一个极其漫长的历史过程,标志着人类社会的进步以及人类复杂的认识发展过程。这就是说,人地关系三种基本形式体现了人地关系在人类社会发展历史演变过程的三个比较明显的阶段。在人类社会发展的初期,古人类只能被动地适应和完全依赖于局部的自然地理环境,而慑服于自然界的束缚力,处于自然界的"奴隶"地位,所以人地关系不可能是真正的协调发展。随着社会生产力的发展和人口的不断增长,人类根据社会物质交换的需求,而无所顾忌地、无节制地向自然地理环境索取,结果招致环境给予一定的"报复",人地关系的矛盾和冲突逐渐暴露,且日益尖锐化。这就是说,人类在千百年来认识自然、利用自然、改造自然和抗拒自然制约的过程中,同时也破坏了自然,破坏了人类自身生存与发展的基础。现代人类已普遍觉察到对自然地理环境进行掠夺性索取所产生的严重恶果,迫使人们不得不对社会发展的需求进行调节。当然,这种调节并不是摒弃需要,而是调整和适当节制需要。人类深刻认识自然规律的主要目的,就在于改造自然、合理利用自然和保护自然,使自然支持系统真正成为人类持续发展的基础。人地关系演变的教训使人类得出这样的结论:人类不能再当自然的"奴隶",但人类也不能把自然当作"奴隶"使用,人与自然地理环境之间需要的是和谐关系、协调发展的关系。

第二节　人类与自然地理环境相互作用系统的剖析

在人类与自然地理环境相互作用的复杂的历史演变过程中,人类与自然地理环境形成了一种相互适应的庞大系统。由于人类具有复杂的文化背景和强大适应能力,因而它在这个系统中处于极为特殊的地位,并不断改变着该系统的结构和功能,从而使人类得以持续生存发展。

一、人与自然相互作用系统的构成

人类与自然地理环境的相互作用系统(以下简称人与自然相互作用系统)主要是由人口、资源、环境等一系列相关因素构成的,通过物质、能量、信量的运动、交换、贮存和反馈等形成一定的结构和功能,并由于人的主动性而朝着相互适应方向演化的系统。简单地说,人与自然相互作用系统就是人类与自然地理环境相互作用所构成的统一整体。可见,人与自然的相互作用是在以人类为主体的系统中运作的。这就是说,人与自然的相互作用关系可以置于人与自然相互作用系统中来研究,可以应用系统科学理论与方法进行剖析。同时,还可把人与自然相互作用系统分解为两个子系统分别进行分析研究。如图 11-2 所示,这两个子系统分别是:自然地理系统(以下简称自然系统)和人类社会经济系统(以下简称人类社会系统)。

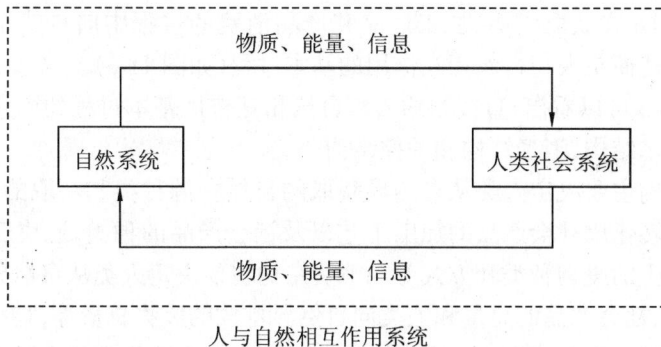

图 11-2　**人与自然相互作用系统的基本结构**[1]

　　依据耗散结构理论,以个体方式存在的人以及人类社会都是耗散结构,都是远离平衡态的有序结构;而这种有序结构的持续存在,依赖于与其环境进行持续不断的物质、能量和信息的交换与转化。人类的持久生存,既依赖于自然界生命支持系统持久地正常运转,同时还依赖于社会经济系统持久地正常运转。

　　在物质不灭的客观世界中,任何社会物质产品的产生不可能"无中生有",只能来自自然物质的转化。这种自然物质就是自然系统中的自然资源。因此,社会物质生产的本质就是将自然资源转化为对人类有用的社会产品,它的直接起点就是自然资源。若从大的时空尺度来看,任何自然资源都是地球上物质循环链条上的一个环节,处于不断地循环流转之中,保持着相对稳定的数量。这就是说,自然资源不断的"产出"(被人类开发利用,向人类社会系统分流)依赖于不断的"投入"(这种投入既依赖于自然系统内部的物质循环,也依赖于社会经济系统的物质输出)。显然,随着时间的推移,社会产品的使用价值不断损耗,产品最终将被废弃,排出人类社会系统,而回归到自然系统中去。另外,在社会产品生产过程中产生的那些无用的副产品也进入了自然系统。由此可见,人类社会系统与自然系统之间的物质交流和能量转化乃是必然的,这是质量和能量守恒的充分体现,也是人与自然相互作用途径的具体表现,又是人类社会持久存在与发展的必要条件。

二、人与自然相互作用过程的分析

　　若从物质层面来看,人类与自然界的相互作用,即自然系统与人类社会系统的相互作用,主要发生在社会物质产品的生产和消费的过程中。从人与自然相互作用的角度分析,社会物质产品的生产和消费过程包括四个主要环节。一是从自然系统获取自然资源,二是把自然资源转化或加工成社会产品,三是社会产品的消费,四是在获取资源、加工产品和产品消费的过程中向自然系统排放废物。以上所述便是人与自然相互作用的基本过程(如图11-3)。

　　从图11-3可以看出,直接制约人与自然相互作用基本过程的因素是人类社会系统的技术结构、消费结构和调控结构。

　　技术结构主要决定人类从自然界获取的自然资源种类和获取的方式,并决定自然资源转化成社会产品的加工工艺以及社会产品的种类,还决定生产和消费过程中产生的废物种类和方式等。消费结构主要决定人类从自然界获取的自然资源总量、社会产品的总量和人类向自然界排放的废物总量等,它又由人口规模和人均消费水平所决定。总之,技术结构主要决定了人与自然相互作用的方式,消费结构主要决定了人与自然相互作用的规模和强度。两者不仅直接控制

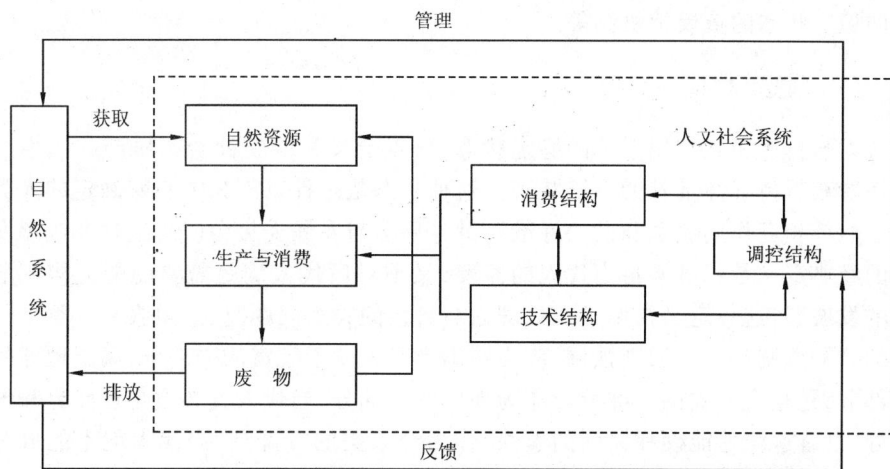

图 11-3　人与自然相互作用的基本过程与控制结构[1]

了社会物质产品的生产和消费过程,也制约着人与自然相互作用的基本过程。

调控结构是由人类的价值观念、人类社会系统的制度安排和社会的组织管理方式所组成的。其中价值观念,尤其人的自然观乃是指导人类处理人与自然关系的主要依据。同时人类社会系统的制度安排以及社会的组织管理方式等也都同价值观念息息相关。这里所说的人类社会系统的制度安排,主要是指规范人类行为的一系列规则。其中涉及人与自然相互作用的制度安排,就是一种对于权利关系的规定,主要是指产权结构(这里特指个人或集体对自然资源的产权结构或所有权结构)规定。总之,制度安排或确立所有权乃是人类有效开发自然资源的基本保证。社会组织管理方式的概念其外延较广,这里主要是指开发利用自然系统的组织管理形式以及社会对消费结构和技术结构的调控方式等。由于调控结构对技术结构和消费结构具有直接影响作用,从而间接地决定了人与自然相互作用的基本过程。

三、人与自然相互作用系统的演变机制

人与自然相互作用关系的演变,实质上是人类与自然地理环境相互作用系统的演变。同其它系统相似,其演变过程就是该系统由"稳定到不稳定,再到新的稳定"的周而复始过程。从旧的稳定到新的稳定,构成一个完整的演变周期。在每个演变周期中,系统由稳定到不稳定可称为周期的失稳阶段,系统由不稳定再次达到稳定可称为周期的趋稳阶段。可见,研究人与自然相互作用系统演变机制的最佳切入点就是研究它的稳定状态、稳定状态的条件、失稳的原因,以及

趋向稳定状态的负反馈机制等。

(一)稳定状态

人与自然相互作用系统的稳定状态,可以定义为能使社会物质产品的生产与消费获得持续性增长的系统状态。这种状态是一种以人为中心所确定的人类与自然界相互作用关系和谐的标准。世界环境与发展委员会(1987)对可持续发展的经典定义是:"既满足当代人的需要,又不对后代人满足需要的能力构成危害的发展"。这一定义强调了在处理人与自然的关系问题时,必须服从人类世代间的公平原则。这一原则强调,应当明确当代人属于宇宙的一部分,属于地球的一部分,是整个人类的一部分。作为地球的一部分,当代人就必须与自然界和谐相处,只有这样才能确保共同的繁荣;作为全人类的一部分,当代人就不能成为自毁家园的一代,而应该继承前辈的恩泽,并有义务为后代创造福祉,在追求当代人幸福生活的同时,要给后代人留下更广阔的发展空间。

(二)稳态条件

人与自然相互作用系统的稳态条件,可确定为以下四个方面的限度:第一,人类活动对生物圈的作用力度必须限制在生物圈自然承载力的可能范围之内;第二,可再生自然资源的使用(开发利用)强度应限制在其最大持续收获量范围之内;第三,不可再生自然资源的耗竭速度应限制在不超过寻求代用品的速度;第四,废物的排放强度应限制在不超过自然系统的净化能力和人类的生理忍受界限。

以上四个方面的限定如能付诸实施,就可能保持自然系统的持续良性运转,从而保证人类社会的持久存在。因此,上述四个方面可视为人与自然相互作用系统稳定状态的充分和必要条件。

(三)失稳原因

从人类的利益角度看,所谓人与自然相互作用系统的失稳就是指自然系统的现状和未来状态同人类对它的要求不相适应。如果简化一点说,它就是指自然系统的良性循环遭受了破坏,而处于退化状态。自然系统退化的原因,可能是自然因素引起的,也可能是人为作用造成的,或者是自然和人为两方面因素共同作用的结果。但是,在多数情况下,主要是人为因素引起的。诸如人类对可再生自然资源的获取强度超过了它的最大持续收获量,或者是人类对不可再生自然资源的消耗速度超过了寻求代用品的速度,或者是人类排放废物的强度超过了自然系统的自净能力,也可能是人类排放的有些废物根本就是自然系统无法同化的东西,如此等等。应当进一步指出,上述人为作用实际上与人类社会系统的技术结构变化直接相关联。

广义的技术结构概念既包括社会物质产品生产所必需的自然资源一切种类及其加工体系(即资源结构和加工结构),还应包括社会物质产品的一切种类,以及社会物质产品生产和消费过程中所产生的一切废物(即产品结构和废物结构)。可以看出,技术结构实际上揭示了人与自然相互作用基本过程的一切重要特征,也揭示了人与自然相互作用方式的主要信息。

历史的事实表明,人类社会系统的重大技术创新往往是伴随着技术结构的变化而出现的。但是从另一个角度讲,技术结构的变化可能会增加人类的活动强度,使之超过自然系统的承受限度;也可能会加大可再生资源的使用强度,使之超过其最大持续收获量;还可能因为加大开发和使用新的不可再生资源,而使之迅速耗竭,或产生出新的自然系统无法同化的废物,或者增加废物的排放强度,使之超自然系统的自净能力等等。所有这些都会使人与自然相互作用系统原有的稳定状态遭到破坏,从而使系统处于失稳状态。再者,技术结构的变化带来社会产品的增加,有时还伴随着人口的增加,以及人均消费水平的提高,这又使人类对自然的作用强度增加,从而导致自然承受的压力增大。当这种压力超过了自然系统的承载力时,人与自然相互作用系统便处于失稳状态。实际上这也是技术结构变化引起系统失稳的一种重要方式。

(四)趋向稳定的负反馈机制

任何系统在其演变过程中,各组成部分的变化总是不平衡的,它们不可能以相同的速度彼此和谐一致地发生变化。其中某些组成部分率先发生变化,打破了系统原有的稳定状态,进而导致系统的发展模式和结构开始改变;然后受趋稳原理支配,系统的其它组成部分也发生相应的变化,以完成系统模式与结构的完全转变,寻求新的稳定。相对而言,那些率先发生的引起系统失稳的变化,称突破性变化。但是需要指出,并非所有率先发生的变化都是突破性变化,突破性变化的意义主要在于它使系统失稳,并能带来适应性和结构性变迁。

在人与自然相互作用系统中,自然系统的状态是几十亿年进化的产物,其自身的本征变化速度极为缓慢,而人类对它运行方式的改造能力又很微小,因而基本上可其视为不变因素。鉴于此,人类社会只能根据自然系统的固有特性来改造人类自身,以求得人与自然相互作用系统的稳定,而很难按照人类社会的需求去重新塑造自然系统。譬如说,人类只能根据自然的气候节律来安排农事活动,而不能根据自己的主观愿望去改变气候节律以适应人类自己选择的农事活动日程表。这就是支配原理发挥作用的一个典型案例。

支配原理的基本涵义是:变化缓慢的系统或变量支配变化迅速的系统或变量,变化迅速的系统或变量适应变化缓慢的系统或变量。可以看出,支配原理决定了在人与自然相互作用系统中适应性变化主要发生于社会系统。更确切地说,适应性变化应主要由调控结构、消费结构和技术结构共同承担。适应性变化的方向,应该是有利于建立新的平衡,促进人与自然的关系和谐。

适应性变化(或谓协同进化)的根本机制是负反馈调节。当技术结构突破性变化打破了人与自然相互作用系统原有的稳定状态时,系统的适应性变化便随之发生。适应性变化往往是同时或者先后在调控结构、消费结构和技术结构中发生。在一般情况下,技术结构的变化常常可导致社会产品更加丰富,人均消费水平随之提高;这又可导致人口规模的扩大,进而加大了社会对自然系统的压力。因此,消费结构的调节,可通过控制人口规模、限制人均消费水平等措施来减少人类社会对自然系统的压力。所谓技术结构的调节,可通过降低单位产品的废弃物发生量和减少自然系统不可同化的废弃物种类等途径,使自然系统的生物地球化学循环趋于完善,借以达到稳态。所谓调控结构的调节,主要通过改变人们的价值观念、权利关系和组织管理方式等,以适应技术结构和消费结构的变化,并用新的调控机制控制人与自然相互作用的基本过程,以求达到稳定。需要强调指出,上述三种结构的适应性变化是相互关联的,但是调控结构的适应性变化具有决定性作用。这是因为它不但要使自己适应新的系统状态,而且还要驱动消费结构和技术结构适应新的系统状态,共同保证人与自然相互作用系统进入新的稳定状态(图 11-4)。

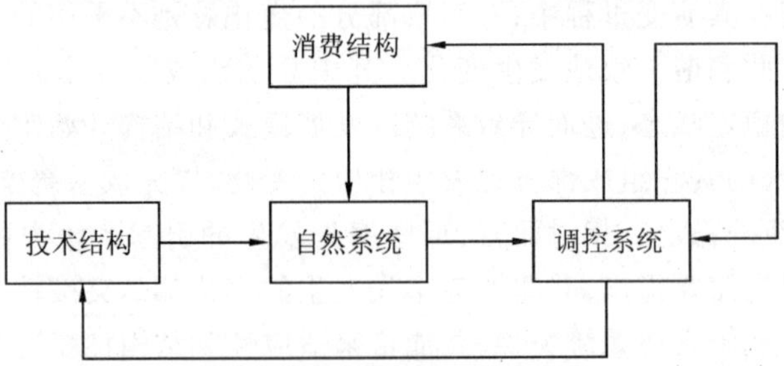

图 11-4　适应性变化的总体反馈调节结构

综合上述,关于人与自然相互作用系统的演变,大致可得出如下几点结论:

第一,人与自然相互作用系统的稳定状态,意味着该系统处于功能性增长的动态平衡状态,亦即人与自然相互作用关系的和谐状态。

第二,鉴于人类社会的消费结构主要决定了人与自然相互作用的强度,技术结构主要决定了人与自然相互作用的方式,所以人与自然相互作用的和谐关系主要依赖于两种平衡关系的保持,即消费结构与自然资源之间的平衡关系,技术结构与自然系统之间的平衡关系。

第三,当人与自然相互作用系统处于失稳状态时,受趋稳原理支配,系统内的适应性变化便开始出现。但是支配原理决定了人与自然相互作用系统内的适应性变化只能在社会系统中发生。另外,协同进化原理还决定了社会系统的消费结构、技术结构和调控结构的适应性变化并不是彼此孤立的,而是协同进化的。它们的实际作用就在于对新的技术结构、人均消费水平和人口规模进行修正和调节,使得人与自然相互作用的关系重新进入和谐状态。

第四,适应性变化可以视为人与自然相互作用系统吸收、消化和校正突破性变化的手段。没有适应性变化,突破性变化带给系统的也许只有失稳。在相对于突破性变化的适应性变化基本完成之后,系统重新进入稳定状态,一个完整的演变周期也就完成了,同时意味着一种新的人与自然相互适应的模式及其系统结构诞生了。

第三节　人类与自然地理环境相互作用的历史轨迹及可持续发展问题

一般说来,分析研究事物的发展变化不能简单、机械地将古论今,但是历史的轨迹却更深层次地蕴含着事物间相互联系、相互作用的机理,而且现在和未来的事物关系往往是其过去状态的继承、发展和变异。这就是说,研究任何事物的发展变化都应坚持历史唯物主义观点。

如前所述,人与自然相互作用系统实际上是一种通过人类创造的社会生产机构进行物质、能量转化的复杂系统,是一种具有"新陈代谢"功能的巨系统。这种以人类社会为主体的复杂巨系统,也有人称之谓"人类社会生态系统"。

尽管说人类社会生态系统不同于自然生态系统,但是两者同样都有其从低级到高级的历史发展过程。在这种历史发展过程中,人类与其自然地理环境之间相互作用的规模和强度、相互作用的方式和效果等都是随着人类科学技术的进步以及社会的变革而发生明显变化的。尤其是人类社会文明发生重大转折的历史时期(指人们的生产方式、生活方式、思维方式和社会组织方式等方面发生全面的、结构性变迁的历史时期），人与自然相互作用的机制将会发生根本性变化。针对这些历史性变革情况进行具体分析研究，并探讨其内部机制和外在轨迹，可为人类未来的发展提供有益的启示。

一、人与自然相互作用的历史进程

如果暂时撇开同一历史时期不同地域、不同民族、不同文明进化程度的差别，而依其共同特性（一般规律性）进行概括，人与自然相互作用的关系基本上可分为四个历史演进阶段。

（一）采集狩猎社会阶段

200×10^4 年前的原始社会旧石器时代，通常被视为人类历史上的采集狩猎社会阶段。约在距今 35×10^4 年前的旧石器时代晚期，采集狩猎社会进入了成熟阶段。这段时间是研究采集狩猎社会特征的主要历史时段。

采集狩猎社会的古代人类只能是以采集天然的植物果实和根块，以及捕鱼和狩猎为生，并且只是使用极为简陋的石块和木棒等进行采集和渔猎活动，严格意义的生产工具和工艺尚不存在。当时人们的消费水平仅限于维持最低水平的食物消费以延续生命和繁衍后代，人口规模也被严格地限定在天然食物供给量的限度之内。

采集狩猎社会的古代人类除了具有生物个体和群体的一般规律性之外，在社会组织形式上也有自己突出的特点。为了在仅掌握原始工具和技术的条件下能够适应相对严酷的环境条件，采集狩猎者一般是以家庭为基本单元形成亲族群体，而且这种小规模的群体还不断流动（因为每个地方所能提供的天然食物毕竟有限）。在群体内部，成员之间已有一些简单的分工协作活动以及对食物的共享等。正是在这样一系列生产、生活和组织保障的社会情况下，才使食物采集者们得以维持低水平的供需平衡。这种人与自然相互适应模式，伴随人类社会发展跨越了上百万年。

总之，在人类历史的采集狩猎社会阶段，人们的活动范围非常狭窄，人对自然的影响作用极其微小，人群分布和人口数量明显地受山河、气候、植被和动物种群等自然环境条件的限制，人们的生存资源还依季节而更新，并无枯竭之虞，人对自然的依附性很突出，人与自然的关系处于一种原始共生阶段。

(二)农业生产社会阶段

在人类历史上,农业社会的延续时间相当长久,包括"原始农业"和"传统农业"两个互有差别的社会阶段。

从采集狩猎社会进化到原始农业社会阶段(距今大约一万年前的新石器时代早期),人类已开始利用原始的农业生产技术开发农业资源,已不再完全依靠天然食物。原始农业生产的主要特点是极其粗放,尤其在最初阶段,仅仅是对自然生态的模仿。当时所谓的耕作种植,只不过是将种籽撒播在田地里,任其自然生长,等到成熟时节再来收获果实,整个农业生产过程也只有播种和收获两个季节。后来,人们先后发明了"火耕"、"刀耕火种"和"粗耕农业"等耕作方式,实际上是以轮歇交替耕种和休闲土地的方式不断地将休耕地生长的植物所贮存的太阳能和养分转换到耕地里的作物上,以实现从天然植物到栽培作物的养分循环,保持一种低水平的物质平衡。

在原始农业社会阶段,人们的生活和食物生产中所利用的自然资源都是可再生的自然资源,而且生产技术和生产工具极为简单,因而人们对资源的使用量以及空间范围都很有限,对自然系统的影响不可能超过其承载限度。再者,以刀耕火种为主的耕作技术和以石刀、石铲、耒耜为主的生产工具既不会对自然系统造成太大干扰,也不会在生产过程中产生自然系统中无法同化的废弃物。因此,原始农业社会的人类活动仍然受自然界控制,其技术结构和相应的生产能力对自然系统稳定性的影响完全可以通过系统的自我调节而消除,人与自然相互作用的方式并不必然造成人与自然相互作用系统的失稳,这表明当时的人类仍是屈服于自然界的。

原始农业社会人类的消费水平很低,人们经常处于饥饿和半饥饿状态。再者,刀耕火种农业耕作的土地生产力水平很低,这种技术结构决定了当时的人口密度也很低;加之人们营养不良,低出生率,以及各种疾病、瘟疫、部族战争和自然灾害等因素的作用而导致高死亡率,因此原始农业社会的人口规模非常有限。正是这种极低的人均消费水平和不大的人口规模,决定了原始农业社会的消费结构对自然系统的压力不会越过自然系统的承载限度,消费结构与自然资源之间的关系也是基本和谐的。但是需要强调指出,原始农业社会人与自然之间的和谐状态是以人们的低消费和人口低密度以及人对自然的屈服为代价的,而这并不是现代人类所向往和追求的人与自然相互作用和谐关系的理想目标。

人类对自然系统的大规模改造始于传统农业社会阶段。传统农业的出现,首先提高了人均消费水平,同时还使得人类活动的范围和人口规模急剧扩大。

其次,人类活动第一次成为改变地表形态和塑造各种人文景观的重要营力。

　　随着社会的发展,古代人类在长期狩猎和采集野生植物果实过程中,逐渐熟悉了一些动物的生活习性和可食植物的生长周期,于是便从中选育出一些适合人类食用需要的优良动植物品种作为家畜饲养和作物种植,从而有了传统农业的萌芽。随后的农业耕作又将铁器农具与牛犁马耕结合起来,并能对耕地适时施肥浇水,以补充土壤的养分和水分亏缺等。这时的人与自然关系已从人类单纯依附于自然进入到顺应自然的阶段,已经开始能够利用自然的力和能来生产人们所需的生活资料。但是在自然灾害面前,人们依然处于"听天由命"的被动状态,经常遭受自然灾害的肆虐。

　　传统农业与原始农业的根本区别在于,传统农业单位面积土地上的能量投入以及单位面积土地上的产量均有大幅度提高,而且人们已意识到既要种地又要养地。在传统农业社会,人们的生活和生产中使用的能源主要是生物能源,特别是植物干物质燃烧提供的热能为最主要的饮食和采暖能源;利用的自然资源主要是地表的气候资源、土地资源和生物资源;社会产品主要是人类衣、食、住、行的必需品,大多是初级产品(顶多是经过初级手工加工的产品);生产和生活消费过程中产生的废弃物也都是自然系统可降解、可同化的;其技术结构与自然系统之间的关系基本上仍是比较和谐的。

　　在传统农业社会中,人与自然之间的冲突主要是由消费结构与自然资源之间的失衡造成的。传统农业社会的模式,决定了它的消费结构特征总是人口增加抑制人均消费水平的提高。即技术结构的改进和社会经济的发展,往往导致人口规模的进一步扩大,新增的社会产品被新增人口所消费,而人均消费水平却维持不变,甚至还可能下降。当传统农业社会的人口规模超过它的适度人口规模时,人与自然的矛盾就趋于激化状态。传统农业社会中人与自然的冲突除了表现在人们遭受干旱、洪涝、病虫害等自然灾害威胁之外,主要还表现在由于对土地不合理利用而造成的森林植被减少、水土流失、水源枯竭、草场退化、土地荒漠化、土壤盐渍化等方面。上述冲突的直接后果,集中反映在所谓"四料"(食料、燃料、饲料、肥料)的全面短缺问题上。因此,在没有建立起有效的人口调节机制的社会条件下,人口压力将形成恶性循环。例如,在我国西北黄土高原干旱半干旱地区,水分不足始终是限制当地农业发展的主要因子,农作物单产一直偏低。在传统农业生产条件下,人口的增长必然要求扩大耕地面积,实行广种薄收;其代价是破坏森林和草地,从而引起风沙侵袭和水土流失;而风力和水力的侵蚀作用又加重了干旱,加速了土壤有机质的流失和分解,导致土地退化,农业产量降低,形成了恶性循环。

为了缓解人与自然的冲突和人口的压力,人们早已注意到不断改进传统农业的技术结构,使之不断完善和发展。以我国为例,传统农业社会大约经历了五千多年的历史,其技术结构方面的适应性变化主要体现在如下五个方面:①提出了因地制宜、多种经营、保持地力常新的农业指导思想;②形成了精耕细作、合理种植的优良传统;③创造了间作、套种、轮耕、多熟制等耕作制度;④发明了育秧移栽、种植绿肥、水稻烤田、虫害防治、果树嫁接、带肥下种等项栽培技术;⑤制成了铁犁铧、代耕架、风扇车、脚踏水车、高转筒车等农用工具,完成了都江堰、郑国渠、灵渠等项著名水利工程。传统农业社会的技术结构改进尽管非常缓慢,但是其适应性变化的成效还是明显的。例如,土地生产力已由原始农业社会的 150 ~ 600 kg·$(hm^2)^{-1}$提高到 2 100 ~ 2 200kg·$(hm^2)^{-1}$;尽管我国从公元前两千多年的几百万人口增加到 20 世纪 50 年代的数亿人,但在总体上基本实现了土地资源的持续利用。这是我国传统农业创造的辉煌业绩。

由于传统农业社会阶段生产力水平偏低,各项生产技术都还比较落后,所以人们对自然的适应和控制能力都带有很大的局限性。人们所建立的依靠人力保护和控制的农、牧业环境仍然保持着自然界的生物学生产过程的基本特性,因而传统农业社会应属于人类社会生态系统的低级阶段。

(三)工业化社会阶段及其环境问题

就世界范围而言,18 世纪中叶以后,以蒸汽机和纺织机的广泛使用为标志爆发了工业革命。资产阶级的产业革命带来了社会生产力的大解放,人类历史开始进入了工业化新时期。许多国家随着工业文明的崛起,先后由传统农业社会逐步过渡到工业化社会,而且工业文明开始深刻影响到人们生产和生活的各个方面。例如新型生产机器的涌现,以及相应的新能源(煤、石油、天然气等)的开发利用,有力地促进了社会两大物质生产部门——工业和农业迅猛地发展。工业生产的发展,加强了对各种自然资源(矿产、能源、水力、生物资源等)的开发利用,提供给人们生产和生活消费的社会产品种类和数量日益增多,完全改变了人类过去单纯依靠自然物维持生活的落后状态,进一步减少了人类对自然地理环境的直接依赖性。随着人口的增长和农业生产规模的扩大,进一步加强了对土地资源的垦殖利用,仅在短短的 100 多年的时间里,人类几乎开发了陆地上所有能开垦的土地。为了提高农业生产效率,人们开始大规模施用化肥和农药,并且兴修水利、发展农业机械、改良作物品种等,把依靠人力、畜力维持的传统农业改造成了依靠机械化、水利化、化肥、农药和化石能源来维持的现代化农业,同时把天然牧场逐步改变成为现代的人工牧场。其结果,不仅使农牧产品的产量和生产效率大幅度提高,而且也使农业生产进一步置于人工的保护和管理之下,更大程度地摆脱了自然环境条件对农业的束缚。

由上述可以看出,从传统农业社会进入工业化社会之后,人类与自然地理环境之间的物质、能量交换和转化的规模迅速扩大,交换和转化的方式更加复杂化,并在越来越多的地区比较成功地建立起农业、工业、城镇等人工生态系统。但是,由于人们对自然资源的盲目开发和浪费性使用,以及工业废气、废水和废渣物质的大量排放,不仅使多种自然资源发生枯竭,部分地区的土壤侵蚀和沙化加剧,而且很多城镇及居民比较集中的地方普遍都出现了程度不同的环境污染问题。这说明工业化社会阶段所建立起的各种人工生态系统还存在着严重的缺陷和弊端。究其原因,主要是因为人类从传统农业社会进入工业化社会之后,随着历史的演进而试图成为自然界的主宰,无节制地向大自然索取,在聚敛大量财富的同时,自觉不自觉地也在破坏自然、破坏人类自身生存与发展的基础。

在人类社会发展史上,采集狩猎、原始农业和传统农业等社会阶段,其社会的技术结构与自然系统之间都不存在必然的冲突,人与自然没有不可调和的矛盾,相互作用的关系基本上是和谐的,人与自然的冲突主要是由人口压力超过适度界限而引起的。而自从工业技术结构出现之后,人类社会首次形成了技术结构与自然系统之间的本质冲突,人与自然的冲突不仅可由人口压力引发,也可由资源结构和废物结构引发,人与自然的矛盾进一步复杂了。总之,工业技术结构本身决定了工业化社会人与自然相互作用基本过程的不可持续性,也决定了工业化时代人与自然相互作用系统的不稳定状态。

工业化社会中人与自然相互作用系统的失衡和矛盾比农业生产社会阶段复杂得多,伴随产生的问题也日益多样化。其主要表现为:人口快速增长使其规模过大,人口就业比较困难和人口老化,资源短缺,能源危机,粮食供应紧张,水土流失和荒漠化加剧,干旱、洪涝灾害频繁,病虫害严重,草原退化,森林和生物的多样性明显减退,以及大气污染、水体污染、噪音污染、电磁污染、核放射性污染、固体废弃物和城市生活垃圾污染等环境问题。其中环境污染最具有普遍性,也最为突出。

人与自然相互作用的历史轨迹表明,工业化社会虽在物质财富积累方面取得了前几个社会阶段无法比拟的成就,但所形成的人与自然的矛盾及问题,在规模、强度和复杂程度等方面都达到了有史以来最为尖锐的时期。因此,对人与自然的关系或谓人与自然相互作用的模式进行调整已成为全世界人们面临的急迫任务,全面建立人与自然的协调、和谐关系已是人心所向、大势所趋,成为一股不可抗拒的历史潮流。

（四）人地关系趋向协调发展的社会阶段

从人类与自然地理环境的相互作用关系的演变进程可以看出,人类从依附于自然、顺应自然、求得自然的恩赐而生存,到征服自然、有目的的改造自然和创造自己的生境,使人类从自然的奴仆地位上升到平等关系的地位,进而产生了主宰自然界的欲念。这种欲念的产生,导致了人类自我意识的觉醒。人类文明也正是沿着这种觉醒的步伐向前发展的,以征服自然、进军宇宙为使命的进取思想应该说是当代社会高度发达的精神支柱。然而从另一个角度看,主宰自然的欲念和耗费自然资源与能源的行为正是近代生态环境恶化的根源。人们从几千年同自然地理环境相处的正反两方面的经验教训中逐渐认识到,人与自然的关系应是一种"共生互利"、"同舟共济"、协调发展的关系,人与自然的关系只有协调和谐,人类社会才可能保持稳定的繁荣和发展。

20世纪以来,人类面临着工业化阶段带来的各种严峻挑战,面临着协调人地关系的艰巨任务,世界各国人民正在为恢复和改善已经遭受破坏的环境、防止人类生态环境进一步恶化而不懈努力,并把建立相互促进的自然—社会经济系统作为共同奋斗的目标。这种为改善人地关系做出的努力,标志着人类建立协调的人地系统的社会阶段已经到来。自20年代出现第一次资源保护运动以来,直到60年代新的环境保护运动又重新崛起,人类的环境意识一直在不断地被唤起和提高。从60年代—70年代开始,国际间的科学活动在研究生物圈的领域内得到进一步加强,这为人类进一步提高对自然界的深层认识提供了可能。1972年,联合国人类环境会议组编写的《只有一个地球》的报告不仅多处强调人类与环境之间相互依存、相互影响、相互改造的观点,一再主张建立起人类与自然之间的和谐平衡关系,而且几次提出"协调"的观念。至80年代,"协调论"在我国得到进一步发展和完善,并结合我国的国情实际,把"控制人口增长、提高人口素质"和"搞好国土整治工作"作为"协调人类发展与环境关系"的主要途径。

约从60年代开始,以电子计算机、激光、光导纤维等为内容的新技术革命使人类社会逐步迈入了信息时代。新技术、新能源和新材料的发展和应用,给人类在利用和改造自然的实践斗争中增添了新的力量;在促进社会生产力出现新飞跃的同时,也使得社会产业结构和人们的社会生活发生了深刻变化,从而对环境保护、社会进步和经济增长产生了积极的影响。60年代以来,一方面是新的科学技术革命有利于解决工业化阶段造成的环境问题,新的技术应用将会提高资源利用率;另一方面新技术应用于环境管理系统、环境监测和污染控制系统可明显提高环境保护工作的效率,从而使得人类进一步协调人地关系措施的实施有了比较可靠的技术保障。这也表明人类实现同自然协调发展的时机已经成熟。

在现阶段,随着全球化进程的加快以及高新技术的迅速发展,可能会改变工业社会的一切模式,使人类具备更强的灵活性和措施去适应有限资源的挑战。深入探索人类社会与自然系统的协同进化规律,真正实现人与自然关系的和谐及可持续发展,依然是人类 21 世纪面临的紧迫而又艰巨的任务。

二、可持续发展问题

(一)可持续发展观概述

从 20 世纪 70 年代开始,一种新的发展观逐渐兴起。众所周知,工业化社会引发的人口剧增、资源短缺、环境恶化、国家间不均衡发展等全球性问题已引起国际社会的普遍关注。至 1987 年 4 月,世界环境与发展委员会在《我们共同的未来》的长篇报告中提出了"可持续发展战略"。1992 年 6 月,在巴西里约热内卢召开的世界"环境与发展"大会上通过的《21 世纪议程》中提出了人类社会可持续发展的战略框架。1994 年,我国以《中国 21 世纪议程》为命题的形式公布了中国 21 世纪人口、资源、环境与发展的白皮书,展示了我国推行可持续发展战略的纲领和蓝图,这可谓是中华民族对全人类共同的美好未来做出的一项重要贡献。

人类社会发展到现阶段,人与自然关系的核心问题就是如何协调人口(Population)、资源(Resource)、环境(Environment)与发展(Development)的关系(简称 PRED 关系),这就是所谓可持续发展问题。

PRED 关系的基本含义有两点:第一,发展应该是在人口、资源、环境允许条件下的发展,特别是要使资源(含人力资源)与环境能够得到永续利用;第二,人口、资源、环境要求的是协调地发展,能对发展作出必要的响应。在 PRED 中,发展是关键,发展的重要任务之一就在于发展资源技术、环境技术和人口控制技术,并在人民群众中建立起生态环境道德观,在环境中创建新的生态系统。

可持续发展是一个涵义广泛、内容丰富的概念。世界自然保护同盟(1991)在《保护地球—可持续生存战略》一书中对可持续发展的定义是:在不超出支持它的生态系统的承载能力范围内提高人类生活的质量。可持续发展的概念包含着环境及人类生活质量在内的多目标的进步,既要满足人类当前的需要和追求,又不会对未来人们的需求造成损害,而且是一个动态的过程。可持续发展思想的主旨,就是要在人与自然之间建立必要而可行的和谐关系,使得自然资源在总体上保持永续利用,使人类生态系统保持良性循环,从而使人类社会得以持续发展。

(二)可持续发展的基本原则

1.促进生态系统良性循环的持续性原则

这一原则强调,发展必须限定在自然生态系统可以支持的范围内,发展不能单靠消耗资源和以牺牲环境为代价来换取短期利益,绝对不能危害维系地球生命长期生存的自然系统。鉴于人类主要是通过索取自然资源和排放废弃物来影响自然系统的物质组成、结构、功能及发展过程的,因此持续性原则理应包括以下五个方面的内容:①可再生资源的利用强度应限制在其最大收获量之内,以保证其循环与恢复功能不受破坏,确保可再生资源的持续利用;②不可再生资源的消耗应降至最低限度,并通过循环利用以提高使用效率,使不可再生资源的耗竭速度不超过寻求替代资源的速度;③从简单处理污染物转向减少、避免产生废弃物,并通过对资源的重复利用和废弃物的再资源化,形成生产的全过程控制和区域综合利用体系,把末端处理转化为预防与治理相结合;④保护生物的多样性与人工生态系统的多样性,以使人类具有更大的灵活性和选择空间,更好地适应自然变化;⑤寻求自然资源、人力资源、制造资本与社会资本之间的合理有效转化,形成互相支撑和弥补的体系,共同促进人类社会的持续繁荣。

2.寻求全面发展的协调原则

发展是人类的永恒主题。发展的最终目的在于不断改善和提高人们的生活质量。但是,发展又是一个多目标体系。因为提高人们的生活质量不仅要依靠经济增长,同时还意味着延长人均预期寿命、发展教育、争取获得良好的生活环境等等,所以发展既要以人类为中心、集中力量改善人类生活条件,也要使自然系统保持多样性和高生产率,只有使人们的生活及其支持系统的各个方面都得到了改善,才算是真正意义上的发展。这种全面的发展观,就需要各项发展目标之间的相互协调。发展目标的相互协调对应于系统内各组分的相互适应与调节,这是系统演变过程中保持稳定的必要条件。

由于人们的认识能力或社会实践经验有局限,有时确定的各项发展目标可能互相冲突,为了追求某一目标,可能损害了其它目标,从而产生了发展中的问题和矛盾。例如,盲目追求经济增长而使人类生态环境遭受破坏,造成了环境恶化问题。解决问题的途径只能从协调增长与保护之间的关系或谓发展与环境之间的关系入手,而不能停止经济发展。只有通过发展经济,才能真正摆脱发展与环境的双重困境,只有把保护资源和改善环境作为发展的基本内容,才能维持发展目标的协调,发展的问题最终还是通过发展来解决。

　　发展是一个动态过程,全面发展并不意味着各项发展目标齐头并进。协调的原则是把各项发展目标置于宏观分析的框架内,寻求整体的综合平衡和整体的协调。因此,在不同的发展阶段需要有所侧重、整体统筹考虑。

　　3.促进人类在困境中变革的创新原则

　　这一原则强调,利用"技术、制度和社会"的创新为实现可持续发展提供必要的技术和社会经济条件。如果说持续性原则是借助于自然系统的内在动力,那么创新性原则就在于发挥人的内在潜能。创新是扩大人与自然相互作用系统的环境容量、实现系统结构性变革的关键要素。创新性原则主要包括技术创新、制度创新和社会创新三个方面内容。

　　(1)技术创新:包括利用现代科学技术手段,不断发现新的能源、资源及其替代品,以及发现已有资源的新用途和新的使用方法;还包括开发能源、资源利用的实用技术和高新技术,提高自然承载力的技术,以及各项提高资源利用率、减少污染物产生的清洁生产技术和废弃物处理技术等。

　　(2)制度创新:主要是指建立以实现可持续发展为目标的各种社会的和经济方面的制度,包括发展与保护的决策一体化制度,长远规划与评估制度,以及各项配套的法律与政策体系等。

　　(3)社会创新:这是一种更为广泛的创新活动。这里主要是指进入信息社会时代后要在经济、政治、机构和文化教育等领域开展创新活动。因为信息社会最重要的资源是信息资源和智力资源,人们将主要依靠脑力劳动创造社会财富,信息产业将成为最庞大的经济部门,因而社会创新将围绕信息的收集、加工、传输和分享来展开,其中的组织创新可能扮演着较为重要的角色。社会创新将带动一系列适应性变迁,帮助人们走出工业文明的困境。

　　4.人类改变行为方式提高公众意识的自律原则

　　协调人与自然关系的一条重要原则,就是需要改变人们对自然的态度(行为方式),牢固建立起尊重自然、减少浪费、保持生物圈的新的自然观、价值观和发展观,亦即可持续发展的观念体系。尤其是价值观的改变,是人与自然相互作用系统调控结构中最深层也是最本质的部分,它直接关系到人类行为改变的基本原则以及消费方式、生产方式和思维方式改变的逻辑与道德基础。实际上,目前世界上大多数人并没有充分了解个人的社会行为和生活方式与缓解贫困、资源利用以及环境保护之间的有机联系,也不甚了解改变自己的行为对自然界和他人有何影响等。因此,需要通过各级教育系统、大众传媒宣传普及有关可持续发展的知识,使人民大众进一步学习和认识人与自然关系相协调的重要性,并从历史上已发生的危机中吸取教训,找到正确的行为方式,建立起新的道德观念,人人都能自觉地按照社会公共规范束缚自己的行为。

5.保证人人都有平等发展权利的公平原则

这项原则所强调的是,发展不能以损害他人或后代人的利益为代价,每个人都具有平等的发展权力和享受平等的发展利益。

公平原则包括同代间的公平和世代间的公平两个方面。所谓同代间的公平是指在国家之间、不同地区之间、区域内部不同利益集团之间以及穷人和富人之间,实现对资源利用和环境保护所带来的收益与支付进行公平的负担和分配。所谓世代间的公平是指在当代人与后代人之间共同分享发展的权利和代价。

6.建立全球性共同行动框架的合作原则

这一原则要求所有人都应该为人类的整体或全球的共同利益、为人类与自然关系的和谐目标而采取协调一致的行动。在“地球村”里,不仅自然系统中各种组分是相互联系的,每个人或每个国家的利益是相互联系的,而且人与自然的各种矛盾也是相互联系着的。这就意味着,人们只有在共同的目标和共同行动的基础上才能管理好全球共有的资源,各国才能在全球性的可持续发展中受益。如果没有合作原则,前述之各项原则都将失去实际意义。因此,无论是个人之间、各个企业或组织之间,还是国家之间、地区之间,合作原则对于维护人类的共同利益来说都是适用的。尤其是发展中国家与发达国家在发展与环境保护领域的合作,对于全球可持续发展更是至关重要的。

复习思考题

1.如何理解人类的双重属性?

2.试说明人类环境、地理环境、自然地理环境的区别及其相互关系。

3.简述人与自然相互作用系统的演变过程。

4.简述人与自然相互作用系统保持稳定状态的必要条件。

5.在人与自然相互作用的历史进程中,各个不同社会阶段人与自然关系变化主要表现在哪些方面?

6.简述实施可持续发展战略需要遵循的基本原则。

主要参考文献

〔1〕黄鼎成等.人与自然关系导论.武汉:湖北科学技术出版社,1997.197~282

〔2〕田德旺等.环境与发展导论.北京:中国环境科学出版社,1997.12~21

〔3〕巴巴拉·沃德等.只有一个地球.国外公害翻译组译.北京:石油工业出版社,1981.

1～37,58～238

〔4〕牛文元.理论地理学.北京:商务印书馆,1992.83～86,881～901

〔5〕全石琳.综合自然地理学导论.开封:河南大学出版社,1988.245～259

〔6〕王劲峰等.人地关系演进及其调控.科学出版社,1995.192～202

第十二章　自然地理学应用研究

　　自然地理学研究包括基础研究和应用研究两大部分。前者的主要目的是阐明自然地理系统的组成、结构、功能和时间演变特征,后者的主要目的在于运用自然地理系统的理论和方法解决国民经济建设中迫切需要解决的一些问题。人们通过对自然地理系统整体性规律和时间演变规律的研究,可以为合理利用和保护自然环境、自然资源提供科学依据;通过对自然地理系统地域分异规律的研究,可以为因地制宜、合理组织各种经济活动提供科学依据;通过对自然地理系统生产性能和生产潜力的研究,可以为合理利用土地、充分发挥土地生产潜力提供科学依据等等。

　　自然地理学应用研究包括两个层次。一是通过向有关部门提供综合自然区划图、土地类型图以及各种评价资料间接地为经济建设服务;二是自然地理学家直接参与国民经济建设中的重大问题的决策,如区域规划和发展战略研究、自然资源开发利用研究、环境规划与管理研究、区域景观生态设计研究、自然灾害防御对策研究等等。随着自然地理学研究的逐渐深入,第二个层次的应用研究将在深度和广度上不断加深和拓宽,必将在国民经济建设中发挥越来越重要的作用。

第一节　自然资源开发利用

一、自然资源概述

(一)自然资源的概念

　　自然资源是一个庞大的集合名词,迄今为止世界上对自然资源尚无统一的定义。自然资源研究的不同方向均从各自的特点出发,给自然资源赋予不同的定义。

自然资源研究的地理学方向(牛文元,1986)认为:"在自然系统中人类可以认识的、可以萃取的以及可以利用的地理成分以及这些成分间互相作用的产物,只要它们在人类生活中不可缺乏,在经济系统中产生效益,在社会系统中带来福祉,均可以称之为自然资源。"自然资源研究的生态学方向(F. Ramade,1984)认为:"资源可以简单地规定为一种能量或物质的形式。"联合国环境规划署(1972)提出:"所谓自然资源,是指在一定时间条件下,能够产生经济价值以提高人类当前和未来福利的自然环境要素的总和。"这一提法代表了自然资源经济学研究方向对自然资源认识的基本观点。我国《辞海》(上海辞书出版社,1979)对自然资源的定义进行了如下的概括:"自然资源,一般指天然存在的自然物(不包括人类加工制造的原材料),如土地资源、矿藏资源、水利资源、生物资源、海洋资源等,是生产的原料来源和布局场所。随着社会生产力的提高和科学技术的发展,人类开发利用自然资源的广度和深度也不断增加。"

综上所述,自然资源是指在自然界中一切能够为人类所利用的自然要素。在正确理解自然资源概念时应注意以下几点:①自然资源不是脱离生产应用而对客观物质进行抽象研究的对象,而是在不同时间和空间范围内可为人类提供福利的物质和能量。②自然资源的范畴不是一成不变的,随着社会的进步和科学技术的发展,人类对自然资源的理解不断加深,自然资源开发和保护的范围不断扩大。例如,在冶铁技术被发明之前,铁矿石仅仅作为一种岩石而存在,其使用价值极为有限;而在冶铁技术出现以后,铁矿石的使用价值就大大增加,成了当今社会不可缺少的一种重要自然资源。③自然资源和自然环境是两个既有联系又有区别的概念。自然环境是指人类周围客观存在的物质和能量,而自然资源则是人类可以利用的那一部分自然环境条件。

(二)自然资源的分类

1.单要素的自然资源分类

按照赋存条件可将自然资源分为两大类:一类是地下资源,它赋存于地壳之中,也可称为地壳资源,主要是指岩石和矿产资源;另一类是地表资源,它赋存于生物圈中,也可称为生物圈资源,主要包括由地貌、土壤和植被等因素构成的土地资源,由地表水、地下水构成的水资源,由光、热、大气水分等因素构成的气候资源,以及由各种植物、动物和微生物构成的生物资源等。

根据自然资源在经济部门中的地位可将其划分为农业资源、工业资源、交通资源、医药卫生资源、地质矿产资源等。在每一类型下又可进一步细分出多种资源类型,如在农业资源下通常又可分为土地资源、水资源、气候资源、牧地和饲草资源、森林资源、野生动物资源、渔业资源、遗传种质资源等。

按照自然资源的再生与更新性质可将其分为三类:一是不可再生资源,主要指矿物和化石燃料;二是流动资源,包括太阳辐射、风以及水圈中的水;三是可自然更新的资源,指所有能生长和繁殖的生命有机体。

2. 多要素的自然资源综合分类

近年来,人们愈来愈多地根据自然资源是否可再生、是否可变异以及是否可重复利用等多种要素进行自然资源的综合分类。图 12-1 是我国学者(李文华等,1985)推荐的自然资源综合分类系统。

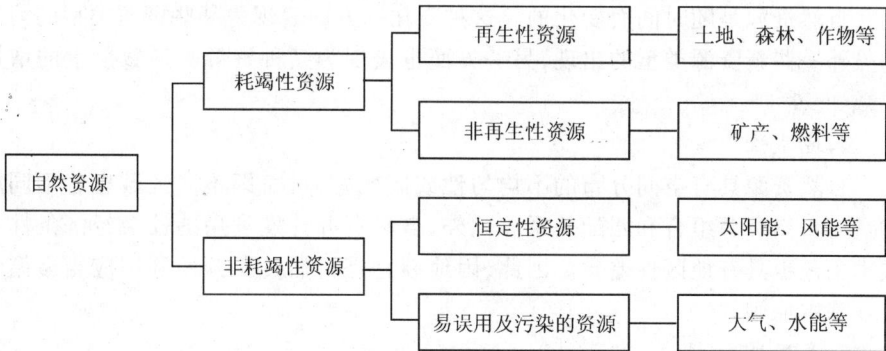

图 12-1　自然资源综合分类系统[4]

该分类系统首先按自然资源是否可能耗竭的特征将自然资源分为耗竭性资源和非耗竭性资源两大类。耗竭性资源按其是否可以更新或再生又分为再生性资源和非再生性资源两类。再生性资源主要是指各种生物及由生物与非生物环境组成的生态系统,如各种动植物资源和土地资源等。这类资源在正确管理和维护下可以不断更新、永续利用,反之则会衰退、解体并有耗竭的危险。非再生性资源主要是指各种矿物和化石燃料。它又可分为能重复利用的资源和不能重复利用的资源两类。前者如宝石、贵重金属(黄金、铂等)等,后者如消耗性矿产和化石燃料等。非耗竭性资源是指在利用过程中不造成明显消耗的资源。它又可分为恒定性资源和易误用及污染的资源两类,前者指太阳能、风能、潮汐能、原子能等,后者是指大气、水能、水资源和广义的自然风光等。

(三)自然资源的特点

1. 整体性

各类自然资源不是孤立存在的,它们相互联系、相互影响、相互制约,共同构成了统一的自然资源系统。当人们开发利用某种自然资源时,将会引起整个自然资源系统以及自然环境的相应变化。正是由于自然资源作为一个整体而存在,才决定了在自然资源研究中采取系统科学理论与方法的必要性。

2.有限性

在一定时期和一定地域内,自然资源的种类和数量总是有限的,并且在一定的科学技术水平条件下,人类开发利用自然资源的能力、范畴以及自然资源的适宜程度等都有一定的限制性。正是由于自然资源的相对有限性才导致了资源的"枯竭"与"危机"问题,并因此要求人类高效合理地利用自然资源。

3.时间性

自然资源是随时间而变化的。这种变化一方面表现为某些资源类型的消失和另外一些新资源类型的出现,另一方面也表现为某种资源类型数量上的增加或减少。

4.地域性

自然资源具有空间分布的不均匀性或区域差异性,即不同区域有着不同质和量的自然资源组合和匹配关系。此外,自然资源开发利用的社会经济条件和技术工艺也具有地区性差异。因此,因地制宜是自然资源开发利用应当遵循的一项基本原则。

5.多用性

单项自然资源、复合自然资源以及自然资源系统均具有多种功能或多种用途。例如,土地资源既可供农、林、牧、渔各业使用,也可为城镇建设和工矿交通使用;一条河流对于农业来说是一条经济的灌溉系统,对于工矿企业来说它能提供水源也可作为排污水道,对于能源部门来说它可提供廉价电力,对于交通部门来说它是一条方便的运输干线,对于旅游业来说它具有重要的风景作用。显然,自然资源的效用并不是等同的,所以面对具有多用性特征的资源系统,人们需要按生态效益、经济效益与社会效益相统一的原则,借助于系统分析手段选择最优利用方案。

6.层次性

自然资源包括的范围很广,从一种植物的化学成分到物种,从种群、群落、生态系统直到整个生物圈都可以成为自然资源研究和利用的对象。这反映了自然资源系统具有不同的层次和规模。从空间范围看,自然资源系统可以是一个局部地段、一个地区、一个国家直至全球,这反映了资源的空间层次性。就时间尺度来说,自然资源系统的形成和变化可以是现实的时、日、月、年,也可是百年、千年的历史时期,还可以是十万年、百万年的地质时期,这反映了自然资源的时间层次性。因此,在进行自然资源研究时,必须首先明确时空尺度,确定等级水平,以便采用相应的研究方法。

7.社会性

自然资源的质与量都与一定的社会经济条件和科学技术水平相联系,表现出明显的社会性。这一方面是由于人类对自然资源的认识、评价、开发利用等都受科学技术水平和社会发展阶段的限制,从而使自然资源具有社会性的特点;另一方面,自然资源中附加的人类劳动是人类改造和利用自然的时代结晶,这也使自然资源带有社会性的特征。正是随着社会经济的进步和科学技术的发展,自然资源的质和量都在不断提高,自然资源的高效利用也由理想变为现实。

8.国际性

许多自然资源是国际共享的,只有通过国际合作才能实现自然资源合理利用和保护的目的。一个国家或地区对自然资源开发利用所造成的后果也往往会超出国界而影响到其它国家和地区。当代自然资源的开发利用已经逐渐打破闭关锁国的状态,国际间资源开发的合作、贸易和技术交流日益广泛。一个国家的资源政策和贸易价格往往会产生世界性的连锁反应,因此在研究自然资源开发利用时,只有对国内外自然资源供需现状进行较准确的预测才能做出科学合理的决策。

二、自然资源评价

自然资源评价是在对自然资源全面、系统考察的基础上进行的。通过对研究区域内自然资源系统的数量、质量与结构等方面的评价,揭示出自然资源系统内各类资源的地域组合规律,为正确制定区域开发与整治的战略决策提供科学依据。

(一)自然资源数量评价

自然资源系统中的各类资源均以一定的数量存在于一定的地域空间。由于各类资源形态的差异,因此度量其数量多寡的尺度或质量单位也彼此各异。例如,土地资源以占有地表的空间范围大小来表达其存在的量,水资源量以其体积的大小来度量,气候资源中的降水资源多以降水深度作为衡量其数量多寡的指标,矿产资源则多以重量或体积为量纲表示其储量的大小。此外,也有一些资源需要采用两种以上的量纲来表达其存在的数量。

尽管有些学者曾尝试对自然资源系统的数量进行统一的度量,但很少有人取得令人满意的结果。所以,目前人们仍多采用不同的量纲对不同类型的资源进行数量计算与评价。

1.气候资源数量评价

气候资源主要包括光能资源、热量资源和降水资源等。光能资源通常以太阳辐射、日照时数和日照百分率等指标来评价其丰富程度。热量资源的度量指标有多年平均气温、日平均气温稳定通过或高于某一界限温度的天数和累积温度(积温)、无霜期以及极端最高、最低温度等。人们常依据这些温度指标的高低与持续时间的长短来评价热量资源的丰富程度。降水资源多以年平均降水量、作物生长期的降水量、降水天数、降水保证率以及干燥度等作为度量指标。人们常以这些指标对降水资源的丰缺作出评价。

除了分别对光能、热量和降水进行数量评价外,还需要对它们的数量配合关系进行分析评价。在数量上配合适当的光能、热量和降水是发展农业生产的有利条件;在数量上配合不当时,常会给生产带来不利的影响。

2.水资源数量评价

水资源数量评价包括三个方面的内容:一是可用水资源数量的估算和水资源丰富程度的一般评价;二是供水与用水现状的统计分析与评价;三是对未来需水量与供水能力进行预测与评估。可用水资源数量包括地表河川径流量和地下水资源量两部分。在估算水资源数量时要特别注意由于人类活动的影响以及河川径流、地下水、土壤水等三水之间的转化所引起的水量重复计算问题,以避免数量评价失真。除了需要准确估算水资源总量外,一般还需要对区域水资源相对数量(人均占有量和单位面积占有量)进行横向对比评价。供水与用水现状的统计分析与评价包括区域内已有的各项蓄水、引水、提水工程在现有水利设施水准条件下,遇到丰水、平水和枯水年份时河流与地下水供水能力进行统计分析与评价,以及现状各行业部门的用水情况的调查。此外,还需要对目前供水能力与用水量之间的关系进行合理分析。未来需水量的评估应以国土规划或当地计划部门初步拟定的近期和远期的人口与城镇、各个产业部门的规模与结构、人民生活与各项社会福利事业的发展目标为依据,参照国内外经验拟定各部门的用水定额,匡算出各个水平年的需用水量。在对未来供水能力进行预测与评估时,应根据本地区水资源拥有的开发潜力和技术经济条件估算出近期和远期可以增加投产的水利工程数量和供水能力。

3.土地资源数量评价

土地资源数量评价不仅包括已被人们利用的耕地、园地、林地、牧业用地、养殖水面、天然草地、城镇工矿用地、农村居民点用地、交通用地等项用地的数量的评价,而且也包括未被利用的裸岩、沼泽地、滩涂、水域、沟壑地等的评价。此外,还应掌握各种地貌类型、土壤类型以及各种不同坡度与天然植被覆盖等自然状况下的土地数量的多寡。不但要用绝对量表示土地资源数量,而且要用相对量即用各土地资源相对百分数和人均拥有量来表示。人均拥有的土地资源量是评价土地资源数量的主要指标,而人均拥有的某些自然状态下的土地数量则可作为辅助指标。更为实用的土地资源数量评价应当建立在土地适宜性分类的基础之上,根据人均拥有的宜农地、宜林地、宜牧地、宜养殖水域等来评价土地资源的数量。

4.生物资源数量评价

生物资源的数量可用种类数量、年生长量、年经济生产量(最有经济价值部分的生产量)等来表示。一个地区生物资源种类的多少,是反映区域生物多样性的主要指标。在评价生物资源数量时,既要考虑一些主要生物种类的年经济生产总量,又要考虑其人均和单位面积生产量。

5.矿产资源数量评价

矿产资源的数量主要以种类的多少、总储量的大小和矿产的总价值(或潜在价值)的高低来表示。在进行数量评价时不仅要进行总量和总价值的比较,而且要进行人均占有量和潜在价值的比较,并以后者作为数量计算与评价的主要依据。

6.能量资源数量评价

能量资源数量评价主要是对目前能够较大规模开发利用的常规能源如煤炭、石油、天然气、水能、生物能等的蕴藏量、可开发量进行评估。为了便于比较,应将上述能量资源均按热值换算为标准煤。

(二)自然资源质量评价

所谓自然资源的质量评价是指从人类需要的角度衡量自然资源可被用来创造财富的多少或价值的高低。由于自然资源类型复杂多样,性质千差万别,因此衡量其质量高低的标准也不一致,质量的内涵和表达方式也各不相同。

1.气候资源质量评价

气候资源质量评价包括农业气候、工业气候、工程气候、旅游地气候和城市气候等质量评价。农业气候资源质量评价最主要的内容是气候生产力的评价。气候生产力常采用光合潜力、光温潜力和光温水潜力等指标表示。考虑气候因子愈多的指标,愈能真实地反映气候生产力的高低。在农业气候资源质量评价中也可以选取若干个限制农业生产的气候因子作为评价项目来综合评定不同地域农业气候资源质量的优劣。工业气候资源质量评价主要是指对工业布局有较大限制作用的某些气候因子如风、温度、湿度等的评价。评价内容主要包括两个方面:一是对工业废气扩散有较大影响的风向、风速、静风天气、逆温层和湍流强度等进行评价,二是对温度或湿度有较严格要求的工业部门进行限制程度评价。工程气候质量评价,主要是选择对工程建设有重大影响的气候因子,特别是对大风、雪暴、冰冻、洪涝等灾害性气候因子有针对性地作出适宜性或限制性评价。有条件时还可划分出服务于不同类型工程建设的各种适宜性级别的工程气候区。城市气候质量评价主要是对城市空气质量、城市热岛效应、对城市建筑和居民生活与健康有重大影响的气候因子作出评价。

2.水资源质量评价

水资源质量评价包括以下四个方面的内容:一是在未受污染或仅受轻度污染的地区,主要按水的矿化度和水的硬度对天然水质作出评价;二是在受到较重污染的地区,按照国家规定的标准对水体进行污染级别的划分;三是对某些有重大开发价值的矿泉水资源应作出化学成分的分析,评价其饮用或医疗保健的特殊价值;四是按照国家规定的饮用水标准对城乡饮用水水源进行质量分等。

3.土地资源质量评价

土地资源质量评价包括对土地进行适宜性分类以及在此基础上的土地质量分等定级。其详细情况可参阅第九章有关内容。

4.生物资源质量评价

生物资源质量评价包括对森林资源、天然草场资源、农作物、家畜家禽、野生生物资源以及经济林木等的质量评价。森林资源质量评价主要是指以林相与森林功能的划分,以及对单位面积森林的生产量或活立木蓄积量为对象的评价。评价天然草场资源质量,主要是根据牧草成分的质量对比关系划分草场类型,按可食性牧草的单位产量来划分草场等级。农作物资源的质量评价主要是根据农作物产品的营养成分或工业价值来划分其优劣。野生生物资源和经济林的质量,一般可根据其有用部分能够提取的有效成分的多寡以及加工后的价值高低来评价其优劣。

5.矿产资源质量评价

矿产资源质量评价主要是对矿产资源的品位、理化性能、矿石类型、杂质含量、赋存条件等作出地质与经济技术评价。如果考虑人的需求等因素,则可通过评价筛选出开发价值最大的矿产资源,并按各类矿产资源开发价值高低进行排序。

6.能量资源质量评价

煤炭、石油、天然气等常规能源和生物质能源常常以其单位重量(其中天然气是以单位体积)的发热量多少来判定其质量的优劣。其它种类的能量资源目前还不适宜于作质量评价。

(三)自然资源结构评价

1.自然资源结构评价的概念

自然资源结构是在一定地域内自然资源系统质和量的空间组合格局,或者说是在一定地域内自然资源系统各组成成分之间的地域组合或它们在空间上的组分结构。对自然资源开展组分结构评价的目的是揭示自然资源系统内部质和量的组合关系,明确在该系统中各资源成分的主次关系;分析资源组合的整体优势和资源的开发方向;对于特定的开发方向,哪些资源在质和量上可以满足需求,哪些不能满足需求,存在的主要问题是什么;资源在空间配置上的差异及集中程度如何;局部地域资源要素在空间配置或组合上存在的缺陷能否从整个地域的资源组合中得到补偿;各资源成分在时间配合上的协调程度如何;人为干预是否能够促使资源的组合关系朝着有利于开发的方向转化等等。显然,自然资源结构评价对于因地制宜指导自然资源开发具有十分重要的意义。

2.自然资源结构评价的内容

由于不同的产业部门对自然资源有不同的要求,而有些自然资源几乎对所有产业部门都是通用的(如土地资源和水资源等),因此对自然资源结构评价可分为农业、工业、通用等多种类型。

(1)农业自然资源结构评价:进行农业自然资源结构评价,一般需要按照区域内农业自然资源质与量组合上的差异性划分地域类型区(或组合区),然后分区对农业自然资源的组分结构作出评价。农业自然资源组分结构的评价内容包括各组合区的农用土地资源结构、水资源结构、农业气候资源结构、生物资源结构以及整个农业自然资源结构评价等。一个区域的农用土地资源可有多种分类方法:如可以划分为平原、丘陵、山地等类型;或者划分为低地、平地、岗地、低丘地、低山地、中山地、高山地等类型;也可以划分为耕地、园艺用地、经济林地、用材林地、宜林荒地、放牧草地、养殖水域等不同的利用类型;还可通过适宜性评价划为宜农、宜林、宜牧、宜养殖等土地类别。对上述土地类别作地域组合的评价是土地资源结构评价的重要内容(详见第九章第三节有关内容)。农业气候资源结构的评价主要是评价各个组合区降水与热量之间的组合关系或光、热、水、风之间的组合关系。整个农业自然资源系统结构评价的目的在于揭示一个地域光、热、水、土之间的组合关系和各资源成分的空间配置状况。在评价时不仅要评价某一地域的光、热、水、土之间在总量上的配合关系,而且更重要的是要针对农业生产有的放矢地具体评价在特定的时空范围内各资源要素的配合关系。

(2)工业自然资源结构评价:工业自然资源结构评价包括矿产资源结构、能量资源结构、林特产品加工资源结构、农产品加工原料资源结构以及整个工业自然资源结构评价等。矿产资源结构评价要从各组合区矿产资源质与量的组合中找出优势与非优势资源的类别,并根据矿产资源的组合优势确定各区矿产资源开发利用的方向。能量资源结构评价要注意全区各种能源质和量的组合状况,各种能量资源所占比重,工业能量资源在组合上存在的优势和劣势,已开发的商品能源质和量的组合与现实需求以及与未来经济发展需求之间的矛盾等。林特加工与农产品加工原料资源结构的评价要弄清各个组合区该类资源的总量、每年可供工业加工的原料数量与质量,揭示原料加工资源质与量上的优势和劣势,明确各区开发利用的方向和改善加工资源组合关系的途径。整个工业自然资源结构评价的内容包括工业自然资源在区域组合上的主次关系、优势及劣势,优势资源与非优势资源之间的相互制约与相互转化的关系,整个地域内工业自然资源成分的空间配置状况和各工业自然资源组合上的相互联系,整个地域的工业自然资源组合形成的开发利用方向和重点,在资源开发过程中优势资源的开发对非优势资源开发的带动作用以及非优势资源对优势资源开发的限制性影响等。

(3)通用自然资源结构评价:对通用自然资源必须开展广义的或多目标的组分结构评价,其中最主要的是作出多目标的水土资源组分结构评价。其评价内容主要包括:①各组合区与整个区域内水、土资源组合上的优势;②水土资源开发利用的现状结构与今后目标年的需求结构之间的差距;③从生态经济学角度考察论证各组合区与整个区域最优的水土资源开发利用结构;④区域自然资源开发利用的需求结构与最优开发利用的自然结构之间的关系。

三、自然资源合理开发利用问题

自然资源的合理开发利用是在现代科学和生产实践中急待解决的重要问题之一,也是保障区域经济可持续发展的关键所在。自然资源的合理开发利用就是要在充分满足人们对自然资源需求的前提下,选择最有效的自然资源利用途径,以获得最佳的经济效益、生态效益和社会效益。显然,自然资源的高效利用和持续利用是自然资源开发利用合理性的根本标志。

(一)自然资源开发利用模式

就资源与经济发展的关系而言,世界各国的自然资源开发利用可被概括为四种模式。一是资源直接利用模式,如中东、智利及其它欠发达国家的资源开发利用模式。这些国家的人民生活依赖于自然资源的直接索取,加工层次低,靠出口矿产品、低级粗产品或原料作为外汇来源或主要财政来源,进口智力技术密集型产品。二是资源综合转换模式,如加拿大、澳大利亚和其它中等发达国家的资源开发利用模式。这些国家具有较丰富的自然资源和一定的加工能力,原材料和深加工产品可以同时进入国际市场,已摆脱了对于资源粗产品的依赖,技术型和服务型的产品在国民经济中均占有相当大的比重。三是资源高度转换模式,如美国等发达国家的开发利用模式。它们既有丰富的自然资源,又有技术密集的深加工体系,国民生产总值的绝大部分是通过对本国自然资源的深加工而创造出来的,矿产品等的进出口是一种灵活自如的经济调节或谋利手段,而不是经济上主要依靠的手段。四是智力转换模式,如日本和西欧一些发达国家的开发利用模式。这些国家主要依赖进口自然资源,利用本国发达的智力型深加工体系创造高产值,向国际市场出售智力密集型产品。显然,上述不同的自然资源开发利用模式的形成是由自然资源地域分布的差异所决定的。但是,由于自然资源的紧缺是一个世界性的问题,因此无论对于哪一种开发模式,都存在如何对自然资源进行合理开发利用的问题。

(二)不同种类自然资源的开发利用

对于非耗竭性资源来说,人们应十分重视开发和推广高效率、低污染技术,最大限度地充分利用,否则它们将被白白地损失掉,不能为人类带来福利。

对于耗竭性资源中的再生性资源来说,应当采用适当的保护性利用方式。这种利用方式应当能够保证再生性资源的更新能力不被破坏。例如,对森林资源采用采育结合的利用方式,可使林地不断地提供木材和林副产品;对渔场采取捕捞季节控制和大小规格限制等经营方式,可以使鱼群得到正常繁殖更新;耕地在合理耕作施肥的情况下可以保持土壤肥力,使耕地长久地重复利用等等。

为了保护再生性资源的更新能力,就不能对它们过度利用。也就是说,开发利用再生性资源,有一个适度标准问题。有人提出开发利用再生性资源应以最小安全量为标准,即将资源储量的最低水平作为资源合理利用的标准。在这个标准以上,可按照经济最优化理论决定生产规模,而不会引起该类资源再生能力和自然增长能力的衰退。还有人提出开发利用再生性资源应以最大持续产量为标准,即最大限度地持续利用一种资源而又不损坏其更新能力为标准。例如,对于某种生物资源来说,在不影响其生长繁殖的前提下所能利用的最多个体数量就是其最大持续产量。这两种标准的共同点,在于保护资源不受破坏并能使其得到持续利用。只有通过认真的科学研究,确定了资源利用的适度标准,那么自然资源的合理开发利用就有了数量化的科学依据。

对于耗竭性资源中的非再生性资源的开发利用来说,主要有"开源"和"节流"两种途径。所谓"开源"就是要加强地质勘探以不断增加储备量,在矿产资源开发时要尽量提高采收率,采用不太紧缺的资源替代某种紧缺的资源,加强回收重复利用技术的开发等。"节流"则主要指对非再生性资源的节约使用。非再生性资源数量有限,用一点就少一点,只有采用节约使用的办法才能最大可能地延长其使用期限。

(三)自然资源综合开发

1.含有多种有用成分的资源综合开发

有些自然资源含有多种有用成分。这种资源的空间尺度往往是小尺度的一个局部地段,它常常以某种资源成分占优势,同时又伴有其它多种有用成分。矿产资源的这种特征尤为明显,几乎没有一种矿产资源是单一成分的,它们往往表现为以某种成分为主并有多种有用成分相伴生。这就为自然资源综合开发提供了可能。

我国有相当一批大型共生矿床,如内蒙古白云鄂博高温热液铁矿床,是由Fe、Nb、稀土元素等70多种元素组成的综合性矿床,属于世界特大型稀土矿、大型铌铁矿。据研究,该矿床中具有综合利用价值的元素多达20多种,铁在其中只是附加矿产。如仅作为铁矿开采,其经济利用价值不大;但作为稀土元素、多金属共生矿开发利用,其价值则相当可观。甘肃金川镍铜矿不仅是我国最大的镍矿和大型铜矿,而且是我国铂族金属的最大产地,它还伴有 Au、Nb、Se、Te、Ga、Ir 等稀有贵重矿产。对此类资源进行综合开发,可显著提高资源利用的经济效益。

2.具有多种用途的资源综合开发

有些自然资源具有多种用途。这种资源的空间尺度多为一个中尺度的自然区域。因其具有多种功能和多用性的特点,因此在对其进行开发利用时就不能仅仅考虑某一种用途,而应尽可能兼顾各种用途。例如,一些能源矿产不仅可作为燃料或动力,而且还可作为重要的化工原料;森林资源不仅能够提供木材和多种林产品,而且还能够涵养水源、保持水土、防风固沙、净化空气,起到改善和美化环境、调节气候的作用。需要指出的是,各种自然资源所具有的多种功能与多种用途并不都具有同等重要的地位。当我们所研究的对象是自然资源系统,而人们对自然资源又有多种要求的时候,问题就变得十分复杂,需要借助于系统分析的方法,按照经济效益、社会效益与生态效益相统一的原则,进行开发利用方案的优化选择研究。

3.自然资源整体的综合开发

自然资源系统是各资源成分相互联系形成的有机整体,其空间尺度往往是一个大尺度的自然区域、经济区域甚至整个国家。随着区域范围的扩大,资源种类和结构更趋复杂,对其实施综合开发的要求就越高,综合开发的难度也相应加大。前已述及,自然资源有显著的整体性特点,它就像一部十分精巧的机器。人类活动作为资源系统的一个干扰因素,在对自然资源进行开发利用时,必然要触动这部精巧的机器,从而引起自然资源系统的变化。这种变化又要求人们不断调整自己的行为,更加有效地利用自然资源。由于作为整体自然资源的综合开发包含了多种资源的开发,因此应当在综合规划的基础上,选出资源开发的优化序列。同时,任何一种自然资源的开发利用不仅不能对区域内其它资源造成不利的影响,而且还应当有利于区域经济的发展和环境质量的改善。由此可知,资源整体的综合开发具有相当大的难度。就资源开发的效益而言,自然资源整体综合开发的总效益应当大于各类自然资源开发的效益,力求最大的综合效益是自然资源综合开发过程中应该始终遵循的基本原则。

自然资源的综合开发是人类提高环境质量的必由之路。人类从环境中提取自然资源并用来建造人工环境,在开发利用和消耗资源的同时又把许多“废弃物”送回到环境中,这就不可避免地要对环境质量产生不利的影响。事实上,在“废弃物”中仍然不乏有用的组分,对它们进行综合利用可以明显减轻对环境的污染。大量事实表明,对自然资源实施综合开发不仅能大大提高资源的利用率,而且对改善环境有明显的益处。

第二节　自然灾害及其防御

当今人类社会面临着自然灾害的严重危胁,由此造成的生命与财产的巨大损失已引起全世界的广泛关注。1987年第42届联合国大会通过了“国际减轻自然灾害十年(International Decade of Hazard Reduction)”决议,并专设了联合国减灾十年委员会,把1990年—2000年作为研究、治理自然灾害的活动期,旨在提醒和教育人们重视环境保护,预防灾害,尽力避免灾害的发生。在此之后,世界许多国家或地区都成立了“减灾十年委员会”或相应机构。预防自然灾害,减轻自然灾害损失已成为各国(地区)政府的重要工作之一。与此同时,认识自然灾害,了解自然灾害发生、发展的规律,对自然灾害进行科学评估,制订减轻自然灾害的防御对策等成为广大科学家的研究课题。

一、自然灾害概述

(一)自然灾害的概念

一般认为,自然灾害是以自然变异为主而产生的对人类生命财产及生态环境造成的灾害。构成自然灾害的基本要素有很多,现介绍其几个主要方面。

1.灾因

灾因即自然灾害发生的原因。灾害发生的具体原因多种多样,但从总体上讲,不外乎是自然因素和人为因素。对于某一种具体灾害的发生而言,不同致灾因素的地位与作用是不同的,有的以自然因素为主,有的以人为因素为主,有的则是在自然因素和人为因素共同作用下产生的。就自然灾害而言,其发生是以自然因素为主的。

2.灾发

灾发即自然灾害的发生。任何自然灾害的发生都有其孕灾期、发生期和消亡期。但不同种类的自然灾害,其发生的规律是不一样的,有的以暴发形式显现,有的以渐进方式显现。一般来说,以暴发形式显现的自然灾害发生时,持续时间短,危害时间也较短;以渐进形式显现的自然灾害发生时,持续时间和危害时间都较长。

3.灾时

灾时即自然灾害孕灾、发生及消亡的时间。不同种类的自然灾害,其孕灾的时间长短差别很大。大的地震灾害孕育时间可达几百年,而洪涝灾害的形成可能只有几天,甚至几个小时。但是,自然灾害孕育的时间是有规律的,掌握这种规律对于防灾、减灾具有重要意义。灾害发生时间的长短差别也较大。当致灾因子的变化超过一定强度时,有些自然灾害会在几天、几小时甚至几分、几秒内形成灾害,如地震、洪水、飓风、风暴潮、冰雹等。而一些自然致灾因子长期发展引起的灾害称为缓发性自然灾害,如土地沙漠化、环境恶化等。这类灾害的致灾因子经过几年甚至更长时间才能显现灾害特性。灾害消亡时间是指从灾害发生到灾害危害停止的时间。不同种类的自然灾害,其消亡时间差异甚大,尤其是那些强度大、影响范围广的自然灾害,其持续时间长达几年,甚至几十年。

4.灾度

灾度即灾害发生的强度。灾害系统是由孕灾环境、承灾体、致灾因子和灾情共同组成的复杂变异系统,灾度则是对该系统的成灾度的综合表征,是承灾体成灾强度的综合指标。同时,由于灾度综合地反映了承灾体的受灾强度,从而它成为自然灾害损失绝对量的度量分级标准。灾度大小的确定主要从社会对自然灾害的承灾能力、致灾的自然条件背景以及相应的管理对策三方面综合考虑。不同种类的自然灾害,灾度的划分是不一样的;不同灾度的灾害,带来的危害也是不同的。一般地讲,灾度越大,危害也越大。

　　5.灾域

　　灾域即自然灾害发生及影响的地域。由于自然灾害的受害主体是人类,所以灾域实质上是自然灾害对人类活动造成影响的地域。没有人类活动的地域是不存在自然灾害的。不同种类的灾害,其灾域差别甚大。有的灾域是全球性的,如厄尔尼诺灾害等;有的则是局域性的,如森林和农作物病虫害等。

　　6.灾体

　　灾体即自然灾害的受灾主体,亦即受灾的人群。受灾的人群和灾域不同,直接影响着灾后的恢复和重建。人群作为受灾的主体,同时也是防灾、减灾、救灾与恢复重建的主体,因此如何发挥受灾人群的主观能动性,是自然灾害防御工作中的一项重要任务。

　　7.灾果

　　灾果即自然灾害的发生带来的后果,包括对人类生命的危害、造成的财产损失以及对人类生存环境的破坏。如果自然因子的异变未超出正常的范围,或者说其后果未造成人员伤害、财产损失及环境破坏,则这样的自然异变事件不称之为自然灾害。需要特别说明的是,自然灾害给人类带来的影响不仅仅是有害的影响,也有有利的一面,对待自然灾害的科学态度应该是如何趋其利、避其害。

　　8.灾类

　　灾类即自然灾害的类型。自然灾害的类型多种多样,且同灾害类型的特性不同。例如,不同灾类的成因、发生形式、时间、地域、后果等差别很大,防灾、救灾及恢复重建的对策与措施也不同。因此,对灾害类型的深入研究是自然灾害学科的一项基本内容。

(二)自然灾害的特性

　　这里所说的自然灾害的特性不是指单一灾害的特性,也不是指某一区域灾害的组合特征,而是指各种灾害的共同属性。

　　1.自然—社会性

　　自然灾害发生的原动力来自于自然界,自然灾害是由自然致灾因子异变而发生的,如地震的发生是地球内部局部区域应力调整的结果。因此,自然性是自然灾害的固有特性。但是,随着人类社会的不断发展,越来越多的自然灾害掺进了许多人为因素。例如,洪涝灾害的产生是降水与蒸发平衡被破坏的结果,但是在其产生过程中,人为因素(主要是人类活动导致的下垫面因素的改变)在一定程度上加快或加剧了洪涝灾害的发生及其强度,从而使自然灾害表现出越来越多的社会性。另外,自然灾害的社会性还表现在自然灾害后果的社会性(给人类造成生命和财产损失),以及防灾、减灾、救灾的社会性等方面。

　　2. 危害性

　　自然灾害的危害性集中表现在灾害的后果上,它包括灾害发生所导致的人类生命财产损失及对人类生存环境的破坏。危害性是自然灾害的最显著特性。地震灾害是自然灾害中危害最大者之一。据统计,全世界每年发生有感地震 5×10^4 次,其中造成破坏的近 1 000 次,7 级以上造成惨重损失的强震约 15 次。1976 年 7 月 28 日发生在中国唐山市的 7.8 级大地震,死亡 24×10^4 多人,伤 16×10^4 多人,经济损失 300×10^8 元以上。森林火灾的发生,不仅造成巨大的财产损失和人员伤害,而且给灾区生态环境造成严重破坏。

　　在认识自然灾害的危害性时,需要注意两个方面的问题:第一,只有那些给人类社会造成危害的自然现象才能称为自然灾害,而那些自然因子的变化未超出一定的限度未造成危害的事件,或者人为致灾因子的变化虽超过正常范围且有极端变化但未危及人类社会的事件均不能称之为自然灾害。第二,灾害的后果具有双重性,即自然灾害的发生存在有害的一面,也可能存在有利的一面。例如,台风是我国东南沿海地区的一种主要自然灾害,每年台风都造成很大的经济损失,有时还造成人员伤亡,但同时台风也给这些地区带来了丰沛的降水,使广大沿海地区水源丰富,尤其是沿海的珠江三角洲地区成为举世闻名的鱼米之乡。此外,台风的发生还对我国中部地区的伏旱具有重要的减灾意义。

　　3. 区域性

　　从本质上讲,自然地理系统的区域性决定了自然灾害具有区域性的特性。灾害的区域性指自然灾害的发生范围具有空间上的局限性,即某一种自然灾害总是发生在某些地域,并不是发生在所有的地域。自然灾害的区域性表现在自然灾害的地域分布规律、区域差异、灾害的区域联系以及不同区域具有不同特点等方面。

　　从空间上看,任何一种自然灾害的发生及影响范围都有很强的区域性,如地震灾害主要发生在世界地震带上(图 2-27)等。一种自然灾害之所在某一区域发生,是因为该种灾害产生需要的特定条件在该区域得到了满足。台风灾害只发生于热带海洋,且以太平洋热带海域发生最多,就是因为这里具有高温、高湿、强对流、强旋转和强风力等有利于台风形成的环境条件。

由于自然灾害的区域性是灾害本身成因、机理、发生过程的综合显现,因此灾害的区域性研究是认识自然灾害的一个重要途径。

(三)自然灾害的分类

1.根据自然灾害的分布范围划分

(1)全球性自然灾害:该类灾害分布具有全球性,但其影响范围不一定具有全球性,如地震、火山等灾害。

(2)区域性自然灾害:该类灾害具有区域性分布规律。从全球角度看,它的分布范围较全球性自然灾害小,但其影响范围并不一定比全球自然灾害小,如水土流失、森林火灾等。

(3)微域性自然灾害:该类灾害分布范围小,影响也仅限于局部地段,如崩塌、滑坡、泥石流等灾害。

2.根据自然灾害的发生形式划分

(1)突发性自然灾害:该类灾害发生时间短,影响时间也较短,具有突发性,如地震、火山喷发、台风等灾害。

(2)缓发性自然灾害:该类灾害发生时间相对较长,能量释放较慢,影响持续的时间长,如水土流失等灾害。

3.根据自然灾害发生的时间次序划分

(1)原生灾害:在区域灾害发生过程中,最先出现的灾害。

(2)次生灾害:它是由原生灾害诱发的自然灾害。

4.根据自然灾害的形成原因划分

目前,从自然灾害的形成原因分析而划分的分类系统是被广为接受的自然灾害分类系统。

(1)天文灾害:该类灾害是由于天文因素中的致灾因子异常变化超过一定限度而形成的自然灾害,包括太阳活动异常(太阳黑子峰年、耀斑等)、新星暴发、陨石(或小行星)撞击、电磁异暴等。

(2)气象灾害:该类灾害是大气运动和各种大气物理、化学现象变化而引起的灾害,包括台风、龙卷风、暴雨、雷电、冰雹、酷热、干旱、严寒、臭氧层空洞等。

(3)水文灾害:该类灾害是由水文因子的异常变化而引起的灾害,包括洪水、海啸等。

(4)地质地貌灾害:该类灾害是由地球内、外营力异常变化而引起的灾害,包括地震、火山暴发、泥石流、崩塌、水土流失、地面沉降、沙漠化等。

(5)生物灾害:该类灾害是指有害生物或者生物的有害代谢物扩散而引起的灾害,包括物种灭绝(生物多样性减少)和森林、草地、农田病虫害及鼠害等。

除以上分类系统外,还可从灾害发生体物理状态、灾害发生的时间远近、灾害发生的地貌类型、灾害后果、承灾体等的不同对自然灾害进行分类。

二、自然灾害时空分布规律

(一)自然灾害的时间分布规律

1.时间上的特定性

灾害总是发生在某一特定的时段,这是许多自然灾害所共有的时间分布规律性。例如,许多灾害(地震、洪水等)多发生在夜晚,而且多出现在阴历初一、十五前后的朔、望时期,具体发生时间以凌晨居多。1556 年 1 月 23 日夜,陕西华县发生大地震,死亡人数达 83×10^4 人;1975 年 8 月 5 日夜,河南省板桥水库洪水决坝;美国加利福尼亚州的 7.4 级以上地震都发生在凌晨。前苏联学者别洛夫对 3 000 多年来世界陆地及海洋火山喷发研究结果表明,绝大部分火山暴发都发生在 6 月份。这种自然灾害发生的时间特定性可能与月球、太阳对地球的吸引力造成的固体潮汐有关。

2.韵律性和准周期性

自然灾害的发生是由天文因子、地球行星运动和各圈层异常活动引起的。由于太阳活动、地球自转与公转、构造运动、海水涨落、气候变化及生物发展都存在着普遍的韵律性和准周期性,所以就决定了自然灾害也具有韵律性和准周期性。

地震灾害的韵律性和准周期性已为大家所公认。据研究,最近 500 年来,我国有两个地震活跃期:第一个活跃期为 1480 年—1730 年,第二个活跃期从 1880 年开始,至今尚未结束。20 世纪我国地震活动的 20 年或 11 年左右的周期性明显。气象灾害的韵律性也十分明显。20 世纪气温有明显的 20 年左右的变化期。许多研究成果也表明,我国的旱涝灾害普遍存在着 30 ~ 50 年、22 年、11 年、2 ~ 3 年的变化期。海洋自然灾害也具有明显的韵律性和准周期性,如我国渤海海域 20 世纪海冰最发育的年份是 1908、1915、1936、1947、1957、1966、1968—1969、1977、1980、1986 年,存在着较明显的 11 年、22 年周期。

自然灾害的韵律性和准周期性规律可能与太阳活动的周期性变化有关。

3.后延性和滞后性

自然灾害危害的时间后延性表现在一次灾害发生后,并不仅仅造成一次灾害后果,而是持续产生破坏作用。如森林火灾发生的后延性就非常突出,火烧迹地植被的自然恢复则需要几十甚至上百年,即便是人工抚育,也需要数十年。滞后性是指一次灾害发生后可形成潜在灾害,从而使前一次的灾害后果成为后一次灾害发生的导因或条件。例如,1965 年 11 月云南省禄劝县北部普福河流域的山体发生巨大山崩,形成一个长 1 100 m 的天然堆石坝和一个库容为 500×10^4 m^3 的"海子"。1966 年 7 月,这个天然石坝溃决,形成强大的泥石流,大量泥沙、石块被带入金沙江,造成巨大损失。

(二)自然灾害的空间分布规律

自然灾害的空间分布规律即自然灾害的地域分布规律。任何一个区域都是一个复杂的自然社会综合体。在这个复杂综合体中,自然灾害的种类及其组合特征都是在地带性因素和非地带性因素、内在因素和外在因素、自然因素和社会因素的综合作用下形成的。显然,不同空间尺度的影响因素所引起的自然灾害种类及其组合特征是不一样的,从而出现自然灾害的空间分异规律。

自然灾害的地域分布规律的空间范围差异很大,但它们都可能通过自然灾害的水平地带性和垂直地带性分布规律表现出来,而且水平地带性分布规律对其它分布规律具有控制作用。自然灾害的水平地带性(主要是纬度地带性)从低纬到高纬,与地球陆地表面的热量带分布相对应,主要自然灾害类型呈现热带气旋→洪涝→干旱→冻害的变化规律;海洋表层则呈现台风带→风浪带→海冰带的变化规律。

地质、地貌、水文、植被等下垫面因素的多样性,使陆地自然灾害分布的纬度地带性规律复杂化,呈现出多样化的非地带性分布规律。这种非地带性规律在中、小尺度的自然灾害上表现尤为明显。例如,暴雨灾害的发生中心,多集中分布在高大山体的迎风坡以及山区的喇叭口状地形区;山区迎风坡旱灾较轻,而背风坡则旱灾常常比较严重;排水不畅的地势低洼地区,则是洪涝灾害的集中发生地。另外,火山和地震灾害的全球分布也是一种非纬度地带性规律,它们主要分布在板块俯冲带和地缝合线上(图 2-27)。

自然灾害的垂直地带性分布规律是指随着海拔高度的升高,山地自然灾害的种类及其组合特征在垂直方向上的递变规律性。只要山体有足够高的海拔高度,其自然灾害都有垂直地带性分布规律。例如,随海拔高度增加气温逐渐降低,低温冻害也逐渐增强。在海拔 800 ~ 950 m 以下的低山与丘陵区,以滑坡和严重的水土流失为主要自然灾害;海拔 1 500 m 以上的山地,以崩塌为主要类型的灾害特征;在山地的最大降水高度以下,暴雨灾害随海拔升高而逐渐增加,而干旱灾害则逐渐减少;泥石流灾害虽然可以在不同的海拔高度上都可以发生,却相对集中于河谷地带。山地自然灾害的垂直地带性分布规律,与山地所处的地理位置及山地本身的海拔高度有密切关系,同时还受到大尺度自然灾害地域分布规律的制约。

三、自然灾害系统及其链式规律

(一)自然灾害系统

各种类型的自然灾害都不是孤立存在的,而是相互联系、相互作用构成一个具有一定结构和功能的自然灾害系统。

自然灾害系统的结构是指灾害组成元素(各灾种)及这些元素在时间、空间上相互联系与相互作用的方式,所以它包括组分结构和时空结构。自然灾害系统的组合结构由各种自然灾害事件所构成,其中一些性质上相似又存在着一定联系的灾害元素,又构成自然灾害亚系统(或子系统)。自然灾害系统可分为天文自然灾害子系统、大气圈自然灾害子系统、水圈自然灾害子系统、岩石圈自然灾害子系统和生物圈自然灾害子系统等。每个子系统又有各自的自然灾害元素组成,如大气圈自然灾害子系统由干旱、暴雨、台风、冰雹等灾害元素组成。

自然灾害的时空结构是指自然灾害在时间和空间上相互联系和相互作用的方式。自然灾害的发生起因于宇宙因素和地球诸圈层的异常变化,而这些异常变化的韵律常常是相似甚至是一致的,因此自然灾害的发生在时间上也存在较强的联系性。另一方面,自然灾害是在一定的环境条件下形成的,某一种具体的自然灾害并不是在任何地方都存在,同时区域自然地理系统又是一个有机的整体,一种组分的变异可能会引起其它组分的变异,从而形成了自然灾害在空间分布上的联系性。自然灾害在时间上的联系,可以是持续或同步的(前后相继发生或同时发生),也可以是离散的(在不同时间发生);在空间上的联系可以是邻域或同域的(在相邻或同一区域发生),也可以是异域的(在不同区域甚至相距甚远的区域发生)。综合考虑自然灾害系统的时间与空间联系,可将其时空结构概括为以下 9 种方式(表 12-1)。

表 12-1　自然灾害系统的时空结构[5]

时间结构	空间结构	时 空 结 构		
同　步	同　域	同步同域	同步邻域	同步异域
接　续	领　域	接续同域	接续邻域	接续异域
离　散	异　域	离散同域	离散邻域	离散异域

　　上述列举的自然灾害系统的时空结构形式只是自然灾害系统的一般时空结构形式,具体到某一自然灾害系统尚需具体分析。还需要指出的是,在上述的时空结构形成中,从表面上看,"离散异域"形式的自然灾害系统内部各元素之间的联系似乎较少、结构松散,但事实并非如此。例如,厄尔尼诺灾害发生在东南太平洋,距我国很远,但厄尔尼诺现象却与我国长江流域的洪涝灾害密切相关。

　　自然灾害系统的功能是指自然灾害系统对外界输入物质与能量的响应能力。因为自然灾害系统内部各组分之间的相互关系并不是简单的线性关系,因此自然灾害的这种响应能力并不是各组分响应能力的代数和,而是自然灾害系统整体的响应能力。对自然灾害系统功能的正确理解,还需要注意两个方面:一是自然灾害系统中各组分的响应能力是不一样的,这是由于输入物质与能量的性质及不同组分的性质不同而决定的;二是自然灾害系统的功能不仅表现为对人类社会的危害,而且还表现为对人类社会有利的一面及对灾害系统本身的影响。因此,研究自然灾害系统的功能是站在更高的层次上对之进行研究的。

(二)自然灾害系统的链式规律

　　自然灾害系统是一个非线性的开放动态系统,在系统内部以及系统与环境之间都存在着复杂的相互作用。其突出特征是系统的灾害群发现象,即多种自然灾害同时发生或相继发生,表现出明显的链式发生规律——灾害链。所谓灾害链就是指两种或两种以上的灾害由于因果关系或同源关系形成的连续发生或同步发生的灾害序列,同时也包括某一种灾害发生后使另一种灾害不再发生或消失的特殊灾害序列。

1.因果灾害链

　　因果灾害链是指在成因上有相互联系的相继发生的灾害所组成的灾害链。它包括决定性因果灾害链和触发性因果灾害链两种。前者是指先发生灾害,诱发次发生灾害的因果灾害链类型,如地震—火灾灾害链、干旱—火灾灾害链等;后者是指先发生灾害,为次发生灾害的发生提供了有利条件的因果灾害链类型,如台风灾害之后,常常伴有洪涝灾害等。

2.同源灾害链

由同一原因引起的两个或两个以上自然灾害的灾害链称同源灾害链。如太阳活动的高峰年,地震灾害、气象灾害也较多;大区域干旱可引起森林大火,又可引起蝗灾及土地沙漠化;暴雨可同时诱发崩塌、滑坡和泥石流等灾害等。在同源灾害链中,由于几种灾害相伴而生,故又称同源链为伴生链。

3.偶排链

偶排链是一种在相隔不长的时间内一个地区的灾害可引起相近(邻)地区发生不同性质灾害的灾害链。虽然目前尚不清楚这种灾害链的灾害之间的作用机制,但它们之间的相关性又比较明显,故将这类灾害链称为偶排链。例如,自公元1 000年以来,华北地区的地震活动规律与黄河决溢有一定的相关性,在地震活动幕期间黄河决溢次数明显高于平静幕期间。

4.互斥链

互斥链是指一种灾害发生后使另一种灾害不再发生或消失的灾害链。例如,据我国广东、福建、浙江省的许多气象台站研究,在海上发生台风但未影响本站时,若本站有系统性雷暴出现,则台风一般不会影响本站。

5.复合链

复合链也叫混合链,是由两种或两种以上的灾害链组成的灾害链。这种灾害链的致灾、成灾机制更为复杂。例如,黄河灾害链就是一个典型的复合型灾害链,它可导致水土流失、泥沙淤积、洪涝、断流、盐碱、风沙等灾害。

一种灾害可能引起多种灾害,同时又可能由多种灾害引起,这样多个灾害链相互交织可形成灾害网。自然灾害的群发现象在客观上证明了灾害链和灾害网的存在,而灾害链和灾害网又深刻地反映了灾害之间的相互联系和相互作用,刻画了灾害运动的基本规律。

四、自然灾害评估

(一)自然灾害评估的分类

自然灾害评估是自然灾害损失评估的简称。从不同的角度出发,自然灾害评估有不同的分类系统。本节仅介绍一种比较常用的分类系统(图12-2),即一级分类根据灾害过程划分,二级分类主要根据灾害损失内容划分。

（二）自然灾害评估指标体系

1.人员损失系列

人员是社会生产和生活的主体，是灾害损失首要考虑的。人员损失包括人员死亡及人员伤害。人员死亡无疑是一项重要损失，但人员伤害（受伤、毒害、病害等）损失亦不容忽视。在灾害中，可以避免人员死亡，但人员伤害则几乎不可避免，而且有的伤害可能是终生的，因此人员伤害应作为人员损失指标之一。

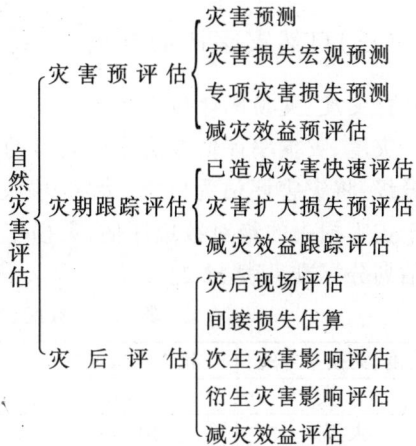

图 12-2　自然灾害评估分类系统

2.经济损失系列

经济损失系列包括直接经济损失、间接经济损失和救灾及灾后恢复重建的投入等。从理论上讲，直接经济损失应是灾害发生过程中由原生灾害造成的经济损失，但是在原生灾害形成过程中，常常伴生有次生灾害，其中一些次生灾害有突发性，以致使这些次生灾害造成的损失不易和原生灾害区分开，故也应将紧密与原生灾害相伴随的次生灾害所造成的经济损失归入直接经济损失的范畴。与直接经济损失相比，间接经济损失在时间表现上有一个很长的滞后期，同时在数量统计上也较困难，但是间接经济损失常常占灾害损失相当大的比例，因此经济损失评估应包括间接经济损失。由于救灾及灾后恢复重建资金是为了减少灾害的更大损失及恢复灾区经济，故将这部分资金纳入灾害经济损失指标系列是合理的。

3.社会损失系列

社会损失系列包括灾害对人类生存条件的破坏及软毁伤等。衡量人类生存条件破坏的指标有房屋倒塌数量、旱灾面积、涝灾面积等。灾害软毁伤主要指社会心理效应及社会经济后效效应等。

4.生态损失系列

生态损失是指灾害对生态环境的破坏，其指标包括森林覆盖率、火灾面积、生态遗传后效效应等。

（三）自然灾害评估方法

1.灾度、灾损率评估方法

灾度、灾损率评估方法是以人口的直接死亡数和社会财产损失值为指标,通过分级,将灾害评估为巨灾、大灾、中灾、小灾和微灾 5 个等级。其中,灾度评估属于灾害损失的绝对数量评估,灾损率评估是灾害损失的相对量评估。其具体评估划分标准见表 12-2。

表 12-2　灾度、灾损率评估标准[10]

灾度、灾损率等级	死亡人口数(人)	财产损失(元)	灾损率指数
巨灾	$> 10^4$	$> 10^9$	> 0.5
大灾	$10^3 \sim 10^4$	$10^8 \sim 10^9$	$0.4 \sim 0.5$
中灾	$10^2 \sim 10^3$	$10^7 \sim 10^8$	$0.3 \sim 0.4$
小灾	$10 \sim 10^2$	$10^6 \sim 10^7$	$0.2 \sim 0.3$
微灾	< 10	$< 10^6$	< 0.2

2.灾级评估方法

与灾度、灾损率评估方法相比,灾级评估方法还考虑了受灾人口、受灾面积和成灾面积。其具体评估标准见表 12-3 和 12-4。

表 12-3　灾级绝对指标评估[11]

灾级	人口		面积		直接经济损失(10^8 元)(1990 年不变价)
	受灾($\times 10^4$ 人)	死亡(人)	受灾($\times 10^4 hm^2$)	成灾($\times 10^4 hm^2$)	
特大灾害	$> 1\,000$	$> 10\,000$	> 666.7	> 333.3	> 100
重大灾害	$100 \sim 1\,000$	$1\,000 \sim 10\,000$	$66.7 \sim 666.7$	$33.3 \sim 333.3$	$10 \sim 100$
重灾害	$10 \sim 100$	$100 \sim 1\,000$	$6.7 \sim 66.7$	$3.3 \sim 33.3$	$1 \sim 10$
较重灾害	$1 \sim 10$	$10 \sim 100$	$0.67 \sim 6.7$	$0.33 \sim 3.3$	$0.1 \sim 1$
较轻灾害	$\leqslant 1$	$\leqslant 10$ 人	$\leqslant 0.67$	$\leqslant 0.33$	$\leqslant 0.1$

表 12-4　灾级相对指标评估[11]

灾级	受灾人口占总人口的比例(%)	受灾面积占总播种面积的比例(%)	直接经济损失占工农业生产总值的比例(%)
特大灾害	> 40	> 40	> 20
重大灾害	$30 \sim 40$	$30 \sim 40$	$10 \sim 20$
重灾害	$20 \sim 30$	$20 \sim 30$	$5 \sim 10$
较重灾害	$10 \sim 20$	$10 \sim 20$	$2.5 \sim 5$
轻轻灾害	$\leqslant 10$	$\leqslant 10$	< 2.5

当运用上述灾害标准评估时,如果各指标最后评估结果不一致,则可通过下列式子求得灾害综合评估值,即:

$$G = \sum_{i=1}^{n} \log N_i / n \tag{12-1}$$

$$\hat{G} = \sum_{i=1}^{n} P_i / n \tag{12-2}$$

(12-1)为灾级绝对指标综合评估值计算公式,(12-2)为相对指标综合评估值计算公式。式中 i 为灾级绝对指标或相对指标,n 为指标个数,N 为某一绝对指标灾情值,P 为某一相对指标灾情值,G 为绝对灾级或相对灾级值。

五、自然灾害防御对策

自然灾害对人类本身及其生存环境造成危害是不可避免的,但通过预防和抵御自然灾害可以有效地减少灾害损失。

1.加强灾害科学研究,为防灾减灾提供科学依据

一是加强自然灾害的基础理论研究。自然灾害对人类社会是有害的,人类应该十分重视自然灾害的基础理论研究,为防灾减灾提供科学依据。但遗憾的是,直到目前为止人们对自然灾害的基础理论研究还很薄弱,自然灾害的学科体系也未建立起来。二是加强全球与区域自然灾害研究。全球与区域自然灾害是相互联系的有机整体。对于大尺度的自然灾害来说,其影响可能是全球性的,而每一个区域的自然灾害,其种类、发生、演化又具有各自的特性,所以掌握自然灾害的全球规律与区域规律对防灾减灾十分重要。加强自然灾害研究,就是要通过灾害预测、灾害区划与制订防灾减灾规划等措施抵御自然灾害。

2.区分不同灾种,采取不同防治对策

自然灾害的具体防治对策可分为两大类,一是躲避型对策,二是抵御型对策。躲避型对策包括永久型、临时型和周期型躲避对策,如不在崩塌、滑坡、泥石流活动区建工厂、城镇和修筑公路;依地震预报,临时搬进防震棚内居住;在低温冷害严重地区,农作物实行一年一熟制等。抵御型对策包括灾因型、灾程型和混合型抵御对策。灾因型抵御对策是从灾害成因上抑制灾害的发生,如斜坡防护和人工防震等。灾程型抵御对策是通过有效控制灾害发生过程减少灾害损失,如兴修水利减轻旱涝灾害,扑灭森林、草场火灾,缩小受灾、成灾面积等。混合型抵御对策兼有上述两种对策之特点,属于综合性抵御灾害对策。

3.工程措施与非工程措施相结合,强化自然灾害管理

自然灾害防御中的工程措施是指结合区域实际,制订工程建设抗灾规划、各种工程技术规范,兴建防灾减灾工程。例如,加固堤防、整理河湖、提高洪水宣泄能力和蓄水标准,建设水库及蓄洪、滞洪工程,在低洼地的居民点周围修筑围堤或避水连台等等。另外,气象、地震、森林防火等行业的一些基础设施(如气象观测台站、地震监测系统、森林防火瞭望塔及林间道路等)建设也属防灾减灾工程措施。自然灾害防御中的非工程措施是指以经济、行政、技术、法律等管理措施开展防灾减灾工作。其中,经济手段主要是通过多渠道、多层次增加防灾减灾经费投入;通过经济制裁约束和限制盲目开发自然资源,保护生态环境;建立灾害保险业务,利用社会力量分摊灾害风险等。行政管理主要是政府统一领导、全面统筹规划防灾工作,并将防灾工作纳入政府日常管理工作之中。自然灾害的防御是一项技术性非常强的工作,科技进步在防灾减灾中的地位与作用将越来越突出。科学技术应用于防御自然灾害的主要环节包括科学技术应用于防灾减灾工程,提高工程质量及减灾效益;对核心防灾减灾工程的隐患探测、检修、加固和排险;建立灾害预警系统,跟踪、监测灾情,预测、预报灾情等。法律手段是防灾减灾的重要手段之一。防灾工程只有借助法律这一强有力的社会管理手段,才能使自然灾害的管理走向规范化管理轨道,以法防灾、以法治灾。在实际工作中,应综合运用经济、技术、行政、法律等手段,通过科学管理,最大程度地减轻自然灾害损失,保护人类生命及财产安全。

第三节　环境规划

一、环境规划概述

(一)环境规划的概念

环境规划是对一定时期内自然环境保护目标和措施所作的总体布置,其目的在于保证经济社会发展的同时,注重保护自然地理环境,实现经济社会与环境的协调发展。因此,环境规划是环境管理的主要职能之一,是实行环境管理的重要途径和措施,在环境管理中起着十分重要的作用。环境规划是国民经济和社会发展规划的有机组成部分,它既是整个国民经济和社会发展规划中的相对独

立部分,又与工业、能源、农业等部门的发展规划相互渗透。从形式上看,环境规划、区域经济社会发展规划、城乡建设总体规划是三个相互独立的规划,但是它们又是相互协调、相互制约的,必须同步制定,综合平衡,共同组成区域综合发展规划。

环境规划的内容广泛,类型繁多。按照规划的期限,环境规划有短期(5年)、中期(15年)和长期(20年、30年或50年)规划之分。按照规划的性质,可分为区域污染综合防治规划和资源开发保护规划。按照规划的对象和考虑因素的多少,可分为综合环境规划和专项环境规划,其中后者包括环境污染控制规划、水土保持规划、自然保护区规划、绿地规划等。不同类型的环境规划,其工作范围、内容、精度等都不尽相同,编制的方法技术也有所差别。

(二)环境规划的特点

1.综合性

环境规划的目的是协调经济社会系统与环境系统之间的关系。因为这两个系统都是十分庞大的复杂巨系统,因此环境规划涉及的因素众多。环境规划是一项涉及问题多,服务对象多和执行部门多的工作,制定环境规划时,应综合考虑区域内社会公众的利益,对有关的问题、目标和措施进行全面系统的综合分析。制定环境规划要以生态、环境、工程、经济、法律等众多学科的理论为基础,需要多种专业的人员相互配合。

2.区域性

任何环境规划都是针对某一区域而制定的。各区域的自然背景条件、社会经济状况、主要环境问题和环境管理水平不尽相同,它们的环境目标、环境整治措施和环境管理手段也有所差异,因此各区域的环境规划内容和类型也不尽相同,表现出明显的区域性。

3.长期性

人类活动对环境的影响,一般说来短期内难以被人类所认识,而往往需要经过数十年甚至更长时间的积累才能显露出来。环境变异对人类的影响有时需要经过几代人才能够被看清楚,控制污染和改善环境的措施也往往需要较长时间才能见效。因此,与国民经济其它行业部门的专项规划相比较,环境规划需要考虑的时间应该更为长远。另外,环境规划的长期性还表现为它是一项长期性的工作,当一个时期的规划期满后,要经过对环境目标和规划内容的调整再次进行规划。

4.政策性

环境规划涉及人口控制、能源结构、工业布局、发展战略、重点工程建设以及投资方向等重大问题,须体现国家和地方的政策精神。因而,环境规划编制过程就是一个重大的决策过程,环境规划方案就是国家和地方政府有关环境方面的政策的具体体现。

(二)环境规划的内容

1.环境调查与评价

环境调查的目的在于获得各类有关信息,为环境规划的制定提供必要的资料基础。环境规划要求的资料范围很广,包括区域自然和社会经济条件、环境污染源、环境污染和治理状况、环境管理现状等方面的资料。所以,在环境调查时,既要考虑调查面的齐全广泛,又要照顾重点,把调查的重点放在污染源和污染现状上。环境评价的目的在于了解区域环境状况,发现环境问题,为环境规划和管理提供环境质量方面的依据。环境评价的主要工作有污染源评价、环境质量评价和建设项目的环境影响评价,有时还需要进行生态环境评价和环境管理状况评价。

2.环境预测

环境预测即对未来的环境状况和发展趋势进行分析判断,它是制定环境规划的先决条件。环境预测的主要内容有未来资源需求量和资源承载力的预测,未来主要污染物排放量及其环境容量的预测,未来环境污染的影响预测,未来生态环境变化趋势预测等。

3.环境目标确定

科学合理地确定环境目标是制定科学的环境规划的关键,确定的环境目标过高或过低都会影响环境规划管理功能的发挥。确定环境目标一般包括两项工作:一是区域环境总目标和各功能区环境目标的确定,二是进行环境目标可达性分析。

4.环境功能分区

环境功能分区是根据区域的自然环境特点和社会经济状况,划分出不同功能的环境单元,以便根据各单元的环境容量和环境质量分别提出环境目标和环境管理对策。此项工作是实施环境分区管理和污染物总量控制的基础和前提,是制定环境规划的重要内容之一,也是实施环境规划、强化环境管理的重要基础。

5.环境规划编制

环境规划编制包括环境规划设计和规划方案选择两项内容。环境规划设计就是要制定环境污染综合防治规划,主要是提出实现环境目标而应采取的措施及相应的环境投资的规划方案。环境规划方案选择是通过数个环境规划备选方案的综合比较分析,筛选出在经济、技术和措施上最佳的方案。

6.环境规划方案实施

环境规划方案的实施是保证环境规划方案顺利执行的支持与保证。具体而言,一要搞好投资预算,编制年度计划,把环境规划项目纳入国民经济和社会发展计划之中,切实落实资金;二要健全环境保护法制,加强环境监督管理,保证环境规划的实施;三要加强科学技术研究和成果推广应用,获得环境规划实施的技术支持。

二、环境质量评价

(一)环境质量评价概述

所谓环境质量是指影响人类生存和社会经济发展的环境总体或某些环境要素的优劣水平。环境质量评价是指按照一定的标准和方法对一定范围内的环境质量进行定性或定量的描述。环境质量评价的目的在于了解区域环境质量的历史和现状,确定影响环境质量的主要污染物和主要污染源,掌握环境质量变化规律,为环境污染防治和环境规划提供科学依据。

环境质量评价的类型很多。按照评价时段可以把环境质量评价分为回顾评价、现状评价和影响评价。环境质量回顾评价是根据区域某一历史时期的环境质量资料所作出的环境质量评价,目的在于了解区域环境质量的历史状况和演变规律。环境质量现状评价是根据区域当前的环境质量资料所进行的环境质量评价。环境影响评价是根据区域经济发展规划,预测区域未来的环境质量变化,通常是针对某项具体建设项目而进行的。按照参评要素的多少,可将环境质量评价划分为单要素评价、联合评价和综合评价。按照评价对象可分为污染源评价和污染体评价。按环境污染危害对象可分为环境污染对经济的影响评价、对人体健康的影响评价和对生态系统的影响评价。按评价区域性质可分为城市、郊区、流域、开发区、风景旅游区、自然保护区等的环境质量评价。按服务对象可分为工业环境质量评价、农业环境质量评价、交通环境质量评价等。环境规划中需要的环境评价多是综合性的或单要素的污染源评价和环境质量现状评价。

(二)环境质量评价方法

1.污染源评价方法

污染源评价方法较多,但能够把污染源的位置、排放规律、排放方式、污染物特征等各因素都考虑在内,确定出主要污染源的数学评价模型还不成熟。通常采用标化评价法评价污染源及污染物的潜在危害,进而经过比较分析,确定出主要污染物和主要污染源。所谓标化即把各种污染物的排放量进行标化计算,转换为易于比较的标化系数。常用的标化系数有等标污染负荷和排毒系数两种,从而形成了两种污染源的评价方法。

某污染物的等标污染负荷是单位时间内该污染物的排放量为其排放标准的倍数。某污染源的等标污染负荷是所排放的各种污染物的等标污染负荷之和。某区域某污染物的等标污染负荷是全区域该污染物排放总量为其排放标准的倍数。某污染源或某区域内的污染物中,等标污染负荷值大者为主要污染物;某区域的污染源中,等标污染负荷值大者为主要污染源。

某污染物的排毒系数是该污染物排放量为其能导致一人出现毒作用反应最小摄入量的倍数。能导致一人出现毒作用反应的污染物最小摄入量是根据毒理学实验得出的毒作用阈剂量值计算求得的。对于废水来说,它等于污染物毒作用阈剂量($mg \cdot kg^{-1}$)与成人平均体重(55 kg)的乘积;对于废气来说,它等于污染物毒作用阈剂量($mg \cdot m^{-3}$)与人体每日呼吸空气量(10 m^3)的乘积。在某污染源或区域的各种污染物中,排毒系数值大者为主要污染物;在区域的各种污染源中排毒系数值大者为主要污染源。

2.环境质量现状评价方法

环境质量现状评价一般按以下程序进行:第一,确定评价的目的和要求,划定评价区域范围,确定评价类型,制定评价工作大纲及实施计划。第二,选取参评要素,获得调查和监测资料,确定各参评要素的取值,并确定它们的环境标准值。第三,选择或建立评价模型,进行单要素环境质量评价,进而开展环境质量综合评价。第四,撰写评价报告。

现有环境质量评价方法很多,大致可分为定性的直观描述法和定量的数学模型法两类,其中后者的应用越来越广泛。直观描述法是根据各环境要素的数值与评价标准的比较,用检出率、超标率、平均值超标倍数、最大值超标倍数等指标直接描述环境污染程度以说明环境质量的评价方法。这种方法简单易行,但它缺乏严密的数学逻辑推导过程,难以作出环境总体质量概念的判断。如果评价对象难以用数学模型来评价,此类方法仍不失为一种有效的方法。

环境质量现状评价的数学模型法是选用一定数学模型,对监测数据进行归一化处理,根据评价标准划分出不同污染等级的分级值,将归一化处理结果与分级值进行比较,确定污染程度和环境质量等级的评价方法。现有环境质量评价数学模型方法较多,如污染指数法、模糊综合评价法、聚类分析法、概率计算法、灰色系统法、信息熵法、评分法等,然而应用较多的是前两种。环境污染指数又称环境质量指数,是以一定标准为依据,对各种污染物浓度测定统计值通过一定的数学计算得到的无量纲数值。环境污染指数有分指数和综合指数之分。前者是单项污染物的污染指数,其通式为污染物实测浓度值与评估标准浓度值(国家规定标准浓度值或环境背景值)之比;后者是被评价对象(如大气、水体等)的污染指数,由各污染物的污染分指数通过一定方式组合计算而来,常用的组合方式有求分指数的和、算术平均值、加权平均值、均方根等。根据环境综合污染指数,可判断被评价对象的环境质量等级。模糊综合评价方法运用模糊综合评判模型,依据一定的环境标准,先计算出各项污染物浓度值对环境质量各个等级的隶属度,进而计算出被评价对象的环境质量综合评价结果,从而确定出其环境质量等级。

三、环境预测

(一)环境预测的概念

环境预测是指根据历史和现状环境资料,运用一定的方法技术,对未来的环境质量及其发展趋势作出的分析和推断,其目的是为制定环境规划和环境管理法律法规、实施环境质量管理提供科学依据。环境预测可以揭示污染因子的时空分布规律,不仅能为制定环境标准和污染物排放标准、进行建设项目环境影响评价、规划建立环境监测网站、发表环境质量预报等提供必要的基础数据,而且还可以为确定区域经济社会发展规划目标提供环境质量方面的依据。

环境预测主要包括四个方面的内容:第一,污染源预测,主要是预估未来的污染物产生量及其时空分布、治理率和治理能力及累计固定资产投资量;第二,环境污染预测,是在主要污染物预测基础上,预测环境质量的变化趋势和未来状况;第三,生态环境预测,包括城市生态环境、农村生态环境、森林草原和沙漠生态环境、珍稀濒危物种和自然保护区发展趋势等的预测;第四,资源环境破坏与污染的经济损失预测,主要包括不合理开发利用自然资源引起的环境破坏与污染等造成的经济损失和对人体健康造成损害的预测。此外,环境预测还有环境污染治理措施、管理、投资等的预测内容。

(二)环境预测方法

环境预测的精度受预测对象、条件、技术、数据、方法等诸多因素的制约,受预测方法的影响尤为明显。现有预测方法很多,但并未形成统一的环境预测模型。现有环境预测方法大致可分为逻辑判断预测方法和数学模型预测方法两类。逻辑判断预测方法是建立在预测人员的经验和判断能力基础之上的,属于定性或半定量的预测方法,如调研判断法、进度判断法、平衡判断法和集合判断法(特尔斐法、民意调查法、专家系统法等)。数学模型是建立在一定的数学方法上的定量方法。现有预测数学模型有理论型和经验型两类。前者建立在环境系统机理之上,具有明确的物理意义,但它对系统条件要求严格,精度尚难令人满意,在实际工作中应用较少;后者属黑箱模型,它不能用来揭示系统的组成、结构、状态和演化机制,但是有相对较高的预测精度,在实际工作中被广泛应用。常用的经验型模型有一元线性回归、多元线性回归、非线性回归等模型。

四、环境规划的制定

(一)环境规划制定的原则

1.生态平衡原则

人类生产和生活不断地从环境中获取物质和能量,并向环境排放废物废能,从而影响和改变环境的物质和能量循环过程。环境规划要在调查分析人类生态系统物质和能量循环变化规律的基础上,使人类生态系统保持在相对稳定的平衡状态范围内。

2.限制性原则

人类生存的资源和环境系统对污染与破坏的承载能力都是有限的,人类的影响作用超过了这个限度,就会导致环境的衰退。人类的资源开发和环境干扰活动应通过制定合理的界限标准,将其限定在一定的范围之内。环境规划应充分体现这些界限标准,并通过其法律效力规范人类的活动,以实现人类社会及其生存环境的可持续发展。

3.整体性原则

人类与环境共同构成的人类生态系统是一个多要素的复杂系统,各要素之间相互作用、相互影响共同形成了一个有机整体。其中任何一个要素的变化,都会导致其它要素的相应变化,甚至会引起整个系统的崩溃。环境规划应从整体的角度出发,全面考虑各个要素,以维护人类生态系统的平衡。

4.区域性原则

地表不同的地区其环境条件差异很大,所面临的环境问题也不尽相同。环境规划应充分考虑区域之间的差异性,搞好环境功能分区,并根据各区域环境的不同特征,因地制宜地确定各区域的环境目标和整治措施。

5.预防性原则

在全球工业化进程中,世界各国无一例外地走了一条"先污染后治理"的道路。实践证明,这条道路代价巨大,不是理想的发展道路。因此,在制定环境规划时,应以预防为主,并根据许多地区已经出现严重污染的现实,注意防治结合,把工作重点转移到环境综合整治上来。

(二)环境规划的编制

环境规划的类型和编制条件不同,其编制的程序也不尽相同。一般而言,环境规划编制都要经过准备、预测、规划和实施四个阶段,具体编制工作程序可参考图 12-3。

编制环境规划的核心工作是规划方案的设计、选择和优化。方案设计的方法大致有三种:一是仿照,即仿照其它区域的规划方案,根据规划区域的实际情况作局部变动而得到设计方案;二是组合,即将已有资料经过分割、抽取、综合而形成设计方案;三是目标推演,即根据目标和条件相关联系推演,寻求实现目标的最佳途径、措施和方法而获得设计方案。方案选择的主要方法是对比分析。由于环境规划方案对比分析的要素较多(如环境目标、投资、效益等),所以目前多采用系统分析方法进行对比分析,尤其是线性规划和动态规划方法应用较为普遍。

方案优化的目的是为了提高方案的目的性、可行性和降低方案的费用消耗。方案优化的主要方法有四种:第一,最小限制法。确定出优化内容中因其变化对方案的合理值影响最大的一个因素,将其定为最小限制,然后对其进行优化。第二,转变法。将方案中的任意一个要素作为变量,固定其它要素,变动变量要素,直至方案达最佳状态。依此法遍历各要素,使方案得到最优状态。第三,反向增益法。考虑如何增加少量的耗费,以得到较大幅度的综合效益。第四,优点综合法。将未被选中方案中的优点部分综合移植到被选中方案中,使被选中的方案进一步得到优化。

五、环境规划的实施

环境规划实施的实质是按照规划所确定的环境目标和任务组织落实,发挥环境规划的指令性法规作用,关键在于获得投资、管理和技术方面的支持和保证。

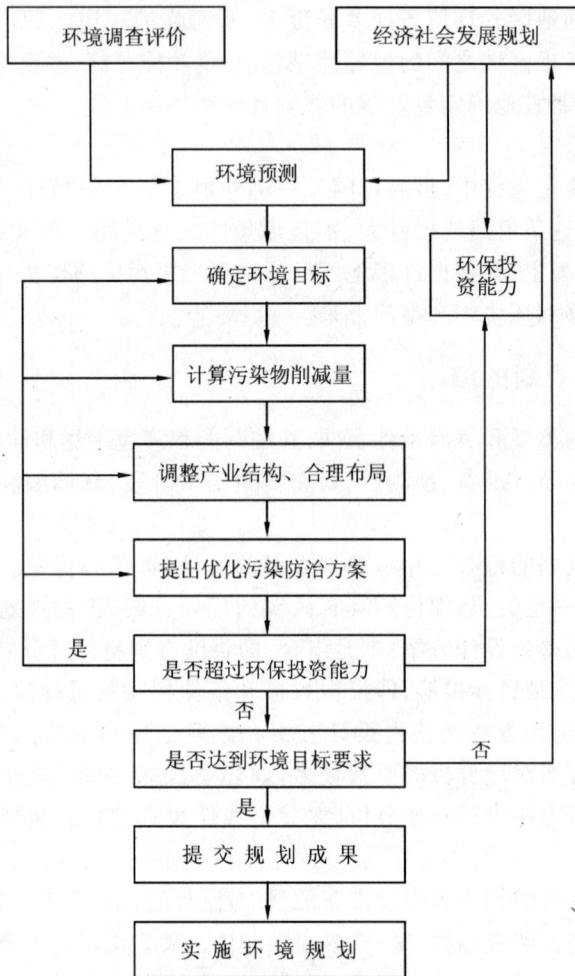

图 12-3　环境规划程序[18]

(一)环境规划实施的投资保证

落实环境保护的资金渠道是保证环境规划有效实施的关键。环境保护投资有狭义和广义之分。前者是指国民收入的积累基金部分通过各级环境保护部门以及各企事业单位用于环境保护的资金,包括用于污染治理、环境监测、环境科研、环境教育等方面的资金;后者是指上述资金渠道以外的部门用于某些利于改善环境的项目投资。如果把整个国民经济投资活动作为一个整体来看待,为了避免重复计算,采用狭义的环境保护投资定义较为合理。

环境保护投资要注意投资规模问题。环境保护投资规模的大小,常用其在当年国民总收入中所占的比例来表示。世界各国的经验表明,当环境保护投资规模在发达国家达 1.0%~3.0%、在发展中国家达 0.75%~1.5%时,才能基本控制环境污染,并使环境质量逐步有所改善。另外,对环境投资结构和效益的分析也十分重要,应给予足够的重视。

(二)加强环境规划实施的管理

环境管理是实施环境规划的前提,是解决环境保护资金短缺的有效办法之一。因此,要切实贯彻"以管促治,管治结合"的指导思想,强化环境管理。第一,健全环境保护法制,逐步完善地方环境保护法规,严格执法,建立健全有效的环境管理机制,并且还要制定与之相匹配的相关政策,以行政管理辅佐法制管理。第二,加强环境监督管理,重点是健全各项环境监督管理制度,提高队伍素质,通过法制、行政和经济三种手段,达到环境监督管理的目的。

(三)环境规划实施的技术支持

实施环境规划必须有相应的技术保证。各地区应结合当地的特点,确定规划期内的主要技术问题,开展环境科学研究,为环境规划的实施提供坚实的技术应用支持。环境规划实施中的技术问题主要是环境监测技术问题。环境监测工作要解决好优化采样布点、重点区域和污染区的监测、监测质量控制、监测新技术应用等问题,努力提高监测质量。同时,还要结合环境管理的需要和制定环境规划时发现的实际问题,积极开展其它方面的环境科学技术研究,确保环境规划的实施。

第四节　景观生态设计

一、景观生态学和景观生态设计的概念

(一)景观

景观(Landscape)一词源于德文 Landscaft,最早为 15 世纪的艺术家们用来表示风景绘画透视中所见到的地面景象和景色,之后被一般民众用来概括地方风景。

1906年德国近代地理学家O.施吕特尔首次将景观一词作为地理专业术语来使用,认为景观是景色大体一致的地区,是自然和人文现象相结合而形成的一个地理区域。1913年德国景观学家S.帕萨格提出景观地理学一词,认为景观是一种地理类型,是相关地理要素的集合体,并创立了偏重于人文景观研究的德国景观学派。同时前苏联地理学家Л.С.贝尔格(1913)提出了地理景观的概念,他认为地表是由客观存在的具有不同特点的地域(地段)所构成的,每个地域(地段)独特的地形、气候、土壤、植被等自然要素都是有规律的结合,地表的这些地域(地段)概称为地理景观,简称景观,并创立了偏重于自然景观研究的前苏联景观学派。R.福尔曼等(1986)将景观定义为"由一组以相类似的方式重复出现的,相互作用的生态系统所组成的异质性陆地区域"。所谓异质性是指景观在水平方向的不均一性。由于不同领域的学者对景观的理解不同,所以对景观的认识目前仍未取得一致的意见。目前对景观含义的理解,主要有以下几种观点:①把景观视为由自然景观和人文景观所构成的地理综合体;②把景观等同于一般意义上的自然综合体,可以指各种不同等级的自然地理系统;③把景观看做自然地理学的区域单位,相当于综合自然区划等级单位系统中的下限单位——自然地理区。从自然地理学角度来看,多数学者倾向于第三种观点,即认为景观是指能完全反映某一地带自然地理特征的最基本的自然地理区域单位,景观以下属于土地类型学研究的范畴。因此,景观是介于综合自然区划和土地类型划分之间的具有承上启下意义的地域单位。

(二)景观生态学

景观生态学是介于地理学、生态学及生物学之间的一门新兴交叉学科,它主要研究景观尺度上的生态问题,特别是人类与景观的相互作用和协调问题。它以生态系统理论、生物控制论、景观理论及现代系统科学为基础,进行景观生态的调查、评价、规划设计和管理,重点研究景观的结构、功能和变化。1939年德国地理学家C.特罗尔首次提出了景观生态学一词,之后经过众多景观生态学家的努力,将景观生态学定义为研究地表整个景观空间结构、相互作用和发展变化规律的科学。生态学主要研究生态系统内部的垂直联系,而景观生态学则注重研究景观单元之间的水平联系。

景观生态学自20世纪80年代后期以来发展迅猛,现已日渐成为自然地理学的一个新兴的研究热点,其基本概念和基本理论已初具雏形,新方法和新技术不断被引入,研究水平不断提高。我国的景观生态学研究起步较晚,80年代才不断发展起来,目前的研究主要集中在城市及其园林、农田、旅游道路的景观生态规划方面,对其它领域的研究相对薄弱,有待发展提高。

(三)景观生态设计

景观生态设计是景观生态规划的内容之一。景观生态规划以景观生态特性为基础,以景观优化利用和保护为目的,包括景观生态调查、景观生态评价和景观生态设计三个基本步骤。景观生态设计是景观生态规划的核心工作,它以景观生态调查和景观生态评价为基础,根据区域社会经济发展的需要,进行景观功能类型划分和景观功能区划,提出景观利用、保护和建设的具体方案。

目前世界上许多国家对景观生态学的研究已经转向景观生态设计和生态规划。景观生态设计是自然地理学服务于生产实践的重要研究领域之一,目前已广泛应用于风景区和自然保护区规划设计、城市和区域规划设计、居住区建筑景观设计和土地利用规划设计等。这项工作在欧洲一些国家得到了很大发展,被视为国土规划的一项基本工作,并且已经初步形成了一套比较规范的工作方法。

二、景观生态学的理论基础

(一)景观要素

景观要素是指构成景观的最基本的单元。许多景观学家认为生态区(最小的但仍然是一个整体的土地单元)和生物区是基本的景观要素或单元,并常用景观单元、景观细胞、地理区、相、栖息地和生境等概念来表述。景观要素有斑块、廊道和基质三种基本类型。

1. 斑块

斑块(patch)是指在外观上不同于周围环境的块状区域。斑块可以是动植物群落,也可以是岩石、土壤、道路和建筑物等。

2. 廊道

廊道(corridor)是指景观中不同于两侧环境的狭长地带,如道路、篱带、河流等。廊道常常相互交织,在景观中形成网络。几乎所有的景观都为廊道所分割,同时又为廊道所连结。从生态学的角度看,廊道可用作动物迁移的通道,同时也起到物种过滤器、某些物种的栖息地、影响周围基质环境和生物源的作用。

3. 基质

基质(matrix)是指景观中面积最大、分布最广、联通性最好、具有相对均质性的景观要素。基质是景观最基本的构成要素,斑块和廊道在基质中的分布使景观变得丰富多彩起来。在一种极端情况下,景观基质广泛而均匀,斑块散布其中,通过廊道相互联系;而在另一种极端情况下,整个景观都是由彼此不同的斑块组成;多数情况下,景观介于上述两种极端情况之间,斑块、廊道和基质都占有一定比例。基质在整体上对景观动态有很大影响,基质特征分析是景观研究的基础。

(二)景观结构

景观结构是指景观各组成要素之间相互结合的形式,即为景观的空间组织形式或景观空间格局。景观空间格局是景观生态系统空间变异程度的具体表现,包括景观空间异质性、空间相关性等内容。景观空间格局决定着资源环境的分布形式和组合状况,制约着各种景观生态过程,与景观抗干扰能力、恢复能力、稳定性和生物多样性有着密切的关系。景观的物种流、能量流和物质流的性质主要取决于景观格局的异质性。因此,景观空间格局分析是景观生态学的核心内容之一。

R.福尔曼等(1986)曾把景观空间分布格局划分为五种形式:①规则或均匀分布格局,即某一特定类型景观要素间的距离相等;②聚集型(团聚式)分布格局,即某一特定类型景观要素相对集中地分布于某些地区;③线状格局,即某些景观要素呈线状分布;④平行格局,即某些景观要素呈线状或带状平行分布;⑤特定组合和空间联结格局,即某类景观要素总是与另一类景观要素相伴分布。之后,R.福尔曼(1995)又按结构特征将景观空间格局划分为斑块散布状、网络状、指状和棋盘格状四种景观(图 12-4)。

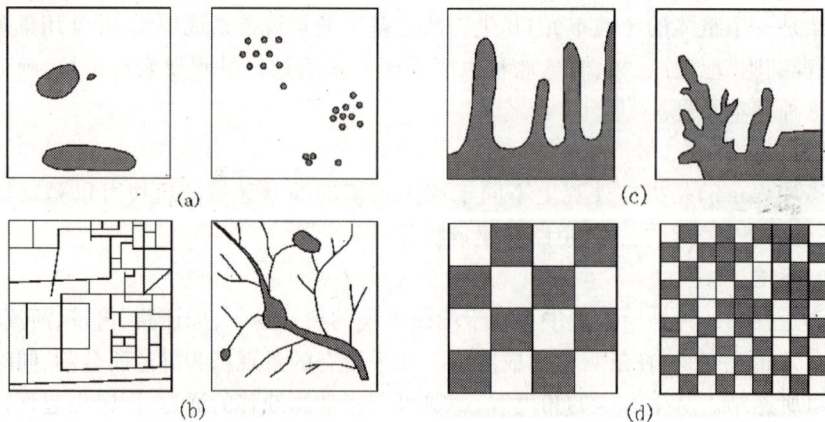

a.斑状散布型;b.网络型;c.指状型;d.棋盘型

图 12-4　按结构特征划分的基本景观类型[28]

(三)景观功能

在景观水平上,存在着溶解物质和悬浮物质的扩散、物质的迁移、生物的运动等多种运动方式,它们构成了相邻景观要素间的物质流、能量流和物种流。不同的景观要素和不同结构特征的景观,对景观流有很大影响,从而使景观表现出不同的功能。

廊道的功能主要有四种,即某些物种的栖息地、物种迁移的通道、景观流的屏障或过滤器、影响周围基质环境和生物源。廊道的存在,可使火灾、虫灾等干扰沿廊道迅速蔓延,也可因"隘道"或"瓶颈"作用而在此处有效地控制干扰的传播。所谓屏障作用是指廊道对景观流的阻碍作用。所谓过滤作用是指廊道允许一些流穿过,而阻滞另一些流穿过的作用。廊道的屏障和过滤作用在植被廊道对水土流失、风沙的控制作用方面表现最为明显,此外对矿质养分、水分、热能、动物等也有抑制和过滤作用。

基质影响着景观流在景观中的迁移,它的连接度和景观要素间的边界对景观流特别是物种流有很大影响。所谓基质连接度是基质连接和延续的程度,它反映了景观要素在功能和生态过程上的联系。如果基质的连接度较高,则景观流可以较容易地穿过基质而少受阻拦。人们常建立屏障或通道来降低或提高基质的连接度,目的是构成防火障或生物通道。景观要素间的不连续边界往往会形成景观阻力,突变边界比渐变边界更能阻止动植物的迁移。廊道网络的结点对景观流有两种作用,即作为廊道的交接区和流的源或汇。结点通常可起到中继站的作用,在此处常出现对流的某种控制。它可以扩大或加速物流,降低流中的"噪声"和为流提供临时贮存地。网络的连接程度和环路存在的程度对景观功能影响很大。其连接度越高、联通度愈大,景观功能就越强大。

(四)景观变化

景观受到干扰就会发生变化。景观变化既有突变性的,如地震、火灾等突发事件引起的景观变化;也有渐变性的,如由气候变迁、人类活动等引起的土地荒漠化、植物群落演替等。R.福尔曼等(1995)认为,只有具备了以下条件才能认为景观发生了显著变化:某一非基质景观要素类型成为基质,几种景观要素类型所占景观面积的比例发生了足够大的变化,景观内产生一种新的景观要素类型并达到一定的覆盖范围。

受到气候波动的影响,景观特征会发生短期波动,并且具有长期变化特点。如果景观参数的长期变化趋势在坐标图上呈水平状态,并且在水平线附近波动的幅度和周期具有统计特征,我们可以认为这种景观是稳定的。景观的不稳定性是指景观参数总趋势、波动幅度和周期经常发生变化或不具有统计特征的景观状态。景观变化是否发生及变化的程度主要依环境干扰作用力的大小和作用时间长短而定。对于某一稳定的景观来说,随着环境干扰的增强,景观首先发生波动性变化;然后出现不平衡状态,但干扰解除后景观可逐渐得到恢复,并再次回到平衡状态。如果环境干扰很强,景观处于极不平衡状态,景观面貌将发生明显变化,并出现新的不平衡状态。此时解除干扰后,景观已不能恢复到原来状态,原有景观就被另一种新的景观类型所代替。

三、景观生态设计

(一)景观生态设计的原则

在不同性质的规划中,景观生态设计所遵循的原则不尽相同。例如,城市总体规划及其专项规划的景观设计多强调人地关系的协调和生态美学;风景区和自然保护区规划的景观设计多强调生态平衡和生态保护;在生态农业设计中,则更多地关注资源合理利用和综合效益的提高。不论何种类型的景观生态设计,一般都应遵循以下几条原则:

1.社会与生态环境协调发展原则

景观生态设计的目的在于运用生态学的理论,对人类的生产和生活活动进行科学合理地空间设计安排,以建立高效、协调的可持续发展的人类生态系统。因此,景观生态设计首先应遵循生态学法则,谋求人类社会和生态环境的协调发展,建立良性循环的人类生态系统。既解决当前业已出现的生态环境问题,又为后人创造一个良好的生存环境。

2.资源充分利用原则

从全球来看,环境问题总是与资源问题相伴而生。资源的紧缺会导致资源的不合理开发利用,造成生态环境的污染,这又加剧了资源的紧缺程度,从而导致人类生态系统的恶性循环。要解决这一系列的问题,一方面要加强生态环境保护;另一方面要促进资源的合理开发利用,以较小的资源投入获得较大的价值产出。

3.高生产效率原则

通过景观生态设计而建立的人类生态系统,与该地原有系统相比较,应具有更高的生产效率。具体而言,就是拥有更高的资源利用效率、能量转换效率、单位投入的产出效率以及稳定提高产品的产量和质量。这一点是社会对景观生态设计的基本要求,是实现资源充分合理利用的前提。

4.综合效益原则

景观生态设计的目标不仅是获得较高的经济效益,而且还要收到良好的社会效益和生态效益,三者必须兼顾,不可偏颇。"三效益"的统一不仅体现了当前各行业部门之间的利益关系,而且也体现了当前利益与长远利益之间的关系。所以,坚持"三效益"的统一,是进行景观生态设计的出发点。

5.经济技术可行性原则

景观生态设计方案最终是要实施的,所以它的可行性就成为工作中必须考虑的原则之一。考察设计方案的可行性,主要从经济和技术两个方面入手,使设计方案经济上合理,技术上可行。

(二)景观生态设计的程序

1.景观系统辨识

景观系统辨识就是通过调查分析,获得景观系统及其环境的背景材料,并通过系统诊断,全面深入地认识景观系统的特征。景观系统辨识是一项基础性工作,主要包括系统要素和系统结构的特征辨识,旨在揭示景观系统的空间分异规律。

2.景观生态评价

景观生态评价是在景观系统辨识尤其是系统结构辨识的基础上,对景观的功能和价值作出评定。景观生态评价是景观生态设计的基础,它可以为景观生态设计提供景观开发利用和保护方向及规模的依据。景观生态评价包括两项工作:第一,景观开发利用和保护适宜性评价。首先分析自然状态下景观系统的功能,即分析计算系统开发利用和保护的潜力及人口承载力,然后在此基础上分析景观系统开发利用和保护的适宜性。第二,景观系统开发利用和保护现状评价。首先分析景观系统的开发利用和保护现状特征及存在问题,然后与适宜性评价结果进行比较分析,进而评定景观系统开发利用和保护的调整方向及规模。

3.制定景观生态设计方案

景观生态设计是把生态学原理应用于景观建设,在景观系统辨识和生态评价的基础上,通过综合考虑经济、社会和生态三方面的效益和经济、技术两方面的可行性,提出景观总体设计方案,实现从整体上对景观系统的优化控制,达到建立良性循环和总体功能最佳的景观系统之目的。景观生态设计方案的形成大致要经过三个步骤:第一,制定备选方案。提出的设计方案应多于1个,以备选择。第二,优化方案。在备选方案中选择最优方案,并对最优方案进行修改完善。第三,方案评价。从经济、社会和生态三个角度出发,评价最优方案的综合效益,并对其经济、技术的可行性进行分析。

(三)景观生态设计的一个案例

作为景观生态设计的一种类型,土地生态设计在我国有一定发展,形成了较为成熟的方法。现以陕西省土地生态设计为例(孙根年,1987)说明景观生态设计的方法和步骤。

1.土地类型结构分析和土地生态分类

受地质构造、气候、成土母质、植被类型和人类活动的影响,陕西省的土地系统表现出明显的水平地带性和垂直带性分布规律,并在此基础上形成了几种中尺度的土地组合型:①对称台阶式结构,即以河床为中心,土地类型向两侧作台阶式更替;②层状结构,即随着地势的增高和地貌垂直变化,土地类型在垂向上发生变化;③同心圆状结构;④镶嵌状结构,即一种土地类型背景上镶嵌着另外一种或数种土地类型;⑤树枝状结构;⑥重复交替状结构。

根据陕西省土地结构分异特征,分别以水热类型、地貌类型、成土母质和土壤为指标,把陕西省的土地划分为 9 个土地纲、32 个土地类和 90 个土地型,并做出 1:50 万土地类型图。

2.土地生态评价

以土地类型作为土地生态评价的对象,以土地生态价值和土地生态功能为评价重点,同时考虑生态环境综合治理与改良等问题,对陕西省 9 个土地纲、32 个土地类分别进行了评价。

3.土地生态设计

在土地生态类型调查研究的基础上,依据区域土地结构的相似性和差异性,按照自下而上逐级合并的方法,将陕西省划分为 9 个土地生态区,进而又从平面结构、垂直结构、时间结构和食物链结构四个方面提出了 9 大农业生态系统总体设计方案。现以陕北黄土丘陵沟壑以林牧为主、水土保持林,羊牛为主草原畜牧业、川塬农业的林牧农副复合生态系统区为例,说明土地生态设计方案。该区面积 428 × 10^4 hm^2,人口稀少,交通不便,干旱丘陵起伏,植被稀少,水土流失极为严重,水源贫乏,土地资源丰富,农业基础条件差。该区应以林牧为主,大力植树种草,营造水土保持林、用材林、放牧林,建设优良草场,发展以羊、牛为主的草原畜牧业,建成羊、牛、兔、蜂生产基地和毛、绒、肉、皮及蜂蜜加工基地。搞好基本农田建设,提高粮食单产,发展多种经营。

复习思考题

1.自然资源有哪些基本特点?
2.如何对自然资源进行评价?
3.谈谈你对自然资源合理开发利用的认识。

4.自然灾害的基本特征及分布规律。

5.灾害链有哪些主要类型? 并举例说明。

6.简述自然灾害的防御对策。

7.试述环境规划的主要内容。

8.试述环境规划制定的原则和编制程序。

9.简述景观生态学研究的基本内容。

10.试述景观生态设计的原则和程序。

主要参考文献

[1]董庆超等.资源科学导论.开封:河南大学出版社,1999.1~50

[2]徐樵利等.国土资源评价方法论.武汉:华中师范大学出版社,1989.26~174

[3]明庆忠等.自然资源学导论.昆明:云南科学技术出版社,1997.158~171

[4]李文华等.自然资源科学的基本特点及其发展的回顾与展望.见:中国科学院自然资源综合考察委员会.自然资源研究的理论与方法.北京:科学出版社,1985.1~10

[5]Ramade F.Ecolgy of Natural Resources.New York:John Wiley & Sons,1984.1~5

[6]牛文元.自然资源开发原理.开封:河南大学出版社,1986.1~32

[7]刘成武等.自然资源概论.科学出版社,1999.23~97

[8]郭强等.灾害大百科.太原:山西人民出版社,1996.1044~1097

[9]申曙光.灾害生态经济研究.长沙:湖南教育出版社,1992.8~116

[10]延军平.灾害地理学.西安:陕西师范大学出版社,1992.1~94

[11]吕景胜.灾害管理.北京:地震出版社,1992.129~167

[12]金磊等.中国21世纪安全减灾战略.开封:河南大学出版社,1998.3~33

[13]汤爱平等.自然灾害的概念、等级.自然灾害学报,1993,8(3):61~65

[14]赵阿兴等.自然灾害损失评估指标体系的研究.自然灾害学报,1992,2(3):2~7

[15]刘燕华等.中国自然灾害灾情指标及区域特征探讨.自然灾害学报,1994,4(2):29~34

[16]中国地理学会山地研究委员会等.长江流域的山地开发与灾害防治.成都:成都地图出版社,1992.187~191

[17]William J.Petak等.向立云等译.自然灾害风险评价与减灾政策.北京:地震出版社,1993.62~148

[18]刘天齐等.城市环境规划规范及方法指南.北京:中国环境科学出版社,1994.21~120

[19]王先进等.生态环境保护与依法治理实务全书(下卷).北京:民族出版社,1999.989~1023

[20]刘常海等.环境管理.北京:中国环境科学出版社,1994.55~116

[21]国家环保局计划司《环境规划指南》编写组.环境规划指南.北京:清华大学出版社,1994年版.1~140

[22]左大康等.现代地理学辞典.北京:商务印书馆,1990.110~111

[23]C.特罗勒.景观生态学.林超译.地理译报,1983(1):1~7

[24]R.福尔曼等.景观生态学.北京:科学出版社,1990.1~50

[25]E.纳夫.景观生态学发展阶段.林超译.地理译报,1984(3):1~5

[26]章家恩等.现代生态学研究的几大热点问题透视.地理科学进展,1993,16(3):29~37

[27]景贵和.土地生态评价与土地生态设计.地理学报,1986,41(1):1~7

[28]刘胤汉.论土地类型的结构、演替与生态设计.自然资源,1987(3):25~34